COMENTARIO MACARTHUR DEL NUEVO TESTAMENTO

HECHOS

JOHN MACARTHUR

EDITORIAL PORTAVOZ

La misión de *Editorial Portavoz* consiste en proporcionar productos de calidad —con integridad y excelencia—, desde una perspectiva bíblica y confiable, que animen a las personas a conocer y servir a Jesucristo.

Título del original: *The MacArthur New Testament Commentary: Acts 1-12* © 1994 por John MacArthur y publicado por Moody Publishers, 820 N. LaSalle Boulevard, Chicago, IL 60610. Traducido con permiso.

Título del original: *The MacArthur New Testament Commentary: Acts 13-28* © 1996 por John MacArthur y publicado por Moody Publishers, 820 N. LaSalle Boulevard, Chicago, IL 60610. Traducido con permiso.

Edición en castellano: *Comentario MacArthur del Nuevo Testamento: Hechos* © 2014 por Editorial Portavoz, filial de Kregel Publications, Grand Rapids, Michigan 49505. Todos los derechos reservados.

Traducción: Ricardo Acosta

EDITORIAL PORTAVOZ
2450 Oak Industrial Dr. NE
Grand Rapids, Michigan 49505 USA
Visítenos en: www.portavoz.com

ISBN 978-0-8254-1569-2
ISBN 978-0-8254-6420-1 (Kindle)
ISBN 978-0-8254-8547-3 (epub)

3 4 5 6 / 29 28 27 26 25 24 23

Impreso en Colombia
Printed in Colombia

Dedicatoria

Dedicado a Alistar Begg, con gratitud
por su leal amistad y su espíritu fraternal
mientras contendemos por la fe.

A Bill Koptis, cuya amistad,
servicio, liderazgo y generosidad
lo han convertido en un instrumento
de la gracia de Dios para mí.

Contenido

Prólogo

Para mí sigue siendo una gratificante comunión divina predicar de manera expositiva a través del Nuevo Testamento. Mi objetivo es tener siempre un profundo compañerismo con el Señor en el entendimiento de su Palabra y, a partir de esa experiencia, explicar a su pueblo lo que un pasaje bíblico significa. En las palabras de Nehemías 8:8, me esfuerzo por poner "el sentido" en las Escrituras para que las personas puedan oír realmente a Dios hablando, y que, al hacerlo, puedan a su vez contestarle.

Es evidente que el pueblo de Dios debe entenderle, lo cual exige conocer su Palabra de verdad (2 Ti. 2:15) y permitir que esa Palabra more en abundancia en nosotros (Col. 3:16). De ahí que la idea central de mi ministerio sea ayudar a hacer viva la Palabra de Dios para su pueblo. Se trata de una aventura reconfortante.

Esta serie de comentarios del Nuevo Testamento refleja el objetivo de explicar y aplicar las Escrituras. Primordialmente, algunos comentarios son lingüísticos, otros teológicos y, algunos, tienen que ver más con la predicación. Básicamente este comentario es explicativo o expositivo. No es lingüísticamente técnico, pero tiene que ver con la lingüística cuando parece ayudar a la adecuada interpretación. No es teológicamente extenso, pero se enfoca en las principales doctrinas de cada texto y en cómo estas se relacionan con toda la Escritura. Ante todo, no es homilético, aunque por lo general a cada unidad de pensamiento se la trata como un capítulo, con un claro esquema y flujo lógico de pensamiento. La mayoría de verdades se ilustran y se aplican con otros pasajes bíblicos. Después de establecer el contexto de un pasaje, he tratado de seguir de cerca el desarrollo y el razonamiento del escritor.

Oro para que cada lector comprenda por completo lo que el Espíritu Santo está diciendo a través de esta parte de su Palabra, de modo que su revelación pueda alojarse en las mentes de los creyentes y, así, lograr una mayor obediencia y fidelidad para la gloria de nuestro gran Dios.

Introducción

El libro de Hechos es el primer volumen de la cronología de la Iglesia. Documenta su historia desde aquel explosivo inicio en el día de Pentecostés hasta el encarcelamiento en Roma de su más grande misionero. Durante estas tres décadas, la iglesia pasó de ser un pequeño grupo de creyentes judíos reunidos en Jerusalén, hasta abarcar miles de docenas de congregaciones en todo el mundo romano. Hechos describe cómo el Espíritu de Dios supervisó, controló y permitió la expansión de la Iglesia. En realidad, el libro muy bien podría llamarse "Hechos del Espíritu Santo a través de los apóstoles".

Hechos es un libro significativo por varias razones. Con las epístolas, pero sin Hechos, tendríamos mucha dificultad en comprender el curso de apertura de la historia de la Iglesia. Con él, disponemos de un relato alrededor del cual reunir los datos de las epístolas, lo que enriquece nuestra comprensión de ellas. El libro relata primero el ministerio de Pedro, luego el de Pablo. De este libro aprendemos principios para discipular creyentes, desarrollar la Iglesia y evangelizar al mundo.

Aunque es una obra de historia —y no de teología— Hechos destaca, sin embargo, las verdades doctrinales acerca de la salvación. Jesús de Nazaret es proclamado, con valentía, como el Mesías esperado por mucho tiempo, y esa verdad se defiende hábilmente desde el Antiguo Testamento (2:22ss; 3:12ss; 4:10ss; 7:1ss; 8:26ss; 13:14ss; cp. 9:22; 18:5, 24-28; 28:23).

El libro de Hechos también enseña mucho respecto al Espíritu Santo, a quien se le menciona más de cincuenta veces. Él regenera, bautiza, llena y santifica creyentes. Al Espíritu Santo se le ve eligiendo misioneros (13:2) y dirigiendo sus funciones (8:29). El Espíritu presidió el primer concilio de la iglesia (15:28) y, en resumen, dirigió y controló todas las operaciones de esta.

No obstante, la importancia doctrinal de Hechos no se limita a su enseñanza sobre Jesucristo y el Espíritu Santo. A pesar de que no fluye alrededor de asuntos doctrinales sino de acontecimientos históricos, toca, sin embargo, muchas verdades teológicas. Donald Guthrie resume, de manera acertada, el significado teológico de este libro: "La importancia del libro de Hechos está en su preservación de los principales temas doctrinales presentados en la predicación apostólica, aunque no haya evidencia de un intento de desarrollar una teología sistematizada" (*New Testament Introduction* [Introducción al Nuevo Testamento] [Downers Grove, Ill.: InterVarsity, 1978], p. 338).

AUTOR

El testimonio unánime de la iglesia primitiva era que Lucas, autor del Evangelio que lleva su nombre, compañero de viaje y amigo cercano de Pablo, escribió Hechos. En el siglo II, el prólogo antimarcionita del Evangelio de Lucas, el Fragmento Muratoriano (la lista más antigua conocida de libros del Nuevo Testamento), Ireneo, Clemente de Alejandría y Tertuliano dan fe de la autoría de Lucas sobre Hechos. Otros padres de la Iglesia como Orígenes, Eusebio y Jerónimo también atribuyen a Lucas el libro de Hechos.

La evidencia interna de la autoría de Lucas es igualmente impresionante. Que el autor de Hechos era compañero de viajes del apóstol Pablo está claro en los llamados "pasajes nosotros" (16:10-17; 20:5—21:18; 27:1—28:16). En estos pasajes, el escritor cambia a la primera persona del plural, mostrando que estaba presente. D. Edmond Hiebert resume la importancia de eso en lo que se refiere a la autoría de Hechos:

> Las referencias a varios compañeros de Pablo en estas secciones "nosotros" inmediatamente distinguen al autor de otros compañeros cercanos de Pablo. Otros compañeros conocidos que aparecen en las epístolas paulinas no encajan en el patrón establecido por estas secciones "nosotros", y pueden ubicarse en otro lugar en un momento u otro. De los compañeros cercanos conocidos de Pablo, solo a Tito y Lucas nunca se les menciona en Hechos. Que Tito no se mencione es extraño, pero nadie ha sugerido en serio que este fuera el autor de Hechos. Esto solo deja a Lucas como el probable autor, y lo apoya fuertemente la evidencia externa (*An Introduction to the New Testament: Volume 1: The Gospels and Acts* [Introducción al Nuevo Testamento: Volumen 1: Los Evangelios y Hechos] [Chicago: Moody, 1979], p. 121).

Cabe señalar también que "aunque Tito acompañó a Pablo y Bernabé a Jerusalén y trabajó en las iglesias de Corinto, Creta y Dalmacia, no parece haber sido uno de los compañeros de Pablo a quienes el apóstol menciona en los saludos de sus epístolas" (Simon J. Kistemaker, *Comentario al Nuevo Testamento: Hechos* [Grand Rapids, MI: Libros Desafío, 1996]). Entonces, por proceso de eliminación, nos quedamos con Lucas como el autor de los "pasajes nosotros" y, por consiguiente, de todo el libro.

También es poco probable que alguien hubiera forjado una obra en nombre de Lucas. Si alguien fuera a atribuir una falsificación de uno de los compañeros de Pablo, ¿por qué iba a elegir al relativamente poco conocido Lucas, mencionado solo tres veces en el Nuevo Testamento? ¿No elegiría un personaje más prominente?

FECHA

Hay dos corrientes entre eruditos evangélicos acerca de cuándo Lucas escribió Hechos. Algunos sostienen que lo hizo mientras Pablo aún estaba vivo, tal vez casi al final de su primer encarcelamiento (Hch. 28). Otros fechan a Hechos entre la caída de Jerusalén (70 d.C.) y la muerte de Lucas (alrededor del 85 d.C.).

El principal argumento para la última fecha es el presunto uso que Lucas hace de Marcos como fuente para el Evangelio de Lucas. Los defensores de este punto de vista siguen esta línea de razonamiento: Marcos fue escrito después de la muerte de Pedro, durante la persecución de Nerón. El Evangelio de Lucas no se pudo haber escrito hasta después de eso y, ya que Hechos fue escrito después de Lucas, se lo debe fechar aún más tarde.

Aunque un debate del llamado problema sinóptico está más allá del alcance de esta introducción, cabe observar que la anterioridad de Marcos nunca se ha establecido. Serias objeciones a la dependencia de Lucas en Marcos se han levantado por medio de eruditos competentes (cp. Robert L. Thomas and Stanley N. Gundry, eds., *A Harmony of the Gospels* [Armonía de los Evangelios] [Chicago: Moody, 1979], pp. 274-79; Eta Linnemann, *Is There a Synoptic Problem?* [¿Hay un problema sinóptico?] [Grand Rapids: Baker, 1992]). A menos que esta teoría de la dependencia de Lucas en Marcos se pueda establecer, el principal argumento para una fecha posterior de Hechos se viene abajo.

Hay buenas razones para creer que Lucas escribió Hechos durante el primer encarcelamiento romano de Pablo, y se pueden resumir de la siguiente manera:

En primer lugar, tal punto de vista explica la abrupta conclusión de Hechos. Lucas dejó de escribir porque había narrado los sucesos hasta el presente, y no tenía nada más que relatar. Además, Hechos termina en una nota de triunfo, con Pablo proclamando el evangelio en Roma sin obstáculos por parte de las autoridades romanas. Esa conclusión triunfal es difícil de comprender si Hechos se hubiera escrito después de la muerte de Pablo y el estallido de la persecución de Nerón (F. F. Bruce, "Hechos de los apóstoles", en D. Guthrie and J. A. Motyer, eds., *The New Bible Commentary: Revised* [Nuevo comentario bíblico revisado] [Grand Rapids: Eerdmans, 1978], p. 968).

Segundo, las autoridades romanas en Hechos son tolerantes, si no favorables, al cristianismo. Sin duda ese no fue el caso después del estallido de la persecución de Nerón en el 64 d.C. Además:

> la única ocasión en que habría valido la pena recordar la imagen de la actitud originalmente amistosa del estado romano hacia los cristianos fue cuando aún estaba fundada, pero en peligro de perderse, y esto significa que fue la época del juicio de Pablo, después de apelar a la corte de César (Johannes Munck, *The Acts of the Apostles* [Hechos de los apóstoles] [Garden City, N.Y.: Doubleday, 1973], p. lii).

Tercero, Lucas no menciona la persecución iniciada por Nerón. Kistemaker comenta: "Si Lucas hubiera escrito Hechos en la década de los setenta, habría violentado su sentido de integridad histórica al no reflejar estas crueles persecuciones instigadas por Nerón" (*Acts*, p. 23).

Cuarto, Hechos no menciona la caída de Jerusalén en el 70 d.C. El silencio de Lucas sería desconcertante si ese acontecimiento trascendental ya hubiera ocurrido, especialmente desde que "en su Evangelio centra más atención en Jerusalén que sus compañeros sinópticos" (Guthrie, *New Testament Introduction* [Introducción al Nuevo Testamento], p. 340). De igual modo, dejar de mencionar el martirio de Santiago, el hermano del Señor (62 d.C. según Josefo [*Antigüedades* XX, ix, 1]), sería extraño si Lucas hubiera escrito Hechos después. Él sin duda vio los martirios de Santiago y Esteban como dignos de mencionar. ¿Por qué no referirse al líder de la iglesia de Jerusalén?

Quinto, el tema central de Hechos refleja la situación de los primeros días de la iglesia. Asuntos tales como el conflicto entre judíos y gentiles, la inclusión de gentiles en la iglesia y las normas dietéticas judías (Hch. 15) perdieron su importancia después de la caída de Jerusalén. Del mismo modo, Hechos no refleja las preocupaciones teológicas de las últimas décadas del siglo I (Kistemaker, *Acts*, p. 23).

Sexto, Lucas no refleja conocimiento de las epístolas de Pablo. Eso defiende que Hechos se escribió antes de que la colección de epístolas paulinas circulara ampliamente en la iglesia.

Por último, y quizás lo más significativo, Lucas no dice nada acerca de la futura carrera de Pablo. Ninguna mención hace Hechos de los viajes de Pablo después de su liberación, de su segundo encarcelamiento (aunque en ese entonces Lucas estuvo con él [2 Ti. 4:11]), ni de su muerte. Sin embargo, Lucas dedica más de la mitad de Hechos al ministerio de Pablo. ¿Por qué no llevar estos temas hasta su conclusión triunfal si hubiera sabido más acerca del gran apóstol? Tales omisiones se explican mejor por la suposición de que estos sucesos no habían ocurrido cuando Lucas escribió Hechos.

PROPÓSITO

Lucas declara su propósito al escribir su obra en el prólogo de su Evangelio: "Me ha parecido también a mí, después de haber investigado con diligencia todas las cosas desde su origen, escribírtelas por orden, oh excelentísimo Teófilo" (Lc. 1:3). Hechos también está dirigido a Teófilo, continuando donde quedó el Evangelio de Lucas.

No se sabe quién es Teófilo, aunque la alocución de Lucas a él como "excelentísimo" (Lc. 1:3) sugiere que era un funcionario romano (cp. Hch. 24:3; 26:25). Tampoco se sabe si se trataba de un cristiano a quien Lucas instruía, o de un pagano a quien trataba de persuadir. Algunos han sostenido que el hombre era abogado de Pablo para su audiencia ante el emperador, pero eso también es especulación.

Lucas no escribe un relato completo de las tres primeras décadas de la Iglesia. Escogió, de manera selectiva, acontecimientos y personas que se ajustaban al propósito inspirado del autor. Sin embargo, fue un historiador muy preciso. Hechos muestra conocimiento de la ley romana y de los privilegios de los ciudadanos romanos, brinda los títulos correctos de varios gobernadores provinciales y describe, con exactitud, diversas ubicaciones geográficas. Tal exactitud convenció al arqueólogo británico del siglo XIX Sir William Ramsay, de que sus anteriores dudas acerca de Hechos estaban equivocadas. Él escribe:

> Me puedo preciar de haber emprendido esta investigación sin ningún prejuicio a favor de la conclusión a la que ahora intentaré justificar ante el lector. Por el contrario, mi primera opinión fue desfavorable porque la ingenuidad y aparente integridad de la teoría de Tübingen [que fechó a Hechos en el siglo II] en un tiempo me convenció mucho. Esto no afectó en ese entonces mi vida para investigar el tema de manera minuciosa; pero más recientemente me puse en contacto con el libro de *Hechos* como una autoridad en cuanto a topografía, antigüedades y la sociedad de Asia Menor. Poco a poco tuve en cuenta que la narrativa mostraba maravillosa verdad en varios detalles (*St. Paul the Traveller and the Roman Citizen* [San Pablo el viajero y ciudadano romano] [reimpresión, Grand Rapids: Baker, 1975], pp. 7-8. Cursivas en el original).

Eruditos más recientes han corroborado el punto de vista de Ramsay sobre la fiabilidad histórica de Hechos (cp. Guthrie, *Introducción al Nuevo Testamento,* pp. 354-55).

Lucas escribió en parte para recomendar el cristianismo al mundo romano. Dirige la atención hacia el elevado carácter de los cristianos y al hecho de que eran personas que respetaban la ley. También relata el trato favorable dado a los cristianos por parte de los funcionarios romanos (cp. 18:12ss; 19:31, 37; 25:25; 26:32; 27:3).

También deja claro al pueblo judío que el evangelio no era posesión exclusiva de ellos. Que era para todos los pueblos y que tampoco los gentiles debían primero volverse judíos a fin de llegar a ser cristianos (Hch. 15).

Pero el propósito principal de Lucas es mostrar la difusión del cristianismo, por medio del poder y la energía del Espíritu Santo, en todo el mundo romano (1:8).

BOSQUEJO

I. Jerusalén (1:1—8:4)
   A. Inicios de la iglesia (1:1—2:47)
   B. Expansión de la iglesia (3:1—8:4)
II. Judea y Samaria (8:5—12:25)
   A. Testimonio a los samaritanos (8:5-25)
   B. Conversión de un gentil (8:26-40)
   C. Conversión del apóstol a los gentiles (9:1-31)
   D. Testimonio a los gentiles (9:32—12:25)
III. Lo último de la tierra (13:1—28:31)
   A. Primer viaje misionero (13:1—14:28)
   B. El concilio en Jerusalén (15:1-35)
   C. Segundo viaje misionero (15:36—18:22)
   D. Tercer viaje misionero (18:23—21:16)
   E. El viaje a Roma (21:17—28:31)

Recursos para consumar la obra inconclusa de nuestro Señor

1

En el primer tratado, oh Teófilo, hablé acerca de todas las cosas que Jesús comenzó a hacer y a enseñar, hasta el día en que fue recibido arriba, después de haber dado mandamientos por el Espíritu Santo a los apóstoles que había escogido; a quienes también, después de haber padecido, se presentó vivo con muchas pruebas indubitables, apareciéndoseles durante cuarenta días y hablándoles acerca del reino de Dios. Y estando juntos, les mandó que no se fueran de Jerusalén, sino que esperasen la promesa del Padre, la cual, les dijo, oísteis de mí. Porque Juan ciertamente bautizó con agua, mas vosotros seréis bautizados con el Espíritu Santo dentro de no muchos días. Entonces los que se habían reunido le preguntaron, diciendo: Señor, ¿restaurarás el reino a Israel en este tiempo? Y les dijo: No os toca a vosotros saber los tiempos o las sazones, que el Padre puso en su sola potestad; pero recibiréis poder, cuando haya venido sobre vosotros el Espíritu Santo, y me seréis testigos en Jerusalén, en toda Judea, en Samaria, y hasta lo último de la tierra. Y habiendo dicho estas cosas, viéndolo ellos, fue alzado, y le recibió una nube que le ocultó de sus ojos. Y estando ellos con los ojos puestos en el cielo, entre tanto que él se iba, he aquí se pusieron junto a ellos dos varones con vestiduras blancas, los cuales también les dijeron: Varones galileos, ¿por qué estáis mirando al cielo? Este mismo Jesús, que ha sido tomado de vosotros al cielo, así vendrá como le habéis visto ir al cielo. (1:1-11)

La obra de Jesucristo se encuentra a la vez conclusa e inconclusa. Su gran labor de ofrecer redención está consumada y no se le puede añadir nada (cp. Jn. 17:4). Sin embargo, su obra de ministerio y proclamación aún no ha concluido. Él únicamente la empezó. Junto con los otros Evangelios, **el primer tratado** compuesto por Lucas para **Teófilo** (el Evangelio de Lucas) registra **todas las cosas que Jesús** ***comenzó*** **a hacer y a enseñar** durante su vida en la tierra. El resto del Nuevo Testamento describe la continuación de su obra por medio de la iglesia primitiva, la que aún estamos terminando nosotros hasta que Él venga.

La obra de redención de Cristo ha terminado y la obra de evangelización, por parte de la Iglesia, empieza. Hechos narra las etapas iniciales y las características de esa obra inconclusa, y establece la ruta que la Iglesia debe seguir hasta el final.

Cuando el libro de Hechos empieza, se realiza una importante transición. Durante el ministerio de nuestro Señor en la tierra, la obra de predicar y enseñar la hizo Él personalmente mientras entrenaba a sus discípulos. Ahora es el momento de pasar esa responsabilidad a los apóstoles, antes de ascender al Padre. La carga de proclamar el arrepentimiento y las buenas nuevas de perdón a un mundo perdido recaerá directamente sobre los hombros de ellos. Los apóstoles también serán responsables de enseñar, a la Iglesia, las verdades de la fe.

Desde un punto de vista puramente humano, los apóstoles no estaban listos para tal tarea. Había cosas que aún no comprendían. Su fe era débil, como lo evidencian las frecuentes reprimendas que les hacía el Señor (cp. Mt. 8:26; 14:31; 16:8; Lc. 12:28). Tampoco actuaron bien durante los acontecimientos traumáticos relacionados con el arresto y la crucifixión de Cristo. No solo fracasaron en su testimonio público, sino también en su lealtad privada y en su fe personal. Pedro, el líder reconocido del grupo, había negado de manera vehemente y profana incluso conocer a Jesús. La fe y el carácter espiritual del apóstol no fueron suficientemente fuertes como para soportar la provocación de una humilde criada (Mt. 26:69-70). Con excepción de Juan, todos los discípulos habían huido temiendo por sus vidas y no se hallaban por ninguna parte en el lugar de la crucifixión. Aunque Jesús había predicho explícitamente su resurrección, los discípulos se burlaron de los reportes iniciales de que la tumba estaba vacía (Lc. 24:11). Cuando Jesús se les apareció, los encontró escondidos tras puertas cerradas por temor a las autoridades judías (Jn. 20:19). Tomás, ausente en esa primera aparición, no creyó ni siquiera el testimonio de los otros diez apóstoles (Jn. 20:24-28). Solo una segunda aparición, y la invitación del Señor a que le tocara las heridas provocadas por la crucifixión, curó a Tomás de su escepticismo.

Era evidente que los mismos apóstoles carecían del entendimiento y el poder espiritual para cumplir el ministerio inconcluso de Jesús de evangelizar y edificar. Sin embargo, en estas últimas palabras para ellos antes de la ascensión, el Señor Jesucristo reitera (cp. Jn. 20:22) la promesa de que el Espíritu fortalecería a los apóstoles (y a todos los creyentes posteriores) con aquellos recursos necesarios para terminar la obra inconclusa del Salvador. Ellos necesitaban el correcto mensaje, la manifestación, el poder, el misterio, la misión y el motivo.

EL MENSAJE

En el primer tratado, oh Teófilo, hablé acerca de todas las cosas que Jesús comenzó a hacer y a enseñar, hasta el día en que fue recibido arriba, después

de haber dado mandamientos por el Espíritu Santo a los apóstoles que había escogido. (1:1-2)

Según se observó, **el primer tratado** se refiere al Evangelio de Lucas, que este escribió para **Teófilo** (ver la Introducción para más detalles). Ese **tratado** se centró en gran medida en la vida terrenal y el ministerio de nuestro Señor, revelando **todas las cosas que Jesús comenzó a hacer y a enseñar, hasta el día en que fue recibido arriba.** Desde el inicio de su ministerio terrenal hasta su ascensión, Jesús había instruido a sus discípulos tanto con hechos como con palabras. Los milagros de Él debían fortalecer la fe de ellos; las parábolas que dijo debían clarificarles verdades espirituales; las enseñanzas que impartió debían formularles la teología. Jesús les reveló la verdad que necesitaban para llevar a cabo la obra de Él.

Es lógico que quienes llevarían el mensaje de Cristo al mundo debían saber cuál es ese mensaje. Debe haber una comprensión exacta del contenido de la verdad cristiana antes de que cualquier ministerio pueda ser eficaz. Tal conocimiento es fundamental para obtener el poder espiritual y cumplir la misión de la Iglesia. Su ausencia es insuperable y devastadora para el propósito evangelístico de Dios.

El apóstol Pablo se preocupaba tanto de esto que fue básico en su deseo hacia todos los creyentes. En Efesios 1:18-19*a* oró así: "Alumbrando los ojos de vuestro entendimiento, para que sepáis cuál es la esperanza a que él os ha llamado, y cuáles las riquezas de la gloria de su herencia en los santos, y cuál la supereminente grandeza de su poder para con nosotros los que creemos".

A los filipenses les escribió: "Esto pido en oración, que vuestro amor abunde aun más y más en ciencia y en todo conocimiento, para que aprobéis lo mejor, a fin de que seáis sinceros e irreprensibles para el día de Cristo" (Fil. 1:9-10).

La oración de Pablo por los colosenses expresa, de forma elocuente, su anhelo de que todos los creyentes sean maduros en conocimiento:

> *Por lo cual también nosotros, desde el día que lo oímos, no cesamos de orar por vosotros, y de pedir que seáis llenos del conocimiento de su voluntad en toda sabiduría e inteligencia espiritual, para que andéis como es digno del Señor, agradándole en todo, llevando fruto en toda buena obra, y creciendo en el conocimiento de Dios; fortalecidos con todo poder, conforme a la potencia de su gloria, para toda paciencia y longanimidad (Col. 1:9-11).*

En 2 Timoteo 2:15, Pablo encargó a Timoteo: "Procura con diligencia presentarte a Dios aprobado, como obrero que no tiene de qué avergonzarse, que usa bien la palabra de verdad". Luego encargó a su hijo en la fe que enseñara sana doctrina a otros (cp. 1 Ti. 4:6, 11, 16; 6:2*b*, 3, 20, 21; 2 Ti. 1:13, 14; 2:2; 3:16, 17; 4:1-4).

El escritor de Hebreos reprendió la ignorancia de la verdad en algunos de sus lectores: "Porque debiendo ser ya maestros, después de tanto tiempo, tenéis necesidad de que se os vuelva a enseñar cuáles son los primeros rudimentos de las palabras de Dios; y habéis llegado a ser tales que tenéis necesidad de leche, y no de alimento sólido" (He. 5:12).

Desde luego que el simple conocimiento objetivo no tenía poder para salvar a esos hebreos, o a cualquier otra persona, a menos que se lo creyera y se lo apropiara. En Mateo 23:2-3, Jesús advirtió del peligro de imitar a los fariseos hipócritas: "En la cátedra de Moisés se sientan los escribas y los fariseos. Así que, todo lo que os digan que guardéis, guardadlo y hacedlo; mas no hagáis conforme a sus obras, porque dicen, y no hacen". Jesús establece el patrón de coherencia en conducta y proclamación porque, como observó Lucas, Él **comenzó** tanto **a hacer** como **a enseñar**. El Señor vivía a la perfección la verdad que enseñaba.

Pablo pidió a los creyentes que, por medio de su manera de vivir, expresaran "la sana doctrina" que les había enseñado. Él escribió: "Presentándote tú en todo como ejemplo de buenas obras; en la enseñanza mostrando integridad, seriedad... palabra sana e irreprochable... mostrándose fieles en todo, para que en todo adornen la doctrina de Dios nuestro Salvador" (Tit. 2:7, 8, 10). Evangelizar es decir a las personas que Dios salva del pecado. Lo que adorna ese mensaje, o lo hace creíble, es una vida santa que demuestre claramente que Dios puede salvar del pecado. Es contraproducente proclamar el mensaje de salvación del pecado mientras se lleva una vida pecaminosa. El mensajero debe manifestar el poder del mensaje que está proclamando. Jesús predicaba justicia y la vivía a la perfección. Nosotros debemos predicar el mismo mensaje y esforzarnos por vivir tan perfectamente como podamos.

Dos factores principales contribuyen a la falta de poder en la Iglesia de hoy. Primero, muchos ignoran la verdad bíblica. Segundo, quienes logran conocer la verdad bíblica muy a menudo no viven de acuerdo a ella. Proclamar un mensaje erróneo es trágico, pero también lo es anunciar la verdad sin mostrar mucha evidencia de que esta verdad haya transformado la vida de quien la anuncia. Tales personas no pueden esperar que otros sean conmovidos por lo que proclaman. El ejemplar predicador del siglo XIX, Robert Murray McCheyne dio las siguientes palabras de advertencia a un joven aspirante a ministro:

> No olvides la cultura del hombre interior, me refiero al corazón. Con qué diligencia el oficial de caballería mantiene su sable limpio y afilado; toda mancha la restriega con el mayor de los cuidados. Recuerda que tú eres la espada de Dios, su instrumento... confío en que un vaso escogido lleve el nombre de Él. En gran medida, según la pureza y la perfección del instrumento, así será el éxito. No es a los grandes talentos a los que Dios bendice sino a la gran semejanza con Jesús. Un ministro santo

> es un arma terrible en la mano de Dios (Andrew A. Bonar, *Memoirs of McCheyne* [Memorias de McCheyne] [Chicago: Moody, 1978], p. 95).

Quienes vayan a ser eficaces en predicar, enseñar y evangelizar deben prestar atención a esas palabras. Sana doctrina apoyada por santidad de vida es esencial para todo aquel que ministra la Palabra.

Incluso después de su resurrección, Jesús siguió enseñando las realidades esenciales de su reino **hasta el día en que fue recibido arriba**, una referencia a su ascensión. (Lucas utiliza este término cuatro veces en este capítulo, vv. 2, 9, 11, 22). Ese día, que marcó el final del ministerio terrenal de nuestro Señor, había llegado. Como lo había predicado, Jesús estaba a punto de ascender al Padre (cp. Jn. 6:62; 13:1, 3; 16:28; 17:13; 20:17). Durante su ministerio había **dado mandamientos** a los apóstoles **por el Espíritu Santo**, quien a la vez era la fuente y el poder de su ministerio (cp. Mt. 4:1; 12:18, 28; Mr. 1:12; Lc. 3:22; 4:1, 14, 18). El ministerio de Jesús en el poder del Espíritu mostró el modelo para los creyentes. Estos, igual que los apóstoles, también deben obedecerle (cp. Mt. 28:19-20). El Espíritu Santo es la fuente de poder para el ministerio de los creyentes y les permite obedecer las enseñanzas de su Señor.

El verbo *entellō* (**dado mandamientos**) señala una orden (cp. Mt. 17:9), y hace hincapié en la fuerza de la verdad. Abarca una serie de mandatos para obedecer a Dios, así como amenazas al considerar las consecuencias de la desobediencia.

Aunque Jesús instruyó a miles de personas en sus días sobre la tierra, sus principales y constantes alumnos fueron **los apóstoles que había escogido**. Prepararlos para su ministerio fundacional fue el objetivo primordial de la enseñanza del Maestro. La calificación de ellos fue simplemente que el Señor los había elegido para salvación y servicio único (cp. Jn. 15:16). Él los salvó, comisionó, preparó, dotó y enseñó a fin de que pudieran ser testigos de la verdad y destinatarios de la revelación de Dios. Ellos establecieron el mensaje que los creyentes deben proclamar.

La importancia de esta instrucción en preparar a estos hombres para terminar la obra del Señor no puede exagerarse. Nuestro Señor estaba creando en ellos la enseñanza que más tarde se llamó "la doctrina de los apóstoles" (Hch. 2:42): la verdad organizada que estableció a la Iglesia.

La eficacia del ministerio de todo creyente depende, en gran medida, de un conocimiento claro y profundo de la Palabra. No asombra que Spurgeon expusiera:

> Podríamos predicar hasta que nuestra lengua se deteriore, hasta que agotemos nuestros pulmones y muramos, pero un alma no se convertirá a menos que el Espíritu Santo use la Palabra para convertirla. Así es bendecida para corroer el mismísimo corazón de la Biblia hasta que,

por fin, usted llegue a hablar en lenguaje bíblico y su espíritu esté condimentado con las palabras del Señor, de modo que su sangre sea "biblina" y la misma esencia de la Biblia fluya de usted (citado parcialmente en Richard Ellsworth Day, *The Shadow of the Broad Brim* [La sombra del ala ancha] [Philadelphia: Judson, 1943], p. 131).

LA MANIFESTACIÓN

A quienes también, después de haber padecido, se presentó vivo con muchas pruebas indubitables, apareciéndoseles durante cuarenta días y hablándoles acerca del reino de Dios. (1:3)

Los apóstoles no solo necesitaban el mensaje correcto sino también la confianza para proclamarlo, aunque esto les costara la vida. Difícilmente les pudo haber entusiasmado anunciar a un Cristo muerto y enfrentar el martirio por Él. Debían saber que estaba vivo y que cumpliría su promesa del reino. A fin de asegurar esa confianza necesaria, **después de haber padecido,** Jesús **se presentó vivo** ante ellos. Les ofreció **muchas pruebas indubitables** (cp. Jn. 20:30), tales como entrar a una habitación donde las puertas estaban cerradas (Jn. 20:19), mostrarles las heridas de su crucifixión (Lc. 24:39), y comer y beber con ellos (Lc. 24:41-43). Sin embargo, más convincente fue que Jesús estuviera **apareciéndoseles durante cuarenta días,** empezando con el día de su resurrección. El texto griego en realidad dice "a través de cuarenta días". Eso afirma que aunque Él no estaba continuamente con ellos, se les aparecía a intervalos. Aunque de ninguna manera completo, el resumen más extenso de esas apariciones se encuentra en 1 Corintios 15:5-8.

El resultado final de estas apariciones fue que los apóstoles se convencieron absolutamente de la realidad de la resurrección física de su Señor. Esa seguridad les dio la valentía para predicar el evangelio a las mismas personas que crucificaron a Cristo. La transformación de los apóstoles de escépticos temerosos y cobardes a testigos poderosos y audaces es prueba potente de la resurrección.

Ha habido muchas sugerencias sobre el contenido de la enseñanza del Señor durante los cuarenta días. Los religiosos místicos sostenían que Él impartió a los apóstoles el conocimiento secreto que caracterizaba al gnosticismo. Muchos en la iglesia primitiva creían que el Señor les enseñó a los creyentes acerca del mandato de la Iglesia (F. F. Bruce, *The Book of the Acts* [El libro de Hechos] [Grand Rapids: Eerdmans, 1971], pp. 33-34). Sin embargo, Lucas acalla todas las especulaciones cuando revela que, durante este tiempo, el Señor estuvo **hablándoles acerca del reino de Dios.** Les enseñó más verdad relacionada con el dominio del gobierno divino sobre los corazones de los creyentes. Ese tema, frecuente durante el ministerio terrenal del Señor Jesucristo (cp. Mt. 4:23;

9:35; 10:7; 13:1ss; Mr. 1:15; Lc. 4:43; 9:2; 17:20ss; Jn. 3:3ss), ofreció una prueba adicional a los discípulos de que realmente se trataba de Él.

El Señor quería que ellos supieran que la crucifixión no anulaba el reino milenial prometido (cp. Is. 2:2; 11:6-12; Dn. 2:44; Zac. 14:9). Sin duda, los apóstoles tuvieron dificultad en creer en ese reino después de la muerte del Rey. La resurrección cambió todo eso y, desde ese momento en adelante, proclamaron a Jesucristo como Rey sobre un reino invisible y espiritual (cp. Hch. 17:7; Col. 1:13; 1 Ti. 1:17; 6:15; 2 Ti. 4:1; 2 P. 1:11; Ap. 11:15; 12:10; 17:14; 19:16). El reino se manifestará en su plenitud en la Segunda Venida. En ese momento, nuestro Señor reinará personalmente en la tierra por mil años.

No obstante, el **reino de Dios** (el reino donde Él gobierna, o la esfera de salvación) abarca mucho más que el reino milenial. Tiene dos aspectos básicos: el reino universal y el reino mediatorial (para un estudio detallado de esos dos aspectos véase Alva J. McClain, *The Greatness of the Kingdom* [La grandeza del reino] [Grand Rapids: Zondervan, 1959]; para un análisis más detallado del reino, véase *Matthew* 8—15, MacArthur New Testament Commentary [Chicago: Moody, 1987], pp. 348-51).

El reino universal se refiere al gobierno soberano de Dios sobre toda su creación. Salmos 103:19 declara: "Jehová estableció en los cielos su trono, y su reino domina sobre todos". Otros pasajes que describen el reino universal incluyen 1 Crónicas 29:11-12; Salmos 10:16; 29:10; 45:6; 59:13; 145:13; y Daniel 4:34; 6:26 (cp. Ro. 13:1-7).

El reino mediatorial se refiere al gobierno espiritual de Dios y a la autoridad sobre su pueblo en la tierra a través de mediadores divinamente elegidos. A través de Adán, y después los patriarcas, Moisés, Josué, los jueces, los profetas y los reyes de Israel y Judá, Dios reveló su voluntad y medió su autoridad a su pueblo. Con el final de la monarquía de Israel comenzó la época de los gentiles. Durante ese período, que durará hasta la Segunda Venida de Cristo, Dios media su gobierno espiritual sobre los corazones de los creyentes a través de la Iglesia (Hch. 20:25; Ro. 14:17; Col. 1:13). Lo hace por medio de la Palabra y del Cristo vivo (Gá. 2:20). La fase final del reino mediatorial y espiritual dominará la tierra en la forma del reino milenial, que se creará después del regreso de Cristo. Durante ese período de mil años, el Señor Jesucristo reinará personalmente en la tierra, ejerciendo control soberano sobre la creación y sobre todos los hombres. Al final del milenio, con la destrucción de todos los rebeldes, el reino espiritual se fusionará con el reino universal (1 Co. 15:24), y llegarán a ser uno mismo.

Entonces durante la era de la Iglesia, Dios interviene en el gobierno de su reino por medio de creyentes en quienes habita el Espíritu Santo y obedecen la Palabra. Por eso Pedro llama a los creyentes "linaje escogido, real sacerdocio, nación santa" (1 P. 2:9).

Hoy en día, Jesucristo no se manifiesta de manera física y visible a los creyentes. Él le dijo a Tomás: "Porque me has visto, Tomás, creíste; bienaventurados los que no vieron, y creyeron" (Jn. 20:29), mientras Pedro escribió: "A quien amáis sin haberle visto, en quien creyendo, aunque ahora no lo veáis, os alegráis con gozo inefable y glorioso" (1 P. 1:8). Sin embargo, la manifestación del Señor no es menos real para nosotros (cp. Col. 1:29). Tal comunión personal con el Salvador resucitado y exaltado es esencial para consumar su obra inconclusa del ministerio.

EL PODER

Y estando juntos, les mandó que no se fueran de Jerusalén, sino que esperasen la promesa del Padre, la cual, les dijo, oísteis de mí. Porque Juan ciertamente bautizó con agua, mas vosotros seréis bautizados con el Espíritu Santo dentro de no muchos días... pero recibiréis poder, cuando haya venido sobre vosotros el Espíritu Santo, (1:4-5, 8*a*)

Después de recibir el mensaje y de presenciar la manifestación de Cristo resucitado, los apóstoles pudieron ser tentados a suponer que estaban listos para ministrar en sus propias fuerzas. A fin de evitar ese error, Jesús, **estando juntos, les mandó que no se fueran de Jerusalén** (cp. Lc. 24:49). Para ellos, quienes sin duda estaban entusiasmados y ansiosos por comenzar, esa debió haber sido una orden extraña. Sin embargo, ilustra un punto importante: toda la preparación y el entrenamiento que el conocimiento y la experiencia pueden traer son inútiles sin el poder apropiado. El poder tenía que acompañar a la verdad.

Para asegurarse de que los apóstoles no solo estaban motivados sino facultados divinamente para su misión, Jesús les ordenó **que esperasen la promesa del Padre.** Esa promesa, reiterada durante el ministerio terrenal del Señor (cp. Lc. 11:13; 24:49; Jn. 7:39; 14:16, 26; 15:26; 16:7; 20:22), era que les sería enviado el Espíritu Santo (cp. Hch. 2:33). La promesa de Dios se cumpliría exactamente diez días después en el día de Pentecostés.

Los apóstoles, al igual que todos los creyentes de todas las dispensaciones, sabían del Espíritu Santo y habían probado su acción. Cuando Jesús los envió en un viaje de predicación les afirmó: "No sois vosotros los que habláis, sino el Espíritu de vuestro Padre que habla en vosotros" (Mt. 10:20; cp. Lc. 12:12). En Juan 14:17, Jesús comentó a los apóstoles: "El Espíritu de verdad... mora con vosotros, y estará en vosotros". Al igual que otros creyentes en la antigua economía, ellos experimentaron el poder del Espíritu para salvación y vida, como también para ocasiones especiales en el ministerio. En la nueva economía, inaugurada en Pentecostés, el Espíritu moraría en ellos de manera permanente y los facultaría en una forma única.

Aunque esta promesa del poder fue principalmente para los apóstoles (como lo fue la promesa de revelación e inspiración en Jn. 14:26), también prevé secundariamente que el poder habilitador del Espíritu se daría a todos los creyentes (cp. Hch. 8:14-16; 10:44-48; 19:1-7). La promesa general estaba en el núcleo de las profecías del Antiguo Testamento relacionadas con el nuevo pacto. Ezequiel 36:25-27 registra la promesa de Dios para todo aquel que entra al nuevo pacto: "Esparciré sobre vosotros agua limpia, y seréis limpiados de todas vuestras inmundicias; y de todos vuestros ídolos os limpiaré. Os daré corazón nuevo, y pondré espíritu nuevo dentro de vosotros; y quitaré de vuestra carne el corazón de piedra, y os daré un corazón de carne. Y pondré dentro de vosotros mi Espíritu". Habría de venir una plenitud del Espíritu en alguna manera única al nuevo pacto y para todos los creyentes. Pero también habría una unción especial para los apóstoles.

Una extraordinaria comparación en este sentido de la promesa es el bautismo de Jesucristo. Era obvio que nuestro Señor estaba en perfecto acuerdo y compañerismo con el Espíritu Santo, pero la Biblia anuncia que en el momento de su bautismo "el cielo se abrió, y descendió el Espíritu Santo sobre él en forma corporal, como paloma" (Lc. 3:21-22). Esto fue emblemático de la plenitud del poder que Él recibiría del Espíritu para realizar su obra terrenal. Un capítulo después Lucas escribe que Jesús estaba "lleno del Espíritu Santo" (4:1). Cuando Él habló en la sinagoga de Nazaret comenzó dando testimonio de la extraordinaria activación del Espíritu, diciendo: "El Espíritu del Señor está sobre mí, por cuanto me ha ungido para dar buenas nuevas a los pobres; me ha enviado a sanar a los quebrantados de corazón; a pregonar libertad a los cautivos, y vista a los ciegos; a poner en libertad a los oprimidos; a predicar el año agradable del Señor" (Lc. 4:18-19). Lucas 5:17 sugiere la misma fuente del poder sanador de Jesús.

Otros recibieron tal unción para un servicio extraordinario, como Zacarías, el padre de Juan el Bautista, quien por ese poder profetizó (Lc. 1:67-79). En todos estos casos, el Espíritu Santo vino con una en plenitud especial a fin de que un ministerio extraordinariamente poderoso tuviera lugar.

Jesús define, además, la promesa del Padre para ellos como lo que **oísteis de mí** (cp. Jn. 14:16-21; 15:26; 20:22). Las subsiguientes palabras de nuestro Señor, **porque Juan ciertamente bautizó con agua, mas vosotros seréis bautizados con el Espíritu Santo dentro de no muchos días,** recuerdan la declaración de Juan el Bautista en Juan 1:33: "El que me envió a bautizar con agua, aquél me dijo: Sobre quien veas descender el Espíritu y que permanece sobre él, ése es el que bautiza con el Espíritu Santo". La promesa debía cumplirse, y los discípulos serían **bautizados con el Espíritu Santo dentro de no muchos días**, diez para ser exactos. Jesús prometió que después de su partida enviaría al Espíritu (Jn. 16:7).

A pesar de las afirmaciones de muchos, la experiencia de los apóstoles y de los primeros discípulos no es la norma de los creyentes de hoy. Ellos recibieron preparación del Espíritu Santo para sus deberes especiales, y también el bautismo general y común con el Espíritu Santo en forma poco común, posterior a la conversión. Todos los creyentes desde el inicio de la Iglesia tienen la orden de ser llenos del Espíritu (Ef. 5:18) y de caminar en el Espíritu (Gá. 5:25). Pero a estos primeros apóstoles y creyentes se les dijo que esperaran, mostrando el cambio que se produjo en la era de la Iglesia. Ellos estuvieron en el período de transición asociado con el nacimiento de la Iglesia. En la época actual, el bautismo por Cristo a través del Espíritu Santo tiene lugar para todos los creyentes en la conversión. En ese momento, cada uno entra al cuerpo de Cristo (1 Co. 12:13). En ese instante, el Espíritu también hace morada permanente en el alma de la persona convertida, por lo que no existe tal cosa como un cristiano que aún no tenga el Espíritu Santo (Ro. 8:9; cp. 1 Co. 6:19-20).

El bautismo con el Espíritu Santo no es un privilegio especial para algunos creyentes, y las Escrituras no retan ni exhortan a buscarlo. Tampoco es responsabilidad de ellos prepararse para ese bautismo orando, suplicando, aguardando o usando cualquier otro medio. El verbo traducido **seréis bautizados** indica que el bautismo por Jesucristo con el Espíritu es una actividad totalmente divina. Viene, igual que la salvación, por medio de la gracia, no por esfuerzo humano. Tito 3:5-6 declara: "Nos salvó, no por obras de justicia que nosotros hubiéramos hecho, sino por su misericordia, por el lavamiento de la regeneración y por la renovación en el Espíritu Santo, el cual derramó en nosotros abundantemente por Jesucristo nuestro Salvador". Dios derrama, de manera soberana, el Espíritu Santo en aquellos que salva.

La presencia, la guía y el poder del Espíritu eran absolutamente esenciales para que los apóstoles fueran eficaces en continuar la obra inconclusa del Señor. Ellos ya habían experimentado salvación, orientación, enseñanza y poder milagroso del Señor. Se les prometió: **recibiréis** el **poder,** que era lo que necesitarían para ministrar después que el **Espíritu Santo** viniera sobre ellos.

Poder es traducción de *dunamis*, de donde se deriva la palabra castellana "dinamita". Todos los creyentes tienen en ellos dinamita espiritual para el uso de dones, servicio, compañerismo y testimonio. Deben experimentar la liberación de ese poder en sus vidas al no contristar al Espíritu por medio del pecado (Ef. 4:30), y estar continuamente llenos y controlados por el Espíritu (Ef. 5:18). Lo último se lleva a cabo cuando a cada momento los creyentes le ceden el control de sus vidas, que es lo mismo que ceder sus mentes a la Palabra (Col. 3:16). El resultado de ser llenos con el Espíritu lo expresa la oración de Pablo en Efesios 3:16, 20: "Que [Dios] os dé, conforme a las riquezas de su gloria, el ser fortalecidos con poder en el hombre interior por su Espíritu... Y a Aquel que es poderoso para hacer todas las cosas mucho más abundantemente de lo que pedimos o entendemos, según el poder que actúa en nosotros". (Para un análisis completo de la llenura del Espíritu, véase *Comentario MacArthur del Nuevo Testamento: Efesios* [Grand Rapids: Portavoz, 2002]).

EL MISTERIO

Entonces los que se habían reunido le preguntaron, diciendo: Señor, ¿restaurarás el reino a Israel en este tiempo? Y les dijo: No os toca a vosotros saber los tiempos o las sazones, que el Padre puso en su sola potestad; (1:6-7)

Un componente paradójico de los recursos para continuar el ministerio del Señor era algo que los creyentes no conocían ni podían averiguar. Los apóstoles hablaron de la ferviente esperanza de su nación en que el Mesías vendría a ocuparse de su reino terrenal. A menudo, Jesús les enseñó proféticamente acerca del futuro (Mt. 13:40-50; 24, 25; Lc. 12:36-40; 17:20-37; 21:5-36). Lo que **le preguntaron** de modo entusiasta, **Señor, ¿restaurarás el reino a Israel en este tiempo?** es, por tanto, perfectamente comprensible. Después de todo, aquí estaba el Mesías resucitado hablándoles acerca de su reino. Ellos no conocían ninguna razón para que el reino no se pudiera establecer de inmediato, puesto que la obra mesiánica señalaba que el final de la era había llegado. Se debe recordar que el intervalo entre las dos venidas del Mesías no se enseñó explícitamente en el Antiguo Testamento. Los discípulos en el camino a Emaús se desilusionaron en gran manera porque Jesús no redimió a Israel ni estableció su reino (Lc. 24:21). Además, los apóstoles sabían que Ezequiel 36 y Joel 2 relacionaban la venida del reino con el derramamiento del Espíritu que Jesús les acababa de prometer. Es comprensible que esperaran que la llegada del reino fuera inminente. Sin duda fue para este reino que habían esperado desde la primera vez que se unieron a Jesús. Habían experimentado una espiral de esperanza y duda que ahora sentían que podría acabar.

Sin embargo, Jesús rápidamente los devuelve a la realidad. A ellos no les correspondía **saber los tiempos o las sazones, que el Padre puso en su sola potestad.** Las Escrituras enseñan muchas cosas acerca del gobierno terrenal y glorioso de Jesucristo en su reino, pero no el momento exacto de su establecimiento. **Tiempos** (*kairos*) se refiere a características, particularidades de épocas, y sucesos. Dios, **en su sola potestad,** ha determinado todos los aspectos del futuro y el reino. Pero en lo que respecta a los hombres, esa sigue siendo una de "las cosas secretas" que "pertenecen a Jehová nuestro Dios" (Dt. 29:29). Lo único que los creyentes pueden saber es que el reino será establecido en la Segunda Venida (Mt. 25:21-34). Sin embargo, el tiempo de la Segunda Venida permanece como algo secreto (Mr. 13:32).

Que Jesús no niegue la expectativa de los apóstoles de un reino literal y terrenal en que participe Israel es muy significativo. Muestra que el entendimiento que tenían del reino prometido era correcto, excepto por el tiempo de su llegada. Si se equivocaban respecto a un punto tan crucial en la enseñanza del reino de Jesús, que Él no los corrigiera sería desconcertante y engañoso. Una explicación más probable es que la expectativa de los apóstoles de un reino literal y terrenal reflejaba la propia enseñanza del Señor y el plan de Dios revelado claramente en el Antiguo Testamento.

Puesto que no se puede saber el tiempo de su venida y que el Señor podría regresar en cualquier momento (cp. 1 Ts. 5:2), los creyentes deben estar constantemente listos. Todos deben recordar la solemne advertencia del Señor en Marcos 13:33-37:

> *Mirad, velad y orad; porque no sabéis cuándo será el tiempo. Es como el hombre que yéndose lejos, dejó su casa, y dio autoridad a sus siervos, y a cada uno su obra, y al portero mandó que velase. Velad, pues, porque no sabéis cuándo vendrá el señor de la casa; si al anochecer, o a la medianoche, o al canto del gallo, o a la mañana; para que cuando venga de repente, no os halle durmiendo. Y lo que a vosotros digo, a todos lo digo: Velad.*

Tal vigilancia y anticipación continuas a través de todas las generaciones de creyentes que esperan el regreso de Jesús ha servido como verdadero incentivo para vivir con urgencia y ministrar con pasión.

LA MISIÓN

Me seréis testigos en Jerusalén, en toda Judea, en Samaria, y hasta lo último de la tierra. (1:8*b*)

En lugar de entrar en especulaciones inútiles sobre el tiempo de la venida del reino, los apóstoles debían centrarse en el trabajo pendiente. **Testigos** son aquellos que ven algo y lo cuentan a otros. Una vez presencié un intento de asesinato. Cuando testifiqué en la corte quisieron saber tres aspectos: lo que vi, oí y sentí. Recordé 1 Juan 1:1-2, donde el apóstol escribe: "Lo que era desde el principio, lo que hemos oído, lo que hemos visto con nuestros ojos, lo que hemos contemplado, y palparon nuestras manos tocante al Verbo de vida... hemos visto, y testificamos, y os anunciamos". Un testigo de Jesucristo es simplemente alguien que cuenta la verdad acerca de Él. Los apóstoles, como Pedro señala, vieron con sus "propios ojos su majestad" (2 P. 1:16).

Este fue el objetivo principal para el cual vino el poder del Espíritu Santo. Y la iglesia primitiva fue tan eficaz que trastornó "el mundo entero" (Hch. 17:6). Jesús ordena a todos los creyentes ser testigos de la Gran Comisión: "Id, y haced discípulos a todas las naciones, bautizándolos en el nombre del Padre, y del

Hijo, y del Espíritu Santo; enseñándoles que guarden todas las cosas que os he mandado; y he aquí yo estoy con vosotros todos los días, hasta el fin del mundo" (Mt. 28:19-20).

Fueron tantos los cristianos que sellaron su testimonio con su propia sangre que *marturēs* (**testigos**) llegó a significar "mártires". Su sangre, como declaró Tertuliano, teólogo del siglo II, se convirtió en la semilla de la Iglesia. Muchos se sintieron atraídos a la fe en Cristo al observar cómo los cristianos enfrentaban la muerte con calma y alegría.

Da la sensación de que los creyentes ni siquiera eligen ser **testigos** o no. *Son* testigos, y la única pregunta es cuán eficaz es su testimonio. Si la Iglesia ha de alcanzar al mundo perdido con las buenas nuevas del evangelio, he aquí la orden para los creyentes: "Santificad a Dios el Señor en vuestros corazones, y estad siempre preparados para presentar defensa con mansedumbre y reverencia ante todo el que os demande razón de la esperanza que hay en vosotros" (1 P. 3:15). Tito 2 indica que en la manera en que los cristianos viven yace la plataforma de integridad y credibilidad en que se construye el testimonio personal eficaz. En ese texto, Pablo escribe que debemos vivir de tal modo "que la palabra de Dios no sea blasfemada" (v. 5), "que el adversario se avergüence, y no tenga nada malo que decir de vosotros" (v. 8), y "que en todo adornen la doctrina de Dios nuestro Salvador" (v. 10), a fin de que podamos hacer posible que el evangelio salvador llegue a todos de forma cautivadora.

Comenzando en **Jerusalén,** los apóstoles llevaron a cabo el mandato del Señor. Su testimonio se extendió más allá hasta **toda Judea** y **Samaria** (la región vecina) y, finalmente, **hasta lo último de la tierra.** El versículo 8 provee el esquema general para el libro de Hechos. Siguiendo ese esquema, Lucas narra la irresistible marcha del cristianismo desde Jerusalén, dentro de Samaria, y luego a través del mundo romano. A medida que el libro avanza, nos moveremos por esas tres secciones de la expansión de la Iglesia.

Este comienzo debía alterar, de manera dramática, el curso de la historia y la difusión del mensaje del evangelio ha continuado más allá de Hechos hasta alcanzar toda la tierra. Los creyentes de hoy siguen teniendo la responsabilidad de ser testigos de Cristo por todo el mundo. La esfera para testificar es tan extensa como lo es el reino: todo el mundo. Esa fue y es la misión para la Iglesia hasta que Jesús venga.

EL MOTIVO

Y habiendo dicho estas cosas, viéndolo ellos, fue alzado, y le recibió una nube que le ocultó de sus ojos. Y estando ellos con los ojos puestos en el cielo, entre tanto que él se iba, he aquí se pusieron junto a ellos dos varones con vestiduras blancas, los cuales también les dijeron: Varones galileos, ¿por qué estáis

mirando al cielo? Este mismo Jesús, que ha sido tomado de vosotros al cielo, así vendrá como le habéis visto ir al cielo. (1:9-11)

El Señor Jesucristo estaba a punto de partir para el cielo a fin de regresar a su antigua gloria (cp. Jn. 17:1-6). Antes de hacer eso dejó a los apóstoles con un dramático momento final que les dio una poderosa motivación para llevar a cabo la obra del Señor. Para asombro de ellos, Él **fue alzado, y le recibió una nube que le ocultó de sus ojos** (cp. vv. 2, 11, 22). Jesús, en su glorioso cuerpo resucitado, dejó este mundo por el reino del cielo a fin de ocupar su lugar en el trono a la diestra de Dios. De vuelta al Monte de los Olivos (Lc. 24:50), los estupefactos discípulos se quedaron **con los ojos puestos en el cielo, entre tanto que él se iba.** Para su mayor consternación, **se pusieron junto a ellos** ángeles descritos como **dos varones con vestiduras blancas.** Tales apariciones angelicales no eran extrañas (Gn. 18:2; Jos. 5:13-15; Mr. 16:5). Dos de ellas confirman como verídica la promesa del regreso de Cristo (cp. Jn. 8:17). Estos ángeles preguntaron a los desconcertados apóstoles: **Varones galileos, ¿por qué estáis mirando al cielo?** Los llamaron **varones galileos** porque todos los apóstoles (con excepción del traidor Judas) eran de esa región. La pregunta de los ángeles, **¿por qué estáis mirando al cielo?** indica más que curiosidad ante el milagro. La palabra traducida **mirando** indica contemplar de manera prolongada. En este caso se trata de una ojeada fija como si estuvieran perdiendo a alguien. La pregunta entonces es una suave reprensión para los apóstoles. No estaban perdiendo a Jesús, como temían. Quizás algunos de ellos recordaron la visión de Ezequiel, quien vio la gloria de Dios elevándose al cielo desde Israel (Ez. 10:18-19), y temieron que eso estuviera ocurriendo otra vez.

Los ángeles siguieron diciendo: **Este mismo Jesús, que ha sido tomado de vosotros al cielo, así vendrá como le habéis visto ir al cielo.** La promesa de Zacarías 14:4 sucederá, específicamente que el Mesías regresaría al Monte de los Olivos. Los ángeles resaltaron que **este** mismo **Jesús** que los apóstoles habían visto ascender iba a volver un día **como** lo habían visto **ir al cielo**. Regresará en su cuerpo glorificado, en las nubes (cp. Dn. 7:13; Mt. 24:30; 26:64; Ap. 1:7; 14:14), exactamente como en su ascensión.

Esto se convierte en un motivo convincente. Nadie sabe cuándo vendrá el Señor, pero todos deben vivir en anticipación de que podría ser durante su propia vida (cp. Ro. 13:12-14; 2 P. 3:14-18). La verdad de que Cristo regresará brinda un poderoso motivo para servirle. Pablo escribe: "Es necesario que todos nosotros comparezcamos ante el tribunal de Cristo, para que cada uno reciba según lo que haya hecho mientras estaba en el cuerpo, sea bueno o sea malo" (2 Co. 5:10). En Apocalipsis 22:12, el Señor Jesucristo declaró: "He aquí yo vengo pronto, y mi galardón conmigo, para recompensar a cada uno según sea su obra". Los creyentes deben servir fielmente a Cristo a la luz de su inminente regreso. En Apocalipsis 16:15, Jesús advirtió: "He aquí, yo vengo como ladrón. Bienaventurado el que vela, y guarda sus ropas, para que no ande desnudo, y vean su vergüenza" (cp. 1 Jn. 2:28).

La tarea de terminar la obra que Jesús comenzó, el deber de evangelizar al mundo perdido, es intimidante. Pero en su misericordia el Señor, desde el principio, ha provisto todos los recursos espirituales necesarios para cumplir esa tarea. Depende de cada creyente apropiarse de tales recursos y usarlos. "Me es necesario hacer las obras del que me envió, entre tanto que el día dura; la noche viene, cuando nadie puede trabajar" (Jn. 9:4).

Reemplazan al traidor **2**

Entonces volvieron a Jerusalén desde el monte que se llama del Olivar, el cual está cerca de Jerusalén, camino de un día de reposo. Y entrados, subieron al aposento alto, donde moraban Pedro y Jacobo, Juan, Andrés, Felipe, Tomás, Bartolomé, Mateo, Jacobo hijo de Alfeo, Simón el Zelote y Judas hermano de Jacobo. Todos éstos perseveraban unánimes en oración y ruego, con las mujeres, y con María la madre de Jesús, y con sus hermanos. En aquellos días Pedro se levantó en medio de los hermanos (y los reunidos eran como ciento veinte en número), y dijo: Varones hermanos, era necesario que se cumpliese la Escritura en que el Espíritu Santo habló antes por boca de David acerca de Judas, que fue guía de los que prendieron a Jesús, y era contado con nosotros, y tenía parte en este ministerio. Este, pues, con el salario de su iniquidad adquirió un campo, y cayendo de cabeza, se reventó por la mitad, y todas sus entrañas se derramaron. Y fue notorio a todos los habitantes de Jerusalén, de tal manera que aquel campo se llama en su propia lengua, Acéldama, que quiere decir, Campo de sangre. Porque está escrito en el libro de los Salmos: Sea hecha desierta su habitación, y no haya quien more en ella; y: Tome otro su oficio. Es necesario, pues, que de estos hombres que han estado juntos con nosotros todo el tiempo que el Señor Jesús entraba y salía entre nosotros, comenzando desde el bautismo de Juan hasta el día en que de entre nosotros fue recibido arriba, uno sea hecho testigo con nosotros, de su resurrección. Y señalaron a dos: a José, llamado Barsabás, que tenía por sobrenombre Justo, y a Matías. Y orando, dijeron: Tú, Señor, que conoces los corazones de todos, muestra cuál de estos dos has escogido, para que tome la parte de este ministerio y apostolado, de que cayó Judas por transgresión, para irse a su propio lugar. Y les echaron suertes, y la suerte cayó sobre Matías; y fue contado con los once apóstoles. (1:12-26)

Es una maravillosa y reconfortante verdad que nuestro Dios soberano y omnipotente obre su voluntad a través de los hombres. Su control providencial sobre los sucesos tiene en cuenta todos los hechos de las voluntades humanas, incluso aquellos que se le oponen tales como Amán, Herodes y Judas. La Biblia está llena de ejemplos de cómo Dios usa seres humanos para cumplir sus propósitos. Un ejemplo gráfico de este uso se puede observar en el excepcional grito de guerra del ejército de Gedeón: "¡Por la espada de Jehová y de Gedeón!" (Jue. 7:20). Dios hizo participar activamente a Gedeón en la ejecución de su soberana voluntad. En Éxodo usó una combinación de componentes a fin de separar el Mar Rojo y permitir que Israel lo cruzara: su propio poder sobrenatural, un viento del este, y el golpe de Moisés al agua con una vara.

Incluso en la obra redentora, Dios ha llamado a algunos hombres a participar de manera significativa y los ha usado en el desarrollo de todo el drama del reino de Dios. Después de su ministerio terrenal, el Señor Jesucristo eligió a los apóstoles para que establecieran la verdad divina y continuaran la obra de evangelizar al mundo. En Juan 15:16 les recordó: "No me elegisteis vosotros a mí, sino que yo os elegí a vosotros" (cp. Lc. 6:13; 1 Co. 12:28; Ef. 4:11). En Hechos 10:39-42, Pedro describió tanto la decisión soberana de Dios como la misión de los apóstoles:

> *Nosotros somos testigos de todas las cosas que Jesús hizo en la tierra de Judea y en Jerusalén; a quien mataron colgándole en un madero. A éste levantó Dios al tercer día, e hizo que se manifestase; no a todo el pueblo, sino a los testigos que Dios había ordenado de antemano, a nosotros que comimos y bebimos con él después que resucitó de los muertos. Y nos mandó que predicásemos al pueblo, y testificásemos que él es el que Dios ha puesto por Juez de vivos y muertos.*

Todavía hoy el llamado a predicar no es asunto de reclutamiento humano sino de encargo divino. Pablo escribió en Romanos 10:14-15: "¿Cómo, pues, invocarán a aquel en el cual no han creído? ¿Y cómo creerán en aquel de quien no han oído? ¿Y cómo oirán sin haber quien les predique? ¿Y cómo predicarán si no fueren enviados? Como está escrito: ¡Cuán hermosos son los pies de los que anuncian la paz, de los que anuncian buenas nuevas!". Demasiadas personas en nuestros días reclaman el derecho de ascender al lugar de predicación, pero sin haber sido llamados por Él. Son como los falsos profetas de la época de Jeremías, de quienes el Señor afirmó: "No envié yo aquellos profetas, pero ellos corrían; yo no les hablé, mas ellos profetizaban" (Jer. 23:21; cp. 23:32; 29:31).

Cuando el libro de Hechos comenzó, Jesús equipó a los apóstoles con los recursos necesarios para poner en marcha la consumación de la obra de reunir a los elegidos para el reino. Además de esos recursos quería estar seguro de que hombres adecuados participaran en llevar a cabo esa tarea. En consecuencia, se debía elegir un reemplazo para el traidor muerto, Judas Iscariote. El pasaje puede entenderse al clasificarlo en tres secciones: sumisión de los discípulos, suicidio de un discípulo y elección de un discípulo.

SUMISIÓN DE LOS DISCÍPULOS

Entonces volvieron a Jerusalén desde el monte que se llama del Olivar, el cual está cerca de Jerusalén, camino de un día de reposo. Y entrados, subieron al aposento alto, donde moraban Pedro y Jacobo, Juan, Andrés, Felipe, Tomás, Bartolomé, Mateo, Jacobo hijo de Alfeo, Simón el Zelote y Judas hermano de Jacobo. Todos éstos perseveraban unánimes en oración y ruego, con las mujeres, y con María la madre de Jesús, y con sus hermanos. En aquellos días Pedro se levantó en medio de los hermanos (y los reunidos eran como ciento veinte en número), y dijo: (1:12-15)

En su encargo final antes de la ascensión, Jesús había ordenado a los apóstoles que esperaran en Jerusalén el poder divino que recibirían en la venida del Espíritu Santo (Lc. 24:49; Hch. 1:4). Era necesario que esperaran porque Jesús había dejado claro que el Espíritu no se podía dar hasta que Él hubiera regresado al Padre (Jn. 16:7). A fin de cumplir la orden del Señor, los apóstoles **volvieron a Jerusalén desde el monte que se llama del Olivar, el cual está cerca de Jerusalén** (el lugar de su ascensión). Lucas añade la última frase en beneficio de Teófilo, quien sin duda no estaba familiarizado con la geografía palestina. **El monte que se llama del Olivar** es el Monte de los Olivos, que se eleva a la vista de Jerusalén frente al torrente de Cedrón hacia el este (cp. Zac. 14:4); más colina que montaña, se levanta casi ciento cincuenta metros sobre el suelo del torrente de Cedrón. Eso lo hace tan solo setenta metros más alto que la misma Jerusalén. Fue desde la parte trasera del monte, cerca de la pequeña aldea de Betania, que el Señor ascendió (Lc. 24:50). Es probable que se haya escogido ese sitio por su privacidad y cercanía a Jerusalén.

El **camino de un día de reposo** era la máxima distancia que se permitía viajar a alguien en el día de reposo bajo la ley rabínica; esta se había fijado en dos mil codos o, aproximadamente, un kilómetro (cp. Jos. 3:4). Según la tradición, tal distancia se deriva de los campamentos de Israel durante los cuarenta años de peregrinación por el desierto. Las tiendas más lejanas debían haber estado a dos mil codos del tabernáculo, aunque las Escrituras en ninguna parte especifican esa distancia. Puesto que el trabajo estaba prohibido en el día de reposo, lo más lejos que alguien debía viajar eran los dos mil codos hasta el tabernáculo para adorar. En consecuencia, el **camino de un día de reposo** se convirtió en sinónimo de dos mil codos.

Entrados en Jerusalén, los apóstoles **subieron al aposento alto, donde moraban.** Era común que las casas tuvieran habitaciones superiores que se usaban para una variedad de propósitos. Esta debió haber sido parte de una casa grande, ya que acomodó a ciento veinte personas (v. 15). Se desconoce su ubicación exacta. Es probable que fuera donde se celebró la última cena y donde Jesús se les había aparecido después de su resurrección. Algunos han identificado el lugar con la casa de la madre de Juan Marcos (cp. Hch. 12:12), pero esa identificación es incierta. En todo caso, no podría haber estado lejos de la puerta oriental de la ciudad. Un viaje de un día de reposo desde la parte posterior del Monte de los Olivos habría colocado a los apóstoles exactamente dentro de los muros de la ciudad.

Para entonces los apóstoles debieron haber adquirido una medida de valor a causa de sus encuentros con el Señor resucitado. Inmediatamente después de la crucifixión, ellos permanecieron aislados tras las puertas cerradas (Jn. 20:19). Sin embargo, ahora "estaban continuamente en el templo, alabando a Dios" (Lc. 24:53), y regresaban al aposento alto para tener reuniones ocasionales.

Los once apóstoles restantes, **Pedro y Jacobo, Juan, Andrés, Felipe, Tomás, Bartolomé, Mateo, Jacobo hijo de Alfeo, Simón el Zelote y Judas hermano de Jacobo** (también conocido como Tadeo, cp. Mt. 10:3; Mr. 3:18), se hallaban con otras personas; estas incluían **las mujeres, y María la madre de Jesús, y sus hermanos.** Entre **las mujeres** sin duda estaban María Magdalena, María la esposa de Cleofas, María y Marta, y Salomé, entre otras. Los **hermanos de Jesús** eran sus hermanos biológicos, los hijos propios de María y José. Marcos 6:3 menciona sus nombres como Jacobo [Santiago], José, Judas y Simón. Santiago y Judas ocupan un lugar destacado en el Nuevo Testamento. Santiago fue el primer jefe de la iglesia en Jerusalén (cp. Hch. 12:17; 15:13ss) y escribió la epístola que lleva su nombre. Judas escribió la epístola de Judas. Ellos se habían convertido después de su escepticismo inicial. Es más, solamente ocho meses antes de esto, Juan 7:5 registra que "ni aun sus hermanos creían en él [Jesús]". Sus conversaciones no se registran en la Biblia, pero podemos suponer que Santiago se convirtió cuando su "medio hermano" se le apareció después de la resurrección (1 Co. 15:7). Quizás fue por medio de los esfuerzos de Santiago que el resto de los hermanos del Señor llegaron a la fe. Sin importar dónde se realizaran sus conversiones, se volvieron devotos seguidores de Cristo, a quien habían reconocido como Señor, Dios y Salvador.

Muchas leyendas, mitos y dogmas incorrectos han surgido durante los siglos en relación con **María la madre de Jesús.** Al contrario de la devoción excesiva a ella en algunos sistemas religiosos, la Biblia nunca la exalta. Es más, esta es la última referencia a ella en las Escrituras; María no vuelve a aparecer en Hechos ni en ninguna de las epístolas. En Marcos 3:31-32, ella, junto con los hermanos de Jesús, intentaron adquirir algunos privilegios especiales basados en la relación terrenal que tuvieron con Él. Jesús replicó: "¿Quién es mi madre y mis hermanos? Y mirando a los que estaban sentados alrededor de él, dijo: He aquí mi madre y mis hermanos. Porque todo aquel que hace la voluntad de Dios, ése es mi hermano, y mi hermana, y mi madre" (Mr. 3:33-35). En otras palabras, la relación familiar terrenal con Él no les concedió ningún reconocimiento ni privilegios espirituales. Esa verdad se aplica especialmente a María en Lucas 11:27-28: "Mientras él decía estas cosas, una mujer de entre la multitud levantó la voz y le dijo: Bienaventurado el vientre que te trajo, y los senos que mamaste. Y él dijo: Antes bienaventurados los que oyen la palabra de Dios, y la guardan".

María fue una mujer de virtud singular, de lo contrario nunca se la habría elegido para ser la madre del Señor Jesucristo. Por ese papel merece respeto y honra (cp. Lc. 1:42). Pero ella era una pecadora que exaltó a Dios *su* Salvador. María se refirió a sí misma como una humilde sierva de Dios que necesitaba misericordia (cp. Lc. 1:46-50). Ofrecerle oraciones y elevarla a un papel como corredentora con Cristo es forzar los límites de las Escrituras y la propia confesión que ella hiciera. El silencio de las epístolas, que forman el núcleo doctrinal del Nuevo Testamento, en cuanto a María es especialmente significativo. De haber representado ella el papel importante en la salvación que la Iglesia Católica Romana le asigna, o si María debiera recibir oraciones como intercesora entre los creyentes y Cristo, sin duda el Nuevo Testamento lo habría explicado detalladamente. Tales enseñanzas católico romanas como el nacimiento virginal de María y la asunción en cuerpo al cielo no tienen ningún apoyo bíblico; son mentiras.

La elevación no bíblica de María tiene sus orígenes en el paganismo, y algunos se remontan a la torre de Babel y Semiramis la esposa de Nimrod. Ella, junto con su hijo Tamuz, servían de base para las muchas falsificaciones de culto a madre e hijo en la antigüedad. El sincretismo romano de tales creencias paganas con el cristianismo llevó al catolicismo a una enseñanza no bíblica respecto a María. (Para un estudio de la relación del culto pagano a madre e hijo en enseñanzas católicas romanas acerca de María, véase Alexander Hislop, *Las dos babilonias* [Bonita Springs, Fl.: Ransom Press International, 1998]).

Todos los reunidos en el aposento alto **perseveraban unánimes en oración y ruego.** El hecho de que **perseveraban** expresa la unidad espiritual que caracterizaba a la antigua comunión. **Unánimes** es una poderosa expresión que denota persistencia en la oración. Contrario a la opinión de algunos, ellos no pedían en oración el bautismo con el Espíritu Santo. No se les había dicho que oraran al respecto sino que lo esperaran, y los discípulos sabían que vendría pronto. La venida del Espíritu no requiere nuestras oraciones ni depende de estas sino de la promesa de Dios (ver el análisis de Hch. 2:1-13 en el capítulo 3 de esta obra). Ellos estaban orando porque estaban físicamente separados del Jesús ascendido, y la oración era el único medio que tenían de comunicarse con Él. Podrían haber estado pidiendo que el Señor volviera pronto y que mientras tanto les concediera todo lo que necesitaban para permanecer fieles. Este fue el inicio del patrón de oración ofrecido en el nombre de Jesús (cp. Jn. 14:13-14) y, por tanto, señala otra de las muchas transiciones históricas halladas en el libro de Hechos.

En algún momento no especificado durante los diez días de comunión y oración entre la ascensión y Pentecostés, **Pedro se levantó en medio de los hermanos** y comenzó a hablar. Lucas añade la nota en paréntesis de que los creyentes **reunidos** en el aposento alto **eran como ciento veinte en número.** De ese pequeño núcleo (tal vez además de unos pocos centenares más en Galilea) nació la Iglesia Cristiana. Muchos pastores estarían desanimados con tan pequeña congregación. Uno de tales hombres acudió a Charles Spurgeon y se quejó del pequeño tamaño de su congregación. La respuesta devastadora de Spurgeon fue que quizás el hombre tenía la cantidad suficiente de personas de las que podía ocuparse para dar cuenta en el día del juicio. Los ciento veinte reunidos en el aposento alto eran pocos en número pero habían calculado el precio y estaban dispuestos a tomar la cruz y seguir a su Señor. Creyeron totalmente en Él. Desde este modesto inicio, el cristianismo se extendió por todo el Imperio romano en un lapso sorprendentemente corto. A pesar de los repetidos intentos de acabar con el movimiento, al final este prevaleció y se convirtió en la fuerza dominante en la cultura occidental durante casi dos mil años.

En lugar de lanzarse por su cuenta, los discípulos esperaron con paciencia y sumisión que el Espíritu Santo llegara y les diera el poder que necesitaban. La historia posterior demuestra el efecto de esa paciencia.

SUICIDIO DE UN DISCÍPULO

y dijo: Varones hermanos, era necesario que se cumpliese la Escritura en que el Espíritu Santo habló antes por boca de David acerca de Judas, que fue guía de los que prendieron a Jesús, y era contado con nosotros, y tenía parte en este ministerio. Este, pues, con el salario de su iniquidad adquirió un campo, y cayendo de cabeza, se reventó por la mitad, y todas sus entrañas se derramaron. Y fue notorio a todos los habitantes de Jerusalén, de tal manera que aquel campo se llama en su propia lengua, Acéldama, que quiere decir, Campo de sangre. Porque está escrito en el libro de los Salmos: Sea hecha desierta su habitación, y no haya quien more en ella; y: Tome otro su oficio. (1:15-20)

El gozo de los reunidos fue atenuado por una reflexión triste: la trágica hipocresía y el suicidio de Judas. Como líder reconocido de los apóstoles, Pedro se hizo cargo. Algunos sin duda se preguntaban cómo la deserción de Judas calzaba en el plan de Dios, o cómo las palabras de Jesús en Mateo 19:28 se cumplirían ahora. En ese pasaje les prometió a sus apóstoles: "De cierto os digo que en la regeneración, cuando el Hijo del Hombre se siente en el trono de su gloria, vosotros que me habéis seguido también os sentaréis sobre doce tronos, para juzgar a las doce tribus de Israel". Pedro, bajo la inspiración del Espíritu Santo, actúa para disipar esas dudas y evitar posibles objeciones en cuanto a quién ocuparía el duodécimo trono.

Escritura se refiere a los pasajes citados en el versículo 20, ya en la mente de Pedro como él lo anticipa. El apóstol no estaba ofreciendo su propia opinión sino más bien afirmando un mensaje de parte de Dios. Como ocurre con todas las Escrituras proféticas, el vaticinio que estaba a punto de citar **era necesario que se cumpliese.** La Palabra de Dios es cierta y lo que Él predice sin duda debe ocurrir. En Salmos 115:3, el salmista escribe: "Nuestro Dios está en los cielos; todo lo que quiso ha hecho". Dios mismo agrega en Isaías 46:10: "Mi consejo permanecerá, y haré todo lo que quiero" (cp. Jos. 23:14; 1 R. 8:15, 20, 24). Isaías añadió que la palabra de Dios no vuelve vacía sino que siempre hace lo que Él quiere (55:11).

Pedro describió la Escritura que estaba a punto de citar como lo que **el Espíritu Santo había citado por boca de David.** Ninguna descripción más clara de inspiración se puede encontrar en alguna otra parte en las Escrituras. La Biblia fue escrita cuando "los santos hombres de Dios hablaron siendo inspirados por el Espíritu Santo" (2 P. 1:21). Pedro aseguró a sus oyentes que a pesar de la traición de Judas al actuar como **guía de los que prendieron a Jesús,** la palabra de Dios se estaba cumpliendo. La traición de Judas, en realidad, fue crucial para el plan del Soberano que la predijo en el Antiguo Testamento.

Aunque **era contado con** los apóstoles **y tenía parte en este ministerio,** evidentemente Judas nunca fue salvo. Jesús expresó esa realidad en Juan 6 cuando les dijo a los apóstoles: "Hay algunos de vosotros que no creen. Porque Jesús sabía desde el principio quiénes eran los que no creían, y quién le había de entregar... Jesús les respondió: ¿No os he escogido yo a vosotros los doce, y uno de vosotros es diablo? Hablaba de Judas Iscariote, hijo de Simón; porque éste era el que le iba a entregar, y era uno de los doce" (Jn. 6:64, 70-71; cp. 17:12). Judas fue colocado entre los apóstoles porque era esencial para él que traicionara a Jesús. Dios no obligó a Judas a esa traición contra la voluntad del hombre. Jesús incluso dijo de Judas que habría sido mejor que no hubiera nacido, debido a la decisión que tomó (Mt. 26:24; cp. Lc. 22:22). Más bien usó la malvada intención de Judas para lograr sus propios propósitos determinados (cp. Hch. 2:23).

Judas representa el más grande ejemplo de oportunidad desperdiciada en toda la historia. Había tenido el raro privilegio concedido solo a doce hombres de vivir y ministrar con Jesucristo, Dios encarnado, durante más de tres años. Tuvo la misma oportunidad convincente y abrumadora para llegar a la fe en Cristo como la tuvieron los once. Pero sus motivos para seguir a Jesús no fueron más que egoístas. Sin duda el hombre tenía la misma esperanza de los judíos comunes de que el Mesías liberaría a la nación del yugo de los romanos odiados. Cuando se hizo evidente que ese no era el plan de Jesús, y que Judas no tendría la riqueza y el poder que deseaba, decidió retirarse y salir con lo que pudiera salvar. Traicionar al Hijo de Dios encarnado ante las autoridades por una suma insignificante parecía una forma de obtener algún tipo de compensación. La codicia que evidenció por ese acto fue otro indicio de su malvado corazón. Había habido un anticipo de esta avaricia cuando, después de que María ungiera a Jesús con un costoso perfume, Judas exclamara indignado: "¿Por qué no fue este perfume vendido por trescientos denarios, y dado a los pobres?" (Jn. 12:5). La verdadera preocupación del traidor se hizo evidente por el comentario hiriente de Juan en el versículo 6: "Pero dijo esto, no porque se cuidara de los pobres, sino porque era ladrón, y teniendo la bolsa, sustraía de lo que se echaba en ella". Impulsado por frustración y codicia, el más trágico de todos los hombres desperdició invaluable privilegio, traicionó al Señor por treinta piezas de plata, y condenó su alma al infierno.

La infausta vida de Judas llegó al clímax condenatorio con el suicidio. En una declaración patética para beneficio de Teófilo y de nosotros, Lucas describe la escena: **Este, pues, con el salario de su iniquidad adquirió un campo, y cayendo de cabeza, se reventó por la mitad, y todas sus entrañas se derramaron. Y fue notorio a todos los habitantes de Jerusalén, de tal manera que aquel campo se llama en su propia lengua, Acéldama, que quiere decir, Campo de sangre.** Por supuesto que Judas en realidad no compró el campo en cuestión. Pero debido a que fue adquirido con el dinero que le pagaron los líderes judíos, Lucas se refiere a Judas como el comprador. Sintiendo culpa y remordimiento (pero no verdadero arrepentimiento) por haber traicionado al Señor inocente, Judas devolvió a las autoridades judías el dinero que había recibido (Mt. 27:3-8). Estas autoridades hipócritamente se negaron a conservar las monedas, porque era dinero de sangre. En lugar de eso, **con el salario de su iniquidad,** los líderes legalistas pero espiritualmente muertos adquirieron **un campo,** el que **todos los habitantes de Jerusalén** denominaron **Acéldama, que quiere decir, Campo de sangre**, puesto que fue comprado con dinero de sangre. El sitio tradicional para este campo es al sur de Jerusalén en el valle de Hinom, cerca de su intersección con el torrente de Cedrón. Puesto que la tierra allí es apta para usarse en cerámica, Mateo lo llama el campo del alfarero (B. Van Elderen, "Acéldama", en vol. 1 de *Zondervan Pictorial Encyclopedia of the Bible* [Enciclopedia pictórica Zondervan de la Biblia], editada por Merrill C. Tenney [Grand Rapids: Zondervan, 1977], pp. 94-95).

Mientras tanto, Judas, abrumado por su conciencia acusadora, se suicidó. Mateo registra que se ahorcó (Mt. 27:5), mientras que Lucas escribe aquí que **cayendo de cabeza, se reventó por la mitad, y todas sus entrañas se derramaron.** El relato de Lucas complementa al de Mateo y no lo contradice. Es evidente que el árbol que Judas escogió daba a un precipicio. O se rompió la cuerda o la rama, o el nudo no logró sostener el peso del cuerpo. Entonces el hombre cayó a una muerte espantosa sobre las rocas abajo. La imaginada escena se representa en un relieve de una catedral medieval, en que aparecen demonios jalando las piernas de Judas para acelerar su muerte.

Según se ha señalado, la torturada vida y muerte de Judas cumplieron las profecías del Antiguo Testamento. Pedro indica que la felonía de Judas en su traición, su muerte y su reemplazo fue profetizada por David en los Salmos. Salmos 55:12-15 predice, con claridad, la traición. Salmos 69:25 es la fuente de la profecía de la destitución del traidor: **Sea hecha desierta su habitación, y no haya quien more en ella.** Salmos 109:8 promete el reemplazo del traidor: **Tome otro su oficio.** Todas esas citas están en contextos que señalan la época de la muerte del Mesías, y el Espíritu Santo afirma claramente que hablan de Judas. Pedro está usando la prueba más convincente, las Escrituras, para asegurar a sus oyentes que tanto la deserción de Judas como la decisión de reemplazarlo formaban parte del plan de Dios.

ELECCIÓN DE UN DISCÍPULO

Es necesario, pues, que de estos hombres que han estado juntos con nosotros todo el tiempo que el Señor Jesús entraba y salía entre nosotros, comenzando desde el bautismo de Juan hasta el día en que de entre nosotros fue recibido arriba, uno sea hecho testigo con nosotros, de su resurrección. Y señalaron a dos: a José, llamado Barsabás, que tenía por sobrenombre Justo, y a Matías. Y orando, dijeron: Tú, Señor, que conoces los corazones de todos, muestra cuál de estos dos has escogido, para que tome la parte de este ministerio y apostolado, de que cayó Judas por transgresión, para irse a su propio lugar. Y les echaron suertes, y la suerte cayó sobre Matías; y fue contado con los once apóstoles. (1:21-26)

Algunos han sostenido que Pedro y los apóstoles se equivocaron al elegir un reemplazo para Judas. Conjeturan que Pablo fue elegido realmente por el Señor como el duodécimo apóstol. Ya que solo habrá doce tronos en el reino (Mt. 19:28), el duodécimo debe ser para el más grande de los apóstoles, Pablo. Sin embargo, nada en este pasaje indica que esta acción esté equivocada. Es inconcebible que el Señor permitiera un error tan crucial en un cargo también crucial en el mismo inicio de su Iglesia. ¿Por qué tomarse la molestia de proporcionar a los apóstoles todos los recursos apropiados, y luego permitir que eligieran al hombre equivocado? Jesucristo eligió a Matías tan ciertamente como escogió a los otros once. Y aunque Pablo de ninguna manera es inferior a los doce, no fue uno de ellos. Por su propio testimonio, "en nada he sido menos que aquellos grandes apóstoles, aunque nada soy" (2 Co. 12:11). Él fue un apóstol único. La misión de los doce era principalmente para la nación de Israel, mientras que Pablo fue el apóstol enviado a los gentiles (Ro. 11:13).

Pedro inicia el proceso de selección enumerando los requisitos para el sucesor de Judas. Este debió haber **estado** junto con los apóstoles **todo el tiempo que**

el Señor Jesús entraba y salía entre ellos, **comenzando desde el bautismo de Juan hasta el día en que de entre nosotros fue recibido arriba.** El elegido debía haber sido testigo de todo el ministerio terrenal del Señor, desde la creación de tal ministerio con el bautismo de Jesús, hasta que culminó en la ascensión. Cabe señalar que Pablo no cumple esa exigencia.

El segundo requisito era que el elegido hubiera sido **testigo con** los otros once **de** la **resurrección** del Señor. Debió ver al Cristo resucitado, ya que la resurrección era tema central de la predicación apostólica (cp. Hch. 2:24, 32; 3:15; 5:30; 10:40; 13:30, 33, 34, 37). Todos los apóstoles debieron ser testigos presenciales del Señor resucitado.

Dos hombres cumplían estos requisitos: **José, llamado Barsabás, que tenía por sobrenombre Justo, y Matías.** Nada se sabe de cada uno de ellos; no aparecen más en las Escrituras. Sabiendo que la tercera calificación para un apóstol era que este debía ser escogido por el Señor, los reunidos **orando, dijeron: Tú, Señor, que conoces los corazones de todos, muestra cuál de estos dos has escogido, para que tome la parte de este ministerio y apostolado, de que cayó Judas por transgresión, para irse a su propio lugar.** La última frase es una declaración sorprendente y preocupante. Judas, y todos los demás que van al infierno, pertenecen a allí; este es el **lugar** de su **propia** elección. El lugar les pertenece ¡y ellos pertenecen al lugar!

El hecho de que los apóstoles oraran porque el Señor eligiera el reemplazo de Judas ofrece una prueba más de que la elección de Matías no fue una equivocación. El Señor pudo haberles contestado las oraciones diciéndoles que esperaran, para luego añadir a Pablo a las filas de los doce, si ese hubiera sido su plan.

Después de orar, **les echaron suertes,** un método aceptado en el Antiguo Testamento para determinar la voluntad de Dios. Proverbios 16:33 declara: "La suerte se echa en el regazo; mas de Jehová es la decisión de ella" (cp. Lv. 16:8ss; Nm. 26:55ss; Jos. 7:14; 1 S. 10:20; 14:41ss; Pr. 18:18). Esa es la última aparición de tal costumbre en las Escrituras, ya que la venida del Espíritu Santo la hacía innecesaria. El Señor realizó su elección, **y la suerte cayó sobre Matías; y fue contado con los once apóstoles.** El nombre **Matías** significa "regalo de Dios", y eso fue él para los apóstoles y la iglesia primitiva.

Con la elección de Matías para reemplazar al traidor Judas se terminó la preparación de la iglesia; se proveyó el recurso final. Ahora todo estaba listo para el nacimiento de la Iglesia en el día de Pentecostés.

El bautismo en el Espíritu Santo

3

Cuando llegó el día de Pentecostés, estaban todos unánimes juntos. Y de repente vino del cielo un estruendo como de un viento recio que soplaba, el cual llenó toda la casa donde estaban sentados; y se les aparecieron lenguas repartidas, como de fuego, asentándose sobre cada uno de ellos. Y fueron todos llenos del Espíritu Santo, y comenzaron a hablar en otras lenguas, según el Espíritu les daba que hablasen. Moraban entonces en Jerusalén judíos, varones piadosos, de todas las naciones bajo el cielo. Y hecho este estruendo, se juntó la multitud; y estaban confusos, porque cada uno les oía hablar en su propia lengua. Y estaban atónitos y maravillados, diciendo: Mirad, ¿no son galileos todos estos que hablan? ¿Cómo, pues, les oímos nosotros hablar cada uno en nuestra lengua en la que hemos nacido? Partos, medos, elamitas, y los que habitamos en Mesopotamia, en Judea, en Capadocia, en el Ponto y en Asia, en Frigia y Panfilia, en Egipto y en las regiones de África más allá de Cirene, y romanos aquí residentes, tanto judíos como prosélitos, cretenses y árabes, les oímos hablar en nuestras lenguas las maravillas de Dios. Y estaban todos atónitos y perplejos, diciéndose unos a otros: ¿Qué quiere decir esto? Mas otros, burlándose, decían: Están llenos de mosto. (2:1-13)

El segundo capítulo de Hechos señala un momento decisivo en la historia del reino de Dios. Una nueva fase del plan redentor se desenvuelve cuando la Iglesia nace. En el capítulo 1 los discípulos debieron esperar la llegada del Espíritu Santo; en el capítulo 2 el Espíritu viene. En el capítulo 1 fueron preparados, en el 2 recibieron poder. En el capítulo 1 fueron retenidos; en el 2 fueron enviados. En el capítulo 1 el Salvador ascendió; en el 2 el Espíritu descendió. Las promesas del Señor Jesucristo dadas en el capítulo 1 (1:5, 8) se cumplen cuando los creyentes reunidos en el aposento alto reciben la maravillosa promesa del Padre.

El plan redentor eterno de Dios comenzó a revelarse en la historia humana en el huerto del Edén después del pecado del hombre. En Génesis 3:15 Dios prometió un salvador, quien un día iba a redimir a la humanidad de los efectos de ese pecado. La revelación continuó a través de la era patriarcal, más allá de la promulgación de la ley mosaica, hasta una colina en las afueras de Jerusalén llamada Calvario. Allí el encarnado Hijo de Dios entregó su vida por los pecados del mundo. Después de resucitar victorioso sobre el pecado y la muerte, Jesús prometió enviar al Espíritu Santo para que morara en los creyentes. Según hemos visto, ese acontecimiento necesario debió esperar hasta la ascensión de Jesús hacia el Padre. Juan 7:37-39 declara:

> *En el último y gran día de la fiesta, Jesús se puso en pie y alzó la voz, diciendo: Si alguno tiene sed, venga a mí y beba. El que cree en mí, como dice la Escritura, de su interior correrán ríos de agua viva. Esto dijo del Espíritu que habían de recibir los que creyesen en él; pues aún no había venido el Espíritu Santo, porque Jesús no había sido aún glorificado.*

Aunque la integración de los redimidos en el reino de Dios ha continuado desde la caída, la venida del Espíritu establece el inicio de la exclusiva era de la Iglesia. Que habría una época intermedia entre las dos venidas del Mesías no estaba profetizado en el Antiguo Testamento. Tampoco se había predicho la unidad de judíos y gentiles en un cuerpo. Pablo llamó un misterio a esa idea en Efesios 3:3-10. La palabra "iglesia" se traduce de *ekklēsia*, que significa "los escogidos". La iglesia es la novia de Cristo; las ramas de la Vid; la manada del Buen Pastor; el reino del amado Hijo de Dios; la casa de Dios, que consta de sus hijos adoptados; un templo espiritual, del cual Jesucristo es la piedra angular; sin embargo, y de manera única, el cuerpo de Cristo.

Dentro del cuerpo hay una unidad, ya que todos están habitados por Jesucristo y todos poseen el mismo Espíritu (Ro. 8:9). En Gálatas 3:28, Pablo escribió: "Ya no hay judío ni griego; no hay esclavo ni libre; no hay varón ni mujer; porque todos vosotros sois uno en Cristo Jesús" (cp. 1 Co. 12:13).

Este pasaje describe el nacimiento de la Iglesia mediante la venida del Espíritu el día de Pentecostés. Se resume en evidencia de la venida del Espíritu, efecto de la venida del Espíritu y explicación de la venida del Espíritu.

EVIDENCIA DE LA VENIDA DEL ESPÍRITU

Cuando llegó el día de Pentecostés, estaban todos unánimes juntos. Y de repente vino del cielo un estruendo como de un viento recio que soplaba, el cual llenó toda la casa donde estaban sentados; y se les aparecieron lenguas repartidas, como de fuego, asentándose sobre cada uno de ellos. Y fueron todos llenos del Espíritu Santo, y comenzaron a hablar en otras lenguas, según el Espíritu les daba que hablasen. (2:1-4)

Los acontecimientos de la vida, muerte y resurrección de Cristo, según Pablo, no se hicieron en ningún rincón silencioso (Hch. 26:26) sino a campo abierto delante de toda la gente. Lo mismo se podría decir del nacimiento de la Iglesia. No comenzó de manera confusa en algún lugar apartado. Al contrario, nació con un hecho asombroso y dramático en el mismo centro de Jerusalén.

La llegada del **día de Pentecostés** encontró a los creyentes **todos unánimes juntos,** sin duda en el mismo aposento alto descrito en 1:13. Como ya se señaló, esa habitación estaba situada justo en el interior de la puerta oriental, tal vez en la vecindad del templo. No había motivo para restringir todo a los doce apóstoles; se incluyó a toda la congregación de ciento veinte creyentes (1:15).

Fue en el **día de Pentecostés** que la programación soberana de Dios requería que el Espíritu descendiera. Cabe señalar que el Espíritu no fue inducido a venir debido a que los creyentes oraran, permanecieran allí, o cumplieran ciertos requisitos espirituales. El relato de Lucas señala únicamente la oportuna soberanía de Dios como la causa del descenso del Espíritu.

Pentecostés significa "quincuagésimo". Es el nombre del Nuevo Testamento para fiesta de las semanas (Éx. 34:22-23), o de la Cosecha (Éx. 23:16), que se celebraba cincuenta días después de la Pascua. En el judaísmo posterior al exilio también se celebraba la promulgación de la Ley de Moisés. La venida del Espíritu en ese día estuvo vinculada al patrón de fiestas en el Antiguo Testamento.

La programación redentora de Dios en el Nuevo Testamento se representa en las fiestas de Levítico 23. La primera gran fiesta mencionada en ese capítulo es la Pascua. La muerte del cordero pascual representaba la muerte de Jesucristo, el último Cordero de Pascua (1 Co. 5:7). Una segunda fiesta era la de los Panes sin Levadura, celebrada el día posterior a la Pascua. Durante esta fiesta se hacía una ofrenda de los primeros frutos de la cosecha de granos. Levítico 23:15 ordena que esa ofrenda debía entregarse al día siguiente del día de reposo. Los saduceos y los fariseos diferían en cuanto a qué era el día de reposo. Los saduceos lo interpretaban como el sábado semanal y de ahí que la ofrenda de grano siempre sería en domingo. Los fariseos interpretaban el día de reposo como el primer día de la fiesta de los panes sin levadura. Según esa interpretación, la ofrenda del grano siempre caía en el mismo día del mes pero no en el mismo día de la semana. Hasta la destrucción del templo en el 70 d.C., la interpretación de los saduceos fue normativa para el judaísmo (F. F. Bruce, *The Book of the Acts* [El libro de Hechos] [Grand Rapids: Eerdmans, 1971], p. 53 n. 3). Por tanto, el día que se ofrecían las primicias habría sido domingo. Eso provee una imagen apta de la resurrección del Señor Jesucristo como "primicias de los que durmieron" (1 Co. 15:20).

Cincuenta días después del primer domingo posterior a la Pascua se celebraba la fiesta de Pentecostés (Lv. 23:15ss). En Pentecostés se hacía otra ofrenda de los primeros frutos (Lv. 23:20). Para completar el círculo del típico cumplimiento de las fiestas, el Espíritu vino en Pentecostés como las primicias de la herencia de los creyentes (cp. 2 Co. 5:5; Ef. 1:13-14). Más aún, quienes se unieron a la Iglesia ese día constituyeron los primeros frutos de la cosecha total de creyentes por venir. Entonces Dios envió al Espíritu en Pentecostés siguiendo el patrón de Levítico 23, no en respuesta a ninguna actividad humana.

Lucas describe este acontecimiento diseñado soberanamente llevándonos al aposento alto, donde los creyentes estaban congregados. **Y de repente vino del cielo un estruendo como de un viento recio que soplaba.** El uso de Lucas de la frase **de repente** resalta el elemento sorpresa. Aunque los creyentes sabían que la venida del Espíritu era inminente (cp. 1:5), no obstante fueron tomados por sorpresa. Lo mismo se aplicará cuando el Señor regrese a la tierra. Los creyentes sabrán por las señales que su venida es inminente. Sin embargo, Él vendrá de manera inesperada, como ladrón en la noche (1 Ts. 5:2; cp. Mt. 24:44). Aquellos reunidos en el aposento alto no pudieron haber esperado las dramáticas señales que acompañaron la venida del Espíritu.

Al describir el **estruendo** como algo que emanaba **del cielo,** Lucas destaca que esta fue una acción sobrenatural. Que no fue un fenómeno climático, un **viento recio que soplaba** es notorio por el uso del término **como.** La actividad sobrenatural de Dios se encuentra tan totalmente fuera del alcance de los seres humanos que los escritores de la Biblia debieron emplear símiles para describir a los hombres tales manifestaciones divinas (cp. Ez. 43:2; Ap. 1:15).

Tanto en hebreo como en griego, las palabras para viento y espíritu son la misma. Viento se usa frecuentemente como imagen del Espíritu (cp. Ez. 37:9ss; Jn. 3:8). Aunque el sonido del viento celestial pudo haber atraído a la muchedumbre que pronto se agolpó, la presencia del Espíritu **llenó** solamente **la casa donde** los creyentes **estaban sentados.** Solo ellos recibieron el prometido bautismo en el Espíritu (Hch. 1:4-5; 11:15-17). Que estuvieran **sentados** brinda otra prueba de que no estaban orando por la venida del Espíritu. De pie y de rodillas eran las posiciones para la oración. Después de la manifestación auditiva de la llegada del Espíritu llegó una visual (cp. Lc. 3:22). **Se les aparecieron lenguas repartidas, como de fuego, asentándose sobre cada uno de ellos.** Que estas llamas no eran de **fuego** literal, más de lo que el viento era aire que se movía, se deduce por el uso de las palabras **como de.**

Algunas personas han tratado de vincular el **fuego** aquí con el de Mateo 3:11. Sin embargo, como señala el contexto de ese pasaje, el fuego que se ve allí es el fuego del juicio eterno (cp. Mt. 3:12). Que las **lenguas** se asentaran **sobre cada uno de ellos** muestra que todos los que estaban presentes recibieron al Espíritu en ese momento. Esta fue una obra uniforme y soberana de Dios colectivamente en todos los presentes, no algo que buscaron de manera individual. En ese instante, por el bautismo en el Espíritu, todos ellos se hicieron parte de un cuerpo espiritual: el cuerpo de Cristo.

Ser **llenos del Espíritu Santo** debe distinguirse de ser bautizados con el

Espíritu. El apóstol Pablo define con gran detalle el bautismo con el Espíritu como esa acción de Cristo por la cual coloca a los creyentes dentro de su cuerpo (Ro. 6:4-6; 1 Co. 12:13; Gá. 3:27). En contraste con mucha enseñanza errada hoy en día, el Nuevo Testamento en ninguna parte ordena a los creyentes buscar el bautismo con el Espíritu. Esta es una acción soberana, única e irrepetible de parte de Dios, y no es más una experiencia de lo que son sus compañeros: la justificación y la adopción. Aunque algunos erróneamente ven el bautismo con el Espíritu como la iniciación en las filas de la élite espiritual, nada puede estar más lejos de la verdad. El propósito del bautismo con el Espíritu no es dividir el cuerpo de Cristo sino unificarlo. Pablo escribió a los corintios que por el bautismo con el Espíritu "fuimos todos bautizados en un cuerpo" (1 Co. 12:13; cp. Gá. 3:26-27; Ef. 4:4-6).

A diferencia del bautismo con el Espíritu, ser llenos con el Espíritu es una experiencia que debe ser continua. Aunque lleno inicialmente el día de Pentecostés, Pedro fue lleno otra vez en Hechos 4:8. Muchas de las mismas personas llenas con el Espíritu en Hechos 2, de nuevo fueron llenas en Hechos 4:31. Hechos 6:5 describe a Esteban como un "varón lleno de fe y del Espíritu Santo", pero Hechos 7:55 registra otra vez su llenura. Pablo estuvo lleno con el Espíritu en Hechos 9:17 y de nuevo en Hechos 13:9.

Aunque no hay mandato en la Biblia para ser bautizados con el Espíritu, a los creyentes se les ordena estar llenos con el Espíritu (Ef. 5:18). La construcción gramatical de ese pasaje indica que los creyentes deben estar continuamente llenos con el Espíritu. Quienes estarían llenos con el Espíritu primero deben vaciarse de sí mismos. Eso implica confesión de pecado y morir al egoísmo y a la voluntad personal. Ser lleno con el Espíritu es practicar de manera consciente la presencia del Señor Jesucristo y tener la mente saturada con la Palabra de Dios. Colosenses 3:16-25 delinea los resultados de dejar que "la palabra de Cristo more en abundancia" en nosotros, y son los mismos que resultan de la llenura del Espíritu (Ef. 5:19-33). Cuando en todo momento los creyentes someten sus decisiones de vida al control de Dios, andan "en el Espíritu" (Gá. 5:16). (Para mayor información sobre la llenura con el Espíritu, véase *Comentario MacArthur del Nuevo Testamento: Efesios* [Grand Rapids: Editorial Portavoz, 2002]). El bautismo en el Espíritu concede el poder que libera la llenura del Espíritu. (Para mayor información sobre la diferencia entre el bautismo y la llenura del Espíritu, véase mi libro *Los carismáticos* [El Paso: Casa Bautista de Publicaciones, 1995], cap. 7).

Después de estar **llenos del Espíritu Santo,** los congregados en el aposento **comenzaron a hablar en otras lenguas, según el Espíritu les daba que hablasen.** Ha habido mucho debate en años recientes sobre lo que significa **hablar en otras lenguas.** Sin embargo, el texto no es ambiguo. Lejos de ser expresiones de éxtasis, las **lenguas** habladas el día de Pentecostés fueron lenguas conocidas. El término *glōssa* es la palabra para lengua, y el contexto no permite otra interpretación (cp. el estudio de los vv. 8-11 a continuación).

A diferencia de muchas de las enseñanzas de hoy, recibir la habilidad de hablar en idiomas no está asociado aquí con el bautismo en el Espíritu, sino con la llenura del Espíritu. Tampoco hablar en idiomas es la respuesta normal a ser llenos con el Espíritu. Hechos 4:8, 31; 6:5; 7:55; 9:17; y 13:9 registran ejemplos en que hablar en lenguas no acompañaron la llenura con el Espíritu. Pablo enseñó que la llenura del Espíritu debe dar lugar a muchas cosas como adoración, gratitud, amor, sumisión y obediencia, pero no hablar en lenguas (Ef. 5:18ss).

Pablo declara el propósito de hablar en lenguas en 1 Corintios 14:21-22: debía ser una señal para el Israel incrédulo. Si bien eso fue cierto por un lado, por otro lado las lenguas fueron vínculos dados para mostrar que judíos, gentiles y samaritanos eran todos iguales en la Iglesia (Hch. 15:8-9). Los samaritanos recibieron el Espíritu Santo en Hechos 8:14-19. Aunque no hay referencia a hablar en lenguas, por la reacción de Simón, es probable que esa fuera una señal sobrenatural evidente (cp. vv. 18-19). Hechos 10:44-47 describe que los gentiles en la casa de Cornelio recibieron el Espíritu. Que hablaran en lenguas convenció a los judíos creyentes, así como a Pedro, de que los gentiles también habían recibido el Espíritu (cp. vv. 45, 47). El último grupo que habló en lenguas fueron discípulos de Juan el Bautista a quienes Pablo encontró en Éfeso (Hch. 19:1-7). Estos estaban entre los últimos remanentes de santos del Antiguo Testamento que ahora llegaban a la fe en Cristo. Se les dio la habilidad de hablar en lenguas para demostrar su total igualdad con judíos, samaritanos y gentiles en la Iglesia. Cada caso describe una transición única e histórica. Ninguna enseñanza doctrinal se puede establecer hoy en día de esos incidentes.

Que el verdadero don bíblico de lenguas ya no existe se desprende de las siguientes líneas de evidencia. Primero, se trata de un don milagroso, y la era de los milagros terminó con la muerte de los apóstoles (He. 2:3-4). Es significativo que aparte de Hechos los milagrosos dones del Espíritu solo se mencionen en la temprana epístola de 1 Corintios. En cartas posteriores como Efesios, Romanos y 1 Pedro se hablan de dones espirituales, pero no hace mención de lo milagroso.

A diferencia de mucha enseñanza de hoy, el propósito del don de lenguas no fue la edificación de los creyentes. Según se indicó, las lenguas fueron una señal de juicio para el Israel incrédulo (1 Co. 14:21-22), y demostraban que la Iglesia incluiría personas de toda nación y lengua. El don de lenguas fue, por tanto, una señal de la transición entre el antiguo y el nuevo pacto, una transición que se completó hace casi dos mil años.

Después de cumplir su propósito, el don de lenguas salió del escenario, exactamente como 1 Corintios 13:8 afirma que ocurriría. El hecho lo confirma la historia de la Iglesia. Hablar en lenguas era desconocido desde el final de la era apostólica hasta el inicio de este siglo, excepto en grupos herejes. (Para mayor información sobre hablar en lenguas, véase mi libro *Los carismáticos* [El Paso, Tx.: Casa Bautista de Publicaciones, 1995], y *Comentario MacArthur del Nuevo Testamento: Primera Corintios* [Grand Rapids: Editorial Portavoz, 2003]).

A quienes hablaron en lenguas en Pentecostés no se les debió enseñar cómo hacerlo mediante la lectura de un libro, la asistencia a un seminario, o la preparación por parte de otra persona. Tampoco debieron desarrollar el don mediante práctica repetitiva por su cuenta. Al contrario, hablaron **según el Espíritu les daba que hablasen.** Él estaba en control total de la situación. Ellos simplemente recibieron lo que el Espíritu les dio.

La evidencia de la venida del Espíritu fue inconfundible. Manifestó su presencia a los oídos, los ojos y las bocas de los creyentes. Pero no se detuvo allí. Su venida también tuvo un profundo efecto en la población de Jerusalén.

EFECTO DE LA VENIDA DEL ESPÍRITU

Moraban entonces en Jerusalén judíos, varones piadosos, de todas las naciones bajo el cielo. Y hecho este estruendo, se juntó la multitud; y estaban confusos, porque cada uno les oía hablar en su propia lengua. Y estaban atónitos y maravillados, diciendo: Mirad, ¿no son galileos todos estos que hablan? ¿Cómo, pues, les oímos nosotros hablar cada uno en nuestra lengua en la que hemos nacido? Partos, medos, elamitas, y los que habitamos en Mesopotamia, en Judea, en Capadocia, en el Ponto y en Asia, en Frigia y Panfilia, en Egipto y en las regiones de África más allá de Cirene, y romanos aquí residentes, tanto judíos como prosélitos, cretenses y árabes, les oímos hablar en nuestras lenguas las maravillas de Dios. (2:5-11)

Pentecostés era una de las tres fiestas principales del calendario judío, y se esperaba que la celebraran todos los varones hebreos en Jerusalén. En consecuencia, **moraban entonces en Jerusalén judíos** en la época de Pentecostés, **varones piadosos, de todas las naciones bajo el cielo.** Los que se tomaron la molestia de hacer el peregrinaje eran evidentemente **varones piadosos.** La frase **de todas las naciones bajo el cielo** es una expresión idiomática que significa "de muchas tierras", o de todas las naciones a donde se habían dispersados los judíos.

Cuando oyeron el **estruendo** del viento que soplaba (en lugar de los sonidos de las lenguas), **se juntó la multitud** en las inmediaciones del aposento alto. Lo que hallaron al llegar los dejó asombrados y **confusos, porque cada uno les oía hablar en su propia lengua.**

Las señales sobrenaturales tuvieron el efecto deseado, y la atención de la multitud se posó en Pedro y los demás. Lo que más los dejó **maravillados** fue que **todos** los que hablaban eran **galileos**. Eso fue impresionante para los sofisticados moradores de la ciudad, que veían a los galileos rurales como ignorantes y maleducados.

Cuando Felipe le contó emocionado a Natanael que había hallado al Mesías, Jesús de Nazaret (una ciudad de Galilea), Natanael replicó con desprecio: "¿De Nazaret puede salir algo de bueno?" (Jn. 1:45-46). El intento de Nicodemo de defender a Jesús recibió la respuesta desdeñosa: "¿Eres tú también galileo? Escudriña y ve que de Galilea nunca se ha levantado profeta" (Jn. 7:52).

La escena de los galileos supuestamente ignorantes que hablaban en tantas lenguas hizo exclamar a la muchedumbre: **¿Cómo, pues, les oímos nosotros hablar cada uno en nuestra lengua en la que hemos nacido?** Que esta comunicación sobrenatural se trataba de idiomas humanos conocidos, y no de palabras eufóricas, queda claro cuando se enumera la lista de las lenguas específicas. Los **partos** vivían en lo que es el Irán moderno. Nunca habían sido conquistados por los romanos y seguían siendo sus peores enemigos. Los **medos,** socios en imperio con los persas en la época de Daniel, ahora eran parte del Imperio parto. Los **elamitas** vivían en lo que ahora es el suroeste de Irán. Ellos también eran parte del Imperio parto. Los habitantes de **Mesopotamia** vivían entre los dos grandes ríos, el Tigris y el Éufrates (**Mesopotamia** significa "entre los ríos"). Los asirios y babilonios habían deportado grandes cantidades de israelitas a esa región. No todos habían regresado a Palestina en la época del decreto de Ciro (2 Cr. 36:22-23). **Judea** tal vez deba interpretarse en el sentido más amplio como toda la región que una vez controlaran David y Salomón.

Eso explicaría la ausencia de Siria de la lista. **Capadocia, Ponto y Asia, Frigia y Panfilia** eran todas regiones en Asia Menor con enorme población judía, igual que **Egipto,** particularmente en la ciudad de Alejandría. Fue en esa ciudad que se produjo la Septuaginta, la traducción griega del Antiguo Testamento. **Las regiones de África más allá de Cirene** estaban al oeste de Egipto en la costa africana del mar Mediterráneo. Josefo menciona una población judía en el lugar. Que hubiera allí judíos **romanos** y también gentiles **prosélitos** es prueba de la expulsión que les hiciera el emperador Claudio algunos años después (Hch. 18:2). Los **cretenses** eran de la isla de Creta, al sur de la costa griega. Los **árabes** eran judíos que vivían en el reino de los árabes nabateos, ubicados al sur de Damasco (cp. Gá. 1:17).

El contenido de estas lenguas está identificado por Lucas como **hablar las maravillas de Dios.** Tal costumbre era un elemento esencial de la vida y la adoración judía. Éxodo 15:11 declara: "¿Quién como tú, oh Jehová, entre los dioses? ¿Quién como tú, magnífico en santidad, terrible en maravillosas hazañas, hacedor de prodigios?" (cp. Is. 25:1). Esa alabanza también era un tema frecuente del libro de Salmos. Salmos 40:5 manifiesta: "Has aumentado, oh Jehová Dios mío, tus maravillas", mientras Salmos 77:11 añade: "Me acordaré de las obras de

JAH; sí, haré yo memoria de tus maravillas antiguas" (cp. Sal. 26:7; 78:4; 89:5; 96:3; 107:8, 21; 111:4).

Después de usar el sonido del viento para reunir a la multitud, el Espíritu los convence ahora de que estos creyentes en Jesucristo estaban dedicados a alabar al único Dios verdadero. Blasfemos, como muchos creían que eran, no podían estar exaltando la grandeza de Dios. Toda esa recitación de lo que Dios había hecho preparó el camino para la proclamación que Pedro hiciera del evangelio, comenzando en el versículo 14. Las buenas nuevas de salvación en Jesucristo fue el punto culminante hacia el cual el Espíritu se estaba consolidando.

EXPLICACIÓN DE LA VENIDA DEL ESPÍRITU

Y estaban todos atónitos y perplejos, diciéndose unos a otros: ¿Qué quiere decir esto? Mas otros, burlándose, decían: Están llenos de mosto. (2:12-13)

Como habitualmente ocurre, al presentarse la verdad de Dios algunos en la multitud la aceptaron mientras otros la rechazaron. Los primeros **estaban todos atónitos y perplejos, diciéndose unos a otros: ¿Qué quiere decir esto?** Pronto entenderían cuando Pedro proclamara el evangelio en su sermón.

Al mismo tiempo **otros, burlándose, decían: Están llenos de mosto.** Al igual que los fariseos que oyeron las declaraciones de Jesús y vieron los milagros que las confirmaban, pero concluyeron que Él era del diablo (Mt. 12:24ss), estos burladores rechazaron la evidencia de que se trataba de una obra de Dios. En su lugar, propusieron la hipótesis ridícula de que los apóstoles estaban **llenos de mosto.** Trataron de encontrar una explicación convincente al milagro de hablar en lenguas como algarabía de borrachos. Trágicamente, este escepticismo tenía el propósito de endurecer por completo la oposición hacia el mensaje y los mensajeros (cp. 4:7ss; 5:17-18, 40; 7:58-60). No obstante, ninguna cantidad de oposición podría detener la obra de Dios que comenzó en Pentecostés.

El primer sermón cristiano— Primera parte Introducción: Explicación de Pentecostés

4

Entonces Pedro, poniéndose en pie con los once, alzó la voz y les habló diciendo: Varones judíos, y todos los que habitáis en Jerusalén, esto os sea notorio, y oíd mis palabras. Porque éstos no están ebrios, como vosotros suponéis, puesto que es la hora tercera del día. Mas esto es lo dicho por el profeta Joel: Y en los postreros días, dice Dios, derramaré de mi Espíritu sobre toda carne, y vuestros hijos y vuestras hijas profetizarán; vuestros jóvenes verán visiones, y vuestros ancianos soñarán sueños; y de cierto sobre mis siervos y sobre mis siervas en aquellos días derramaré de mi Espíritu, y profetizarán. Y daré prodigios arriba en el cielo, y señales abajo en la tierra, sangre y fuego y vapor de humo; el sol se convertirá en tinieblas, y la luna en sangre, antes que venga el día del Señor, grande y manifiesto; y todo aquel que invocare el nombre del Señor, será salvo. (2:14-21)

En un esfuerzo por captar el interés de las personas, la Iglesia de hoy hace énfasis en gran cantidad de programas, métodos y enfoques diferentes. Se han vuelto cada vez más populares actividades de grupos pequeños, predicación y reuniones de adoración "culturalmente relevantes" que resaltan música y drama. Psicología secular, técnicas de administración y estrategias de publicidad han logrado importantes avances en la vida de la Iglesia. Abundan los seminarios acerca de todo, desde cómo tener un buen matrimonio hasta cómo administrar dinero.

No todas estas cosas quizás sean perjudiciales. Algunas, en su justa medida, hasta podrían ser útiles. Pero lo que muy a menudo se ha sacrificado en medio del frenesí de actividades y programas es la prioridad de la predicación. Aunque algunos críticos modernos podrían mandarla al diablo, tal no ha sido la actitud de la Iglesia a lo largo de la historia humana, y empieza con la iglesia primitiva. El primer acontecimiento de la historia del cuerpo de Cristo, después de la venida de

Espíritu, fue el sermón de Pedro. Este produjo tres mil conversiones e inspiró a la Iglesia. El libro de Hechos es en gran medida el registro de la predicación apostólica. Predicar siempre se ha mantenido en el centro de la misión de la Iglesia.

Hechos 4:2 registra que las autoridades judías estaban molestas porque los apóstoles "enseñasen al pueblo, y anunciasen en Jesús la resurrección de entre los muertos". Y con audacia, "todos los días, en el templo y por las casas, no cesaban de enseñar y predicar a Jesucristo" (Hch. 5:42). Después de estallar la primera gran persecución de la Iglesia, "los que fueron esparcidos iban por todas partes anunciando el evangelio" (Hch. 8:4). Hechos 8 también registra la predicación de Felipe (vv. 5, 12), de Pedro y Juan (v. 25) a los samaritanos, y de Felipe al etíope eunuco (v. 35). Además describe el ulterior ministerio de predicación de Felipe (v. 40).

Después de su conversión, Pablo "en seguida predicaba a Cristo en las sinagogas, diciendo que éste era el Hijo de Dios" (Hch. 9:20). Hechos 11:20 describe el ministerio de los "varones de Chipre y de Cirene, los cuales, cuando entraron en Antioquía, hablaron también a los griegos, anunciando el evangelio del Señor Jesús". Durante todo el trayecto hasta el último versículo, Hechos registra que en la iglesia primitiva "predicaban el evangelio" (Hch. 14:7; cp. 10:42; 13:5, 32; 14:15, 21; 15:35; 16:10; 17:3, 13; 20:25; 28:31).

El hincapié de la iglesia primitiva en la predicación reflejaba la de nuestro Señor. Desde el mismo inicio de su ministerio, "comenzó Jesús a predicar, y a decir: Arrepentíos, porque el reino de los cielos se ha acercado" (Mt. 4:17). Marcos registra que "después que Juan fue encarcelado, Jesús vino a Galilea predicando el evangelio del reino de Dios" (Mr. 1:14). En Lucas 4:43 Jesús afirmó: "Es necesario que también a otras ciudades anuncie el evangelio del reino de Dios; porque para esto he sido enviado". Durante su ministerio, Jesús continuó predicando y enseñando (cp. Mt. 11:1; Mr. 1:38-39; Lc. 8:1; 20:1). Lucas 4:16-21 nos da una idea del punto de vista que el Señor tenía de su ministerio:

> *Vino a Nazaret, donde se había criado; y en el día de reposo entró en la sinagoga, conforme a su costumbre, y se levantó a leer. Y se le dio el libro del profeta Isaías; y habiendo abierto el libro, halló el lugar donde estaba escrito: El Espíritu del Señor está sobre mí, por cuanto me ha ungido para dar buenas nuevas a los pobres; me ha enviado a sanar a los quebrantados de corazón; a pregonar libertad a los cautivos, y vista a los ciegos; a poner en libertad a los oprimidos; a predicar el año agradable del Señor. Y enrollando el libro, lo dio al ministro, y se sentó; y los ojos de todos en la sinagoga estaban fijos en él. Y comenzó a decirles: Hoy se ha cumplido esta Escritura delante de vosotros.*

Predicar o proclamar se menciona tres veces en el pasaje de Isaías que Jesús leyó. Eso demuestra claramente la importancia de la predicación en el ministerio del

Señor. Jesús instruyó a sus discípulos: "Yendo, predicad" (Mt. 10:7), y al final declaró: "Id por todo el mundo y predicad el evangelio a toda criatura" (Mr. 16:15). Este llamado a predicar se resume mejor en las palabras de Pablo en 1 Corintios 1:17-25:

> *Pues no me envió Cristo a bautizar, sino a predicar el evangelio; no con sabiduría de palabras, para que no se haga vana la cruz de Cristo. Porque la palabra de la cruz es locura a los que se pierden; pero a los que se salvan, esto es, a nosotros, es poder de Dios. Pues está escrito: Destruiré la sabiduría de los sabios, y desecharé el entendimiento de los entendidos. ¿Dónde está el sabio? ¿Dónde está el escriba? ¿Dónde está el disputador de este siglo? ¿No ha enloquecido Dios la sabiduría del mundo? Pues ya que en la sabiduría de Dios, el mundo no conoció a Dios mediante la sabiduría, agradó a Dios salvar a los creyentes por la locura de la predicación. Porque los judíos piden señales, y los griegos buscan sabiduría; pero nosotros predicamos a Cristo crucificado, para los judíos ciertamente tropezadero, y para los gentiles locura; mas para los llamados, así judíos como griegos, Cristo poder de Dios, y sabiduría de Dios. Porque lo insensato de Dios es más sabio que los hombres, y lo débil de Dios es más fuerte que los hombres.*

La predicación ha mantenido acertadamente aquel lugar central en la vida de la Iglesia a lo largo de los siglos. La Reforma, que recuperó la fe, fue iniciada y extendida en gran manera por el avivamiento de la predicación a través de hombres como Lutero, Calvino, Zwingli y Knox. En el mismo centro de la gran fortaleza del puritanismo del siglo XVII estuvo el énfasis en la predicación bíblica sana. El gran despertar del siglo XVIII fue dirigido mediante la predicación de hombres como George Whitefield, John Wesley y Jonathan Edwards. El siglo XIX vio grandes evangelistas como D. L. Moody, y grandes predicadores como Charles Spurgeon, Joseph Parker y Alexander Maclaren.

Un hombre piadoso, dotado por el Espíritu para predicar la Palabra, no tiene quien lo iguale en cuanto a la presentación de la verdad divina. Este es el método ordenado por Dios para evangelizar y edificar. La debilidad de la Iglesia contemporánea se debe en gran medida a la declinación de la poderosa predicación bíblica. Pablo estableció valientemente la norma cuando declaró:

> *Así que, hermanos, cuando fui a vosotros para anunciaros el testimonio de Dios, no fui con excelencia de palabras o de sabiduría. Pues me propuse no saber entre vosotros cosa alguna sino a Jesucristo, y a éste crucificado. Y estuve entre vosotros con debilidad, y mucho temor y temblor; y ni mi palabra ni mi predicación fue con palabras persuasivas de humana sabiduría, sino con demostración del Espíritu y de poder, para que vuestra fe no esté fundada en la sabiduría de los hombres, sino en el poder de Dios (1 Co. 2:1-5).*

El apóstol fue inspirado por Dios para preguntar: "¿Cómo, pues, invocarán a aquel en el cual no han creído? ¿Y cómo creerán en aquel de quien no han oído? ¿Y cómo oirán sin haber quien les predique? ¿Y cómo predicarán si no fueren enviados? Como está escrito: ¡Cuán hermosos son los pies de los que anuncian la paz, de los que anuncian buenas nuevas!" (Ro. 10:14-15).

El contenido de la predicación bíblica se puede resumir en dos palabras griegas: *kērugma* y *didachē*. *Kērugma* se deriva del verbo *kērussō*, que significa "proclamar" o "anunciar una creencia". El sustantivo *kērugma* se refiere al contenido de una declaración. Al menos cinco elementos componen el *kērugma* del Nuevo Testamento. Primero, presentó a Jesús como el cumplimiento de la profecía del Antiguo Testamento. Segundo, lo describió como Dios en carne humana. Tercero, se enfocó en su vida y su obra, especialmente en su muerte y resurrección. Cuarto, habló de su Segunda Venida. Finalmente, declaró que la salvación era solo mediante la fe en Él, y que quienes lo rechazaban como Señor y Salvador se condenarían para siempre.

Además de *kērugma*, o proclamación, la predicación bíblica verdadera también debe contener *didachē*, o enseñanza. *Didachē*, de donde se deriva la palabra "didáctico", se refiere al contenido doctrinal dentro de la predicación *kērugma*. Las epístolas se componen, en gran parte, de esta teología de salvación que provee la profundidad, la anchura y la altura de la predicación. La verdadera predicación es proclamar las grandes verdades y afianzarlas con la riqueza de la sabiduría sobrenatural y profunda revelada en toda la Biblia, particularmente en el Nuevo Testamento. No hay verdadera predicación bíblica que esté desprovista de contenido doctrinal.

El libro de Hechos narra, a menudo, que los hombres fueron persuadidos a creer y ser redimidos por la predicación apostólica. Después que Pablo y Silas predicaran en la sinagoga en Tesalónica, "algunos de ellos creyeron, y se juntaron con Pablo y con Silas" (Hch. 17:4). En Corinto, Pablo "discutía en la sinagoga todos los días de reposo, y persuadía a judíos y a griegos" (Hch. 18:4). Después de llegar a Éfeso, "entrando Pablo en la sinagoga, habló con denuedo por espacio de tres meses, discutiendo y persuadiendo acerca del reino de Dios" (Hch. 19:8). Incluso mientras estaba encarcelado en Roma, Pablo mantuvo su ministerio de predicar y persuadir hombres:

> *Y habiéndole señalado un día, vinieron a él muchos a la posada, a los cuales les declaraba y les testificaba el reino de Dios desde la mañana hasta la tarde, persuadiéndoles acerca de Jesús, tanto por la ley de Moisés como por los profetas. Y algunos asentían a lo que se decía, pero otros no creían (Hch. 28:23-24).*

El uso del verbo "persuadir" sugiere que la predicación apostólica tenía a la vez lógica y contenido doctrinal. Y Pablo afirmó que la fe salvadora viene por oír un mensaje acerca de Cristo (Ro. 10:17).

Antes de abordar la parte principal de su sermón, Pedro debate lo que está inmediatamente en las mentes de las personas: el fenómeno de Pentecostés. Empieza refutando la difamatoria acusación de embriaguez. Luego ofrece una explicación de Pentecostés basada en la profecía del Antiguo Testamento.

LA REFUTACIÓN

Entonces Pedro, poniéndose en pie con los once, alzó la voz y les habló diciendo: Varones judíos, y todos los que habitáis en Jerusalén, esto os sea notorio, y oíd mis palabras. Porque éstos no están ebrios, como vosotros suponéis, puesto que es la hora tercera del día. (2:14-15)

Pedro había sido el líder reconocido y, a menudo, el vocero de los apóstoles durante el ministerio terrenal de Cristo. En todas las cuatro listas de apóstoles, su nombre está primero (Mt. 10:2-4; Mr. 3:16-19; Lc. 6:14-16; Hch. 1:13). Ahora sigue en ese rol, **poniéndose en pie con los** otros **once** apóstoles, dirigiéndose a la muchedumbre. Los **once** incluían también a Matías, elegido antes para reemplazar al traidor Judas y completar las filas de los doce. Como testigos del Cristo resucitado, ellos apoyaron a Pedro.

El apóstol **alzó la voz** para que la multitud pudiera oírlo. El verbo traducido **habló** también aparece en 2:4. Tanto aquí como allí se refiere a una locución inspirada por el Espíritu. Pedro tal vez habló en arameo, el lenguaje vulgar de Palestina y, por tanto, conocido para los oyentes, que incluían a **varones judíos** (los residentes de Jerusalén) y a **todos los que** vivían **en Jerusalén** (las multitudes que se habían reunido para celebrar Pentecostés). La expresión semítica **esto os sea notorio, y oíd mis palabras** expresa la confianza y la audacia de Pedro. No hay titubeo ni equivocación en su corazón. El comentarista Albert Barnes observa:

> Pedro no da a entender que este sea un asunto dudoso o que no pudiera explicarse. Su discurso fue respetuoso, pero firme. Procedió con calma a *mostrarles* su error. Cuando los enemigos de la religión ridiculizan el evangelio o nos ridiculizan a nosotros debemos contestarles de modo amable y respetuoso, pero firme. Debemos *razonar* con ellos tranquilamente, y convencerlos de su error, Proverbios 15:1. En este caso el apóstol actuó sobre el principio que luego ordenó a todos, 1 Pedro 3:15: "Estad siempre preparados para presentar defensa con mansedumbre y reverencia ante todo el que os demande razón de la esperanza que hay en vosotros" (*Notes on the New Testament: Acts-Romans* [Notas sobre el Nuevo Testamento: Hechos-Romanos] [Grand Rapids: Baker, reimpresión de la edición 1884-85], pp. 29-30. Cursivas en el original).

Obviamente, un Pedro lleno del Espíritu era un hombre muy distinto del que se encogió de miedo ante una humilde criada y negó a su Señor en tres ocasiones.

Todo buen sermón empieza con una introducción que capta la atención de los oyentes. En este caso, el Espíritu Santo ya había provisto una dramática introducción. El estruendo como de un viento recio y el milagro de lenguas habían captado la atención de los presentes. Estaban desconcertados y confundidos, y querían una explicación. Antes de dársela, Pedro refuta la falsa acusación de que los discípulos estaban **ebrios** (cp. v. 13). Rechaza la imputación como absurda, **puesto que es la hora tercera del día.** La **hora tercera,** contada a partir de la salida del sol, era las 9.00 h. Ni siquiera los alcohólicos estaban embriagados a esa temprana hora del día. Eso era especialmente cierto en un día de fiesta como Pentecostés. Tan universal era esa realidad que la apelación de Pedro bastó para rechazar la acusación de ebriedad.

LA EXPLICACIÓN

Mas esto es lo dicho por el profeta Joel: Y en los postreros días, dice Dios, derramaré de mi Espíritu sobre toda carne, y vuestros hijos y vuestras hijas profetizarán; vuestros jóvenes verán visiones, y vuestros ancianos soñarán sueños; y de cierto sobre mis siervos y sobre mis siervas en aquellos días derramaré de mi Espíritu, y profetizarán. Y daré prodigios arriba en el cielo, y señales abajo en la tierra, sangre y fuego y vapor de humo; el sol se convertirá en tinieblas, y la luna en sangre, antes que venga el día del Señor, grande y manifiesto; y todo aquel que invocare el nombre del Señor, será salvo. (2:16-21)

Lo que ocurrió el día de Pentecostés no fue un extravío alcohólico. Más bien, como Pedro lo demuestra ahora, estaba relacionado con **lo dicho por el profeta Joel** (cp. Jl. 2:28-32).

La frase **los postreros días** es una expresión común del Antiguo Testamento (cp. Is. 2:2; Jer. 23:20; 49:39; Ez. 38:16; Os. 3:5; Mi. 4:1), que denota el tiempo en que el Mesías vendría a establecer su reino. La realidad de que habría dos venidas del Mesías, separadas por un largo período intermedio, no se entendía con claridad en el Antiguo Testamento. Sin embargo, las dos venidas se pueden deducir de los dos propósitos para la venida del Mesías establecidos en el Antiguo Testamento. Por una parte, el Antiguo Testamento enseña que el Mesías vendría como el siervo sufriente para morir por los pecados del mundo (Is. 53). Por otra parte, también enseña que el Mesías vendría en gloria para establecer su reino (Is. 9:6).

La primera venida de Cristo marcó el comienzo de **los postreros días.** En 1 de Juan 2:18 se declara: "Hijitos, ya es el último tiempo". Pedro escribe que Cristo se ha "manifestado en los postreros tiempos por amor de vosotros" (1 P. 1:20). El escritor de Hebreos nos informa que Dios "en estos postreros días nos ha hablado por el Hijo" (He. 1:2), y "en la consumación de los siglos, [Cristo] se presentó una vez para siempre por el sacrificio" (9:26). **Los postreros días** han durado casi dos mil años. Durante ese tiempo, Dios ha llamado benévolamente a los gentiles a la salvación y ha castigado a Israel por su incredulidad.

El total cumplimiento de la profecía de Joel aguarda la llegada del reino milenial. En el día de Pentecostés, y en realidad en toda la era de la Iglesia, Dios ha dado tanto un avance como una muestra del poder que el Espíritu liberará en el reino. Los creyentes en la época actual tienen un anticipo de la vida en el reino. En el reino milenial, **dice Dios, derramaré de mi Espíritu sobre toda carne,** puesto que todos los que entren al reino serán redimidos. (Véase Mt. 24:29—25:46 para evidencia de que solo personas redimidas entrarán al milenio.) Durante la era de la Iglesia, Dios derrama su Espíritu sobre los creyentes (cp. Tit. 3:5-6). En el reino habrá perfecta paz (Is. 9:7); paz gobierna ahora en el corazón de los creyentes. En el reino, Cristo gobernará (Lc. 1:33); Él reina ahora en los corazones de quienes conforman su pueblo. En el reino, Cristo juzgará a todos los hombres (Hch. 17:31; 2 Ti. 4:1); ahora Él juzga a su pueblo por medio del ministerio convincente del Espíritu en las vidas de ellos. Lo que finalmente llegará a su plenitud en el reino comienza a verse en Pentecostés.

No obstante, es indudable que no todos los componentes de la profecía de Joel están prefigurados en la era de la Iglesia. No es hasta que el **Espíritu** se derrame **sobre toda carne** en el reino, afirma Pedro, que **vuestros hijos y vuestras hijas profetizarán; vuestros jóvenes verán visiones, y vuestros ancianos soñarán sueños.** Es entonces, declara Dios, que **de cierto sobre mis siervos y sobre mis siervas en aquellos días derramaré de mi Espíritu, y profetizarán.**

Es solo **en aquellos días** (el reino milenial) que tan extensa profecía se llevará a cabo. Sigue siendo un misterio la naturaleza de la profecía, los sueños y las visiones que ocurrirán. La profecía se ejerció en la iglesia primitiva (cp. Hch. 21:8-11) y continúa en un sentido no revelador a lo largo de toda esta época. (Para un análisis de la cesación de los dones de señales, véase mi libro *Los carismáticos* [El Paso: Casa Bautista de Publicaciones, 1995]).

Tampoco los **prodigios arriba en el cielo, y señales abajo en la tierra** se dan en Pentecostés. No hubo **sangre, fuego ni vapor de humo. El sol** no se convirtió **en tinieblas,** ni **la luna en sangre.** Esos acontecimientos están asociados con la llegada del **día del Señor, grande y manifiesto.**

El día del Señor puede referirse a cualquier momento en que Dios actúa en juicio (cp. Is. 13:6ss; Ez. 30:2ss; Jl. 1:15; 2:1-11; 3:14; Am. 5:18-20; Abd. 15; Sof. 1:14-18). Sin embargo, en este pasaje, el día final del Señor asociado con la Segunda Venida de Cristo está a la vista (cp. 1 Ts. 5:2; 2 Ts. 2:2). Así lo demuestran los detalles de la profecía de Joel. Las señales en la tierra y el cielo que el profeta menciona se relacionan en otras partes de la Biblia con los acontecimientos que rodean la Segunda Venida de Cristo. El libro del Apocalipsis asocia sangre con ese tiempo:

Miré, y he aquí un caballo amarillo, y el que lo montaba tenía por nombre Muerte, y el Hades le seguía; y le fue dada potestad sobre la cuarta parte de la tierra, para matar con espada, con hambre, con mortandad, y con las fieras de la tierra (6:8).

El primer ángel tocó la trompeta, y hubo granizo y fuego mezclados con sangre, que fueron lanzados sobre la tierra; y la tercera parte de los árboles se quemó, y se quemó toda la hierba verde. El segundo ángel tocó la trompeta, y como una gran montaña ardiendo en fuego fue precipitada en el mar; y la tercera parte del mar se convirtió en sangre (8:7-8).

Y fueron desatados los cuatro ángeles que estaban preparados para la hora, día, mes y año, a fin de matar a la tercera parte de los hombres (9:15).

Y fue pisado el lagar fuera de la ciudad, y del lagar salió sangre hasta los frenos de los caballos, por mil seiscientos estadios (14:20).

El segundo ángel derramó su copa sobre el mar, y éste se convirtió en sangre como de muerto; y murió todo ser vivo que había en el mar (16:3).

Apocalipsis también menciona el fuego con relación al tiempo que rodea la Segunda Venida de Cristo:

Y el ángel tomó el incensario, y lo llenó del fuego del altar, y lo arrojó a la tierra; y hubo truenos, y voces, y relámpagos, y un terremoto (8:5).

El primer ángel tocó la trompeta, y hubo granizo y fuego mezclados con sangre, que fueron lanzados sobre la tierra; y la tercera parte de los árboles se quemó, y se quemó toda la hierba verde (8:7).

El segundo ángel tocó la trompeta, y como una gran montaña ardiendo en fuego fue precipitada en el mar; y la tercera parte del mar se convirtió en sangre (8:8).

El tercer ángel tocó la trompeta, y cayó del cielo una gran estrella, ardiendo como una antorcha, y cayó sobre la tercera parte de los ríos, y sobre las fuentes de las aguas (8:10).

Por último, Apocalipsis menciona humo en esa época:

> *Y abrió el pozo del abismo, y subió humo del pozo como humo de un gran horno; y se oscureció el sol y el aire por el humo del pozo. Y del humo salieron langostas sobre la tierra; y se les dio poder, como tienen poder los escorpiones de la tierra... Así vi en visión los caballos y a sus jinetes, los cuales tenían corazas de fuego, de zafiro y de azufre. Y las cabezas de los caballos eran como cabezas de leones; y de su boca salían fuego, humo y azufre. Por estas tres plagas fue muerta la tercera parte de los hombres; por el fuego, el humo y el azufre que salían de su boca (9:2-3, 17-18).*

> *Y los reyes de la tierra que han fornicado con ella, y con ella han vivido en deleites, llorarán y harán lamentación sobre ella, cuando vean el humo de su incendio (18:9; cp. 18:18).*

En Mateo 24:29-30, el Señor Jesucristo describió los cambios en el sol, la luna y las estrellas que acompañarían su Segunda Venida:

> *E inmediatamente después de la tribulación de aquellos días, el sol se oscurecerá, y la luna no dará su resplandor, y las estrellas caerán del cielo, y las potencias de los cielos serán conmovidas. Entonces aparecerá la señal del Hijo del Hombre en el cielo; y entonces lamentarán todas las tribus de la tierra, y verán al Hijo del Hombre viniendo sobre las nubes del cielo, con poder y gran gloria.*

Algunos de estos cataclismos cósmicos habían sido prefigurados por los hechos que rodearon la muerte de Cristo en la cruz (Lc. 23:44-45).

Después de oír a Pedro citar la aterradora descripción del día del Señor, fue natural que la multitud quisiera saber cómo no quedar atrapados en ese tiempo de terror y devastación. Entonces Pedro entrega el clímax de su cita de Joel: **Y todo aquel que invocare el nombre del Señor, será salvo.** Hay salvación para quienes se vuelvan al Señor. En la parte principal de su sermón, Pedro describe exactamente a sus oyentes quién es ese Salvador y qué se requiere para la salvación.

5 El primer sermón cristiano— Segunda parte Tema: Proclamación del Señor resucitado

Varones israelitas, oíd estas palabras: Jesús nazareno, varón aprobado por Dios entre vosotros con las maravillas, prodigios y señales que Dios hizo entre vosotros por medio de él, como vosotros mismos sabéis; a éste, entregado por el determinado consejo y anticipado conocimiento de Dios, prendisteis y matasteis por manos de inicuos, crucificándole; al cual Dios levantó, sueltos los dolores de la muerte, por cuanto era imposible que fuese retenido por ella. Porque David dice de él: Veía al Señor siempre delante de mí; porque está a mi diestra, no seré conmovido. Por lo cual mi corazón se alegró, y se gozó mi lengua, y aun mi carne descansará en esperanza; porque no dejarás mi alma en el Hades, ni permitirás que tu Santo vea corrupción. Me hiciste conocer los caminos de la vida; me llenarás de gozo con tu presencia. Varones hermanos, se os puede decir libremente del patriarca David, que murió y fue sepultado, y su sepulcro está con nosotros hasta el día de hoy. Pero siendo profeta, y sabiendo que con juramento Dios le había jurado que de su descendencia, en cuanto a la carne, levantaría al Cristo para que se sentase en su trono, viéndolo antes, habló de la resurrección de Cristo, que su alma no fue dejada en el Hades, ni su carne vio corrupción. A este Jesús resucitó Dios, de lo cual todos nosotros somos testigos. Así que, exaltado por la diestra de Dios, y habiendo recibido del Padre la promesa del Espíritu Santo, ha derramado esto que vosotros veis y oís. Porque David no subió a los cielos; pero él mismo dice: Dijo el Señor a mi Señor: Siéntate a mi diestra, hasta que ponga a tus enemigos por estrado de tus pies. Sepa, pues, ciertísimamente toda la casa de Israel, que a este Jesús a quien vosotros crucificasteis, Dios le ha hecho Señor y Cristo. (2:22-36)

Incluso desde el pacto de Dios con Abraham, en que prometió bendecir a todas las naciones a través de la simiente de Abraham (Gn. 12:1ss; cp. Gá. 3:16), la nación judía ha estado anhelado los tiempos mesiánicos. Ellos creen que cuando venga el Mesías todo lo malo será enderezado, y que Él los llevará a la victoria sobre sus enemigos y dará paso a las bendiciones de su reino prometido.

Visto en ese contexto de intensa expectativa judía, el anuncio de Pedro de que los postreros días (nombre para tiempos mesiánicos) ya habían comenzado (2:16-21) era impresionante. Esa afirmación asombrosa, hecha por el apóstol en la introducción de su sermón en el día de Pentecostés, dirigió a sus oyentes lógicamente al tema del sermón. Porque si los tiempos mesiánicos ya habían comenzado, entonces el Mesías debía haber venido. Esa es precisamente la tesis que Pedro desarrolla en la parte principal de su sermón. Él presenta la verdad de que ese Mesías esperado por tanto tiempo ha llegado en la persona de Jesús de Nazaret.

Es difícil para lectores del siglo XXI apreciar lo profundamente molesta que esa declaración fue para los judíos. El Mesías era el personaje central en el pensamiento judío. De Él Dios había revelado: "No será quitado el cetro de Judá, ni el legislador de entre sus pies, hasta que venga Siloh; y a él se congregarán los pueblos" (Gn. 49:10). De Él advirtió el salmista: "Honrad al Hijo, para que no se enoje, y perezcáis en el camino; pues se inflama de pronto su ira" (Sal. 2:12). Él era el gran descendiente de David, de quien Dios dijo: "Él edificará casa a mi nombre, y yo afirmaré para siempre el trono de su reino" (2 S. 7:13; cp. Lc. 1:31-33).

En vista de eso, que Pedro proclamara valientemente a Jesús de Nazaret como el Mesías debió ser sorpresivo e indignante para sus oyentes. Después de todo, menos de dos meses antes ellos habían ejecutado a Jesús por afirmar ser el Mesías. Ahora sus engreídos seguidores estaban haciendo la misma declaración en nombre de Él. Para la mentalidad judía no podía haber expresión mayor de blasfemia.

Esa misma antipatía hacia Jesucristo persiste en nuestra época. Nunca olvidaré la ocasión en que siendo joven visité la oficina de un rabino local. Tuvimos una agradable discusión hasta que le pregunté qué pensaba de Jesucristo. Estrelló el puño sobre el escritorio y se quedó mirándome. Señalándome con el dedo, exclamó con vehemencia: "¡Ni siquiera vuelvas a mencionar ese nombre en mi presencia!".

Que Pedro anunciara a Jesús como el Mesías de Israel significaba plantear el asunto más dinámico, poderoso y contundente que era posible. Al hacerlo mostró la valentía y el arrojo que antes no tenía. Una vez más esta es evidencia del transformador poder de Pentecostés en la vida del apóstol.

Sabiendo que sus oyentes exigirían evidencia convincente antes de aceptar tan audaz declaración, Pedro procede a proporcionarla. Después de explicar el milagro de Pentecostés en la introducción que hizo, ahora inicia con entusiasmo su tema, concretamente que Jesús de Nazaret es el Mesías divino. Manifiesta las credenciales de Jesús demostrando cómo su vida, muerte, resurrección y exaltación demuestran que Él es el Mesías. A medida que su sermón se desarrolla, Pedro fluye a través de esos cuatro elementos en orden cronológico. Sin embargo, de acuerdo con la costumbre apostólica, se enfoca principalmente en la resurrección de Cristo (cp. Hch. 3:15; 5:30; 10:40; 13:30, 33, 34, 37).

LA VIDA DE CRISTO

Varones israelitas, oíd estas palabras: Jesús nazareno, varón aprobado por Dios entre vosotros con las maravillas, prodigios y señales que Dios hizo entre vosotros por medio de él, como vosotros mismos sabéis. (2:22)

Igual que hizo al inicio de su sermón (cp. 2:14), Pedro retó valientemente a los **varones israelitas** presentes: **oíd estas palabras.** Su audacia fue declarada en dos verdades innegables: Dios había obrado milagros por medio de Jesús y ellos los habían visto. Que la salvación se ofreciera a Israel a pesar de su incredulidad y rechazo del Señor Jesucristo es un testimonio de la generosidad de la gracia de Dios.

Jesús nazareno fue el nombre por el que se conoció comúnmente al Señor durante su ministerio terrenal (Mt. 21:11; Mr. 10:47; 14:67; 16:6; Lc. 24:19; Jn. 18:5, 7). Este calificativo lo identificaba con su pueblo natal de Nazaret; es más, la frase a veces se traduce "Jesús de Nazaret". Este fue el nombre en la inscripción sobre la cruz (Jn. 19:19). Pedro lo usó otras veces más en Hechos (3:6; 4:10; 10:38), igual que Pablo (26:9). Incluso algunos lo utilizaron en tono de burla (cp. Jn. 1:46), por tanto el uso que Pedro hace del calificativo constituye una leve reprimenda. Este nombre para nuestro Señor refleja su maravillosa condescendencia en dejar la gloria del cielo para vivir en una humilde aldea galilea.

Pedro describe, además, a Jesús como **varón aprobado por Dios** (cp. Jn. 5:32-37; 8:18). *Apodeiknumi* (**aprobado**) tiene varios matices. Se usa en 1 Corintios 4:9 para hablar de exhibir algo. En Hechos 25:7 transmite la idea de prueba. En 2 de Tesalonicenses 2:4 se utiliza en el sentido de proclamación de un alto cargo. Todos esos matices son aplicables a Jesús. Él fue exhibido como Dios en carne humana, y eso fue confirmado "con muchas pruebas indubitables" (Hch. 1:3). Finalmente, Dios "le exaltó hasta lo sumo, y le dio un nombre que es sobre todo nombre" (Fil. 2:9). No existe cargo superior al de Mesías, el Rey ungido de Dios.

Pedro describe el medio por el cual Dios aprobó a Jesús con **maravillas, prodigios y señales.** Los muchos milagros realizados por nuestro Señor proveen abrumadora evidencia de que Él es quien afirmó ser. Desde su milagroso nacimiento hasta su milagrosa resurrección, hasta todos los milagros que ejecutó durante su ministerio terrenal, el elemento milagroso fue central en la vida de nuestro Señor. Nicodemo, sin duda, habló por muchos cuando exclamó: "Rabí, sabemos que has venido de Dios como maestro; porque nadie puede hacer estas señales que tú haces, si no está Dios con él" (Jn. 3:2).

No debería ser una sorpresa que el Dios que, de modo sobrenatural, creó el universo decida a veces intervenir en él de manera sobrenatural. Sin embargo, es la afirmación de milagros que muchos en nuestra cultura encuentran más objetable en el cristianismo bíblico. Los numerosos intentos de críticos racionalistas por inventar al Jesús "histórico" (es decir, no milagroso) han terminado inevitablemente en frustración. Si los milagros son retirados de la vida del Señor, queda muy poco.

Muchos estarían de acuerdo con el filósofo británico del siglo XVIII, David Hume, quien rechazó la posibilidad de milagros. Él sostuvo que ya que las leyes de la naturaleza son invariables, y que por definición un milagro es una violación de esas leyes de la naturaleza, los milagros son imposibles. No obstante, hay un error garrafal en el argumento de Hume. C. S. Lewis escribe:

> Ahora por supuesto debemos coincidir con Hume en que si absolutamente hay "experiencia uniforme" en contra de los milagros, si en otras palabras estos nunca han ocurrido, ¿por qué entonces no han ocurrido? Por desgracia sabemos que la experiencia contra ellos es constante solo si sabemos que todos los reportes de esos milagros son falsos. Y podemos saber que todos los reportes son falsos solo si ya sabemos que los milagros nunca ocurrieron. En realidad, estamos debatiendo en un círculo. (C. S. Lewis, *Miracles* [Los milagros] [Nueva York: Macmillan, 1972], p. 105; para una defensa de la posibilidad de milagros, véase también Norman L. Geisler, *Miracles and Modern Thought* [Los milagros y el pensamiento moderno] [Grand Rapids: Zondervan, 1982]).

Tanto las **maravillas** como los **prodigios** y las **señales** describen obras milagrosas de Dios. **Maravillas** viene de *dunamis*, un término que describe el carácter poderoso y sobrenatural de las obras. **Prodigios** es la forma plural de *teras*. Describe el asombro que experimenta la mente de quien presencia un milagro. **Señales** se deriva de *sēmeion* y da la idea de obras milagrosas de Dios: para señalar una verdad espiritual. Se debe observar que "en todo Hechos el término 'maravillas' solo ocurre en conjunción con 'señales', un testimonio de la realidad de que las simples maravillas no tienen valor en sí mismas excepto cuando señalan más allá de sí mismas hacia el poder divino detrás de ellas y por tanto conducen a la fe" (John B. Polhill, *The New American Commentary: Acts* [Nuevo comentario estadounidense: Hechos] [Nashville: Broadman, 1992], p. 112).

Por tanto, los milagros de nuestro Señor constituyeron poderosas expresiones del poder de Dios diseñadas para captar la atención de las personas y señalarles la verdad espiritual. Por ejemplo, en Juan 6 Jesús siguió el milagro de la alimentación de la muchedumbre ofreciéndose como el pan de vida. También usó el milagro de la resurrección de Lázaro para ilustrar la verdad espiritual de que Él es la resurrección y la vida (Jn. 11:25).

Jesús no hizo sus milagros por su cuenta: **Dios** los **hizo por medio de él** (Jn. 5:17-20, 30, 36; 8:28; 14:10). Estos mostraron tanto su deidad como la aprobación que el Padre hiciera de Él (Mt. 11:1-6; Lc. 7:20-23; Jn. 3:2; 6:14). Pedro recalca reiteradamente la participación de Dios en la vida, muerte y resurrección de Cristo (vv. 23, 24, 32, 33, 36), y explica que amplia evidencia revela que Jesucristo no fue un impostor sino que realmente era el Mesías elegido de Dios.

Pedro les recuerda que los milagros de Dios realizados por medio de Jesucristo fueron hechos **entre vosotros, como vosotros mismos sabéis.** Los judíos no podían afirmar que no los vieron. Su rechazo de Jesús no se basaba en falta de información sino en odio y amor al pecado.

Ese odio aparece en muchos pasajes. En Juan 10:37-38, Jesús declaró: "Si no hago las obras de mi Padre, no me creáis. Mas si las hago, aunque no me creáis a mí, creed a las obras, para que conozcáis y creáis que el Padre está en mí, y yo en el Padre". ¿Cuál fue la respuesta? "Procuraron otra vez prenderle, pero él se escapó de sus manos" (v. 39). Observe que, aunque rechazaban las afirmaciones de Jesús, no negaban las obras que Él hacía.

Después de la resurrección de Lázaro, "algunos de ellos fueron a los fariseos y les dijeron lo que Jesús había hecho. Entonces los principales sacerdotes y los fariseos reunieron el concilio, y dijeron: ¿Qué haremos? Porque este hombre hace muchas señales" (Jn. 11:46-47). Ni siquiera los más encarnizados enemigos del Señor negaron sus milagros. Sin embargo, en respuesta tramaron matarlo (vv. 48-53).

En la entrada triunfal, "daba testimonio la gente que estaba con él cuando llamó a Lázaro del sepulcro, y le resucitó de los muertos. Por lo cual también había venido la gente a recibirle, porque había oído que él había hecho esta señal" (Jn. 12:17-18). Unos días después estas mismas personas gritaban ante Pilato: "¡Sea crucificado!" (Mt. 27:22-23).

Quizás la declaración más clara de esta verdad viene de las palabras de nuestro Señor en Juan 15:24-25: "Si yo no hubiese hecho entre ellos obras que ningún otro ha hecho, no tendrían pecado; pero ahora han visto y han aborrecido a mí y a mi Padre. Pero esto es para que se cumpla la palabra que está escrita en su ley: Sin causa me aborrecieron".

La evidencia de la vida y las obras de Jesús mostró de modo concluyente e innegable que Él era el Mesías de Dios. Pero puesto que "los hombres amaron más las tinieblas que la luz, porque sus obras eran malas" (Jn. 3:19), cometieron el pecado más grande que se puede cometer: rechazar a Jesucristo.

LA MUERTE DE CRISTO

A éste, entregado por el determinado consejo y anticipado conocimiento de Dios, prendisteis y matasteis por manos de inicuos, crucificándole. (2:23)

El uso enfático de Pedro de las palabras **a éste** pone de manifiesto el contraste entre la evaluación que sus oyentes hacían de Jesús y Dios. Ellos habían rechazado y crucificado al mismo ser a quien Dios había honrado como Mesías.

En este versículo, Pedro responde una objeción que surgiría en las mentes de sus oyentes. Si Jesús era el Mesías, ¿por qué fue una víctima? ¿Por qué no usó su poder para evitar la cruz? La respuesta de Pedro a esta objeción implícita es que Jesús no fue una víctima (Jn. 10:17-18; 19:10-11); al contrario, fue **entregado por el determinado consejo y anticipado conocimiento de Dios.**

Ekdotos (**entregado**) aparece solo aquí en el Nuevo Testamento. Describe a quienes se rinden ante sus enemigos, o que eran traicionados por estos. Dios entregó a su Hijo para que fuera el Salvador del mundo, lo cual suponía entregarlo a sus enemigos. Debido al diseño de Dios, Jesús fue traicionado por Judas en manos de los líderes judíos, quienes lo entregaron a los romanos para que lo ejecutaran.

Determinado viene de *horizō*, de donde tenemos la palabra castellana "horizonte" que significa "marcar con un límite" o "predeterminar". **Conocimiento** viene de *boulomai*, y se refiere a voluntad, diseño y propósito de Dios. Tomados juntos indican que Jesucristo fue entregado a la muerte debido a que Dios lo planeó y lo ordenó (Hch. 4:27-28; 13:27-29) desde toda la eternidad (2 Ti. 1:9; Ap. 13:8).

Anticipado conocimiento se traduce de *prognōsis*, una palabra importante y, a menudo, mal entendida del Nuevo Testamento. Significa mucho más que saber de antemano lo que ha de suceder. Significativamente, la expresión aparece aquí en el caso dativo instrumental. Eso muestra que este fue el medio por el cual se perpetró la entrega de Cristo a sus enemigos. Sin embargo, el simple conocimiento no puede realizar tal acción. No obstante, la predestinación puede servir, y ese es el significado del Nuevo Testamento, de *prognōsis*:

> *Proginoskein* y *prognōsis* en el Nuevo Testamento... no denotan sencilla visión o clarividencia intelectual, o simplemente recibir conocimiento de antemano, sino más bien un discernimiento selectivo que considera al otro con favor y lo hace objeto de amor, y por tanto se aproxima a la idea de predestinación, Hechos 2:23 (cp. 4:28); Romanos 8:29; 11:2; 1 Pedro 1:2. Estos pasajes pierden tan solo su significado si las palabras se toman en el sentido de simplemente haber sabido de alguien por adelantado, porque Dios conoce de antemano a todos los hombres en ese sentido.

> Incluso los arminianos se sienten obligados a dar a las palabras un significado más determinante, es decir, conocer de antemano a alguien con absoluta seguridad en cierto estado o condición. Esto incluye la seguridad absoluta de aquel estado futuro, y por esa misma razón se acerca mucho a la idea de predestinación (L. Berkhof, *Systematic Theology* [Teología sistemática] [Grand Rapids: Eerdmans, 1976], p. 112).

La idea que Dios vio por anticipado que Israel rechazaría y crucificaría a Cristo y que hizo que esto obrara para su plan eterno es una negación implícita tanto de su soberanía como de su omnisciencia (cp. Berkhof, *Systematic Theology*, p. 68).

Pedro resalta firmemente el punto de que Jesús fue entregado a la muerte por medio del plan eterno de Dios. Siendo ese el caso, la muerte de Jesús de ninguna manera contradice sus afirmaciones mesiánicas.

Sin embargo, que Jesús fuera entregado a la muerte por el plan determinado de Dios no absuelve de su culpa a quienes le dieron muerte. Pedro continúa enjuiciándolos porque mataron a Jesús, **crucificándole.** Ellos fueron los instigadores de la ejecución de Jesús, la cual fue realizada **por manos de inicuos** (literalmente "sin ley") romanos.

Dios usó a hombres malvados para lograr su propósito, pero no les violó la voluntad ni les quitó la culpa por hacer eso. De ahí que Pedro presente la soberanía total de Dios junto con la responsabilidad total del hombre. Esa verdad, al parecer paradójica, se afirma en toda la Biblia y se ilustra en Lucas 22:22. Hablando allí de su traidor, nuestro Señor expresó: "A la verdad el Hijo del Hombre va, según lo que está determinado; pero ¡ay de aquel hombre por quien es entregado!". Los hombres son responsables no por los planes de Dios sino por sus propios pecados.

El abominable pecado de rechazar a Jesucristo constituyó el momento más sombrío en la historia de Israel. No obstante, lejos de poner en duda sus credenciales mesiánicas, esa traición fue parte del plan eterno de Dios. Y aunque Pedro no desarrolla aquí la idea, el Antiguo Testamento enseña claramente que el Mesías debía morir (cp. Sal. 22; Is. 53). La muerte de Jesucristo, no menos que su vida, confirmó que Él era el Mesías.

LA RESURRECCIÓN DE CRISTO

Al cual Dios levantó, sueltos los dolores de la muerte, por cuanto era imposible que fuese retenido por ella. Porque David dice de él: Veía al Señor siempre delante de mí; porque está a mi diestra, no seré conmovido. Por lo cual mi corazón se alegró, y se gozó mi lengua, y aun mi carne descansará en esperanza; porque no dejarás mi alma en el Hades, ni permitirás que tu Santo

vea corrupción. Me hiciste conocer los caminos de la vida; me llenarás de gozo con tu presencia. Varones hermanos, se os puede decir libremente del patriarca David, que murió y fue sepultado, y su sepulcro está con nosotros hasta el día de hoy. Pero siendo profeta, y sabiendo que con juramento Dios le había jurado que de su descendencia, en cuanto a la carne, levantaría al Cristo para que se sentase en su trono, viéndolo antes, habló de la resurrección de Cristo, que su alma no fue dejada en el Hades, ni su carne vio corrupción. A este Jesús resucitó Dios, de lo cual todos nosotros somos testigos. (2:24-32)

Como se ha señalado, la resurrección de Jesucristo no solo fue el tema central de la predicación apostólica sino que también es, sin duda, el punto culminante de la historia redentora. Demuestra más allá de toda duda la divinidad de Jesucristo y establece sus credenciales mesiánicas. También es la garantía de nuestra propia resurrección (Jn. 14:19; Ro. 6:4-5; 1 Co. 6:14; 15:16-23). La resurrección es la prueba suprema de que Dios aceptó el sacrificio de Jesucristo (cp. Ro. 4:25). Sin esta, su muerte se convierte en el acto heroico de un noble mártir, la muerte patética de un hombre, o la ejecución de un fraude.

Entonces, la mayor prueba de que Jesús es el Mesías no es su enseñanza o sus milagros, o ni siquiera su muerte. Es su resurrección. Esta se convierte en el tema principal del sermón de Pedro. Después de dedicar un versículo a la vida de Cristo y otro a la muerte, el apóstol dedica nueve versículos a la resurrección del Señor.

Los versículos 23 y 24 forman un pensamiento relacionado. Israel rechazó y crucificó a su Mesías, **al cual Dios levantó.** Pedro explica, de manera clara y enérgica, el punto de que ellos eran culpables por oponerse a Dios, a pesar de sus alardes de lo contrario (Ro. 2:17-20). Esa táctica se empleó frecuentemente en Hechos (cp. 3:14-15; 10:39-40; 13:27-30).

Al resucitar a Jesús, Dios le soltó de **los dolores de la muerte. Dolores** se traduce de *ōdinas,* que literalmente significa “dolores de parto”. Igual que el dolor de una mujer en la labor de parto, el dolor de la muerte para Jesús fue temporal y resultó en algo glorioso: la resurrección.

Dios liberó a Jesús de la muerte **por cuanto era imposible que fuese retenido por ella.** La muerte era impotente para retenerlo por varias razones. Primera, no podía retenerlo debido al poder divino. Jesús era “la resurrección y la vida” (Jn. 11:25), quien destruyó “por medio de la muerte al que tenía el imperio de la muerte, esto es, al diablo” (He. 2:14). Segunda, la muerte no podía retenerlo debido a la promesa divina. Juan 2:18-22 registra el siguiente diálogo:

> *Los judíos respondieron y le dijeron: ¿Qué señal nos muestras, ya que haces esto? Respondió Jesús y les dijo: Destruid este templo, y en tres días lo levantaré. Dijeron luego los judíos: En cuarenta y seis años fue edificado este templo, ¿y tú*

en tres días lo levantarás? Mas él hablaba del templo de su cuerpo. Por tanto, cuando resucitó de entre los muertos, sus discípulos se acordaron que había dicho esto; y creyeron la Escritura y la palabra que Jesús había dicho.

Nuestro Señor manifestó a los discípulos: "Así está escrito, y así fue necesario que el Cristo padeciese, y resucitase de los muertos al tercer día" (Lc. 24:46). Por último, la muerte no podía retener a Jesús debido al propósito divino. Dios ha diseñado que su pueblo esté con Él por toda la eternidad. A fin de hacer eso, ellos deben pasar por la muerte y salir al otro lado. Jesús debió ir primero para hacer ese camino (cp. 1 Co. 15:16-26). Ya que Él vive, su pueblo vivirá para siempre (Jn. 14:19).

A fin de confirmar aun más que la resurrección era el plan de Dios para el Mesías, Pedro cita un pasaje profético de Salmos 16:8-11. Aunque escrito por **David,** el pasaje habla proféticamente del Mesías en primera persona (cp. Sal. 22). Describe la confianza plena en Dios mientras miraba la cruz. Su declaración, **veía al Señor siempre delante de mí** es la clave para esa confianza. Jesús mantuvo su enfoque en Dios sin importar qué sufrimientos le llegaran. Él sabía que debido a que Dios estaba a su **diestra, no** sería **conmovido.** La **diestra** simboliza protección. En una ceremonia de bodas, el novio se coloca a la derecha de la novia. En el mundo antiguo un guardaespaldas permanecía al lado derecho de quien estaba protegiendo. En esa posición podía cubrir con su escudo a su protegido y aun tener el brazo derecho libre para pelear.

Debido a su confianza en la protección de Dios, el Mesías pudo decir: **mi corazón se alegró, y se gozó mi lengua.** Ni siquiera la perspectiva de la cruz pudo frenar el gozo de Jesús. Como el escritor de Hebreos declara: "Jesús... por el gozo puesto delante de él sufrió la cruz" (He. 12:2). Además, otra razón para el gozo del Mesías fue su confianza en que también su **carne descansará en esperanza**. Aquí **carne** se refiere al cuerpo físico. *Kataskēnoō* (**descansará**) literalmente significa "plantar una tienda". Expresa la seguridad del Mesías de que podía encomendar su cuerpo a la tumba con la confianza plena de que resucitaría otra vez.

La declaración de Salmos 16 que viene a continuación da la razón para la confianza del Mesías: **porque no dejarás mi alma en el Hades. Hades** en el Nuevo Testamento equivale al término del Antiguo Testamento "Seol". Aunque se puede referir específicamente al infierno (Mt. 11:23), Pedro lo usa aquí en su sentido más general de morada de los muertos. La frase expresa la confianza de Cristo de que no quedaría cautivo en el reino de los muertos. Dios tampoco **permitirá** que su **Santo** (un título mesiánico; cp. Mr. 1:24; Lc. 4:34; Jn. 6:69) **vea corrupción.** Durante sus tres días en la tumba, el cuerpo de nuestro Señor no experimentó corrupción. La importancia de este versículo se verá en breve.

La cita que Pedro hace de Salmos 16:11 ha desconcertado a algunos comentaristas, ya que no parece favorecer su argumento. Aunque la frase **los caminos de la vida** (el texto hebreo de Salmos 16:11 usa el singular "la senda de la vida"), se puede interpretar como una referencia a la resurrección. Por tanto tendría el sentido de "el camino a la vida de resurrección". El contexto sugiere fuertemente tal interpretación. Como consecuencia de la resurrección, el Mesías pudo afirmar: **Me llenarás de gozo** al experimentar la **presencia** de Dios.

Ahora Pedro llega al meollo de su argumento. Dirigiéndose una vez más a los judíos como **hermanos**, les recuerda **confiadamente** que **el patriarca David** murió y fue enterrado. Es más, su **sepulcro** proporcionó evidencia visible de que él no había cumplido la profecía de Salmos 16. No obstante, David hablaba como **profeta**, no de sí mismo. Él sabía **que con juramento Dios le había jurado que** uno **de su descendencia** se sentaría en su trono. Esa promesa se declara en 2 Samuel 7:11-16:

> *Jehová te hace saber que él te hará casa. Y cuando tus días sean cumplidos, y duermas con tus padres, yo levantaré después de ti a uno de tu linaje, el cual procederá de tus entrañas, y afirmaré su reino. Él edificará casa a mi nombre, y yo afirmaré para siempre el trono de su reino. Yo le seré a él padre, y él me será a mí hijo. Y si él hiciere mal, yo le castigaré con vara de hombres, y con azotes de hijos de hombres; pero mi misericordia no se apartará de él como la aparté de Saúl, al cual quité de delante de ti. Y será afirmada tu casa y tu reino para siempre delante de tu rostro, y tu trono será estable eternamente.*

David, entonces, **viéndolo** por anticipado, **habló de la resurrección de Cristo** de quien, a diferencia de David, **su alma no fue dejada en el Hades, ni su carne vio corrupción.**

El razonamiento de Pedro sobre Salmos 16 se puede resumir de la siguiente manera: el salmo habla de una resurrección. Sin embargo, ya que David no resucitó, no pudo haber hablado de él mismo. Por tanto, en el salmo David habla del Mesías. En consecuencia, el Mesías resucitará de los muertos. Pedro comunica ahora su poderosa conclusión: **A este Jesús resucitó Dios, de lo cual todos nosotros somos testigos.** El razonamiento es convincente: Jesús de Nazaret es el Mesías.

LA EXALTACIÓN DE CRISTO

Así que, exaltado por la diestra de Dios, y habiendo recibido del Padre la promesa del Espíritu Santo, ha derramado esto que vosotros veis y oís. Porque David no subió a los cielos; pero él mismo dice: Dijo el Señor a mi Señor: Siéntate a mi diestra, hasta que ponga a tus enemigos por estrado de tus pies.

Sepa, pues, ciertísimamente toda la casa de Israel, que a este Jesús a quien vosotros crucificasteis, Dios le ha hecho Señor y Cristo. (2:33-36)

Jesús no solo resucitó de entre los muertos, sino que también fue **exaltado** al lugar de honra, gloria y poder (cp. Fil. 2:9-11) a **la diestra de Dios** (cp. Mr. 16:19; Lc. 22:69; Hch. 5:31; 7:55-56; Ro. 8:34; Col. 3:1; He. 10:12; 12:2; 1 P. 3:22). Pedro dice que desde esa posición exaltada, **habiendo recibido del Padre la promesa del Espíritu Santo, ha derramado esto que vosotros veis y oís.** Ahora el apóstol lleva a sus oyentes al principio del fenómeno de Pentecostés. Les dice que lo que acaban de ver resultó de la promesa de Dios de enviar al Espíritu para inaugurar la era mesiánica (Jl. 2:28-29). Ahora que Cristo fue resucitado y glorificado, Dios cumplió esa promesa (cp. Jn. 7:39).

Pedro cita entonces otro salmo davídico, Salmos 110, para probar por medio de la ascensión y exaltación que Jesucristo es el Mesías. Una vez más, el salmo no podía estar refiriéndose a David, **porque David no subió a los cielos.** En realidad, **él mismo dice** en el salmo: **Dijo el Señor a mi Señor: Siéntate a mi diestra, hasta que ponga a tus enemigos por estrado de tus pies.** Poner a los enemigos de alguien por estrado de sus pies era una figura retórica que denotaba sumisión (cp. Jos. 10:24-25). David no fue exaltado a la diestra de Dios, sino Jesús (Hch. 1:9-11). La prueba de ello fue el derramamiento del Espíritu que la multitud acababa de presenciar.

Pedro ha proporcionado abrumadora evidencia de la vida, muerte, resurrección y exaltación de Jesús de que Él es, en realidad, el Mesías largamente esperado. Ahora lleva su sermón a una poderosa conclusión con estas elocuentes palabras: **Sepa, pues, ciertísimamente toda la casa de Israel, que a este Jesús a quien vosotros crucificasteis, Dios le ha hecho Señor y Cristo.** *Asphalōs* **(ciertísimamente)** habla de lo que se sabe más allá de toda duda. El mismo Jesús a quien Dios confirmara como Mesías por medio de su vida, muerte, resurrección y exaltación era el mismo **Jesús a quien** ellos habían crucificado. El veredicto se había dado y ellos estaban en el lado equivocado, culpables de oponerse a Dios y rechazar a su Mesías. Como Pedro lo manifestara más tarde, "este Jesús es la piedra reprobada por vosotros los edificadores, la cual ha venido a ser cabeza del ángulo" (Hch. 4:11).

El primer sermón cristiano— Tercera parte Llamamiento y resultados

6

Al oír esto, se compungieron de corazón, y dijeron a Pedro y a los otros apóstoles: Varones hermanos, ¿qué haremos? Pedro les dijo: Arrepentíos, y bautícese cada uno de vosotros en el nombre de Jesucristo para perdón de los pecados; y recibiréis el don del Espíritu Santo. Porque para vosotros es la promesa, y para vuestros hijos, y para todos los que están lejos; para cuantos el Señor nuestro Dios llamare. Y con otras muchas palabras testificaba y les exhortaba, diciendo: Sed salvos de esta perversa generación. Así que, los que recibieron su palabra fueron bautizados; y se añadieron aquel día como tres mil personas. (2:37-41)

La pregunta más trascendental que alguien puede hacer es: "¿Qué debo hacer para ser salvo?". Una respuesta equivocada a esa pregunta, por correctas que puedan ser las creencias de una persona en otros aspectos, constituye la senda hacia una tragedia eterna.

Sabiendo la importancia vital de una respuesta correcta a esta pregunta, Satanás ha hecho sus mayores esfuerzos para confundir el tema. El resultado ha sido una gran cantidad de respuestas equivocadas. Aunque al parecer basadas en la Biblia, cada una es, en realidad, una perversión de la verdad bíblica.

El legalista, por ejemplo, sostiene que la salvación viene a través de un sistema de justicia por obras. Este podría citar Santiago 2:21 como texto de prueba: "¿No fue justificado por las obras Abraham nuestro padre, cuando ofreció a su hijo Isaac sobre el altar?". El mal uso de ese versículo hace caso omiso al contexto en que aparece (Stg. 2:14-26). También lo contradicen directamente las palabras del apóstol Pablo en Romanos 4:2-3: "Porque si Abraham fue justificado por las obras, tiene de qué gloriarse, pero no para con Dios. Porque ¿qué dice la Escritura? Creyó Abraham a Dios, y le fue contado por justicia" (cp. Gá. 3:6-9). Y, en Romanos 3:20, Pablo rechaza categóricamente cualquier idea de salvación basada en guardar la ley: "Por las obras de la ley ningún ser humano será justificado delante de él".

El moralista tiene un enfoque ligeramente distinto. Cree que estará muy bien por toda la eternidad mientras sus buenas obras superen a las malas en la balanza de Dios. Como prueba podría citar Juan 5:28-29: "No os maravilléis de esto; porque vendrá hora cuando todos los que están en los sepulcros oirán su voz; y los que hicieron lo bueno, saldrán a resurrección de vida; mas los que hicieron lo malo, a resurrección de condenación". No obstante, estos versículos simplemente declaran que una vida redimida se caracterizará por buenas obras, y una no redimida por la ausencia de ellas. Además, el moralista evitará cuidadosamente toda discusión de pasajes tales como Efesios 2:8-9 ("por gracia sois salvos por medio de la fe; y esto no de vosotros, pues es don de Dios; no por obras, para que nadie se gloríe"), Romanos 3:12 ("todos se desviaron, a una se hicieron inútiles; no hay quien haga lo bueno, no hay ni siquiera uno"), y Romanos 3:23 ("por cuanto todos pecaron, y están destituidos de la gloria de Dios").

Algunos de los oyentes judíos de Pedro habrían abogado por la salvación basada en la herencia racial. Juan el Bautista dio la siguiente advertencia a tales personas: "No penséis decir dentro de vosotros mismos: A Abraham tenemos por padre; porque yo os digo que Dios puede levantar hijos a Abraham aun de estas piedras. Y ya también el hacha está puesta a la raíz de los árboles; por tanto, todo árbol que no da buen fruto es cortado y echado en el fuego" (Mt. 3:9-10). La verdad es que "no todos los que descienden de Israel son israelitas" (Ro. 9:6).

El universalista basa sus falsas esperanzas en una mala interpretación de pasajes como Romanos 5:18: "Así que, como por la transgresión de uno vino la condenación a todos los hombres, de la misma manera por la justicia de uno vino a todos los hombres la justificación de vida". El universalista hace caso omiso de la solemne advertencia de nuestro Señor: "Entrad por la puerta estrecha; porque ancha es la puerta, y espacioso el camino que lleva a la perdición, y muchos son los que entran por ella" (Mt. 7:13).

El ritualista también apela a la Biblia para validar su idea de que la salvación viene por observar rituales. El versículo 38 del pasaje actual se cita a menudo para apoyar el punto de vista ritualista: "Arrepentíos, y bautícese cada uno de vosotros en el nombre de Jesucristo para perdón de los pecados". Los ritualistas pasan por alto la verdad bíblica de que la salvación no viene por rituales sino por fe en Jesucristo. No entienden que "con el corazón se cree para justicia, pero con la boca se confiesa para salvación" (Ro. 10:10).

Por desgracia todos estos puntos de vista errados tienen legiones de seguidores en nuestra época. Eso muestra que cualquier posición se puede probar malinterpretando o sacando pasajes de contexto y dejando de comparar las Escrituras con las Escrituras.

A diferencia de los proveedores de falsa enseñanza, Pedro ofrece la respuesta correcta a la pregunta de cómo ser salvo. Finaliza su sermón con un llamado a sus oyentes. El pasaje concluye luego ofreciendo los resultados del sermón de Pedro.

EL LLAMAMIENTO

Al oír esto, se compungieron de corazón, y dijeron a Pedro y a los otros apóstoles: Varones hermanos, ¿qué haremos? Pedro les dijo: Arrepentíos, y bautícese cada uno de vosotros en el nombre de Jesucristo para perdón de los pecados; y recibiréis el don del Espíritu Santo. Porque para vosotros es la promesa, y para vuestros hijos, y para todos los que están lejos; para cuantos el Señor nuestro Dios llamare. Y con otras muchas palabras testificaba y les exhortaba, diciendo: Sed salvos de esta perversa generación. (2:37-40)

La conclusión de Pedro en la parte principal de su sermón fue devastadora. Acusó a sus oyentes de rechazar y ejecutar a su Mesías, el mismo a quien Dios había hecho Señor y Cristo (v. 36). **Al oír** esta declaración de Pedro en el versículo 36, **se compungieron de corazón.** *Katanussō* (**compungieron**) aparece solo aquí en el Nuevo Testamento. Significa "perforar" o "acuchillar", por consiguiente describe algo súbito e inesperado. Aturdidos, por no poder eludir la acusación de que eran culpables de conducta abominable delante de Dios, quedaron agobiados por dolor y remordimiento.

Hubo varios motivos para la angustia que sintieron los oyentes de Pedro. En primer lugar, como ya se dijo, estaba la comprensión de que habían ejecutado a su Mesías. Aquel a quien habían anhelado vehementemente durante siglos, el que era la esperanza de todas sus promesas personales y nacionales, finalmente había llegado. No obstante, en vez de darle la bienvenida, lo rechazaron y lo entregaron a sus acérrimos y odiados enemigos, los romanos, para que lo ejecutaran.

Segundo, ellos mismos lo habían matado. Habría sido bastante malo saber que se había dado muerte al Mesías. Muchísimo peor fue saber la complicidad de ellos en el crimen. Sin duda eso les produjo una profunda sensación de culpa. No podían imaginar un pecado más grande que matar a su Mesías.

Una tercera causa para su angustia era el temor a la ira del Mesías. Pedro les había anunciado, de manera inequívoca, que el mismo Jesús que crucificaron estaba ahora vivo (vv. 24, 31, 32). Peor aún, el apóstol les había citado un pasaje de Salmos 110 que hablaba de la derrota de los enemigos del Mesías. ¿Qué enemigos más grandes de Dios existían que quienes mataron a su Mesías?

Finalmente, estaban desolados al entender que lo que habían hecho no se podía deshacer.

Agobiados con angustia, desesperación, remordimiento y culpa, **dijeron a Pedro y a los otros apóstoles: Varones hermanos, ¿qué haremos?** Buscaban con desesperación una forma de enderezar lo que habían hecho, y de evitar la ira del Mesías. Se hallaban en el mismo punto que Pablo cuando gritó en el camino a Damasco: "¿Qué haré, Señor?" (Hch. 22:10). Las palabras de los judíos rememoran las del carcelero de Filipos, quien preguntó a Pablo y Silas: "Señores, ¿qué debo hacer para ser salvo?" (Hch. 16:30). El estado mental de los oyentes de Pedro ilustra perfectamente el del pecador convicto. Tenían una profunda sensación de su propia culpa, y pavor por la ira de Dios. Tenían un fuerte anhelo de salvarse de esa ira y una disposición de someterse a la voluntad de Dios. Tal convicción de pecado es parte de toda verdadera conversión.

El libro de Zacarías ilustra esa verdad. Zacarías 12:10 describe el primer paso en la restauración de Israel: convicción de pecado: "Y derramaré sobre la casa de David, y sobre los moradores de Jerusalén, espíritu de gracia y de oración; y mirarán a mí, a quien traspasaron, y llorarán como se llora por hijo unigénito, afligiéndose por él como quien se aflige por el primogénito". Solo después de que esa convicción realiza tal limpieza descrita del pecado, en Zacarías 13:1 ocurre lo siguiente: "En aquel tiempo habrá un manantial abierto para la casa de David y para los habitantes de Jerusalén, para la purificación del pecado y de la inmundicia". La convicción es la clave usada por el Espíritu Santo para abrir el corazón hacia la salvación.

Condenación por el pecado es parte esencial de cualquier presentación del evangelio. Las personas deben tener convicción de pecado antes de ver la necesidad de un Salvador. No importa lo moralmente rectos que puedan ser, todos los incrédulos son culpables de los viles pecados de rebelión contra Dios (cp. Hch. 17:30) y de rechazar a Jesucristo (Jn. 16:8-9). La verdadera convicción la produce el Espíritu de Dios, en conjunción con la Palabra de Dios, la cual "es viva y eficaz, y más cortante que toda espada de dos filos; y penetra hasta partir el alma y el espíritu, las coyunturas y los tuétanos, y discierne los pensamientos y las intenciones del corazón" (He. 4:12).

El Espíritu Santo, por medio de la poderosa predicación de Pedro, había llevado a los oyentes al punto de la desesperación. Pedro les contesta ahora su pregunta con la única respuesta correcta: **Arrepentíos.** *Metanoeō* (**arrepentíos**) es una rica expresión del Nuevo Testamento. Habla de un cambio de propósito, de volverse del pecado a Dios (1 Ts. 1:9). Este es un componente esencial de una verdadera conversión. Tanto Juan el Bautista (Mt. 3:2) como el Señor Jesucristo (Mt. 4:17) llamaron al arrepentimiento. Se trata de un tema muy repetido en Hechos (3:19; 5:31; 8:22; 11:18; 17:30; 20:21; 26:20).

Aunque los oyentes de Pedro temían el juicio de Dios, el verdadero arrepentimiento implica más que temor a sufrir consecuencias. El comentarista Albert Barnes señala acertadamente que "el falso arrepentimiento teme las consecuencias del pecado; el verdadero arrepentimiento teme al *pecado en sí*" (*Barnes' Notes on the New Testament: Acts-Romans* [Notas de Barnes sobre el Nuevo Testamento: Hechos-Romanos] [1884-85; reimpresión, Grand Rapids: Baker, sin fecha], p. 52. Cursivas en el original). El verdadero arrepentimiento aborrece el pecado por lo que es: una afrenta a Dios. Saber que el pecado es malo y que Dios lo detesta motiva a la persona verdaderamente arrepentida a abandonarlo. El verdadero arrepentimiento, por tanto, abandona el pecado y se vuelve en total compromiso a Jesucristo. (Para un análisis del arrepentimiento, ver mis libros *El evangelio según Jesucristo* [El Paso, Tx.: Casa Bautista de Publicaciones 2002], y *Faith Works* [La fe funciona] [Dallas: Word, 1993]).

Es difícil para los lectores modernos comprender la magnitud del cambio frente a los oyentes judíos de Pedro. Ellos eran parte de una comunidad única, con una rica historia cultural y religiosa. A pesar de largos años de sometimiento a Roma, eran ferozmente nacionalistas. Como nación habían rechazado a Jesús por blasfemo y lo ejecutaron. Ahora Pedro les pide que den la espalda a todo eso y acepten a Jesús como su Mesías.

Al pedir a **cada uno** de ellos que se bautizara **en el nombre de Jesucristo,** Pedro no permite ninguna posibilidad de "discípulos secretos" (cp. Mt. 10:32-33). El bautismo marcaría una ruptura pública con el judaísmo e identificación con Jesucristo. Tal acto drástico en público ayudaría a eliminar cualquier conversión que no fuera genuina. En agudo contraste con muchas presentaciones modernas del evangelio, Pedro hizo difícil aceptar a Cristo, no algo fácil. Al hacerlo siguió el ejemplo mismo de nuestro Señor (Lc. 14:26-33; 18:18-27). El bautismo siempre fue **en el nombre de Jesucristo.** Esa era la identificación crucial y el costo de esa confesión era elevado.

El significado de la afirmación de Pedro de que el bautismo es **para perdón de los pecados** se ha cuestionado mucho. Quienes enseñan regeneración bautismal (la falsa enseñanza de que el bautismo es necesario para la salvación) ven este versículo como principal texto de prueba para su punto de vista.

Esa opinión pasa por alto el contexto inmediato del pasaje. Como ya se indicó, el bautismo sería un paso dramático para los oyentes de Pedro. Al identificarse en público como seguidores de Jesús de Nazaret se arriesgaban a convertirse en parias en su sociedad (cp. Jn. 9:22). Pedro les pide que demuestren la autenticidad de su arrepentimiento sometiéndose al bautismo público. De igual modo, nuestro Señor pidió al joven rico que probara la autenticidad de su arrepentimiento desprendiéndose de su riqueza (Lc. 18:18-27). No obstante, sin duda nadie sostendría del pasaje anterior que renunciar a las posesiones personales es necesario para la salvación. La salvación no es asunto de agua ni de economía. Sin embargo, el verdadero arrepentimiento se manifestará inevitablemente en total sumisión a la voluntad del Señor.

Segundo, tal enseñanza viola el importante principio hermenéutico conocido como *analogia Scriptura* (analogía de las Escrituras). Ese principio establece que ningún pasaje, cuando se interpreta de manera correcta, enseñará algo contradictorio con el resto de la Biblia. Y el resto de la Biblia enseña claramente que la salvación solo es por fe (cp. Jn. 1:12; 3:16; Hch. 16:31; Ro. 3:21-30; 4:5; 10:9-10; Fil. 3:9; Gá. 2:16).

Tercero, después de condenar la religión ritualista de los escribas y fariseos, nuestro Señor difícilmente habría instituido una religión de su propiedad. F. F. Bruce comenta: "Va contra todo el ingenio de la religión bíblica suponer que el rito externo [del bautismo] tuviera algún valor a menos que fuera acompañado de verdadero arrepentimiento" (*The Book of the Acts* [El libro de Hechos] [Grand Rapids: Eerdmans, 1971], p. 77).

Cuarto, esta interpretación no es fiel a las realidades bíblicas. En todo el libro de Hechos el perdón está vinculado al arrepentimiento, no al bautismo (cp. 3:19; 5:31; 26:20). Además, la Biblia registra que algunos que se bautizaron no fueron salvos (Hch. 8:13; 21-23), mientras que otros fueron salvos sin que se mencionara que se hubieran bautizado (Lc. 7:37-50; Mt. 9:2; Lc. 18:13-14). La historia de la conversión de Cornelio y sus amigos muestra muy claramente la relación del bautismo para salvación. Solo después de ser salvos, como se demostró al haber recibido el Espíritu Santo (Hch. 10:44-46), es que fueron bautizados (vv. 47-48). En realidad, se debió a que habían recibido el Espíritu (y que, por tanto, fueron salvos) que Pedro les ordenó bautizarse (v. 47). Ese pasaje muestra con claridad que el bautismo sigue a la salvación; no la origina.

En 1 Corintios 15:1-4, el apóstol Pablo resume el evangelio que predicaba y por el cual los corintios habían sido salvos. No se menciona el bautismo. Además, en 1 Corintios 1:14-16, el apóstol se regocijó de no haber bautizado a ninguno de los corintios sino solo a Crispo, a Gayo y a la familia de Estéfanas. Esa afirmación sería inexplicable si el bautismo fuera necesario para salvación. En realidad, Pablo estaría diciendo que estaba agradecido de que solo esos pocos fueran salvos bajo su ministerio. El apóstol distingue claramente el bautismo del evangelio en 1 Corintios 1:17, donde declara: "No me envió Cristo a bautizar, sino a predicar el evangelio". ¿Cómo pudo Pablo haber hecho tal declaración si el bautismo fuera necesario para la salvación?

Mientras la preposición *eis* (para) puede significar "para el propósito de", también puede querer decir "a causa de", o "en ocasión de" (A. T. Robertson, *Word Pictures in the New Testament* [Imágenes verbales en el Nuevo Testamento] [Grand Rapids: Baker, reimpresión de la edición de 1930], 3:35-36; H. E. Dana y J. R. Mantey, *A Manual Grammar of the Greek New Testament* [Manual de gramática griega del Nuevo Testamento] [Toronto: Macmillan, 1957], p. 104). El último es claramente su significado en Mateo 12:41 que dice que la población de Nínive se arrepintió a causa de la predicación de Jonás.

La orden es clara. El arrepentimiento es para perdón. El bautismo sigue a ese perdón; no lo origina (cp. 8:12, 34-39; 10:34-48; 16:31-33). Es señal o símbolo público de lo que ha sucedido en el interior. Es un paso importante de obediencia para todos los creyentes, y debería seguir de cerca a la conversión. Es más, en la iglesia primitiva el bautismo era inseparable de la salvación, por lo que Pablo se refirió a la salvación como algo relacionado a "un Señor, una fe, un bautismo" (Ef. 4:5).

Perdón total **de los pecados** es gozo y privilegio benditos de todo creyente. Esa gloriosa verdad llena las páginas del Nuevo Testamento. En Mateo 26:28 nuestro Señor declaró: "Esto es mi sangre del nuevo pacto, que por muchos es derramada para remisión de los pecados". En Lucas 24:47 recordó a los discípulos "el arrepentimiento y el perdón de pecados en todas las naciones, comenzando desde Jerusalén". Por tanto, en Él "tenemos redención por su sangre, el perdón de pecados según las riquezas de su gracia" (Ef. 1:7). Pablo escribió a los colosenses: "Estando muertos en pecados y en la incircuncisión de vuestra carne, os dio vida juntamente con él, perdonándoos todos los pecados" (Col. 2:13). El apóstol Juan expresa con sencillez: "Os escribo a vosotros, hijitos, porque vuestros pecados os han sido perdonados por su nombre" (1 Jn. 2:12. Véase también Hch. 5:31; 10:43; 13:38; 26:18; Ro. 4:7; Ef. 4:32; Col. 1:14; 1 Jn. 1:9).

La salvación no solamente les traería perdón sino que también recibirían **el don del Espíritu Santo.** Ellos habían estado esperando esto; el don del Espíritu, según Joel 2:28-29, marcaría el comienzo de los tiempos mesiánicos.

Dōrea (**don**) se refiere a lo que es gratis e inmerecido. Contrario a mucha enseñanza contemporánea, Pedro no adjuntó ninguna otra condición para recibir el Espíritu que el arrepentimiento. Tampoco prometió que algún fenómeno sobrenatural acompañaría a la recepción del Espíritu. También cabe señalar que el don del Espíritu no viene por el bautismo en agua (Hch. 10:47).

El maravilloso don del Espíritu Santo no fue solo para aquellos en la audiencia de Pedro ese día. **La promesa** del Espíritu Santo, les informa el apóstol, es **para vosotros** y también **para vuestros hijos, y para todos los que están lejos.** Ellos y sus hijos, la nación de Israel, recibiría el Espíritu, como lo prometiera el Antiguo Testamento (Is. 44:3; Ez. 36:27; 37:14; Jl. 2:28-29). Sin embargo, ellos debían participar esa bendición con **todos los que están lejos:** los gentiles (cp. Ef. 2:11-13).

La descripción de Pedro de quienes iban a recibir el Espíritu como aquellos que **el Señor nuestro Dios llamare** puntualiza la soberanía de Dios obrando en salvación. Presenta el equilibrio necesario a esta afirmación en el versículo 21 en que "todo aquel que invocare el nombre del Señor, será salvo". Una perspectiva bíblica de la salvación no excluye la responsabilidad humana ni la soberanía divina, sino que permite permanecer en conflicto. Debemos resistir el intento de armonizar lo que la Biblia no armoniza, satisfechos con saber que no hay ninguna contradicción fundamental en la mente de Dios.

Lucas agrega que **con otras muchas palabras** Pedro **testificaba y exhortaba** a sus oyentes, **diciendo: Sed salvos de esta perversa generación.** Lucas nos ha dado solo un resumen del sermón de Pedro, el cual obviamente duró mucho más que los pocos minutos que se necesitan para leer este pasaje. También es probable que Pedro haya participado en un diálogo con la multitud después de su sermón, como indica la frase **les exhortaba.** La esencia de su exhortación fue que ellos debían ser **salvos de esta perversa generación** a través del arrepentimiento y la fe en Cristo. **Perversa** viene de *skolios*, que significa "torcida" o "encorvada" y, por tanto, algo malo e incorrecto.

La condenación de Pedro hizo eco de la de nuestro Señor. En Mateo 12:39 y 16:4, Jesús se refirió a una "generación mala y adúltera". En Mateo 12:45 se refirió a ellos como "esta mala generación", mientras en Lucas 11:29 comentó: "Esta generación es mala". En Marcos 9:19 el Señor los condenó como "generación incrédula", mientras que Mateo 17:17 y Lucas 9:41 añaden la palabra "perversa" a "incrédula". Finalmente, en Marcos 8:38, Jesús los denunció como una "generación adúltera y pecadora".

Muchas miles de personas en esa generación irían a morir durante la revuelta judía que culminó con la destrucción de Jerusalén en el año 70 d.C. El llamado de Pedro a una respuesta inmediata fue oportuno.

LOS RESULTADOS

Así que, los que recibieron su palabra fueron bautizados; y se añadieron aquel día como tres mil personas. (2:41)

Según se ha señalado, gran parte de la evangelización de esta época intenta que llegar a Cristo sea lo más fácil posible. A muchos hoy en día les horrorizaría que Pedro hiciera tan elevado el costo de llegar a Cristo. ¿Cómo podía él esperar que sus oyentes le dieran públicamente la espalda a su cultura? ¿Cómo podía pedirles que se arriesgaran a volverse parias entre sus familias y su sociedad? ¿Cómo podía exigir que aceptaran como Mesías al mismo que sus líderes habían rechazado y ejecutado? Sin duda muchos predecirían que los resultados del sermón de Pedro serían mínimos.

Pero ese no fue el caso. **Los que recibieron su palabra** aceptaron las condiciones y **fueron bautizados.** Además, sumaron más de un insignificante puñado; **se añadieron** a la iglesia **aquel día como tres mil personas.** Que se registrara una cantidad exacta sugiere que llevaban la cuenta de quienes se salvaban y bautizaban.

La primera comunidad cristiana 7

Y perseveraban en la doctrina de los apóstoles, en la comunión unos con otros, en el partimiento del pan y en las oraciones. Y sobrevino temor a toda persona; y muchas maravillas y señales eran hechas por los apóstoles. Todos los que habían creído estaban juntos, y tenían en común todas las cosas; y vendían sus propiedades y sus bienes, y lo repartían a todos según la necesidad de cada uno. Y perseverando unánimes cada día en el templo, y partiendo el pan en las casas, comían juntos con alegría y sencillez de corazón, alabando a Dios, y teniendo favor con todo el pueblo. Y el Señor añadía cada día a la iglesia los que habían de ser salvos. (2:42-47)

Las epístolas del Nuevo Testamento conforman la doctrina para la vida de la Iglesia. Hechos traza la aplicación de esa doctrina en la historia de la iglesia primitiva. Este pasaje describe el trabajo histórico del ideal de Dios en la primera iglesia local. Describe a la comunidad recién nacida en su mejor momento, cuando poseía una pureza de devoción hacia el Señor resucitado sin precedentes en las generaciones venideras.

En este breve resumen de vida en la iglesia primitiva surgen tres dimensiones distintivas que revelan lo notable que fue esta congregación. Sus miembros manifestaron deberes y actitudes espirituales, y el resultado fue influencia espiritual.

DEBERES ESPIRITUALES

Y perseveraban en la doctrina de los apóstoles, en la comunión unos con otros, en el partimiento del pan y en las oraciones. (2:42)

Esta era realmente una iglesia, nada más y nada menos. Su vida estaba totalmente definida por la devoción hacia aquellos deberes espirituales que conforman la identidad única de la Iglesia. Nada fuera del Señor vivo, del Espíritu y de la Palabra definen la vida para la Iglesia. Esta iglesia, aunque sin tener elementos culturales de éxito ni estrategias del mundo, estaba sin embargo dotada con cada componente necesario para lograr los propósitos de su Señor. La Iglesia será eficaz en llevar pecadores a Cristo cuando manifieste los mismos elementos clave de deberes espirituales que marcaron esta primera comunidad.

ERA UNA IGLESIA SALVA

perseveraban (2:42*a*)

Los tres mil que confesaron fe en Cristo y fueron bautizados en el versículo 41 son quienes mostraron la autenticidad de su fe perseverando. A pesar del odio, el ridículo y la persecución que sufrieron, permanecieron fieles. Esa es una señal de la verdadera salvación. Jesús declaró en Juan 8:31: "Si vosotros permanecieréis en mi palabra, seréis verdaderamente mis discípulos". La verdadera rama permanece en la vid (Jn. 15:1-4). La buena semilla no se marchitará ni morirá bajo persecución (Mt. 13:3-9, 21). En contraste, el apóstol Juan escribe de falsos creyentes: "Salieron de nosotros, pero no eran de nosotros; porque si hubiesen sido de nosotros, habrían permanecido con nosotros; pero salieron para que se manifestase que no todos son de nosotros" (1 Jn. 2:19).

Que la Iglesia deba estar integrada por personas salvas parece lógico. Sin embargo, por desgracia muchas congregaciones modernas están conformadas, en gran parte, por individuos no salvos. Asombra que algunos, incluso, intenten diseñar iglesias donde no cristianos puedan sentirse cómodos. Este no puede ser el objetivo en una iglesia dedicada a la santidad y la justicia en todo aspecto de vida. Tal iglesia será impopular con los pecadores. En esta primera comunidad, todos los profesantes eran poseedores de Cristo.

Esto no quiere decir que los no creyentes no sean bienvenidos a asistir a la predicación de la verdad y a la adoración. Son bienvenidos para oír el evangelio predicado y la Palabra de Dios expuesta. Son bienvenidos a oír las oraciones de confesión, los himnos de alabanza, y los llamados a la santidad. Son bienvenidos a presenciar el amor colectivo y la devoción de la iglesia para con Jesucristo y con el Dios eterno. Todo eso debería incomodarlos debido a su condición espiritual. No obstante, la membresía y el servicio en la iglesia local deben estar restringidos a creyentes. El pueblo de Dios y el pueblo de Satanás no pueden trabajar juntos para conseguir objetivos divinos. Pablo advirtió a los creyentes: "No os unáis en yugo desigual con los incrédulos; porque ¿qué compañerismo tiene la justicia con la injusticia? ¿Y qué comunión la luz con las tinieblas? ¿Y qué concordia Cristo con Belial? ¿O qué parte el creyente con el incrédulo?" (2 Co. 6:14-15).

Pablo elogió a los tesalonicenses en términos que no dejan lugar a dudas de que eran salvos:

> *Pablo, Silvano y Timoteo, a la iglesia de los tesalonicenses en Dios Padre y en el Señor Jesucristo: Gracia y paz sean a vosotros, de Dios nuestro Padre y del Señor Jesucristo. Damos siempre gracias a Dios por todos vosotros, haciendo memoria de vosotros en nuestras oraciones, acordándonos sin cesar delante del Dios y Padre nuestro de la obra de vuestra fe, del trabajo de vuestro amor y de vuestra constancia en la esperanza en nuestro Señor Jesucristo. Porque conocemos, hermanos amados de Dios, vuestra elección; pues nuestro evangelio no llegó a vosotros en palabras solamente, sino también en poder, en el Espíritu Santo y en plena certidumbre, como bien sabéis cuáles fuimos entre vosotros por amor de vosotros. Y vosotros vinisteis a ser imitadores de nosotros y del Señor, recibiendo la palabra en medio de gran tribulación, con gozo del Espíritu Santo, de tal manera que habéis sido ejemplo a todos los de Macedonia y de Acaya que han creído. Porque partiendo de vosotros ha sido divulgada la palabra del Señor, no sólo en Macedonia y Acaya, sino que también en todo lugar vuestra fe en Dios se ha extendido, de modo que nosotros no tenemos necesidad de hablar nada; porque ellos mismos cuentan de nosotros la manera en que nos recibisteis, y cómo os convertisteis de los ídolos a Dios, para servir al Dios vivo y verdadero, y esperar de los cielos a su Hijo, al cual resucitó de los muertos, a Jesús, quien nos libra de la ira venidera (1 Ts. 1:1-10).*

Pablo describe en ese pasaje a las personas de la iglesia en Tesalónica como en el Padre, en Cristo (v. 1) y en el Espíritu Santo (v. 5). Señala que ellos poseían la gran tríada de virtudes cristianas: fe, esperanza y amor (v. 3). El apóstol estaba seguro de que habían escogido a Dios para salvación (v. 4). Ellos eran imitadores de Pablo y de Cristo (v. 6), de modo que eran ejemplo para los otros creyentes en su región (vv. 7-9). Sin duda esta era una congregación de personas salvas.

En cambio, el Señor Jesucristo reprendió a la iglesia en Pérgamo por permitir que la infiltraran incrédulos, en consecuencia influenciados por Satanás:

> *Pero tengo unas pocas cosas contra ti: que tienes ahí a los que retienen la doctrina de Balaam, que enseñaba a Balac a poner tropiezo ante los hijos de Israel, a comer de cosas sacrificadas a los ídolos, y a cometer fornicación. Y también tienes a los que retienen la doctrina de los nicolaítas, la que yo aborrezco. Por tanto, arrepiéntete; pues si no, vendré a ti pronto, y pelearé contra ellos con la espada de mi boca (Ap. 2:14-16).*

Esa iglesia mantenía a aquellos comprometidos con el mundo, ya que Balaam y Balac hicieron que Israel se entremezclara con Moab. El error de los nicolaítas, al parecer, tuvo que ver con inmoralidad sexual. La severa reprimenda que Cristo les hiciera muestra la preocupación del Señor por la pureza de la Iglesia.

No excluir a los incrédulos de la comunión de la Iglesia es un grave error. Solo desunión y discordia pueden resultar cuando quienes sirven a Cristo intentan trabajar en armonía con quienes sirven a Satanás. Adicionalmente, diseñar las actividades de la iglesia local con el fin de atraer incrédulos, o permitirles que representen un rol importante en la vida de la congregación, es darles una falsa sensación de seguridad. El resultado para ellos podría ser tragedia eterna. La Iglesia debe extenderse en amor hacia quienes no conocen a Cristo. Sin embargo, no se les debe permitir que se sientan parte de la comunión a menos que lleguen a la fe en Cristo. Y no se debe llevar a cabo ningún propósito de evangelización que altere lo que la Iglesia es por diseño divino: una asamblea de adoradores salvos que buscan santidad y servicio espiritual.

La primera comunidad pasó la prueba inicial del deber espiritual; esta congregación contenía únicamente a quienes conocían y amaban a Jesucristo. Lucas señala más tarde que, mientras muchos fueron atraídos a la salvación por el Señor, los incrédulos en realidad temían acercarse a la iglesia en Jerusalén debido a que se trataba al pecado con mucha seriedad (Hch. 5:13-14).

ERA UNA IGLESIA BÍBLICA

en la doctrina de los apóstoles (2:42*b*)

El propósito de la Iglesia es claramente ser verdad revelada. Dios la diseñó para ser un lugar donde su Palabra se proclame y se explique. Pablo ordena tal prioridad en todas las epístolas pastorales, donde describió el proceso continuo a Timoteo cuando escribió: "Lo que has oído de mí ante muchos testigos, esto encarga a hombres fieles que sean idóneos para enseñar también a otros" (2 Ti. 2:2).

Un compromiso con la **doctrina de los apóstoles** es básico para el crecimiento y la salud espiritual de toda iglesia. Pedro escribió: "Desead, como niños recién nacidos, la leche espiritual no adulterada, para que por ella crezcáis para salvación" (1 P. 2:2). Pablo escribió a los romanos: "No os conforméis a este siglo, sino transformaos por medio de la renovación de vuestro entendimiento, para que comprobéis cuál sea la buena voluntad de Dios, agradable y perfecta" (Ro. 12:2).

Las cartas de Pablo a sus protegidos Timoteo y Tito también reflejan la prioridad de predicar la Palabra. "Si esto enseñas a los hermanos, serás buen ministro de Jesucristo, nutrido con las palabras de la fe y de la buena doctrina que has seguido" (1 Ti. 4:6). "Esto manda y enseña" (1 Ti. 4:11). "Entre tanto que voy, ocúpate en la lectura, la exhortación y la enseñanza" (1 Ti. 4:13). "Ten cuidado de ti mismo y de la doctrina; persiste en ello, pues haciendo esto, te salvarás a ti mismo y a los que te oyeren" (1 Ti. 4:16). "Te encarezco delante de Dios y del Señor Jesucristo, que juzgará a los vivos y a los muertos en su manifestación y en su reino, que prediques la palabra; que instes a tiempo y fuera de tiempo; redarguye, reprende, exhorta con toda paciencia y doctrina" (2 Ti. 4:1-2). Un anciano debe ser "retenedor de la palabra fiel tal como ha sido enseñada, para que también pueda exhortar con sana enseñanza y convencer a los que contradicen" (Tit. 1:9).

Un creyente debería considerar como un día desperdiciado aquel en que no aprende algo nuevo, o en que no puede enriquecerse profundamente mediante la verdad de la Palabra de Dios. La iglesia primitiva se basó en el ministerio de enseñanza de los apóstoles, cuya **doctrina,** ahora escrita en las páginas de las Escrituras del Nuevo Testamento, deben enseñarla todos los pastores.

La Biblia es alimento para el crecimiento y el potencial del creyente, y no hay otro. La iglesia de hoy hace caso omiso a la exposición y aplicación de las Escrituras a su propio riesgo, como sugiere la advertencia de Oseas para Israel: "Mi pueblo fue destruido, porque le faltó conocimiento" (Os. 4:6). La Iglesia no puede actuar en base a la verdad que no se le ha enseñado; los creyentes no pueden funcionar basados en principios que no han aprendido. Los más nobles siguen siendo aquellos que escudriñan a diario las Escrituras (cp. Hch. 17:11). Estos son portadores de la **doctrina de los apóstoles.**

ERA UNA IGLESIA DE COMUNIÓN

en la comunión (2:42*c*)

Comunión es el deber espiritual de los creyentes de estimularse a la santidad y a la fidelidad. Se expresa de manera más específica a través de los "unos a los otros" del Nuevo Testamento (cp. Ro. 12:10, 16; 13:8; 14:19; 15:5, 7, 14; 16:16; Gá. 5:13; Ef. 4:2, 25, 32; 5:21; Fil. 2:3; Col. 3:9, 13, 16; 1 Ts. 4:9, 18; 5:11, 13; He. 3:13; 1 P. 1:22; 4:9, 10; 5:5, etc.). El significado básico de *koinōnía* (**comunión**) es "camaradería" o "tener en común". Quienes reciben a Jesucristo se convierten en socios con Él y con todos los demás creyentes (1 Jn. 1:3). Esa comunión es permanente, porque nuestra vida eterna compartida con otros es para siempre. No obstante, el gozo asociado con ella se puede perder por negligencia pecaminosa de sus deberes.

Para un cristiano, el hecho de no participar en la vida de una iglesia local es inexcusable. Es más, aquellos que deciden separarse son desobedientes a la orden directa de la Biblia. Hebreos 10:24-25 encarga a los creyentes: "Considerémonos unos a otros para estimularnos al amor y a las buenas obras; no dejando de congregarnos, como algunos tienen por costumbre, sino exhortándonos; y tanto más, cuanto veis que aquel día se acerca". La Biblia no contempla la vida cristiana como algo que se lleva aparte de otros creyentes. Todos los miembros de la Iglesia universal, el cuerpo de Cristo, deben participar activa e íntimamente en asambleas locales.

ERA UNA IGLESIA CENTRADA EN CRISTO

en el partimiento del pan (2:42*d*)

La comunión de esos creyentes estaba simbolizada por la obediencia al deber espiritual del **partimiento del pan,** una referencia a la celebración de la Cena del Señor o Comunión. Este deber no es opcional, ya que nuestro Señor lo ordenó para cada creyente (cp. 1 Co. 11:24-29). En la Comunión, todos los cristianos se reúnen en terreno común a los pies de la cruz (Ef. 2:16; Col. 1:20), puesto que todos son pecadores salvados por la gracia de Dios en Cristo. La Comunión reconoce la obra maravillosa del Señor Jesús en la cruz. Además ejemplifica la unidad de los creyentes, puesto que, simbólicamente, todos son partícipes del mismo Señor (Ef. 4:5). Pablo escribió en 1 Corintios 10:16-17: "La copa de bendición que bendecimos, ¿no es la comunión de la sangre de Cristo? El pan que partimos, ¿no es la comunión del cuerpo de Cristo? Siendo uno solo el pan, nosotros, con ser muchos, somos un cuerpo; pues todos participamos de aquel mismo pan".

La Comunión requiere examen personal y purga del pecado, por tanto, purifica a la Iglesia. Nada es más importante para que la Iglesia se mantenga en curso y para la confrontación regular de pecados en las vidas de sus personas, que la expresión de devoción a la memoria de la cruz (para un debate con profundidad sobre la Cena del Señor, véase *Comentario MacArthur del Nuevo Testamento: Primera Corintios* [Grand Rapids: Editorial Portavoz, 2003], pp. 311ss).

ERA UNA IGLESIA DE ORACIÓN

en las oraciones (2:42*e*)

La primera hermandad participaba con entusiasmo y persistencia en el deber crítico de la oración, que es el fino nervio que mueve los músculos de la omnipotencia. Entendiendo la sensación de pérdida que sus discípulos estaban sintiendo cuando anticipaban su partida, el Señor Jesucristo había prometido en Juan 14:13-14: "Todo lo que pidiereis al Padre en mi nombre, lo haré, para que el Padre sea glorificado en el Hijo. Si algo pidiereis en mi nombre, yo lo haré". La iglesia primitiva tomó esa promesa como la fuente de la provisión divina para todas sus necesidades e, incesantemente, buscó la ayuda del Señor. Las **oraciones** vistas aquí no solo son de creyentes individuales, sino de toda la iglesia (cp. 1:14, 24; 4:24-31).

Por desgracia, la oración está muy descuidada en la iglesia moderna. Programas, conciertos, entretenimiento, o los testimonios de ricos y famosos atraen enormes muchedumbres. Las reuniones de oración, por otra parte, atraen solo a unos pocos fieles. Esa, sin duda, es la razón de gran parte de la debilidad en la Iglesia contemporánea. A diferencia de la iglesia primitiva, hemos olvidado los mandatos de la Biblia de orar en todo tiempo (Lc. 18:1; Ef. 6:11), y de estar dedicados a la oración (Ro. 12:12; Col. 4:2).

La primera hermandad conoció la importancia crítica de ejercer los deberes espirituales. Ellos sabían que la Iglesia debe estar compuesta de individuos salvos, dedicados a estudiar la Palabra, a tener comunión, a partir el pan, y a orar. Esos elementos son expresiones únicas de la vida de la Iglesia. Son medios de gracia por medio de los cuales la Iglesia se convierte en lo que Dios quiere que ella sea.

CARÁCTER ESPIRITUAL

Y sobrevino temor a toda persona; y muchas maravillas y señales eran hechas por los apóstoles. Todos los que habían creído estaban juntos, y tenían en común todas las cosas; y vendían sus propiedades y sus bienes, y lo repartían a todos según la necesidad de cada uno. Y perseverando unánimes cada día en el templo, y partiendo el pan en las casas, comían juntos con alegría y sencillez de corazón, alabando a Dios. (2:43-47*a*)

Una iglesia que cumple los deberes espirituales descubre que estos producen carácter espiritual. Cuatro aspectos del carácter de la primera hermandad se pueden discernir en este pasaje.

ERA UNA IGLESIA QUE INSPIRABA TEMOR

Y sobrevino temor a toda persona (2:43*a*)

Phobos (**temor**) se refiere al miedo o terror sagrado relacionado con la sensación de presencia divina, a la actitud de reverencia. Describe el sentimiento producido cuando alguien comprende que Dios está a mano. Se usó en Hechos 5:5 y 11 para describir la reacción ante las muertes de Ananías y Safira. En Hechos 19:17 describe la reacción de los ciudadanos de Éfeso ante el ataque propinado por un hombre endemoniado a algunos judíos exorcistas. Lucas 7:16 la usa para detallar la reacción ante la resurrección que Jesús hace del hijo de la viuda. La vida de esta primera hermandad era tan genuina y espiritualmente poderosa que a **toda persona**, dentro o fuera de la iglesia, **le sobrevino** una sensación de **temor**. No estaban sobrecogidos debido a los edificios, los programas o cualquier cosa en la iglesia que reflejara la habilidad humana, sino al carácter sobrenatural de las vidas de los miembros. Tal efecto se debe producir cuando los dones espirituales funcionan de forma adecuada (1 Co. 14:24, 25).

ERA UNA IGLESIA MILAGROSA

y muchas maravillas y señales eran hechas por los apóstoles. (2:43*b*)

Una razón para el temor que inspiraba la primera hermandad **eran** las **muchas maravillas y señales hechas por los apóstoles** (cp. Mr. 16:20; He. 2:4). Algunos de esos milagros se describen en los capítulos subsiguientes (cp. 3:1-10; 5:12, 15-16; 9:32-35, 40-42). Según se indicó en el estudio de Hechos 2:22 en el capítulo 5, las **maravillas y señales** estaban diseñadas para atraer la atención y señalar la verdad espiritual. La respuesta a la curación que Pedro hiciera al paralítico en Lida (Hch. 9:32-34) muestra claramente ese propósito. Las personas de esa región, después de presenciar la curación, "se convirtieron al Señor" (v. 35). La resurrección de Dorcas por parte de Pedro provocó la misma reacción en Jope (Hch. 9:42).

Nuestro Señor hizo sus milagros por la misma razón. En Juan 14:10-12 manifestó:

> *¿No crees que yo soy en el Padre, y el Padre en mí? Las palabras que yo os hablo, no las hablo por mi propia cuenta, sino que el Padre que mora en mí, él hace las obras. Creedme que yo soy en el Padre, y el Padre en mí; de otra manera, creedme por las mismas obras. De cierto, de cierto os digo: El que en mí cree, las obras que yo hago, él las hará también; y aun mayores hará, porque yo voy al Padre.*

La capacidad de realizar milagros no fue dada a todos, sino que estaba limitada a los apóstoles y a sus asociados cercanos (tales como Felipe; cp. Hch. 8:13). El escritor de Hebreos afirmó:

> *¿Cómo escaparemos nosotros, si descuidamos una salvación tan grande? La cual, habiendo sido anunciada primeramente por el Señor, nos fue confirmada por los que oyeron, testificando Dios juntamente con ellos, con señales y prodigios y diversos milagros y repartimientos del Espíritu Santo según su voluntad (He. 2:3-4; cp. 2 Co. 12:12).*

Dios asistió la predicación de los apóstoles con milagros para confirmar que ellos eran realmente sus mensajeros. Con el paso de la era apostólica y la finalización del canon de las Escrituras, la necesidad de tales señales ratificatorias terminó. Hoy día podemos determinar quién habla por Dios al comparar su enseñanza con la revelación divina en la Biblia.

Aunque la señal del don de milagros ya no existe, Dios aún realiza milagros en respuesta a las oraciones de su pueblo. Sin embargo, no se trata de señales públicas como las de la era apostólica. El más grande de todos los milagros que Dios realiza actualmente es la transformación de pecadores rebeldes en sus hijos amados, quienes empiezan a volverse como su Hijo. Tales milagros ocurren en la vida de la iglesia que está comprometida con el cumplimiento de sus deberes espirituales.

ERA UNA IGLESIA PARTICIPATIVA

Todos los que habían creído estaban juntos, y tenían en común todas las cosas; y vendían sus propiedades y sus bienes, y lo repartían a todos según la necesidad de cada uno. Y perseverando unánimes cada día en el templo, y partiendo el pan en las casas, comían juntos (2:44-46*a*)

En esos primeros días, antes de que contiendas y divisiones afectaran a la Iglesia, **todos los que habían creído estaban juntos.** Poseían no solo una unidad espiritual, sino también una identidad práctica. Que tuvieran **en común todas las cosas** no indica, como algunos creen, vida comunitaria. La primera hermandad cristiana no era una comuna, ni el pasaje apoya esta idea. La familia, no la comuna, es la unidad básica en el diseño de Dios.

La colaboración y el abastecimiento mutuo para las necesidades de los peregrinos era una tradición antigua en Israel durante las grandes fiestas religiosas. Las posadas no podían dar cabida a la gran afluencia de gente que llegaba a Jerusalén durante estas épocas festivas. Como resultado, las familias comunes abrían sus casas y compartían sus recursos con los visitantes. Muchos miembros de la iglesia primitiva eran tales peregrinos, salvados mientras visitaron Jerusalén para la fiesta de Pentecostés. Ahora se quedaron para ser parte de la nueva obra de Dios. Solo amor cristiano básico de parte de quienes vivían en la ciudad fue lo que los motivó a compartir sus bienes con estos nuevos creyentes. Además, sin duda, algunos en la hermandad habían perdido el sustento al haber hecho profesión de fe en Cristo. El resto de la comunidad les suplía sus necesidades. Y otros eran, simplemente, los creyentes pobres que siempre necesitaban ayuda.

Que aquella no fue una forma primitiva de comunismo lo evidencia el tiempo imperfecto (que denota acción continua pasada) de los verbos traducidos **vendían** y **repartían** (cp. 4:34). En ningún momento vendieron todo ni juntaron lo recaudado en una olla común. Tal principio para la vida cristiana habría obviado la responsabilidad de cada creyente de dar en respuesta a la incitación del Espíritu (cp. 1 Co. 16:1-2). Además, el versículo 46 clarifica que las personas aún poseían casas. Lo que realmente sucedió fue que se vendían propiedades personales **según la necesidad de cada uno.** Esta fue una señal de inmensa generosidad, ya que las personas no solo daban su dinero o sus bienes actuales, sino también los futuros en actos de amor sacrificial hacia aquellos en necesidad. Y está claro por las palabras de Pedro a Ananías, en Hechos 5:4, que esa venta era puramente voluntaria. Ananías y Safira pecaron no por negarse a participar con sus posesiones, sino por mentir al Espíritu Santo. Finalmente, en ninguna otra iglesia descrita en Hechos se repitió este patrón de vender propiedades. En 2 Corintios 8:13-14 se describe una clase parecida de generosidad hacia los pobres de Jerusalén.

Colaborar no estaba limitado a cosas materiales sino que también incluía beneficios espirituales y de ministerio. **Cada día** perseveraban **unánimes** reuniéndose **en el templo.** Iban al templo a las horas de la oración (cp. 3:1), y sin duda a testificar. Tenían todo el derecho de usar el templo, ya que Jesús lo había proclamado como la casa de su Padre. Se revela que aún iban al templo en Hechos 21:26, y tal vez siguieron yendo hasta que fue destruido en el 70 d.C. Ni siquiera la hostilidad de los líderes judíos había llegado al punto de expulsarlos del templo. La expresión **unánimes** expresa una vez más la unidad que experimentaba la primera hermandad.

Sin embargo, los momentos de hermandad no se limitaban al templo. También partían **el pan en las casas,** y **comían juntos con alegría y sencillez de corazón.** Partir **el pan** se refiere al culto de comunión, y comer **juntos** a la fiesta de amor que acompañaba la Cena del Señor. Ellos modelaron los principios establecidos por Pedro: "Hospedaos los unos a los otros sin murmuraciones" (1 P. 4:9) y por Pablo: "Sino para que en este tiempo, con igualdad, la abundancia vuestra supla la escasez de ellos, para que también la abundancia de ellos supla la necesidad vuestra, para que haya igualdad, como está escrito: El que recogió mucho, no tuvo más, y el que poco, no tuvo menos" (2 Co. 8:14-15). El apóstol Juan extiende este mandato a todos los creyentes:

> *En esto hemos conocido el amor, en que él puso su vida por nosotros; también nosotros debemos poner nuestras vidas por los hermanos. Pero el que tiene bienes de este mundo y ve a su hermano tener necesidad, y cierra contra él su corazón, ¿cómo mora el amor de Dios en él? Hijitos míos, no amemos de palabra ni de lengua, sino de hecho y en verdad (1 Jn. 3:16-18).*

ERA UNA IGLESIA ALEGRE

con alegría y sencillez de corazón, alabando a Dios (2:46*b*-47*a*)

No es extraño que una iglesia unida, milagrosa y colaboradora también fuera una iglesia alegre. *Agalliasis* (**alegría**) es la forma sustantiva del verbo *agalliaō*, que significa "alegrarse". Una de las razones clave para esa alegría era la **sencillez de corazón** que ellos manifestaban. *Aphelotēs* (**sencillez**) aparece solo aquí en el Nuevo Testamento. Literalmente significa "simplicidad" y se deriva de una raíz que significa "libre de rocas", o "liso" (A. T. Robertson, *Word Pictures in the New Testament* [Imágenes verbales en el Nuevo Testamento] [1930; reimpresión,

Grand Rapids: Baker, sin fecha], 3:39-40). No había semillas de egoísmo en sus corazones.

Alabar **a Dios** también produce gozo. Significa referir sus maravillosos atributos y obras. El objetivo de la primera hermandad era exaltar al Señor y eso produjo verdadera felicidad. Aquellos que se glorifican y buscan preeminencia nunca conocerán gozo duradero. Alegría llega a quienes dan gloria a Dios. Pablo expresó esa verdad a los filipenses cuando escribió: "Por tanto, si hay alguna consolación en Cristo, si algún consuelo de amor, si alguna comunión del Espíritu, si algún afecto entrañable, si alguna misericordia, completad mi gozo, sintiendo lo mismo, teniendo el mismo amor, unánimes, sintiendo una misma cosa" (Fil. 2:1-2).

INFLUENCIA ESPIRITUAL

y teniendo favor con todo el pueblo. Y el Señor añadía cada día a la iglesia los que habían de ser salvos. (2:47*b*)

La vida colectiva dinámica y el carácter espiritual de la iglesia tuvieron gran influencia. Dos características de dicha influencia aparecen en este versículo.

ERA UNA IGLESIA ATRACTIVA

y teniendo favor con todo el pueblo (2:47*b*)

Los deberes y el carácter en ellos les concedieron **favor con todo el pueblo.** Todavía iban al templo y estaban abiertos en cuanto a su fe, de modo que todos podían ver y experimentar las vidas transformadas de los cristianos iniciales. Después vino la intensa persecución por parte de los judíos. Los primeros creyentes demostraron que eran ciertas las palabras de Jesús en Juan 13:35: "En esto conocerán todos que sois mis discípulos, si tuviereis amor los unos con los otros". La unidad que vivían era una respuesta a la oración sacerdotal de nuestro Señor: "Que todos sean uno; como tú, oh Padre, en mí, y yo en ti, que también ellos sean uno en nosotros; para que el mundo crea que tú me enviaste" (Jn. 17:21).

Algunas de las razones de que la iglesia primitiva hallara favor con las personas comunes se puede discernir de la apología escrita por el filósofo Arístides a principios del siglo II:

> Ahora los cristianos, oh Rey, al propagarse y buscar, han encontrado la verdad. Porque conocen a Dios y confían en Él, el Creador del cielo y la tierra, que no tiene quien lo iguale. De Él recibieron aquellos mandatos

que han esculpido en sus mentes, y que observan en la esperanza y expectativa del mundo venidero.

Es por eso que no adulteran ni comenten inmoralidad; no dan falso testimonio, no malversan, ni codician lo que no les pertenece. Honran a padre y madre, y hacen bien a sus prójimos. Cada vez que deben juzgar, lo hacen rectamente. No adoran ídolos hechos a imagen humana. No hacen a los demás lo que no quieren que les hagan; y no comen lo sacrificado a ídolos.

A quienes los oprimen, los exhortan y convierten en sus amigos. Hacen bien a sus enemigos. Sus esposas, oh Rey, son puras como vírgenes, y sus hijas son modestas. Sus hombres se abstienen de todo contacto sexual ilícito y de impureza, en espera de la recompensa que ha de venir en otro mundo.

En cuanto a sus siervos y siervas, con sus hijos si los hay, los persuaden a volverse cristianos; y cuando lo hacen, los llaman hermanos sin distinción.

Se niegan a adorar dioses extraños; y siguen su camino con toda humildad y alegría. No existe falsedad entre ellos. Se aman unos a otros; no se olvidan de las necesidades de la viuda, y rescatan al huérfano de la persona que lo violenta. El que tiene provee al que no tiene, de buena gana y sin jactarse. Cuando los cristianos encuentran a un extranjero lo llevan a sus casas y se regocijan por él como por un verdadero hermano. No llaman hermanos solo a quienes están ligados por lazos de sangre, sino a quienes están hermanados según el Espíritu y en Dios.

Cuando uno de sus pobres se va del mundo, cada uno provee para su sepultura según su capacidad. Si oyen que alguno de sus miembros está preso u oprimido por causa del nombre del Mesías, todos proveen para las necesidades del afectado y, si es posible redimirlo, lo liberan.

Si hallan pobreza en medio de ellos y no han guardado alimentos, ayunan dos o tres días a fin de poder suplir las necesidades de los desprovistos. Observan escrupulosamente los mandamientos de su Mesías, viviendo de manera sincera y sobria como les ordena el Señor su Dios. Cada mañana y a cada hora alaban y agradecen a Dios por la bondad que les prodiga; y agradecen por los alimentos y por lo que beben.

Si alguna persona justa muere entre ellos, se regocijan y agradecen a Dios, y escoltan el cuerpo como si lo estuvieran pasando de un lugar a otro cercano. Cuando les nace un niño, alaban a Dios. Si muere en la infancia, le agradecen más a Dios como por alguien que ha pasado por el mundo sin pecado. Pero si uno de ellos muere en su iniquidad o en sus pecados, se lamentan con amargura y tristeza como quien está a punto de cumplir su condena.

> Tal, oh Rey, es el mandamiento dado a los cristianos, y tal es su conducta. (*The Apology of Aristides* [La apología de Arístides], traducido por Rendel Harris [Londres: Cambridge, 1893]).

Con toda esa virtud para elogiarlos no es de extrañar que conformaran una iglesia atractiva.

ERA UNA IGLESIA CRECIENTE

Y el Señor añadía cada día a la iglesia los que habían de ser salvos. (2:47*c*)

La evangelización eficaz fue el efecto definitivo de los deberes espirituales y el carácter de la primera hermandad. Que **el Señor añadía cada día a la iglesia los que habían de ser salvos** nos recuerda que Dios es soberano en cuanto a la salvación (cp. 5:14). El tiempo imperfecto del verbo traducido **añadía**, junto con la frase **cada día**, indica que las personas continuamente se salvaban al observar la conducta diaria de los creyentes. Estaban tan unidos, alegres y llenos del Espíritu que su misma existencia era un testimonio poderoso de la verdad del evangelio. La verdadera evangelización fluye de la vida de una iglesia sana.

Este breve atisbo de la primera hermandad proporciona una valiosa perspectiva de lo que conforma una iglesia sana y creciente digna del nombre. La adecuada devoción a los deberes del Espíritu produce el apropiado carácter, el cual, a su vez, origina un poderoso y salvador efecto en los pecadores.

Un milagro para confirmar la Palabra

8

Pedro y Juan subían juntos al templo a la hora novena, la de la oración. Y era traído un hombre cojo de nacimiento, a quien ponían cada día a la puerta del templo que se llama la Hermosa, para que pidiese limosna de los que entraban en el templo. Este, cuando vio a Pedro y a Juan que iban a entrar en el templo, les rogaba que le diesen limosna. Pedro, con Juan, fijando en él los ojos, le dijo: Míranos. Entonces él les estuvo atento, esperando recibir de ellos algo. Mas Pedro dijo: No tengo plata ni oro, pero lo que tengo te doy; en el nombre de Jesucristo de Nazaret, levántate y anda. Y tomándole por la mano derecha le levantó; y al momento se le afirmaron los pies y tobillos; y saltando, se puso en pie y anduvo; y entró con ellos en el templo, andando, y saltando, y alabando a Dios. Y todo el pueblo le vio andar y alabar a Dios. Y le reconocían que era el que se sentaba a pedir limosna a la puerta del templo, la Hermosa; y se llenaron de asombro y espanto por lo que le había sucedido. (3:1-10)

La Biblia nos advierte reiteradamente del peligro siempre actual de falsos maestros herejes. Puesto que afirman representar a Dios, pero malinterpretan la verdad, hacen gran daño. Jesús describió a estos predicadores en Mateo 7:15 como "lobos rapaces" y advirtió que "muchos falsos profetas se levantarán, y engañarán a muchos" (Mt. 24:11). Algunos serán sumamente peligrosos, "y harán grandes señales y prodigios, de tal manera que engañarán, si fuere posible, aun a los escogidos" (Mt. 24:24).

El apóstol Pablo llamó a los falsos maestros "lobos rapaces" (Hch. 20:29), "contumaces, habladores de vanidades y engañadores" (Tit. 1:10). Advirtió a los corintios que tuvieran cuidado de ellos, llamándolos "falsos apóstoles, obreros fraudulentos, que se disfrazan como apóstoles de Cristo" (2 Co. 11:13). Estos individuos "apostatarán de la fe, escuchando a espíritus engañadores y a doctrinas de demonios" (1 Ti. 4:1), y son quienes "resisten a la verdad; hombres corruptos de entendimiento, réprobos en cuanto a la fe" (2 Ti. 3:8).

Tal vez la denuncia más mordaz de los predicadores herejes viene de la pluma del apóstol Pedro. Esta se debe leer completa.

Pero hubo también falsos profetas entre el pueblo, como habrá entre vosotros falsos maestros, que introducirán encubiertamente herejías destructoras, y aun negarán al Señor que los rescató, atrayendo sobre sí mismos destrucción repentina. Y muchos seguirán sus disoluciones, por causa de los cuales el camino de la verdad será blasfemado, y por avaricia harán mercadería de vosotros con palabras fingidas. Sobre los tales ya de largo tiempo la condenación no se tarda, y su perdición no se duerme. Porque si Dios no perdonó a los ángeles que pecaron, sino que arrojándolos al infierno los entregó a prisiones de oscuridad, para ser reservados al juicio; y si no perdonó al mundo antiguo, sino que guardó a Noé, pregonero de justicia, con otras siete personas, trayendo el diluvio sobre el mundo de los impíos; y si condenó por destrucción a las ciudades de Sodoma y de Gomorra, reduciéndolas a ceniza y poniéndolas de ejemplo a los que habían de vivir impíamente, y libró al justo Lot, abrumado por la nefanda conducta de los malvados (porque este justo, que moraba entre ellos, afligía cada día su alma justa, viendo y oyendo los hechos inicuos de ellos), sabe el Señor librar de tentación a los piadosos, y reservar a los injustos para ser castigados en el día del juicio; y mayormente a aquellos que, siguiendo la carne, andan en concupiscencia e inmundicia, y desprecian el señorío. Atrevidos y contumaces, no temen decir mal de las potestades superiores, mientras que los ángeles, que son mayores en fuerza y en potencia, no pronuncian juicio de maldición contra ellas delante del Señor. Pero éstos, hablando mal de cosas que no entienden, como animales irracionales, nacidos para presa y destrucción, perecerán en su propia perdición, recibiendo el galardón de su injusticia, ya que tienen por delicia el gozar de deleites cada día. Estos son inmundicias y manchas, quienes aun mientras comen con vosotros, se recrean en sus errores. Tienen los ojos llenos de adulterio, no se sacian de pecar, seducen a las almas inconstantes, tienen el corazón habituado a la codicia, y son hijos de maldición. Han dejado el camino recto, y se han extraviado siguiendo el camino de Balaam hijo de Beor, el cual amó el premio de la maldad, y fue reprendido por su iniquidad; pues una muda bestia de carga, hablando con voz de hombre, refrenó la locura del profeta. Estos son fuentes sin agua, y nubes empujadas por la tormenta; para los cuales la más densa oscuridad está reservada para siempre. Pues hablando palabras infladas y vanas, seducen con concupiscencias de la carne y disoluciones a los que verdaderamente habían huido de los que viven en error. Les prometen libertad, y son ellos mismos esclavos de corrupción. Porque el que es vencido por alguno es hecho esclavo del que lo venció. Ciertamente, si habiéndose ellos escapado de las contaminaciones del mundo, por el conocimiento del Señor y Salvador Jesucristo, enredándose otra vez en ellas son vencidos, su postrer estado viene a ser peor que el primero. Porque mejor les hubiera sido no haber conocido el camino de la justicia, que después de haberlo conocido, volverse atrás del santo mandamiento que les fue dado (2 P. 2:1-21; cp. Jud. 4-16).

El peligro que representan esos mentirosos hace imperativo que haya una manera de distinguirlos de los que hablan la verdad de Dios. El apóstol Juan reconoció esa necesidad de discernimiento cuando advirtió a los creyentes: "Amados, no creáis a todo espíritu, sino probad los espíritus si son de Dios; porque muchos falsos profetas han salido por el mundo" (1 Jn. 4:1).

El Señor Jesucristo reconoció la responsabilidad de los mensajeros de Dios de hacer que las enseñanzas cristianas estén acreditadas por las obras del Señor. De su propio ministerio dijo: "Las obras que yo hago en nombre de mi Padre, ellas dan testimonio de mí" (Jn. 10:25), y "si no hago las obras de mi Padre, no me creáis. Mas si las hago, aunque no me creáis a mí, creed a las obras, para que conozcáis y creáis que el Padre está en mí, y yo en el Padre" (Jn. 10:37-38). A Felipe lo retó: "Creedme que yo soy en el Padre, y el Padre en mí; de otra manera, creedme por las mismas obras" (Jn. 14:11). Las obras que Él hacía corroboraban las palabras que decía. Nicodemo reconoció eso cuando manifestó: "Rabí, sabemos que has venido de Dios como maestro; porque nadie puede hacer estas señales que tú haces, si no está Dios con él" (Jn. 3:2).

El Señor concedió que sus voceros en la iglesia primitiva, los apóstoles y profetas, también fueran acreditados por sus milagros. Pablo escribió a los corintios: "Las señales de apóstol han sido hechas entre vosotros en toda paciencia, por señales, prodigios y milagros" (2 Co. 12:12). El escritor de Hebreos añadió: "¿Cómo escaparemos nosotros, si descuidamos una salvación tan grande? La cual, habiendo sido anunciada primeramente por el Señor, nos fue confirmada por los que oyeron, testificando Dios juntamente con ellos, con señales y prodigios y diversos milagros y repartimientos del Espíritu Santo según su voluntad" (He. 2:3-4). Sin embargo, como se indicó en el estudio de Hechos 2:43 en el capítulo 7, tal reconocimiento milagroso ya no es necesario. Podemos determinar quién habla por Dios al comparar las enseñanzas de esa persona con la Biblia.

Los dones de señales milagrosas incluyen el don de sanidad (cp. Mt. 10:1) ejercido en este pasaje. Esta es una de las muchas curaciones hechas por los apóstoles (cp. Hch. 2:43), seleccionada debido a su efecto y conexión con el sermón inspirado de Pedro. Por desgracia, existe mucha confusión respecto a ese don. Muchas personas hoy día afirman poseer tal don o tener acceso a él. Sus supuestas sanidades van desde tácticas psicológicas hasta falsificaciones descaradas de actividad demoníaca. Una comprensión bíblica del ministerio apostólico de sanidad incluye los siguientes puntos:

En primer lugar, como ya se indicó, muchas supuestas curaciones son fraudulentas. A lo largo de los años los curanderos han sido expuestos como charlatanes. Aparentes curaciones como resultado de manipulación mental o de cierta clase de hipnosis provienen de una fuerte creencia en una figura de autoridad. Cuando esa figura les dice a las personas que están sanas, sus emociones podrían anular temporalmente los síntomas físicos. Está por demás decir que tales "curaciones" son efímeras.

Una categoría relacionada de "sanidades" comprende curas de enfermedades psicosomáticas. Ya que tales enfermedades imaginadas pueden producir condiciones sintomáticas que no tienen causa física u orgánica, su curación no constituye una ilustración del don de sanidad. Jesús y los apóstoles sanaron enfermos de dolencias físicas como ceguera, sordera y parálisis, y enfermedades orgánicas como la lepra. No obstante, la cura de esas condiciones y de otras similares está más allá del alcance de curanderos contemporáneos.

Segundo, Satanás y sus huestes demoníacas pueden producir curaciones falsas. Las hacen no solo en falsas religiones sino bajo el disfraz del cristianismo. El Señor Jesús advirtió que "se levantarán falsos Cristos y falsos profetas, y harán señales y prodigios, para engañar, si fuese posible, aun a los escogidos" (Mr. 13:22). El apóstol Pablo se hizo eco de esta advertencia, relacionándola específicamente con el venidero hombre de pecado. Lo describió como un "inicuo cuyo advenimiento es por obra de Satanás, con gran poder y señales y prodigios mentirosos" (2 Ts. 2:9). Jesús advirtió que "muchos me dirán en aquel día: Señor, Señor, ¿no profetizamos en tu nombre, y en tu nombre echamos fuera demonios, y en tu nombre hicimos muchos milagros? Y entonces les declararé: Nunca os conocí; apartaos de mí, hacedores de maldad" (Mt. 7:22-23). Dios no participa ni aprueba todo lo hecho en su nombre. Menos aun desea el testimonio de fuentes demoníacas. Nuestro Señor no permitió que los demonios revelaran su verdadera identidad (Lc. 4:41) y Pablo no permitió siquiera que una muchacha endemoniada testificara la verdad de que él y Silas eran siervos de Dios (Hch. 16:16-18).

Los creyentes deben estar constantemente conscientes del peligro del engaño satánico. Pablo advirtió acerca de eso a los corintios cuando escribió con relación a los falsos maestros de esta época:

> *Porque éstos son falsos apóstoles, obreros fraudulentos, que se disfrazan como apóstoles de Cristo. Y no es maravilla, porque el mismo Satanás se disfraza como ángel de luz. Así que, no es extraño si también sus ministros se disfrazan como ministros de justicia; cuyo fin será conforme a sus obras (2 Co. 11:13-15).*

Satanás es quizás aun más peligroso en su sutileza como lobo con piel de oveja que como león rugiente.

Tercero, contrario a la enseñanza de muchos hoy día, la iglesia primitiva no era una iglesia que obraba milagros. Más bien era una iglesia con apóstoles que obraban milagros. El don de sanidad en la iglesia primitiva estaba limitado a los apóstoles y sus asociados cercanos en el ministerio. Cuando ellos desaparecieron, también se fue el don de sanidad.

Cuarto, en todo ejemplo registrado del don de sanidad en Hechos, fueron incrédulos quienes sanaron (3:1-11; 5:15-16; 8:7; 19:11-12; 28:8). (Si Eneas era creyente o no [Hch. 9:33-34] es difícil de determinar debido a la brevedad del pasaje. No obstante, la descripción de él como "uno que se llamaba", en lugar de un creyente o discípulo [cp. Hch. 9:36] sugiere que se trataba de un incrédulo.) Que la sanidad milagrosa constituyera sucesos totalmente poco comunes en la iglesia primitiva se desprende del revuelo que causó la sanidad que Pedro hiciera a Eneas. Si las sanidades hubieran sido comunes, ¿qué habría sido tan sensacional respecto de una más? Sin embargo, la curación de Eneas ocasionó que todos los que vivían en esa región se volvieran al Señor (Hch. 9:35).

Más evidencia de que el don de sanidad no se usó a favor de la iglesia primitiva llega de los pasajes que mencionan a creyentes enfermos. Pablo no sanó a Trófimo sino que lo dejó enfermo en Mileto (2 Ti. 4:20). Tampoco aconsejó a Timoteo que fuera al curandero local por sus problemas médicos. Al contrario, le dijo que tomara vino para sus males (1 Ti. 5:23).

¿Significa eso que Dios ya no cura? ¡Desde luego que no! Dios podría elegir sanar hoy en respuesta a las oraciones de sus hijos, cuando eso es consecuente con su voluntad. Pero eso está muy lejos de la capacidad milagrosa y sobrenatural de sanidad dada a los apóstoles a favor de incrédulos. Los apóstoles fueron el fundamento de la Iglesia (Ef. 2:20), pero salieron del escenario. Con ellos desaparecieron los dones milagrosos y únicos con que se los asoció (2 Co. 12:12). Es una suposición infundada y sin apoyo bíblico que las curaciones se deban esperar como algo común en la Iglesia. En toda la historia jamás ha habido una época de tal poder sanador como exhibieran Cristo y los apóstoles. No hay un tiempo anterior ni posterior en que Dios manifestara tan prolíficos milagros de sanidad. Esto era raro antes del ministerio del Señor y los apóstoles e igualmente raro, si no más, lo ha sido desde entonces. (Para un detallado análisis de la curación, véase mi libro *Los carismáticos* [El Paso: Casa Bautista de Publicaciones, 1995], y Richard Mayhue, *The Healing Promise* [Promesa de sanidad] [Eugene, Oreg.: Harvest House, 1994]).

En Hechos 3:1-10, el Espíritu Santo selecciona como ilustración una de las "muchas maravillas y señales" mencionadas en 2:43. Este asombroso milagro de curación de un cojo de nacimiento reúne a una curiosa multitud y la prepara para oír el sermón de Pedro. También confirma que Pedro y Juan representaban a Dios. El registro del cojo se desarrolla en tres acontecimientos: escena, señal y consecuencia.

LA ESCENA

Pedro y Juan subían juntos al templo a la hora novena, la de la oración. Y era traído un hombre cojo de nacimiento, a quien ponían cada día a la puerta del

templo que se llama la Hermosa, para que pidiese limosna de los que entraban en el templo. Este, cuando vio a Pedro y a Juan que iban a entrar en el templo, les rogaba que le diesen limosna. (3:1-3)

Los Evangelios y Hechos revelan que **Pedro** y **Juan** estaban asociados de cerca. Según Lucas 5:10, eran socios en el negocio de la pesca antes de su llamado como discípulos. Con el hermano de Juan, Jacobo, componían el círculo íntimo de los doce (cp. Mt. 17:1; Mr. 5:37; 9:2; 13:3; 14:33; Lc. 8:51; 9:28). Jesús les confió los preparativos para la cena de la Pascua (Lc. 22:8). Ellos fueron los únicos que siguieron a Jesús hasta la casa del sumo sacerdote después del arresto de Cristo (Jn. 18:15ss). Pedro y Juan fueron los primeros discípulos en visitar la tumba después de la resurrección (Jn. 20:2ss). Los primeros capítulos de Hechos los encuentran a menudo viajando y ministrando juntos (cp. 4:13, 19; 8:14).

El tiempo imperfecto del verbo traducido **subían** sugiere que ellos solían ir con frecuencia al templo (cp. 2:46). **La hora novena, la de la oración** sería las tres de la tarde según el cálculo judío, que contaba las horas desde el amanecer. Salmos 55:17 menciona las tres horas de oración, siendo dos en la mañana (la hora tercera) y al mediodía (la hora sexta). La hora novena era también el tiempo del sacrificio en el atardecer, cuando las multitudes diarias en el templo estarían en su apogeo.

En su camino al templo, los dos apóstoles encontraron a cierto **hombre cojo de nacimiento.** Su caso no tenía esperanza; su aflicción era una que los médicos de su época no podían curar. El tiempo imperfecto del verbo traducido **ponían,** junto con la frase **cada día,** indica que era su diaria rutina mendigar en ese sitio.

La puerta del templo que se llama la Hermosa era el lugar perfecto **para que pidiese limosna de los que entraban en el templo.** Los mendigos en Palestina escogían tres ubicaciones: las casas de los ricos (cp. Lc. 14:1-2; 16:19-21), caminos principales (Mr. 10:46) y el templo. De los tres, el templo era el mejor sitio. No solo que multitudes se aglomeraban allí todos los días, sino que también llegaban para impresionar a Dios con su piedad. Una manera de hacer eso era dar limosnas a los pobres. Además, el tesoro del templo era donde el pueblo daba sus ofrendas al Señor. Por tanto, las personas estaban con el estado de ánimo de dar dinero cuando llegaban al templo. La puerta **la Hermosa,** dentro de la zona oriental del monte del templo, separaba el atrio de los gentiles del atrio de las mujeres. Igual que las otras puertas, esta era grande y ornamentada. Según el historiador judío Josefo, estaba hecha de bronce corintio, y era tan grande que se necesitaban veinte hombres para cerrarla (*Guerras* V.V.3, VI.V.3).

El cojo estaba colocado estratégicamente junto a la puerta para el máximo efecto, y **cuando vio a Pedro y a Juan que iban a entrar en el templo, les rogaba que le diesen limosna.** Él esperaba piedad en forma de dinero, sin darse cuenta de que estaba a punto de recibir la mayor misericordia de curación y salvación.

LA SEÑAL

Pedro, con Juan, fijando en él los ojos, le dijo: Míranos. Entonces él les estuvo atento, esperando recibir de ellos algo. Mas Pedro dijo: No tengo plata ni oro, pero lo que tengo te doy; en el nombre de Jesucristo de Nazaret, levántate y anda. Y tomándole por la mano derecha le levantó; y al momento se le afirmaron los pies y tobillos; y saltando, se puso en pie y anduvo; y entró con ellos en el templo, andando, y saltando, (3:4-8*a*)

Cuatro aspectos de este milagro son dignos de destacar: fue inesperado, fue hecho en el nombre del Señor Jesucristo, fue instantáneo, y fue completo.

FUE INESPERADO

Pedro, con Juan, fijando en él los ojos, le dijo: Míranos. Entonces él les estuvo atento, esperando recibir de ellos algo. Mas Pedro dijo: No tengo plata ni oro, pero lo que tengo te doy (3:4-6*a*)

En respuesta a los lamentos del mendigo pidiendo limosna, **Pedro** y **Juan** fijaron **en él los ojos.** *Atenizō* (**fijando en él los ojos**) es la misma palabra usada en 1:10 para describir la intensa mirada de los apóstoles al Señor que ascendía. Pedro y Juan enfocaron la atención en el infeliz tullido, ordenándole: **Míranos.** Con gran expectativa, el pordiosero **les estuvo atento, esperando recibir de ellos algo.** Estaba desde luego esperando recibir dinero. La respuesta de Pedro: **No tengo plata ni oro, pero lo que tengo te doy,** era totalmente inesperada. El mendigo, sin duda se preguntó qué podrían estos hombres darle que fuera más valioso que dinero. Pronto lo averiguó.

Igual que todas las obras de Dios, este milagro se basó en la voluntad soberana de Dios. Había otros centenares de pordioseros en Jerusalén, sin duda muchos de ellos también tullidos. Pero fue este hombre al que Dios en su soberanía eligió para que recibiera sanidad. Esperaba tan solo dinero que le ayudara momentáneamente a calmar su desesperada situación, pero, en lugar de eso, el mendigo recibió mucho más de lo que alguna vez habría soñado que fuera posible.

FUE HECHO EN EL NOMBRE DE JESUCRISTO

en el nombre de Jesucristo de Nazaret, levántate y anda. (3:6*b*)

El pordiosero tenía pocos motivos para creer en Jesucristo. Jesús no le había cambiado la situación y, además, lo habían ejecutado por blasfemo. Por tanto, para el hombre debió haber sido desconcertante que Pedro usara el nombre del Señor.

En el nombre de significa en virtud del carácter, la autoridad y el poder de Cristo. Según se indicó en el análisis de Hechos 2:22 en el capítulo 5, **Jesucristo de Nazaret** fue la designación común de nuestro Señor durante su ministerio terrenal. Esto lo describe como Jesús, el Mesías de Nazaret. Hacer algo en el nombre de Jesucristo es actuar en consonancia con su voluntad; es hacer lo que Él haría si estuviera aquí, y actuar en su autoridad y con el poder delegado de Jesús. Pedro había visto al Señor sanar innumerables veces. Ahora, actuando en el nombre de su Señor con el poder delegado (cp. Mt. 10:1), le ordenó al pordiosero: **anda.**

FUE INSTANTÁNEO

Y tomándole por la mano derecha le levantó; y al momento se le afirmaron los pies y tobillos (3:7)

La confusión del mendigo no duró mucho. **Tomándole por la mano derecha**, Pedro **le levantó; y al momento se le afirmaron los pies y tobillos.** El verdadero don de sanidad, en contraste con las supuestas sanidades de hoy, resultó en cura instantánea. Las curaciones de nuestro Señor fueron instantáneas (cp. Mt. 8:13; Mr. 5:29; Lc. 5:13; 17:14; Jn. 5:9); no siguieron un proceso gradual. La Biblia no conoce nada de "curaciones progresivas". Al pordiosero ni siquiera se le tuvo que enseñar a caminar. Recibió su coordinación y equilibrio al instante.

FUE COMPLETO

y saltando, se puso en pie y anduvo; y entró con ellos en el templo, andando, y saltando, (3:8*a*)

Pedro no tuvo que encargarse de tomar de la mano al mendigo para hacerlo parar. Tan pronto como sintió que las fuerzas le surgían por pies y tobillos, **saltando, se puso en pie y anduvo.** Sus síntomas habían desaparecido por completo. Pedro y Juan no tuvieron que apoyarlo mientras cojeaba. Al contrario, el hombre **entró con ellos en el templo, andando, y saltando.** El gozo y la emoción que experimentaba no tenían límites. Solo andar no le bastó, también debía saltar. Igual que un niño con juguete nuevo no pudo resistir el uso de la capacidad recién adquirida.

Las cuatro características de este milagro ofrecen una lista de verificación para investigar todas las supuestas curaciones milagrosas. Una sanidad que se ajusta al verdadero patrón bíblico provendrá de la decisión soberana de Dios, se hará en el nombre de Jesucristo, será instantánea, y será completa. Huelga decir que los supuestos casos de curación que se atribuyen los "curanderos" modernos no cumplen esos criterios.

LA CONSECUENCIA

y alabando a Dios. Y todo el pueblo le vio andar y alabar a Dios. Y le reconocían que era el que se sentaba a pedir limosna a la puerta del templo, la Hermosa; y se llenaron de asombro y espanto por lo que le había sucedido. Y teniendo asidos a Pedro y a Juan el cojo que había sido sanado, todo el pueblo, atónito, concurrió a ellos al pórtico que se llama de Salomón. (8*b*-11)

Hubo tres consecuencias de la milagrosa curación del mendigo cojo. La primera fue gozo para el pordiosero mismo, el que expresó **alabando a Dios.** El tranquilo y ceremonioso ritual del sacrificio de la tarde fue repentinamente desgarrado por los fuertes gritos de alegría y alabanza del hombre. Es deseo de Dios que todos sus hijos experimenten gozo. Jesús declaró: "Estas cosas os he hablado, para que mi gozo esté en vosotros, y vuestro gozo sea cumplido" (Jn. 15:11; cp. 16:24).

Una segunda consecuencia fue alabanza y adoración hacia Dios. La simple participación en un culto religioso no garantiza en sí verdadera adoración. Tal vez la adoración más genuina a Dios llevada a cabo ese día en el templo fue la alabanza del pordiosero.

Tercera, el milagro fue un testimonio para el pueblo. El arrebato de alabanza del mendigo causó conmoción y asombro por parte de la multitud. **Todo el pueblo** allí en el templo **le vio andar y alabar a Dios.** El suyo fue un testimonio muy público. Al reconocer **que era el que se sentaba a pedir limosna a la puerta del templo, la Hermosa,** las multitudes **se llenaron de asombro y espanto por lo que le había sucedido.** Que un milagro se había realizado era innegable. Habían visto al mendigo sentado en la puerta la Hermosa durante muchos años, por lo que todos conocían la condición del hombre. Incluso los líderes judíos no negaron que había ocurrido un milagro. En Hechos 4:16, declararon: "¿Qué haremos con estos hombres? Porque de cierto, señal manifiesta ha sido hecha por ellos, notoria a todos los que moran en Jerusalén, y no lo podemos negar".

Como se señaló en el estudio de Hechos 2:22 en el capítulo 5, Dios diseñó milagros que actuaran como señales para atraer la atención y señalar al pueblo hacia la verdad divina. Esta curación hizo ambas cosas. Sin duda atrajo la atención del gentío, que **atónito, concurrió a ellos al pórtico que se llama de Salomón.** Y, si hubieran recordado su Antiguo Testamento, habrían sabido que las curaciones debían marcar el inicio de los tiempos mesiánicos. Isaías comentó de esa época: "Entonces el cojo saltará como un ciervo" (Is. 35:6).

Igual que en el primer sermón de Pedro el día de Pentecostés, Dios proveyó la introducción. Asombrada de la milagrosa curación del cojo, una enorme multitud se reunió en el **pórtico que se llama de Salomón,** el porche que rodea el atrio de los gentiles (el mismo sitio donde Jesús había pronunciado el discurso sobre el Buen Pastor [Jn. 10:23]). El hombre que había recibido sanidad permaneció con los apóstoles, **teniendo asidos a Pedro y a Juan.** Él era prueba viva de que había ocurrido un milagro. El escenario era propicio para que Pedro predicara de Cristo.

El poderoso sermón de Pedro—Primera parte Pedro predica a Cristo

9

Viendo esto Pedro, respondió al pueblo: Varones israelitas, ¿por qué os maravilláis de esto? ¿O por qué ponéis los ojos en nosotros, como si por nuestro poder o piedad hubiésemos hecho andar a éste? El Dios de Abraham, de Isaac y de Jacob, el Dios de nuestros padres, ha glorificado a su Hijo Jesús, a quien vosotros entregasteis y negasteis delante de Pilato, cuando éste había resuelto ponerle en libertad. Mas vosotros negasteis al Santo y al Justo, y pedisteis que se os diese un homicida, y matasteis al Autor de la vida, a quien Dios ha resucitado de los muertos, de lo cual nosotros somos testigos. Y por la fe en su nombre, a éste, que vosotros veis y conocéis, le ha confirmado su nombre; y la fe que es por él ha dado a éste esta completa sanidad en presencia de todos vosotros. Mas ahora, hermanos, sé que por ignorancia lo habéis hecho, como también vuestros gobernantes. Pero Dios ha cumplido así lo que había antes anunciado por boca de todos sus profetas, que su Cristo había de padecer. (3:12-18)

Los primeros predicadores estaban sumamente preocupados por exaltar el nombre de Jesucristo. Fue en ese nombre que bautizaron (Hch. 2:38) y sanaron (Hch. 3:6, 16; 4:10). Incluso los oponentes de la iglesia primitiva reconocieron cuán central era el nombre de Jesús en la predicación apostólica (Hch. 5:40). Felipe predicó el nombre de Jesús (Hch. 8:12), así como Pablo (Hch. 9:27). El concilio de Jerusalén elogió a Bernabé y Pablo como "hombres que han expuesto su vida por el nombre de nuestro Señor Jesucristo" (Hch. 15:26), y Pablo expresó su disposición a morir por ese nombre (Hch. 21:13).

La Biblia hace referencia a nuestro Señor por medio de muchos nombres… según cálculos, más de doscientos. Incluyen nombres tan conocidos como Alfa y Omega (Ap. 22:13), Amado (Ef. 1:6), Pan de vida (Jn. 6:48), Estrella resplandeciente de la mañana (Ap. 22:16), Primogénito de entre los muertos (Col. 1:18), Santo (Hch. 2:27), Emanuel (Is. 7:14), Cordero (Ap. 5:6), Luz del mundo (Jn.

8:12), León de la tribu de Judá (Ap. 5:5); Señor (Jn. 13:13), Señor de señores (Ap. 17:14), Señor del día de reposo (Mt. 12:8), Varón de dolores (Is. 53:3), Dios Fuerte (Is. 9:6), Príncipe de paz (Is. 9:6), Juez justo (2 Ti. 4:8), Raíz de David (Ap. 5:5), Salvador (Lc. 2:11), Santo y Justo (Hch. 3:14), Buen Pastor (Jn. 10:11), Hijo de Dios (Mr. 1:1), Hijo del hombre (Jn. 5:27), y Verbo de Dios (Jn. 1:1; Ap. 19:13). Pero de todos los nombres de nuestro Señor, el más común es Jesús, que aparece más de ochocientas veces en el Nuevo Testamento.

Llámesele como se le llame, el testimonio de las Escrituras es que Jesucristo es la única persona que puede proveer salvación. Todas las bendiciones espirituales vienen a través de su nombre, entre ellas la adopción como hijos de Dios (Jn. 1:12), la salvación (Hch. 4:12), el perdón de pecados (Hch. 10:43), la oración contestada (Jn. 14:13-14), y el Espíritu Santo (Jn. 14:26). Es en su nombre que toda rodilla se doblará (Fil. 2:10). Los creyentes deben hacer todo en nombre de Él (Col. 3:17), para que ese nombre sea glorificado (2 Ts. 1:12). Quienes invocan el nombre de Cristo deben apartarse del pecado (2 Ti. 2:19).

Pedro fue el primero en predicar en el nombre de Jesús y todo aquel que predica verdaderamente el evangelio sigue la tradición que se deriva de este apóstol. En el día de Pentecostés, en el contexto de la venida del Espíritu, Pedro predicó el primer sermón en la historia de la Iglesia. El tema de ese sermón fue Jesucristo.

Igual que hizo por el primer sermón de Pedro, el Espíritu Santo proporcionó una dramática introducción para el segundo. La curación que Pedro y Juan hicieran a un lisiado de nacimiento atrajo una gran multitud. El hombre permaneció con los apóstoles en el pórtico de Salomón en el templo, como ilustración viva de que el poder de Dios reposaba sobre ellos. **Viendo** que la multitud se había reunido, **Pedro** comenzó su sermón. **Respondió** viene de *apokrinomai*, una palabra usada a menudo para marcar el inicio de un discurso (cp. Mt. 11:25; 12:38; 17:4; 22:1; Mr. 10:24; 11:14; 14:48; Lc. 14:3; Jn. 5:19; Hch. 10:46). No necesariamente se refiere a contestar una pregunta. No se sabe si la muchedumbre le hizo preguntas a Pedro, pero la confusión y el deseo de una explicación del milagro era evidente de parte del gentío.

Antes de lanzarse al tema, Pedro hizo primero dos preguntas. Al hacerlo aclaró cualquier confusión que la multitud pudiera haber tenido acerca de la fuente de la curación. Inicia esas preguntas dirigiéndose al gentío como **varones israelitas,** un título cortés que resalta la identidad de ellos como el pueblo del pacto (cp. v. 25). La primera pregunta: **por qué os maravilláis de esto,** es un leve reproche. Como pueblo del pacto sabían que Dios era un Dios que obraba milagros y que estos habían desempeñado un papel importante en la historia judía. Más recientemente, habían presenciado los milagros realizados por Jesús para demostrar que Él era el Mesías, el Hijo de Dios. Que Dios obrara otro milagro a través de los apóstoles no debía sorprenderles.

Pedro les preguntó a continuación: **¿por qué ponéis los ojos en nosotros,**

como si por nuestro poder o piedad hubiésemos hecho andar a éste? Los judíos debieron haber sabido que dos pescadores galileos no tenían el **poder** ni la **piedad** para llevar a cabo tal hazaña por cuenta propia. El dilema de la multitud era que, aunque reconocían que solo Dios tiene el poder para realizar milagros, ellos habían negado que Jesús fuera Dios, y también que los seguidores del Maestro tuvieran poder divino concedido por ese Dios. Así que se quedaron sin explicación por lo que acababan de ver.

Pedro aparta la atención de sí mismo y de Juan y la ubica en Jesucristo. Clarifica que fue el poder de Jesús el que efectuó la curación (3:6).

Así que el apóstol toma como tema de su sermón el nombre sin igual de Jesucristo. Presenta cinco de los muchos nombres de nuestro Señor, todos ellos con implicaciones mesiánicas. Igual que hizo en su primer sermón, Pedro presenta a Jesús como el Mesías, aprobado por Dios, pero rechazado por el pueblo. De ese modo les resalta otra vez que estaban en la condición desastrosa de ser enemigos de Dios. Pedro describe a su Maestro como Hijo, Jesús, Santo y Justo, Autor de la vida, y Cristo.

HIJO

El Dios de Abraham, de Isaac y de Jacob, el Dios de nuestros padres, ha glorificado a su Hijo (3:13*a*)

Puesto que su mensaje estaba dirigido principalmente a israelitas, Pedro elige una descripción conocida de Dios. La imagen de Dios como **el Dios de Abraham, de Isaac y de Jacob, el Dios de nuestros padres** destaca otra vez el pacto fiel hacia Israel. Esta descripción parecer haberse empleado en ocasiones importantes (cp. Éx. 3:6, 15, 16; 1 R. 18:36; 1 Cr. 29:18; 2 Cr. 30:6; Mt. 22:32; Hch. 7:32). Al usarla, Pedro reclama continuidad con los profetas del Antiguo Testamento, ya que está declarando al mismo Dios que ellos predicaron y al Mesías que prometieron.

Pedro proclama que el Dios del pacto, Dios de los patriarcas y Dios de los profetas **ha glorificado a su Hijo Jesús.** *Pais* (**Hijo,** también significa siervo) es un título extraño para nuestro Señor, que aparece solo aquí y en el versículo 26, en Hechos 4:27, 30 y Mateo 12:18. Describe a Jesús como representante personal o embajador de Dios.

Sin embargo, siervo era una designación del Mesías en el Antiguo Testamento (Is. 42:1, 19; 49:5-7). Recibe su exposición más completa en el conocido pasaje de Isaías 52:13—53:12:

> *He aquí que mi siervo será prosperado, será engrandecido y exaltado, y será puesto muy en alto. Como se asombraron de ti muchos, de tal manera fue*

desfigurado de los hombres su parecer, y su hermosura más que la de los hijos de los hombres, así asombrará él a muchas naciones; los reyes cerrarán ante él la boca, porque verán lo que nunca les fue contado, y entenderán lo que jamás habían oído. ¿Quién ha creído a nuestro anuncio? ¿Y sobre quién se ha manifestado el brazo de Jehová? Subirá cual renuevo delante de él, y como raíz de tierra seca; no hay parecer en él, ni hermosura; le veremos, mas sin atractivo para que le deseemos. Despreciado y desechado entre los hombres, varón de dolores, experimentado en quebranto; y como que escondimos de él el rostro, fue menospreciado, y no lo estimamos. Ciertamente llevó él nuestras enfermedades, y sufrió nuestros dolores; y nosotros le tuvimos por azotado, por herido de Dios y abatido. Mas él herido fue por nuestras rebeliones, molido por nuestros pecados; el castigo de nuestra paz fue sobre él, y por su llaga fuimos nosotros curados. Todos nosotros nos descarriamos como ovejas, cada cual se apartó por su camino; mas Jehová cargó en él el pecado de todos nosotros. Angustiado él, y afligido, no abrió su boca; como cordero fue llevado al matadero; y como oveja delante de sus trasquiladores, enmudeció, y no abrió su boca. Por cárcel y por juicio fue quitado; y su generación, ¿quién la contará? Porque fue cortado de la tierra de los vivientes, y por la rebelión de mi pueblo fue herido. Y se dispuso con los impíos su sepultura, mas con los ricos fue en su muerte; aunque nunca hizo maldad, ni hubo engaño en su boca. Con todo eso, Jehová quiso quebrantarlo, sujetándole a padecimiento. Cuando haya puesto su vida en expiación por el pecado, verá linaje, vivirá por largos días, y la voluntad de Jehová será en su mano prosperada. Verá el fruto de la aflicción de su alma, y quedará satisfecho; por su conocimiento justificará mi siervo justo a muchos, y llevará las iniquidades de ellos. Por tanto, yo le daré parte con los grandes, y con los fuertes repartirá despojos; por cuanto derramó su vida hasta la muerte, y fue contado con los pecadores, habiendo él llevado el pecado de muchos, y orado por los transgresores.

Ese pasaje describe al Mesías como Siervo sufriente, obediente incluso hasta el punto de la muerte.

Mateo identifica a Jesús como el Siervo de la profecía de Isaías mientras en 12:18-21 cita a Isaías 42:1-4 y lo aplica al Señor:

He aquí mi siervo, a quien he escogido; mi Amado, en quien se agrada mi alma; pondré mi Espíritu sobre él, y a los gentiles anunciará juicio. No contenderá, ni voceará, ni nadie oirá en las calles su voz. La caña cascada no quebrará, y el pábilo que humea no apagará, hasta que saque a victoria el juicio. Y en su nombre esperarán los gentiles.

Jesús declaró de sí mismo: "El Hijo del Hombre no vino para ser servido, sino para servir, y para dar su vida en rescate por muchos" (Mt. 20:28). En Juan 6:38

expresó: "He descendido del cielo, no para hacer mi voluntad, sino la voluntad del que me envió". En Juan 8:28 agregó: "Nada hago por mí mismo, sino que según me enseñó el Padre, así hablo". Juan 13:1-7 ofrece un hermoso ejemplo del humilde servicio de nuestro Señor:

> *Antes de la fiesta de la pascua, sabiendo Jesús que su hora había llegado para que pasase de este mundo al Padre, como había amado a los suyos que estaban en el mundo, los amó hasta el fin. Y cuando cenaban, como el diablo ya había puesto en el corazón de Judas Iscariote, hijo de Simón, que le entregase, sabiendo Jesús que el Padre le había dado todas las cosas en las manos, y que había salido de Dios, y a Dios iba, se levantó de la cena, y se quitó su manto, y tomando una toalla, se la ciñó. Luego puso agua en un lebrillo, y comenzó a lavar los pies de los discípulos, y a enjugarlos con la toalla con que estaba ceñido. Entonces vino a Simón Pedro; y Pedro le dijo: Señor, ¿tú me lavas los pies? Respondió Jesús y le dijo: Lo que yo hago, tú no lo comprendes ahora; mas lo entenderás después.*

Cuando terminó el sufrimiento de Jesús, Dios lo glorificó, exaltándolo a la posición de honra a su diestra (Hch. 2:33; 5:31; Fil. 2:9-11; He. 7:26).

JESÚS

Jesús, a quien vosotros entregasteis y negasteis delante de Pilato, cuando éste había resuelto ponerle en libertad. (3:13*b*)

Jesús es la forma griega del nombre hebreo *Josué*, que significa "el Señor es mi salvación". Según se indicó, este es el nombre más común de nuestro Señor en el Nuevo Testamento. Primero se le reveló a José cuando el ángel le manifestó: "Llamarás su nombre JESÚS, porque él salvará a su pueblo de sus pecados" (Mt. 1:21). Al comentar este versículo, Charles Spurgeon dijo:

> El ángel le dijo el nombre a José en un sueño: ese nombre tan tierno y dulce que no estorba el descanso de ningún hombre, sino que más bien produce una paz sin igual, la paz de Dios. Con tal visión, el sueño de José fue más bendecido que su despertar. El nombre tiene para siempre este poder, porque a quienes lo conocen les revela una gloria más brillante de la que los sueños hayan imaginado alguna vez (*The Metropolitan Tabernacle Pulpit* [El púlpito del Tabernáculo Metropolitano], vol. XXIV [Londres: Passmore & Alabaster, 1879], p. 518).

Ha habido muchas falsas opiniones de Jesús a través de la historia, desde ejemplo noble hasta revolucionario político. Pero imaginar a un Jesús que no fue el Salvador es tan ridículo como imaginar a un Shakespeare que no fue escritor, o a un Rembrandt que no fue pintor. Su nombre es Jesús no debido a que es nuestro ejemplo, guía, líder o amigo, aunque es todo eso. Su nombre es Jesús porque Él es nuestro Salvador.

En vez de recibirlo, la nación lo rechazó. "A lo suyo vino, y los suyos no le recibieron" (Jn. 1:11). Ellos buscaban un libertador político o militar que los librara del odiado yugo romano. Puesto que "amaron más las tinieblas que la luz, porque sus obras eran malas" (Jn. 3:19), no estaban dispuestos a aceptar a Aquel que vino a confrontarles el pecado y a liberarlos de ese pecado.

En consecuencia, al mismo Jesús a quién Dios glorificó, ellos lo entregaron y lo negaron **delante de Pilato, cuando éste había resuelto ponerle en libertad.** Pilato estaba muy consciente de que la crucifixión era una evidente injusticia. Declaró inocente a Jesús no menos de seis veces (Lc. 23:4, 16, 22; Jn. 18:38; 19:4, 6) y, reiteradamente, trató de liberarlo (Lc. 23:13-22). Incluso su esposa reconoció que Jesús era inocente (Mt. 27:19). Como romano, Pilato venía de un pueblo con una fuerte tradición de justicia (cp. Hch. 16:37-38; 22:25-29; 25:16). Condenar a un hombre a quien creía inocente iba contra esa tradición. Pero Pilato no tuvo alternativa. Los líderes judíos lo habían acorralado. Ya se habían quejado ante Roma y habían puesto su cargo en peligro. Otra queja, quizás, le habría costado su lugar como gobernante.

Pedro confronta valientemente a sus oyentes con la enormidad del pecado que cometieron al ejecutar a su Mesías. Toda predicación de la verdad bíblica debe seguir su ejemplo y de cierto modo hacer a los hombres culpables ante Dios. Ese es el necesario fundamento del mensaje del evangelio. Solo quienes se ven como pecadores reconocerán su necesidad de un Salvador y comprenderán la obra de Jesús.

SANTO Y JUSTO

Mas vosotros negasteis al Santo y al Justo, y pedisteis que se os diese un homicida, (3:14)

A fin de resaltar la culpa de ellos, Pedro repite la acusación de que negaron a Jesús, el **Santo y Justo** delante de Pilato. Peor aún, pidieron que les dieran **un homicida.**

Hagios (**Santo**) significa ser separado para Dios. Jesús no solo es santo por naturaleza sino que está separado para Dios a fin de hacer su voluntad. Santo también es un título mesiánico. Salmos 16:10, un pasaje mesiánico citado por Pedro en su sermón el día de Pentecostés, declara: "Porque no dejarás mi alma en el Seol, ni permitirás que tu santo vea corrupción". Hablando por los demás discípulos, Pedro expresó: "Nosotros hemos creído y conocemos que tú eres el

Cristo, el Hijo del Dios viviente" (Jn. 6:69). Hasta los demonios sabían la verdad de que Jesús era el Santo (Lc. 4:34). La culpa de Israel al rechazarlo era tanto monumental como inexcusable, y los ponía en franca rebelión contra Dios.

Dikaios (**Justo**) conlleva la idea de ser inocente de cualquier delito. Al tener que elegir entre Jesús, su inocente Mesías, y el culpable **homicida** Barrabás, ellos eligieron a este último. "Barrabás" significa "hijo de padre", un interesante contraste terrenal con Jesús, quien fue el "Hijo del Padre" celestial. Incluso paganos, tales como la esposa de Pilato (Mt. 27:19) y el centurión romano (Lc. 23:47), reconocieron lo que Israel no pudo: que Jesús era inocente y justo. La acusación que Pedro les hizo fue devastadoramente directa.

AUTOR DE LA VIDA

Y matasteis al Autor de la vida, a quien Dios ha resucitado de los muertos, de lo cual nosotros somos testigos. Y por la fe en su nombre, a éste, que vosotros veis y conocéis, le ha confirmado su nombre; y la fe que es por él ha dado a éste esta completa sanidad en presencia de todos vosotros. Mas ahora, hermanos, sé que por ignorancia lo habéis hecho, como también vuestros gobernantes. (3:15-17)

Pedro ha estado presentando una serie de paradojas. Aunque Jesús era siervo, Dios lo exaltó. Él era el libertador de ellos, pero la nación lo entregó a Pilato. Rechazaron al Santo y Justo a favor de un homicida impío e injusto. Ahora Pedro llega a la mayor paradoja de todas. Los acusó: **matasteis al Autor de la vida,** mientras a cambio pidieron la libertad de uno que había quitado la vida a otros.

Autor de la vida viene de *archēgos*. Se refiere al originador, pionero o iniciador de algo. Hebreos 2:10 la usa en la frase "autor de la salvación". En Hebreos 12:2 describe a Jesús como "autor" de la fe. Aquí Pedro la usa para describir a Jesús como el originador de vida. Esa es una afirmación de la deidad de Jesús, puesto que Salmos 36:9 describe a Dios como "el manantial de la vida".

El Nuevo Testamento describe repetidas veces a Jesús como manantial de vida. En el prólogo de su Evangelio, Juan escribe: "En él estaba la vida, y la vida era la luz de los hombres" (Jn. 1:4). En su primera epístola añade: "Dios nos ha dado vida eterna; y esta vida está en su Hijo" (1 Jn. 5:11). Hablando de Jesús más tarde en ese capítulo, Juan escribió: "Este es el verdadero Dios, y la vida eterna" (1 Jn. 5:20).

Jesús también afirmó ser manantial de vida. En Juan 5:26 declaró: "Como el Padre tiene vida en sí mismo, así también ha dado al Hijo el tener vida en sí mismo". A Marta le reveló: "Yo soy la resurrección y la vida; el que cree en mí, aunque esté muerto, vivirá" (Jn. 11:25), mientras en Juan 14:6 declara simplemente: "Yo soy el camino, y la verdad, y la vida".

Sin embargo, la predicación no termina con la muerte del Autor de la vida. Al verdadero estilo apostólico, Pedro agrega la nota resonante de la resurrección. Jesús, el Autor de la vida, fue **a quien Dios ha resucitado de los muertos. De lo cual** tanto Pedro como los demás apóstoles eran **testigos** (cp. 1 Co. 15:3-7). La audaz afirmación de Pedro es evidencia poderosa de la resurrección. Si Jesús no se hubiera levantado de los muertos, esa afirmación habría sido fácil de refutar. Si los líderes judíos hubieran podido mostrar el cadáver de Jesús, la Iglesia habría nacido muerta. Pero ellos no podían hacerlo y no lo hicieron. El testimonio de los apóstoles era innegable.

Pedro plantea con fuerza el punto de que los judíos eran enemigos declarados del Dios que profesaban amar, el mismo que habían venido a adorar al templo. Aquel a quien Dios había exaltado, ellos lo habían entregado, repudiado y ejecutado.

La culpa de los judíos era enorme, pero su homicidio fue inútil. No solo que Jesús estaba vivo, sino que el milagro también estaba hecho **por la fe en su nombre.** La fe a la vista aquí no es del mendigo sino de Pedro y Juan. Aunque de vez en cuando se hace notar la fe de quien recibe curación (cp. Hch. 14:9), el don de sanidad del Nuevo Testamento actuó por medio de la fe del sanador y no de quien recibía la sanidad. Decir a quienes no resultan curados que esto se debe a falta de fe para ser sanados es otra mala interpretación de la naturaleza bíblica de la sanidad apostólica. Igual que en el versículo 12, a pesar de su fuerte fe en el Cristo resucitado, Pedro se niega a aceptar el mérito por la sanidad. Es **por la fe en su nombre,** les dice, **y la fe que es por él ha dado a éste esta completa sanidad en presencia de todos vosotros.** El mendigo sanado era prueba viviente de que la evaluación de la nación respecto a Jesús fue equivocada.

El versículo 17 señala una transición en el sermón de Pedro. Primero declaró culpables a los judíos de rechazar y ejecutar a su Mesías. Luego, comenzando con el versículo 19, proclamó la necesidad de arrepentimiento. En medio de esto, en los versículos 17-18, el apóstol les ofrece esperanza. Al dirigírseles como **hermanos,** se identifica con ellos como compañero judío y se coloca a su nivel, mostrando amor y preocupación por ellos.

Pedro les ofrece la posibilidad de perdón porque actuaron **por ignorancia** (cp. Hch. 13:27). Quizás estaba aludiendo a la distinción del Antiguo Testamento entre pecados voluntarios y pecados cometidos por ignorancia (Nm. 15:22-31). Jesús oró por aquellos que lo crucificaron, diciendo: "Padre, perdónalos, porque no saben lo que hacen" (Lc. 23:34). Pablo escribió que si los gobernantes hubieran comprendido quién era Jesús, "nunca habrían crucificado al Señor de gloria" (1 Co. 2:8). Sin duda, la ignorancia de ellos era inexcusable, ya que la evidencia de que Jesús era el Mesías estaba clara por el Antiguo Testamento, por las palabras y las obras de Jesús, y por su muerte y resurrección. No obstante, ninguno de los ofensores estaba lejos de alcanzar la gracia de Dios, si se arrepentían y se volvían a Cristo. Incluso los gobernantes, que incitaron al pueblo a pedir a gritos la muerte de su Mesías, resultaron procesados por el motivo menos atroz: ignorancia. Hay una nota de misericordia en el hecho de que Pedro se enfocara en la ceguera y la ignorancia de los incrédulos (cp. 2 Co. 4:3-4).

CRISTO

Pero Dios ha cumplido así lo que había antes anunciado por boca de todos sus profetas, que su Cristo había de padecer. (3:18)

Pedro asegura a sus oyentes que el rechazo y la ejecución del Mesías no frustraron los planes de Dios. La crucifixión, por impensable que fuera para ellos que le sucediera al verdadero Mesías, no alteró para nada el programa de Dios y tampoco descalificó a Jesús como el Mesías. **Dios había antes anunciado por boca de todos sus profetas, que su Cristo había de padecer,** y esa profecía se había **cumplido** ahora. El Antiguo Testamento predijo la muerte de Cristo en pasajes como Isaías 53, Salmos 22 y Zacarías 12:10. Incluso el rechazo que la nación hiciera de Él se había profetizado (Is. 53:3). Dios usó las malas intenciones de ellos para cumplir sus propios propósitos (cp. Hch. 2:23; Gn. 50:20).

Pedro presenta a nuestro Señor como Hijo Jesús, Santo y Justo, Autor de la vida, y Cristo (Mesías; Jn. 1:41; 4:25). Condena a sus oyentes por repudiarlo, negarlo y ejecutarlo. Ellos debieron haber estado preguntándose, como lo hiciera la multitud en el día de Pentecostés: "¿qué haremos?" (Hch. 2:37). En la segunda parte de su sermón, Pedro les da la respuesta. Su sermón es un ejemplo clásico de cómo presentar el evangelio. Antes de las buenas nuevas de salvación en Cristo debe exponerse la mala noticia de que los hombres son pecadores.

El poderoso sermón de Pedro—Segunda parte La necesidad de arrepentimiento

10

Así que, arrepentíos y convertíos, para que sean borrados vuestros pecados; para que vengan de la presencia del Señor tiempos de refrigerio, y él envíe a Jesucristo, que os fue antes anunciado; a quien de cierto es necesario que el cielo reciba hasta los tiempos de la restauración de todas las cosas, de que habló Dios por boca de sus santos profetas que han sido desde tiempo antiguo. Porque Moisés dijo a los padres: El Señor vuestro Dios os levantará profeta de entre vuestros hermanos, como a mí; a él oiréis en todas las cosas que os hable; y toda alma que no oiga a aquel profeta, será desarraigada del pueblo. Y todos los profetas desde Samuel en adelante, cuantos han hablado, también han anunciado estos días. Vosotros sois los hijos de los profetas, y del pacto que Dios hizo con nuestros padres, diciendo a Abraham: En tu simiente serán benditas todas las familias de la tierra. A vosotros primeramente, Dios, habiendo levantado a su Hijo, lo envió para que os bendijese, a fin de que cada uno se convierta de su maldad. (3:19-26)

A lo largo de la historia redentora, los voceros de Dios han llamado al arrepentimiento a los pecadores. Dios le dijo a Jeremías que declarara a la rebelde nación de Israel: "Así ha dicho Jehová: El que cae, ¿no se levanta? El que se desvía, ¿no vuelve al camino? ¿Por qué es este pueblo de Jerusalén rebelde con rebeldía perpetua? Abrazaron el engaño, y no han querido volverse" (Jer. 8:4-5). A Ezequiel le ordenó: "Por tanto, di a la casa de Israel: Así dice Jehová el Señor: Convertíos, y volveos de vuestros ídolos, y apartad vuestro rostro de todas vuestras abominaciones" (Ez. 14:6). En 2 Reyes 17:13 se resume la triste historia de los tratos de Dios con Israel en el Antiguo Testamento: "Jehová amonestó entonces a Israel y a Judá por medio de todos los profetas y de todos los videntes, diciendo: Volveos de vuestros malos caminos, y guardad mis mandamientos y mis ordenanzas, conforme a todas las leyes que yo prescribí a vuestros padres, y que os he enviado por medio de mis siervos los profetas". El principal ministerio de los profetas fue llevar a Israel al arrepentimiento. Pero la nación se negó a escucharlos, y sufrió las terribles consecuencias de destrucción y cautiverio.

El mensaje tampoco cambió en el Nuevo Testamento. Mateo 3:1-2 relata: "En aquellos días vino Juan el Bautista predicando en el desierto de Judea, y diciendo: Arrepentíos, porque el reino de los cielos se ha acercado". Según Mateo 4:17, "desde entonces comenzó Jesús a predicar, y a decir: Arrepentíos, porque el reino de los cielos se ha acercado".

Arrepentirse también fue la orden de la predicación apostólica. En su sermón del día de Pentecostés, Pedro ordenó a sus oyentes: "Arrepentíos, y bautícese cada uno de vosotros en el nombre de Jesucristo para perdón de los pecados" (Hch. 2:38). Pablo caracterizó su ministerio en Éfeso como de estar "testificando a judíos y a gentiles acerca del arrepentimiento para con Dios, y de la fe en nuestro Señor Jesucristo" (Hch. 20:21). En su defensa ante Agripa declaró: "No fui rebelde a la visión celestial, sino que anuncié primeramente a los que están en Damasco, y Jerusalén, y por toda la tierra de Judea, y a los gentiles, que se arrepintiesen y se convirtiesen a Dios, haciendo obras dignas de arrepentimiento" (Hch. 26:19-20).

Al preparar la conclusión de su sermón, Pedro continúa en esa tradición y llama a sus oyentes al arrepentimiento. Ellos debían arrepentirse por haber rechazado a su Mesías y estaban en rebelión contra Dios. En la primera parte de su sermón, los sentenció por su culpa. Ahora les ofrece esperanza, asegurándoles que no es demasiado tarde para arrepentirse. Si lo hacen recibirán las bendiciones prometidas del pacto.

Arrepentimiento es un término clave en el Nuevo Testamento. El significado literal de *metanoeō* (**arrepentirse**) es "cambiar de opinión o de propósito". Arrepentirse implica más que una simple decisión intelectual. Es un cambio de mentalidad que resulta en un cambio de conducta. El uso que Pedro hace de *epistrephō* (**convertirse**), una palabra usada frecuentemente en el Nuevo Testamento para referirse a pecadores que se vuelven a Dios (Lc. 1:16-17; Hch. 9:35; 11:21; 14:15; 15:19; 26:18, 20; 2 Co. 3:16; 1 Ts. 1:9; 1 P. 2:25), refuerza ese significado.

En la parábola de los dos hijos, el Señor Jesucristo dio una ilustración del verdadero arrepentimiento:

> *Pero ¿qué os parece? Un hombre tenía dos hijos, y acercándose al primero, le dijo: Hijo, ve hoy a trabajar en mi viña. Respondiendo él, dijo: No quiero; pero después, arrepentido, fue. Y acercándose al otro, le dijo de la misma manera; y respondiendo él, dijo: Sí, señor, voy. Y no fue. ¿Cuál de los dos hizo la voluntad de su padre? Dijeron ellos: El primero. Jesús les dijo: De cierto os digo, que los publicanos y las rameras van delante de vosotros al reino de Dios (Mt. 21:28-31).*

Tenga en cuenta que el segundo hijo no solo cambió de opinión sino que siguió esa decisión con un cambio en su conducta. Juan el Bautista exigió que todo el que afirmara haberse arrepentido validara tal confesión con la evidencia de una vida transformada (Mt. 3:6-8). Tal es la naturaleza del arrepentimiento.

El plan de Dios para los hombres es que se arrepientan (Hch. 17:30). A fin de lograr ese propósito usa al menos cuatro motivadores. Primero, el conocimiento de que la verdad revelada de Dios debe ocasionar arrepentimiento en los hombres. En Mateo 11:21-24, Jesús reprendió duramente a las ciudades de Corazín, Betsaida y Capernaum por negarse a arrepentirse:

> *¡Ay de ti, Corazín! ¡Ay de ti, Betsaida! Porque si en Tiro y en Sidón se hubieran hecho los milagros que han sido hechos en vosotras, tiempo ha que se hubieran arrepentido en cilicio y en ceniza. Por tanto os digo que en el día del juicio, será más tolerable el castigo para Tiro y para Sidón, que para vosotras. Y tú, Capernaum, que eres levantada hasta el cielo, hasta el Hades serás abatida; porque si en Sodoma se hubieran hecho los milagros que han sido hechos en ti, habría permanecido hasta el día de hoy. Por tanto os digo que en el día del juicio, será más tolerable el castigo para la tierra de Sodoma, que para ti.*

Lucas 16:30-31 ilustra la suficiencia de la Palabra para causar arrepentimiento: "Él entonces dijo: No, padre Abraham; pero si alguno fuere a ellos de entre los muertos, se arrepentirán. Mas Abraham le dijo: Si no oyen a Moisés y a los profetas, tampoco se persuadirán aunque alguno se levantare de los muertos".

El apóstol Juan definió con estas palabras su propósito en escribir su Evangelio: "Hizo además Jesús muchas otras señales en presencia de sus discípulos, las cuales no están escritas en este libro. Pero éstas se han escrito para que creáis que Jesús es el Cristo, el Hijo de Dios, y para que creyendo, tengáis vida en su nombre" (Jn. 20:30-31). Dios ha dado a los hombres toda la evidencia que necesitan para llegar a la conclusión apropiada respecto a Jesucristo. Quienes no se arrepienten no tienen excusa.

Segundo, Dios usa la aflicción por el pecado para llevar a los hombres al arrepentimiento. En 2 Corintios 7:9-10, Pablo escribió:

> *Ahora me gozo, no porque hayáis sido contristados, sino porque fuisteis contristados para arrepentimiento; porque habéis sido contristados según Dios, para que ninguna pérdida padecieseis por nuestra parte. Porque la tristeza que es según Dios produce arrepentimiento para salvación, de que no hay que arrepentirse; pero la tristeza del mundo produce muerte.*

Sin embargo, no se debe confundir a la aflicción o al remordimiento por el pecado con verdadero arrepentimiento. Judas "sintió remordimiento" por traicionar a Jesús, pero no se arrepintió. Es posible tener tristeza por el pecado sin arrepentirse, así como es posible tener conocimiento sin arrepentimiento.

Tercero, la bondad y la generosidad de Dios deben motivar al arrepentimiento. En Romanos 2:4, Pablo reprende a Israel por no entender: "¿O menosprecias las riquezas de su benignidad, paciencia y longanimidad, ignorando que su benignidad te guía al arrepentimiento?". Dios, en gracia común, bendice a los hombres con cosas buenas para que disfruten. Jesús afirmó en Mateo 5:45 "que [Dios] hace salir su sol sobre malos y buenos, y que hace llover sobre justos e injustos". Esta gracia común debe llevar a las personas al arrepentimiento.

Una motivación final para arrepentirse es el temor al juicio final. El apóstol Pablo advirtió a los atenienses paganos: "Dios, habiendo pasado por alto los tiempos de esta ignorancia, ahora manda a todos los hombres en todo lugar, que se arrepientan; por cuanto ha establecido un día en el cual juzgará al mundo con justicia, por aquel varón a quien designó, dando fe a todos con haberle levantado de los muertos" (Hch. 17:30-31). La triste realidad del juicio venidero debería llevar a toda persona racional a arrepentirse y volverse a Dios por perdón. No existe otra vía de escape.

En la primera parte de su sermón, Pedro dio a sus oyentes abundante evidencia de que Israel había llegado a la conclusión equivocada acerca de Jesucristo. Entonces los llamó a arrepentirse y revertir su veredicto concerniente a Jesucristo y a poner su fe en Él. Para ayudar a persuadirlos les ofrece resultados prometidos si se arrepienten: Dios les perdonará los pecados, el reino vendrá, el Mesías volverá, el juicio se evitará, y las bendiciones se llevarán a cabo.

DIOS LES PERDONARÁ LOS PECADOS

para que sean borrados vuestros pecados; (3:19*b*)

Las palabras de Pedro sin duda recordaron a la multitud el clamor de David en Salmos 51:9: "Esconde tu rostro de mis pecados, y borra todas mis maldades". El legalismo del judaísmo del siglo I, como cualquier sistema de justicia por obras, no podía producir perdón. Solo servía para cargar a "los hombres con cargas que no pueden llevar" (Lc. 11:46). La gloriosa verdad es que Dios misericordiosamente ha provisto para los hombres lo que no pueden conseguir por sí mismos. En Isaías 43:25, Dios declara: "Yo, yo soy el que borro tus rebeliones por amor de mí mismo, y no me acordaré de tus pecados", mientras en Isaías 44:22 añade: "Yo deshice como una nube tus rebeliones, y como niebla tus pecados; vuélvete a mí, porque yo te redimí" (cp. Nm. 14:18; Sal. 65:3; 85:2; 86:5; 130:3-4).

Solo hay una manera de recibir el perdón de Dios: por medio de la fe en su Hijo Jesucristo. Pedro proclamó audazmente al concilio: "A éste [Jesús], Dios ha exaltado con su diestra por Príncipe y Salvador, para dar a Israel arrepentimiento y perdón de pecados" (Hch. 5:31). "Todos los que en él creyeren, recibirán perdón de pecados por su nombre" (Hch. 10:43). Pablo escribió a los efesios que es en Él "en quien tenemos redención por su sangre, el perdón de pecados según las riquezas de su gracia" (Ef. 1:7; cp. Col. 1:14). En Efesios 4:32 agregó: "Dios también os perdonó a vosotros en Cristo". La muerte expiatoria de Jesucristo logró lo que el sistema levítico no podía hacer, "porque la sangre de los toros y de los machos cabríos no puede quitar los pecados" (He. 10:4).

Exaleiphō (**borrados**) representa borrar la tinta de un documento (cp. Col. 2:14). A diferencia de la tinta moderna, la del mundo antiguo no tenía contenido de ácido. En consecuencia, no deterioraba el papiro o el pergamino usado para documentos. En lugar de eso permanecía en la superficie donde se podía borrar fácilmente con una esponja húmeda. Dios hace mucho más que simplemente tachar los pecados de los creyentes: los borra por completo. Se van más allá de la posibilidad de ser revisados o recordados. Incluso el horrible pecado de rechazar y ejecutar al Mesías no era indeleble y se podía borrar.

Aquellos que ponen su fe en Cristo están unidos con Él en su muerte y resurrección (Ro. 6:4-5). Por tanto, Cristo ha "anulando el acta de los decretos que había contra nosotros, que nos era contraria, quitándola de en medio y clavándola en la cruz" (Col. 2:14). Como resultado "ninguna condenación hay para los que están en Cristo Jesús" (Ro. 8:1).

El perdón produce gozo y alivio de la culpa. Horatio Spafford expresó esa realidad de forma hermosa en su himno clásico "Alcancé salvación". Allí plasmó las siguientes palabras conocidas:

> Seguro me siento al saber que Jesús
> me libra del yugo opresor;
> Él quita la afrenta, la clava en la cruz,
> y alcancé salvación por su amor.

Esas palabras hallan eco en todo corazón redimido.

EL REINO VENDRÁ

para que vengan de la presencia del Señor tiempos de refrigerio, (3:19*c*)

El arrepentimiento no solo traería la bendición individual del perdón de los pecados, sino también, finalmente, bendición colectiva. La frase **tiempos de refrigerio** se refiere al reino milenial. Durante generaciones, Israel había esperado ansiosamente ese reino. Anhelaban ver al Mesías reinando personalmente en la tierra y que sus enemigos fueran vencidos. Los profetas habían hablado de un período glorioso de descanso para el pueblo que había conocido poca paz durante los siglos. Trágicamente, cuando el Rey vino a ofrecer ese reino, lo rechazaron. Y, como señala Pedro, es imposible tener el reino sin aceptar al Rey.

Kairos (**tiempos**) indica una época fija, establecida o predeterminada. Jesús usó la expresión en Hechos 1:7 para contestar las preguntas de los discípulos acerca de la restauración del reino. Les dijo: "No os toca a vosotros saber los tiempos o las sazones, que el Padre puso en su sola potestad". La determinación soberana de Dios de la época del reino abarca el arrepentimiento de Israel. Es solo cuando "todo Israel [sea] salvo [que] vendrá de Sion el Libertador" (Ro. 11:26).

El reino será un tiempo de mucho **refrigerio** necesario para Israel. Ezequiel dijo que sería una época de "lluvias de bendición" (34:26). Isaías vio el reino como un tiempo en que Dios derramará "aguas sobre el sequedal" (44:3). Joel 2 ofrece una descripción de la venida del reino, incluso refiriéndose a este tiempo como de satisfacción (2:26). Ningún pueblo en la historia ha sido tan maltratado como el judío. A través de los siglos han padecido invasiones, deportaciones, persecuciones y matanzas. Todo ha culminado en nuestro siglo en el demencial intento nazi de exterminarlos por completo. A pesar de haber vuelto a su tierra, sus enemigos no les dan tregua. El descanso ofrecido por Dios en el reino satisfará los deseos de sus corazones.

El reino será una época dorada de bendición para Israel (y gentiles creyentes), superando incluso la época de los reinados de David y Salomón. Isaías 11:6-10 describe el apacible descanso del reino con estas conocidas palabras:

> *Morará el lobo con el cordero, y el leopardo con el cabrito se acostará; el becerro y el león y la bestia doméstica andarán juntos, y un niño los pastoreará. La vaca y la osa pacerán, sus crías se echarán juntas; y el león como el buey comerá paja. Y el niño de pecho jugará sobre la cueva del áspid, y el recién destetado extenderá su mano sobre la caverna de la víbora. No harán mal ni dañarán en todo mi santo monte; porque la tierra será llena del conocimiento de Jehová, como las aguas cubren el mar. Acontecerá en aquel tiempo que la raíz de Isaí, la cual estará puesta por pendón a los pueblos, será buscada por las gentes; y su habitación será gloriosa.*

Isaías 35:1-10 añade:

> *Se alegrarán el desierto y la soledad; el yermo se gozará y florecerá como la rosa. Florecerá profusamente, y también se alegrará y cantará con júbilo; la gloria del Líbano le será dada, la hermosura del Carmelo y de Sarón. Ellos verán la gloria de Jehová, la hermosura del Dios nuestro. Fortaleced las manos cansadas, afirmad las rodillas endebles. Decid a los de corazón apocado: Esforzaos, no temáis; he aquí que vuestro Dios viene con retribución, con pago; Dios mismo vendrá, y os salvará. Entonces los*

> *ojos de los ciegos serán abiertos, y los oídos de los sordos se abrirán. Entonces el cojo saltará como un ciervo, y cantará la lengua del mudo; porque aguas serán cavadas en el desierto, y torrentes en la soledad. El lugar seco se convertirá en estanque, y el sequedal en manaderos de aguas; en la morada de chacales, en su guarida, será lugar de cañas y juncos. Y habrá allí calzada y camino, y será llamado Camino de Santidad; no pasará inmundo por él, sino que él mismo estará con ellos; el que anduviere en este camino, por torpe que sea, no se extraviará. No habrá allí león, ni fiera subirá por él, ni allí se hallará, para que caminen los redimidos. Y los redimidos de Jehová volverán, y vendrán a Sion con alegría; y gozo perpetuo será sobre sus cabezas; y tendrán gozo y alegría, y huirán la tristeza y el gemido.*

El reino no se logrará a través de esfuerzos humanos, sino que vendrá **de la presencia del Señor.** Él lo llevará a cabo según su voluntad soberana. Apocalipsis 5 presenta la escena en el cielo cuando el Cordero, el Señor Jesucristo, toma el título de propiedad del universo. El despliegue de ese rollo (capítulos 6–19) describe su método de retomar del usurpador lo que por derecho es suyo, culminando en la venida del reino (Ap. 20:4-6).

Por tanto, Pedro puso directamente en los hombros de ellos la responsabilidad por la tardanza de la venida del reino. Fue por falta de arrepentimiento que, humanamente hablando, se pospuso el reino. Por medio de Pedro, Dios les proveyó la oportunidad de arrepentirse de ese pecado. Por desgracia, aunque unos pocos individuos respondieron, la nación como un todo siguió rechazando la generosa oferta de Dios. No queda nada para ellos excepto el cumplimiento de la triste profecía del Señor en Lucas 19:41-44:

> *Y cuando llegó cerca de la ciudad, al verla, lloró sobre ella, diciendo: ¡Oh, si también tú conocieses, a lo menos en este tu día, lo que es para tu paz! Mas ahora está encubierto de tus ojos. Porque vendrán días sobre ti, cuando tus enemigos te rodearán con vallado, y te sitiarán, y por todas partes te estrecharán, y te derribarán a tierra, y a tus hijos dentro de ti, y no dejarán en ti piedra sobre piedra, por cuanto no conociste el tiempo de tu visitación.*

El primer y devastador juicio divino por el rechazo de Israel cayó sobre ellos en el 70 d.C., cuando los romanos saquearon Jerusalén, destruyeron el templo y mataron a más de un millón de judíos.

Los oyentes de Pedro pagaron un precio terrible en el tiempo y la eternidad por su rechazo a las reiteradas solicitudes de Dios de arrepentirse. Sin embargo, "No ha desechado Dios a su pueblo, al cual desde antes conoció" (Ro. 11:2). El reino, aunque demorado al menos dos mil años, vendrá cuando Israel se haya convertido. Zacarías 12:10—13:1; 14:1ss profetizó el día de salvación para los judíos y la subsiguiente venida del Rey y su reino.

EL MESÍAS VOLVERÁ

y él envíe a Jesucristo, que os fue antes anunciado; a quien de cierto es necesario que el cielo reciba hasta los tiempos de la restauración de todas las cosas, de que habló Dios por boca de sus santos profetas que han sido desde tiempo antiguo. (3:20-21)

Como ya se ha señalado, es una frase trillada que no puede haber reino sin rey. Pedro anunció que si la multitud revertía el veredicto de la noche de Pascua, Dios enviaría **a Jesucristo,** el Mesías **que fue antes anunciado.** Nuestro Señor expresó esa verdad en Mateo 23:39 cuando habló a la incrédula ciudad de Jerusalén: "Os digo que desde ahora no me veréis, hasta que digáis: Bendito el que viene en el nombre del Señor". Él no regresará hasta que Israel se arrepienta y lo reconozca como su Mesías (Ro. 11:26; Zac. 12:10—14:9).

Algunos se pudieron haber preguntado por qué, si Jesús era el Mesías, no se quedó y estableció su reino. En respuesta, Pedro reitera la verdad de que en el tiempo soberano de Dios el reino milenial sigue al arrepentimiento de la nación. Hasta esa época, Jesús permanecerá en **el cielo.**

Los tiempos de la restauración de todas las cosas es otro nombre para el futuro reino terrenal de Cristo, el reino milenial. Esta es una reminiscencia de la descripción de nuestro Señor respecto al reino como "la regeneración" (Mt. 19:28). Es entonces que la pregunta de los apóstoles en Hechos 1:6 será contestada (cp. Mr. 9:12). El reino será marcado por paz, gozo, santidad, la revelación de la gloria de Dios, consuelo, justicia, conocimiento del Señor, salud, prosperidad y libertad de la opresión. El universo se verá alterado de manera dramática en su forma física (Jl. 2:30, 31; 3:14-16; Ap. 16:1-21), mientras la maldición sobre la humanidad y su mundo se revierte.

Las verdades que Pedro proclamó no eran nuevas; Dios había hablado de ellas **por boca de sus santos profetas que han sido desde tiempo antiguo.** Los profetas del Antiguo Testamento hablaron repetidamente del reino milenial del Mesías. Joel 2:25 se refiere incluso a este como un tiempo de restauración. Que Dios hablara por medio de los profetas demuestra que sus enseñanzas no eran especulación humana sino revelación divina (cp. 2 P. 1:21). No se puede hallar ninguna declaración bíblica más clara de la inspiración de las Escrituras del Antiguo Testamento.

EL JUICIO SE EVITARÁ

Porque Moisés dijo a los padres: El Señor vuestro Dios os levantará profeta de entre vuestros hermanos, como a mí; a él oiréis en todas las cosas que os hable; y toda alma que no oiga a aquel profeta, será desarraigada del pueblo.

Y todos los profetas desde Samuel en adelante, cuantos han hablado, también han anunciado estos días. (3:22-24)

Como ejemplo de un profeta por medio del cual Dios hablara, Pedro cita a Moisés, el primer y más grande profeta de Israel. En Deuteronomio 18:15, citado aquí por Pedro, Moisés habló del Mesías futuro: **El Señor vuestro Dios os levantará profeta de entre vuestros hermanos, como a mí; a él oiréis en todas las cosas que os hable.** Por lo general, los judíos relacionaban como el Mesías al profeta como Moisés (cp. Jn. 1:21, 25; 6:14; 7:40). Al comentar sobre Deuteronomio 18, el Midrash Rabbah dijo:

> Como fue el primer redentor así será el último. Aunque del primero se dijo (Éx. 4:20): "Entonces Moisés tomó su mujer y sus hijos, y los puso sobre un asno", así se dijo del último, porque dice (Zac. 9:9): "He aquí tu rey vendrá cabalgando sobre un asno". Y mientras el primer redentor trajo maná (Éx. 16:4) "He aquí yo os haré llover pan del cielo", de igual manera el último traerá maná.

Moisés también advirtió las consecuencias de rechazar al Mesías. En Deuteronomio 18:19, también citado por Pedro, Moisés advirtió: **Y toda alma que no oiga a aquel profeta, será desarraigada del pueblo.** Rechazar al Mesías resultaría en pérdida de las bendiciones del pacto. Esa era la peligrosa condición en que se hallaban los oyentes de Pedro. La persona, sea judía o gentil, que persista en rechazar a Jesucristo renunciará a las bendiciones prometidas de Dios. **Será desarraigada del pueblo:** morirá y se condenará.

No solo Moisés, sino también **todos los profetas desde Samuel en adelante, cuantos han hablado, también han anunciado estos días.** Que **Samuel** fue profeta está claro en 1 Samuel 3:20: "Y todo Israel, desde Dan hasta Beerseba, conoció que Samuel era fiel profeta de Jehová". Aunque no registró profecía del Mesías, "Samuel fue el profeta que ungió a David como rey y habló del establecimiento de su reino (1 S. 13:14; 15:28; 16:13; 28:17), y las promesas hechas a David hallaron su más alto cumplimiento en Jesús" (F. F. Bruce, *The Book of the Acts* [El libro de Hechos] [Grand Rapids: Eerdmans, 1971], p. 93). En 2 Samuel 7:10ss se registra la gran promesa de Dios a David relacionada con el Mesías y su reino eterno.

Pero la audiencia de Pedro estaba siguiendo una triste tradición de sus antepasados: negarse a escuchar a sus profetas. En Mateo 23:37 Jesús lamentó: "¡Jerusalén, Jerusalén, que matas a los profetas, y apedreas a los que te son enviados! ¡Cuántas veces quise juntar a tus hijos, como la gallina junta sus polluelos debajo de las alas, y no quisiste!".

Jesús cumplió numerosas profecías del Antiguo Testamento, dejando a la nación sin excusa. Él les dijo a los incrédulos: "Escudriñad las Escrituras; porque a vosotros os parece que en ellas tenéis la vida eterna; y ellas son las que dan testimonio de mí" (Jn. 5:39). Lucas 24:25-27 narra la reprensión a dos de los discípulos: "Entonces él les dijo: ¡Oh insensatos, y tardos de corazón para creer todo lo que los profetas han dicho! ¿No era necesario que el Cristo padeciera estas cosas, y que entrara en su gloria? Y comenzando desde Moisés, y siguiendo por todos los profetas, les declaraba en todas las Escrituras lo que de él decían". El problema de Israel era moral, no intelectual; les faltaba arrepentimiento, no información.

LA BENDICIÓN SE ALCANZARÁ

Vosotros sois los hijos de los profetas, y del pacto que Dios hizo con nuestros padres, diciendo a Abraham: En tu simiente serán benditas todas las familias de la tierra. A vosotros primeramente, Dios, habiendo levantado a su Hijo, lo envió para que os bendijese, a fin de que cada uno se convierta de su maldad. (3:25-26)

Pedro cierra con una nota de esperanza. A pesar del pecado del pueblo de rechazar al Mesías, ellos aún eran **los hijos de los profetas, y del pacto.** El apóstol Pablo lo expresó en Romanos 9:3-5:

> *Porque deseara yo mismo ser anatema, separado de Cristo, por amor a mis hermanos, los que son mis parientes según la carne; que son israelitas, de los cuales son la adopción, la gloria, el pacto, la promulgación de la ley, el culto y las promesas; de quienes son los patriarcas, y de los cuales, según la carne, vino Cristo, el cual es Dios sobre todas las cosas, bendito por los siglos. Amén.*

Ellos eran herederos de todas las bendiciones del pacto prometido… más que cualquier otra generación, puesto que en el transcurso de sus vidas había llegado el Mesías. El pacto que Dios hiciera con **Abraham** encuentra su cumplimiento definitivo en Jesucristo. Él es la **simiente** de Abraham en quien **serán benditas todas las familias de la tierra.** Esa bendición aún estaba disponible. Los líderes habían tomado su decisión al matar a Jesús. Estas personas ahora enfrentaban su propia decisión.

Debido a la gracia, la misericordia y el amor de Dios por Israel, Él no los rechazó de forma permanente incluso cuando rechazaron al Hijo (Ro. 11:2). Fue para ellos que **primeramente, Dios, habiendo levantado a su Hijo, lo envió para que** los **bendijese.** Al predicar primero el evangelio a los judíos, Pedro y los apóstoles estaban obedeciendo el mandato de su Señor. En Lucas 24:47, Él les indicó "que se predicase en su nombre el arrepentimiento y el perdón de pecados en todas las naciones, comenzando desde Jerusalén". En su última conversación con ellos antes de su ascensión les repitió la orden: "Recibiréis poder, cuando haya venido sobre vosotros el Espíritu Santo, y me seréis testigos en Jerusalén, en toda Judea, en Samaria, y hasta lo último de la tierra" (Hch. 1:8). Incluso Pablo, el apóstol a los gentiles, reconoció que el evangelio "es poder de Dios para salvación a todo aquel que cree; al judío primeramente, y también al griego" (Ro. 1:16).

Todas las abundantes bendiciones de la salvación y todas las promesas del pacto estaban disponibles. Sin embargo, los oyentes de Pedro solo podían obtenerlas cuando **cada uno se convierta de su maldad.** El arrepentimiento era la llave que abría todo. Pedro había mostrado claramente que las declaraciones de Jesús eran afines con la profecía del Antiguo Testamento, por lo que resultaba apremiante que sus oyentes respondieran en arrepentimiento y fe. Trágicamente, la mayor parte de la audiencia de Pedro no quiso arrepentirse. Igual que sus padres antes que ellos, endurecieron sus corazones y no entraron al reposo del Dios (He. 3:8; 4:3). Como resultado, la nación sería destruida durante la vida de muchos en la audiencia. Y quienes se negaron a volverse de sus pecados se verán "echados a las tinieblas de afuera" (Mt. 8:12), donde "sufrirán pena de eterna perdición, excluidos de la presencia del Señor y de la gloria de su poder" (2 Ts. 1:9). En toda época y lugar ese destino les espera a todos aquellos que no se arrepienten, ni reciben la misericordiosa oferta de salvación por medio de Jesucristo.

Cómo manejar la persecución 11

Hablando ellos al pueblo, vinieron sobre ellos los sacerdotes con el jefe de la guardia del templo, y los saduceos, resentidos de que enseñasen al pueblo, y anunciasen en Jesús la resurrección de entre los muertos. Y les echaron mano, y los pusieron en la cárcel hasta el día siguiente, porque era ya tarde. Pero muchos de los que habían oído la palabra, creyeron; y el número de los varones era como cinco mil. Aconteció al día siguiente, que se reunieron en Jerusalén los gobernantes, los ancianos y los escribas, y el sumo sacerdote Anás, y Caifás y Juan y Alejandro, y todos los que eran de la familia de los sumos sacerdotes; y poniéndoles en medio, les preguntaron: ¿Con qué potestad, o en qué nombre, habéis hecho vosotros esto? Entonces Pedro, lleno del Espíritu Santo, les dijo: Gobernantes del pueblo, y ancianos de Israel: Puesto que hoy se nos interroga acerca del beneficio hecho a un hombre enfermo, de qué manera éste haya sido sanado, sea notorio a todos vosotros, y a todo el pueblo de Israel, que en el nombre de Jesucristo de Nazaret, a quien vosotros crucificasteis y a quien Dios resucitó de los muertos, por él este hombre está en vuestra presencia sano. Este Jesús es la piedra reprobada por vosotros los edificadores, la cual ha venido a ser cabeza del ángulo. Y en ningún otro hay salvación; porque no hay otro nombre bajo el cielo, dado a los hombres, en que podamos ser salvos. Entonces viendo el denuedo de Pedro y de Juan, y sabiendo que eran hombres sin letras y del vulgo, se maravillaban; y les reconocían que habían estado con Jesús. Y viendo al hombre que había sido sanado, que estaba en pie con ellos, no podían decir nada en contra. Entonces les ordenaron que saliesen del concilio; y conferenciaban entre sí, diciendo: ¿Qué haremos con estos hombres? Porque de cierto, señal manifiesta ha sido hecha por ellos, notoria a todos los que moran en Jerusalén, y no lo podemos negar. Sin embargo, para que no se divulgue más entre el pueblo, amenacémosles para que no hablen de aquí en adelante a hombre alguno en este nombre. Y llamándolos, les intimaron que en ninguna manera hablasen ni enseñasen en el nombre de Jesús. Mas Pedro y Juan respondieron diciéndoles: Juzgad si es justo delante de Dios obedecer a vosotros antes que a Dios; porque no podemos dejar de decir lo que hemos

visto y oído. Ellos entonces les amenazaron y les soltaron, no hallando ningún modo de castigarles, por causa del pueblo; porque todos glorificaban a Dios por lo que se había hecho, ya que el hombre en quien se había hecho este milagro de sanidad, tenía más de cuarenta años. Y puestos en libertad, vinieron a los suyos y contaron todo lo que los principales sacerdotes y los ancianos les habían dicho. Y ellos, habiéndolo oído, alzaron unánimes la voz a Dios, y dijeron: Soberano Señor, tú eres el Dios que hiciste el cielo y la tierra, el mar y todo lo que en ellos hay; que por boca de David tu siervo dijiste: ¿Por qué se amotinan las gentes, y los pueblos piensan cosas vanas? Se reunieron los reyes de la tierra, y los príncipes se juntaron en uno contra el Señor, y contra su Cristo. Porque verdaderamente se unieron en esta ciudad contra tu santo Hijo Jesús, a quien ungiste, Herodes y Poncio Pilato, con los gentiles y el pueblo de Israel, para hacer cuanto tu mano y tu consejo habían antes determinado que sucediera. Y ahora, Señor, mira sus amenazas, y concede a tus siervos que con todo denuedo hablen tu palabra, mientras extiendes tu mano para que se hagan sanidades y señales y prodigios mediante el nombre de tu santo Hijo Jesús. Cuando hubieron orado, el lugar en que estaban congregados tembló; y todos fueron llenos del Espíritu Santo, y hablaban con denuedo la palabra de Dios. (4:1-31)

En toda su historia la Iglesia de Jesucristo ha enfrentado persecución. Por ejemplo, durante las persecuciones romanas de los primeros tres siglos, los cristianos fueron arrojados ante animales salvajes, crucificados, convertidos en antorchas humanas y torturados en todas las maneras crueles que hombres perversos pudieron concebir. Innumerables miles de mártires encontraron la muerte con una tranquilidad y serenidad que enervaba a sus atormentadores. Así, según la tradición, lo hicieron todos los apóstoles a excepción de Juan.

No obstante, lejos de destruir a la Iglesia, la persecución solo sirvió para purificarla y fortalecerla. A la Iglesia la hace fructificar la forma en que los sufrimientos hacen madurar a los creyentes individuales. Después de sobrevivir tres siglos de violentos ataques, la Iglesia emergió como la fuerza dominante en el Imperio romano. En palabras del padre de la Iglesia, Tertuliano, "La sangre de los mártires es la semilla de la Iglesia".

En tiempos modernos, la Iglesia (al menos en Occidente) casi no ha enfrentado persecución física. Los ataques de Satanás se han vuelto más sutiles: por ejemplo, de la clase de arremetida detallada en *Cartas del diablo a su sobrino*, de C. S. Lewis. En lugar de amenazar el cuerpo, las persecuciones de Satanás hoy día apuntan al ego, amenazando nuestro orgullo egoísta, nuestra necesidad de aceptación, o nuestra posición. Satanás ha destruido gran parte de la eficacia espiritual de la Iglesia sin tener que matar a los creyentes que la conforman. En realidad, en lugar de matarlos, es mucho más eficaz hacer que los creyentes vivan de manera egocéntrica, complaciente, indolente y mundana, con el fin de impedir que las personas sean atraídas a la fe cristiana. A los mártires se les respeta por la fuerza de su carácter; a quienes transigen se les desprecia.

No tardó mucho en surgir la primera oposición a la Iglesia, y vino de los mismos líderes judíos que habían ejecutado a Jesús. Hechos 4, 5, 7, 8 y 12 narran esas persecuciones.

Que la Iglesia debiera enfrentar persecución no fue sorpresa, puesto que el Señor Jesucristo advirtió a sus seguidores que la esperaran. En Juan 15:18-20, declaró:

> *Si el mundo os aborrece, sabed que a mí me ha aborrecido antes que a vosotros. Si fuerais del mundo, el mundo amaría lo suyo; pero porque no sois del mundo, antes yo os elegí del mundo, por eso el mundo os aborrece. Acordaos de la palabra que yo os he dicho: El siervo no es mayor que su señor. Si a mí me han perseguido, también a vosotros os perseguirán; si han guardado mi palabra, también guardarán la vuestra.*

Él les advirtió en Juan 16:2: "Os expulsarán de las sinagogas; y aun viene la hora cuando cualquiera que os mate, pensará que rinde servicio a Dios".

Los apóstoles también enseñaron la certeza de la persecución. Pablo escribió a Timoteo: "Todos los que quieren vivir piadosamente en Cristo Jesús padecerán persecución" (2 Ti. 3:12). Pedro añadió: "Para esto fuisteis llamados; porque también Cristo padeció por nosotros, dejándonos ejemplo, para que sigáis sus pisadas" (1 P. 2:21). Los cristianos que llevan vidas piadosas, centradas en Cristo, inevitablemente entrarán en conflicto con el sistema satánico del mundo. Y podría llegar pronto el día en que los creyentes sean físicamente perseguidos, torturados y hasta martirizados, a medida que el mundo aumenta su odio hacia el verdadero evangelio.

Hechos 4 relata el primer brote de persecución contra la Iglesia. Los versículos 1-31 pueden dividirse simplemente en dos secciones: persecución manifiesta y persecución que se enfrenta.

PERSECUCIÓN MANIFIESTA

Hablando ellos al pueblo, vinieron sobre ellos los sacerdotes con el jefe de la guardia del templo, y los saduceos, resentidos de que enseñasen al pueblo, y anunciasen en Jesús la resurrección de entre los muertos. Y les echaron mano, y los pusieron en la cárcel hasta el día siguiente, porque era ya tarde. Pero muchos de los que habían oído la palabra, creyeron; y el número de los varones era como cinco mil. (4:1-4)

El uso que Lucas hace del pronombre plural **ellos** sugiere que tanto Pedro como Juan estaban **hablando al pueblo.** Tal vez, después de la curación y el sermón de Pedro, ambos apóstoles se pusieron a dialogar con la multitud. Sin embargo, antes de que terminaran de hablar, las autoridades del templo llegaron a la escena para arrestarlos. Los **sacerdotes** eran quienes realizaban el sacrificio de la tarde. Estos se hallaban divididos en veinticuatro grupos y eran elegidos por sorteo para servir en un momento dado. Habían esperado ansiosamente la semana para ministrar y, sin duda, estaban molestos por el disturbio que ocasionaran Pedro y Juan.

El jefe de la guardia del templo era el director de la fuerza de vigilancia del templo, que estaba compuesta por levitas. Era el segundo en rango solo por debajo del sumo sacerdote y era responsable de mantener el orden en los terrenos del templo. Los romanos daban a los judíos el derecho de vigilar el templo, y este *stratēgos* (palabra que significa comandante o general) estaba jerárquicamente en autoridad junto al sumo sacerdote.

Los **saduceos** eran una de las cuatro sectas que conformaban el judaísmo, junto con sus archirrivales los fariseos, los esenios y los zelotes. Aunque pocos en número, tenían gran influencia. Ellos conformaban la fuerza religiosa y política dominante en Israel, ya que todos los sumos sacerdotes durante ese período eran saduceos. Por sobre todo eran terratenientes aristócratas y ricos. A fin de proteger su posición política y su riqueza, se oponían firmemente a cualquier oposición abierta a Roma. Juan 11:47-48 realza las preocupaciones de los saduceos: "Entonces los principales sacerdotes [saduceos] y los fariseos reunieron el concilio, y dijeron: ¿Qué haremos? Porque este hombre hace muchas señales. Si le dejamos así, todos creerán en él; y vendrán los romanos, y destruirán nuestro lugar santo y nuestra nación". Luego el sumo sacerdote, un saduceo, ofreció una solución para mantener la filosofía saducea: "Entonces Caifás, uno de ellos, sumo sacerdote aquel año, les dijo: Vosotros no sabéis nada; ni pensáis que nos conviene que un hombre muera por el pueblo, y no que toda la nación perezca" (vv. 49-50).

La religión de los saduceos era, en gran medida, de costumbrismo social. Creían solo en la ley escrita, rechazando la tradición oral tan vital para los fariseos. No creían en la resurrección del cuerpo, ni en recompensas o castigos futuros. A diferencia de los fariseos, negaban la existencia de ángeles y espíritus (Hch. 23:8). Finalmente, negaban la predestinación y la soberanía de Dios, y creían que el hombre era el amo de su propio destino. Estos teólogos liberales fueron los primeros en perseguir a la Iglesia.

Ephistēmi (**vinieron sobre**) da la idea de caer de repente, a veces con intención hostil (cp. Hch. 6:12). Los mandos estaban muy **resentidos** con los apóstoles por varias razones. En primer lugar, les molestaba **que enseñasen al pueblo**. Los apóstoles no tenían fama, autorización ni credenciales como maestros y, sin embargo, reunieron un enorme gentío y causaron gran conmoción. Eso era intolerable para los líderes, puesto que Pedro y Juan eran "sin letras y del vulgo" (v. 13); es decir, no habían recibido formación rabínica. Peor todavía, eran de Galilea, de donde no se podía esperar nada bueno (Jn. 1:46; 7:41, 52). El comentarista Albert Barnes declara: "Les ofendió que galileos ignorantes, sin relación alguna con la función sacerdotal, y sin que *ellos* los autorizaran, pretendieran erigirse como maestros religiosos" (*Barnes' Notes on the New Testament: Acts-Romans* [Notas de Barnes sobre el Nuevo Testamento: Hechos-Romanos] [reimpresión de la edición 1884-85, Grand Rapids: Baker], p. 74). Que Pedro y Juan estuvieran haciendo eso en el templo, el centro del dominio de los saduceos, era especialmente humillante.

Pero la principal fuente de irritación fue que Pedro y Juan **anunciasen en Jesús la resurrección de entre los muertos.** Los líderes judíos habían ejecutado a Jesús como un blasfemo y, ahora, los apóstoles lo anunciaban audazmente como el Mesías resucitado. Sin duda, los saduceos vieron esto como un ataque directo a su autoridad. Tampoco les complacía que los apóstoles estuvieran predicando **la resurrección de entre los muertos.** Como ya se indicó, los saduceos rechazaban la idea de una resurrección general. Si Jesús había resucitado, ellos quedaban expuestos como herejes. Además:

> la idea de una resurrección general era un concepto apocalíptico con todo tipo de connotaciones mesiánicas. Las ideas mesiánicas de los judíos de esa época significaban rebelión, derrocamiento de amos extranjeros, y restauración del reino davídico... Las notas del sermón de Pedro los alarmó: resurrección, Autor de la vida, un nuevo Moisés. Estas eran ideas revolucionarias. El movimiento no se debía extender. Había que cortarlo de raíz (John B. Polhill, *The New American Commentary: Acts* [Nuevo comentario estadounidense: Hechos] [Nashville: Broadman, 1992], p. 140).

Incapaces de tolerar la predicación de los apóstoles, las autoridades **les echaron mano, y los pusieron en la cárcel hasta el día siguiente.** Para entonces habían pasado varias horas desde que Pedro y Juan entraran al templo, y **era ya tarde.** El sermón de Pedro debió haber sido mucho más largo de lo que registra el capítulo 3, puesto que comenzó poco después de la hora novena (3:1). El hecho de que fuera tarde significaba que era demasiado tarde a fin de convocar al concilio para un juicio ese día, y la ley judía no permitía juicios nocturnos (aunque a esa regulación se le hizo caso omiso en el caso de Jesús). Pedro y Juan fueron encarcelados toda la noche para juzgarlos al día siguiente ante el mismo concilio que había juzgado a su Señor.

No obstante, encarcelar a los apóstoles no anuló el efecto de su predicación.

Muchos de los que habían oído la palabra, creyeron; y el número de los varones era como cinco mil. Según se ha demostrado en varias ocasiones a través de los siglos, la persecución ocasionó la extensión de la Iglesia. **Cinco mil** representa **el número** acumulado **de varones** en la congregación de Jerusalén, no los que se agregaron esta vez. Esta es la última mención de una cantidad específica en Hechos; a partir de entonces, la Iglesia creció demasiado rápido como para mantener una cuenta exacta. Sin embargo, Lucas sí hace notar el crecimiento continuo de ella (5:14; 6:7; 9:31; 12:24; 16:5; 19:20; 28:31).

PERSECUCIÓN QUE SE ENFRENTA

Aconteció al día siguiente, que se reunieron en Jerusalén los gobernantes, los ancianos y los escribas, y el sumo sacerdote Anás, y Caifás y Juan y Alejandro, y todos los que eran de la familia de los sumos sacerdotes; y poniéndoles en medio, les preguntaron: ¿Con qué potestad, o en qué nombre, habéis hecho vosotros esto? Entonces Pedro, lleno del Espíritu Santo, les dijo: Gobernantes del pueblo, y ancianos de Israel: Puesto que hoy se nos interroga acerca del beneficio hecho a un hombre enfermo, de qué manera éste haya sido sanado, sea notorio a todos vosotros, y a todo el pueblo de Israel, que en el nombre de Jesucristo de Nazaret, a quien vosotros crucificasteis y a quien Dios resucitó de los muertos, por él este hombre está en vuestra presencia sano. Este Jesús es la piedra reprobada por vosotros los edificadores, la cual ha venido a ser cabeza del ángulo. Y en ningún otro hay salvación; porque no hay otro nombre bajo el cielo, dado a los hombres, en que podamos ser salvos. Entonces viendo el denuedo de Pedro y de Juan, y sabiendo que eran hombres sin letras y del vulgo, se maravillaban; y les reconocían que habían estado con Jesús. Y viendo al hombre que había sido sanado, que estaba en pie con ellos, no podían decir nada en contra. Entonces les ordenaron que saliesen del concilio; y conferenciaban entre sí, diciendo: ¿Qué haremos con estos hombres? Porque de cierto, señal manifiesta ha sido hecha por ellos, notoria a todos los que moran en Jerusalén, y no lo podemos negar. Sin embargo, para que no se divulgue más entre el pueblo, amenacémosles para que no hablen de aquí en adelante a hombre alguno en este nombre. Y llamándolos, les intimaron que en ninguna manera hablasen ni enseñasen en el nombre de Jesús. Mas Pedro y Juan respondieron diciéndoles: Juzgad si es justo delante de Dios obedecer a vosotros antes que a Dios; porque no podemos dejar de decir lo que hemos visto y oído. Ellos entonces les amenazaron y les soltaron, no hallando ningún modo de castigarles, por causa del pueblo; porque todos glorificaban a Dios por lo que se había hecho, ya que el hombre en quien se había hecho este milagro de sanidad, tenía más de cuarenta años. Y puestos en libertad, vinieron a los suyos y contaron todo lo que los principales sacerdotes y los ancianos

les habían dicho. Y ellos, habiéndolo oído, alzaron unánimes la voz a Dios, y dijeron: Soberano Señor, tú eres el Dios que hiciste el cielo y la tierra, el mar y todo lo que en ellos hay; que por boca de David tu siervo dijiste: ¿Por qué se amotinan las gentes, y los pueblos piensan cosas vanas? Se reunieron los reyes de la tierra, y los príncipes se juntaron en uno contra el Señor, y contra su Cristo. Porque verdaderamente se unieron en esta ciudad contra tu santo Hijo Jesús, a quien ungiste, Herodes y Poncio Pilato, con los gentiles y el pueblo de Israel, para hacer cuanto tu mano y tu consejo habían antes determinado que sucediera. Y ahora, Señor, mira sus amenazas, y concede a tus siervos que con todo denuedo hablen tu palabra, mientras extiendes tu mano para que se hagan sanidades y señales y prodigios mediante el nombre de tu santo Hijo Jesús. Cuando hubieron orado, el lugar en que estaban congregados tembló; y todos fueron llenos del Espíritu Santo, y hablaban con denuedo la palabra de Dios. (4:5-31)

Esta sección relata la reacción de la Iglesia ante el brote inicial de persecución. De tal respuesta los creyentes pueden aprender siete principios acerca de cómo manejar la persecución en todo tiempo y lugar.

SER SUMISOS

Aconteció al día siguiente, que se reunieron en Jerusalén los gobernantes, los ancianos y los escribas, y el sumo sacerdote Anás, y Caifás y Juan y Alejandro, y todos los que eran de la familia de los sumos sacerdotes; y poniéndoles en medio, les preguntaron: ¿Con qué potestad, o en qué nombre, habéis hecho vosotros esto? (4:5-7)

Pedro y Juan no ofrecieron resistencia durante su arresto (v. 3), ni se opusieron cuando comparecieron ante el concilio (cp. 1 P. 2:18-24). Se sometieron tranquilamente, sabiendo que Dios controlaba sus circunstancias. La persecución les daba una oportunidad que de otra manera no tendrían: predicar ante el concilio.

Los gobernantes (también llamados jefes de los sacerdotes) representaban a las veinticuatro órdenes sacerdotales. Junto con los **ancianos** (jefes de familias y de tribus) **y los escribas** (expertos en la ley, principalmente fariseos), conformaban el concilio. A la mañana siguiente **se reunieron en Jerusalén.** El concilio era el organismo gobernante de la nación (bajo la autoridad final de los romanos) y también su corte suprema. Tenía setenta y un miembros, incluido el sumo sacerdote. En el momento de este incidente estaba dominado por los saduceos. **Anás** no era **el sumo sacerdote** en ese tiempo, pues los romanos lo habían depuesto a favor de su yerno **Caifás.** Sin embargo, aún conservaba el título de sumo sacerdote, así como a los ex presidentes de Estados Unidos se les sigue llamando presidente. Aunque sin servir oficialmente como sumo sacerdote, Anás ostentaba el verdadero poder tras bastidores. Cinco de sus hijos, uno de sus yernos (Caifás) y uno de sus nietos servían como sumos sacerdotes. La identificación de **Juan y Alejandro** es incierta. Algunos manuscritos dicen "Jonathan" en vez de **Juan,** y Anás tenía un hijo llamado Jonathan, quien más tarde reemplazó a Caifás como sumo sacerdote. Nada más se sabe de **Alejandro. Todos los que eran de la familia de los sumos sacerdotes** podría referirse, generalmente, a aquellos de las familias élites de las que provenían los sumos sacerdotes o, específicamente, a los miembros de la familia de Anás.

El concilio se reunía en un lugar llamado Salón de la Piedra Tallada, posiblemente dentro del área del templo. **Poniéndoles** a los apóstoles **en medio** del semicírculo en que se reunía el concilio, comenzaron el interrogatorio oficial. Homer Kent, hijo, señala que

> la ley mosaica especificaba que siempre que alguien realizaba un milagro y lo usaba como base para enseñar, se lo debía examinar, y si la enseñanza se usaba para alejar a los hombres del Dios de sus padres, la nación era responsable de apedrearlo (Dt. 13:1-5). Por otra parte, si el mensaje era doctrinalmente sano, a quien realizó el milagro se le debía aceptar como alguien que venía con un mensaje de parte de Dios (*Jerusalem to Rome* [De Jerusalén a Roma] [Grand Rapids: Baker, 1992], pp. 45-46).

El concilio exigió saber **con qué potestad, o en qué nombre** los apóstoles habían sanado al cojo. Un **nombre** representaba autoridad. La pregunta implicaba que Pedro y Juan eran rebeldes, ya que el concilio no les había concedido autoridad para actuar. Cualquiera que fuera el motivo para inquirir, la pregunta proveyó una apertura para que Pedro les predicara.

ESTAR LLENOS DEL ESPÍRITU

Entonces Pedro, lleno del Espíritu Santo, (4:8*a*)

Hubo un requisito esencial previo para la poderosa defensa de Pedro. El apóstol enfrentó triunfalmente la persecución porque estaba **lleno del Espíritu Santo** (cp. Hch. 2:4; 13:9). El Señor Jesucristo les había dicho a los discípulos: "Cuando os trajeren a las sinagogas, y ante los magistrados y las autoridades, no os preocupéis por cómo o qué habréis de responder, o qué habréis de decir; porque el Espíritu Santo os enseñará en la misma hora lo que debáis decir" (Lc. 12:11-12). Toda testificación y todo ministerio cristiano dependen de la llenura del Espíritu Santo (ver el análisis de la llenura del Espíritu en *Comentario MacArthur del Nuevo Testamento: Efesios* [Grand Rapids: Editorial Portavoz, 2010]). La voz pasiva del verbo traducido **lleno** muestra la rendición de Pedro al control del Espíritu. Él no se llenó por medio de oraciones largas o por experiencia emocional. La llenura del Espíritu ocurre cuando el creyente anda en obediencia a la Palabra y al Espíritu (cp. Ef. 5:18; Col. 3:16). Ceder al control del Espíritu Santo libera su poder en la vida del creyente.

Este principio es básico para todo lo demás; ceder al Espíritu Santo es la clave para manejar con éxito la persecución. Puesto que Pedro estaba lleno del Espíritu, la persecución simplemente lo acercó más al Señor. No estar lleno del Espíritu es la razón de que la Iglesia de hoy tenga dificultad en enfrentar oposición.

Una iglesia llena del Espíritu y que no transige estará incómoda en el mundo, puesto que constituirá una reprensión para este. Sin embargo, será una iglesia poderosa y victoriosa. Pedro y Juan confrontaron al mundo de frente, con una audacia y elocuencia que hizo maravillar a sus oponentes (cp. v. 13). Fueron victoriosos porque estaban llenos del Espíritu.

SER AGRESIVOS PARA APROVECHAR LAS OPORTUNIDADES

Pedro... les dijo: Gobernantes del pueblo, y ancianos de Israel: Puesto que hoy se nos interroga acerca del beneficio hecho a un hombre enfermo, de qué manera éste haya sido sanado, sea notorio a todos vosotros, y a todo el pueblo de Israel, que en el nombre de Jesucristo de Nazaret, a quien vosotros crucificasteis y a quien Dios resucitó de los muertos, por él este hombre está en vuestra presencia sano. Este Jesús es la piedra reprobada por vosotros los edificadores, la cual ha venido a ser cabeza del ángulo. Y en ningún otro hay salvación; porque no hay otro nombre bajo el cielo, dado a los hombres, en que podamos ser salvos. Entonces viendo el denuedo de Pedro y de Juan, y sabiendo que eran hombres sin letras y del vulgo, se maravillaban; y les reconocían que habían estado con Jesús. (4:8-13)

En lugar de callar por miedo o de transigir, Pedro demostró gran valor y pasó a la ofensiva. Sumisión no significa cobardía. Comenzó acusándolos por la incongruencia de que los interrogaran a él y a Juan **acerca del beneficio hecho a un hombre enfermo.** Por tanto le pagó a los miembros del concilio con la misma moneda y sutilmente los acusó de injusticia... sin duda no podía estar mal sanar a un cojo.

Puesto que ellos habían exigido saber **de qué manera éste haya sido sanado,** y por qué nombre (o autoridad) los apóstoles realizaron el milagro, Pedro se lo dijo. Él quería que ellos y **todo el pueblo de Israel** supieran que **en el nombre de Jesucristo de Nazaret,** a quien las autoridades habían crucificado, pero **a quien**

Dios resucitó de los muertos, el mendigo estaba **sano** en **presencia** de ellos. En la misma fortificación del poder del concilio, Pedro pone en tela de juicio a sus jueces anunciando la verdad del Cristo vivo a los responsables de la ejecución. Al señalar que ellos ejecutaron a Jesús pero que Dios lo resucitó, Pedro les demostró que eran enemigos de Dios. Ese enfoque se empleó a menudo en Hechos (cp. 2:23-24; 3:14-15; 10:39-40; 13:27-30). Pedro se negó a comprometer el evangelio con la supresión de lo que ofendería al concilio. Habló con valentía, porque estaba dedicado a la verdad, y confió el resultado a su Señor. Ese es un ejemplo que deberían seguir todos los creyentes perseguidos.

Una de las barreras más formidables para la aceptación de Jesús como el Mesías por parte del Sanedrín fue que Él no pudo evitar que lo mataran. Eso no encajaba en la idea que tenían del Mesías como libertador político y militar. Igual que hizo en el día de Pentecostés, Pedro se volvió a las Escrituras del Antiguo Testamento para desarrollar su caso. Citó Salmos 118:22, aplicándolo al rechazo que hicieran de Jesucristo (cp. Mr. 12:10-11; 1 P. 2:4, 6-8). Pedro no estaba alejando de Dios a los judíos, sino que estaba predicando la misma verdad del Antiguo Testamento como cumplida en Jesús. Él **es la piedra reprobada por** ellos, **los edificadores** o líderes espirituales de la nación. Aunque rechazaron a Jesús, Dios lo convirtió en la **cabeza del ángulo** por medio de su resurrección y exaltación. Pedro los pone otra vez en oposición a Dios: ellos rechazaron a Jesús, pero Dios le dio el lugar de preeminencia. Él es la cabeza del ángulo del templo espiritual de Dios, la Iglesia (Ef. 2:19-22). Fueron ellos quienes alejaron de Dios al pueblo.

En el versículo 12, Pedro hace al concilio lo que equivale a una invitación directa de arrepentirse y aceptar a Jesucristo para ser salvos. Ya había declarado que la curación del mendigo cojo se realizó en el nombre de Jesús. Ahora va más allá y proclama que **en ningún otro hay salvación; porque no hay otro nombre bajo el cielo, dado a los hombres, en que podamos ser salvos. Salvos** es una forma del mismo verbo (*sozō*) usado en el versículo 9 para describir la curación del cojo. No solo que Jesús fue la fuente de curación física, sino que también es la única fuente de sanidad espiritual. La libertad de los devastadores efectos del pecado solo viene por medio de Jesucristo. Pedro no inventó esa verdad; él simplemente repitió lo que su Maestro dijo. En Juan 14:6, Jesús declaró: "Yo soy el camino, y la verdad, y la vida; nadie viene al Padre, sino por mí". Esta misma exclusividad la declara nuestro Señor en Juan 10:7-8, cuando afirmó: "De cierto, de cierto os digo: Yo soy la puerta de las ovejas. Todos los que antes de mí vinieron, ladrones son y salteadores".

Lo exclusivista del cristianismo va en contra de nuestra sociedad religiosamente pluralista. Una capilla construida en el Polo Norte, en febrero de 1959, por los hombres de la Operación Deep Freeze 4, tipifica la actitud prevalente hoy día hacia la creencia religiosa. La estructura contiene un altar sobre el cual cuelga un retrato de Jesús, un crucifijo, una estrella de David, y una hoja de loto (que representa a Buda). En la pared de la capilla había esta inscripción: "Ahora se puede decir que la tierra gira en el objetivo de la fe".

Los cristianos predican a un Cristo exclusivo en una era inclusiva. Debido a eso, a menudo los acusan de tener mente estrecha y hasta de ser intolerantes. Se dice que muchos caminos llevan a la cumbre del monte de la iluminación religiosa. ¿Cómo nos atrevemos a insistir en que el nuestro es el único camino? Sin embargo, en realidad existen dos caminos religiosos: el ancho de obras de salvación, que lleva a la destrucción, y el camino angosto de fe en el único Salvador que lleva a la vida eterna (Mt. 7:13-14). Las personas religiosas están en el uno o en el otro. Por desgracia, el concilio y todos sus seguidores estaban en el camino ancho hacia el infierno.

La apasionada petición de Pedro no suavizó los corazones endurecidos del concilio. Pero esto no sucedió sin algún efecto. No pudieron dejar de impresionarse **viendo el denuedo de Pedro y de Juan.** Les maravilló que **hombres sin letras** (adquiridas en las escuelas rabínicas) **y del vulgo** (no teólogos profesionales sino laicos) pudieran debatir tan eficazmente acerca de las Escrituras. Que dos pescadores galileos expusieran, de manera poderosa y triunfal, su caso delante de la corte suprema de la élite judía era algo asombroso, por tanto, **se maravillaban.** La explicación se les ocurrió lentamente, al reconocer que estos hombres **habían estado con Jesús.** Sin duda, al escudriñar sus memorias, recordaron que los dos apóstoles habían estado con Jesús en el templo y en su juicio (Jn. 18:15-18).

Lo que detonó la admisión del concilio fue darse cuenta de que los apóstoles estaban haciendo lo que Jesús hizo. Igual que los apóstoles, con autoridad y verdad Jesús había enfrentado valientemente y, sin ningún temor, a los dirigentes judíos (cp. Mt. 7:28-29). Él tampoco tenía capacitación rabínica formal (cp. Jn. 7:15-16); sin embargo, la manera segura en que manejaba las Escrituras del Antiguo Testamento no tenía igual (cp. Jn. 7:46). Jesús había hecho muchos milagros durante su ministerio terrenal. Pedro y Juan fueron a juicio, en parte, debido a un milagro que habían realizado.

El intento del concilio de suprimir la enseñanza de los apóstoles les había dado a estos una oportunidad sin precedentes. Valientemente la tomaron y proclamaron el evangelio a los funcionarios más altos de la nación. Así es como se maneja la persecución: enfrentándola con la más audaz proclamación de la verdad.

SER OBEDIENTES A DIOS A TODA COSTA

Y viendo al hombre que había sido sanado, que estaba en pie con ellos, no podían decir nada en contra. Entonces les ordenaron que saliesen del concilio;

y conferenciaban entre sí, diciendo: ¿Qué haremos con estos hombres? Porque de cierto, señal manifiesta ha sido hecha por ellos, notoria a todos los que moran en Jerusalén, y no lo podemos negar. Sin embargo, para que no se divulgue más entre el pueblo, amenacémosles para que no hablen de aquí en adelante a hombre alguno en este nombre. Y llamándolos, les intimaron que en ninguna manera hablasen ni enseñasen en el nombre de Jesús. Mas Pedro y Juan respondieron diciéndoles: Juzgad si es justo delante de Dios obedecer a vosotros antes que a Dios; porque no podemos dejar de decir lo que hemos visto y oído. Ellos entonces les amenazaron y les soltaron, no hallando ningún modo de castigarles, por causa del pueblo; porque todos glorificaban a Dios por lo que se había hecho, ya que el hombre en quien se había hecho este milagro de sanidad, tenía más de cuarenta años. (4:14-22)

La inesperada audacia de Pedro y Juan, y la presencia del hombre curado estando junto a ellos, puso al concilio en una posición incómoda. **Viendo** con los apóstoles **al hombre que había sido sanado,** los judíos (por el momento) **no podían decir nada en contra.** La convincente defensa de Pedro de que él en realidad estaba llevando al pueblo hacia Dios, no alejándolo de Él, era incuestionable. La promesa de Jesús a sus discípulos de darles "palabra y sabiduría, la cual no podrán resistir ni contradecir todos los que se opongan" (Lc. 21:15), se había cumplido.

Entonces los miembros del concilio **les ordenaron** a Pedro y Juan **que saliesen del concilio; y conferenciaban entre sí.** Pedro les había devuelto la jugada y, ahora, la corte estaba en receso mientras consideraban qué hacer **con estos hombres.** La pregunta no tenía una respuesta fácil. Pedro y Juan no habían violado ninguna ley y se habían defendido personalmente con las Escrituras del Antiguo Testamento. Además, castigarlos sería arriesgado, **porque señal manifiesta ha sido hecha por ellos, notoria a todos los que moran en Jerusalén.** La realidad del poder del Señor resucitado se había extendido por toda la ciudad. Incluso los dirigentes no podían **negar** esto. Por desgracia, aunque no podían negarlo, tampoco estaban dispuestos a aceptarlo. Ellos eran una ilustración viva de las palabras de nuestro Señor, en Juan 3:19, de que "la luz vino al mundo, y los hombres amaron más las tinieblas que la luz, porque sus obras eran malas". Tal es la ceguera del pecado; ellos conocían la verdad, pero se negaron a aceptarla, exactamente como habían rechazado la verdad de la resurrección (Mt. 28:11-15).

El concilio estaba reviviendo su peor pesadilla. Habían ejecutado a Jesús por afirmar que era el Mesías. Sin dejarse intimidar por eso, sus seguidores iban por todas partes repitiendo tales afirmaciones. Peor aún, estaban proclamando con pruebas irrefutables que Él había resucitado de los muertos. Y ellos habían realizado una **señal manifiesta** para autenticar su afirmación de que representaban a Dios. El concilio se sintió obligado a tomar acción **para que** esta enseñanza **no se divulgue más entre el pueblo.** Debían detener la verdad incriminatoria de que los dirigentes judíos habían ejecutado a su Mesías. En consecuencia, decidieron tratar de intimidar a los apóstoles para acallarlos y advertirles: **no hablen de aquí en adelante a hombre alguno en este nombre.**

Debido a esa decisión, ellos volvieron a llamar a Pedro y a Juan a la sala de justicia y les ordenaron **que en ninguna manera hablasen ni enseñasen en el nombre de Jesús.** Irónicamente, a los primeros creyentes se les debió ordenar que se callaran, mientras que a muchos cristianos modernos se les debe ordenar que hablen. Esta fue una importante encrucijada en la historia de la Iglesia. Si los apóstoles se hubieran allanado a la exigencia del concilio, toda la subsiguiente historia de la Iglesia habría sido diferente. Lo que ocurrió dependió de la disposición de ellos de obedecer a Dios a toda costa, incluso de sus propias vidas.

Pedro y Juan no vacilaron, sino que inmediatamente **respondieron** que se negarían a obedecer la orden del concilio. Hicieron un llamado a un tribunal superior pidiéndoles que juzgaran **si es justo delante de Dios obedecer a** los hombres **antes que a Dios** ante la corte suprema de Israel (cp. Hch. 5:29). ¿Qué tribunal es superior? Con tal apelación al juez divino, los apóstoles pusieron en un dilema al concilio. Con seguridad, no querían que Pedro y Juan siguieran hablando, pero tampoco les podían decir que obedecieran a los hombres antes que a Dios. Pedro los volvió a acusar de ser enemigos del Dios que profesaban representar.

Es un claro principio bíblico que los creyentes deben obedecer a su gobierno. Pedro mismo enseñó tal obediencia en 1 Pedro 2:13-17 (cp. Ro. 13:1-7). Sin embargo, la reacción de los dos apóstoles marca el límite de la obediencia. Ellos obedecerían de buena gana si lo pudieran hacer sin desobedecer al Señor soberano. Pero cuando los mandamientos de Dios están en conflicto con los del gobierno, se debe desobedecer al gobierno. Las acciones de las parteras hebreas (Éx. 1:15-17) y de Daniel (Dn. 6:4-10) ilustran más esa obligación.

Aunque Pedro y Juan se negaron a obedecer a los miembros del concilio, sin embargo los trataron con respeto. No debatieron con ellos ni pretendieron someterse para luego desobedecer. Al contrario, con mucho cuidado y respeto explicaron que no podían **dejar de decir** lo que les constaba. Igual que Pablo, quien exclamó: "¡Ay de mí si no anunciare el evangelio!" (1 Co. 9:16), Pedro y Juan estaban obligados a hablar.

El contenido del mensaje, lo que habían **visto y oído,** destaca que los apóstoles fueron testigos de la vida, la muerte y, especialmente, de la resurrección de Jesús (cp. 1 Jn. 1:1, 3). Una obvia manera de que el concilio escapara de su dilema habría sido negar que Jesús resucitara de los muertos. Que no intentaran hacerlo provee poderosa evidencia de la resurrección de Jesús. F. F. Bruce comenta:

Es particularmente llamativo que ni en esta ocasión ni en ninguna otra subsiguiente (hasta donde llega nuestra información) el concilio toma acción alguna seria para desaprobar lo que los apóstoles afirmaban de manera central: la resurrección de Jesús. De haber sido posible para ellos refutar este punto, ¡cuán rápidamente el concilio habría aprovechado la oportunidad! Si hubieran tenido éxito, ¡cuán rápida y totalmente se habría derrumbado el nuevo movimiento! (*The Book of the Acts* [El libro de Hechos] [Grand Rapids: Eerdmans, 1971], p. 102).

Los miembros del concilio estaban arrinconados; se habían quedado sin opciones. **Entonces amenazaron** a los apóstoles **y les soltaron,** ya que no pudieron hallar **ningún modo** legítimo **de castigarles.** No fue un compromiso con la justicia lo que les hizo liberar a Pedro y Juan, tanto como costumbres políticas. Temieron la reacción **del pueblo,** por la sencilla razón de que **todos glorificaban a Dios por lo que se había hecho, ya que el hombre en quien se había hecho este milagro de sanidad, tenía más de cuarenta años.** El mendigo había tenido el defecto de nacimiento todos esos cuarenta años y todo el pueblo lo conocía porque se sentaba, a diario, en el lugar del templo (Hch. 3:2). La sanidad era innegable y poderosa. Demandantes modernos del poder apostólico curativo no se meten con quienes padecen defectos agobiantes de nacimiento.

En medio de la persecución, Pedro y Juan permanecieron obedientes a Dios. Al igual que ellos, ningún soborno o amenaza debería hacernos infieles a nuestro Señor. Más tarde, en su primera carta, Pedro escribió tanto por experiencia como por inspiración:

¿Y quién es aquel que os podrá hacer daño, si vosotros seguís el bien? Mas también si alguna cosa padecéis por causa de la justicia, bienaventurados sois. Por tanto, no os amedrentéis por temor de ellos, ni os conturbéis, sino santificad a Dios el Señor en vuestros corazones, y estad siempre preparados para presentar defensa con mansedumbre y reverencia ante todo el que os demande razón de la esperanza que hay en vosotros (1 P. 3:13-15).

ESTAR COMPROMETIDO CON EL COMPAÑERISMO

Y puestos en libertad, vinieron a los suyos y contaron todo lo que los principales sacerdotes y los ancianos les habían dicho. (4:23)

Cabe destacar que lo primero que Pedro y Juan hicieron después de que los pusieran **en libertad** fue ir **a los suyos.** Ese grupo no debía estar limitado a los otros apóstoles, ni extendido hasta incluir a toda la iglesia de entonces (ya que no había edificio donde todos los cinco mil hombres, además de mujeres y niños, pudieran reunirse). Pudo haber sido parte o la totalidad del grupo original de los que se reunieron en el aposento alto (cp. 1:13-15). Les **contaron todo lo que los principales sacerdotes y los ancianos les habían dicho** y, sin duda, recibieron consuelo y ánimo de parte de los demás. Un beneficio principal de la persecución es que da como resultado mayor solidaridad. Creyentes perseguidos se juntan de manera natural en busca de apoyo mutuo. Hechos 4:32-35 describe la unidad que resultó de este brote inicial de oposición. Quizás, una razón para la desunión de la iglesia de hoy es la falta de presión externa. Y la falsa unidad que se intenta, a través de hacer concesiones y de la indiferencia hacia la verdadera doctrina, solo agrava el problema, llevando a la Iglesia aun más lejos de la verdadera unidad que surge de la confrontación con la verdad. Si confrontáramos de modo más agresivo el sistema del mundo, la oposición resultante nos uniría y enriquecería nuestra dependencia mutua. Esa verdadera unidad marcó a los primeros creyentes.

SER AGRADECIDOS

Y ellos, habiéndolo oído, alzaron unánimes la voz a Dios, y dijeron: Soberano Señor, tú eres el Dios que hiciste el cielo y la tierra, el mar y todo lo que en ellos hay; que por boca de David tu siervo dijiste: ¿Por qué se amotinan las gentes, y los pueblos piensan cosas vanas? Se reunieron los reyes de la tierra, y los príncipes se juntaron en uno contra el Señor, y contra su Cristo. Porque verdaderamente se unieron en esta ciudad contra tu santo Hijo Jesús, a quien ungiste, Herodes y Poncio Pilato, con los gentiles y el pueblo de Israel, para hacer cuanto tu mano y tu consejo habían antes determinado que sucediera. (4:24-28)

Pedro y Juan volvieron no en estado de temor y abatimiento, sino de euforia. Habían predicado al concilio y les habían concedido el privilegio de sufrir por su Señor (cp. Hch. 5:41). Cuando los demás oyeron el informe, **alzaron unánimes la voz a Dios, y dijeron: Soberano Señor, tú eres el Dios que hiciste el cielo y la tierra, el mar y todo lo que en ellos hay.** *Despotēs* (**Señor**) es un título poco común para Dios en el Nuevo Testamento, en que aparece solo cinco veces (Lc. 2:29; 2 Ti. 2:21; 2 P. 2:1; Jud. 4; Ap. 6:10). Es el término del cual se deriva la palabra castellana "déspota", y denota un amo absoluto. Enfrentados con oposición, esos primeros cristianos se consolaron en la soberanía de Dios. Todo su sufrimiento era voluntad de Él. Al ser el Creador de todas las cosas, Él tiene control total de todos los acontecimientos. Confianza en el reinado absoluto y poderoso de Dios bastaba para sustentarlos.

Obtuvieron más consuelo de saber que esa oposición había estado prevista en el Antiguo Testamento. El Espíritu Santo, hablando **por boca de David** en

Salmos 2:1-2, habló de la oposición que Cristo y, por extensión, sus seguidores, enfrentarían: **¿Por qué se amotinan las gentes, y los pueblos piensan cosas vanas? Se reunieron los reyes de la tierra, y los príncipes se juntaron en uno contra el Señor, y contra su Cristo.** Ellos habían presenciado el cumplimiento inicial de esa profecía en la ciudad de Jerusalén. El cumplimiento final se presenta en Apocalipsis 17:9-14 y sienta las bases para la Segunda Venida de Cristo revelada en Apocalipsis 19:11-21. Aquellos que se oponen a los propósitos divinos **verdaderamente se unieron contra** el **santo** de Dios, su **Hijo Jesús,** a quien Dios había ungido como su siervo. Entre estos opositores se incluyen **Herodes y Poncio Pilato, con los gentiles y el pueblo de Israel.** Sin embargo, lo único que todos ellos lograron fue **hacer cuanto** la **mano y** el **consejo habían antes determinado que sucediera. Antes determinado** viene de *proorizō* (Ro. 8:29-30; 1 Co. 2:7; Ef. 1:5, 11), y significa "predestinar". Nos recuerda que Dios es el historiador supremo que escribió toda la historia antes de que comenzara. Al haber hecho lo peor, ellos solo cumplieron el plan eterno de Dios (cp. Hch. 2:23). Como lo expresó el salmista: "Ciertamente la ira del hombre te alabará; tú reprimirás el resto de las iras" (Sal. 76:10).

DESEOSOS DE TENER MAYOR VALOR

Y ahora, Señor, mira sus amenazas, y concede a tus siervos que con todo denuedo hablen tu palabra, mientras extiendes tu mano para que se hagan sanidades y señales y prodigios mediante el nombre de tu santo Hijo Jesús. Cuando hubieron orado, el lugar en que estaban congregados tembló; y todos fueron llenos del Espíritu Santo, y hablaban con denuedo la palabra de Dios. (4:29-31)

Cuán lejos estaban los congregados de ser intimidados por las amenazas del concilio se puede apreciar en el cierre de la oración que hicieron. Después de pedir al **Señor** que mire las **amenazas** a fin de que tome en cuenta la culpa del concilio y proteja a los amenazados predicadores, la alabanza de ellos se convierte en petición al solicitarle a Dios que conceda a sus **siervos que con todo denuedo hablen** la **palabra.** La descripción que hacen de sí mismos como **siervos** vuelve a hacer referencia al uso de *despotēs* en el versículo 24 para describir a Dios. No pidieron protección o un lugar dónde ocultarse, sino mayor valor para proclamar con denuedo la verdad de Dios... lo mismo que las autoridades judías les habían ordenado no hacer. También pidieron que Dios siguiera haciendo **sanidades y** realizando **señales y prodigios mediante el nombre de** su **santo Hijo Jesús** a fin de confirmar su evangelio.

La respuesta de Dios no tardó en llegar. **Cuando hubieron orado, el lugar en que estaban congregados** (tal vez el aposento alto, Hch. 1:13) **tembló; y todos**

fueron llenos del Espíritu Santo (por tercera vez), **y hablaban con denuedo la palabra de Dios.** Igual que en el día de Pentecostés, hubo una manifestación física de la presencia del Espíritu: un temblor. Dios les concedió la llenura del Espíritu a fin de que tuvieran el **denuedo** que deseaban. Tal como en Hechos 4:8, la llenura del Espíritu no implica hablar en lenguas extrañas sino hablar con poder el evangelio en sus propias lenguas. Después de la primera venida del Espíritu en Pentecostés, cuando el resto de creyentes también fueron llenos, el milagro de lenguas desapareció y la llenura es con el fin de tener el poder para hablar la verdad de Dios. Así ocurrió con Pablo en Hechos 13:9. Cabe señalar que el milagro de lenguas vuelve a aparecer en el caso de la entrada a la Iglesia de los samaritanos (Hch. 8:17-18), de los gentiles (Hch. 10:44-46) y de los discípulos de Juan el Bautista (Hch. 19:6).

La Iglesia había enfrentado, con éxito, la primera prueba de oposición. En lugar de sucumbir a la tentación de hacer concesiones con el evangelio, se volvió más valiente. La persecución también sirvió para acercar más a la congregación entre sí y con su Señor. En cuanto a lo que se convertiría en un tema recurrente en la historia de la Iglesia, la oposición solamente consiguió que esta se fortaleciera más. Igual que pasó con José (Gn. 50:20), Dios tomó las intenciones perversas de hombres y las usó para sus propios propósitos divinos.

Los pecados de los santos 12

Y la multitud de los que habían creído era de un corazón y un alma; y ninguno decía ser suyo propio nada de lo que poseía, sino que tenían todas las cosas en común. Y con gran poder los apóstoles daban testimonio de la resurrección del Señor Jesús, y abundante gracia era sobre todos ellos. Así que no había entre ellos ningún necesitado; porque todos los que poseían heredades o casas, las vendían, y traían el precio de lo vendido, y lo ponían a los pies de los apóstoles; y se repartía a cada uno según su necesidad. Entonces José, a quien los apóstoles pusieron por sobrenombre Bernabé (que traducido es, Hijo de consolación), levita, natural de Chipre, como tenía una heredad, la vendió y trajo el precio y lo puso a los pies de los apóstoles. Pero cierto hombre llamado Ananías, con Safira su mujer, vendió una heredad, y sustrajo del precio, sabiéndolo también su mujer; y trayendo sólo una parte, la puso a los pies de los apóstoles. Y dijo Pedro: Ananías, ¿por qué llenó Satanás tu corazón para que mintieses al Espíritu Santo, y sustrajeses del precio de la heredad? Reteniéndola, ¿no se te quedaba a ti? y vendida, ¿no estaba en tu poder? ¿Por qué pusiste esto en tu corazón? No has mentido a los hombres, sino a Dios. Al oír Ananías estas palabras, cayó y expiró. Y vino un gran temor sobre todos los que lo oyeron. Y levantándose los jóvenes, lo envolvieron, y sacándolo, lo sepultaron. Pasado un lapso como de tres horas, sucedió que entró su mujer, no sabiendo lo que había acontecido. Entonces Pedro le dijo: Dime, ¿vendisteis en tanto la heredad? Y ella dijo: Sí, en tanto. Y Pedro le dijo: ¿Por qué convinisteis en tentar al Espíritu del Señor? He aquí a la puerta los pies de los que han sepultado a tu marido, y te sacarán a ti. Al instante ella cayó a los pies de él, y expiró; y cuando entraron los jóvenes, la hallaron muerta; y la sacaron, y la sepultaron junto a su marido. Y vino gran temor sobre toda la iglesia, y sobre todos los que oyeron estas cosas. (4:32—5:11)

La Biblia es crudamente sincera en su relato de la historia redentora. Allí se registran los defectos y las fallas, así como las fortalezas, del pueblo de Dios. Aparece la justa oposición de Moisés a Faraón, pero también su injusta provocación a Dios que le impidió la entrada a la tierra prometida. Las gloriosas victorias de David adornan las páginas de las Escrituras. Pero, junto con ellas, la

Biblia nos cuenta la miserable cobardía de David ante el rey filisteo de Gat. Los Salmos revelan a David el santo; en 2 Samuel 12, el profeta Natán confronta a David el adúltero y asesino. Proverbios registra la talla de la sabiduría de Salomón; Eclesiastés narra las profundidades de su insensatez. El registro inspirado no pasa por alto la verdad, aunque esta pueda ser dolorosa y horrible.

Hasta aquí la descripción que Lucas hace de la Iglesia en Hechos ha sido totalmente positiva. Desde su dramático nacimiento en el día de Pentecostés, hasta su gozosa y dinámica comunión y su explosivo crecimiento, el fiel escritor ha descrito a la Iglesia en su inmaculada belleza, frescura y vitalidad. Incluso, el intento de Satanás de frustrar a la Iglesia por medio de presión externa aplicada a sus líderes, fue un fracaso.

Sin embargo, tal imagen no es completa. Ninguna iglesia es perfecta, puesto que todas están compuestas por pecadores y, la iglesia primitiva, no fue la excepción. Esta sección de Hechos narra un hito negativo en la historia de la Iglesia: el relato del primer ejemplo de pecado. De todos los primeros en Hechos, sin duda, este es el más triste.

El propósito de Satanás es oponerse a la obra de Dios. Al hacerlo está cumpliendo con su nombre, que significa "adversario". Él estará activo donde Dios esté obrando. El ataque inicial que Satanás hace a la Iglesia, la persecución de los apóstoles a través del concilio, fracasó. No solo falló en acallar a los apóstoles, sino que Hechos 4:4 narra que "muchos de los que habían oído la palabra, creyeron; y el número de los varones era como cinco mil". Además, esto les dio a Pedro y Juan la oportunidad de predicar el evangelio al concilio. Frente a esa derrota, Satanás cambió su táctica. Al darse cuenta de que la presión externa solo tendió a avivar la llama, decidió llegar a la base del fuego. Para hacer eso infiltró la Iglesia para atacarla con corrupción desde el interior. A través de los siglos, esa táctica ha probado ser mucho más eficaz que la persecución externa.

Los pecados de los santos fueron para Pablo una carga mayor que toda la oposición que enfrentó de los incrédulos. En 2 Corintios 11:23-27, enumera una horrible lista de las persecuciones físicas que había soportado:

> *¿Son ministros de Cristo? (Como si estuviera loco hablo.) Yo más; en trabajos más abundante; en azotes sin número; en cárceles más; en peligros de muerte muchas veces. De los judíos cinco veces he recibido cuarenta azotes menos uno. Tres veces he sido azotado con varas; una vez apedreado; tres veces he padecido naufragio; una noche y un día he estado como náufrago en alta mar; en caminos muchas veces; en peligros de ríos, peligros de ladrones, peligros de los de mi nación, peligros de los gentiles, peligros en la ciudad, peligros en el desierto, peligros en el mar, peligros entre falsos hermanos; en trabajo y fatiga, en muchos desvelos, en hambre y sed, en muchos ayunos, en frío y en desnudez.*

Sin embargo, todo eso era insignificante a la luz de su carga por las iglesias: "Además de otras cosas, lo que sobre mí se agolpa cada día, la preocupación por todas las iglesias" (vv. 28-29).

El apóstol expresó esa "preocupación" cuando instó a los romanos:

> *Mas os ruego, hermanos, que os fijéis en los que causan divisiones y tropiezos en contra de la doctrina que vosotros habéis aprendido, y que os apartéis de ellos. Porque tales personas no sirven a nuestro Señor Jesucristo, sino a sus propios vientres, y con suaves palabras y lisonjas engañan los corazones de los ingenuos (Ro. 16:17-18).*

Pablo se lamentó ante los gálatas: "Estoy maravillado de que tan pronto os hayáis alejado del que os llamó por la gracia de Cristo, para seguir un evangelio diferente. No que haya otro, sino que hay algunos que os perturban y quieren pervertir el evangelio de Cristo" (Gá. 1:6-7). A los filipenses escribió: "Por tanto, si hay alguna consolación en Cristo, si algún consuelo de amor, si alguna comunión del Espíritu, si algún afecto entrañable, si alguna misericordia, completad mi gozo, sintiendo lo mismo, teniendo el mismo amor, unánimes, sintiendo una misma cosa" (Fil. 2:1-2).

La mayor carga que tiene cualquier pastor, lo que más le hace doler el corazón, es el pecado de su gente. Pedro fue el primero en lidiar con ese problema, uno que todo pastor de éxito ha enfrentado. Hechos 5:1-11 narra cómo lo manejó. No obstante, antes de mostrarnos la fealdad de la impureza en la Iglesia en 4:32-37, Lucas ofrece una situación general con una última mirada a la pureza de la Iglesia. Esta situación hace que el pecado parezca más vívido, mostrando que la iglesia más noble y pura está a solo un paso de la tragedia espiritual. El pasaje cae, por tanto, en dos secciones: la vida en común de los santos y los pecados de los santos.

LA VIDA EN COMÚN DE LOS SANTOS

Y la multitud de los que habían creído era de un corazón y un alma; y ninguno decía ser suyo propio nada de lo que poseía, sino que tenían todas las cosas en común. Y con gran poder los apóstoles daban testimonio de la resurrección del Señor Jesús, y abundante gracia era sobre todos ellos. Así que no había entre ellos ningún necesitado; porque todos los que poseían heredades o casas, las vendían, y traían el precio de lo vendido, y lo ponían a los pies de los apóstoles; y se repartía a cada uno según su necesidad. Entonces José, a quien los apóstoles pusieron por sobrenombre Bernabé (que traducido es, Hijo de consolación), levita, natural de Chipre, como tenía una heredad, la vendió y trajo el precio y lo puso a los pies de los apóstoles. (4:32-37)

Este conciso fragmento forma el fondo positivo contra el cual se describe lo negativo del pecado en la Iglesia. De aquí emergen cuatro características que ilustran la riqueza del compañerismo y de la participación experimentada en la iglesia primitiva.

PARTICIPACIÓN ESPIRITUAL

Y la multitud de los que habían creído era de un corazón y un alma; (4:32*a*)

La multitud de los que habían creído había crecido tan rápidamente que ya no la contaban. Tan asombroso crecimiento fue resultado directo de la acción narrada en el versículo 31, cuando aquellos que "fueron llenos del Espíritu Santo... hablaban con denuedo la palabra de Dios". La unidad de los creyentes, que **era de un corazón y un alma,** era también un testimonio poderoso. Jesús afirmó en Juan 13:35: "En esto conocerán todos que sois mis discípulos, si tuviereis amor los unos con los otros". En su oración sacerdotal, Jesús oró "para que todos sean uno; como tú, oh Padre, en mí, y yo en ti, que también ellos sean uno en nosotros; para que el mundo crea que tú me enviaste" (Jn. 17:21). La primera hermandad fue una respuesta a esa oración tanto en posición como en práctica.

La base de esa vida en común era doble. Antes que nada, los primeros creyentes estaban preocupados por ministrarse unos a otros. Tan absortos estaban en suplir las necesidades mutuas que no se preocupaban por gratificar sus propios deseos. La humildad que exhibían se derivaba de verse en relación con Jesucristo, y de ver a los demás como superiores a ellos mismos (Fil. 2:3). Segundo, estaban enfocados más allá de sí mismos para alcanzar al mundo perdido con la verdad del evangelio. Eso les dejaba poco tiempo para molestarse con asuntos triviales. Su unidad provenía de enfocarse en aquellas prioridades que Jesús les había dejado: amarse desinteresadamente y alcanzar al mundo perdido.

FUERTE PREDICACIÓN

Y con gran poder los apóstoles daban testimonio de la resurrección del Señor Jesús, y abundante gracia era sobre todos ellos. (4:33)

El **gran poder** de los apóstoles venía de la llenura del Espíritu (Hch. 1:8). Fue en ese poder que ellos **daban testimonio de la resurrección**, precisamente lo mismo que el concilio les había prohibido hacer. El tiempo imperfecto del verbo traducido **daban** muestra que esta fue su costumbre continua. Como Pedro lo expresara ante el concilio, "no podemos dejar de decir lo que hemos visto y oído" (Hch. 4:20). Al igual que Pablo, se sintieron profundamente obligados a proclamar el evangelio (cp. Ro. 1:14-15).

Según se observó en los capítulos 2 al 5 de este comentario, **la resurrección del Señor Jesús** era el énfasis principal de la predicación apostólica (cp. Hch. 2:24, 32; 3:15; 5:30; 10:40; 13:30, 33, 34, 37). Aunque sabían que tal énfasis ofendería en gran manera a las autoridades judías, los apóstoles nunca suprimieron la verdad para evitar esa ofensa. Tan inflexible actitud está en marcado contraste con la costumbre de la Iglesia moderna. En nombre de la "contextualización" (término más aceptable para lo mundano), al mensaje del evangelio se le ha despojado de todo lo que se considera ofensivo. Pero los incrédulos *deben* sentirse ofendidos por su propio pecado, o nunca llegarán a Cristo. En Romanos 9:33, Pablo aplicó a Jesucristo las palabras de Isaías (cp. Is. 8:14; 28:16): "He aquí pongo en Sion piedra de tropiezo y roca de caída; y el que creyere en él, no será avergonzado". Pedro también cita a Isaías y añade que quienes caen lo hacen "porque tropiezan en la palabra, siendo desobedientes" (1 P. 2:8). La misma existencia de los incrédulos es una afrenta a Dios; sin duda debemos arriesgarnos a ofenderlos, haciéndoles saber esto.

Debido a la poderosa predicación de los apóstoles, **abundante gracia era sobre todos ellos. Gracia** (favor) se puede entender en dos maneras. Primera, igual que en 2:47, puede referirse a la aprobación de las personas. Aunque los líderes se les opusieron, sin embargo, las personas comunes aún no se habían vuelto contra ellos. Al contrario, estaban impresionadas con el amor y la unidad de los creyentes. Segunda, y más importante, la iglesia primitiva tenía el favor de Dios. Un compañerismo de creyentes, caracterizado por amar la unidad y por celo evangelístico, recibe las bendiciones de Dios.

COMPARTIMIENTO PRÁCTICO DE BIENES

y ninguno decía ser suyo propio nada de lo que poseía, sino que tenían todas las cosas en común... Así que no había entre ellos ningún necesitado; porque todos los que poseían heredades o casas, las vendían, y traían el precio de lo vendido, y lo ponían a los pies de los apóstoles; y se repartía a cada uno según su necesidad. (4:32*b*, 34-35)

La unidad tierna y generosa de la iglesia primitiva halló una expresión práctica en compartir posesiones materiales. **Ninguno decía ser suyo propio nada de lo que poseía, sino que tenían todas las cosas en común.** La palabra **ninguno** muestra incluso que esta actitud era característica de todos, ya que entendían que la totalidad de lo que tenían pertenecía a Dios, y que lo poseían en fideicomiso para Él. Puesto que todo pertenecía a Dios, cuando alguien tenía una necesidad ellos se veían obligados a usar los recursos divinos para suplir esa necesidad. Una prueba práctica del amor de un cristiano es cómo él o ella están dispuestos a sacrificarse económicamente. Santiago pregunta: "Si un hermano o una hermana están desnudos, y tienen necesidad del mantenimiento de cada día, y alguno de vosotros les dice: Id en paz, calentaos y saciaos, pero no les dais las cosas que son necesarias para el cuerpo, ¿de qué aprovecha?" (Stg. 2:15-16). El apóstol Juan lo expresó de manera más franca: "El que tiene bienes de este mundo y ve a su hermano tener necesidad, y cierra contra él su corazón, ¿cómo mora el amor de Dios en él?" (1 Jn. 3:17).

En 2 de Corintios 8 se demuestra el espíritu de sacrificio de los creyentes pobres en Macedonia:

> *Asimismo, hermanos, os hacemos saber la gracia de Dios que se ha dado a las iglesias de Macedonia; que en grande prueba de tribulación, la abundancia de su gozo y su profunda pobreza abundaron en riquezas de su generosidad. Pues doy testimonio de que con agrado han dado conforme a sus fuerzas, y aun más allá de sus fuerzas, pidiéndonos con muchos ruegos que les concediésemos el privilegio de participar en este servicio para los santos. Y no como lo esperábamos, sino que a sí mismos se dieron primeramente al Señor, y luego a nosotros por la voluntad de Dios (vv. 1-5).*

El resultado de esta demostración práctica de amor en Jerusalén fue **que no había entre ellos ningún necesitado.** Como se observó en el análisis de Hechos 2:44-46 en el capítulo 7 de esta obra, miles de peregrinos se reunieron en Jerusalén en el día de Pentecostés. Sin duda muchos en la iglesia primitiva provenían de las filas de esos peregrinos, quienes comprensiblemente decidieron quedarse en Jerusalén bajo la enseñanza de los apóstoles, en lugar de regresar a casa. Además, algunos creyentes que vivían en Jerusalén sin duda perdieron su trabajo debido a su fe. Que la iglesia supliera todas esas necesidades mostró la profundidad del amor mutuo de esos creyentes. Tal cuidado y colaboración fue un poderoso testimonio para su comunidad.

Más específicamente, Lucas informa que a fin de suplir las necesidades de otros, **todos los que poseían heredades o casas, las vendían, y traían el precio de lo vendido, y lo ponían a los pies de los apóstoles.** Vender casas y heredades era mucho más sacrificial que compartir los ingresos. Significaba liquidar bienes de capital que podían ser irreemplazables, reduciendo por tanto la seguridad personal. Algunos han visto en este pasaje una forma primitiva de comunismo o vida comunal. Sin embargo, como se observó en el estudio de Hechos 2:44-46 en el capítulo 7, eso no es verdad. Igual que en 2:45, el tiempo imperfecto de los verbos indican acción continua. En ningún momento hicieron fondo común de todas sus posesiones. Además, Hechos 12:12 deja claro que los creyentes individuales todavía poseían casas. Más aún, las palabras de Pedro para Ananías en 5:4 muestran que la venta de propiedades era estrictamente voluntaria. La personalización de Bernabé también indica que la venta no era obligatoria. De haberlo sido no habría habido nada elogioso acerca de tales acciones. Finalmente, Hechos no registra que ninguna otra iglesia siguiera este patrón de vender propiedades.

Lo recogido **se repartía a cada uno según su necesidad.** Eso lo hacían los apóstoles, quienes (al menos de manera temporal, cp. 6:1ss) estaban encargados de distribuir fondos a los pobres. El verbo imperfecto denota la naturaleza continua de la distribución. Era una forma continua de vida que quienes tenían propiedades las vendieran periódicamente a medida que se necesitaba hacerlo, a fin de favorecer a otros.

Este pasaje ilustra un importante patrón relacionado con la generosidad en la iglesia local. Las donaciones se deben poner bajo el control de los maestros espirituales, quienes son entonces responsables delante de Dios por el uso de lo recaudado. *Muy* a menudo las personas quieren dar solo si pueden saber específicamente cómo se va a utilizar el dinero. Ese tipo de donadores egoístas no entienden la autoridad espiritual delegada de líderes ordenados por Dios y, simplemente, podrían buscar, a menudo, el aplauso de los hombres. Dar debe ser tan desinteresado que Jesús declaró en Mateo 6:3-4: "Cuando tú des limosna, no sepa tu izquierda lo que hace tu derecha, para que sea tu limosna en secreto; y tu Padre que ve en lo secreto te recompensará en público".

UNA PERSONA EJEMPLAR

Entonces José, a quien los apóstoles pusieron por sobrenombre Bernabé (que traducido es, Hijo de consolación), levita, natural de Chipre, como tenía una heredad, la vendió y trajo el precio y lo puso a los pies de los apóstoles. (4:36-37)

Lucas señala ahora a un hombre como ejemplo entre aquellos que donaban propiedades. **José,** mejor conocido como **Bernabé,** se convierte en un personaje prominente en Hechos. Él presentó a Pablo a la desconfiada congregación de Jerusalén, asegurándoles que este se había convertido de veras (Hch. 9:26-27). En Hechos 11:22-24 realizó la misión de ministrar a los griegos convertidos en Antioquía. Él fue el compañero personal de Pablo durante los primeros años de ministerio del gran apóstol. Lo acompañó a Jerusalén con las contribuciones enviadas desde Antioquía para ayudar a los pobres que había allí (Hch. 11:30). Después de servir junto a Pablo como uno de los co-pastores en Antioquía (Hch. 13:1), lo acompañó en su primer viaje misionero (Hch. 13:2ss). Al concluir ese viaje, Bernabé y Pablo representaron a la iglesia en Antioquía ante el concilio crucial de Jerusalén (Hch. 15). Por desgracia, su íntima asociación con Pablo terminó en la disputa acerca de llevar a Juan Marcos al segundo viaje misionero (Hch. 15:36-41).

Puesto que esta es la primera vez que Bernabé aparece en Hechos, Lucas ofrece alguna información sobre él. Se trataba de un **levita,** miembro de la tribu sacerdotal. No todos los relacionados con el templo eran enemigos de Jesús y los apóstoles. Al igual que Pablo, Bernabé no era nativo de la tierra de Israel, sino que era **natural de Chipre.** El hecho de que fuera de la isla de Chipre podría indicar por qué el primer viaje misionero con Pablo comenzó en esa isla. **Los apóstoles** le **pusieron por sobrenombre Bernabé,** y Lucas observa que este nombre **traducido es, Hijo de consolación.**

Bernabé era pariente de Marcos (Col. 4:10), y la casa de su hermana era el lugar de reunión de la iglesia en Jerusalén (Hch. 12:12). A pesar de su pelea con Pablo, sin duda vivió a la altura de su nombre. Lucas lo describe en Hechos 11:24 como "varón bueno, y lleno del Espíritu Santo y de fe". No se informa cómo un **levita** pudo haber tenido **una heredad.** El Antiguo Testamento prohibía a los levitas tener propiedades (Nm. 18:20, 24; Dt. 10:9), aunque sí poseían casas (Lv. 25:32-33). Según parece, tal prohibición no se hacía cumplir en la época del Nuevo Testamento. Tampoco se explica si la propiedad que Bernabé vendió estaba situada en Palestina o en su nativa Chipre.

A Lucas no le preocupa cómo el levita obtuvo la propiedad, ni dónde estaba ubicada. Lo que es importante es el corazón amoroso de Bernabé, quien **vendió** la heredad **y trajo el precio y lo puso a los pies de los apóstoles.** Él dio por amor absoluto, no para llamar la atención hacia sí mismo, sino por la simple bendición de dar (cp. Hch. 20:35). Bernabé representa a muchos otros que dieron de manera sacrificial y es un ejemplo que debemos seguir.

LOS PECADOS DE LOS SANTOS

Pero cierto hombre llamado Ananías, con Safira su mujer, vendió una heredad, y sustrajo del precio, sabiéndolo también su mujer; y trayendo sólo una parte, la puso a los pies de los apóstoles. Y dijo Pedro: Ananías, ¿por qué llenó Satanás tu corazón para que mintieses al Espíritu Santo, y sustrajeses del precio de la heredad? Reteniéndola, ¿no se te quedaba a ti? y vendida, ¿no estaba en tu poder? ¿Por qué pusiste esto en tu corazón? No has mentido a los hombres, sino a Dios. Al oír Ananías estas palabras, cayó y expiró. Y vino un gran temor sobre todos los que lo oyeron. Y levantándose los jóvenes, lo envolvieron, y sacándolo, lo sepultaron. Pasado un lapso como de tres horas, sucedió que entró su mujer, no sabiendo lo que había acontecido. Entonces Pedro le dijo: Dime, ¿vendisteis en tanto la heredad? Y ella dijo: Sí, en tanto. Y Pedro le dijo: ¿Por qué convinisteis en tentar al Espíritu del Señor? He aquí a la puerta los pies de los que han sepultado a tu marido, y te sacarán a ti. Al instante ella cayó a los pies de él, y expiró; y cuando entraron los jóvenes, la hallaron muerta; y la sacaron, y la sepultaron junto a su marido. Y vino gran temor sobre toda la iglesia, y sobre todos los que oyeron estas cosas. (5:1-11)

La belleza de la dádiva sacrificial y desinteresada de la iglesia primitiva se vio empañada por los pecados repugnantes de engaño y gloria personal. La historia de Ananías y Safira es para Hechos lo que la historia de Acán para el libro de Josué. Ambos incidentes interrumpieron el progreso victorioso del pueblo de Dios. El drama se desarrolla en cuatro escenas: fingimiento espiritual, percepción espiritual, castigo rápido y purga solemne.

FINGIMIENTO ESPIRITUAL

Pero cierto hombre llamado Ananías, con Safira su mujer, vendió una heredad, y sustrajo del precio, sabiéndolo también su mujer; y trayendo sólo una parte, la puso a los pies de los apóstoles. (5:1-2)

Pero presenta un marcado contraste entre las acciones de Bernabé y las de **Ananías** y **Safira** su mujer. Esta pareja también **vendió una heredad.** Sin embargo, a diferencia de Bernabé, Ananías **sustrajo del precio, sabiéndolo también su mujer.** Ellos vieron una oportunidad de tener doble ventaja: obtendrían prestigio espiritual y conseguirían algo de dinero por otro lado. Retener parte del dinero para uso propio no era pecado, como Pedro establece claramente en el versículo 4. En ninguna parte se ordena a los creyentes dar todo. Su donativo, como toda dádiva en el Nuevo Testamento, era voluntario (cp. 2 Co. 9:7). El pecado manifiesto fue mentir, fingiendo públicamente haber dado toda la utilidad de la venta de su heredad. No obstante, ese pecado solo fue la manifestación externa. El pecado más devastador y profundo fue la hipocresía basada en un deseo de posición espiritual. Ellos deseaban la aprobación de los hombres por su acto de sacrificio y, también, ser considerados, como miembros de los más nobles.

Ningún pecado provocó una reprensión más severa de parte de nuestro Señor que la hipocresía. En el Sermón del Monte, advirtió a sus discípulos:

> *Guardaos de hacer vuestra justicia delante de los hombres, para ser vistos de ellos; de otra manera no tendréis recompensa de vuestro Padre que está en los cielos. Cuando, pues, des limosna, no hagas tocar trompeta delante de ti, como hacen los hipócritas en las sinagogas y en las calles, para ser alabados por los hombres; de cierto os digo que ya tienen su recompensa. Mas cuando tú des limosna, no sepa tu izquierda lo que hace tu derecha, para que sea tu limosna en secreto; y tu Padre que ve en lo secreto te recompensará en público. Y cuando ores, no seas como los hipócritas; porque ellos aman el orar en pie en las sinagogas y en las esquinas de las calles, para ser vistos de los hombres; de cierto os digo que ya tienen su recompensa. Mas tú, cuando ores, entra en tu aposento, y cerrada la puerta, ora a tu Padre que está en secreto; y tu Padre que ve en lo*

> *secreto te recompensará en público. Cuando ayunéis, no seáis austeros, como los hipócritas; porque ellos demudan sus rostros para mostrar a los hombres que ayunan; de cierto os digo que ya tienen su recompensa. Pero tú, cuando ayunes, unge tu cabeza y lava tu rostro, para no mostrar a los hombres que ayunas, sino a tu Padre que está en secreto; y tu Padre que ve en lo secreto te recompensará en público (Mt. 6:1-6, 16-18).*

Jesús denunció una y otra vez la hipocresía de los escribas y fariseos (Mt. 15:7; 22:18; 23:13-36) y advirtió a sus discípulos contra esa influencia (Lc. 12:1). También advirtió que el infierno estaría poblado por hipócritas (Mt. 24:51).

Nadie es tan desagradable a los ojos de Dios como aquellos que hacen alarde de una belleza espiritual que no poseen. Ananías y Safira no eran más que santos pecadores que fingieron espiritualidad. Cualquier pecado contra la comunión de los creyentes es un pecado contra Cristo (1 Co. 8:12). La ofrenda de Ananías y Safira fue una afrenta a Dios, y la ejecución de ambos fue obra de Dios para mantener pura la Iglesia.

Algunos han cuestionado si ellos eran o no verdaderos creyentes. Es mejor verlos como cristianos genuinos por varias razones. Primera, fueron incluidos en "la multitud de los que habían creído" (Hch. 4:32). Segunda, tenían que ver con el Espíritu Santo, lo que indica una relación con Él. Tercera, si no eran cristianos, ¿qué lección acerca del pecado brindaba esta experiencia para enseñar a todos los demás que sí eran verdaderos creyentes? Cuarta, Satanás puede relacionarse personalmente con creyentes (cp. Mt. 16:21-23; Ef. 6:12; 1 P. 5:8-9). Por último, la muerte puede ser un castigo divino para un creyente (1 Co. 11:30-32; 1 Jn. 5:16).

PERCEPCIÓN ESPIRITUAL

Y dijo Pedro: Ananías, ¿por qué llenó Satanás tu corazón para que mintieses al Espíritu Santo, y sustrajeses del precio de la heredad? Reteniéndola, ¿no se te quedaba a ti? y vendida, ¿no estaba en tu poder? ¿Por qué pusiste esto en tu corazón? No has mentido a los hombres, sino a Dios. (5:3-4)

La mentira de Ananías y Safira no engañó a Pedro, quien, guiado por el Espíritu Santo, vio a través de la hipocresía de ellos. Ananías, sin duda esperando los elogios de las personas por su obsequio, debió haberse sorprendido por las palabras de Pedro.

En contraste con la entrega llena del Espíritu de Bernabé, la de Ananías fue satánicamente inspirada. **Satanás** le **llenó** el **corazón para que** mintiera **al Espíritu Santo, y** sustrajera **del precio de la heredad.** Como ya se ha señalado, retener parte de los ingresos no fue pecado. Pero sí lo fue mentir **al Espíritu**

Santo. Y lo trágico es que eso fue totalmente innecesario. Pedro le recordó: **reteniéndola, ¿no se te quedaba a ti? y vendida, ¿no estaba en tu poder?** Ananías no tenía ninguna obligación de vender su heredad, ni de donar el importe total de la venta.

La siguiente pregunta de Pedro fue un severo reproche para Ananías: **¿Por qué pusiste esto en tu corazón?** Aunque sin duda fue tentado fuertemente por Satanás (v. 3), la responsabilidad por el pecado descansaba en el propio Ananías. Él tuvo libertad de hacer lo que quisiera con su propiedad y eligió ser falso. Su pecado, según se ha señalado, originó su propia hipocresía egoísta. En ninguna parte de la Biblia se culpa a Satanás por el pecado del cristiano.

Este pasaje enseña dos verdades importantes acerca del Espíritu Santo. Primera, afirma que Él es una persona, no una influencia o una fuerza impersonal, ya que se le puede mentir. Segunda, el versículo 3 declara que Ananías le mintió al Espíritu Santo, mientras que el versículo 4 dice que le mintió a Dios, una clara afirmación de la deidad del Espíritu Santo.

CASTIGO RÁPIDO

Al oír Ananías estas palabras, cayó y expiró. Y vino un gran temor sobre todos los que lo oyeron. Y levantándose los jóvenes, lo envolvieron, y sacándolo, lo sepultaron. Pasado un lapso como de tres horas, sucedió que entró su mujer, no sabiendo lo que había acontecido. Entonces Pedro le dijo: Dime, ¿vendisteis en tanto la heredad? Y ella dijo: Sí, en tanto. Y Pedro le dijo: ¿Por qué convinisteis en tentar al Espíritu del Señor? He aquí a la puerta los pies de los que han sepultado a tu marido, y te sacarán a ti. Al instante ella cayó a los pies de él, y expiró; y cuando entraron los jóvenes, la hallaron muerta; y la sacaron, y la sepultaron junto a su marido. (5:5-10)

Dios se movió rápidamente para extirpar el cáncer espiritual del cuerpo. **Al oír** las **palabras** de Pedro, **Ananías cayó y expiró. Y vino un gran temor sobre todos los que lo oyeron.** La causa definitiva de la muerte de Ananías fue el juicio de Dios. La causa física quizás fue un ataque cardíaco, provocado al comprender su culpa y su vergonzoso desenmascaramiento. La historia inglesa registra un incidente parecido, cuando el diácono de la catedral de St. Paul murió de terror después que el rey Eduardo I le lanzara una mirada iracunda (F. F. Bruce, *The Book of the Acts* [El libro de Hechos] [Grand Rapids: Eerdmans, 1971], p. 114). Sin embargo, en este caso fue el juicio divino, no temor a Pedro, lo que mató a Ananías. Es una triste realidad que Dios a veces cobre las vidas de creyentes pecadores. La muerte es la forma final de la disciplina de Dios para creyentes pecadores. Él quiere que su Iglesia sea pura (cp. 2 Co. 11:2; Ef. 5:27).

Después de la muerte de Ananías, **levantándose los jóvenes** de la congregación,

lo envolvieron, y sacándolo de la ciudad**, lo sepultaron.** Debido al clima cálido de Palestina, se acostumbraba que los sepelios se realizaran el mismo día. Eso se prescribía especialmente para alguien que moría a causa de juicio divino (cp. Dt. 21:22-23).

El segundo acto de la tragedia estaba a punto de ocurrir. Transcurrió **un lapso como de tres horas** (que indica algo de la duración de las reuniones de iglesia en esos días) durante el cual los jóvenes enterraron a Ananías. Una vez transcurrido ese tiempo, **Safira entró, no sabiendo lo que había acontecido** a su esposo. Dándole una última oportunidad de arrepentirse, **Pedro** preguntó: **¿Vendisteis en tanto la heredad?** Como planeara antes con su esposo, la mujer decidió continuar la mentira, y contestó: **Sí, en tanto.**

Igual que hizo con el marido, Pedro entonces pronunció juicio sobre ella. **Le dijo: ¿Por qué convinisteis en tentar al Espíritu del Señor?** El apóstol puso al descubierto la conspiración y la locura de probar la reacción del Dios santo ante el pecado. **He aquí a la puerta los pies de los que han sepultado a tu marido, y te sacarán a ti.** El juicio de Dios cayó igualmente sobre Safira, y **al instante ella cayó a los pies de él, y expiró; y cuando entraron los jóvenes** que venían de enterrar a Ananías**, la hallaron muerta; y la sacaron, y la sepultaron junto a su marido.** Así terminó el intento insensato y de corta vida de Ananías y Safira de engañar al Espíritu Santo y de probar la paciencia de Dios con la iniquidad.

La acción de Dios estaba destinada a inculcar en la iglesia la gravedad de los pecados de los santos. Esto tuvo ese efecto, como narra el versículo siguiente.

PURGA SOLEMNE

Y vino gran temor sobre toda la iglesia, y sobre todos los que oyeron estas cosas. (5:11)

Un beneficio de la disciplina en la iglesia es que disuade a otros de pecar (cp. 1 Ti. 5:19-20). Sin duda, mucho autoexamen se llevó a cabo después de los fallecimientos de Ananías y Safira. Sus muertes causaron **gran temor,** no solo **sobre toda la iglesia** sino también **sobre todos los que oyeron estas cosas.** El fuerte deseo de Dios de una iglesia pura y su disposición de tomar medidas drásticas a fin de lograr ese deseo, fueron tan evidentes que todos lo vieron. Así escribió Pedro más tarde: "Es tiempo de que el juicio comience por la casa de Dios; y si primero comienza por nosotros, ¿cuál será el fin de aquellos que no obedecen al evangelio de Dios?" (1 P. 4:17). Quizás el apóstol recordó este incidente cuando fue inspirado a escribir de Salmos 34: "El que quiere amar la vida y ver días buenos, refrene su lengua de mal, y sus labios no hablen engaño" (1 P. 3:10).

El patrón de la iglesia primitiva para la evangelización

13

Y por la mano de los apóstoles se hacían muchas señales y prodigios en el pueblo; y estaban todos unánimes en el pórtico de Salomón. De los demás, ninguno se atrevía a juntarse con ellos; mas el pueblo los alababa grandemente. Y los que creían en el Señor aumentaban más, gran número así de hombres como de mujeres; tanto que sacaban los enfermos a las calles, y los ponían en camas y lechos, para que al pasar Pedro, a lo menos su sombra cayese sobre alguno de ellos. Y aun de las ciudades vecinas muchos venían a Jerusalén, trayendo enfermos y atormentados de espíritus inmundos; y todos eran sanados. Entonces levantándose el sumo sacerdote y todos los que estaban con él, esto es, la secta de los saduceos, se llenaron de celos; y echaron mano a los apóstoles y los pusieron en la cárcel pública. Mas un ángel del Señor, abriendo de noche las puertas de la cárcel y sacándolos, dijo: Id, y puestos en pie en el templo, anunciad al pueblo todas las palabras de esta vida. Habiendo oído esto, entraron de mañana en el templo, y enseñaban. Entre tanto, vinieron el sumo sacerdote y los que estaban con él, y convocaron al concilio y a todos los ancianos de los hijos de Israel, y enviaron a la cárcel para que fuesen traídos. Pero cuando llegaron los alguaciles, no los hallaron en la cárcel; entonces volvieron y dieron aviso, diciendo: Por cierto, la cárcel hemos hallado cerrada con toda seguridad, y los guardas afuera de pie ante las puertas; mas cuando abrimos, a nadie hallamos dentro. Cuando oyeron estas palabras el sumo sacerdote y el jefe de la guardia del templo y los principales sacerdotes, dudaban en qué vendría a parar aquello. Pero viniendo uno, les dio esta noticia: He aquí, los varones que pusisteis en la cárcel están en el templo, y enseñan al pueblo. Entonces fue el jefe de la guardia con los alguaciles, y los trajo sin violencia, porque temían ser apedreados por el pueblo. Cuando los trajeron, los presentaron en el concilio, y el sumo sacerdote les preguntó, diciendo: ¿No os mandamos estrictamente que no enseñaseis en ese nombre? Y ahora habéis llenado a Jerusalén de vuestra doctrina, y queréis echar sobre nosotros la sangre de ese

hombre. Respondiendo Pedro y los apóstoles, dijeron: Es necesario obedecer a Dios antes que a los hombres. El Dios de nuestros padres levantó a Jesús, a quien vosotros matasteis colgándole en un madero. A éste, Dios ha exaltado con su diestra por Príncipe y Salvador, para dar a Israel arrepentimiento y perdón de pecados. Y nosotros somos testigos suyos de estas cosas, y también el Espíritu Santo, el cual ha dado Dios a los que le obedecen. Ellos, oyendo esto, se enfurecían y querían matarlos. Entonces levantándose en el concilio un fariseo llamado Gamaliel, doctor de la ley, venerado de todo el pueblo, mandó que sacasen fuera por un momento a los apóstoles, y luego dijo: Varones israelitas, mirad por vosotros lo que vais a hacer respecto a estos hombres. Porque antes de estos días se levantó Teudas, diciendo que era alguien. A éste se unió un número como de cuatrocientos hombres; pero él fue muerto, y todos los que le obedecían fueron dispersados y reducidos a nada. Después de éste, se levantó Judas el galileo, en los días del censo, y llevó en pos de sí a mucho pueblo. Pereció también él, y todos los que le obedecían fueron dispersados. Y ahora os digo: Apartaos de estos hombres, y dejadlos; porque si este consejo o esta obra es de los hombres, se desvanecerá; mas si es de Dios, no la podréis destruir; no seáis tal vez hallados luchando contra Dios. Y convinieron con él; y llamando a los apóstoles, después de azotarlos, les intimaron que no hablasen en el nombre de Jesús, y los pusieron en libertad. Y ellos salieron de la presencia del concilio, gozosos de haber sido tenidos por dignos de padecer afrenta por causa del Nombre. Y todos los días, en el templo y por las casas, no cesaban de enseñar y predicar a Jesucristo. (5:12-42)

Un problema perenne que la Iglesia de Jesucristo enfrenta es la falta de enfoque en la misión que tiene. Confusión generalizada existe en cuanto a cuál debe ser esa misión principal. Algunos sostienen que la Iglesia debería dirigir la cruzada por justicia social para los pobres y oprimidos. Otros la ven como una fuerza política para ayudar a cambiar la cultura. Incluso otros más ven a su iglesia como un club privado, donde pueden socializar con sus amigos.

En una nota más bíblica, el objetivo de la Iglesia es lograr que los santos maduren por medio de la predicación de la Palabra, la comunión y el discipulado. La Iglesia también se reúne para alabar y adorar a Dios. Esos son objetivos importantes y deberían marcar cada iglesia. Pero ninguno de estos constituye la misión principal de la Iglesia aquí en la tierra. En realidad, cada uno de estos objetivos podría cumplirse mejor en el cielo.

¿Cuál es el objetivo principal de la Iglesia? Nuestro Señor contestó esa pregunta al encargarnos: "Id, y haced discípulos a todas las naciones, bautizándolos en el nombre del Padre, y del Hijo, y del Espíritu Santo; enseñándoles que guarden todas las cosas que os he mandado" (Mt. 28:19-20). El principal objetivo de la Iglesia es evangelizar. Es continuar la obra comenzada por el Señor Jesucristo, en cuya misión "vino a buscar y a salvar lo que se había perdido" (Lc. 19:10). Ese es el único deber de la Iglesia que no se puede hacer mejor en el cielo.

La iglesia primitiva entendió claramente su propósito. Los creyentes nunca perdieron de vista su llamado de ser testigos de Cristo "en Jerusalén, en toda Judea, en Samaria, y hasta lo último de la tierra" (Hch. 1:8). El celo y la eficacia de esos cristianos resultaron en crecimiento explosivo. En el día de Pentecostés, que fue el día del nacimiento de la Iglesia, "se añadieron aquel día como tres mil personas" (Hch. 2:41). En los días posteriores a Pentecostés, "el Señor añadía cada día a la iglesia los que habían de ser salvos" (v. 47). Para la conclusión del segundo sermón de Pedro, la cantidad de hombres en la Iglesia había ascendido a cinco mil (Hch. 4:4). Según se observó en el estudio de Hechos 4:1-4 en el capítulo 11 de esta obra, esa es la última cantidad específica de creyentes registrada en Hechos; a partir de ese momento, la Iglesia creció demasiado rápido como para mantener la cuenta. Hechos 5:14 habla de "gran número así de hombres como de mujeres" que se añadían a la Iglesia, mientras Hechos 6:7 informa que "el número de los discípulos se multiplicaba grandemente en Jerusalén". Hechos 9:31 afirma que "las iglesias tenían paz por toda Judea, Galilea y Samaria; y eran edificadas, andando en el temor del Señor, y se acrecentaban fortalecidas por el Espíritu Santo". Hechos 11:21 habla de que un "gran número creyó y se convirtió al Señor" en Antioquía, mientras el versículo 24 registra que "una gran multitud fue agregada al Señor" a través del ministerio de Bernabé en esa ciudad.

¿Qué hizo la Iglesia para contribuir a este notable crecimiento? ¿Cómo se extendió tan rápidamente a pesar de la decidida oposición de las autoridades judías? Hechos 5:12-42 presenta cinco claves para la evangelización eficaz de la iglesia primitiva: pureza, poder, persecución, persistencia y productividad.

PUREZA

y estaban todos unánimes en el pórtico de Salomón. De los demás, ninguno se atrevía a juntarse con ellos; mas el pueblo los alababa grandemente. Y los que creían en el Señor aumentaban más, gran número así de hombres como de mujeres; (5:12*b*-14)

A fin de ser útil para el Señor, un individuo debe ser puro (cp. 2 Ti. 2:19-21). Nadie estableció esa verdad con mayor claridad que el noble pastor y evangelista escocés del siglo XIX, Robert Murray McCheyne. Él ofreció el siguiente consejo sabio a un joven que entraba al ministerio:

> No olvides la cultura del hombre interior, me refiero al corazón. Con qué diligencia el oficial mantiene su sable limpio y afilado; toda

> mancha la restriega con el mayor de los cuidados. Recuerda que tú eres la espada de Dios, su instrumento... confío en que como vaso escogido para Él lleves su nombre. En gran medida, el éxito estará de acuerdo a la pureza y perfecciones del instrumento. Dios no bendice tanto los grandes talentos sino la gran semejanza con Jesús. Un ministro santo es un arma terrible en la mano de Dios (Andrew A. Bonar, ed., *Memoirs of McCheyne* [Memorias de McCheyne] [reimpresión, Chicago: Moody, 1978], p. 95).

Lo que se aplica a creyentes individuales también se aplica a la Iglesia de forma colectiva. La Iglesia que debe alcanzar el mundo debe ser pura; debe ser una Iglesia que trate con el pecado. Dios mostró la importancia que le da a la pureza de su Iglesia mediante su dramático juicio de Ananías y Safira (5:1-11). Aunque Dios aún puede intervenir directamente en las vidas de cristianos pecadores (1 Co. 11:30), disciplinar a los creyentes pecadores es responsabilidad de cada congregación.

Por desgracia, la disciplina de la Iglesia es prácticamente un deber pasado por alto hoy día. La disciplina ha caído presa de la idea antibíblica de que amar a las personas y levantarles la autoestima significa tolerarles el pecado. No obstante, el amor bíblico busca el bienestar de otros. Ya que el objetivo de la disciplina es tratar con el pecado, lo que es nocivo, el amor y la disciplina no son mutuamente exclusivos (cp. Pr. 27:6). Es porque Dios ama a los creyentes que los castiga (He. 12:5-6).

La importancia de confrontar el pecado en la Iglesia se expresa en muchos mandatos del Nuevo Testamento. En Lucas 17:3, el Señor Jesucristo ordenó: "Si tu hermano pecare contra ti, repréndele". Pablo sacó de la iglesia de Éfeso a Himeneo y Alejandro debido a sus blasfemias (1 Ti. 1:20). A los corintios les ordenó quitar de su hermandad a un hombre culpable de crasa inmoralidad sexual (1 Co. 5:1-7). También instruyó a su joven protegido Tito a reprender "duramente [a los creyentes], para que sean sanos en la fe" (Tit. 1:13). Incluso los líderes de las iglesias no están exentos de la reprensión pública (1 Ti. 5:20; cp. Gá. 2:11-14).

La enseñanza más extensa sobre cómo ejercer disciplina en la Iglesia viene de nuestro Señor mismo:

> *Por tanto, si tu hermano peca contra ti, ve y repréndele estando tú y él solos; si te oyere, has ganado a tu hermano. Mas si no te oyere, toma aún contigo a uno o dos, para que en boca de dos o tres testigos conste toda palabra. Si no los oyere a ellos, dilo a la iglesia; y si no oyere a la iglesia, tenle por gentil y publicano. De cierto os digo que todo lo que atéis en la tierra, será atado en el cielo; y todo lo que desatéis en la tierra, será desatado en el cielo. Otra vez os digo, que si dos de vosotros se pusieren de acuerdo en la tierra acerca de cualquiera cosa que pidieren,*

les será hecho por mi Padre que está en los cielos. Porque donde están dos o tres congregados en mi nombre, allí estoy yo en medio de ellos (Mt. 18:15-20).

La Iglesia paga un alto precio por desobedecer la clara enseñanza del Señor sobre este tema. La iglesia impura y mundana, que es consecuencia inevitable de la ausencia de santidad antagónica, no será testigo eficaz para Jesucristo. Disciplinar a los santos pecadores no es una opción sino una obligación.

Los versículos 12*b*-14 forman un paréntesis. La idea iniciada en la primera mitad del versículo 12 se reanuda en el versículo 15. El tema del pensamiento entre paréntesis es la pureza de la Iglesia. Ahora que se ha tratado con el pecado de Ananías y Safira, en la iglesia **estaban todos unánimes. El pórtico de Salomón** se extendía al lado este del templo, frente al atrio de los gentiles. Allí se dio el segundo sermón de Pedro (3:11ss) y uno de los discursos de nuestro Señor (Jn. 10:23ss). El pórtico se había vuelto un lugar favorito de reunión para los creyentes, quienes se juntaban a diario para orar y adorar.

Lucas presenta, entonces, la paradójica verdad de que **de los demás** (incrédulos), **ninguno se atrevía a juntarse** con los creyentes, aunque **el pueblo los alababa grandemente.** Tenían gran respeto por los seguidores de Jesús y por la devoción de estos a sus creencias. Sin duda también respetaban el poder de Dios mostrado por medio de ellos. Pero a fin de equilibrar el respeto que podría llevarlos a unirse estaba el temor de que el pecado sería severamente juzgado. El rápido juicio de Ananías y Safira impidió que los indiferentes y no comprometidos se unieran a los cristianos (cp. 5:5, 11). La costumbre de tratar severamente con el pecado ayuda a mantener una iglesia pura. Las personas no corren a unirse a una iglesia que les sacará a luz los pecados. La disciplina es, por tanto, una clave esencial para la evangelización, porque purifica la Iglesia y aleja a frívolos y curiosos. Es sorprendente ver iglesias hoy día que deliberadamente no señalan el pecado a fin de atraer a frívolos y curiosos.

Muchos pastores temen que la costumbre de disciplinar en la iglesia ahuyente y arruine sus congregaciones. Esto ahuyentará a aquellos que aman el pecado, pero atraerá a quienes lo detestan y buscan arrepentimiento y justicia. A pesar de la estricta disciplina que Dios impuso de modo que los incrédulos temieran asociarse con la iglesia, **los que creían en el Señor aumentaban más** en la iglesia de crecimiento explosivo. Es más, había tantos, que perdieron la cuenta. Lucas solo pudo describirlos como **gran número así de hombres como de mujeres.** El medio para este crecimiento fue la pureza.

Irrestricto compromiso a la santidad caracterizaba a estos creyentes, no el temeroso compromiso del legalismo farisaico sino uno que brota del amor por el Señor. Ellos conformaban un grupo temeroso, lo que ahuyentaba a los que les gustaba el pecado y acercaba a quienes querían perdón por el pecado. Eso está en marcado contraste con las multitudes de personas no comprometidas, e incluso no salvas, que se sienten cómodas en la iglesia de hoy. La falla de las congregaciones en predicar una vida santa y en disciplinar a quienes no viven de ese modo, permite que pecadores e hipócritas permanezcan en la Iglesia, confundiéndole su dirección, minándole su poder, robándole su pureza y estropeándole su testimonio. Los hombres pueden levantar sus iglesias con tolerancia al pecado, pero el Señor levanta la suya entre personas que aman la santidad y ponen el pecado al descubierto.

Jesús exige un alto nivel de compromiso de parte de quienes lo siguen. En Lucas 9:57-62 tuvo el siguiente diálogo con algunos seguidores potenciales:

> *Yendo ellos, uno le dijo en el camino: Señor, te seguiré adondequiera que vayas. Y le dijo Jesús: Las zorras tienen guaridas, y las aves de los cielos nidos; mas el Hijo del Hombre no tiene dónde recostar la cabeza. Y dijo a otro: Sígueme. Él le dijo: Señor, déjame que primero vaya y entierre a mi padre. Jesús le dijo: Deja que los muertos entierren a sus muertos; y tú ve, y anuncia el reino de Dios. Entonces también dijo otro: Te seguiré, Señor; pero déjame que me despida primero de los que están en mi casa. Y Jesús le dijo: Ninguno que poniendo su mano en el arado mira hacia atrás, es apto para el reino de Dios.*

En Mateo 10:32-39 agregó:

> *A cualquiera, pues, que me confiese delante de los hombres, yo también le confesaré delante de mi Padre que está en los cielos. Y a cualquiera que me niegue delante de los hombres, yo también le negaré delante de mi Padre que está en los cielos. No penséis que he venido para traer paz a la tierra; no he venido para traer paz, sino espada. Porque he venido para poner en disensión al hombre contra su padre, a la hija contra su madre, y a la nuera contra su suegra; y los enemigos del hombre serán los de su casa. El que ama a padre o madre más que a mí, no es digno de mí; el que ama a hijo o hija más que a mí, no es digno de mí; y el que no toma su cruz y sigue en pos de mí, no es digno de mí. El que halla su vida, la perderá; y el que pierde su vida por causa de mí, la hallará.*

El Señor Jesucristo quiere compromiso total. Solo quienes están dispuestos a dejar todo, incluso el pecado, y pierden sus vidas en sumisión a Él, son dignos de ser sus seguidores. Una iglesia conformada con tales personas será una iglesia pura, con un poderoso testimonio hacia el mundo.

PODER

Y por la mano de los apóstoles se hacían muchas señales y prodigios en el pueblo... tanto que sacaban los enfermos a las calles, y los ponían en camas

y lechos, para que al pasar Pedro, a lo menos su sombra cayese sobre alguno de ellos. Y aun de las ciudades vecinas muchos venían a Jerusalén, trayendo enfermos y atormentados de espíritus inmundos; y todos eran sanados. (5:12*a*, 15-16)

Como ya se observó, el versículo 15 reanuda el pensamiento iniciado en la primera mitad del versículo 12. El paréntesis, que describe la pureza de la Iglesia, es básico para esta sección. La iglesia primitiva era una comunidad creciente porque exhibía pureza. Era un canal puro por medio del cual el poder de Dios podía fluir.

Según se estudió en los capítulos 5, 7 y 8 de este comentario, las **señales y** los **prodigios** estaban diseñados para señalar la verdad espiritual a los hombres. También confirmaron la afirmación de los apóstoles de que eran mensajeros de Dios. Con la salida de los apóstoles del escenario y la finalización del canon de las Escrituras, la necesidad de milagros desapareció. Estos no pretendían ser parte continua de la vida de la Iglesia sino un ministerio único de los apóstoles. Es más, en 2 Corintios 12:12, Pablo escribió: "Con todo, las señales de apóstol han sido hechas entre vosotros en toda paciencia, por señales, prodigios y milagros". De acuerdo con ese ministerio único, Lucas observa cuidadosamente que **por la mano de los apóstoles se hacían muchas señales y prodigios en el pueblo.** Como se señaló en el análisis de Hechos 3:1-10 en el capítulo 8 de esta obra, la iglesia primitiva no era una iglesia que obraba milagros sino una iglesia con apóstoles que obraban milagros.

El flujo de milagros fue una respuesta a la oración de ellos: "Concede a tus siervos que con todo denuedo hablen tu palabra, mientras extiendes tu mano para que se hagan sanidades y señales y prodigios mediante el nombre de tu santo Hijo Jesús" (Hch. 4:29-30). Sin embargo, Dios no contestó esa oración hasta que la iglesia estuvo pura.

Los apóstoles continuaron su ministerio público extendido de sanidad **tanto que** las personas incluso **sacaban los enfermos a las calles, y los ponían en camas y lechos. Camas** (*klinariōn*) se refiere a pequeñas camillas o literas, mientras que **lechos** (*krabattōn*) describe los colchones de paja usados comúnmente por los pobres. El uso de Lucas de estos dos términos sugiere que tanto ricos como pobres buscaban sanidad de los apóstoles. Lejos de tener escepticismo respecto al poder de sanidad de los apóstoles, las personas estaban tan conscientes de la autoridad que ellos tenían sobre la enfermedad que esperaban **que al pasar Pedro, a lo menos su sombra cayese sobre alguno de ellos** y los sanara. Esa no era simple superstición, sino que reflejaba la fe en que el apóstol tenía poder divino y que su sombra podía llevar el poder de sanidad. La Biblia no dice que la sombra de Pedro en realidad haya curado a alguien, solo que las personas creían que podía hacerlo.

El revuelo causado por la enorme cantidad de sanidades de los apóstoles no se limitaba a Jerusalén. **Aun de las ciudades vecinas muchos** individuos **venían a Jerusalén, trayendo enfermos y atormentados de espíritus inmundos; y todos eran sanados.** Este es el primer relato de la influencia de la iglesia extendiéndose más allá de Jerusalén. Estaban comenzando a cumplir el encargo del Señor de ser sus testigos no solo en Jerusalén, sino también "en toda Judea, en Samaria, y hasta lo último de la tierra" (Hch. 1:8).

PERSECUCIÓN

Entonces levantándose el sumo sacerdote y todos los que estaban con él, esto es, la secta de los saduceos, se llenaron de celos; y echaron mano a los apóstoles y los pusieron en la cárcel pública. Mas un ángel del Señor, abriendo de noche las puertas de la cárcel y sacándolos, dijo: Id, y puestos en pie en el templo, anunciad al pueblo todas las palabras de esta vida. Habiendo oído esto, entraron de mañana en el templo, y enseñaban. Entre tanto, vinieron el sumo sacerdote y los que estaban con él, y convocaron al concilio y a todos los ancianos de los hijos de Israel, y enviaron a la cárcel para que fuesen traídos. Pero cuando llegaron los alguaciles, no los hallaron en la cárcel; entonces volvieron y dieron aviso, diciendo: Por cierto, la cárcel hemos hallado cerrada con toda seguridad, y los guardas afuera de pie ante las puertas; mas cuando abrimos, a nadie hallamos dentro. Cuando oyeron estas palabras el sumo sacerdote y el jefe de la guardia del templo y los principales sacerdotes, dudaban en qué vendría a parar aquello. Pero viniendo uno, les dio esta noticia: He aquí, los varones que pusisteis en la cárcel están en el templo, y enseñan al pueblo. Entonces fue el jefe de la guardia con los alguaciles, y los trajo sin violencia, porque temían ser apedreados por el pueblo. Cuando los trajeron, los presentaron en el concilio, y el sumo sacerdote les preguntó, diciendo: ¿No os mandamos estrictamente que no enseñaseis en ese nombre? Y ahora habéis llenado a Jerusalén de vuestra doctrina, y queréis echar sobre nosotros la sangre de ese hombre. (5:17-28)

Una iglesia pura y poderosa inevitablemente provocará una reacción hostil del sistema satánico del mundo. Iglesias y cristianos prósperos provocarán cambios, y el mundo y Satanás responderán con persecución. Pablo escribió a Timoteo: "También todos los que quieren vivir piadosamente en Cristo Jesús padecerán persecución" (2 Ti. 3:12). Al reflexionar en la persecución que había enfrentado durante su ministerio, Pedro escribió: "Si haciendo lo bueno sufrís, y lo soportáis, esto ciertamente es aprobado delante de Dios" (1 P. 2:20); "mejor es que padezcáis haciendo el bien, si la voluntad de Dios así lo quiere, que haciendo el mal" (1 P. 3:17); "Si sois vituperados por el nombre de Cristo, sois bienaventurados, porque el glorioso Espíritu de Dios reposa sobre vosotros" (1 P. 4:14). En las Bienaventuranzas, Jesús declaró:

> *Bienaventurados los que padecen persecución por causa de la justicia, porque de ellos es el reino de los cielos. Bienaventurados sois cuando por mi causa os vituperen y os persigan, y digan toda clase de mal contra vosotros, mintiendo. Gozaos y alegraos, porque vuestro galardón es grande en los cielos; porque así persiguieron a los profetas que fueron antes de vosotros (Mt. 5:10-12; cp. Jn. 15:17-20).*

Pablo escribió a los romanos: "Herederos de Dios y coherederos con Cristo, si es que padecemos juntamente con él, para que juntamente con él seamos glorificados" (Ro. 8:17).

No es de extrañar entonces que el poder y la eficacia de la iglesia resultaran en amarga oposición. Horrorizado por la rápida y continua expansión del evangelio y de la iglesia, y de la influencia que esta ejercía, **el sumo sacerdote y todos los que estaban con él, esto es, la secta de los saduceos, se llenaron de celos.** El **sumo sacerdote** podría referirse a Anás (cp. 4:6) o a Caifás, quien estuvo en el cargo hasta el año 36 d.C. Como lo eran todos los sumos sacerdotes de esa época, este era miembro de **la secta de los saduceos.** Ellos **se llenaron de celos** por la popularidad de la iglesia con el pueblo (cp. 5:13). Además, como se indicó en el análisis de Hechos 4:1-4 en el capítulo 11, los saduceos estaban dedicados a mantener el *statu quo.* Intentaron por todos los medios evitar que se provocara una reacción de los romanos que les costaría su privilegiada posición de liderazgo. Aunque en los evangelios los fariseos dirigieron la oposición a Jesús, los saduceos fueron los principales oponentes de la iglesia primitiva.

Los celos de los saduceos no permanecieron inactivos. El surgimiento de una nueva secta religiosa en Jerusalén, la mismísima sede del poder de ellos, amenazaría con socavar el dominio que tenían sobre el pueblo. No podían tolerar por nada en el mundo a esta secta, que creía que el mismo hombre que ellos asesinaran había resucitado de los muertos y que, además, representaba el poder detrás de los asombrosos y prolíficos milagros. Religiosa y políticamente, el liderazgo saduceo se encontraba en estado frágil, ya que también había el peligro de que la crisis creada en la ciudad hiciera que los romanos actuaran. Obligados por la gravedad de la situación, **echaron mano a los apóstoles y los pusieron en la cárcel pública,** que contenía prisioneros comunes. Después de todos los milagros que habían presenciado, es difícil entender cómo creyeron que los barrotes de la cárcel restringirían el poder de Dios. A lo largo de Hechos, el encarcelamiento demostró que no era obstáculo para el Señor (cp. 12:3-11; 16:23ss).

Una vez más la oposición de Satanás fracasó, proveyendo una oportunidad para que Dios mostrara su poder. **Un ángel del Señor** abrió **de noche las**

puertas de la cárcel y liberó a los apóstoles. Fue especialmente irónico el uso que hace Dios de un ángel para liberarlos, ya que los saduceos negaban la existencia de ángeles. Después de liberarlos, el ángel les ordenó: **Id, y puestos en pie en el templo, anunciad al pueblo todas las palabras de esta vida.** Los apóstoles no fueron liberados para esconderse, sino para regresar audazmente al templo y seguir predicando. La frase **todas las palabras de esta vida** se refiere al evangelio (cp. Fil. 2:16; 1 Jn. 1:1-4). Las buenas nuevas que proclamamos es que Jesucristo vino al mundo para dar vida abundante y eterna a los muertos espiritualmente (cp. Jn. 1:4; 11:25; 14:6; 1 Jn. 5:20).

Aunque la orden del ángel pudo haber parecido increíble y hasta peligrosa, los apóstoles no discutieron. **Habiendo oído** las palabras**, entraron de mañana en el templo, y enseñaban.** Antes de que los saduceos estuvieran conscientes de que los apóstoles habían sido liberados, estos estaban predicando otra vez. Estos eligieron obedecer audazmente y dejar las consecuencias a Dios. El suyo era un valor desafiante y no vacilaron en poner sus vidas en riesgo.

Entre tanto, vinieron el sumo sacerdote y los que estaban con él, y convocaron al concilio y a todos los ancianos de los hijos de Israel. La mañana siguiente al encarcelamiento de los apóstoles, el concilio (nombre tanto para el consejo como para el senado) deliberó respecto a qué hacer con los prisioneros apostólicos. En consecuencia, **enviaron a la cárcel para que fuesen traídos** delante de ellos.

Sin embargo, para su sorpresa y consternación, **los alguaciles** (levitas de la guardia del templo) enviados a sacar a los apóstoles **no los hallaron en la cárcel.** En su lugar reportaron: **la cárcel hemos hallado cerrada con toda seguridad, y los guardas afuera de pie ante las puertas; mas cuando abrimos, a nadie hallamos dentro.** Todo estaba como debía estar con una sola excepción: ¡los prisioneros habían desaparecido!

No sorprende que **cuando oyeron estas palabras el sumo sacerdote y el jefe de la guardia del templo y los principales sacerdotes, dudaban en qué vendría a parar aquello.** Ya al final de su juicio sobre cómo detener la propagación del cristianismo, las agobiadas autoridades judías se preguntaban qué iría a suceder después. Cuando sus iniciativas demostraron ser inútiles, se llenaron de pánico y alarma. Abiertamente los apóstoles estaban haciendo alarde de su autoridad. Los judíos eran impotentes para detener la propagación de lo que, según ellos, era la peor herejía imaginable y la más grande amenaza a su propia credibilidad. Personas de toda la región se agolpaban en Jerusalén con el fin de presenciar de primera mano los milagros hechos por los apóstoles, milagros que el concilio aún no quería creer.

Mientras los miembros del concilio deliberaban, **viniendo uno, les dio** la **noticia** del escape de los apóstoles y su vergonzosa actitud desafiante a la autoridad: **He aquí, los varones que pusisteis en la cárcel están en el templo,**

y enseñan al pueblo. Si los apóstoles hubieran pasado a la clandestinidad después de escapar, habría sido bastante malo. Que tuvieran la osadía de volver directamente al templo y reanudar su predicación era el mayor acto de insolencia.

Entonces el jefe de la guardia del templo llevó a sus **alguaciles** al recinto y procedió a volver a llevar **sin violencia** a los apóstoles que no se resistieron. Para entonces el concilio estaba dispuesto a recurrir a las medidas más drásticas para tratar con los predicadores del evangelio, pero **temían ser apedreados por el pueblo.** La popularidad y la credibilidad de los apóstoles con el pueblo obligaban a las autoridades a proceder con intranquila cautela. Igual que en sus anteriores arrestos, los apóstoles no ofrecieron resistencia (cp. 4:1-3; 5:18). Estaban felices de someterse a todo lo que Dios les tuviera reservado. Como se señaló en el estudio de Hechos 4:5-7 en el capítulo 11 de esta obra, la sumisión es uno de los principios para manejar la persecución.

Tras volver con los apóstoles a rastras, los soldados **presentaron** a los apóstoles **en el concilio.** El escenario estaba dispuesto para el segundo sermón de estos ante el concilio. **El sumo sacerdote** inició los procedimientos recordando a los apóstoles que el concilio les había ordenado **estrictamente** que **no** siguieran enseñando **en ese nombre.** Esa fue la primera acusación presentada contra los apóstoles: que habían hecho caso omiso a las órdenes del concilio. En lugar de eso, y según los dirigentes reconocieron de mala gana, seguidores de Cristo habían **llenado a Jerusalén de** la **doctrina** que proclamaban.

Peor aún fue la segunda acusación: **queréis echar sobre nosotros la sangre de ese hombre.** Es curioso que el sumo sacerdote no se atreviera a mencionar el nombre de Jesús, llamándolo **ese hombre**. Esa recriminación también era cierta; Pedro y los demás habían acusado valientemente a los líderes judíos de haber participado en la muerte de Jesús (cp. 2:23, 36; 3:15; 4:10-11). Sin embargo, el sumo sacerdote olvidó convenientemente que él y sus asociados le habían dicho a Pilato: "Su sangre sea sobre nosotros, y sobre nuestros hijos" (Mt. 27:25). Ellos solo estaban obteniendo lo que pidieron que Pilato les diera.

Lo que brillaba por su ausencia en las acusaciones del sumo sacerdote fue cualquier mención a que los apóstoles escaparan de la cárcel. Puesto que el concilio no podía explicar ese milagro, simplemente lo reconocieron y le hicieron caso omiso. Sus mentes razonaron que no querían confundirse por los hechos. Ellos "amaron más las tinieblas que la luz, porque sus obras eran malas" (Jn. 3:19).

PERSISTENCIA

Respondiendo Pedro y los apóstoles, dijeron: Es necesario obedecer a Dios antes que a los hombres. El Dios de nuestros padres levantó a Jesús, a quien

vosotros matasteis colgándole en un madero. A éste, Dios ha exaltado con su diestra por Príncipe y Salvador, para dar a Israel arrepentimiento y perdón de pecados. Y nosotros somos testigos suyos de estas cosas, y también el Espíritu Santo, el cual ha dado Dios a los que le obedecen. (5:29-32)

Si el concilio esperaba que los discípulos de Cristo se acobardaran por las acusaciones, se equivocaron. **Pedro,** hablando por el resto de **los apóstoles,** contestó que **es necesario obedecer a Dios antes que a los hombres.** Igual que en 4:19, puso al concilio en oposición a Dios. Reforzó ese punto señalando: **El Dios de nuestros padres levantó a Jesús, a quien vosotros matasteis colgándole en un madero.** Las autoridades habían ejecutado a Jesús, pero Dios lo había resucitado (cp. 2:23-24, 36; 3:13-15; 4:10). Con persistencia y sin temor, Pedro repitió el delito por el cual el concilio acababa de acusar a los apóstoles (cp. 5:28). *Diacheirizō* (**matasteis**) aparece solamente aquí y en Hechos 26:21. Significa "dar muerte con las propias manos de alguien". Lejos de dar marcha atrás, Pedro intensifica su acusación del concilio. Ya antes había acusado a las autoridades judías de ser responsables de la muerte de Jesús (2:23-24, 36; 3:13-15; 4:10). Ahora insiste en que ellos son tan culpables como si lo hubieran matado con sus propias manos. No solo habían matado al Mesías sino que le habían dado una muerte vergonzosa **colgándole en un madero** (cp. Dt. 21:23).

Aquel que ellos despreciaron y ejecutaron es el mismo a quien **Dios ha exaltado** al lugar de honor a **su diestra** como **Príncipe y Salvador.** Según se indicó en el estudio de Hechos 3:15 en el capítulo 9 de esta obra, *archēgos* (**Príncipe**) se refiere al originador o pionero de algo (cp. su uso en He. 2:10 y 12:2). Aquí describe a Jesús como la fuente de vida eterna (cp. Hch. 3:15) y está íntimamente relacionado con el término **Salvador.** Él vino **para dar a Israel arrepentimiento y perdón de pecados.** El arrepentimiento del pecado es parte integral de la fe salvadora, no una obra humana añadida a ella. Las afirmaciones de los apóstoles de ser **testigos** y anunciadores de los momentos trascendentales de la vida, muerte y resurrección de Cristo nunca fueron rechazadas por sus opositores. Y los apóstoles no solo eran testigos, sino que también lo era el **Espíritu Santo, el cual ha dado Dios a los que le obedecen.** Dos puntos interesantes se destacan aquí. Primero, a los salvos se les describe como **los que le obedecen.** Ellos se caracterizaron por la obediencia (cp. Ro. 1:5; He. 5:9), que es sinónimo de fe salvadora. El verbo usado es *peitharcheō*, que significa "obedecer a alguien en autoridad". Salvación es rendirse en obediencia a la autoridad de Jesucristo como Señor. Segundo, el Espíritu Santo se da a toda persona salva en el momento de la salvación (cp. Hch. 2:4; Ro. 8:9; 1 Co. 6:19, 20; 12:13). Por tanto, Pedro hace sinónimo de fe salvadora al hecho de obedecer a Dios y al don del Espíritu Santo.

PRODUCTIVIDAD

Ellos, oyendo esto, se enfurecían y querían matarlos. Entonces levantándose en el concilio un fariseo llamado Gamaliel, doctor de la ley, venerado de todo el pueblo, mandó que sacasen fuera por un momento a los apóstoles, y luego dijo: Varones israelitas, mirad por vosotros lo que vais a hacer respecto a estos hombres. Porque antes de estos días se levantó Teudas, diciendo que era alguien. A éste se unió un número como de cuatrocientos hombres; pero él fue muerto, y todos los que le obedecían fueron dispersados y reducidos a nada. Después de éste, se levantó Judas el galileo, en los días del censo, y llevó en pos de sí a mucho pueblo. Pereció también él, y todos los que le obedecían fueron dispersados. Y ahora os digo: Apartaos de estos hombres, y dejadlos; porque si este consejo o esta obra es de los hombres, se desvanecerá; mas si es de Dios, no la podréis destruir; no seáis tal vez hallados luchando contra Dios. Y convinieron con él; y llamando a los apóstoles, después de azotarlos, les intimaron que no hablasen en el nombre de Jesús, y los pusieron en libertad. Y ellos salieron de la presencia del concilio, gozosos de haber sido tenidos por dignos de padecer afrenta por causa del Nombre. Y todos los días, en el templo y por las casas, no cesaban de enseñar y predicar a Jesucristo. (5:33-42)

Los últimos versículos de este capítulo ofrecen los resultados productivos de la evangelización de la iglesia pura, poderosa, perseguida y persistente. Aunque para algunos fue breve, el sermón de Pedro ante el concilio fue poderoso y convincente. Los acusó de rechazar y ejecutar a su Mesías y, por tanto, de estar en rebelión contra Dios. Él no jugó con las emociones de ellos ni suavizó la confrontación, sino que presentó la verdad. La convicción que lleva a la salvación solo puede llevarse a cabo cuando el Espíritu de Dios (cp. Jn. 16:7-11) usa los hechos de la Palabra de Dios para provocar arrepentimiento en el corazón y en la mente de una persona.

Ante la predicación condenatoria existen tres posibles reacciones: hostilidad violenta, indecisión tolerante, o aceptación salvadora. Este pasaje ilustra todas ellas.

HOSTILIDAD VIOLENTA

Ellos, oyendo esto, se enfurecían y querían matarlos. (5:33)

Es inevitable que la predicación condenatoria provoque una reacción violenta de parte de aquellos endurecidos por el pecado. **Oyendo** las autoridades la audaz presentación de Pedro, **se enfurecían.** *Diapriō* (**enfurecían**) aparece solo aquí y en Hechos 7:54. Literalmente se refiere a cortar algo en dos, una buena metáfora para describir el poder de la Palabra de Dios (He. 4:12). En lugar de someterse a la verdad, las autoridades endurecieron sus corazones. Igual que habían hecho con Jesús (cp. Jn. 5:16; 7:32; 8:59; 10:31; 11:57) a pesar de la abundante evidencia, rechazaron la enseñanza de los apóstoles y se opusieron violentamente a ellos como blasfemos.

El sumo sacerdote y sus compañeros saduceos se enfurecieron con los apóstoles por varias razones. Estos habían negado la doctrina de ellos al proclamar la resurrección. Habían desafiado la autoridad del concilio al ponerse a predicar después que les habían ordenado que no lo hicieran. Al acusar al concilio de haber ejecutado al Mesías, los apóstoles les agredieron la espiritualidad. Finalmente, al ganar enormes cantidades de convertidos amenazaban el dominio que los saduceos tenían sobre el pueblo. Habían tenido suficientes problemas con los apóstoles, **y querían matarlos.**

El apóstol Pablo enfrentaría más tarde la misma reacción. Hechos 9:22-23 narra que después de su conversión "se esforzaba, y confundía a los judíos que moraban en Damasco, demostrando que Jesús era el Cristo. Pasados muchos días, los judíos resolvieron en consejo matarle". David escribió: "Maquina el impío contra el justo, y cruje contra él sus dientes... Los impíos desenvainan espada y entesan su arco, para derribar al pobre y al menesteroso, para matar a los de recto proceder... Acecha el impío al justo, y procura matarlo" (Sal. 37:12, 14, 32). En Mateo 23:34, Jesús declaró: "He aquí yo os envío profetas y sabios y escribas; y de ellos, a unos mataréis y crucificaréis, y a otros azotaréis en vuestras sinagogas, y perseguiréis de ciudad en ciudad". En el versículo 37 se lamentó: "¡Jerusalén, Jerusalén, que matas a los profetas, y apedreas a los que te son enviados!".

Nuestras presentaciones del evangelio deben ser tan definitivas que el mundo lo note, aunque rechacen nuestro mensaje. Si el evangelio que predicamos no es suficientemente condenatorio para hacer enojar a los hombres, ¿será suficientemente condenatorio para llevarles salvación?

INDECISIÓN TOLERANTE

Entonces levantándose en el concilio un fariseo llamado Gamaliel, doctor de la ley, venerado de todo el pueblo, mandó que sacasen fuera por un momento a los apóstoles, y luego dijo: Varones israelitas, mirad por vosotros lo que vais a hacer respecto a estos hombres. Porque antes de estos días se levantó Teudas, diciendo que era alguien. A éste se unió un número como de cuatrocientos hombres; pero él fue muerto, y todos los que le obedecían fueron dispersados y reducidos a nada. Después de éste, se levantó Judas el galileo, en los días del censo, y llevó en pos de sí a mucho pueblo. Pereció también él, y todos los que le obedecían fueron dispersados. Y ahora os digo: Apartaos de estos hombres, y dejadlos; porque si este consejo o esta obra es de los hombres, se

desvanecerá; mas si es de Dios, no la podréis destruir; no seáis tal vez hallados luchando contra Dios. Y convinieron con él; y llamando a los apóstoles, después de azotarlos, les intimaron que no hablasen en el nombre de Jesús, y los pusieron en libertad. (5:34-40)

Algunos individuos reaccionan a la presentación condenatoria del evangelio no con abierta hostilidad, sino con indiferencia. Uno de ellos era **un fariseo llamado Gamaliel, doctor de la ley.** Fue, sin duda, el rabino más prominente de esa época y uno de los más grandes de toda la antigüedad. Era nieto de otro rabino prominente, Hillel, y su sucesor como líder de la facción liberal de los fariseos. Gamaliel era uno de los pocos honrados con el título *rabban*, en lugar del título acostumbrado "rabino" (F. F. Bruce, *The Book of the Acts* [El libro de Hechos] [Grand Rapids: Eerdmans, 1971], p. 124 n. 44). Cuán **venerado** era **de todo el pueblo** se puede ver en la siguiente cita de la Mishná: "Cuando rabban Gamaliel el anciano murió, la gloria de la ley cesó, y la pureza y la abstinencia murieron" (citado en John B. Polhill, *The New American Commentary: Acts* [Nuevo comentario estadounidense: Hechos] [Nashville: Broadman, 1992], p. 171). El estudiante más famoso de Gamaliel fue el apóstol Pablo (Hch. 22:3).

Gamaliel se levantó **en el concilio** y **mandó que sacasen fuera por un momento a los apóstoles.** Luego advirtió a sus compañeros miembros del concilio: **Varones israelitas, mirad por vosotros lo que vais a hacer respecto a estos hombres.** A diferencia de los saduceos, los fariseos aceptaban tanto lo milagroso como la soberanía de Dios. El consejo de Gamaliel refleja su creencia en que Dios estaba en el control de los acontecimientos. Entonces ofrece dos ilustraciones antes de explicar su punto principal.

Muchos eruditos críticos ven la referencia de Lucas a **Teudas** como un grave error histórico. La única otra referencia a Teudas de este período está en *Antigüedades* de Josefo, quien, sin embargo, fecha la revuelta de Teudas alrededor del 44 d.C., una década después de la alocución de Gamaliel. Además, esta alocución según la narra Lucas sitúa a la revuelta de Teudas antes de la de Judas. No obstante, Lucas no presenta una versión distorsionada del relato de Josefo, como muchos atribuyen. *Antigüedades* no se escribió hasta muchos años después que Lucas escribiera Hechos, así que Lucas no pudo haber tomado de allí la información. Los detalles que Lucas brinda acerca de la revuelta de Teudas difieren notablemente del relato de Josefo. Este sugiere, por ejemplo, que los seguidores del insurrecto fueron muchísimos más que solo **cuatrocientos hombres.** Ya que Teudas era un nombre común, lo más probable es que se trate de dos personas distintas. Es totalmente posible que un Teudas distinto y desconocido haya dirigido un levantamiento en los primeros años del siglo I, ya que Josefo habló de "innumerables tumultos e insurrecciones que surgieron en Judea después de la muerte de Herodes el Grande (4 d.C.)" (Polhill, *Acts*

[Hechos], p. 173). Josefo escribe que dos mil fueron crucificados por rebelarse antes del empadronamiento en el 6 d.C. (*Antigüedades* XVII, 10.4, 10).

Ninguna controversia rodea la identificación del segundo ejemplo de Gamaliel, **Judas el galileo.** Este dirigió una revuelta contra el **censo** ordenado por Cirenio (6-7 d.C.). (Para evidencia de que no se trata del mismo censo referido en Lucas 2, véase Gleason L. Archer, *Encyclopedia of Bible Difficulties* [Enciclopedia de dificultades bíblicas] [Grand Rapids: Zondervan, 1982], pp. 365-366.) Los zelotes, a quienes había pertenecido Simón el discípulo de Jesús, remontan su origen hasta él (Archer, p. 378). Igual que Teudas, **pereció también él, y todos los que le obedecían fueron dispersados.**

Entonces Gamaliel va directo al grano. Aconseja a sus compañeros miembros del concilio: **Apartaos de estos hombres, y dejadlos.** Luego insta al grupo a adoptar una política de "esperar y ver", **porque si este consejo o esta obra es de los hombres, se desvanecerá,** igual que las de Teudas o Judas. Por otra parte, él advierte: **Si es de Dios, no la podréis destruir; no seáis tal vez hallados luchando contra Dios,** algo de lo que Pedro ya los había acusado, y algo por lo que estaban molestos porque los apóstoles hacían. Entonces **convinieron con él; y llamando a los apóstoles, después de azotarlos, les intimaron que no hablasen en el nombre de Jesús, y los pusieron en libertad.**

Aunque el consejo de Gamaliel pareció sensato al concilio, la idea de que todo lo que prospera tiene la bendición de Dios es falsa. Las sectas y las falsas religiones en nuestra época tienen millones de seguidores. ¿Y qué más evidencia necesitó él para convencerlos más que la tumba vacía de Jesús y los milagros realizados por los apóstoles? El mensaje para todos los indecisos es: "He aquí ahora el tiempo aceptable; he aquí ahora el día de salvación" (2 Co. 6:2; cp. He. 3:7; 4:7). Gamaliel era un pragmático, un mal sustituto para ser un buen erudito bíblico. Tal letargo de su parte no es digno de elogio a la luz de lo que él sabía de las Escrituras, de la obra de Jesús, y del poder de los apóstoles en su nombre.

La flagelación era criminalmente injusta y se hizo para asustarlos. Por lo general implicaba una paliza de cuarenta azotes menos uno para no violar el límite legal (Dt. 25:3). Al parecer Gamaliel no tuvo problema con los azotes, revelando otra vez su indiferencia.

ACEPTACIÓN SALVADORA

Y ellos salieron de la presencia del concilio, gozosos de haber sido tenidos por dignos de padecer afrenta por causa del Nombre. Y todos los días, en el templo y por las casas, no cesaban de enseñar y predicar a Jesucristo. (5:41-42)

Los apóstoles tipifican a quienes aceptan el mensaje del evangelio. Lejos de estar amargados o desilusionados por sufrir, **salieron de la presencia del**

concilio, gozosos de haber sido tenidos por dignos de padecer afrenta por causa del Nombre (cp. Gá. 6:17; Col. 1:24). Que fueran perseguidos por causa de Cristo demostró que poseían el Espíritu Santo (1 P. 4:13).

Sin dejarse intimidar por las acciones del concilio, **todos los días, en el templo y por las casas, no cesaban de enseñar y predicar a Jesucristo.** La de ellos fue una batalla probada por la fe, a diferencia de la falsa fe que se marchita ante la persecución (Mt. 13:20-21).

La iglesia primitiva entendía el modelo para la evangelización eficaz. Al practicarlo constantemente, pusieron el mundo al revés (cp. Hch. 17:6). Al mismo tiempo que experimentaban la más furiosa oposición, y algo de indecisión tolerante, su número aumentaba constantemente (Hch. 6:1). Como Pablo dijera a los corintios, tales predicadores son "grato olor de Cristo en los que se salvan, y en los que se pierden; a éstos ciertamente olor de muerte para muerte, y a aquéllos olor de vida para vida" (2 Co. 2:15-16).

Organización espiritual 14

En aquellos días, como creciera el número de los discípulos, hubo murmuración de los griegos contra los hebreos, de que las viudas de aquéllos eran desatendidas en la distribución diaria. Entonces los doce convocaron a la multitud de los discípulos, y dijeron: No es justo que nosotros dejemos la palabra de Dios, para servir a las mesas. Buscad, pues, hermanos, de entre vosotros a siete varones de buen testimonio, llenos del Espíritu Santo y de sabiduría, a quienes encarguemos de este trabajo. Y nosotros persistiremos en la oración y en el ministerio de la palabra. Agradó la propuesta a toda la multitud; y eligieron a Esteban, varón lleno de fe y del Espíritu Santo, a Felipe, a Prócoro, a Nicanor, a Timón, a Parmenas, y a Nicolás prosélito de Antioquía; a los cuales presentaron ante los apóstoles, quienes, orando, les impusieron las manos. Y crecía la palabra del Señor, y el número de los discípulos se multiplicaba grandemente en Jerusalén; también muchos de los sacerdotes obedecían a la fe. (6:1-7)

Alguien dijo una vez que los cristianos dejan de actuar como cristianos cuando se organizan. Ese comentario cristaliza un lado del antiguo debate sobre política en la Iglesia. Un extremo, que declara el poder de Cristo en la Iglesia, estaría de acuerdo con esa opinión. Sus proponentes sostienen que la Iglesia debería rechazar la organización y la estructura formales, y simplemente fluir en el Espíritu. Ellos insisten en que cualquier cosa organizada no puede ser de Dios. Algunos incluso rechazarían el concepto de membresía en la iglesia local. Sin embargo, tal modelo suelto y desorganizado de iglesia subestima la fortaleza de la carne y es incongruente con el carácter de Dios (cp. 1 Co. 14:33). Toda la creación refleja la naturaleza sumamente organizada de su Creador. Tampoco es consecuente con la reflexiva enseñanza del Nuevo Testamento sobre cómo debe funcionar la Iglesia.

Otros la estructurarían como una corporación Fortune 500, completa con cuadros organizativos detallados, descripciones de empleo, juntas, comités y subcomités. Esperan que el Espíritu Santo opere dentro del rígido marco que han construido. Rechazarán cualquier propuesta audaz y novedosa porque "nunca antes hemos hecho aquello de ese modo". Estas personas tienden a subestimar la fortaleza de la nueva naturaleza y el poder del Espíritu.

Ambos extremos están equivocados; la Iglesia no es una corporación altamente artificial ni una comuna suelta, sino un organismo. Tiene tanto una unidad orgánica como un principio de vida operativa, ya que todos los miembros están relacionados con su Cabeza viva, el Señor Jesucristo. Sin embargo, así como todos los organismos vivos requieren estructura y organización para funcionar, la Iglesia también la necesita.

La iglesia primitiva estableció un ejemplo de organismo vivo e interdependiente. Su unidad y poder les otorgó un testimonio que inundó a Jerusalén. Multitudes habían llegado a la fe en Jesucristo. Ninguna persecución de parte de las autoridades judías pudo detener la propagación del evangelio. El amor de los unos a los otros entre creyentes, expresado en la repartición de bienes materiales, había logrado un profundo efecto en la comunidad. Como resultado, hasta incrédulos tenían a la iglesia en alta estima (5:13).

El crecimiento explosivo de la Iglesia había traído la necesidad de más organización. Esta ya se encontraba de alguna manera organizada. Ellos conocían (al menos al principio) la cantidad de convertidos (2:41) y de miembros (4:4). Alguien debió haber mantenido la cuenta. Se reunían en lugares específicos a horas específicas. Los creyentes también se reunían a comer en hogares privados. Se recogía dinero y bienes por medio de los apóstoles, y se los distribuía a quienes estaban en necesidad. Era necesario tratar con el pecado. Todas esas actividades también exigían algún nivel de organización. La iglesia se volvió más estructurada a medida que su vida y su crecimiento lo demandaban.

Todo eso ilustra un principio importante: la organización de la Iglesia bíblica siempre responde a las necesidades y a lo que el Espíritu ya está haciendo. Organizar un programa y luego esperar que el Espíritu Santo participe es poner la carreta antes que el caballo. No nos atrevamos a tratar de forzar al Espíritu a calzar en nuestro molde. La organización nunca es un fin en sí sino solo un medio para facilitar lo que el Señor está haciendo en su Iglesia.

En Hechos 6, la iglesia enfrentó su primera crisis organizacional seria. Para eliminar un problema potencialmente divisivo se requería mayor organización. De esta primera reunión organizacional se destacan cuatro características: razón, requisitos, listado y resultados.

RAZÓN

En aquellos días, como creciera el número de los discípulos, hubo murmuración de los griegos contra los hebreos, de que las viudas de aquéllos eran desatendidas en la distribución diaria. Entonces los doce convocaron a la multitud de los discípulos, y dijeron: No es justo que nosotros dejemos la palabra de Dios, para servir a las mesas.... Y nosotros persistiremos en la oración y en el ministerio de la palabra. (6:1-2, 4)

Durante los mismos **días** en que **creciera el número de los discípulos** surgió otro problema relacionado con el rápido crecimiento. No se sabe qué tan grande se había vuelto la iglesia, puesto que ya no llevaban un registro exacto. La última cifra dada, cinco mil (4:4), al parecer incluía tan solo a los hombres. A esa cifra debía agregarse a las mujeres y a los jóvenes, y a quienes se habían unido a partir de entonces (cp. 5:14). Debió haber habido más de veinte mil integrantes en la iglesia de Jerusalén en ese momento.

Sin medios masivos de comunicación, los problemas de liderazgo y administración asociados con una congregación tan numerosa eran enormes. El solo hecho de suplir las necesidades espirituales de la iglesia primitiva y tratar con el pecado habría sido una tarea de gran envergadura, por no hablar de sus necesidades físicas. No solo que el tamaño de la iglesia crea problemas, sino que también su crecimiento explosivo deja poco tiempo para adaptarse. En consecuencia, los apóstoles ya no podían manejar toda la carga de atender a la congregación. Se necesitaba más organización.

Había otro motivo para que la iglesia se organizara. Habían cumplido la primera parte del encargo cuádruple que el Señor les diera (1:8). Habían saturado a Jerusalén con el mensaje del evangelio (5:28), e incluso habían comenzado a extenderse a las regiones vecinas (5:16). Ahora estaban listos para evangelizar Samaria y el mundo gentil. Hacerlo con éxito requería más planificación y estructuración dentro de la asamblea.

En una congregación de ese tamaño era inevitable que se pasaran por alto las necesidades de algunos. No fue ninguna sorpresa saber que **hubo murmuración de los griegos contra los hebreos, de que las viudas de aquéllos eran desatendidas en la distribución diaria.** Aquí hubo un asunto que Satanás pudo haber usado con devastadora fuerza contra la iglesia. Ya la había atacado por medio de persecución (4:1-31; 5:17-41). Sin embargo, eso tan solo había logrado un crecimiento más acelerado (4:4). Después, había tratado de paralizarla introduciendo pecado en el cuerpo (5:1-11). Dios intervino rápidamente y juzgó a Ananías y a Safira, y de nuevo el ataque de Satanás fracasó totalmente. Al igual que con la persecución, solo hizo que la iglesia aumentara en número (5:14). La iglesia ya purificada fue aun más eficaz en propagar el evangelio.

Al no haber podido detener a la iglesia por medio de persecución ni corrupción, Satanás intentó una tercera táctica. Trató de crear disensión desde el interior. Una iglesia sacudida por conflicto interno descubre que su mensaje se pierde en medio del conflicto y que su energía se disipa. Y, por tanto, una iglesia enfocada en sí misma tendrá dificultad para extenderse al mundo perdido. Antes de que la iglesia pudiera evangelizar al mundo gentil tendría que tratar con cualquier división dentro de sus filas. Esa fue la necesidad que impulsó a la iglesia a una mayor organización.

Los judíos **griegos** eran los de la diáspora. A diferencia de los nativos o

hebreos palestinos, su idioma nativo era el griego, no el arameo o el hebreo. Usaban la Septuaginta en lugar de las Escrituras hebreas. Aunque permanecían leales al judaísmo, habían absorbido algo de la cultura griega que los rodeaba. Eso los hizo sospechosos ante los judíos palestinos, especialmente ante los fariseos. "Según el Talmud, el fariseísmo no ocultaba su desprecio por los griegos... que a menudo eran clasificados por los nacidos nativos, y supuestamente por la población más escrupulosa de Jerusalén, como israelitas de segunda clase" (Richard N. Longenecker, "Hechos de los apóstoles" en Frank E. Gaebelein, ed., *The Expositor's Bible Commentary,* vol. 9 [Comentario bíblico del expositor] [Grand Rapids: Zondervan, 1981], p. 329). Algo de aquella hostilidad racial y cultural se trasladó a la iglesia.

Muchos de los griegos habían estado en Jerusalén para la Pascua y Pentecostés. Después de su conversión decidieron quedarse allí bajo la enseñanza de los apóstoles. Otros eran personas mayores que habían regresado a vivir en Palestina. Formaban una minoría en la iglesia, lo que ayuda a explicar por qué se hizo caso omiso a sus necesidades.

Como suele suceder, las cosas llegaron a un punto crítico sobre un asunto al parecer insignificante. Los griegos se quejaron **contra los hebreos, de que las viudas de aquéllos eran desatendidas en la distribución diaria.** El cuidado de las viudas era tradicional en la sociedad judía (cp. Dt. 14:29; 16:11; 24:19-21; 26:12). Pablo lo definió más tarde como responsabilidad de la Iglesia (1 Ti. 5:3ss). Dada la natural dicotomía entre los griegos y los palestinos nativos, este problema fácilmente pudo haber dividido la iglesia. Sin duda, el hecho de que los judíos griegos hablaran colectivamente de sus **viudas** indica que sintieron que el descuido fue deliberado.

La **murmuración** de los griegos finalmente captó la atención de **los doce.** Lucas usa ese término para describir a los apóstoles solo aquí en Hechos, aunque lo usa seis veces en su evangelio. Reconociendo la legitimidad de la queja de los griegos, los apóstoles **convocaron a la multitud de los discípulos** a fin de buscar una solución. A pesar de que no habían reconocido el problema, no tenían tiempo para manejarlo, así que expresaron: **No es justo que nosotros dejemos la palabra de Dios, para servir a las mesas.** Sería útil señalar que la palabra para mesas, *trapeza,* puede significar "mesa o mostrador de un cambista", o "asuntos de dinero", como también una mesa de comedor (cp. tal uso en Mt. 21:12; Lc. 19:23). Participar en los detalles de servir alimentos y manejar asuntos de dinero alejaría a los apóstoles de su llamado. En lugar de eso se enfocarían **en la oración y en el ministerio de la palabra.** Ellos sabían que su prioridad era orar, predicar, enseñar y estudiar la Palabra. Sin embargo, no dejarían que nada los presionara ni los distrajera de tales deberes, así que dijeron: "Ustedes sirven las mesas y nosotros serviremos a la Palabra". Pablo estaba preocupado porque se suplieran las necesidades de los pobres (Ro. 15:26; 2 Co. 8-9), pero no quería que los detalles los distrajeran (1 Co. 16:1-4).

Hoy día muchos en el ministerio han dejado el énfasis en la oración y en la Palabra de Dios. Se inmiscuyen tanto en los detalles administrativos de sus iglesias que les queda poco tiempo para la intercesión y el estudio. Sin embargo, los pastores son dados a la Iglesia "a fin de perfeccionar a los santos para la obra del ministerio, para la edificación del cuerpo de Cristo" (Ef. 4:12). Su llamado es hacer madurar a los santos con el fin de que estos puedan hacer la obra del ministerio. Al descuidar ese llamado condenan a sus congregaciones a languidecer en infancia espiritual. Los programas no son substitutos para el poder de Dios y de su Palabra. Aquellos a quienes Dios ha llamado al ministerio de la oración y la Palabra deben hacer de esto su prioridad.

La oración y el ministerio de la palabra son inseparables. La oración debe impregnar la preparación del sermón de un predicador, o sus sermones serán superficiales y secos; también debe orar constantemente para que los oyentes apliquen las verdades enseñadas. El hombre de Dios también debe orar a fin de ser un canal puro a través del cual la verdad de Dios pueda fluir hacia la congregación. (Para un análisis de cómo se relacionan la oración y la predicación, véase James E. Rosscup, "Prioridad de la oración y la predicación expositiva" en John F. MacArthur, hijo, *El redescubrimiento de la predicación expositiva* [Nashville: Nelson] 1996).

El más grande anunciador de la Palabra de Dios que ha vivido, el apóstol Pablo, fue un hombre dedicado a la oración. Él aseguró a los romanos: "Porque testigo me es Dios, a quien sirvo en mi espíritu en el evangelio de su Hijo, de que sin cesar hago mención de vosotros siempre en mis oraciones, rogando que de alguna manera tenga al fin, por la voluntad de Dios, un próspero viaje para ir a vosotros" (Ro. 1:9-10). A los efesios les dijo: "No ceso de dar gracias por vosotros, haciendo memoria de vosotros en mis oraciones" (Ef. 1:16). A los filipenses les escribió: "Doy gracias a mi Dios siempre que me acuerdo de vosotros, siempre en todas mis oraciones rogando con gozo por todos vosotros" (Fil. 1:3-4). El apóstol también oraba constantemente por la iglesia colosense: "Por lo cual también nosotros, desde el día que lo oímos, no cesamos de orar por vosotros, y de pedir que seáis llenos del conocimiento de su voluntad en toda sabiduría e inteligencia espiritual" (Col. 1:9). La pasión de Pablo por la Palabra solamente la igualaba su devoción por orar.

El compromiso de los apóstoles de dedicarse a su ministerio estableció el modelo a seguir para todos. El ministerio exige compromiso total, todo lo que alguien tiene para dar. No hay sustituto para el trabajo duro y la disciplina. Un joven le señaló una vez al dotado predicador expositivo de la Palabra de Dios, Donald Grey Barnhouse: "Yo daría el mundo entero por poder predicar la

Biblia igual que usted". Mirándolo directo a los ojos, el Dr. Barnhouse replicó: "Muy bien, porque eso es exactamente lo que te costará".

Una vez más, Pablo sirve de modelo apropiado de compromiso hacia la Palabra que el ministerio demanda. En su discurso de despedida para los ancianos en Éfeso, declaró:

> *Vosotros sabéis cómo me he comportado entre vosotros todo el tiempo, desde el primer día que entré en Asia, sirviendo al Señor con toda humildad, y con muchas lágrimas, y pruebas que me han venido por las asechanzas de los judíos; y cómo nada que fuese útil he rehuido de anunciaros y enseñaros, públicamente y por las casas, testificando a judíos y a gentiles acerca del arrepentimiento para con Dios, y de la fe en nuestro Señor Jesucristo (Hch. 20:18-21).*

Hechos 19:9-10 describe el ministerio de Pablo en Éfeso: "Pero endureciéndose algunos y no creyendo, maldiciendo el Camino delante de la multitud, se apartó Pablo de ellos y separó a los discípulos, debatiendo cada día en la escuela de uno llamado Tiranno. Así continuó por espacio de dos años, de manera que todos los que habitaban en Asia, judíos y griegos, oyeron la palabra del Señor Jesús". Prisionero en Roma, él sin embargo "les declaraba y les testificaba [a los judíos romanos] el reino de Dios desde la mañana hasta la tarde, persuadiéndoles acerca de Jesús, tanto por la ley de Moisés como por los profetas" (Hch. 28:23). Eso continuó por dos años (28:30-31).

Pablo expresó su filosofía personal del ministerio con las siguientes palabras:

> *Pues si anuncio el evangelio, no tengo por qué gloriarme; porque me es impuesta necesidad; y ¡ay de mí si no anunciare el evangelio! Por lo cual, si lo hago de buena voluntad, recompensa tendré; pero si de mala voluntad, la comisión me ha sido encomendada. Así que, yo de esta manera corro, no como a la ventura; de esta manera peleo, no como quien golpea el aire, sino que golpeo mi cuerpo, y lo pongo en servidumbre, no sea que habiendo sido heraldo para otros, yo mismo venga a ser eliminado (1 Co. 9:16-17, 26-27).*

Desde su dramática conversión en el camino a Damasco hasta el día en que un verdugo romano pusiera fin a su vida, Pablo se entregó totalmente al ministerio. No existe otra manera. Todo ministro de Jesucristo debe prestar atención a la exhortación de Pablo a Timoteo:

> *Esto manda y enseña. Ninguno tenga en poco tu juventud, sino sé ejemplo de los creyentes en palabra, conducta, amor, espíritu, fe y pureza. Entre tanto que voy, ocúpate en la lectura, la exhortación y la enseñanza. No descuides el don que*

hay en ti, que te fue dado mediante profecía con la imposición de las manos del presbiterio. Ocúpate en estas cosas; permanece en ellas, para que tu aprovechamiento sea manifiesto a todos (1 Ti. 4:11-15).

La devoción que Pablo demandó de su joven protegido es la misma devoción que el Señor Jesucristo exige de todos los que le sirven.

REQUISITOS

Buscad, pues, hermanos, de entre vosotros a siete varones de buen testimonio, llenos del Espíritu Santo y de sabiduría, a quienes encarguemos de este trabajo. (6:3)

Aunque los apóstoles debían permanecer fieles a sus prioridades, persistía el problema de distribuir equitativamente el alimento y el dinero. Ese importante ministerio necesitaba supervisión y se debía hallar a otros que lo hicieran. Por tanto, ordenaron a los creyentes que buscaran, de entre sus propias filas, **a siete varones.** La palabra traducida **buscad** viene del verbo *episkeptomai*, que significa "vigilar" o "supervisar". La congregación debía buscar hombres que fueran respetados y presentar sus opciones a los apóstoles. Estos últimos tomarían la decisión final con respecto a la designación de la tarea, como lo indican las palabras **a quienes encarguemos de este trabajo.**

Este breve versículo enumera cinco características requeridas de aquellos designados para servir en la iglesia. Primera, quienes dirigirían la iglesia debían ser hombres. Sin duda las mujeres tienen papeles vitales que cumplir (cp. Tit. 2:3-5). En la iglesia primitiva, mujeres como Dorcas, Lidia, Febe, Priscila y las hijas de Felipe fueron usadas en gran manera por Dios. No obstante, el diseño de Dios para la Iglesia es que sean hombres quienes asuman papeles de liderazgo (1 Co. 11:3, 8, 9; 14:34; 1 Ti. 2:11-12).

Un segundo requisito es que aquellos hombres sean **de entre vosotros.** Eso indica más que la evidente verdad de que quienes dirijan la iglesia deben ser creyentes. Las iglesias deben tratar de desarrollar su liderazgo desde el interior de sus propias filas. Al contratar pastores de otras iglesias, a menudo pasan por alto a hombres dotados que Dios ha levantado en sus propias congregaciones. Una iglesia comprometida con el ministerio de edificar y adiestrar a sus miembros no tendrá que buscar a sus líderes en otras partes.

Un tercer requisito para los líderes es que sean hombres **de buen testimonio.** Deben ser personas de integridad e irreprochables como se requiere de ancianos y diáconos en 1 Timoteo 3 y Tito 1. Los servidores deben ser ejemplo de devoción para que las personas los sigan; y deben estar calificados espiritualmente, cualquiera que sea su posición en el mundo o su habilidad humana. Ser **de buen testimonio** era esencial para estos siete, ya que se les confiarían grandes cantidades de dinero para comprar alimentos y distribuirlos.

Quienes dirigirían la iglesia también debían estar **llenos del Espíritu Santo.** Debían someterse al control divino en todas las áreas de sus vidas. Tales hombres eran Esteban (Hch. 6:5) y Bernabé (Hch. 11:24).

Un último requisito es que ellos tuvieran **sabiduría.** Debían tener conocimiento bíblico y teológico, y la sabiduría práctica para aplicar la verdad bíblica a las situaciones de la vida cotidiana. Debían ser hombres de juicio sobrio y justo. En 1 Crónicas 12:32 se describe a algunos líderes de Israel como "entendidos en los tiempos, y que sabían lo que Israel debía hacer". A tales hombres Dios llama a servir en su Iglesia.

La pregunta que surge es si a estos siete se los puede ver adecuadamente como los primeros diáconos oficiales. Ellos realizaban algunas funciones de los diáconos posteriores, y formas de la palabra griega *diakonos* (diáconos) se usan para describir el ministerio de estos hombres (vv. 1-2). Sin embargo, verlos en términos de un cargo formal es improcedente. De los siete, solo Esteban y Felipe aparecen en otras partes de las Escrituras, pero nunca se los llama diáconos. En realidad, el ministerio posterior de Esteban fue claramente de evangelista, así como el de Felipe (Hch. 21:8). Aunque Hechos se refiere más adelante a ancianos (14:23; 20:17), no menciona a diáconos. Eso es extraño, si es que el oficio de diácono comenzó en Hechos 6. Además, todos los siete tenían nombres griegos, lo que sugiere que pudieron haber sido judíos de habla griega. Sin embargo, parece improbable que un orden permanente de diáconos para la iglesia en Jerusalén no incluyera a judíos palestinos nativos.

Existen importantes principios en este pasaje para la vida continua de la iglesia. Aquí vemos que la congregación debe nombrar a ciertos hombres calificados para servir, con el nombramiento final descansando en aquellos que ya están en posiciones como maestros y líderes espirituales. No obstante, parece mejor ver la selección de estos siete como la respuesta de la iglesia en Jerusalén a una crisis temporal. Cabe señalar que el grupo de palabras griegas del que se deriva nuestra palabra castellana "diácono" denota servicio en general. *Diakonos, diakoneō* y *diakonia* se usan en todo el Nuevo Testamento en forma general, no específica (cp. Lc. 4:39; 10:40; 17:8; 22:27; Jn. 2:5, 9; 12:2; Ro. 13:3-4; 15:25; 2 Co. 8:3-4). Por tanto, su uso en Hechos 6 no implica que los siete tuvieran el cargo de diácono. Cabe destacar que cuando la iglesia en Antioquía envió posteriormente ayuda contra el hambre en la iglesia en Jerusalén, no se mencionan diáconos (Hch. 11:29-30). En lugar de eso, la ayuda fue enviada a los ancianos. Esteban y Felipe ciertamente no permanecieron mucho tiempo en esta función, puesto que ambos se convirtieron en evangelistas. Y pronto la persecución dispersaría la congregación de Jerusalén (Hch. 8:1), finalizando el ministerio de los otros cinco. Dios los levantó por un breve período para ministrar y manejar una crisis. La continua unidad de la iglesia muestra la eficacia del ministerio de estos varones.

LISTADO

Agradó la propuesta a toda la multitud; y eligieron a Esteban, varón lleno de fe y del Espíritu Santo, a Felipe, a Prócoro, a Nicanor, a Timón, a Parmenas, y a Nicolás prosélito de Antioquía; a los cuales presentaron ante los apóstoles, quienes, orando, les impusieron las manos. (6:5-6)

Agradó la propuesta de los apóstoles **a toda la multitud,** y siete hombres fueron nombrados para el ministerio. Que los siete tuvieran nombres griegos sugiere que ninguno era de Jerusalén. De ser así, esta fue una demostración de la amorosa unidad de la iglesia primitiva. Ya que los griegos se sentían menospreciados, la iglesia decidió nombrar a siete de entre ellos para rectificar la situación. En consecuencia se evitó una división y, otra vez, se frustró el ataque de Satanás.

Esteban iría a desempeñar un papel importante en la propagación del evangelio más allá de Jerusalén. Fue la persecución relacionada con el martirio de este hombre lo que impulsó a la iglesia a salir de la ciudad (Hch. 8:1). La mención de él como **varón lleno de fe y del Espíritu Santo** revela su carácter.

Felipe también representó un papel en Hechos. Llevó el evangelio a los samaritanos (8:4-25), y al etíope eunuco (8:26-40). Cuatro de las hijas de Felipe se convirtieron en profetisas (21:9).

Nada definitivo se conoce acerca de los otros cinco hombres. Algunas tradiciones de esa época relacionan a **Prócoro** con el apóstol Juan, tal vez como su amanuense cuando escribió su Evangelio. Según esas tradiciones, más tarde se convirtió en obispo de Nicomedia y fue martirizado en Antioquía (John B. Polhill, *The New American Commentary: Acts* [Nuevo comentario estadounidense: Hechos] [Nashville: Broadman, 1992], p. 182).

Lo único que se sabe con seguridad acerca de **Nicolás** es que era un **prosélito** (un gentil convertido al judaísmo) de **Antioquía.** Algunos de los padres de la iglesia lo asociaron con el grupo hereje conocido como los nicolaítas (Ap. 2:6, 15). Pero no hay evidencia, aparte de la similitud de los nombres, para relacionarlo con ese grupo. Y según Lenski señala correctamente, "se debe entender que decididamente se requiere más prueba en un asunto de tan grave acusación" (R. C. H. Lenski, *The Interpretation of the Acts of the Apostles* [Interpretación de Hechos de los Apóstoles] [Minneapolis: Augsburg, 1961], p. 246).

Los miembros de la congregación los **presentaron ante los apóstoles, quienes, orando, les impusieron las manos.** Esta primera ocasión en el Nuevo Testamento de imponer manos significaba la identificación y afirmación de la iglesia con estos hombres, y el apoyo a su ministerio. Ancianos, diáconos y todos los que sirvieron en la iglesia primitiva fueron ordenados de este modo (cp. Hch. 13:3; 1 Ti. 4:14; 5:22; 2 Ti. 1:6).

Aunque poco se sabe acerca de la mayoría de estos hombres, ellos representaron un papel crucial en la historia del origen de la Iglesia. Pero en cuanto a ellos, o las prioridades de los apóstoles se pudieron haber puesto en peligro, o la iglesia pudo haberse dividido. Cualquiera de las dos situaciones habría sido algo desastroso.

RESULTADOS

Y crecía la palabra del Señor, y el número de los discípulos se multiplicaba grandemente en Jerusalén; también muchos de los sacerdotes obedecían a la fe. (6:7)

Como ya se indicó, la organización de la iglesia liberó a los apóstoles para dedicarse a la oración y la Palabra. También evitó una división en la iglesia. Lucas cierra esta sección, igual que ha hecho antes, observando el desarrollo de la iglesia. **Crecía la palabra del Señor** como resultado directo de liberar a los apóstoles para cumplir su ministerio principal, y también como resultado de la unidad de la iglesia. A medida que la Palabra seguía propagándose, **el número de los discípulos se multiplicaba grandemente en Jerusalén. Grandemente,** como referencia general a multitudes (5:14), muestra que se añadían tantos nuevos convertidos que perdieron la cuenta exacta. Asombra que **también muchos de los sacerdotes obedecían a la fe.** Estos por supuesto no eran los sumos sacerdotes ni los miembros del concilio, sino una gran cantidad de sacerdotes rasos que ministraban en el templo. Quizás este dramático efecto del evangelio en los sacerdotes explique la oposición que pronto surgió contra Esteban.

La Iglesia moderna necesita organización por las mismas razones que la primera comunidad. A los pastores se los debe liberar para enfocarse en la predicación de la Palabra y la oración. Una mejor organización puede ayudar a suplir las necesidades de todos los miembros y, así, evitar conflictos. Y una iglesia unida y bien enseñada será un poderoso testimonio para el mundo perdido.

El hombre con rostro de ángel

15

Y Esteban, lleno de gracia y de poder, hacía grandes prodigios y señales entre el pueblo. Entonces se levantaron unos de la sinagoga llamada de los libertos, y de los de Cirene, de Alejandría, de Cilicia y de Asia, disputando con Esteban. Pero no podían resistir a la sabiduría y al Espíritu con que hablaba. Entonces sobornaron a unos para que dijesen que le habían oído hablar palabras blasfemas contra Moisés y contra Dios. Y soliviantaron al pueblo, a los ancianos y a los escribas; y arremetiendo, le arrebataron, y le trajeron al concilio. Y pusieron testigos falsos que decían: Este hombre no cesa de hablar palabras blasfemas contra este lugar santo y contra la ley; pues le hemos oído decir que ese Jesús de Nazaret destruirá este lugar, y cambiará las costumbres que nos dio Moisés. Entonces todos los que estaban sentados en el concilio, al fijar los ojos en él, vieron su rostro como el rostro de un ángel. (6:8-15)

Este pasaje marca una transición en el libro de Hechos. Hasta este momento, Pedro ha sido la figura dominante, cumpliendo su llamado de llevar el evangelio a los circuncidados (Gá. 2:7). Otra figura de gran importancia se vislumbra en el horizonte: el apóstol Pablo, quien se presenta al final del capítulo 7. Tras la conversión de Pablo, registrada en el capítulo 9, Pedro empieza a desaparecer del escenario. Los capítulos 10 y 11 narran su ministerio a Cornelio, y el capítulo 12 describe su segunda liberación milagrosa de la cárcel. Pero desde el capítulo 13 hasta el final del libro, la narración se enfoca en Pablo. La única aparición de Pedro en esa sección es en el concilio de Jerusalén (Hch. 15).

Cerrando la brecha entre esos dos gigantes está Esteban. Pedro ministraba ante todo a los judíos y Pablo a los gentiles. El breve ministerio de Esteban fue principalmente a judíos de tierras gentiles. Pedro ministraba en Jerusalén, Pablo en todo el Imperio romano. El ministerio de Esteban fue el catalizador que obligó a la iglesia a salir de Jerusalén hacia el resto del mundo (8:1).

Esteban fue, en muchas maneras, un precursor de Pablo. Se enfrentó con valentía a las sinagogas de judíos extranjeros en Jerusalén, tal vez incluso llegando a debatir con sus miembros (6:9). Cuando entraba a ministrar en una nueva ciudad, Pablo habitualmente iba primero a la sinagoga (17:2). Igual que Pablo, Esteban encontró feroz oposición, incluso hasta el punto de persecución física (7:54-60; cp. 2 Co. 11:23-25). Verdaderamente, el cargo de Esteban recayó en este ciudadano helénico Saulo de Tarso. Es incluso posible que la primera exposición de Pablo al evangelio viniera a través de Esteban (7:58; 8:1). Su muerte debió dejar una impresión indeleble en Pablo.

Esteban fue, por tanto, un personaje clave en la historia inicial de la Iglesia. Pero, aparte de su papel histórico, el hombre fue importante debido a su carácter. Él fue prueba de que el efecto de la vida y el ministerio de un hombre no necesariamente tienen que ver con la extensión. Su ministerio, aunque breve, fue esencial en el plan de Dios para la evangelización del mundo. Esteban mostró que los esfuerzos de una persona valiente, aunque su vida tenga corta duración, pueden tener efectos de largo alcance.

El desinterés de Esteban y la intrépida proclamación que este hiciera del evangelio lo llevaron a pagar el precio final por su entrega. Fue el primer mártir cristiano, cuando las personas a quienes los creyentes habían favorecido (5:13) fueron manipuladas para volverse hostiles. La muerte de Esteban detonó la primera de una serie de persecuciones que han desafiado a la Iglesia a través de la historia. Cuando él murió, la iglesia se lamentó en gran manera (8:2) porque se trataba de un predicador vital y era amado profundamente. Pero no murió antes de cumplir la misión que Dios le había trazado. Tampoco su ministerio fue menos importante porque no se registre ninguna lista de convertidos; sin duda fueron muchos los que tuvo. En la economía de Dios unos plantan, otros riegan y otros más cosechan (1 Co. 3:6). Una abundante cosecha resultó de las semillas que Esteban plantó.

Que el mundo no reconociera la grandeza de Esteban no es ninguna sorpresa. La humanidad mide el éxito por popularidad, prestigio o riqueza material y, por tanto, no entiende la grandeza. Después de todo, mataron a Jesús, decapitaron a Pablo, ejecutaron a Pedro y persiguieron a la Iglesia. Aunque el pueblo juzgó a Esteban como blasfemo y lo mató, él fue uno de los hombres más nobles y poderosos que alguna vez hayan vivido. No es exageración ponerlo a la par con similares como Abraham, Moisés, Elías, David, Juan el Bautista y los apóstoles.

Una prueba de la virtud de Esteban aparece en el pasaje anterior. De los miles de hombres en la iglesia de Jerusalén, él fue uno de los siete elegidos para supervisar la distribución de alimentos. En realidad, su nombre fue el primero en mencionarse. Su elección revela la alta estima en que la iglesia lo tenía. Lo aprobaron para el más enaltecido deber que pudieron. Solamente los apóstoles estaban en una posición más encumbrada y no fueron elegidos por la iglesia, sino por el Señor mismo.

Hechos 6:8-15 presenta tres evidencias más de la nobleza espiritual de Esteban: su carácter, su valentía y su semblante.

SU CARÁCTER

Y Esteban, lleno de gracia y de poder, hacía grandes prodigios y señales entre el pueblo. (6:8)

El versículo 5 describió a Esteban como "lleno de fe y del Espíritu Santo". **Lleno** tanto aquí como en el versículo 8 viene de *plērēs,* que significa "estar lleno". Esteban se hallaba totalmente controlado por la fe, por el Espíritu Santo, por gracia y por poder. Su sermón ante el concilio revela el contenido de su fe. Él creía que Dios gobernaba la historia (7:1-51), y estaba seguro del control soberano de Dios en su vida. Pudo decir con Pablo: "Si vivimos, para el Señor vivimos; y si morimos, para el Señor morimos. Así pues, sea que vivamos, o que muramos, del Señor somos" (Ro. 14:8). Esteban vio a Jesús como el cumplimiento de la profecía mesiánica (7:52) y creyó que había resucitado y que fue exaltado a la diestra del Padre (7:55-56). Su confianza en que Jesús lo cuidaba por completo le permitió enfrentar la muerte con calma (7:59-60). Por último, él creía en el Espíritu Santo (7:51).

Por desgracia a muchos cristianos hoy día no se les puede describir como llenos de fe. Igual que el padre del muchacho endemoniado sanado por Jesús, el clamor de ellos es: "Creo; ayuda mi incredulidad" (Mr. 9:24). Aunque confían en Dios en cuanto a su destino eterno, les es difícil confiar en Él al estar rodeados por las preocupaciones de sus vidas cotidianas. Sin embargo, Esteban no era así. Confiaba por completo en Dios y se concentraba en hacer lo que Dios quería que él hiciera. Con alegría dejaba las consecuencias en manos de Dios.

Esteban no solo estaba lleno de fe sino también del Espíritu Santo (cp. 7:55). Ese es el privilegio de todo creyente (Ef. 5:18). Estar lleno de fe es confiar en Dios; estar lleno del Espíritu es obedecer totalmente su voluntad. Esteban creía en Dios y se sometió a la dirección del fortalecedor y purificador Espíritu Santo. Esas dos realidades personifican la fortaleza de la vida cristiana. En las palabras del amado himno:

> Confiar y obedecer,
> Porque no hay otra manera
> De ser feliz en Jesús,
> Sino confiar y obedecer.

Una tercera realidad espiritual que fluye de la confianza y la obediencia, y que caracterizó a Esteban, fue la **gracia.** Puesto que él confiaba en Dios y andaba lleno del Espíritu, se le concedió la gracia para enfrentar persecución, y hasta la muerte. No lo controlaron el temor ni el odio, sino la confianza y la sumisión. Pudo tener misericordia aun a punto de morir debido a su confianza en Dios y a su conformidad al propósito divino. Habiéndose entregado totalmente en manos de Dios (7:59), estuvo dispuesto a soportar cualquier cosa en la fortaleza de la gracia habilitante. La gracia de Dios también fluyó de la vida del mártir hacia otros. Quizás por eso la iglesia lo eligió para servir a las viudas. Esteban fue compasivo incluso con sus verdugos, pidiendo perdón para estos mientras las piedras le quitaban la vida (7:60).

La única forma en que un creyente puede vivir como Esteban es muriendo a su naturaleza pecaminosa. Quienes se ocupan en ir tras sus propios intereses tendrán poco tiempo o poca propensión para abandonarse a sí mismos y experimentar la gracia que Esteban vivió.

Finalmente, Esteban estuvo lleno de **poder.** Esto fue resultado directo de estar lleno del Espíritu (cp. Hch. 1:8). Que él **hacía grandes prodigios y señales entre el pueblo** sugiere que era mucho más que un simple diácono. Por el contrario, sus obras de poder muestran su íntima vinculación con los apóstoles. En la iglesia del Nuevo Testamento solamente los apóstoles, Esteban, Felipe (Hch. 8:6-7) y Bernabé (15:12), realizaron milagros. El tiempo imperfecto de *poieō* (**hacía**) muestra que Esteban hacía continuamente esas obras poderosas, sin duda con el mismo efecto que los apóstoles (5:12-14).

Tomados juntos, los versículos 5 y 8 indican tanto el lado divino como el humano en cuanto al carácter cristiano. Un hombre lleno de fe hacia Dios, y sometido al control del Espíritu, tendrá misericordia hacia otros y manifestará gran poder espiritual.

Que un hombre justo hará obras justas es un principio básico del Nuevo Testamento. Pablo enseña reiteradamente que todo el gozo y el favor cristiano, todo poder y servicio compasivo, fluyen de fe y obediencia. Por ejemplo, en Colosenses 3 Pablo ofrece a los colosenses los siguientes preceptos prácticos: "Pero ahora dejad también vosotros todas estas cosas: ira, enojo, malicia, blasfemia, palabras deshonestas de vuestra boca. No mintáis los unos a los otros" (vv. 8-9*a*). Estas personas pudieron hacer esto porque se habían "despojado del viejo hombre con sus hechos, y revestido del nuevo, el cual conforme a la imagen del que lo creó se va renovando hasta el conocimiento pleno" (vv. 9*b*-10). "Como escogidos de Dios", siendo, por tanto, "santos y amados" (3:12*a*), fueron de "entrañable misericordia, de benignidad, de humildad, de mansedumbre, de paciencia; soportándoos unos a otros, y perdonándoos unos a otros si alguno tuviere queja contra otro. De la manera que Cristo os perdonó, así también hacedlo vosotros. Y sobre todas estas cosas vestíos de amor, que es el vínculo perfecto" (vv. 12*b*-14). Pablo también expresó ese principio a los efesios:

> *Yo pues, preso en el Señor, os ruego que andéis como es digno de la vocación con que fuisteis llamados, con toda humildad y mansedumbre, soportándoos con paciencia los unos a los otros en amor, solícitos en guardar la unidad del Espíritu en el vínculo de la paz (4:1-3).*

> *Esto, pues, digo y requiero en el Señor: que ya no andéis como los otros gentiles, que andan en la vanidad de su mente, teniendo el entendimiento entenebrecido, ajenos de la vida de Dios por la ignorancia que en ellos hay, por la dureza de su corazón; los cuales, después que perdieron toda sensibilidad, se entregaron a la lascivia para cometer con avidez toda clase de impureza. Mas vosotros no habéis aprendido así a Cristo, si en verdad le habéis oído, y habéis sido por él enseñados, conforme a la verdad que está en Jesús. En cuanto a la pasada manera de vivir, despojaos del viejo hombre, que está viciado conforme a los deseos engañosos, y renovaos en el espíritu de vuestra mente, y vestíos del nuevo hombre, creado según Dios en la justicia y santidad de la verdad. Por lo cual, desechando la mentira, hablad verdad cada uno con su prójimo; porque somos miembros los unos de los otros. Airaos, pero no pequéis; no se ponga el sol sobre vuestro enojo, ni deis lugar al diablo. El que hurtaba, no hurte más, sino trabaje, haciendo con sus manos lo que es bueno, para que tenga qué compartir con el que padece necesidad. Ninguna palabra corrompida salga de vuestra boca, sino la que sea buena para la necesaria edificación, a fin de dar gracia a los oyentes. Y no contristéis al Espíritu Santo de Dios, con el cual fuisteis sellados para el día de la redención. Quítense de vosotros toda amargura, enojo, ira, gritería y maledicencia, y toda malicia. Antes sed benignos unos con otros, misericordiosos, perdonándoos unos a otros, como Dios también os perdonó a vosotros en Cristo (4:17-32).*

La vida de Esteban mostró la gracia y el poder de Dios porque estaba lleno de fe obediente y del Espíritu Santo. Esas características lo marcaron con una grandeza muy a menudo pasada por alto. No existe otro camino hacia el carácter virtuoso y hacia una vida espiritualmente influyente que el camino que Esteban ejemplificó.

SU VALENTÍA

Entonces se levantaron unos de la sinagoga llamada de los libertos, y de los de Cirene, de Alejandría, de Cilicia y de Asia, disputando con Esteban. Pero no podían resistir a la sabiduría y al Espíritu con que hablaba. Entonces sobornaron a unos para que dijesen que le habían oído hablar palabras blasfemas contra Moisés y contra Dios. Y soliviantaron al pueblo, a los ancianos y a los escribas; y arremetiendo, le arrebataron, y le trajeron al concilio. Y pusieron testigos falsos que decían: Este hombre no cesa de hablar palabras blasfemas contra este lugar santo y contra la ley; pues le hemos oído decir que ese Jesús de Nazaret destruirá este lugar, y cambiará las costumbres que nos dio Moisés. (6:9-14)

Un hombre con el carácter de Esteban puede enfrentar cualquier ataque, y le llegó uno feroz. Alarmado por el poder y la eficacia del ministerio de Esteban,

se levantaron unos de la sinagoga llamada de los libertos, y de los de Cirene, de Alejandría, de Cilicia y de Asia, disputando con Esteban. Las palabras **se levantaron** indican no que se pararan de sus sillas, sino que fueron movidos a actuar. Furiosos por su odio al Señor Jesucristo y por su amor al pecado de justicia personal, estos individuos fueron tras este hombre dotado de Dios.

Algunos comentaristas han analizado cuántas sinagogas se ven claramente aquí. El texto griego no es concluyente, pero parece probable que Lucas tenga en mente tres diferentes sinagogas: **la sinagoga llamada de los libertos,** otra que incluía a **los de Cirene, de Alejandría,** y una tercera compuesta por personas **de Cilicia y de Asia.** Las diferencias culturales y lingüísticas entre estos grupos hacen improbable que todos ellos asistieran a la misma sinagoga.

Las sinagogas eran lugares de reunión donde la comunidad judía se congregaba con el fin de leer las Escrituras y adorar. Se remontan al cautiverio en Babilonia, cuando a los exiliados se les cortó el acceso al templo. Según el Talmud, en ese tiempo había cuatrocientas ochenta sinagogas en Jerusalén (F. F. Bruce, *The Book of the Acts* [El libro de Hechos] [Grand Rapids: Eerdmans, 1971], p. 124; citando a TJ *Megillah* 73 d), aunque esa cantidad podría ser exagerada. Muchas sinagogas, como las tres mencionadas aquí, constaban de judíos griegos. Es posible que Esteban fuera miembro de una de ellas.

Los libertos eran descendientes de esclavos judíos capturados por Pompeyo en el 63 d.C. y llevados a Roma. Más tarde se les concedió la libertad y formaron una comunidad judía allí. **Cirene** y **Alejandría** eran dos de las principales ciudades de África del Norte; Cirene fue la ciudad natal de Simón, el que llevó la cruz de Jesús (Lc. 23:26). Ambas ciudades tenían grandes poblaciones judías. **Cilicia y Asia** eran provincias romanas en Asia Menor. Puesto que Tarso, la ciudad natal de Pablo, estaba situada en Cilicia (Hch. 21:39; 22:3), es probable que él asistiera a esa sinagoga en Jerusalén. El hecho de que Pablo estuviera presente en los acaecimientos que llevaron al juicio y a la ejecución de Esteban es evidente por 7:58 y 8:1. Es posible que, como estudiante del gran rabban Gamaliel, hasta hubiera participado en el debate con Esteban.

Hombres de todas estas tres sinagogas se juntaron **disputando con Esteban. Disputando** viene de *suzēteō*, que no se refiere a un altercado sino a un debate formal. Lucas no nos brinda el contenido del debate. Algunos de los razonamientos de Esteban pueden deducirse de las acusaciones que le imputaron (6:13-14) y de su discurso ante el concilio. Sin duda, el debate se centró en la muerte, resurrección y condición mesiánica de Jesús, y en la incapacidad de salvar de la ley mosaica y del ritual del templo.

Cualesquiera que fueran los contenidos exactos del debate, Esteban venció. Sus oponentes **no podían resistir a la sabiduría y al Espíritu con que hablaba.** El razonamiento humano de ellos no encajaba con la **sabiduría** de Esteban dada por Dios. La frase **al Espíritu con que hablaba** tal vez no se refiera al Espíritu Santo sino a la energía, el celo, la sinceridad y el fervor que Esteban expresaba. Por tanto, él tenía los dos requisitos para hablar eficazmente en público y triunfar en debate: verdad incuestionable y potente forma de hablar. El efecto de lo uno y lo otro fue más de lo que sus oponentes podían manejar.

Al no poder derrotar a Esteban en un debate justo, sus oponentes cambiaron de táctica. Recurriendo a un argumento *ad hominem*, **entonces sobornaron a unos para que dijesen que le habían oído hablar palabras blasfemas contra Moisés y contra Dios. Sobornaron** viene de *hupoballō* y significa "sugerir o solicitar" con un motivo perverso. Reclutaron y prepararon falsos testigos para acusar a Esteban, la misma táctica usada en el juicio a Jesús (Mt. 26:59-61). Incluso las falsas acusaciones de blasfemia fueron iguales a aquellas contra su Señor.

Los testigos falsos acusaron a Esteban de **hablar palabras blasfemas contra Moisés y contra Dios.** Tal era el celo que manifestaban por la ley, que mencionaron a Moisés antes que a Dios. Blasfemia, hablar mal de algo que Dios considera sagrado, como la ley de Moisés, la persona de Dios, o su templo, era un delito muy grave, penado con la muerte (Lv. 24:16). Que sus oponentes acusaran a Esteban de blasfemar contra Moisés sugiere que él estaba negando la capacidad de la ley para salvar. Lo acusaron de blasfemar de Dios al hablar contra el templo (Hch. 6:14) donde moraba la presencia de Dios. Tal acusación, sin duda, refleja también la presentación que Esteban hiciera de Cristo como la encarnación de Dios (cp. Jn. 10:36).

Puesto que eran fanáticamente celosos de Moisés y de Dios, las falsas acusaciones fácilmente **soliviantaron al pueblo.** Junto **a los ancianos y a los escribas** (algunos de los cuales probablemente eran miembros del concilio), los fanáticos llegaron **y arremetiendo, arrebataron** a Esteban, **y le trajeron al concilio.** *Sunarpazō* (**arrebataron**) significa "apoderarse con violencia", y se usó en Lucas 8:29 con relación a un hombre tomado por un espíritu maligno, mientras en Hechos 19:29 describe el secuestro de los compañeros de Pablo por parte de una turba rebelde.

El temor al pueblo que había obligado a las autoridades a arrestar sin violencia a los apóstoles (5:26) se disipó, y estas mismas personas se apoderaron violentamente de Esteban, quien era popular cuando sanaba enfermos y hacía señales y prodigios. Pero así como la multitud voluble que se volvió sobre Jesús apenas lo aclamó como el Mesías, dichas personas fueron persuadidas a cambiar de opinión y atacar al predicador. Hay una línea delgada entre oír el evangelio y el odio al evangelio: la línea de la apostasía. Quienes la atraviesan a menudo se vuelven violentos.

Lucas no nos dice qué tan pronto empezó el juicio después que detuvieran a Esteban. Es poco probable que el concilio estuviera reunido y esperando cuando el mártir fue arrebatado. Al comenzar el juicio, los griegos **pusieron testigos falsos**. Sin duda, estos son los mismos testigos a los que se refiere el versículo 11. Fueron tales falsas acusaciones las que incitaron la captura de Esteban.

Los **testigos falsos** repitieron las acusaciones que habían agitado al pueblo, es decir, que Esteban **no** cesaba **de hablar palabras blasfemas contra este lugar santo** (el templo) **y contra la ley.** Dichas personas fueron testigos falsos no por poner palabras en boca de Esteban, sino por tergiversar lo que él dijo. F. F. Bruce escribe:

> Son llamados "testigos falsos" igual que se llamó a quienes dieron similar testimonio contra Jesús (Mt. 26:59-61; Mr. 14:55-59). Pero en ambos casos la falsedad de su testimonio no consistió en invención total sino en sutil y mortal malinterpretación de palabras ya pronunciadas (*The Book of the Acts* [El libro de Hechos], p. 135).

El versículo 14 da un ejemplo del enfoque que los falsos testigos pusieron en las palabras de Esteban: **le hemos oído decir que ese Jesús de Nazaret destruirá este lugar, y cambiará las costumbres que nos dio Moisés.** La frase **Jesús de Nazaret** expresa el desprecio por el Señor, pues creían que nada bueno podía salir de Nazaret (cp. Jn. 1:46). Jesús nunca afirmó que **destruirá** el templo de Jerusalén. A sus adversarios les dijo: "Destruid este templo, y en tres días lo levantaré" (Jn. 2:19). Juan 2:21 clarifica que "él hablaba del templo de su cuerpo". Ya que esa falsa acusación había triunfado en lograr que se condenara a Jesús, ellos la usaron rápidamente contra Esteban.

Otra acusación calculada para enfurecer al pueblo fue que Esteban enseñaba que Jesús cambiaría **las costumbres que Moisés** les había dado. Esteban, igual que los apóstoles, había proclamado a Jesús como el cumplimiento de todo lo que tipificaba el antiguo pacto. El nuevo pacto, profetizado por Jeremías (cp. Jer. 31:31-34), había sustituido al antiguo. La ley moral no había cambiado, pero la ley ceremonial había sido eliminada. La realidad había reemplazado al ritual. Esteban mostrará en su sermón que tenía gran respeto por Moisés y por la ley. Sin embargo, la elección de palabras de parte de sus adversarios lo convertía en un revolucionario que intentaba derrocar el poder divino establecido. Convirtieron la positiva proclama de Esteban en un ataque negativo.

No obstante, el valor de Esteban brilla a lo largo de esta prueba. A pesar de la intensa oposición que encontró, no dio marcha atrás ni transigió. A medida que sus enemigos se quejaban, él reiteraba sin cesar el mensaje del evangelio. Incluso mientras lo juzgaban delante del concilio, su valor no titubeó. En Hechos 7:51-53, los reprendió valientemente con las siguientes palabras:

¡Duros de cerviz, e incircuncisos de corazón y de oídos! Vosotros resistís siempre al Espíritu Santo; como vuestros padres, así también vosotros. ¿A cuál de los profetas no persiguieron vuestros padres? Y mataron a los que anunciaron de antemano la venida del Justo, de quien vosotros ahora habéis sido entregadores y matadores; vosotros que recibisteis la ley por disposición de ángeles, y no la guardasteis.

El valor de Esteban lo selló con la marca de la grandeza.

SU SEMBLANTE

Entonces todos los que estaban sentados en el concilio, al fijar los ojos en él, vieron su rostro como el rostro de un ángel. (6:15)

Esta escena presenta un fuerte contraste. Esteban se hallaba ante el **concilio** acusado de ser un perverso blasfemador de Dios, del templo y de la ley. Pero cuando los miembros de ese **concilio** fijaron **los ojos en él, vieron su rostro como el rostro de un ángel.** Lejos de ser perverso, Esteban irradiaba la santidad y la gloria de Dios.

Dios mismo contestó las falsas acusaciones judías poniendo su gloria divina en el rostro de Esteban, algo experimentado por ninguna otra persona en la historia excepto por Moisés (Éx. 34:27-35). Por tanto, Dios mostró su aprobación acerca de la enseñanza de Esteban exactamente del mismo modo que hizo con Moisés. Pablo escribe:

Y si el ministerio de muerte grabado con letras en piedras fue con gloria, tanto que los hijos de Israel no pudieron fijar la vista en el rostro de Moisés a causa de la gloria de su rostro, la cual había de perecer, ¿cómo no será más bien con gloria el ministerio del espíritu? Porque si el ministerio de condenación fue con gloria, mucho más abundará en gloria el ministerio de justificación. Porque aun lo que fue glorioso, no es glorioso en este respecto, en comparación con la gloria más eminente. Porque si lo que perece tuvo gloria, mucho más glorioso será lo que permanece (2 Co. 3:7-11).

Al poner su gloria en el rostro de Esteban, Dios mostró su aprobación al nuevo pacto y a su mensajero.

El noble carácter y el extraordinario valor de Esteban reflejan su grandeza. La elección que la iglesia le hiciera para un alto cargo muestra el alto aprecio que le tenían. Lo más importante de todo es que Esteban era grande a los ojos de Dios. Al honrarlo como hizo con Moisés, Dios seleccionó a Esteban como uno de los hombres más grandes que han vivido. Y su vida y testimonio afectaron profundamente a un hombre aun más grande: Saulo de Tarso.

Todo creyente debería recordar a Esteban e imitar esas cualidades de vida que lo convirtieron en el hombre con rostro de ángel. Aquel sería su monumento conmemorativo más adecuado.

En defensa de la ley 16

El sumo sacerdote dijo entonces: ¿Es esto así? Y él dijo: Varones hermanos y padres, oíd: El Dios de la gloria apareció a nuestro padre Abraham, estando en Mesopotamia, antes que morase en Harán, y le dijo: Sal de tu tierra y de tu parentela, y ven a la tierra que yo te mostraré. Entonces salió de la tierra de los caldeos y habitó en Harán; y de allí, muerto su padre, Dios le trasladó a esta tierra, en la cual vosotros habitáis ahora. Y no le dio herencia en ella, ni aun para asentar un pie; pero le prometió que se la daría en posesión, y a su descendencia después de él, cuando él aún no tenía hijo. Y le dijo Dios así: Que su descendencia sería extranjera en tierra ajena, y que los reducirían a servidumbre y los maltratarían, por cuatrocientos años. Mas yo juzgaré, dijo Dios, a la nación de la cual serán siervos; y después de esto saldrán y me servirán en este lugar. Y le dio el pacto de la circuncisión; y así Abraham engendró a Isaac, y le circuncidó al octavo día; e Isaac a Jacob, y Jacob a los doce patriarcas. Los patriarcas, movidos por envidia, vendieron a José para Egipto; pero Dios estaba con él, y le libró de todas sus tribulaciones, y le dio gracia y sabiduría delante de Faraón rey de Egipto, el cual lo puso por gobernador sobre Egipto y sobre toda su casa. Vino entonces hambre en toda la tierra de Egipto y de Canaán, y grande tribulación; y nuestros padres no hallaban alimentos. Cuando oyó Jacob que había trigo en Egipto, envió a nuestros padres la primera vez. Y en la segunda, José se dio a conocer a sus hermanos, y fue manifestado a Faraón el linaje de José. Y enviando José, hizo venir a su padre Jacob, y a toda su parentela, en número de setenta y cinco personas. Así descendió Jacob a Egipto, donde murió él, y también nuestros padres; los cuales fueron trasladados a Siquem, y puestos en el sepulcro que a precio de dinero compró Abraham de los hijos de Hamor en Siquem. Pero cuando se acercaba el tiempo de la promesa, que Dios había jurado a Abraham, el pueblo creció y se multiplicó en Egipto, hasta que se levantó en Egipto otro rey que no conocía a José. Este rey, usando de astucia con nuestro pueblo, maltrató a nuestros padres, a fin de que expusiesen a la muerte a sus niños, para que no se propagasen. En aquel mismo tiempo nació Moisés, y fue agradable a Dios; y fue criado tres meses en casa de su padre. Pero siendo expuesto a la muerte, la hija de Faraón le recogió y le crió como a hijo suyo. Y fue enseñado Moisés en toda la sabiduría de los

egipcios; y era poderoso en sus palabras y obras. Cuando hubo cumplido la edad de cuarenta años, le vino al corazón el visitar a sus hermanos, los hijos de Israel. Y al ver a uno que era maltratado, lo defendió, e hiriendo al egipcio, vengó al oprimido. Pero él pensaba que sus hermanos comprendían que Dios les daría libertad por mano suya; mas ellos no lo habían entendido así. Y al día siguiente, se presentó a unos de ellos que reñían, y los ponía en paz, diciendo: Varones, hermanos sois, ¿por qué os maltratáis el uno al otro? Entonces el que maltrataba a su prójimo le rechazó, diciendo: ¿Quién te ha puesto por gobernante y juez sobre nosotros? ¿Quieres tú matarme, como mataste ayer al egipcio? Al oír esta palabra, Moisés huyó, y vivió como extranjero en tierra de Madián, donde engendró dos hijos. Pasados cuarenta años, un ángel se le apareció en el desierto del monte Sinaí, en la llama de fuego de una zarza. Entonces Moisés, mirando, se maravilló de la visión; y acercándose para observar, vino a él la voz del Señor: Yo soy el Dios de tus padres, el Dios de Abraham, el Dios de Isaac, y el Dios de Jacob. Y Moisés, temblando, no se atrevía a mirar. Y le dijo el Señor: Quita el calzado de tus pies, porque el lugar en que estás es tierra santa. Ciertamente he visto la aflicción de mi pueblo que está en Egipto, y he oído su gemido, y he descendido para librarlos. Ahora, pues, ven, te enviaré a Egipto. A este Moisés, a quien habían rechazado, diciendo: ¿Quién te ha puesto por gobernante y juez?, a éste lo envió Dios como gobernante y libertador por mano del ángel que se le apareció en la zarza. Este los sacó, habiendo hecho prodigios y señales en tierra de Egipto, y en el Mar Rojo, y en el desierto por cuarenta años. Este Moisés es el que dijo a los hijos de Israel: Profeta os levantará el Señor vuestro Dios de entre vuestros hermanos, como a mí; a él oiréis. Este es aquel Moisés que estuvo en la congregación en el desierto con el ángel que le hablaba en el monte Sinaí, y con nuestros padres, y que recibió palabras de vida que darnos; al cual nuestros padres no quisieron obedecer, sino que le desecharon, y en sus corazones se volvieron a Egipto, cuando dijeron a Aarón: Haznos dioses que vayan delante de nosotros; porque a este Moisés, que nos sacó de la tierra de Egipto, no sabemos qué le haya acontecido. Entonces hicieron un becerro, y ofrecieron sacrificio al ídolo, y en las obras de sus manos se regocijaron. Y Dios se apartó, y los entregó a que rindiesen culto al ejército del cielo; como está escrito en el libro de los profetas: ¿Acaso me ofrecisteis víctimas y sacrificios en el desierto por cuarenta años, casa de Israel? Antes bien llevasteis el tabernáculo de Moloc, y la estrella de vuestro dios Renfán, figuras que os hicisteis para adorarlas. Os transportaré, pues, más allá de Babilonia. Tuvieron nuestros padres el tabernáculo del testimonio en el desierto, como había ordenado Dios cuando dijo a Moisés que lo hiciese conforme al modelo que había visto. El cual, recibido a su vez por nuestros padres, lo introdujeron con Josué al tomar posesión de la tierra de los gentiles, a los cuales Dios arrojó de la presencia de nuestros padres, hasta los días de

David. Este halló gracia delante de Dios, y pidió proveer tabernáculo para el Dios de Jacob. Mas Salomón le edificó casa; si bien el Altísimo no habita en templos hechos de mano, como dice el profeta: El cielo es mi trono, y la tierra el estrado de mis pies. ¿Qué casa me edificaréis? dice el Señor; ¿O cuál es el lugar de mi reposo? ¿No hizo mi mano todas estas cosas? ¡Duros de cerviz, e incircuncisos de corazón y de oídos! Vosotros resistís siempre al Espíritu Santo; como vuestros padres, así también vosotros. ¿A cuál de los profetas no persiguieron vuestros padres? Y mataron a los que anunciaron de antemano la venida del Justo, de quien vosotros ahora habéis sido entregadores y matadores; vosotros que recibisteis la ley por disposición de ángeles, y no la guardasteis. (7:1-53)

A fin de alcanzar eficazmente al mundo con el evangelio, los creyentes deben saber defender su fe. Cuando Pablo instruyó a Tito que ordenara como pastor al varón que fuera "retenedor de la palabra fiel tal como ha sido enseñada, para que también pueda exhortar con sana enseñanza y convencer a los que contradicen" (Tit. 1:9), esto no solo era para silenciar a los "contumaces, habladores de vanidades y engañadores" (vv. 10-11), sino también para enseñar a las personas de manera que estas puedan hacer lo mismo. Pedro instruyó a los creyentes en general: "Estad siempre preparados para presentar defensa con mansedumbre y reverencia ante todo el que os demande razón de la esperanza que hay en vosotros" (1 P. 3:15). Por desgracia muchos cristianos no pueden hacer eso, por tener poco o ningún entendimiento acerca de lo que creen. Sin una sólida base para su fe, fácilmente son "llevados por doquiera de todo viento de doctrina, por estratagema de hombres que para engañar emplean con astucia las artimañas del error" (Ef. 4:14). Atormentados por las dudas e ignorantes de la fe, son testigos ineficaces para el Señor Jesucristo.

La apologética es el estudio de la defensa de la fe. La palabra castellana se deriva de la griega *apologia*, que significa "discurso en defensa de algo". Hechos 25:16 describe la defensa de una persona acusada en su juicio. Pablo ofrece una *apologia* a la iracunda turba en Jerusalén (Hch. 22:1). A los filipenses escribió: "estoy puesto para la defensa [*apologia*] del evangelio" (Fil. 1:17). En el versículo 7 de ese capítulo el apóstol habló de "la defensa y confirmación del evangelio". Ese versículo delinea los dos lados de la apologética: defender la fe contra ataques, y presentar afirmaciones de la verdad del cristianismo a los no creyentes.

Pablo no solo era experto en presentar el evangelio, sino también uno de sus más hábiles defensores. Hechos 17:2-3 describe a Pablo, el apologista en acción: "Y Pablo, como acostumbraba, fue a ellos, y por tres días de reposo discutió con ellos, declarando y exponiendo por medio de las Escrituras, que era necesario que el Cristo padeciese, y resucitase de los muertos; y que Jesús, a quien yo os anuncio, decía él, es el Cristo". Igual que sucedió con Pablo, a todos los creyentes se les ordena contender "ardientemente por la fe que ha sido una vez dada a los santos" (Jud. 3).

Sin embargo, hubo un gran defensor de la fe antes que Pablo, y su nombre fue Esteban. Incapaces de superar a Esteban en debate público, sus oponentes inventaron falsas acusaciones de blasfemia contra él. Luego lo arrebataron y lo llevaron a rastras ante el concilio (6:8-15). Su defensa se basó sólidamente en las Escrituras del Antiguo Testamento, que a menudo citó textualmente. Él sabía que creía en la verdad y por qué creía en esta. Hábilmente defendió la fe y, con valor inquebrantable, mostró su compromiso con ella. Tan poderosa fue la disputa de Esteban por la fe que sus acusadores quedaron hechizados hasta que él concluyó. Luego, llenos de rabia, lo apedrearon.

Con el inicio del capítulo 7 empieza el juicio a Esteban. La parte principal del capítulo consta de la defensa del mártir frente a las falsas acusaciones que le imputaron. Lo acusaron de blasfemar de Dios, de Moisés, de la ley, y del templo, las acusaciones más graves imaginables en la sociedad judía.

Si bien la idea principal del discurso de Esteban fue contestar las acusaciones de blasfemia, otras tres ideas se entrelazan por completo. Él sabía que debía captar y mantener la atención de la audiencia. Lo hizo recitando la historia de Israel como la base de su defensa. Ya que los judíos estaban tan orgullosos de su linaje (cp. Ro. 2:17ss; 9:4-5; Gá. 1:14), ese era un tema del que nunca se cansaban de oír.

Otro objetivo de la disertación de Esteban fue acusar a sus oyentes de rechazar al Mesías. En todo su mensaje, tal denuncia se arma lentamente hasta que alcanza su momento culminante en los versículos 51-53. Esteban les muestra que, al rechazar al Mesías, imitaron a sus padres apóstatas, que rechazaron a José, a Moisés y hasta al mismo Dios.

Finalmente, Esteban trató de presentar a Jesús como el Mesías, usando a José y a Moisés como prototipos de Cristo.

Este pasaje presenta la cuádruple defensa de Esteban contra las falsas acusaciones de blasfemia que le imputaron. A cualquier comentarista le va mejor si no promueve todo extenso debate posible de las referencias del Antiguo Testamento que Esteban emplea, sino que más bien trata de captar los temas dramáticos y el flujo de este magistral mensaje. El propósito de Esteban no es recitar la historia sino establecer que él no es culpable de blasfemar de Dios, de Moisés, de la ley o del templo. No obstante, sus acusadores sí lo eran pues rechazaron al Mesías.

DIOS

El sumo sacerdote dijo entonces: ¿Es esto así? Y él dijo: Varones hermanos y padres, oíd: El Dios de la gloria apareció a nuestro padre Abraham, estando en Mesopotamia, antes que morase en Harán, y le dijo: Sal de tu tierra y de

tu parentela, y ven a la tierra que yo te mostraré. Entonces salió de la tierra de los caldeos y habitó en Harán; y de allí, muerto su padre, Dios le trasladó a esta tierra, en la cual vosotros habitáis ahora. Y no le dio herencia en ella, ni aun para asentar un pie; pero le prometió que se la daría en posesión, y a su descendencia después de él, cuando él aún no tenía hijo. Y le dijo Dios así: Que su descendencia sería extranjera en tierra ajena, y que los reducirían a servidumbre y los maltratarían, por cuatrocientos años. Mas yo juzgaré, dijo Dios, a la nación de la cual serán siervos; y después de esto saldrán y me servirán en este lugar. Y le dio el pacto de la circuncisión; y así Abraham engendró a Isaac, y le circuncidó al octavo día; e Isaac a Jacob, y Jacob a los doce patriarcas. Los patriarcas, movidos por envidia, vendieron a José para Egipto; pero Dios estaba con él, y le libró de todas sus tribulaciones, y le dio gracia y sabiduría delante de Faraón rey de Egipto, el cual lo puso por gobernador sobre Egipto y sobre toda su casa. Vino entonces hambre en toda la tierra de Egipto y de Canaán, y grande tribulación; y nuestros padres no hallaban alimentos. Cuando oyó Jacob que había trigo en Egipto, envió a nuestros padres la primera vez. Y en la segunda, José se dio a conocer a sus hermanos, y fue manifestado a Faraón el linaje de José. Y enviando José, hizo venir a su padre Jacob, y a toda su parentela, en número de setenta y cinco personas. Así descendió Jacob a Egipto, donde murió él, y también nuestros padres; los cuales fueron trasladados a Siquem, y puestos en el sepulcro que a precio de dinero compró Abraham de los hijos de Hamor en Siquem. (7:1-16)

Esteban aborda primero el delito más grave: la acusación de blasfemia contra Dios. Demuestra que cree totalmente en el Dios de Israel y que el antiguo pacto no está anulado, sino que se ha cumplido en el cristianismo... y esa es la voluntad de Dios.

El **sumo sacerdote** (quizás Caifás, quien estuvo en el cargo hasta el 36 d.C.) comenzó el debate preguntándole a Esteban: **¿Es esto así?** Le estaba inquiriendo: "¿Cómo se declara ante las acusaciones en su contra, culpable o inocente?". A primera vista, la respuesta de Esteban no parece una contestación directa a esa pregunta. Richard Longenecker comenta:

> La defensa de Esteban ante el concilio difícilmente es una defensa en el sentido de una explicación o apología calculada a fin de obtener una absolución. Antes bien, es una proclamación del mensaje cristiano en términos del popular judaísmo de la época, y una acusación a los líderes judíos por no reconocer a Jesús de Nazaret como su Mesías, o por no apreciar la salvación provista en Él ("Hechos de los apóstoles", en Frank E. Gaebelein, ed., *The Expositor's Bible Commentary* [Comentario bíblico del expositor], vol. 9 [Grand Rapids: Zondervan, 1981], p. 337).

Esteban usa un largo resumen histórico para defender su caso. Su estilo de respuesta tiene sus orígenes en pasajes del Antiguo Testamento como Nehemías 9:5ss; Salmos 78, 105 y 106. Su intención fue mostrar que Cristo y la fe cristiana que predicaba eran el cumplimiento perfecto del Antiguo Testamento. Él traza la línea de la voluntad soberana de Dios desde Abraham a través de Jacob, José, Moisés y David hasta nuestro Señor, "el Justo" (v. 52).

Esteban comienza su respuesta históricamente obtenida apelando a sus acusadores como **hermanos,** mostrándoles solidaridad y reconociéndolos como **padres,** lo que indica respeto por ellos como los líderes del pueblo judío. La primera persona nombrada es **el Dios de la gloria,** quien controla toda la historia redentora. El título aparece solo aquí y en Salmos 29:3. Se trata de la descripción más rica y completa del Dios todopoderoso, santo y soberano, ya que su **gloria** la componen todos sus atributos (cp. Éx. 33:18-19). Después de empezar con el origen soberano de todo el plan redentor, Esteban recurre a **nuestro padre Abraham,** el padre de la fe y del pueblo de Dios. La frase inicial del acusado demuestra, entonces, su creencia en la soberanía del Dios de Abraham y reconoce la paternidad del patriarca sobre Israel. Con esto deja en claro que no había blasfemado de Dios ni era traidor de su pueblo. Esto equivale a declararse "inocente".

Esteban afirma, pues, su creencia firme en el control soberano de Dios sobre el destino de Israel. Comienza describiendo el llamado de **Abraham, estando en Mesopotamia, antes que morase en Harán.** Aquí hay una aparente discrepancia histórica. Abraham era oriundo de la ciudad de Ur (Gn. 11:31). Esteban sitúa el llamado de Abraham mientras este aún vivía en esa ciudad **antes que morase en Harán.** Sin embargo, Génesis 12:1-4 parece ubicar el llamado divino después que Abraham saliera de Ur y se asentara en Harán. Puesto que Esteban estaba totalmente controlado por el Espíritu Santo (Hch. 6:5, 15; 7:55) sus hechos deben ser correctos y pueden armonizarse con otras Escrituras. Es evidente que originalmente Dios llamó a Abraham en Ur (Gn. 15:7; Neh. 9:7) y que luego le repitió tal llamado en Harán. Los antiguos escritores Filón y Josefo ofrecen esa obvia interpretación (F. F. Bruce, *The Book of the Acts* [El libro de Hechos] [Grand Rapids: Eerdmans, 1971], p. 146).

Dios ordenó a Abraham: **Sal de tu tierra y de tu parentela, y ven a la tierra que yo te mostraré.** En obediencia a ese llamado, el patriarca **salió de la tierra de los caldeos y habitó en Harán.** Harán, ubicada a ochocientos kilómetros al noroeste de Ur, se destacaba por su adoración a la luna. Abraham permaneció allí hasta que murió su padre (Gn. 11:32). Esto plantea otro problema interesante con un texto al parecer contradictorio. El comentario de Homer Kent, hijo, es útil:

> La muerte de Taré el padre de Abraham se ubica antes de que Abraham saliera de Harán. Una comparación de la fecha en Génesis

(11:26, 32; 12:4) parece indicar que Taré vivió otros sesenta años *después* de la salida de Abraham. Génesis establece que Taré tenía setenta años cuando engendró a su hijo mayor, probablemente Abraham (11:26). Puesto que Abraham tenía setenta y cinco años cuando salió de Harán (12:4), Taré habría tenido ciento cuarenta y cinco. Pero Taré no murió hasta que tuvo doscientos cinco (11:32). La mejor solución parece ser que Abraham no era el hijo mayor de Taré, sino que fue nombrado primogénito por ser el más prominente (11:26). Si Abraham nació cuando Taré tenía ciento treinta años, las cifras armonizan (*Jerusalem to Rome* [De Jerusalén a Roma] [Grand Rapids: Baker, 1992], p. 68).

Dios entonces **le trasladó a esta tierra** (Israel), **en la cual vosotros habitáis ahora.** La obediencia de Abraham bajo la soberanía de Dios logró el propósito divino para su vida.

Igual que Pablo haría más tarde (cp. Ro. 4; Gá. 3), Esteban se enfoca en Abraham como un hombre de fe. Totalmente por fe, el patriarca obedeció el soberano llamado de Dios y dejó su tierra, sin saber exactamente a dónde iba. Aunque llegó a su nueva nación, Dios **no le dio herencia en ella, ni aun para asentar un pie.** La única tierra que Abraham poseyó fue su lote en el cementerio (Gn. 23). Lo único que recibió, y eso **cuando él aún no tenía hijo**, fue la promesa de **que se la daría en posesión, y a su descendencia después de él** (cp. Gn. 12:7; 13:15; 15:18; 17:8). Lo más cerca que Abraham llegó a ver cumplida tan fabulosa promesa fue el nacimiento de Isaac.

La fe de Abraham fue probada aun más por la revelación divina de que **su descendencia sería extranjera en tierra ajena, y que los reducirían a servidumbre y los maltratarían, por cuatrocientos años** (cp. Gn. 15:13). La duración exacta de la estancia de Israel en Egipto fue cuatrocientos treinta años (Éx. 12:40); Esteban da una cifra redonda del Génesis. Abraham creyó esta promesa: **yo juzgaré, dijo Dios, a la nación de la cual serán siervos.** Dios prometió que **después de** este tiempo de esclavitud, ellos **saldrán y me servirán en este lugar** (la tierra de Israel; cp. Gn. 15:14).

Siguiendo el curso de la historia de salvación, Esteban entra al período patriarcal. El control soberano de Dios del destino de Israel continuó con las generaciones venideras, cuando Dios reafirmó el pacto a los descendientes de Abraham. La señal del **pacto** divino con el patriarca fue **la circuncisión.** Después **Abraham engendró a Isaac, y le circuncidó al octavo día** en obediencia a ese pacto. **Isaac** entonces engendró **a Jacob, y Jacob a los doce patriarcas,** las cabezas de las doce tribus de Israel.

Ahora Esteban comienza a sentar las bases para la atroz condenación que pronunciará en los versículos 51-53. Los **doce patriarcas,** que están entre los hombres más reverenciados en la historia de Israel, **movidos por envidia, vendieron a José para Egipto.** Al hacer eso los hermanos de José rechazaron al mismo a quien Dios había apartado para una bendición especial (Gn. 37:5ss; 1 Cr. 5:1). Ellos fueron una ilustración gráfica de la ceguera espiritual de la nación manifestada en el caso de Jesús.

A pesar del rechazo de sus hermanos, **Dios estaba con** José, **y le libró de todas sus tribulaciones, y le dio gracia y sabiduría delante de Faraón rey de Egipto, el cual lo puso por gobernador sobre Egipto y sobre toda su casa.** Esteban aclara, de manera inexorable, que los doce patriarcas eran culpables de oponerse a Dios y a su propósito. Vendieron a José, pero Dios lo rescató. Por tanto, la rebelión de la nación contra Dios comenzó con los patriarcas. Ahora los griegos estaban haciendo exactamente lo mismo, que los padres fundadores de la nación eran culpables de hacer, y de lo mismo que estaban acusando falsamente a Esteban.

Aunque espera hasta la conclusión de su sermón para declarar abiertamente que Jesús es el Mesías (v. 52), aun en su resumen histórico Esteban ofrece atisbos de Cristo. La vida de José en muchas formas es similar a la de Cristo. Ambos eran originarios de la nación de Israel. José fue entregado por envidia (v. 9; cp. Mr. 15:10). Jesús fue condenado a muerte por el testimonio de falsos testigos; José fue encarcelado debido a las falsas acusaciones de la esposa de Potifar. Así como Dios liberó a Jesús de la prisión de la muerte y lo exaltó, así también liberó a José de la cárcel y lo exaltó a un alto cargo. Así como José liberó a sus hermanos pecadores de la muerte física, así mismo Jesús libera a sus hermanos de la muerte espiritual.

Esteban les recuerda que después del rechazo de José por parte de sus hermanos, **vino entonces hambre en toda la tierra de Egipto y de Canaán, y grande tribulación; y nuestros padres no hallaban alimentos.** De igual modo, el rechazo a Jesús por parte de Israel los sumió en hambre espiritual, la que durará hasta el día en que "todo Israel será salvo" (Ro. 11:26).

A causa de la gravedad del hambre, **cuando oyó Jacob que había trigo en Egipto, envió a nuestros padres la primera vez.** Sin embargo, no fue sino hasta **la segunda** visita que **José se dio a conocer a sus hermanos, y fue manifestado a Faraón el linaje de José.** Solo será exactamente antes de la Segunda Venida de Cristo que Israel lo reconocerá como quién Él es (cp. Zac. 12:10—13:1; 14).

Después de revelarse a sus hermanos, **hizo venir a su padre Jacob, y a toda su parentela, en número de setenta y cinco personas.** Génesis 46:26-27, Éxodo 1:5, y Deuteronomio 10:22 declaran que setenta personas bajaron a Egipto. No obstante, el texto de la Septuaginta de Génesis 46:27 habla de setenta y cinco. Esteban, siendo griego, naturalmente habría usado la cifra de la Septuaginta. Según parece, a la cifra mayor se llegó al incluir en el total a los descendientes de José nacidos en Egipto. Gleason Archer escribe:

> Concluimos que ambos totales [el texto masorético hebreo y la Septuaginta] son correctos, aunque se calcularon de modo distinto. Los propios hijos de Jacob ascendían a doce, sus nietos por parte de ellos ascendían a cincuenta y dos; había alrededor de cuatro bisnietos nacidos en Canaán para la época de la migración, lo que da un total de sesenta y seis. Manasés y Efraín, nacidos en Egipto, aumentaron el total a sesenta y ocho; Jacob y su esposa (cualquiera que esta fuera) lo subieron a setenta. Pero la Septuaginta añadió a los siete nietos del primer ministro (José) y omitió del total a Jacob y a su esposa.
>
> Esto nos lleva al resultado que Esteban reportó correctamente de setenta y cinco, según la Septuaginta en Génesis 46:27 y Éxodo 1:5. Igualmente, Génesis 46:27, Éxodo 1:5 y Deuteronomio 10:22 en el texto masorético son correctos con su total de setenta. Las dos cifras son correctas, dependiendo de si se incluyen los nietos de José. (Cuatro bisnietos de Jacob se incluyeron incluso en el total del texto masorético de setenta). (*Encyclopedia of Bible Difficulties* [Enciclopedia de dificultades bíblicas] [Grand Rapids: Zondervan, 1982], p. 379).

Después que **Jacob descendió a Egipto, murió** en esa nación y también **nuestros padres**. Tras las muertes de estos, **sus restos fueron trasladados a Siquem, y puestos en el sepulcro que a precio de dinero compró Abraham de los hijos de Hamor en Siquem**. El versículo 16 presenta dos dificultades. Primera, Jacob no fue enterrado en **Siquem** sino en el sepulcro de Abraham en Macpela (Gn. 50:13). Debido a eso, la referencia del versículo 15 a **nuestros padres** se debe limitar únicamente a José y sus hermanos, sin incluir a Jacob. Según Josué 24:32, José fue enterrado en Siquem; Esteban nos informa aquí que los otros hijos de Jacob también fueron enterrados allí.

Una dificultad más grave yace al declarar Esteban que **Abraham compró el sepulcro a precio de dinero de los hijos de Hamor en Siquem.** Según Josué 24:32, fue Jacob quien compró el campo en Siquem. Muchas explicaciones se han brindado, pero dos parecen más razonables. Primera, es totalmente posible que Abraham hiciera la compra original a **los hijos de Hamor** (el pueblo o tribu al que él pertenecía) **en Siquem.** Allí construyó un altar (Gn. 12:6-7) y es muy probable que hubiera comprado el terreno donde lo construyó. Sin embargo, Abraham no se estableció allí y, con el tiempo, el sitio pudo haber vuelto a las personas ocupantes de Hamor, por lo que Jacob debió comprarlo de nuevo (Archer, *Encyclopedia of Bible Difficulties* [Enciclopedia de dificultades bíblicas], pp. 379-381; W. Arndt, *Does the Bible Contradict Itself?* [¿Se contradice la Biblia?] [Reimpresión, St. Louis: Concordia, 1955], pp. 14-17).

Una segunda explicación posible es que Esteban abrevie los relatos de la compra del campo de Macpela por parte de Abraham, así como la adquisición de Jacob del campo de Siquem. Eso sería consecuente con su resumen de los dos llamados de Abraham en el versículo 2 (Bruce, *The Book of the Acts* [El libro de Hechos], 149 n. 39; Simon J. Kistemaker, *Comentario al Nuevo Testamento: Hechos* [Grand Rapids: Baker, 1990], p. 249).

Sería imprudente acusar a Esteban o a Lucas de un error basándonos en nuestro limitado conocimiento. Es absolutamente inconcebible que alguien tan versado en el Antiguo Testamento como Esteban hubiera cometido una equivocación histórica tan obvia. Además, él podría tener en mente un propósito definitivo al referirse a Siquem, ya que en su época esa ciudad estaba dentro del territorio de los odiados samaritanos. (Para más información de los motivos teológicos de Esteban en mencionar a Siquem, véase Rex A. Koivisto, "El discurso de Esteban: ¿Errores teológicos?" *Grace Theological Journal* 8 [Primavera de 1987]: pp. 101-14.) Tampoco es admisible que un historiador cuidadoso e inspirado divinamente como Lucas (cp. Lc. 1:1-4) hubiera registrado erróneamente el discurso de Esteban.

Acusar a Lucas o a Esteban de un error tiene graves implicaciones para la doctrina de inspiración. Hacerlo es o afirmar que el Espíritu de Verdad inspiró un error, o negar que la Biblia sea inspirada. Lo primero es absurdo hasta el punto de la blasfemia; lo segundo contradice a 2 Timoteo 3:16. Y si toda la Biblia no es inspirada, ¿quién decide qué es inspirado y qué no lo es? La razón humana falible sin duda no está calificada para juzgar la Palabra de Dios. El problema entonces yace no con la veracidad de Lucas ni con la de Esteban, sino solo con nuestra falta de información completa.

Esteban se defiende así de la acusación de haber blasfemado contra Dios. No solamente lo hace sino que afirma la gran obra del pacto de Dios a través de Abraham y los patriarcas.

MOISÉS

Pero cuando se acercaba el tiempo de la promesa, que Dios había jurado a Abraham, el pueblo creció y se multiplicó en Egipto, hasta que se levantó en Egipto otro rey que no conocía a José. Este rey, usando de astucia con nuestro pueblo, maltrató a nuestros padres, a fin de que expusiesen a la muerte a sus niños, para que no se propagasen. En aquel mismo tiempo nació Moisés, y fue agradable a Dios; y fue criado tres meses en casa de su padre. Pero siendo expuesto a la muerte, la hija de Faraón le recogió y le crió como a hijo suyo. Y fue enseñado Moisés en toda la sabiduría de los egipcios; y era poderoso en sus palabras y obras. Cuando hubo cumplido la edad de cuarenta años, le vino al corazón el visitar a sus hermanos, los hijos de Israel. Y al ver a uno que era maltratado, lo defendió, e hiriendo al egipcio, vengó al oprimido. Pero él pensaba que sus hermanos comprendían que Dios les daría libertad por mano

suya; mas ellos no lo habían entendido así. Y al día siguiente, se presentó a unos de ellos que reñían, y los ponía en paz, diciendo: Varones, hermanos sois, ¿por qué os maltratáis el uno al otro? Entonces el que maltrataba a su prójimo le rechazó, diciendo: ¿Quién te ha puesto por gobernante y juez sobre nosotros? ¿Quieres tú matarme, como mataste ayer al egipcio? Al oír esta palabra, Moisés huyó, y vivió como extranjero en tierra de Madián, donde engendró dos hijos. Pasados cuarenta años, un ángel se le apareció en el desierto del monte Sinaí, en la llama de fuego de una zarza. Entonces Moisés, mirando, se maravilló de la visión; y acercándose para observar, vino a él la voz del Señor: Yo soy el Dios de tus padres, el Dios de Abraham, el Dios de Isaac, y el Dios de Jacob. Y Moisés, temblando, no se atrevía a mirar. Y le dijo el Señor: Quita el calzado de tus pies, porque el lugar en que estás es tierra santa. Ciertamente he visto la aflicción de mi pueblo que está en Egipto, y he oído su gemido, y he descendido para librarlos. Ahora, pues, ven, te enviaré a Egipto. A este Moisés, a quien habían rechazado, diciendo: ¿Quién te ha puesto por gobernante y juez?, a éste lo envió Dios como gobernante y libertador por mano del ángel que se le apareció en la zarza. Este los sacó, habiendo hecho prodigios y señales en tierra de Egipto, y en el Mar Rojo, y en el desierto por cuarenta años. Este Moisés es el que dijo a los hijos de Israel: Profeta os levantará el Señor vuestro Dios de entre vuestros hermanos, como a mí; a él oiréis. (7:17-37)

Después de haberse defendido con éxito de la acusación de blasfemar contra Dios, Esteban se enfoca ahora en la segunda acusación: haber rechazado a Moisés. Él muestra que así como reverencia a Dios, también honra a Moisés. De nuevo se declara "inocente". Esteban aclara la defensa continuando con su recorrido histórico. En los primeros dieciséis versículos ha cubierto el período de Abraham hasta José, desde el llamado de Abraham hasta el cautiverio de Israel en Egipto. Ahora entra al segundo gran período de la historia de Israel: desde Moisés hasta el cautiverio babilónico.

El tiempo de la promesa se refiere a la época en que Dios cumpliría su promesa a **Abraham**. Esa promesa era "que se la daría [la tierra] en posesión, y a su descendencia después de él" (Hch. 7:5). Para este momento, los patriarcas ya habían muerto (cp. He. 11:13) y **el pueblo** de Israel **creció y se multiplicó en Egipto.** Los israelitas estaban contentos allí y no habían regresado a la tierra que Dios les había prometido. El tiempo para que la promesa de Dios se cumpliera había llegado y, de manera soberana, Él organizó los acontecimientos a fin de sacar de Egipto a Israel.

En este tiempo, **se levantó en Egipto otro rey que no conocía a José** (Éx. 1:8). Esta es otra cita del Antiguo Testamento que muestra el conocimiento que Esteban tenía del texto. Alarmado ante la creciente población de israelitas, y temiendo que estos pudieran unirse a un invasor, este faraón comenzó a oprimir a los hijos de Israel. **Este rey, usando de astucia con** los judíos, los puso en esclavitud y los obligó a realizar duros trabajos (Éx. 1:13-14). Los **maltrató,** obligándolos a **que expusiesen a la muerte a sus niños, para que no se propagasen.** Este infanticidio de dejar a los bebés expuestos a la intemperie se limitó a bebés varones (Éx. 1:15-22).

Sin embargo, Dios había preparado a su libertador. Fue **en aquel mismo tiempo** crucial de la historia de Israel que **nació Moisés.** Los detalles de la vida y el ministerio de Moisés eran bien conocidos para el concilio, así que Esteban simplemente los resume a fin de ir al grano. Sensible a la acusación de haber blasfemado contra Moisés, Esteban se anima a elogiarlo, describiéndolo como **agradable a Dios.**

Moisés no pudo escapar al peligro de la época y, después de ser **criado tres meses en casa de su padre,** también fue **expuesto a la muerte.** Igual que a muchos otros bebés, a él lo debían arrojar al Nilo para que se ahogara (Éx. 1:22). No obstante, sus padres lo pusieron en una canasta a fin de que no muriera. Según el plan soberano de Dios, **la hija de Faraón** lo encontró, lo **recogió y le crió como a hijo suyo** (Éx. 2:1-6). Como nieto adoptado del faraón, **Moisés fue enseñado en toda la sabiduría de los egipcios.** Esteban sigue mostrando su respeto por Moisés describiéndolo como un hombre **poderoso en sus palabras y obras.** Moisés era un hombre extraordinario. Las cualidades de su liderazgo natural, junto a la educación más amplia del mundo antiguo, lo hacían especialmente calificado para su tarea.

El llamado de Dios llegó **cuando** Moisés **hubo cumplido la edad de cuarenta años.** En ese tiempo **le vino al corazón el visitar a sus hermanos, los hijos de Israel.** Aunque criado en el palacio de Faraón, no se había olvidado de su pueblo. Sin duda, su madre le inculcó esto durante los años que Dios providencialmente dispuso que ella sirviera como niñera de su propio hijo (Éx. 2:7-9). Moisés decidió ayudar a su afligido pueblo. **Al ver a uno que era maltratado, lo defendió, e hiriendo al egipcio, vengó al oprimido.** Cuando tomó esa acción criminal, Moisés supuso **que sus hermanos comprendían que Dios les daría libertad por mano suya.** Su objetivo al ir a verlos no fue hacerles una visita social sino liberarlos de sus opresores, **mas ellos no lo habían entendido así.** Aunque Moisés les había mostrado su compromiso matando al egipcio, ellos no lo reconocieron como su libertador.

Al día siguiente, se presentó a dos de los israelitas **que reñían,** e intentó ponerlos **en paz, diciendo: Varones, hermanos sois, ¿por qué os maltratáis el uno al otro?** Moisés se veía no solo como el libertador de la nación sino también como pacificador entre individuos. Sin embargo, sus esfuerzos no fueron apreciados, y lo rechazaron. **El que maltrataba a su prójimo le rechazó, diciendo** con sarcasmo: **¿Quién te ha puesto por gobernante y juez sobre nosotros?** Entonces añadió en tono amenazador: **¿Quieres tú matarme, como mataste**

ayer al egipcio? (Éx. 2:14). Dándose cuenta de que se había sabido ampliamente que él había matado al egipcio, **Moisés huyó, y vivió como extranjero en tierra de Madián, donde engendró dos hijos.** (Éx. 2:15, 22). Sin duda, viéndolo como el cabecilla de un movimiento insurgente judío, Faraón trató sin éxito de ejecutarlo (Éx. 2:15). El absurdo rechazo a Moisés por parte de Israel sirvió para prolongar, por cuarenta años, el tiempo de esclavitud de este pueblo. Aquello también es similar al rechazo que los israelitas hicieran al Libertador mesiánico y a la consecuente pérdida prolongada de bendición para Israel.

Moisés vivió entre los madianitas durante esos **cuarenta años.** Al finalizar ese tiempo, **un ángel se le apareció en el desierto del monte Sinaí, en la llama de fuego de una zarza** (Éx. 3:1ss). El fuego representaba la presencia de Dios. **Entonces Moisés, mirando, se maravilló de la visión; y acercándose para observar, vino a él la voz del Señor: Yo soy el Dios de tus padres, el Dios de Abraham, el Dios de Isaac, y el Dios de Jacob** (Éx. 3:6). Dios estaba renovando el pacto, como indica la referencia a **Abraham, Isaac y Jacob.** A diferencia de muchos individuos hoy día que sin causa aparente proclaman visiones de parte de Dios, **Moisés, temblando, no se atrevía a mirar.** La presencia de Dios provoca temor reverencial, no familiaridad impertinente. Por tanto, **le dijo el Señor: Quita el calzado de tus pies, porque el lugar en que estás es tierra santa** (Éx. 3:5). Igual que el Lugar Santísimo en el templo, el área alrededor de la zarza ardiente fue santificada por la presencia del Santo de Israel.

Después de cuarenta años en el desierto, había llegado el momento para que Moisés dirigiera al pueblo a la tierra prometida. Dios le dijo: **Ciertamente he visto la aflicción de mi pueblo que está en Egipto, y he oído su gemido, y he descendido para librarlos** (Éx. 3:7). **Ahora, pues, ven, te enviaré a Egipto** (Éx. 3:10). Aunque el pueblo le era continuamente infiel, Dios permanecía fiel a su pacto.

Esteban llega a su objetivo. Al mismo **Moisés, a quien habían rechazado, diciendo: ¿Quién te ha puesto por gobernante y juez?, a éste lo envió Dios como gobernante y libertador por mano del ángel que se le apareció en la zarza.** Este es un patrón constante en la historia de Israel: orgullo espiritual unido a ignorancia espiritual los llevó a rechazar a los libertadores que Dios les envió. A veces se sostiene que Jesús no pudo haber sido el Mesías, o de lo contrario Israel lo habría reconocido. Sin embargo, como señala Esteban, rechazaron tanto a José como a Moisés. Esta fue su reacción típica ante aquellos que Dios les enviaba para liberarlos. Jesús habló de esta actitud en Mateo 21:33-46.

Moisés cumplió su misión y **los sacó, habiendo hecho prodigios y señales en tierra de Egipto, y en el Mar Rojo, y en el desierto por cuarenta años.** La ulterior rebelión de Israel contra Dios bajo la autoridad de Moisés, a pesar de los **prodigios** y las **señales en tierra de Egipto**, de la separación del **Mar Rojo,** y de los milagros que se realizaron **en el desierto,** ocasionó otra demora a los hebreos. A causa de esa rebelión, vagaron sin entrar en la tierra prometida durante **cuarenta años.**

Del análisis que Esteban hace de Moisés, es obvio el gran respeto que tenía por el patriarca. La acusación de blasfemia contra Moisés es tan falsa como la de blasfemia contra Dios. En realidad, Esteban pagó con la misma moneda al concilio, demostrando que la nación misma había sido culpable de rechazar a Moisés. La respuesta de los judíos a la vida de Moisés, igual que la respuesta que dieron a la de José, es semejante a la respuesta que tuvieron hacia Cristo.

Esteban les recuerda que Moisés predijo que el Mesías vendría, profetizando **a los hijos de Israel: Profeta os levantará el Señor vuestro Dios de entre vuestros hermanos.** Ese pasaje, tomado de Deuteronomio 18:15, era muy conocido por todos los contemporáneos de Esteban. En Juan 6:14, la muchedumbre dijo de Jesús: "Este verdaderamente es el profeta que había de venir al mundo". Aseveraron que Él era Aquel que Moisés había prometido que vendría, afirmación con la que estos judíos no estarían de acuerdo. Por tanto, estaban haciendo otra vez lo mismo que sus antepasados habían hecho: rechazar al libertador enviado por Dios. Solo esto era más grave que todos los otros males combinados. Este era el Mesías que ellos estaban rechazando.

Si los miembros del concilio hubieran estado dispuestos a considerar los hechos, no habrían pasado por alto las comparaciones entre la historia de su nación y la conducta de ellos hacia Jesús. Tampoco podrían haber hecho caso omiso a las comparaciones entre Jesús y Moisés. Este último se humilló al dejar el palacio de Faraón; Jesús se humilló al volverse hombre (Fil. 2:7-8). Moisés fue rechazado al principio, e igual pasó con Jesús (Jn. 1:11). Moisés fue pastor de ovejas; Jesús es el Buen Pastor (Jn. 10:11, 14). Moisés liberó a su pueblo de la esclavitud en Egipto; Jesús redime a los hombres de la esclavitud al pecado. El historial de Moisés presagia la historia de Jesucristo.

LA LEY

Este es aquel Moisés que estuvo en la congregación en el desierto con el ángel que le hablaba en el monte Sinaí, y con nuestros padres, y que recibió palabras de vida que darnos; al cual nuestros padres no quisieron obedecer, sino que le desecharon, y en sus corazones se volvieron a Egipto, cuando dijeron a Aarón: Haznos dioses que vayan delante de nosotros; porque a este Moisés, que nos sacó de la tierra de Egipto, no sabemos qué le haya acontecido. Entonces hicieron un becerro, y ofrecieron sacrificio al ídolo, y en las obras de sus manos se regocijaron. Y Dios se apartó, y los entregó a que rindiesen culto al ejército del cielo; como está escrito en el libro de los profetas: ¿Acaso me ofrecisteis víctimas y sacrificios en el desierto por cuarenta años, casa de Israel? Antes bien llevasteis el tabernáculo de Moloc, y la estrella de vuestro dios Renfán, figuras

que os hicisteis para adorarlas. Os transportaré, pues, más allá de Babilonia. (7:38-43)

Es fácil la transición de Moisés a la ley, ya que ambos están íntimamente asociados. Cuando **Moisés** estuvo con **la congregación** de Israel **en el desierto,** recibió la ley del **ángel que le hablaba en el monte Sinaí, y con nuestros padres.** Que ángeles participaran en la entrega de la ley es evidente por el versículo 53 (cp. Gá. 3:19; He. 2:2), aunque la naturaleza de tal participación no se clarifica en la Biblia. La frase las **palabras de vida** se refiere la ley que, como el resto de la Biblia, "es viva y eficaz, y más cortante que toda espada de dos filos" (He. 4:12). Es revelación divina y autorizada.

Esteban afirma su creencia en la ley, volviéndose a declarar "inocente". Afirma que Dios fue el autor de la ley, que ángeles fueron los mediadores de esa ley, y que Moisés fue quien la recibió. Eso, sin duda, no era blasfemia y el concilio lo sabía.

Después de haberse defendido lo suficiente y más, Esteban ahora pasa a la ofensiva. **Nuestros padres,** les recuerda, **no quisieron obedecer, sino que le desecharon, y en sus corazones se volvieron a Egipto.** No fue Esteban quien había desobedecido la ley sino los mismos **padres** que el concilio reverenciaba. Esteban no había rechazado a Moisés, sino que esos mismos **padres desecharon** tanto a Moisés como a la ley, **y en sus corazones se volvieron a Egipto.** Es increíble que aunque allí fueran cruelmente oprimidos, los hebreos miraron hacia atrás y anhelaron su época en Egipto (Nm. 11:5).

Mientras Moisés estaba en el monte Sinaí recibiendo la ley de parte de Dios, los israelitas se volvieron a la idolatría egipcia. Le dijeron **a Aarón: Haznos dioses que vayan delante de nosotros; porque a este Moisés, que nos sacó de la tierra de Egipto, no sabemos qué le haya acontecido** (Éx. 32:1, 23). El rechazo que hicieran de Moisés coincidió, en parte, con el rechazo de la ley. Aarón accedió, entonces los israelitas **hicieron un becerro, y ofrecieron sacrificio al ídolo, y en las obras de sus manos se regocijaron.** La adoración al becerro era parte integral de la religión egipcia. La inclinación de Israel hacia la idolatría, que comenzó en el Sinaí, contradice las soberbias afirmaciones del concilio de que Israel era el pueblo de la ley. Aun antes de recibirla, ellos la rechazaron.

A pesar de que Dios tenía todo el derecho de destruir a la nación, permaneció fiel a su pacto. Tres mil fueron ejecutados (Éx. 32:28), pero la nación fue perdonada. Sin embargo, **Dios se apartó** en juicio, **y los entregó a que rindiesen culto al ejército del cielo.** Así como judicialmente abandonó a los gentiles (Ro. 1:24, 26, 28), Dios también abandonó a su pueblo a la idolatría (cp. Os. 4:17). Desde el tiempo en que vagó por el desierto hasta el cautiverio en Babilonia, la idolatría fue un problema incesante para Israel.

Esteban apoya este punto citando las palabras de Dios: **como está escrito**

en el libro de los profetas: ¿Acaso me ofrecisteis víctimas y sacrificios en el desierto por cuarenta años, casa de Israel? Antes bien llevasteis el tabernáculo de Moloc, y la estrella de vuestro dios Renfán, figuras que os hicisteis para adorarlas. Os transportaré, pues, más allá de Babilonia (Am. 5:25-27). Cabe observar que Amós usó la palabra "Damasco" donde Esteban usa **Babilonia.** Tanto el hebreo como la Septuaginta dicen "Damasco". Amós estaba profetizando el cautiverio del reino del norte a manos de Asiria, deportación que ocurrió más allá de Damasco. Después, el reino del sur fue llevado cautivo a Babilonia. Esteban, guiado por el Espíritu inspirador, elige extender el texto de Amós a fin de que abarque el juicio de Dios sobre toda la nación. El uso que él hace de esa profecía resume, de manera concisa, la triste e idolátrica historia de Israel (cp. Dt. 17:3; 2 R. 17:16; 21:3; Jer. 8:2; 19:13), que culmina en el cautiverio babilónico.

EL TEMPLO

Tuvieron nuestros padres el tabernáculo del testimonio en el desierto, como había ordenado Dios cuando dijo a Moisés que lo hiciese conforme al modelo que había visto. El cual, recibido a su vez por nuestros padres, lo introdujeron con Josué al tomar posesión de la tierra de los gentiles, a los cuales Dios arrojó de la presencia de nuestros padres, hasta los días de David. Este halló gracia delante de Dios, y pidió proveer tabernáculo para el Dios de Jacob. Mas Salomón le edificó casa; si bien el Altísimo no habita en templos hechos de mano, como dice el profeta: El cielo es mi trono, y la tierra el estrado de mis pies. ¿Qué casa me edificaréis? dice el Señor; ¿O cuál es el lugar de mi reposo? ¿No hizo mi mano todas estas cosas? ¡Duros de cerviz, e incircuncisos de corazón y de oídos! Vosotros resistís siempre al Espíritu Santo; como vuestros padres, así también vosotros. ¿A cuál de los profetas no persiguieron vuestros padres? Y mataron a los que anunciaron de antemano la venida del Justo, de quien vosotros ahora habéis sido entregadores y matadores; vosotros que recibisteis la ley por disposición de ángeles, y no la guardasteis. (7:44-53)

En respuesta a la acusación de que hablaba contra la casa judía de adoración, Esteban escudriña la historia del templo para mostrar su respeto hacia este debido a que estaba ordenado por Dios. Empieza antes del templo con **el tabernáculo del testimonio en el desierto.** Afirma que el Señor Dios **dijo a Moisés que lo hiciese conforme al modelo que había visto** (Éx. 25:8, 9, 40). La generación del desierto no podía alegar ignorancia de la gloria de Dios, ya que el **tabernáculo** estuvo en medio de ellos. Tampoco lo podían hacer los **padres** posteriores quienes, **recibido a su vez** el tabernáculo, **lo introdujeron con Josué al tomar posesión de la tierra de los gentiles, a los cuales Dios arrojó**

de la presencia de Israel (Jos. 3:14ss; 18:1; 23:9; 24:18). Desde el tiempo de la conquista **hasta los días de David,** los israelitas tuvieron el tabernáculo, un símbolo constante de la presencia de Dios. A pesar de eso persistieron en caer en idolatría. Esteban señala otra vez la apostasía y también el rechazo hacia los representantes de Dios que Él mismo les envía.

Después que Dios le diera a **David** victoria sobre todos los enemigos, este **pidió proveer tabernáculo para el Dios de Jacob** (2 S. 7). No obstante, la petición de David le fue negada y fue **Salomón** quien **edificó casa** para Dios. Esteban hace solo una breve referencia al templo de Salomón, puesto que el concilio conocía muy bien su historia. Además, el actual templo no era el de Salomón, al cual los babilonios habían destruido (Esd. 5:12). Ese templo lo había reemplazado otro construido por Zorobabel (Esd. 5:2), que también fue destruido. El actual templo lo había construido el no judío Herodes. Y durante la vida de muchos de los oyentes de Esteban, en el año 70 d.C., ese templo también sería destruido.

La transitoria naturaleza del templo lleva al razonamiento de Esteban, es decir, a que **el Altísimo no habita en templos hechos** por **mano** humana. Salomón entendió esa verdad. En su oración en la dedicación del templo preguntó retóricamente: "¿Es verdad que Dios morará sobre la tierra? He aquí que los cielos, los cielos de los cielos, no te pueden contener; ¿cuánto menos esta casa que yo he edificado?" (1 R. 8:27).

Esteban respalda este punto citando al **profeta** Isaías, quien escribió: **El cielo es mi trono, y la tierra el estrado de mis pies. ¿Qué casa me edificaréis? dice el Señor; ¿O cuál es el lugar de mi reposo? ¿No hizo mi mano todas estas cosas?** (Is. 66:1). Esteban no era culpable de blasfemar del templo. Ellos sí lo eran, por confinar a Dios al templo. Este era el símbolo de la presencia de Dios, no la prisión de su esencia.

Durante la charla de Esteban debió haber subido la tensión. A medida que señalaba los rechazos y las apostasías de Israel, el concilio debió haber estado cada vez más perturbado. Sin duda se preguntaban qué pretendía hacer él. Su espera terminó cuando Esteban, después de haber sentado las bases históricas, los golpeó con una acusación devastadora: ellos eran exactamente como sus antepasados en los días de José, Moisés y David. Eran **duros de cerviz,** u obstinados, repitiendo la evaluación de Dios acerca de los predecesores judíos (Éx. 32:9; 33:5). El término representa a una persona que, de manera retadora, rechaza inclinarse ante el Señor. Debido a que ellos se enorgullecían de su circuncisión física y del comportamiento ritual, la descripción que Esteban les hace como **incircuncisos de corazón y de oídos** era especialmente satírica. El pecado de ellos no se les había perdonado. Eran tan impíos delante de Dios como los gentiles incircuncisos. Esa era la condenación definitiva.

La obstinación de los dirigentes judíos de resistir **siempre al Espíritu Santo** los hacía culpables de hacer precisamente como sus **padres.** Así como sus antepasados habían rechazado a José, a Moisés y la presencia del tabernáculo, **¿a cuál de los profetas no persiguieron** los **padres** de ellos? Esas palabras hacían eco de las del Señor Jesucristo:

> *¡Ay de vosotros, que edificáis los sepulcros de los profetas a quienes mataron vuestros padres! De modo que sois testigos y consentidores de los hechos de vuestros padres; porque a la verdad ellos los mataron, y vosotros edificáis sus sepulcros. Por eso la sabiduría de Dios también dijo: Les enviaré profetas y apóstoles; y de ellos, a unos matarán y a otros perseguirán, para que se demande de esta generación la sangre de todos los profetas que se ha derramado desde la fundación del mundo, desde la sangre de Abel hasta la sangre de Zacarías, que murió entre el altar y el templo; sí, os digo que será demandada de esta generación (Lc. 11:47-51).*

A continuación, Esteban establece una similitud a esta sangrienta conclusión. Así como los padres **mataron a los que anunciaron de antemano la venida del Justo,** el Mesías, así también los judíos se habían convertido en sus **entregadores y matadores.** Aunque se enorgullecían de haber recibido **la ley por disposición de ángeles, no la** guardaron. No tenían excusa, ya que la ley señalaba a Cristo (Jn. 5:39). Esteban volvió a expresar las palabras de su Señor, quien dijo a estos mismos líderes: "Si creyeseis a Moisés, me creeríais a mí, porque de mí escribió él" (Jn. 5:46). En realidad, ellos no tenían respeto por Moisés ni por la ley, o no habrían asesinado a Aquel que Moisés prometió (Gn. 18:15) o a Aquel del que hablaba la ley.

A pesar de jactarse de modo orgulloso: "Si hubiésemos vivido en los días de nuestros padres, no hubiéramos sido sus cómplices en la sangre de los profetas" (Mt. 23:30), ellos habían hecho mucho peor. Sus padres habían matado a los profetas de Dios; ellos habían asesinado a su Hijo, **el Justo** (título usado solo aquí y en Hch. 3:14 y 22:14). Ahora estaban a punto de cometer otro asesinato. Dentro de poco Esteban se convertiría en uno más en la larga línea de mensajeros de Dios asesinados por la nación elegida por Dios, y en el primero asesinado por predicar el nombre de Cristo.

Que esto resultara en su ejecución en lugar de su absolución no empaña la brillantez de la defensa y acusación de Esteban. Este quedará para siempre como uno de los más fabulosos sermones jamás pronunciado. Los miembros del concilio debieron haberlo oído con sus corazones y debieron arrepentirse. Trágicamente, no lo hicieron así.

El primer mártir cristiano 17

Oyendo estas cosas, se enfurecían en sus corazones, y crujían los dientes contra él. Pero Esteban, lleno del Espíritu Santo, puestos los ojos en el cielo, vio la gloria de Dios, y a Jesús que estaba a la diestra de Dios, y dijo: He aquí, veo los cielos abiertos, y al Hijo del Hombre que está a la diestra de Dios. Entonces ellos, dando grandes voces, se taparon los oídos, y arremetieron a una contra él. Y echándole fuera de la ciudad, le apedrearon; y los testigos pusieron sus ropas a los pies de un joven que se llamaba Saulo. Y apedreaban a Esteban, mientras él invocaba y decía: Señor Jesús, recibe mi espíritu. Y puesto de rodillas, clamó a gran voz: Señor, no les tomes en cuenta este pecado. Y habiendo dicho esto, durmió. Y Saulo consentía en su muerte. (7:54—8:1*a*)

En la primavera de 1521, un monje católico romano y profesor de Teología fue citado para comparecer ante el emperador Carlos V y la Dieta (asamblea) Imperial del Santo Imperio Romano. En los últimos años Martín Lutero había criticado intrépidamente los abusos de la iglesia romana. Sus críticas habían avivado el fuego del prolongado y ardiente resentimiento del pueblo alemán hacia Roma. Decidido a dar fin a la sublevación religiosa popular que Lutero había provocado, el joven emperador lo citó en Worms, donde la asamblea se reuniría. Allí el reformador iba a ser juzgado y, si se le declaraba culpable, sería ejecutado. Spalatin, amigo de Lutero, le advirtió que no fuera a Worms, aunque tenía un salvoconducto del emperador. Un siglo atrás a John Hus lo habían quemado en la hoguera en el concilio de Constanza, sin que importara el salvoconducto. En respuesta, Lutero escribió que entraría a Worms a pesar de las "puertas del infierno y los poderes de las tinieblas", aunque allí estuvieran "tantos demonios como tejas había en los techos de las casas" (Harold J. Grimm, *The Reformation Era* [La era de la reforma] [Nueva York: Macmillan, 1954], p. 137). Lutero compareció ante la Dieta y no quiso retractarse de lo que había escrito. Aseveró que no se retractaría de nada que sus acusadores no pudieran probar con base en la Biblia:

> A menos que yo esté convencido por el testimonio de las Escrituras o por una razón justa (porque no confío ni en el papa ni en concilios, ya

> que es bien sabido que a menudo se han equivocado y se han desmentido), estoy comprometido por las Escrituras que he citado y mi conciencia está cautiva a la Palabra de Dios. No puedo ni voy a retractarme de nada, puesto que ni es seguro ni correcto irse contra la conciencia. No puedo obrar de otra manera, heme aquí, que Dios me ayude, amén (Lewis W. Spitz, *The Rise of Modern Europe: The Protestant Reformation* [Surgimiento de la Europa moderna: La reforma protestante] [Nueva York: Harper & Row, 1985), p. 75).

Mil quinientos años antes, un siervo de Cristo y hacedor de milagros defendió su vida en un juicio. Igual que Lutero, Esteban se apoyó firmemente en la roca de la revelación divina. Y, así como Lutero, su audaz posición cambiaría el curso de la historia. Su alocución en defensa propia fue un magistral recuento de la historia de Israel. Allí se defendió hábilmente él mismo y, por extensión, también todos los cristianos contra las falsas acusaciones de que había blasfemado contra Dios, contra Moisés, contra la ley y contra el templo. El fiel evangelista Esteban pasó entonces a la ofensiva, cerrando su disertación con una feroz denuncia de la hipocresía del concilio. Al hacerlo dio vuelta a la tortilla sobre sus acusadores. Eran ellos, no él, quienes estaban condenados por blasfemia.

Los versículos finales del capítulo 7 narran los últimos momentos de la vida de Esteban. Porque a diferencia de Lutero, quien fue rápidamente llevado a la seguridad por el príncipe elector Federico el Sabio de Sajonia, Esteban debió pagar con la vida su audacia. Este es un pasaje conmovedor y dramático. Aunque lo mataron, Esteban no fue la víctima sino el vencedor. La muerte simplemente lo llevó a la presencia de su Señor. La mayor parte de la turba asesina (con la notable excepción del joven Saulo de Tarso), aunque siguió viviendo, perecería eternamente.

Un marcado contraste entre Esteban y sus asesinos se observa en este breve pasaje, el que es tan extremo que se puede afirmar que simboliza la diferencia entre cielo e infierno. Ese contraste se puede ver desde cuatro ángulos, que son las comparaciones entre estar lleno de ira y ser lleno del Espíritu, entre ceguera espiritual y visión espiritual, entre muerte y vida, y entre odio y amor.

LLENO DE IRA FRENTE A LLENO DEL ESPÍRITU

Oyendo estas cosas, se enfurecían en sus corazones, y crujían los dientes contra él. Pero Esteban, lleno del Espíritu Santo, (7:54-55*a*)

Sin ninguna duda el concilio escuchó la primera parte del discurso de Esteban con interés y beneplácito. Después de todo, él simplemente estaba recitando la historia de la nación, un tema apreciado en sus corazones. Pero, a medida que él clarificaba su insinuación, comenzaron a sentir más y más incomodidad. **Oyendo** ellos la condena rotunda que Esteban les atribuyera en los versículos 51-53, **se enfurecían en sus corazones.** *Diapriō* (**enfurecían**) significa literalmente "cortar en dos". Las palabras de Esteban destrozaban el barniz de falsa espiritualidad en ellos y los dejaba al descubierto como los hipócritas blasfemos que eran.

Furiosos, en lugar de quebrantarse arrepentidos por las palabras de Esteban, **crujían los dientes contra él.** Tal acción expresaba la ira y frustración que sentían (cp. Sal. 35:16; 37:12), y nos recuerdan una generación futura de pecadores obstinados. Cuando los ángeles derraman las copas de la ira y el juicio de Dios durante la tribulación, los pecadores también se niegan tercamente a arrepentirse:

> *El cuarto ángel derramó su copa sobre el sol, al cual fue dado quemar a los hombres con fuego. Y los hombres se quemaron con el gran calor, y blasfemaron el nombre de Dios, que tiene poder sobre estas plagas, y no se arrepintieron para darle gloria. El quinto ángel derramó su copa sobre el trono de la bestia; y su reino se cubrió de tinieblas, y mordían de dolor sus lenguas, y blasfemaron contra el Dios del cielo por sus dolores y por sus úlceras, y no se arrepintieron de sus obras. El séptimo ángel derramó su copa por el aire; y salió una gran voz del templo del cielo, del trono, diciendo: Hecho está. Entonces hubo relámpagos y voces y truenos, y un gran temblor de tierra, un terremoto tan grande, cual no lo hubo jamás desde que los hombres han estado sobre la tierra. Y la gran ciudad fue dividida en tres partes, y las ciudades de las naciones cayeron; y la gran Babilonia vino en memoria delante de Dios, para darle el cáliz del vino del ardor de su ira. Y toda isla huyó, y los montes no fueron hallados. Y cayó del cielo sobre los hombres un enorme granizo como del peso de un talento; y los hombres blasfemaron contra Dios por la plaga del granizo; porque su plaga fue sobremanera grande (Ap. 16:8-11, 17-21).*

Ni siquiera los juicios más severos que alguna vez asolarán la tierra harán que pecadores tercos se arrepientan. Tres veces en el pasaje anterior ellos muestran su ira hacia Dios blasfemando contra Él.

Los oyentes de Esteban parecen igual de resistentes e insensibles a la verdad. Esta era al menos la tercera vez que oían la presentación del evangelio (cp. 4:8ss; 5:27ss), pero su enojo aumentaba y seguían endureciendo sus corazones. Es una triste realidad que cuando los hombres persisten en endurecer voluntariamente sus corazones, Dios puede intervenir y endurecerlos legalmente. El apóstol Pablo advirtió a tales individuos: "Bien habló el Espíritu Santo por medio del profeta Isaías a nuestros padres, diciendo: Ve a este pueblo, y diles: De oído oiréis, y no entenderéis; y viendo veréis, y no percibiréis" (Hch. 28:25-26). De Israel escribió:

> *¿Qué pues? Lo que buscaba Israel, no lo ha alcanzado; pero los escogidos sí lo han alcanzado, y los demás fueron endurecidos; como está escrito: Dios les dio espíritu de estupor, ojos con que no vean y oídos con que no oigan, hasta el día de hoy. Y David dice: Sea vuelto su convite en trampa y en red, en tropezadero y en retribución; sean oscurecidos sus ojos para que no vean, y agóbiales la espalda para siempre (Ro. 11:7-10).*

De igual modo, después que Faraón endureciera reiteradamente su propio corazón, Dios lo endureció (cp. Éx. 8:15, 19, 32; 9:7, 34 con Éx. 10:1; 11:10). Bien advierte el escritor de Hebreos:

> *Por lo cual, como dice el Espíritu Santo: Si oyereis hoy su voz, no endurezcáis vuestros corazones, como en la provocación, en el día de la tentación en el desierto, donde me tentaron vuestros padres; me probaron, y vieron mis obras cuarenta años. A causa de lo cual me disgusté contra esa generación, y dije: Siempre andan vagando en su corazón, y no han conocido mis caminos. Por tanto, juré en mi ira: No entrarán en mi reposo. Mirad, hermanos, que no haya en ninguno de vosotros corazón malo de incredulidad para apartarse del Dios vivo (3:7-12).*

Los miembros del concilio habían oído la verdad. Oyeron la enseñanza de Jesús y presenciaron sus milagros. También habían prestado oído a la predicación de los apóstoles y visto los milagros que ellos realizaron. Debido a su rechazo continuo, Esteban no les brindó otra invitación que el enjuiciamiento que los llenaría de ira. Ese día rechinaron los dientes y, quizás hoy, la mayoría de ellos estén haciendo eso mismo en el infierno. Su acción anticipó lo que estarían haciendo durante toda la eternidad. Jesús describió varias veces el cielo como un lugar donde hay crujir de dientes. En Mateo 13:41-42 advirtió que "enviará el Hijo del Hombre a sus ángeles, y recogerán de su reino a todos los que sirven de tropiezo, y a los que hacen iniquidad, y los echarán en el horno de fuego; allí será el lloro y el crujir de dientes". A los incrédulos judíos les advirtió que "vendrán muchos del oriente y del occidente, y se sentarán con Abraham e Isaac y Jacob en el reino de los cielos; mas los hijos del reino serán echados a las tinieblas de afuera; allí será el lloro y el crujir de dientes" (Mt. 8:11-12; cp. Mt. 13:50; 22:13; 24:51; 25:30; Lc. 13:28). El sufrimiento del infierno incluirá la interminable ira y frustración de aquellas personas que por siempre sentirán convicción intensa por su pecado condenatorio e ira hacia Dios. Quienes rechazan la gracia y el amor de Dios no se arrepentirán bajo el juicio divino. En realidad, eso únicamente los hará enfurecer más.

En marcado contraste, Esteban estaba **lleno del Espíritu Santo.** En medio de la tormenta de furia que aullaba a su alrededor permaneció tranquilo y totalmente sometido al control del Espíritu. *Huparchō* (estar) "adecuadamente [expresa] continuación de un estado o de una condición precedente" (G. Abbott-Smith, *A Manual Greek Lexicon of the New Testament* [Manual griego del léxico del Nuevo Testamento] [Edinburgh: T. & T. Clark, 1977], p. 457), un significado reforzado por su uso aquí en tiempo presente. Para Esteban, estar lleno del Espíritu era un estilo de vida (cp. 6:3, 5; Ef. 5:18). En consecuencia, él no tuvo que hacer ningún ajuste en su forma de vivir cuando llegó el momento de enfrentar la muerte.

El Espíritu produce el fruto de una existencia piadosa en las vidas de los creyentes. Sin embargo, como lo hizo por Esteban, también nos provee gracia y fortaleza especiales en momentos de crisis. Jesús dijo a sus seguidores: "Cuando os trajeren a las sinagogas, y ante los magistrados y las autoridades, no os preocupéis por cómo o qué habréis de responder, o qué habréis de decir; porque el Espíritu Santo os enseñará en la misma hora lo que debáis decir" (Lc. 12:11-12). Pedro escribió: "Si sois vituperados por el nombre de Cristo, sois bienaventurados, porque el glorioso Espíritu de Dios reposa sobre vosotros. Ciertamente, de parte de ellos, él es blasfemado, pero por vosotros es glorificado" (1 P. 4:14). El Espíritu concede gracia a creyentes perseguidos, lo cual les permite glorificar a Dios en sus muertes. Esteban fue el modelo para innumerables miles de mártires cristianos cuyas muertes han confirmado esa verdad.

Por tanto, los cristianos no deben rehuir las situaciones difíciles. Igual que Pablo, pueden manifestar: "Por amor a Cristo me gozo en las debilidades, en afrentas, en necesidades, en persecuciones, en angustias; porque cuando soy débil, entonces soy fuerte" (2 Co. 12:10). Deben comunicar con valentía a Cristo en toda circunstancia, sabiendo que el Espíritu Santo les concederá la gracia para enfrentar triunfalmente las consecuencias con gozo y paz.

CEGUERA ESPIRITUAL Y VISIÓN ESPIRITUAL

puestos los ojos en el cielo, vio la gloria de Dios, y a Jesús que estaba a la diestra de Dios, y dijo: He aquí, veo los cielos abiertos, y al Hijo del Hombre que está a la diestra de Dios. Entonces ellos, dando grandes voces, se taparon los oídos, y arremetieron a una contra él. (7:55*b*-57)

Un creyente lleno del Espíritu busca "las cosas de arriba, donde está Cristo sentado a la diestra de Dios" (Col. 3:1). En medio de sus circunstancias, Esteban puso **los ojos en el cielo.** Estaba viendo a Jesús (cp. 1:10, 11) y no miraba en vano. Veía **la gloria de Dios, y a Jesús que estaba a la diestra de Dios.** Esteban fue uno de los pocos en la Biblia bendecidos con un atisbo del cielo, junto con Isaías (Is. 6:1-3), Ezequiel (Ez. 1:26-28), Pablo (2 Co. 12:2-4) y Juan (Ap. 4:1ss). Dios abrió los ojos de Esteban para que viera la ardiente **gloria** Shekiná que revelaba la presencia de Dios el Padre, con **Jesús que estaba a** su **diestra.** A él le fue concedido el privilegio de ser el primero en ver a Jesús (antes que Pablo y Juan) en estado glorificado después de su ascensión.

En otras partes del Nuevo Testamento se describe a Jesús sentado a la diestra de Dios (Mt. 22:44; 24:64; Lc. 22:69; Hch. 2:34; Ef. 1:20; Col. 3:1; He. 1:3; 8:1; 10:11-12; 12:2). Él está sentado en términos de su obra redentora, la cual está concluida para siempre (He. 10:12). Esteban ve a Jesús parándose para mostrarle su preocupación. Él también se pone de pie para recibirlo en el cielo.

Esteban estaba tan extasiado con su visión beatífica que gritó: **He aquí, veo los cielos abiertos, y al Hijo del Hombre que está a la diestra de Dios.** Esa afirmación fue el colmo para el concilio; se había agotado su tolerancia hacia este blasfemo. El uso de Esteban de la frase **Hijo del Hombre** pudo haber sido el puñal más afilado, porque les recordó el juicio de otro prisionero. Así como Esteban, Jesús fue acusado de blasfemia por falsos testigos, pero Él permaneció en silencio. Finalmente, en frustración, el sumo sacerdote le exigió que hablara. "Te conjuro por el Dios viviente, que nos digas si eres tú el Cristo, el Hijo de Dios. Jesús le dijo: Tú lo has dicho; y además os digo, que desde ahora veréis al Hijo del Hombre sentado a la diestra del poder de Dios, y viniendo en las nubes del cielo" (Mt. 26:63-64). Por esa supuesta blasfemia de afirmar ser Hijo de Dios e Hijo del Hombre que se sentaría a la diestra de Dios, ellos habían ejecutado a Jesús. La visión y las palabras de Esteban que describían a Aquel a quien vio, les lanza en pleno rostro la afirmación que Jesús hiciera. Cristo afirmó que estaría a la diestra de Dios; ¡y Esteban asegura ahora que Él está allí! Los dirigentes judíos debían, o ejecutar también a Esteban, o admitir que se habían equivocado cuando asesinaron a Jesús.

El concilio decidió silenciar la verdad matando a Esteban. **Entonces ellos, dando grandes voces, se taparon los oídos** (para así no oír más blasfemia), **y arremetieron a una contra él.** En consecuencia comprobaron que era cierta la descripción que Jesucristo hiciera de ellos como "ciegos guías de ciegos" (Mt. 15:14; cp. Mt. 23:16, 24). Continuaron la triste tradición de sus antepasados al rechazar a otro de los mensajeros que Dios les había enviado. Y al haber rechazado y asesinado al Mesías, no sorprende que rechazaran y mataran a uno de los más fieles heraldos de Dios.

La selección que Lucas hizo de *hormaō* (**arremetieron**) relata vívidamente la furia del concilio. Se trata de la palabra que se usa para describir la desenfrenada carrera de una piara de cerdos endemoniados hacia el Mar de Galilea (Mr. 5:13; Mt. 8:32). También se usa en Hechos 19:29 para describir a la frenética multitud que irrumpió en el teatro de Éfeso. Para decirlo en términos del moderno castellano coloquial, lo masacraron. Dejando de lado la dignidad y el decoro, el más alto tribunal en Israel se redujo a una turba rugiente y asesina.

MUERTE Y VIDA

Y echándole fuera de la ciudad, le apedrearon; y los testigos pusieron sus ropas a los pies de un joven que se llamaba Saulo. Y apedreaban a Esteban, mientras él invocaba y decía: Señor Jesús, recibe mi espíritu. (7:58-59)

Los comentaristas no están de acuerdo en si Esteban fue masacrado por la turba violenta o si fue legalmente ejecutado. La escena se presta a la primera interpretación, así como a la falta de autoridad del concilio para decretar penas de muerte (Jn. 18:31). Sin embargo, los detalles del asesinato de Esteban muestran que intentaron aferrarse a algunas de las características de legalidad. No apedrearon a Esteban hasta haberlo echado **fuera de la ciudad.** Aquello fue en consonancia con el mandato de Levítico 24:14. Además, según Levítico 24:16, el apedreamiento era el castigo por blasfemar. Antes de lapidar a Esteban, **los testigos pusieron sus ropas a los pies de un joven que se llamaba Saulo.** Deuteronomio 17:7 ordenaba que los testigos fueran los primeros en lanzar piedras al acusado. Tal vez los falsos testigos lo hicieron así.

A pesar de la ira de los miembros del concilio, según parece trataron de dar un aspecto de justicia formal a la muerte de Esteban. Es verdad que los romanos se reservaban para sí mismos el derecho de la pena capital. No obstante, Pilato aún era gobernador y los miembros del concilio sabían que no tenían nada que temer de él. El hombre había demostrado su debilidad vacilante al permitir la ejecución de Jesús, a quien consideraba inocente. Pero de todos modos lo había matado, porque temía que los judíos le hicieran perder su posición como gobernante (cp. Jn. 19:1-18). A pesar de sus esfuerzos, Pilato estaba en serios problemas con Roma, lo cual dentro de poco le ocasionaría su destitución como gobernante. Además, él normalmente vivía en Cesarea, no en Jerusalén y, por tanto, lo más probable es que estuviera lejos de esta escena.

Sin embargo, es dudoso que el procedimiento total para la ejecución por apedreamiento prescrita en la Mishná fuera llevado a cabo en el caso de Esteban. Tal procedimiento exigía que a la víctima se la arrojara desde un muro de tres metros de alto. Si eso no lo mataba, el primer testigo le dejaba caer una piedra grande en el corazón. En el improbable caso de que sobreviviera a eso, entonces el segundo testigo le lanzaría otra piedra. Es prácticamente imposible que Esteban hubiera estado en alguna condición de hablar si ese hubiera sido el caso (cp. vv. 59-60). Más probable es el escenario de individuos iracundos provocando, aguijoneando y lanzando rocas al azar contra Esteban. Cabe señalar, por Hechos 8:2, que no siguieron la manera legalmente prescrita de sepelio dada en el Talmud, lo cual añade más evidencia de que todo el asunto fue ilegal.

La mención de **un joven que se llamaba Saulo** marca un punto crítico en la historia de salvación. Este, por supuesto, fue el hombre más comúnmente conocido por la historia como el apóstol Pablo. Aquí hace su primera aparición en Hechos y se vuelve el personaje dominante desde el capítulo 13 hasta el final del libro. No obstante, por ahora solo tiene un pequeño papel: cuidar la ropa de los verdugos de Esteban. Su posición al frente donde se hallaba la acción sugiere que estuvo profundamente implicado en todo el malvado asunto. En todo caso, el profundo y poderoso sermón de Esteban, así como su paz y su amor perdonador hacia sus asesinos, lograron una impresión perdurable en Pablo (cp. Hch. 22:30). Sin duda, ese día se plantaron semillas de su propia conversión maravillosa.

La turba continuó con su espantosa obra de lapidar **a Esteban.** Cuando se acercaba la muerte, este **invocaba** al Señor **y decía: Señor Jesús, recibe mi espíritu.** Su clamor imitó el de nuestro Señor en la cruz: "Padre, en tus manos encomiendo mi espíritu" (Lc. 23:46), con una importante excepción: Jesús se confió al Padre y Esteban al Señor Jesús. Que lo hiciera testifica de la deidad de Cristo, a quien obviamente relacionó como semejante al Padre.

Esta confesión de Esteban indica que él esperaba entrar a la presencia del Señor tan pronto muriera. La Biblia no enseña ninguna demora en absoluto entre la vida aquí y en el cielo, ni de un lugar de encierro como el purgatorio o algún estado inconsciente llamado sueño del alma. Al contrario, enseña que los creyentes entran a la presencia de Cristo inmediatamente después de la muerte (2 Co. 5:8; Fil. 1:23). Nuestro Señor prometió al ladrón en la cruz que lo llevaría al paraíso (la morada de Dios y de los justos) ese mismo día (Lc. 23:43). La parábola del hombre rico y Lázaro (Lc. 16:19-31) enseñó que los muertos no se encuentran fuera de conciencia o ajenos a sus circunstancias. Apocalipsis 6:9-11 describe a los mártires de la tribulación muy conscientes en la presencia divina y capaces de suplicar al Señor venganza sobre los asesinos.

La confiada oración de Esteban fue contestada. Al morir fue conducido de inmediato a la presencia del Señor al que había servido fielmente.

ODIO Y AMOR

Y puesto de rodillas, clamó a gran voz: Señor, no les tomes en cuenta este pecado. Y habiendo dicho esto, durmió. Y Saulo consentía en su muerte. (7:60—8:1*a*)

La multitud volcó su odio sobre Esteban apedreándolo sin piedad. En contraste, el corazón de él estaba lleno de amor por ellos. En medio de las piedras que volaban, Esteban cayó **de rodillas,** y **clamó a gran voz: Señor, no les tomes en cuenta este pecado.** Como había hecho su amado Señor antes que él, Esteban suplicó el perdón de Dios para sus verdugos. Estaba orando por la salvación de ellos, ya que esa es la única manera en que Dios perdona el pecado. La muerte del profeta Zacarías, hijo de Joiada, proporciona una comparación instructiva. En 2 de Crónicas 24:20-22 se describe su asesinato:

> *Entonces el Espíritu de Dios vino sobre Zacarías hijo del sacerdote Joiada; y puesto en pie, donde estaba más alto que el pueblo, les dijo: Así ha dicho Dios: ¿Por qué quebrantáis los mandamientos de Jehová? No os vendrá bien por ello; porque por haber dejado a Jehová, él también os abandonará. Pero ellos hicieron conspiración contra él, y por mandato del rey lo apedrearon hasta matarlo, en el patio de la casa de Jehová. Así el rey Joás no se acordó de la misericordia que Joiada padre de Zacarías había hecho con él, antes mató a su hijo, quien dijo al morir: Jehová lo vea y lo demande.*

Al igual que Esteban, Zacarías fue injustamente condenado a muerte. No obstante, a diferencia de Esteban, su última oración fue pidiendo justicia y venganza, no perdón.

Solamente los cristianos podemos amar igual que Esteban, debido a que "el amor de Dios ha sido derramado en nuestros corazones por el Espíritu Santo que nos fue dado" (Ro. 5:5).

Después de terminar su petición, Esteban **durmió.** En paz y en calma entró a la presencia de su Señor. Sin duda alguna, su Maestro le dijo: "Bien, buen siervo y fiel; sobre poco has sido fiel, sobre mucho te pondré; entra en el gozo de tu señor" (Mt. 25:21). Dormir es una hermosa manera de describir la muerte de un creyente; es indolora y temporal, y lo lleva de la experiencia de cansancio, trabajo y conciencia de todos los problemas de la vida a la frescura de un nuevo día (cp. Jn. 11:11-12; 1 Co. 11:30; 15:20, 51; 1 Ts. 4:14; 5:10).

Lucas concluye el relato de la vida de Esteban con una acotación muy importante. Nos recuerda otra vez la presencia de Saulo, dejando en claro que él **consentía en** la **muerte** de Esteban. Mediante su propia confesión, Saulo fue "el primero de los pecadores" con intenciones asesinas hacia todos los creyentes en Jesucristo (1 Ti. 1:13-15). Ese odio asesino fue evidente aquí. Como ya se indicó, la predicación audaz de Esteban y, en especial, su sosegado valor y amor perdonador frente a la muerte, afectó de manera profunda a Saulo, como lo reconoce en su posterior testimonio en Hechos 22:20. De la influencia de Esteban vino Pablo, y del mortífero Saulo Dios hizo a Pablo, cuyo vivificante evangelio impregnó todo el mundo romano, alterando para siempre el curso de la historia. Como lo dijera Agustín: "Si Esteban no hubiera orado, la Iglesia no habría tenido a Pablo".

Tanto en vida como en muerte, Esteban fue muy parecido a su Señor. Jesús estaba lleno del Espíritu, e igual sucedió con Esteban. Jesús estaba lleno de gracia, e igual Esteban. Jesús enfrentó con valentía al sistema religioso de su época, así como lo hizo Esteban. Jesús fue condenado por testigos mentirosos, e igual le aconteció a Esteban. Jesús tuvo un juicio falso, así como Esteban. Ambos fueron acusados de blasfemia. Ambos murieron fuera de la ciudad y fueron sepultados por simpatizantes. Y, según se indicó, ambos oraron por la salvación de sus verdugos. ¿Hubo alguna vez un hombre más parecido a Jesús?

La iglesia perseguida se extiende 18

En aquel día hubo una gran persecución contra la iglesia que estaba en Jerusalén; y todos fueron esparcidos por las tierras de Judea y de Samaria, salvo los apóstoles. Y hombres piadosos llevaron a enterrar a Esteban, e hicieron gran llanto sobre él. Y Saulo asolaba la iglesia, y entrando casa por casa, arrastraba a hombres y a mujeres, y los entregaba en la cárcel. Pero los que fueron esparcidos iban por todas partes anunciando el evangelio. Entonces Felipe, descendiendo a la ciudad de Samaria, les predicaba a Cristo. Y la gente, unánime, escuchaba atentamente las cosas que decía Felipe, oyendo y viendo las señales que hacía. Porque de muchos que tenían espíritus inmundos, salían éstos dando grandes voces; y muchos paralíticos y cojos eran sanados; así que había gran gozo en aquella ciudad. (8:1*b*-8)

El domingo 8 de enero de 1956, a la orilla de un solitario río en lo profundo de la selva ecuatoriana, cinco misioneros fueron asesinados por indios aucas primitivos. La noticia de la masacre conmocionó al mundo entero. Para algunos, esas muertes parecieron una tragedia sin sentido. Muchos censuraron las carreras misioneras prometedoras interrumpidas, las cinco mujeres jóvenes privadas de sus esposos y los niños que quedaron huérfanos.

Aquellos con visión espiritual más profunda vieron la situación de manera distinta. Nate Saint, uno de los cinco mártires, había escrito:

> Al sopesar el futuro y buscar la voluntad de Dios, ¿parece justo que pongamos en peligro nuestras vidas por solo unos pocos salvajes? Al hacernos esta pregunta, nos dimos cuenta de que no es el llamado de los miles necesitados, sino más bien la simple insinuación de la Palabra profética de que habrá en su presencia en el último día algunos de cada tribu; y sentimos en nuestro corazón que es agradable al Señor que nos interesemos en abrir paso a la prisión auca para Cristo (Elisabeth Elliot, *Portales de esplendor* [Grand Rapids: Editorial Portavoz, 1959], p. 182).

Elisabeth Elliot, viuda de otro de los mártires, Jim Elliot, comentó:

> Para el mundo en general esta fue una triste pérdida de cinco vidas jóvenes. Pero Dios tiene su plan y su propósito en todo. [Hubo aquellos cuyas vidas fueron cambiadas] por lo que ocurrió en Palm Beach. En Brasil, un grupo de indios en una estación misionera en lo profundo de Mato Grosso, después de oír la noticia, se puso de rodillas y clamó a Dios perdón por los hermanos indígenas que no conocían de Jesucristo. Un oficial [estadounidense] escribió a una de las viudas desde Roma: "Yo conocía a su esposo. Era para mí el ideal de lo que debía ser un cristiano". Un comandante de la fuerza aérea con base en Inglaterra, con muchas horas de vuelo en aviones de propulsión a chorro, comenzó inmediatamente a hacer planes para ingresar en la Missionary Aviation Fellowship (Asociación Misionera de Aviación). Un misionero en África escribió: "Nuestro trabajo no volverá a ser el mismo. Conocíamos a dos de los hombres. Sus vidas han dejado [huellas] en las nuestras".
>
> Cerca de la costa de Italia, un oficial de la marina [estadounidense] sufrió un accidente en el mar. Mientras flotaba solo sobre una balsa, recordó las palabras de Jim Elliot (las cuales había leído en un informe en el diario): "Cuando llegue el momento de morir, asegúrate de que [lo único] que tienes que hacer es morir". Oró para que fuera salvado, sabiendo que tenía más que hacer que morir. No estaba listo. Dios contestó su oración y fue rescatado. En Des Moines, Iowa, un muchacho de dieciocho años oró una semana en su habitación, y luego anunció a sus padres: "Voy a entregar mi vida completamente al Señor. Quiero tratar de ocupar el lugar de uno de esos cinco" (p. 262).

A primera vista, la muerte de Esteban también pudo parecer inútil. He aquí otra promisoria carrera truncada. Él era un predicador poderoso y milagroso, con profundo conocimiento del Antiguo Testamento. Tal era el carácter piadoso de su vida que fue uno de los siete elegidos por la iglesia para supervisar sus asuntos cotidianos. ¿Por qué fue necesario que alguien tan dotado tuviera tan breve ministerio?

Además, su ministerio pareció haber terminado en fracaso. No solo fue asesinado como hereje, sino que su muerte también desató la primera persecución contra toda la Iglesia. Esa cacería, encabezada por Saulo de Tarso, dispersó la comunidad de Jerusalén. Sin embargo, tal visión sesgada de la muerte de Esteban revela una falta de comprensión acerca del modo en que el Espíritu Santo obra. La persecución, que parece algo negativo, en realidad resultó ser un factor positivo. Produjo la primera gran extensión misionera de la iglesia primitiva. El intento de Satanás por acabar la pasión de la Iglesia simplemente esparció las cenizas e inició nuevas pasiones en todo el mundo. En palabras de Tertuliano, padre de la iglesia primitiva, la sangre de los mártires se convirtió en la semilla del cristianismo.

El primer esfuerzo misionero de la iglesia primitiva, que se inicia en este capítulo, se vislumbra en el capítulo 5 cuando personas de las ciudades cercanas a Jerusalén llevaban sus enfermos para que los apóstoles los sanaran (5:16). El alcance de Esteban hacia los judíos griegos, los de tierras extranjeras, fue un paso hacia la evangelización mundial. En el capítulo 8 se ve a la iglesia llegando hasta Judea, Samaria e incluso hasta los gentiles. Los creyentes estaban llevando el mandato del Señor de ser "testigos en Jerusalén, en toda Judea, en Samaria, y hasta lo último de la tierra" (Hch. 1:8).

Este capítulo marca otro paso histórico. Jerusalén, que hasta este momento ha dominado la historia, empieza a ubicarse en un segundo plano, ilustrando la verdad de que oportunidad pasada por alto es oportunidad perdida. La iglesia continúa allí, pero los días explosivos de milagros apostólicos y crecimiento exponencial se esfumaron. Pablo escribió que el evangelio llegó "al judío primeramente" y después "al griego" (Ro. 1:16). El asesinato de Esteban, casi sin lugar a dudas, fijó un punto con relación al rechazo final del evangelio por parte de los líderes judíos y comenzó el diseño de Dios para que el evangelio ingresara a nuevo territorio.

En los versículos iniciales de este importante capítulo se destacan tres características progresivas que describen la expansión inicial: persecución, que lleva a la predicación, la cual lleva a la productividad.

PERSECUCIÓN

En aquel día hubo una gran persecución contra la iglesia que estaba en Jerusalén; y todos fueron esparcidos por las tierras de Judea y de Samaria, salvo los apóstoles. Y hombres piadosos llevaron a enterrar a Esteban, e hicieron gran llanto sobre él. Y Saulo asolaba la iglesia, y entrando casa por casa, arrastraba a hombres y a mujeres, y los entregaba en la cárcel. (8:1*b*-3)

La persecución que la iglesia había enfrentado hasta este momento se había dirigido a los apóstoles y sus asociados que proclamaban al Jesús resucitado. Pedro y Juan habían hallado oposición de las autoridades judías, y Esteban había tenido una muerte de mártir. No obstante, hasta el momento, ninguna persecución se había dirigido a los miembros de la iglesia. Eso iba a cambiar rápidamente.

En el mismo **día** de la muerte de Esteban, **hubo una gran persecución contra la iglesia que estaba en Jerusalén.** Tal acoso, detonado por el asesinato de Esteban, fue dirigido por un judío griego llamado Saulo de Tarso. Él era un brillante alumno del rabino reverenciado Gamaliel, "en el judaísmo aventajaba a muchos de [sus] contemporáneos en [su] nación, siendo mucho más celoso de las tradiciones de [sus] padres" (Gá 1:14). Según el propio testimonio de Saulo, fue "circuncidado al octavo día, del linaje de Israel, de la tribu de Benjamín, hebreo de hebreos; en cuanto a la ley, fariseo; en cuanto a celo, perseguidor de la iglesia; en cuanto a la justicia que es en la ley, irreprensible" (Fil. 3:5-6). Su compromiso y su celo se enfocaron en eliminar a la Iglesia. (Para más información biográfica en cuanto a Pablo, véase *Comentario MacArthur del Nuevo Testamento: Romanos* [Grand Rapids: Editorial Portavoz, 2010], pp. 15-20).

Irónicamente, este mismo Saulo que consintió en la muerte de Esteban sufriría después muchísimo más por la causa de Cristo, de lo que sufrió Esteban. Ya en la primera persecución física, Esteban encontró la muerte, mientras Pablo fue maltratado muchas veces (cp. 2 Co. 11:23ss) hasta que finalmente lo asesinaron. Así se expresó el Señor Jesucristo acerca de él: "Yo le mostraré cuánto le es necesario padecer por mi nombre" (Hch. 9:16). Pablo soportó la turbación de enfrentar la muerte muchas veces (2 Co. 4:8-12).

El ministerio de Pablo fue en muchas maneras parecido al de Esteban. Este predicó a Cristo en las sinagogas igual que Pablo (Hch. 17:1-2). El pueblo judío rechazó el mensaje de Esteban, como ocurrió con el de Pablo (Hch. 18:5-6). Esteban fue acusado de hablar contra Moisés, la ley, y el templo, igual que Pablo (Hch. 21:28; 24:6; 25:8; 28:17). Esteban fue apedreado y también Pablo (aunque esta no fue la causa de su muerte) (Hch. 14:19-20). Ambos fueron juzgados ante el concilio (Hch. 6:12ss; 22:30ss). Por último, ambos murieron como mártires.

La muerte de Esteban fue entonces el catalizador para la tormenta de persecución dirigida por Pablo, que estalló sobre la iglesia. Las predicciones del Señor Jesucristo se estaban haciendo realidad: "Si a mí me han perseguido, también a vosotros os perseguirán" (Jn. 15:20); "Os expulsarán de las sinagogas; y aun viene la hora cuando cualquiera que os mate, pensará que rinde servicio a Dios" (Jn. 16:2).

A causa de la persecución, **todos** los creyentes **fueron esparcidos por las tierras de Judea y de Samaria, salvo los apóstoles.** "Todos" no significa que cada individuo cristiano, excepto los apóstoles, salieran de Jerusalén. Que la iglesia en Jerusalén siguió existiendo es evidente por Hechos 9:26; 11:2, 22; 15:4; y 21:17. Lo que esto significa es que la iglesia se dividió y que muchos de sus miembros fueron obligados a huir. Hechos 11:19-20 sugiere que quienes huyeron fueron principalmente griegos. Además, "desde este momento la iglesia en Jerusalén parece haber consistido casi totalmente de 'hebreos'" (F. F. Bruce, *The Book of the Acts* [El libro de Hechos] [Grand Rapids: Eerdmans, 1971], p. 174). Era simplemente natural que los griegos a los que pertenecía Esteban fueran quienes soportaran el peso de la persecución.

Como fieles guardianes, los **apóstoles** permanecieron en sus puestos. Se quedaron en la ciudad por devoción a su Señor y por el deseo de pastorear al rebaño en Jerusalén. Una razón adicional aparece en el versículo 2: Jerusalén todavía era un campo misionero. Los **hombres piadosos** que **llevaron a enterrar a Esteban, e hicieron gran llanto sobre él**, tal vez no habían sido creyentes. Lucas usa el término **piadosos** en otras partes para hablar de judíos compasivos (cp. Lc. 2:25; Hch. 2:5). Quizás se trataba de amigos de Esteban de la sinagoga griega a la que asistía. El **gran llanto**, prohibido por la *Mishná* en el caso de un criminal ejecutado, equivalía a una protesta pública por la muerte de Esteban. A pesar del rechazo por parte de los dirigentes, aún había personas como estas cuyos corazones podrían estar receptivos al evangelio. Los apóstoles se quedaron, en parte, para continuar sus esfuerzos de evangelización.

Mientras tanto, la tormenta de persecución no disminuyó, a medida que **Pablo asolaba la iglesia. Entrando casa por casa,** dotado de "poderes de los principales sacerdotes" (Hch. 26:10), **arrastraba a hombres y a mujeres, y los entregaba en la cárcel.** No contento con hostigar a los santos en Jerusalén, "Perseguía yo este Camino hasta la muerte, prendiendo y entregando en cárceles a hombres y mujeres" (22:4). Los perseguía "hasta en las ciudades extranjeras" (26:11) con el permiso de los líderes judíos (22:5). Irónicamente, fue en una de esas misiones que Pablo se convirtió (9:1ss). En su celo por sus creencias (cp. Gá. 1:13), cumplió la predicción del Señor registrada en Juan 16:2. Sinceramente creyó estar sirviendo a Dios al encarcelar y ejecutar creyentes. Y solo un enfrentamiento directo con el Señor Jesucristo, lo convencería de lo contrario.

Los efectos de la persecución de Pablo fueron devastadores. *Lumainomai* (**asolaba**) aparece solo aquí en el Nuevo Testamento. Significa "destruir", "arruinar", o "dañar". En escritos extra bíblicos la palabra se usaba para describir la destrucción de una ciudad (Walter Bauer, William Arndt y F. Wilbur Gingrich, *A Greek-English Lexicon of the New Testament and Other Early Christian Literature* [Léxico griego-inglés del Nuevo Testamento y otra literatura cristiana primitiva] [Chicago: Univ. of Chicago Press, 1979], p. 481) y destrozo por parte de una bestia salvaje (Fritz Rienecker y Cleon L. Rogers, hijo, *Linguistic Key to the Greek New Testament* [Clave lingüística del griego del Nuevo Testamento] [Grand Rapids: Zondervan, 1982], p. 278). Saulo literalmente hizo trizas a la iglesia, acción que lo perseguiría tanto por el resto de su vida que se sintió totalmente indigno de ser llamado apóstol (cp. Hch. 22:3-5, 19-20; 26:9ss; Gá. 1:13; 1 Co. 15:9; 1 Ti. 1:13).

La persecución dio lugar a la dispersión de la iglesia. Pero Dios utilizó la ira de los hombres para sus propósitos del evangelio.

PREDICACIÓN

Pero los que fueron esparcidos iban por todas partes anunciando el evangelio. Entonces Felipe, descendiendo a la ciudad de Samaria, les predicaba a

Cristo. Y la gente, unánime, escuchaba atentamente las cosas que decía Felipe, oyendo y viendo las señales que hacía. Porque de muchos que tenían espíritus inmundos, salían éstos dando grandes voces; y muchos paralíticos y cojos eran sanados. (8:4-7)

Pero a pesar de la persecución, esos creyentes **que fueron esparcidos** no se escondieron de miedo en algún lugar, sino que **iban por todas partes anunciando el evangelio.** Lo habían estado haciendo así antes de que estallara la persecución, y después de ser **esparcidos** siguieron predicando. **Iban por todas partes** se traduce de *dierchomai,* una palabra usada con frecuencia en Hechos para esfuerzos misioneros (8:40; 9:32; 13:6; 14:24; 15:3, 41; 16:6; 18:23; 19:1, 21; 20:2).

Anunciando viene de *euangelizō,* que se refiere a proclamar el evangelio. Todos los creyentes esparcidos participaban en la evangelización. Aunque algunos están especialmente dotados como evangelistas (Hch. 21:8; Ef. 4:11; 2 Ti. 4:5), todos los cristianos están llamados a proclamar a Cristo. La persecución de Satanás promovió exactamente aquello que pensaba destruir. Avivó a los creyentes con nuevo celo por proclamar el evangelio en nuevas regiones.

En el versículo 5, el Espíritu Santo se enfoca en un hombre como ejemplo de evangelización fiel. **Felipe,** el primer misionero nombrado en la Biblia, se convirtió en personaje clave para el resto del capítulo. No se trata del apóstol Felipe, quien se habría quedado en Jerusalén, sino de uno de los siete elegidos para servir a las necesidades de las viudas griegas (Hch. 6:5). Al igual que Esteban, su fidelidad a esa tarea lo llevó a que Dios lo usara en un ministerio más amplio (cp. Mt. 25:23). Aunque Pablo más adelante le dio instrucciones a Timoteo: "Haz obra de evangelista" (2 Ti. 4:5), Felipe es el único hombre en la Biblia a quien realmente se le dio el título de "evangelista" (Hch. 21:8). Ese es un honor apropiado a la luz de su obra pionera en la extensión del evangelio.

Comenzando su obra evangelizadora, **Felipe** descendió desde el altiplano de Jerusalén hasta **la ciudad de Samaria,** ubicada como a sesenta y cinco kilómetros al norte de Jerusalén. Esta era la antigua capital del reino del norte de Israel, fundada por Omri (1 R. 16:24), quien mudó la capital allí desde Tirsa. Después de casi siglo y medio de idolatría y rebelión contra Dios, la ciudad cayó ante los asirios dirigidos por Salmanasar V en el año 722 a.C. (2 R. 17:1-6; 18:9-12). La caída de Samaria marcó el final del reino del norte. Muchos de sus habitantes fueron reasentados en otras tierras por los asirios (2 R. 17:6), quienes, a su vez, también ubicaron personas de otras naciones en esa región (2 R. 17:24ss). La mezcla resultante de judíos y gentiles se llegó a conocer como los samaritanos. En 2 Reyes 17:33 se registra su sincretismo religioso: "Temían a Jehová, y honraban a sus dioses, según la costumbre de las naciones de donde habían sido trasladados".

Pronto surgió fricción entre samaritanos e israelitas. Cuando algunos samaritanos se ofrecieron para ayudar a reconstruir el templo, fueron rechazados con desprecio a pesar de afirmar que eran adoradores del Dios verdadero (Esd. 4:1-3). La hostilidad entre judíos y samaritanos aumentó durante el período ínter testamentario y fue evidente durante la época del Nuevo Testamento (cp. Lc. 9:52-53; Jn. 4:9; 8:48).

El Señor había desafiado la opinión convencional al anunciar su mesianismo a una mujer samaritana, dando un ejemplo de su compromiso con el mundo y los pecadores (cp. Jn. 4:4ss). Su orden expresa en Hechos 1:8 la cumplió inicialmente Felipe, quien **predicaba a Cristo** a los samaritanos. "Predicar" viene de *kērussō,* que significa "pregonar públicamente", o "heraldo". En los tiempos del Nuevo Testamento, los samaritanos habían abandonado su idolatría. Ahora adoraban al Dios verdadero, aunque a su manera confusa a la que Jesús describió como "adorar lo que no saben" (cp. Jn. 4:20-24). Los samaritanos, al igual que los judíos, esperaban la venida del Mesías (cp. Jn. 4:25). Dada esa base de fe, Esteban pudo proclamar simplemente a Jesús como el Mesías esperado por mucho tiempo. Con algunas personas debemos pasar tiempo en pre-evangelización, derribándoles su falso sistema de fe y probando la verdad del cristianismo. Solo entonces estarán preparados para entender el mensaje del evangelio. Otros, como los samaritanos, ya tienen ese trasfondo. Están listos para oír el evangelio.

El Espíritu Santo les había preparado los corazones para responder al mensaje de Felipe. En consecuencia, su predicación dio como resultado un despertar espiritual total, **y la gente, unánime, escuchaba atentamente las cosas que decía Felipe. Las señales que** el evangelista **hacía** lo autenticaban como un verdadero mensajero de Dios (cp. Hch. 2:43; 4:30; 5:12-16; 6:8; 14:3; 15:12, y el análisis en el capítulo 13 de esta obra).

El versículo 7 brinda algunos ejemplos de los milagros realizados por Felipe: **De muchos que tenían espíritus inmundos, salían éstos dando grandes voces; y muchos paralíticos y cojos eran sanados.** Lucas observa que aquellos poseídos por **espíritus inmundos,** o demonios, eran liberados de su esclavitud. Con frecuencia Jesús encontraba y sanaba individuos poseídos por demonios (cp. Mt. 4:24; 8:16, 28; 9:32-34; 12:22-28; etc.), mientras Satanás reunía todas sus fuerzas en un inútil esfuerzo por oponérsele. Jesús aún seguía sanando a los endemoniados a través de este asociado de los apóstoles.

Tales personas poseídas por demonios existen en nuestros días, aunque quizás no se manifiesten tan comúnmente en la cultura occidental como sucede en las culturas tercermundistas. Según C. S. Lewis observa, Satanás y sus demonios se adaptan a cualquier punto de vista del mundo que prevalezca en una sociedad dada. Están igualmente en casa con los materialistas occidentales como con los magos del tercer mundo (*Cartas del diablo a su sobrino* [Alcalá: Rialp, 2004], p. 3). A muchos individuos los controlan demonios que no dan señal externa de ello. Esto es especialmente cierto en quienes se dedican a promover falsa religión. (Para un estudio de si los cristianos pueden ser poseídos por demonios, véase mi libro *How to Meet the Enemy* [Cómo enfrentar al enemigo] [Wheaton, Ill.: Victor, 1992].)

A pesar de las afirmaciones del movimiento de la llamada "guerra espiritual", los creyentes modernos no tienen autoridad o capacidad para expulsar o echar fuera demonios directamente. En otras partes he observado que el don temporal de milagros fue el poder *(dunamis)* de echar fuera demonios (*Comentario MacArthur del Nuevo Testamento: Primera Corintios* [Grand Rapids: Editorial Portavoz, 2003], p. 351). Igual que los demás dones de señales, este ya no opera hoy día. Sin embargo, como ocurre con la sanidad física, podemos orar a Dios para interceder.

En ninguna parte de la Biblia se les dice a los creyentes que "aten a Satanás" o que ejerzan autoridad sobre demonios. Satanás no será atado hasta que un ángel santo lo haga en el futuro (Ap. 20:1-3). Y quienes intentan hacer valer su autoridad sobre los demonios se arriesgan a acabar como los exorcistas judíos, los hijos de Esceva, en Hechos 19:13-16. Es peligroso reclamar para nosotros autoridad que Dios no nos ha concedido. La instrucción bíblica para realizar guerra espiritual se presenta en Efesios 6:10-18.

Sin poder resistir el poder de Felipe dado por Dios, los **espíritus inmundos salían** de sus víctimas, **dando grandes voces.** A menudo los demonios vociferaban al ser expulsados de un individuo (cp. Mr. 1:23, 26; 3:11; 5:7; Lc. 4:33, 41), tal vez en ira y protesta.

Además de echar fuera demonios, Felipe también sanaba a **muchos paralíticos y cojos.** Tales curaciones de graves enfermedades físicas hacían evidente el poder de Dios. No es de extrañar, entonces, que las personas prestaran gran atención a la verdad en la predicación de Felipe.

PRODUCTIVIDAD

así que había gran gozo en aquella ciudad. (8:8)

Los poderosos milagros y la predicación de Felipe resultaron, como había ocurrido en Jerusalén, en que muchos samaritanos se salvaran. Pero como es inevitable que ocurra con la verdadera predicación bíblica, esta produjo otra reacción enormemente distinta. Algunos aceptaron el evangelio, creyendo y reaccionando con **gran gozo.** Estos eran verdaderos creyentes, el trigo. Su gozo venía no solo de liberación física de enfermedades, o libertad espiritual de demonios, sino de total liberación del pecado por medio del Mesías, el Señor Jesucristo. Sin embargo, otros eran falsos creyentes, o cizaña. Uno de esos era Simón el mago, tema de la siguiente narración.

La fe que no salva 19

Pero había un hombre llamado Simón, que antes ejercía la magia en aquella ciudad, y había engañado a la gente de Samaria, haciéndose pasar por algún grande. A éste oían atentamente todos, desde el más pequeño hasta el más grande, diciendo: Este es el gran poder de Dios. Y le estaban atentos, porque con sus artes mágicas les había engañado mucho tiempo. Pero cuando creyeron a Felipe, que anunciaba el evangelio del reino de Dios y el nombre de Jesucristo, se bautizaban hombres y mujeres. También creyó Simón mismo, y habiéndose bautizado, estaba siempre con Felipe; y viendo las señales y grandes milagros que se hacían, estaba atónito. Cuando los apóstoles que estaban en Jerusalén oyeron que Samaria había recibido la palabra de Dios, enviaron allá a Pedro y a Juan; los cuales, habiendo venido, oraron por ellos para que recibiesen el Espíritu Santo; porque aún no había descendido sobre ninguno de ellos, sino que solamente habían sido bautizados en el nombre de Jesús. Entonces les imponían las manos, y recibían el Espíritu Santo. Cuando vio Simón que por la imposición de las manos de los apóstoles se daba el Espíritu Santo, les ofreció dinero, diciendo: Dadme también a mí este poder, para que cualquiera a quien yo impusiere las manos reciba el Espíritu Santo. Entonces Pedro le dijo: Tu dinero perezca contigo, porque has pensado que el don de Dios se obtiene con dinero. No tienes tú parte ni suerte en este asunto, porque tu corazón no es recto delante de Dios. Arrepiéntete, pues, de esta tu maldad, y ruega a Dios, si quizá te sea perdonado el pensamiento de tu corazón; porque en hiel de amargura y en prisión de maldad veo que estás. Respondiendo entonces Simón, dijo: Rogad vosotros por mí al Señor, para que nada de esto que habéis dicho venga sobre mí. (8:9-24)

Una de las más terribles realidades de toda la Biblia es que algunos que creen ser salvos estarán perdidos eternamente. Creyendo estar en el camino estrecho de la verdad salvadora que lleva al cielo, se hallan en la realidad del camino ancho de la religión que lleva a la destrucción (cp. Mt. 7:13-14). Un día estos oirán del Señor Jesucristo las palabras más espeluznantes y aterradoras que cualquier ser humano podría oír: "Nunca os conocí; apartaos de mí, hacedores de maldad" (Mt. 7:23). Para su horror, descubrirán demasiado tarde que hay una entrada al infierno al borde mismo de las puertas del cielo.

Siempre que el evangelio se predica, inevitablemente producirá tanto verdadera fe salvadora como falsa fe. La semilla de la Palabra caerá en buena tierra y en mala tierra. Habrá ramas que permanecerán en la vid, y ramas que serán cortadas y lanzadas al fuego. Habrá aquellos con fe que obra y aquellos con fe demoniaca. Habrá aquellos a quienes Jesús se les revele y aquellos a quienes no se les confíe. Hay aquellos "que tienen fe para preservación del alma", y quienes "retroceden para perdición" (He. 10:39). Habrá trigo y habrá cizaña.

En Mateo 13:24-30, Jesús contó una parábola que ilustra esa verdad:

> *Les refirió otra parábola, diciendo: El reino de los cielos es semejante a un hombre que sembró buena semilla en su campo; pero mientras dormían los hombres, vino su enemigo y sembró cizaña entre el trigo, y se fue. Y cuando salió la hierba y dio fruto, entonces apareció también la cizaña. Vinieron entonces los siervos del padre de familia y le dijeron: Señor, ¿no sembraste buena semilla en tu campo? ¿De dónde, pues, tiene cizaña? Él les dijo: Un enemigo ha hecho esto. Y los siervos le dijeron: ¿Quieres, pues, que vayamos y la arranquemos? Él les dijo: No, no sea que al arrancar la cizaña, arranquéis también con ella el trigo. Dejad crecer juntamente lo uno y lo otro hasta la siega; y al tiempo de la siega yo diré a los segadores: Recoged primero la cizaña, y atadla en manojos para quemarla; pero recoged el trigo en mi granero.*

Como solía ocurrir, los discípulos no entendieron, y pidieron una explicación:

> *Entonces, despedida la gente, entró Jesús en la casa; y acercándose a él sus discípulos, le dijeron: Explícanos la parábola de la cizaña del campo. Respondiendo él, les dijo: El que siembra la buena semilla es el Hijo del Hombre. El campo es el mundo; la buena semilla son los hijos del reino, y la cizaña son los hijos del malo. El enemigo que la sembró es el diablo; la siega es el fin del siglo; y los segadores son los ángeles. De manera que como se arranca la cizaña, y se quema en el fuego, así será en el fin de este siglo. Enviará el Hijo del Hombre a sus ángeles, y recogerán de su reino a todos los que sirven de tropiezo, y a los que hacen iniquidad, y los echarán en el horno de fuego; allí será el lloro y el crujir de dientes. Entonces los justos resplandecerán como el sol en el reino de su Padre. El que tiene oídos para oír, oiga (vv. 36-43).*

El texto que estamos estudiando presenta un ejemplo de verdadera fe salvadora: el eunuco etíope. Pero antes expone el primer intento satánico de sembrar cizaña en la iglesia: Simón el mago. Simón parecía ser un creyente verdadero; incluso uno tan perspicaz que Felipe lo aceptó como tal y lo bautizó. Simón incluso "estaba siempre con Felipe" (v. 13). Por consiguiente manifestó las tres características de un creyente verdadero: creyó, fue obediente en el bautismo, y continuó con Felipe. Él ilustra la dificultad de distinguir el trigo de la cizaña. No fue sino hasta que intentó comprar la autoridad para conferir el Espíritu Santo que fue desenmascarado.

¿Dónde se equivocó Simón? ¿Cómo alguien que llegó tan cerca pierde la verdadera salvación? La fe debe estar cimentada en la verdad, lo que no ocurrió con la fe de este individuo. Este pasaje revela cuatro faltas evidentes y enormes en la teología de Simón: tenía un concepto erróneo de sí mismo, de la salvación, del Espíritu, y del pecado. Esas faltas le impidieron obtener fe verdadera y lo dejaron en la posición de perecer eternamente.

UN CONCEPTO ERRÓNEO DE SÍ MISMO

Pero había un hombre llamado Simón, que antes ejercía la magia en aquella ciudad, y había engañado a la gente de Samaria, haciéndose pasar por algún grande. A éste oían atentamente todos, desde el más pequeño hasta el más grande, diciendo: Este es el gran poder de Dios. Y le estaban atentos, porque con sus artes mágicas les había engañado mucho tiempo. (8:9-11)

Un concepto humano erróneo excluye del reino a multitudes. La idea de que el hombre es esencialmente bueno es tan generalizada como condenatoria. Adormece a sus víctimas en una falsa sensación de seguridad, haciéndoles creer que Dios aplaude sus buenas obras. En realidad, Él ve las supuestas buenas obras con que se visten como trapos "de inmundicia" (Is. 64:6). Toda visión de hombre como básicamente bueno y capaz de ganarse la aceptación de Dios reduce a las personas a la realidad del juicio y las ciega a su necesidad de un Salvador. Quienes no se ven como pecadores no verán ninguna necesidad de un Salvador.

Simón tenía un concepto egoísta de sí mismo. **Antes ejercía la magia en aquella ciudad, y había engañado a la gente de Samaria,** lo que lo llevó a hacerse **pasar por algún grande.** Vio en la enseñanza de Felipe un medio para obtener mayor grandeza personal. **Magia** se refería originalmente a la tradición de los reyes magos: los sacerdotes de los medo-persas. Era una mezcla de ciencia y superstición, que combinaba astrología, adivinación y prácticas ocultistas con historia, matemáticas y agricultura. Podía ser engañosa o demoníaca. (Para más información sobre los reyes magos, véase *Matthew* 1-8, MacArthur New Testament Commentary [Comentario MacArthur del Nuevo Testamento: Mateo 1-8] [Chicago: Moody, 1985], pp. 26-28.)

El dominio de Simón sobre los habitantes de Samaria era total. **Todos, desde el más pequeño hasta el más grande,** le **oían atentamente**. Impresionados por los poderes ocultos del hombre, exclamaban: **Este es el gran poder de Dios.** Ese título muestra que Simón reclamaba deidad para sí mismo (cp. Mr. 14:62). Que Simón se viera como Dios revela el concepto personal más hereje imaginable.

Los padres de la iglesia primitiva informaron que Simón fue uno de los fundadores del gnosticismo y que se veía como Dios encarnado:

> Los dos primeros maestros que propagaron ideas gnósticas dentro de círculos cristianos fueron Simón y su sucesor Menandro. A diferencia de representantes posteriores y más famosos del gnosticismo, tanto Simón como Menandro reclamaron divinidad para sí mismos. Según Hechos 8:9-11, Simón se hacía llamar "el gran poder de Dios". El término griego que usaba, *dunamis*, fue utilizado por teólogos posteriores en referencia tanto al Hijo como al Espíritu Santo... Mártir Justino también reporta la afirmación mesiánica de Simón (Harold O. J. Brown, *Heresies* [Herejías] [Garden City, N.Y.: Doubleday, 1984], p. 50).

El pervertido punto de vista de Simón en cuanto a sí mismo le brindó a Satanás una abertura a fin de usarlo para extender falsa doctrina a través de la iglesia. La falsa enseñanza de este hombre, elaborada posteriormente en gnosticismo a gran escala, iría a amenazar a la Iglesia desde Pablo en adelante durante siglos.

Igual que muchos magos charlatanes de hoy día (cp. Hch. 13:6), es probable que Simón creyera en sus poderes. El hecho de que él quizás no hubiera sido un fraude consciente lo hacía aun más peligroso y creíble. No sorprende entonces que los samaritanos estuvieran **atentos, porque con sus artes mágicas** Simón **les había engañado mucho tiempo.** Después de todo, ellos creían en Dios y tenías esperanzas mesiánicas. Eso los hacía especialmente vulnerables a alguien como Simón. Por desgracia, personas en nuestra época supuestamente sofisticada son igual de indefensos ante charlatanes que afirman ser obradores de milagros en el nombre de Dios.

Siempre y cuando Simón creía ser Dios, o casi Dios, no podía alcanzar un sentido apropiado de sí mismo. Las personas deben verse perdidas, débiles e indefensas sin Dios antes de que puedan ser salvas. Simón, atrapado firmemente en las garras del orgullo, no lo hizo.

El orgullo es una falta universal y mortal. Es el pecado más característico y controlador en toda la miseria humana. El orgullo es un pecado fácil de disfrutar, ya que no conlleva pérdida de reputación pública, prestigio, salud o riqueza asociados con otros pecados socialmente aceptables. Es más, al orgullo se le ha redefinido como una virtud. A menudo se le enmascara bajo motivos al parecer correctos. En Herodes se disfrazó de integridad y decapitó a Juan el Bautista. En los fariseos se ocultó como santidad y rechazaron al Santo. Entre las autoridades judías se enmascaró como celo por Dios y ejecutaron al Hijo de Dios.

La soberbia costó el Edén, y los ángeles caídos al cielo. Condenó a Sodoma y Gomorra. Costó la razón a Nabucodonosor, el reino a Roboam, la salud a Uzías, y la vida a Amán.

La Biblia tiene mucho que decir acerca del mal del orgullo. Job 35:12 declara: "Allí clamarán, y él no oirá, por la soberbia de los malos". El salmista señala que "el malo, por la altivez de su rostro, no busca a Dios; no hay Dios en ninguno de sus pensamientos" (Sal. 10:4), e implora al Señor que destruya "todos los labios lisonjeros, y la lengua que habla jactanciosamente" (Sal. 12:3). Proverbios 6:16-19 describe siete cosas que el Señor odia. Encabezan la lista "los ojos altivos". Proverbios 8:13 declara: "El temor de Jehová es aborrecer el mal; la soberbia y la arrogancia, el mal camino", mientras Proverbios 16:5 advierte que "abominación es a Jehová todo altivo de corazón; ciertamente no quedará impune". Las conocidas palabras de Proverbios 21:4 establecen que "Altivez de ojos, y orgullo de corazón... son pecado". Pablo advierte que "el que se cree ser algo, no siendo nada, a sí mismo se engaña" (Gá. 6:3). Nadie puede ser salvo mientras se aferre a su orgullo, porque "Dios resiste a los soberbios, y da gracia a los humildes" (Stg. 4:6).

En Lucas 18:9-14, el Señor Jesucristo contó una parábola en que enseñó que el soberbio no puede ser salvo:

> *A unos que confiaban en sí mismos como justos, y menospreciaban a los otros, dijo también esta parábola: Dos hombres subieron al templo a orar: uno era fariseo, y el otro publicano. El fariseo, puesto en pie, oraba consigo mismo de esta manera: Dios, te doy gracias porque no soy como los otros hombres, ladrones, injustos, adúlteros, ni aun como este publicano; ayuno dos veces a la semana, doy diezmos de todo lo que gano. Mas el publicano, estando lejos, no quería ni aun alzar los ojos al cielo, sino que se golpeaba el pecho, diciendo: Dios, sé propicio a mí, pecador. Os digo que éste descendió a su casa justificado antes que el otro; porque cualquiera que se enaltece, será humillado; y el que se humilla será enaltecido.*

Solo aquellos con la humildad de niños pequeños son los que están en condiciones de entrar al reino (Mt. 18:2-4). En una de las invitaciones más poderosas a los pecadores, Santiago escribió:

> *Pero él da mayor gracia. Por esto dice: Dios resiste a los soberbios, y da gracia a los humildes. Someteos, pues, a Dios; resistid al diablo, y huirá de vosotros. Acercaos a Dios, y él se acercará a vosotros. Pecadores, limpiad las manos; y vosotros los de doble ánimo, purificad vuestros corazones. Afligíos, y lamentad, y llorad. Vuestra risa se convierta en lloro, y vuestro gozo en tristeza. Humillaos delante del Señor, y él os exaltará (Stg. 4:6-10).*

Solamente los humildes, conscientes de sus defectos y carencias, tienen esa sensación de perdición que los lleva hacia Dios. Son los pobres de espíritu, no los orgullosos de corazón, quienes experimentan fe salvadora (Mt. 5:3). Nada menos que un juicio real de la miseria personal, y un corazón contrito y humillado, junto con deseos de perdonar, preparan al alma para recibir salvación.

UN CONCEPTO ERRÓNEO DE LA SALVACIÓN

Pero cuando creyeron a Felipe, que anunciaba el evangelio del reino de Dios y el nombre de Jesucristo, se bautizaban hombres y mujeres. También creyó Simón mismo, y habiéndose bautizado, estaba siempre con Felipe; y viendo las señales y grandes milagros que se hacían, estaba atónito. (8:12-13)

Las artes mágicas de Simón no podían igualar el poder de Felipe otorgado mediante el Espíritu (vv. 6-7). Por medio del ministerio de Felipe estalló un avivamiento en la ciudad. **Cuando** los habitantes **creyeron a Felipe, que anunciaba el evangelio del reino de Dios y el nombre de Jesucristo, se bautizaban hombres y mujeres.** El mensaje de Felipe constaba de dos partes. **El reino de Dios** se refiere al control soberano de Dios sobre la esfera de salvación a la que entran quienes le pertenecen por medio de la fe en su Hijo. **El nombre de Jesucristo** simboliza todo lo que Él es. Felipe les predicaba acerca del reino de los salvos y luego se centraba en las verdades acerca del Señor Jesucristo, quien es el único que provee entrada a dicho reino.

Debido a la predicación de Felipe, muchos creían, y **se bautizaban** tanto **hombres** como **mujeres.** A medida que más personas creían, Simón veía que sus seguidores disminuían. Su declive en popularidad, un anhelo de estar asociado con Dios y con el Mesías, y un deseo de aprender lo que percibió como el poder de Felipe, motivó a **Simón mismo** a creer. Después de haberse **bautizado, estaba siempre con Felipe,** al menos por tres razones perceptibles. Primera, quería mantener contacto con las personas que seguían al predicador. Al unirse al movimiento de Felipe, Simón iba donde estaba la acción y conservaba viva la oportunidad de influir. Segunda, **viendo las señales y grandes milagros que se hacían, estaba atónito.** El hombre tenía, por decirlo así, un interés profesional en averiguar el origen de los asombrosos poderes de Felipe. Tercera, según muestra su conducta posterior, quiso encontrar la manera de adquirir ese poder para sí mismo. A menudo los magos vendían entre sí sus trucos y encantamientos.

Pronto se hizo evidente que el bautismo de Felipe no lo salvó. El bautismo no tiene poder para quitar el pecado. Sin embargo, es importante y se ha ordenado para todos los creyentes después de la salvación, a pesar de que no juega ningún papel en ella. (Para un mayor análisis de este punto véase el estudio de Hechos 2:38 en el capítulo 6 de esta obra.)

Simón vio la salvación como algo puramente ritualista, como un asunto externo y como una acción adicional en su vida, en lugar de verla como una trasformación total de su propia persona desde el interior (2 Co. 5:17). La fe que no transforma la vida no es fe salvadora. Santiago escribió: "¿De qué aprovechará si alguno dice que tiene fe, y no tiene obras? ¿Podrá la fe salvarle? Así también la fe, si no tiene obras, es muerta en sí misma. Pero alguno dirá: Tú tienes fe, y yo tengo obras. Muéstrame tu fe sin tus obras, y yo te mostraré mi fe por mis obras" (Stg. 2:14, 17-18). Los demonios tienen fe (Stg. 2:19), pero no son salvos. Ellos creen, y hasta tiemblan, pero no aman la justicia ni odian el pecado, lo cual es la evidencia de la salvación. Tampoco eran salvos aquellos descritos en Juan 2:23-25 mediante fe superficial: "Estando en Jerusalén en la fiesta de la pascua, muchos creyeron en su nombre, viendo las señales que hacía. Pero Jesús mismo no se fiaba de ellos, porque conocía a todos, y no tenía necesidad de que nadie le diese testimonio del hombre, pues él sabía lo que había en el hombre". Simón creyó en las señales pero no en Aquel cuyo poder estaba detrás de esas señales. La verdadera salvación no es simple profesión ni un acto ritual. Es la transformación divina del alma que cambia de amarse a sí mismo hacia amar a Dios, de amar el pecado hacia amar la santidad.

UN CONCEPTO ERRÓNEO DEL ESPÍRITU

Cuando los apóstoles que estaban en Jerusalén oyeron que Samaria había recibido la palabra de Dios, enviaron allá a Pedro y a Juan; los cuales, habiendo venido, oraron por ellos para que recibiesen el Espíritu Santo; porque aún no había descendido sobre ninguno de ellos, sino que solamente habían sido bautizados en el nombre de Jesús. Entonces les imponían las manos, y recibían el Espíritu Santo. Cuando vio Simón que por la imposición de las manos de los apóstoles se daba el Espíritu Santo, les ofreció dinero, diciendo: Dadme también a mí este poder, para que cualquiera a quien yo impusiere las manos reciba el Espíritu Santo. Entonces Pedro le dijo: Tu dinero perezca contigo, porque has pensado que el don de Dios se obtiene con dinero. No tienes tú parte ni suerte en este asunto, porque tu corazón no es recto delante de Dios. (8:14-21)

La noticia del asombroso éxito del ministerio de Felipe llegó hasta **los apóstoles que estaban en Jerusalén.** Cuando ellos **oyeron que Samaria había recibido la palabra de Dios, enviaron allá a Pedro y a Juan** para comprobarlo. Que se hubiera incluido a los samaritanos en el reino era horrible para los judíos devotos, quienes los despreciaban y los consideraban parias mestizos. La misión de Pedro y Juan tenía tres propósitos: primero, llegaron para ayudar a Felipe con la cosecha espiritual. La respuesta de los samaritanos era demasiado grande para que la manejara un solo hombre. Segundo, llegaron para brindar autorización y bendición apostólica a la obra de Felipe entre los samaritanos. Los apóstoles eran los líderes de la iglesia y conservaron ese estado aun después que esta se extendió más allá de Jerusalén. Finalmente, **habiendo venido** de Jerusalén, **oraron por** los samaritanos **para que recibiesen el Espíritu Santo.** Aunque estos habían creído y se habían bautizado, **el Espíritu Santo aún no había descendido sobre ninguno de ellos, sino que solamente habían sido bautizados en el nombre de Jesús.**

Muchos de los que enseñan que los cristianos reciben al Espíritu después de la salvación se apoyan en este pasaje y en otros similares. Sostienen que aquí hay un claro ejemplo de personas que eran salvas, pero que aún no habían recibido el Espíritu Santo. Tal enseñanza hace caso omiso del carácter transitorio de Hechos. (Para mayor información sobre el carácter transitorio de Hechos y el asunto de la posterioridad relacionada con la venida del Espíritu, véase mi libro *Los carismáticos* [El Paso: Casa Bautista de Publicaciones, 1995].) También va en contra de la clara enseñanza bíblica de que "si alguno no tiene el Espíritu de Cristo, no es de él" (Ro. 8:9). No existe tal cosa como un cristiano que aún no ha recibido el Espíritu Santo, ya que "por un solo Espíritu fuimos todos bautizados en un cuerpo" en la conversión (1 Co. 12:13).

¿Por qué los samaritanos (y después los gentiles) tuvieron que esperar a los apóstoles antes de recibir el Espíritu? Durante siglos, los samaritanos y los judíos habían sido encarnizados rivales. Si los samaritanos hubieran recibido el Espíritu independientemente de la iglesia en Jerusalén, esa grieta se habría perpetuado. Muy bien podría haber habido dos iglesias separadas, una judía y una samaritana. Pero Dios había diseñado una sola iglesia, en que "no hay judío ni griego; no hay esclavo ni libre; no hay varón ni mujer; porque todos... [son] uno en Cristo Jesús" (Gá. 3:28).

Al retrasar la venida del Espíritu hasta que Pedro y Juan llegaran, Dios preservó la unidad de la Iglesia. Los apóstoles debían ver por sí mismos, y dar a la iglesia en Jerusalén testimonio de primera mano, de que el Espíritu había descendido sobre los samaritanos. Estos también debían aprender que estaban sujetos a la autoridad apostólica. Los creyentes judíos y los samaritanos estaban, por tanto, vinculados en un solo organismo.

Hoy día los creyentes reciben el Espíritu en la salvación (cp. 1 Co. 12:13). No hubo necesidad de demora después que judíos, gentiles, samaritanos y santos del Antiguo Testamento estuvieran ya incluidos en la Iglesia.

Cuando Pedro y Juan llegaron, **imponían las manos** en los creyentes samaritanos**, y recibían el Espíritu Santo.** Eso fue demasiado para Simón, quien **cuando vio que por la imposición de las manos de los apóstoles se daba el Espíritu Santo, les ofreció dinero.** Evidentemente, los creyentes estaban hablando en lenguas como ocurrió el día de Pentecostés, de modo que había una señal perceptible de esta gran realidad suficiente para despertar el interés del mago.

Felipe lo había impresionado, Pero Pedro y Juan lo dejaron anonadado. Simón les pidió de manera descarada y entusiasta: **Dadme también a mí este poder, para que cualquiera a quien yo impusiere las manos reciba el Espíritu Santo.** Él trató a los dos apóstoles como si fueran compañeros practicantes de magia, y estuvo listo a negociar el precio a fin de comprar el secreto del poder que exhibían. Con esta acción, Simón prestó su nombre para acuñar el término "simonía", que a través de la historia se ha referido a la compra y venta de cargos eclesiásticos.

Sin embargo, nada de lo que Dios tiene está a la venta, ¡y sin duda no el Espíritu Santo! En realidad, no hay nada que hombres pecadores puedan ofrecerle. El Espíritu derrama libremente salvación y bendición espiritual sobre sus hijos. En Isaías 55:1, Dios exclama: "A todos los sedientos: Venid a las aguas; y los que no tienen dinero, venid, comprad y comed. Venid, comprad sin dinero y sin precio, vino y leche". Pero miles y miles, ignorantes de esa realidad, se esfuerzan de manera desesperada e inútil por comprar la bendición de Dios.

Sin vacilar, **Pedro** reaccionó con indignación ante el intento de Simón. Con su característica franqueza **le dijo: Tu dinero perezca contigo, porque has pensado que el don de Dios se obtiene con dinero. No tienes tú parte ni suerte en este asunto, porque tu corazón no es recto delante de Dios.** Pedro estaba furioso, como indica su prosa vehemente. El significado literal del texto griego ha sido suavizado por la mayoría de traducciones. La versión de J. B. Phillips, "¡Al diablo contigo y con tu dinero!", transmite el verdadero sentido de las palabras de Pedro. El punto de vista de Simón respecto al Espíritu como una mercancía que se compra y se añade a su repertorio era totalmente equivocado y blasfemo, y traicionó la condición perdida del mago.

UN CONCEPTO ERRÓNEO DEL PECADO

Arrepiéntete, pues, de esta tu maldad, y ruega a Dios, si quizá te sea perdonado el pensamiento de tu corazón; porque en hiel de amargura y en prisión de maldad veo que estás. Respondiendo entonces Simón, dijo: Rogad vosotros por mí al Señor, para que nada de esto que habéis dicho venga sobre mí. (8:22-24)

Pedro continúa su condenación de Simón haciéndole un llamado al arrepentimiento. Le ordena: **Arrepiéntete, pues, de esta tu maldad, y ruega a Dios, si quizá te sea perdonado el pensamiento de tu corazón.** Desafía al mago a tener una visión correcta de su horrendo pecado... visión que vea al pecado por lo que es y se vuelva de él. Según se observó en los capítulos 6 y 10 de esta obra, *metanoeō* (**arrepiéntete**) implica volverse del pecado hacia Dios. Pedro le dijo a Simón que si lo hiciera, **quizá** le **sea perdonado el pensamiento de** su **corazón.** Usando expresiones del Antiguo Testamento para las más graves ofensas contra

Dios (cp. Dt. 19:18-20), Pedro advierte al mago de la gravedad de su situación: **porque en hiel de amargura y en prisión de maldad veo que estás.** La frase **hiel de amargura** es muy fuerte. *Cholē* (**hiel**) se refiere a un ingrediente amargo o bilis. Junto con *pikria* (**amargura**) transmite una condición sumamente triste, severa y desagradable. Representa vívidamente la realidad de alguien atrapado **en prisión de maldad.** El pecado es un amo muy cruel. Proverbios 5:22 advierte: "Prenderán al impío sus propias iniquidades, y retenido será con las cuerdas de su pecado".

No obstante, Simón no se persuadió. Aunque sacudido y asustado, se negó a pedir perdón al Señor. En lugar de eso, dijo a los apóstoles: **Rogad vosotros por mí al Señor, para que nada de esto que habéis dicho venga sobre mí.** Su única preocupación fue escapar a las consecuencias temporales de su pecado. Sin embargo, el verdadero arrepentimiento consiste en más que la simple tristeza por el pecado. Pablo escribe en 2 Corintios 7:9-10:

> *Ahora me gozo, no porque hayáis sido contristados, sino porque fuisteis contristados para arrepentimiento; porque habéis sido contristados según Dios, para que ninguna pérdida padecieseis por nuestra parte. Porque la tristeza que es según Dios produce arrepentimiento para salvación, de que no hay que arrepentirse; pero la tristeza del mundo produce muerte.*

Simón tenía un concepto erróneo de sí mismo, de la salvación, del Espíritu, y del pecado. Todo eso sumado a una fe que no salva.

La fe que salva 20

Y ellos, habiendo testificado y hablado la palabra de Dios, se volvieron a Jerusalén, y en muchas poblaciones de los samaritanos anunciaron el evangelio. Un ángel del Señor habló a Felipe, diciendo: Levántate y ve hacia el sur, por el camino que desciende de Jerusalén a Gaza, el cual es desierto. Entonces él se levantó y fue. Y sucedió que un etíope, eunuco, funcionario de Candace reina de los etíopes, el cual estaba sobre todos sus tesoros, y había venido a Jerusalén para adorar, volvía sentado en su carro, y leyendo al profeta Isaías. Y el Espíritu dijo a Felipe: Acércate y júntate a ese carro. Acudiendo Felipe, le oyó que leía al profeta Isaías, y dijo: Pero ¿entiendes lo que lees? Él dijo: ¿Y cómo podré, si alguno no me enseñare? Y rogó a Felipe que subiese y se sentara con él. El pasaje de la Escritura que leía era este: Como oveja a la muerte fue llevado; y como cordero mudo delante del que lo trasquila, así no abrió su boca. En su humillación no se le hizo justicia; mas su generación, ¿quién la contará? Porque fue quitada de la tierra su vida. Respondiendo el eunuco, dijo a Felipe: Te ruego que me digas: ¿de quién dice el profeta esto; de sí mismo, o de algún otro? Entonces Felipe, abriendo su boca, y comenzando desde esta escritura, le anunció el evangelio de Jesús. Y yendo por el camino, llegaron a cierta agua, y dijo el eunuco: Aquí hay agua; ¿qué impide que yo sea bautizado? Felipe dijo: Si crees de todo corazón, bien puedes. Y respondiendo, dijo: Creo que Jesucristo es el Hijo de Dios. Y mandó parar el carro; y descendieron ambos al agua, Felipe y el eunuco, y le bautizó. Cuando subieron del agua, el Espíritu del Señor arrebató a Felipe; y el eunuco no le vio más, y siguió gozoso su camino. Pero Felipe se encontró en Azoto; y pasando, anunciaba el evangelio en todas las ciudades, hasta que llegó a Cesarea. (8:25-40)

A lo largo de la historia redentora, Dios ha derramado sus bendiciones a la humanidad a través del canal de su pueblo del pacto. Él nunca quiso que los israelitas fueran un depósito que almacenara las bendiciones divinas para sí mismos. Al contrario, debían ser un embudo por medio del cual esas bendiciones se esparcieran a un mundo perdido. En Isaías 42:6, Dios los identificó como una luz que iluminara las tinieblas alrededor de ellos. Dios dijo a Israel:

"Yo Jehová te he llamado en justicia, y te sostendré por la mano; te guardaré y te pondré por pacto al pueblo, por luz de las naciones".

En gran medida, Israel fracasó en su misión. Se inclinó hacia dos extremos, los cuales bloquearon el canal de las bendiciones divinas. El primero fue el nacionalismo separatista que no quería ningún contacto con las naciones gentiles. Jonás tipifica tal actitud. Habiéndosele ordenado que predicara a los odiados asirios, en lugar de eso salió en dirección opuesta. Solo después de pasar tres días en el vientre de un gran pez aceptó de mala gana ir a Nínive. Entonces, en vez de alegrarse cuando los ninivitas se arrepintieron, se enojó en gran manera:

> *Pero Jonás se apesadumbró en extremo, y se enojó [por el arrepentimiento de Nínive]. Y oró a Jehová y dijo: Ahora, oh Jehová, ¿no es esto lo que yo decía estando aún en mi tierra? Por eso me apresuré a huir a Tarsis; porque sabía yo que tú eres Dios clemente y piadoso, tardo en enojarte, y de grande misericordia, y que te arrepientes del mal. Ahora pues, oh Jehová, te ruego que me quites la vida; porque mejor me es la muerte que la vida (Jon. 4:1-3).*

El otro extremo fue el de transigir. Bajo la influencia de las naciones, Israel cayó frecuentemente en idolatría pagana. Un Israel idólatra no tenía mensaje para entregar a las naciones gentiles idólatras que lo rodeaban. Para la época de Jesús, ya no había adoración a ídolos paganos, la que en su mayor parte desapareció después del cautiverio babilónico. Sin embargo, esta fue sustituida por una forma corrupta de judaísmo que apoyaba la salvación por obras.

Debido al fracaso de Israel, Dios abrió un nuevo canal por medio del cual las bendiciones divinas pudieran alcanzar al mundo: la Iglesia. A diferencia de Israel, la Iglesia abarcaría todas las naciones. Empezando en Pentecostés y en Jerusalén como un grupo exclusivamente judío, pronto la iglesia se extendió a los samaritanos mestizos. Otro objetivo se alcanzó cuando Felipe presentó a Jesucristo a un gentil. A través de este hombre, un alto funcionario en la corte de la reina etíope, el evangelio penetraría primero las almas del gran continente africano. A diferencia de Simón, la fe del etíope fue verdadera, y dio como resultado la salvación. Esa fe verdadera requirió tres elementos: preparación adecuada, presentación adecuada, y respuesta adecuada.

PREPARACIÓN ADECUADA

Y ellos, habiendo testificado y hablado la palabra de Dios, se volvieron a Jerusalén, y en muchas poblaciones de los samaritanos anunciaron el evangelio. Un ángel del Señor habló a Felipe, diciendo: Levántate y ve hacia el sur, por el camino que desciende de Jerusalén a Gaza, el cual es desierto. Entonces él se

levantó y fue. Y sucedió que un etíope, eunuco, funcionario de Candace reina de los etíopes, el cual estaba sobre todos sus tesoros, y había venido a Jerusalén para adorar, volvía sentado en su carro, y leyendo al profeta Isaías. (8:25-28)

La verdadera fe salvadora exige preparación adecuada. En la parábola del sembrador, únicamente la tierra buena y preparada produjo los frutos de salvación. El texto indica cuatro características que prepararon la tierra del corazón del eunuco.

LA OBRA SOBERANA DEL ESPÍRITU

Y ellos, habiendo testificado y hablado la palabra de Dios, se volvieron a Jerusalén, y en muchas poblaciones de los samaritanos anunciaron el evangelio. Un ángel del Señor habló a Felipe, diciendo: Levántate y ve hacia el sur, por el camino que desciende de Jerusalén a Gaza, el cual es desierto. (8:25-26)

La salvación, tanto en su planificación eterna como en su manifestación temporal, es totalmente obra de Dios. La salvación se origina en la voluntad soberana de Dios (Hch. 13:48; Ro. 8:29ss; Ef. 1:3-7) y se implementó por medio de su gracia (Ef. 2:8-9; 2 Ts. 2:13; 2 Ti. 2:10; Tit. 1:1; 1 P. 1:1).

Dos barreras insuperables impiden al hombre aferrarse a la salvación por esfuerzo propio. Primera, los hombres están espiritualmente muertos y, por consiguiente, no pueden responder a Dios. Efesios 2:1 declara de manera sencilla y directa: "Estabais muertos en vuestros delitos y pecados". Estar físicamente muerto significa no poder responder al estímulo físico, y estar espiritualmente muerto significa no poder responder al estímulo espiritual. Como dice el dicho: "¡Los muertos no creen!".

Nuestro Señor fue igualmente contundente en Juan 6:44: "Ninguno puede venir a mí, si el Padre que me envió no le trajere". Pablo explica en 1 Corintios 2:14 que "el hombre natural [individuo rebelde y pecador separado de Dios] no percibe las cosas que son del Espíritu de Dios, porque para él son locura, y no las puede entender, porque se han de discernir espiritualmente". Por tanto, la predicación del evangelio, apartada de la obra vivificante del Espíritu, se percibe como nada más que "tropezadero" y "locura" (1 Co. 1:23).

Como si la muerte espiritual de un hombre no fuera suficiente, un segundo factor lo aleja de Dios. Pablo escribe: "Si nuestro evangelio está aún encubierto, entre los que se pierden está encubierto; en los cuales el dios de este siglo cegó el entendimiento de los incrédulos, para que no les resplandezca la luz del evangelio de la gloria de Cristo, el cual es la imagen de Dios" (2 Co. 4:3-4).

Satanás y sus huestes demoníacas también participan activamente en impedir que la humanidad encuentre la verdad de Dios. Así como las aves en la parábola del sembrador, el diablo y sus demonios arrebatan la verdad del evangelio de los hombres caídos. En consecuencia, "cuando alguno oye la palabra del reino y no la entiende, viene el malo, y arrebata lo que fue sembrado en su corazón" (Mt. 13:19).

A la luz de esas verdades, es absurdo suponer que alguien, sin que en su alma inerte obre el Espíritu Santo, pueda alguna vez llegar a la fe salvadora en Cristo. Los seres humanos no pueden trepar las barreras que los separan de Dios. Él, de modo soberano, en su amor y misericordia, debe extenderse al hombre. Si no lo hubiera hecho, nadie podría salvarse.

El Espíritu comenzó su obra preparatoria al transportar a Felipe a una posición estratégica. Después que Pedro y Juan hubieron **testificado y hablado la palabra de Dios, se volvieron a Jerusalén.** En su viaje de regreso a través de **muchas poblaciones de los samaritanos anunciaron el evangelio,** continuando la obra evangélica comenzada por Felipe. Pero el **ángel del Señor habló a Felipe, diciendo: Levántate y ve hacia el sur, por el camino que desciende de Jerusalén a Gaza, el cual es desierto.** Las circunstancias que llevarían a la salvación del eunuco fueron preparadas de modo soberano y específico por el Espíritu.

Gaza era una de las cinco ciudades principales de los filisteos, junto con Asdod, Ascalón, Ecrón y Gat. La antigua Gaza había sido destruida a principios del siglo I d.C., y una nueva ciudad se había construido más cerca de la costa. Sin embargo, un **camino** de **Jerusalén** a Egipto aún atravesaba las ruinas de la antigua Gaza. La nota de Lucas de que este camino **es desierto** destaca lo extraño de la orden del Espíritu a Felipe. Había dos caminos de Jerusalén a Gaza y el Espíritu le ordena al evangelista tomar el que muy pocas veces se usaba (Simon J. Kistemaker, *New Testament Commentary: Acts* [Comentario al Nuevo Testamento: Hechos] [Grand Rapids: Baker, 1990], p. 311). También es posible traducir la frase griega *kata mesēmbrian* (**hacia el sur**) como "a mediodía" (I. Howard Marshall, *The Acts of the Apostles* [Hechos de los apóstoles] [Grand Rapids: Eerdmans, 1984], p. 161). Esa traducción "haría aún más desconcertante y extraña la orden dada a Felipe: al mediodía no habría viajeros en el camino a causa del calor" (Marshall, *Acts,* p. 161).

Este no fue un simple encuentro casual y, sin duda, no fue resultado de hábil ingenuidad humana. De no haber habido participación del Espíritu en la planificación de los acontecimientos, estos nunca se habrían llevado a cabo. Eso hace resaltar, una vez más, la obra soberana del Espíritu en la salvación.

LA VOLUNTAD SUMISA DE FELIPE

Entonces él se levantó y fue. (8:27*a*)

A menudo Dios cumple su obra soberana a través de instrumentos humanos (cp. Hch. 2:4, 14; 4:8, 31; 6:3-8; 7:55; 8:17; 10:1-48; 16:25-34). Igual que un maestro escultor, Él toma herramientas inútiles e intrascendentes y las usa para crear una obra maestra. No obstante, hay un prerrequisito para ser usado por Dios. Pablo escribe: "En una casa grande, no solamente hay utensilios de oro y de plata, sino también de madera y de barro; y unos son para usos honrosos, y otros para usos viles. Así que, si alguno se limpia de estas cosas, será instrumento para honra, santificado, útil al Señor, y dispuesto para toda buena obra" (2 Ti. 2:20-21). Dios utiliza instrumentos santos para hacer su obra.

Felipe fue uno de esos instrumentos. Cuando se le ordenó ir a lo que debió haberle parecido un viaje ilógico, **él se levantó y fue.** No luchó con lo irracional de la orden antes de obedecer, ni cuestionó a Dios. Dejar el emocionante trabajo en Samaria por ir a un camino desierto podría parecer absurdo para muchos, pero no para el hombre de Dios a quien lo acababa de visitar un ángel del Señor. Por obediencia voluntaria se convirtió en el medio por el cual Dios salvó al eunuco.

LA BÚSQUEDA DE ADORACIÓN DEL EUNUCO

Y sucedió que un etíope, eunuco, funcionario de Candace reina de los etíopes, el cual estaba sobre todos sus tesoros, y había venido a Jerusalén para adorar, (8:27*b*)

El **etíope eunuco** era un buscador de la verdad de Dios, como lo demuestra su largo viaje **a Jerusalén para adorar.** No se dice cómo entró en contacto con el judaísmo, pero Alejandría contaba con una enorme colonia judía. El hombre era un importante oficial en su país, un **funcionario de Candace reina de los etíopes.** Etiopía en esa época era un gran reino ubicado al sur de Egipto. Para griegos y romanos representaba los límites exteriores del mundo conocido (John B. Polhill, *The New American Commentary: Acts* [Nuevo comentario estadounidense: Hechos] [Nashville: Broadman, 1992], p. 223). Se creía que sus reyes eran encarnaciones del dios sol y que los asuntos cotidianos de gobierno debían desempeñarse bajo la autoridad de ellos. El verdadero poder yacía en las reinas madres, conocidas por el título hereditario de **Candace** (el cual no es un nombre propio sino un título oficial, como Faraón o César). El eunuco etíope **estaba sobre todos** los **tesoros** del reino. En términos modernos, se trataba del ministro de economía o secretario del tesoro.

A pesar del poder y prestigio que tenía, el hombre tenía gran vacío en el alma, que lo llevó a hacer un viaje largo y arduo desde su tierra natal hasta Jerusalén para buscar al Dios verdadero. Por desgracia, dado el estado del judaísmo de la época, él quizás se alejó estando aún vacío. No se sabe con certeza si físicamente se trataba de un eunuco. El término también se usaba para referirse a funcionarios gubernamentales que no habían sido castrados (tales como Potifar [Gn. 39:1 LXX], quien era casado). No obstante, es probable que este sí fuera un verdadero eunuco, ya que Lucas usa tanto **eunuco** como **funcionario** para describirlo. De haber sido cierto esto, le habrían prohibido el acceso al templo (Dt. 23:1) y, por ende, no podía participar totalmente en los cultos de adoración de los judíos. Además, no le habrían permitido convertirse en un prosélito completo al judaísmo (Polhill, *Acts,* 224). Se habría limitado a ser un hombre temeroso de Dios que asistía a las sinagogas y leía las Escrituras, pero sin posibilidades de llegar a ser un verdadero prosélito (Hch. 10:1-2).

La soberanía de Dios en la salvación no elimina la responsabilidad del hombre. Que Él recompensa al corazón que busca es una enseñanza clara en la Biblia. En Jeremías 29:13 Dios dijo: "Me buscaréis y me hallaréis, porque me buscaréis de todo vuestro corazón", mientras en Juan 7:17 el Señor Jesucristo expresó: "El que quiera hacer la voluntad de Dios, conocerá si la doctrina es de Dios, o si yo hablo por mi propia cuenta". El eunuco es un ejemplo clásico de alguien que vivió a la altura de la luz que tenía. Entonces Dios le entregó la revelación total de Jesucristo a través del ministerio de Felipe.

LA PALABRA BÍBLICA DE VERDAD

volvía sentado en su carro, y leyendo al profeta Isaías. (8:28)

Mientras regresaba a su propia patria, el eunuco **volvía sentado en su carro, y** estaba **leyendo al profeta Isaías.** Tenía deseos de conocer a Dios y la certeza de que se lo haría a través de las Escrituras. En realidad, el hombre era un ávido buscador. Sin duda había pagado un gran precio en Jerusalén por ese rollo, el cual habría resultado difícil adquirir para un gentil. Quizás **Isaías** tenía un significado especial para él, ya que el libro habla de manera consoladora a los eunucos (Is. 56:3-5).

Aunque la existencia de Dios y algunos de sus atributos se pueden discernir por medio de la naturaleza (Ro. 1:20), su conocimiento salvador viene solo a través de las Escrituras. Jesús afirmó en Juan 5:39: "Escudriñad las Escrituras; porque a vosotros os parece que en ellas tenéis la vida eterna; y ellas son las que dan testimonio de mí". En el versículo 46, Él añadió: "Si creyeseis a Moisés, me creeríais a mí, porque de mí escribió él". Al encontrarse con dos de sus seguidores después de resucitar, el Señor los reprendió por su torpeza: "¡Oh insensatos, y tardos de corazón para creer todo lo que los profetas han dicho! ¿No era necesario que el Cristo padeciera estas cosas, y que entrara en su gloria? Y comenzando desde Moisés, y siguiendo por todos los profetas, les declaraba en todas las Escrituras lo que de él decían" (Lc. 24:25-27).

Las grandiosas palabras de Pablo a los romanos sirven para enriquecer la comprensión de este relato:

Porque no hay diferencia entre judío y griego, pues el mismo que es Señor de todos, es rico para con todos los que le invocan; porque todo aquel que invocare el nombre del Señor, será salvo. ¿Cómo, pues, invocarán a aquel en el cual no han creído? ¿Y cómo creerán en aquel de quien no han oído? ¿Y cómo oirán sin haber quien les predique? ¿Y cómo predicarán si no fueren enviados? Como está escrito: ¡Cuán hermosos son los pies de los que anuncian la paz, de los que anuncian buenas nuevas! (Ro. 10:12-15).

Todos los elementos esenciales estaban en su lugar; la obra de preparación del Espíritu estaba completa. Felipe había obedecido el llamado del Espíritu y estaba en su lugar para encontrar al hombre. El corazón del eunuco estaba buscando, preparado al leer las Escrituras. Todo estaba fijado para el próximo paso.

PRESENTACIÓN ADECUADA

Y el Espíritu dijo a Felipe: Acércate y júntate a ese carro. Acudiendo Felipe, le oyó que leía al profeta Isaías, y dijo: Pero ¿entiendes lo que lees? Él dijo: ¿Y cómo podré, si alguno no me enseñare? Y rogó a Felipe que subiese y se sentara con él. El pasaje de la Escritura que leía era este: Como oveja a la muerte fue llevado; y como cordero mudo delante del que lo trasquila, así no abrió su boca. En su humillación no se le hizo justicia; mas su generación, ¿quién la contará? Porque fue quitada de la tierra su vida. Respondiendo el eunuco, dijo a Felipe: Te ruego que me digas: ¿de quién dice el profeta esto; de sí mismo, o de algún otro? Entonces Felipe, abriendo su boca, y comenzando desde esta escritura, le anunció el evangelio de Jesús. (8:29-35)

Cuando **el Espíritu dijo a Felipe: Acércate y júntate a ese carro,** al instante él obedeció. Aunque el séquito del eunuco debió haber sido impresionante, Felipe no se intimidó. La valentía pertenece a las personas llenas del Espíritu (Hch. 4:31). Podemos discernir por las palabras de Felipe la esencia de una presentación eficaz del evangelio.

DEBE CENTRARSE EN LA BIBLIA

Acudiendo Felipe, le oyó que leía al profeta Isaías, y dijo: Pero ¿entiendes lo que lees? Él dijo: ¿Y cómo podré, si alguno no me enseñare? Y rogó a Felipe que subiese y se sentara con él. El pasaje de la Escritura que leía era este: Como oveja a la muerte fue llevado; y como cordero mudo delante del que lo trasquila, así no abrió su boca. En su humillación no se le hizo justicia; mas su generación, ¿quién la contará? Porque fue quitada de la tierra su vida.

Respondiendo el eunuco, dijo a Felipe: Te ruego que me digas: ¿de quién dice el profeta esto; de sí mismo, o de algún otro? (8:30-34)

Al parecer sin la ventaja de haber tenido una presentación formal normalmente necesaria para una audiencia con un líder tan influyente, y demostrando su afán al haberse acercado, Felipe **oyó que** el funcionario **leía al profeta Isaías.** La antigua costumbre de leer en voz alta proveyó una oportunidad a Felipe, quien aunque era un total extraño, preguntó: **Pero ¿entiendes lo que lees?** El hombre estaba tan desorientado por el pasaje que leía en voz alta, que parece no haberle importado quién era Felipe o por qué estaba en su presencia. El eunuco tan solo exclamó: **¿Y cómo podré, si alguno no me enseñare?** De manera sorprendente, entonces **rogó a Felipe que subiese y se sentara con él.** El corazón del evangelista se debió haber alegrado en la confianza de que Dios hubiera preparado así a este hombre. Que el funcionario invitara a Felipe a explicarle las Escrituras demuestra el espíritu de búsqueda, humilde y dócil del eunuco (cp. Is. 55:6-7).

El pasaje de la Escritura que el eunuco **leía era este: Como oveja a la muerte fue llevado; y como cordero mudo delante del que lo trasquila, así no abrió su boca. En su humillación no se le hizo justicia; mas su generación, ¿quién la contará? Porque fue quitada de la tierra su vida.** Ese pasaje, tomado de Isaías 53:7-8, desconcertó al eunuco. Entonces le **dijo a Felipe: Te ruego que me digas: ¿de quién dice el profeta esto; de sí mismo, o de algún otro?** Su confusión era comprensible, porque el pensamiento judío contemporáneo estaba dividido en la interpretación de este pasaje. Algunos sostenían que la oveja asesinada representaba a la nación, otros que Isaías hablaba de sí mismo, y otros más que se refería al Mesías. Sin embargo, en la mente de Felipe no había duda acerca de quién escribió el profeta.

Igual que su Señor (Jn. 3:1ss; 4:5ss), Pablo (1 Co. 9:22), Apolos (Hch. 18:24), y Esteban (Hch. 7:2ss), Felipe tenía suficiente conocimiento de las Escrituras para responder al eunuco donde este se hallaba. Todo creyente debería esforzarse por ser competente en la Biblia, a fin de que también pueda responder a las personas en el momento de su perplejidad y llevarlas al Salvador. Pedro nos alienta con estas palabras: "Estad siempre preparados para presentar defensa con mansedumbre y reverencia ante todo el que os demande razón de la esperanza que hay en vosotros" (1 P. 3:15).

Una presentación eficaz del evangelio se debe basar sólidamente en la Biblia. El uso de testimonio personal, historias, tratados y otras herramientas no es sustituto, porque la sola Biblia es "poder de Dios para salvación a todo aquel que cree; al judío primeramente, y también al griego" (Ro. 1:16). El poder está en la Palabra.

DEBE CENTRARSE EN JESUCRISTO

Entonces Felipe, abriendo su boca, y comenzando desde esta escritura, le anunció el evangelio de Jesús. (8:35)

Felipe estaba preparado. **Comenzando desde esta** misma **escritura** que el eunuco había estado leyendo, **le anunció el evangelio de Jesús.** Le mostró que el Cordero al que se refería este pasaje no era otro que el Mesías, quien constituiría el sacrificio final y definitivo por el pecado. Luego le presentó evidencia de que Jesús era el Mesías.

Para que cualquier presentación del evangelio sea eficaz debe mostrar, de manera clara y comprensiva, la Persona y la obra de Jesucristo. Tal vez el motivo por el que algunos rechazan a Jesús es que no se presenta suficientemente bien el mensaje, a fin de que entiendan quién es Él y qué logró. Proclamar a otros lo que Cristo ha hecho en nuestras vidas es importante, pero la verdad bíblica acerca de Jesucristo es el mensaje esencial que el pecador debe oír. Como Pablo escribiera a los romanos: "La fe es por el oír… la palabra de Dios" (Ro. 10:17).

RESPUESTA ADECUADA

Y yendo por el camino, llegaron a cierta agua, y dijo el eunuco: Aquí hay agua; ¿qué impide que yo sea bautizado? Felipe dijo: Si crees de todo corazón, bien puedes. Y respondiendo, dijo: Creo que Jesucristo es el Hijo de Dios. Y mandó parar el carro; y descendieron ambos al agua, Felipe y el eunuco, y le bautizó. Cuando subieron del agua, el Espíritu del Señor arrebató a Felipe; y el eunuco no le vio más, y siguió gozoso su camino. Pero Felipe se encontró en Azoto; y pasando, anunciaba el evangelio en todas las ciudades, hasta que llegó a Cesarea. (8:36-40)

La preparación del Espíritu y la presentación de Felipe se combinaron para producir la respuesta adecuada de parte del eunuco. Esa respuesta fue triple: fe, confesión y regocijo.

FE

Y yendo por el camino, llegaron a cierta agua, y dijo el eunuco: Aquí hay agua; ¿qué impide que yo sea bautizado? (8:36)

En algún momento **yendo por el camino,** el eunuco recibió fe salvadora y se le instruyó respecto al bautismo. Esto se supone por su reacción cuando **llegaron a cierta agua.** Allí **el eunuco** le **dijo** Felipe: **Aquí hay agua; ¿qué impide que**

yo sea bautizado? Llegaron a una laguna o un arroyo en el desierto justo en el momento adecuado para que el hombre testificara públicamente su fe salvadora siendo obediente a la ordenanza de inmersión. Ese es un ejemplo más del control soberano que el Espíritu tiene de los acontecimientos.

CONFESIÓN

Felipe dijo: Si crees de todo corazón, bien puedes. Y respondiendo, dijo: Creo que Jesucristo es el Hijo de Dios. Y mandó parar el carro; y descendieron ambos al agua, Felipe y el eunuco, y le bautizó. (8:37-38)

Los manuscritos más antiguos y confiables no contienen el versículo 37, el cual se debería omitir del texto. No obstante, algo como aquella confesión debió haber ocurrido. Al llegar al agua, el eunuco **mandó parar el carro; y descendieron ambos al agua, Felipe y el eunuco, y le bautizó.** Según se observó en el análisis de Hechos 2:38 en el capítulo 6 de esta obra, el bautismo constituye la confesión pública de fe que se espera de todos los creyentes. El eunuco no solo confesó a Felipe su fe de manera personal, sino que también lo hizo frente a todo su séquito. Atestiguar que tanto él como Felipe **descendieron al agua** indica que el bautismo fue por inmersión. Eso sucede con la palabra *baptizō* que significa "entrar a" o "sumergirse".

REGOCIJO

Cuando subieron del agua, el Espíritu del Señor arrebató a Felipe; y el eunuco no le vio más, y siguió gozoso su camino. Pero Felipe se encontró en Azoto; y pasando, anunciaba el evangelio en todas las ciudades, hasta que llegó a Cesarea. (8:39-40)

Apenas **subieron del agua, el Espíritu del Señor arrebató a Felipe; y el eunuco no le vio más.** Elías (1 R. 18:12; 2 R. 2:16) y Ezequiel (Ez. 3:12, 14; 8:3) también fueron arrebatados de manera milagrosa. Al realizar este asombroso suceso, el Espíritu Santo confirmó a toda la caravana que Felipe era su verdadero vocero. En cuanto al eunuco, **siguió gozoso su camino** a casa. El gozo es una marca del creyente verdadero (Jn. 15:11; 17:13; Hch. 13:52; Ro. 12:12; 14:17; 15:13; Gá. 5:22; Fil. 1:25; 1 Ts. 1:6; 1 P. 1:8; Jud. 24).

Felipe, mientras tanto, **se encontró en Azoto. Azoto,** a treinta kilómetros al norte de Gaza, era el nombre correspondiente a la antigua ciudad filistea de Asdod. Al ir **pasando** por la región costera, **anunciaba el evangelio en todas las ciudades.** Sin importar dónde se hallara, Felipe solo tenía una cosa en mente. Mientras se dirigía al norte hacia **Cesarea,** donde al parecer vivían él y su familia (Hch. 21:9), predicaba en las ciudades que encontraba (tales como Jope y Lida, las que Pedro visitaría poco después).

Lucas no nos narra la historia posterior del eunuco etíope. Según Ireneo, el padre de la Iglesia, el hombre se convirtió en misionero a los etíopes (Richard N. Longenecker, "Los Hechos de los Apóstoles", en Frank E. Gaebelein, ed., *The Expositor's Bible Commentary* [Comentario bíblico del expositor], vol. 9 [Grand Rapids: Zondervan, 1981], p. 366). Lo que está claro es que la preparación del Espíritu, junto con la presentación de Felipe, produjo en el eunuco la fe que salva.

Vida transformada 21

Saulo, respirando aún amenazas y muerte contra los discípulos del Señor, vino al sumo sacerdote, y le pidió cartas para las sinagogas de Damasco, a fin de que si hallase algunos hombres o mujeres de este Camino, los trajese presos a Jerusalén. Mas yendo por el camino, aconteció que al llegar cerca de Damasco, repentinamente le rodeó un resplandor de luz del cielo; y cayendo en tierra, oyó una voz que le decía: Saulo, Saulo, ¿por qué me persigues? Él dijo: ¿Quién eres, Señor? Y le dijo: Yo soy Jesús, a quien tú persigues; dura cosa te es dar coces contra el aguijón. Él, temblando y temeroso, dijo: Señor, ¿qué quieres que yo haga? Y el Señor le dijo: Levántate y entra en la ciudad, y se te dirá lo que debes hacer. Y los hombres que iban con Saulo se pararon atónitos, oyendo a la verdad la voz, mas sin ver a nadie. Entonces Saulo se levantó de tierra, y abriendo los ojos, no veía a nadie; así que, llevándole por la mano, le metieron en Damasco, donde estuvo tres días sin ver, y no comió ni bebió. Había entonces en Damasco un discípulo llamado Ananías, a quien el Señor dijo en visión: Ananías. Y él respondió: Heme aquí, Señor. Y el Señor le dijo: Levántate, y ve a la calle que se llama Derecha, y busca en casa de Judas a uno llamado Saulo, de Tarso; porque he aquí, él ora, y ha visto en visión a un varón llamado Ananías, que entra y le pone las manos encima para que recobre la vista. Entonces Ananías respondió: Señor, he oído de muchos acerca de este hombre, cuántos males ha hecho a tus santos en Jerusalén; y aun aquí tiene autoridad de los principales sacerdotes para prender a todos los que invocan tu nombre. El Señor le dijo: Ve, porque instrumento escogido me es éste, para llevar mi nombre en presencia de los gentiles, y de reyes, y de los hijos de Israel; porque yo le mostraré cuánto le es necesario padecer por mi nombre. Fue entonces Ananías y entró en la casa, y poniendo sobre él las manos, dijo: Hermano Saulo, el Señor Jesús, que se te apareció en el camino por donde venías, me ha enviado para que recibas la vista y seas lleno del Espíritu Santo. Y al momento le cayeron de los ojos como escamas, y recibió al instante la vista; y levantándose, fue bautizado. Y habiendo tomado alimento, recobró fuerzas. Y estuvo Saulo por algunos días con los discípulos que estaban en Damasco. En seguida predicaba a Cristo en las sinagogas, diciendo que éste era el Hijo de Dios. Y todos los que le oían estaban atónitos, y decían: ¿No es éste el que asolaba

en Jerusalén a los que invocaban este nombre, y a eso vino acá, para llevarlos presos ante los principales sacerdotes? Pero Saulo mucho más se esforzaba, y confundía a los judíos que moraban en Damasco, demostrando que Jesús era el Cristo. Pasados muchos días, los judíos resolvieron en consejo matarle; pero sus asechanzas llegaron a conocimiento de Saulo. Y ellos guardaban las puertas de día y de noche para matarle. Entonces los discípulos, tomándole de noche, le bajaron por el muro, descolgándole en una canasta. Cuando llegó a Jerusalén, trataba de juntarse con los discípulos; pero todos le tenían miedo, no creyendo que fuese discípulo. Entonces Bernabé, tomándole, lo trajo a los apóstoles, y les contó cómo Saulo había visto en el camino al Señor, el cual le había hablado, y cómo en Damasco había hablado valerosamente en el nombre de Jesús. Y estaba con ellos en Jerusalén; y entraba y salía, y hablaba denodadamente en el nombre del Señor, y disputaba con los griegos; pero éstos procuraban matarle. Cuando supieron esto los hermanos, le llevaron hasta Cesarea, y le enviaron a Tarso. Entonces las iglesias tenían paz por toda Judea, Galilea y Samaria; y eran edificadas, andando en el temor del Señor, y se acrecentaban fortalecidas por el Espíritu Santo. (9:1-31)

A edad temprana, John Newton fue al mar. Igual que la mayoría de marineros de su época, llevó una vida de rebelión y libertinaje. Por varios años trabajó en barcos de esclavos, capturando esclavos para venderlos a las plantaciones del Nuevo Mundo. Se hundió tanto que en cierto momento [él mismo] se volvió esclavo, cautivo de otro comerciante de esclavos. Finalmente, llegó a ser el capitán de su propio barco de esclavos. La combinación de una aterradora tormenta marina, junto con su lectura del clásico de Thomas á Kempis, *Imitación de Cristo*, plantó las semillas que dieron como resultado la conversión de Newton. Se convirtió en un líder del movimiento evangélico en la Inglaterra del siglo XVIII, junto a hombres como John y Charles Wesley, George Whitefield, y William Wilberforce. En su lápida está [grabado] el siguiente epitafio, escrito por el mismo Newton: "John Newton, empleado, antaño infiel y libertino, traficante de esclavos en África, fue por la misericordia de nuestro Señor y Salvador Jesucristo preservado, restaurado, perdonado y nombrado para predicar la Fe que tanto había tratado de destruir" (William Barclay, *Comentario al Nuevo Testamento*, vol. 12 [Barcelona: Clie], p. 67). Cuando compuso el amado himno "Sublime Gracia" conocía de primera mano las verdades que este proclamaba.

Mel Trotter era barbero de profesión y borracho por perversión. Tan depravado se había vuelto que, cuando su joven hijita murió, le robó los zapatos con que la iban a enterrar y los empeñó por dinero para comprar bebida. Una noche entró tambaleándose a la misión Pacific Garden en Chicago y fue salvado maravillosamente. Agobiado por los hombres de las zonas marginales abrió una misión de rescate en Grand Rapids, Michigan. Llegó a fundar más de sesenta misiones y se convirtió en supervisor de una cadena de ellas que se extendía de Boston hasta San Francisco (Elgin S. Moyer, *Who Was Who in Church History* [Quién es quién en la historia de la Iglesia] [New Canaan, Conn.: Keats, 1974], p. 411).

Un día en agosto de 386, un profesor de retórica llamado Aurelio Agustín se sentó abatido en su jardín. Aunque hijo de una madre cristiana, había abandonado la fe materna en favor de la religión persa conocida como maniqueísmo. También tuvo una amante, con quien vivió trece años. Abandonando el maniqueísmo como algo insatisfactorio, continuó una vana búsqueda de la verdad. A través de la predicación del padre de la Iglesia, Ambrosio, llegó a convencerse intelectualmente de la verdad del cristianismo. Sin embargo, se contuvo, "sin poder aceptar la fe por debilidad al tratar con la tentación sexual" (R. S. Pine-Coffin, "Introduction" to *Saint Augustine: Confessions* [Introducción a San Agustín: Confesiones] [Nueva York: Penguin, 1978], p. 11). Ahora, en medio de su confusión oyó la voz de un niño cantando en latín *tolle lege* ("toma y lee"). En sus *Confesiones*, describe lo que sucedió después:

> Comprimiendo el ímpetu de mis lágrimas me levanté en seguida, seguro de que en aquella voz había para mí un divino mandato de tomar el libro y leer lo primero que vieran mis ojos... Volví entonces apresuradamente al lugar en que estaba sentado [su amigo] Alipio, pues allí había dejado el libro del apóstol. Lo tomé, lo abrí y leí en silencio el capítulo en que habían caído mis ojos. Decía: *No andéis en comilonas ni embriagueces; no en la recámara y en la impudicia, ni en contiendas y envidias; sino revestíos de nuestro Señor Jesucristo y no os dejéis llevar de las concupiscencias de la carne* (Ro. 13:13-14). No quise leer más, ni era menester. Porque al terminar de leer la última sentencia una luz segurísima penetró en mi corazón disipando de golpe las tinieblas de mi dubitación. (*Las confesiones* VIII, cap. XII, traducido por Antonio Bambrilla Z. [Argentina: San Pablo Riobamba], pp. 336-37).

Liberado de una vida de pecado y confusión, Agustín se convirtió en el teólogo más grande que la Iglesia conociera desde el apóstol Pablo.

La historia de la Iglesia está repleta de relatos como estos, los cuales resaltan el maravilloso poder del evangelio para transformar pecadores. Pero ninguna transformación es tan destacada, o ha tenido consecuencias tan trascendentales para la marcha de los acontecimientos, como la conversión de Saulo de Tarso. Tan significativo suceso fue su conversión que la Biblia la registra no menos de tres veces (cp. Hch. 22:1-16; 26:4-18).

Es lógico que alguien tan especial tuviera una conversión exclusiva. Saulo era judío por nacimiento, romano por ciudadanía, griego por educación, y cristiano solamente por la gracia de Dios (cp. Fil. 3:4-9). Fue misionero, teólogo, evangelista, pastor, organizador, dirigente, pensador, luchador por la verdad, y amante de las almas. Nunca ha vivido un hombre más piadoso, excepto nuestro Señor mismo.

Saulo nació en Tarso, una ciudad importante (Hch. 21:39) en la provincia romana de Cilicia. Tarso estaba situada cerca de donde se unían Asia Menor y Siria, no muy lejos de Antioquía. Fue famosa por su universidad, que junto con las de Atenas y Alejandría estaba entre las más honradas en el mundo romano. El padre de Saulo debió haber sido ciudadano romano, ya que el mismo Saulo tenía esa ciudadanía por nacimiento (Hch. 22:28). Sus credenciales judías eran igualmente impecables. Igual que su padre antes que él, fue un fariseo (Hch. 23:6) que estudió en Jerusalén bajo el rabino más respetado de su época, Gamaliel (Hch. 22:3). Puesto que al parecer no había conocido a Jesús, debió haber regresado a Tarso para vivir después de terminar sus estudios.

Saulo hace su primera aparición en la Biblia en relación con Esteban. Según se observó en el estudio de Hechos 6:9 en el capítulo 15 de esta obra, Saulo pudo haber sido uno de los griegos que debatió sin éxito con él. Cuando Esteban fue ejecutado, Saulo cuidó las túnicas de quienes participaron en el apedreamiento. Su posición tan cercana a la acción sugiere que estuvo profundamente relacionado con todo el asunto.

No hay duda en cuanto al papel de Saulo en la persecución que se inició tras la muerte de Esteban: él fue el autor intelectual y cabecilla. Según se observó en el análisis de Hechos 8:1-3 en el capítulo 18 de esta obra, Saulo era terriblemente hábil en perseguir creyentes. La confraternidad cristiana de Jerusalén se fragmentó bajo la fuerza de los ataques que él le hizo. Muchos de los creyentes griegos, quienes según parece llevaban el peso de la persecución, huyeron de Jerusalén. Durante el desarrollo de los sucesos, Saulo fue tras la pista de los que huyeron a Damasco. En su testimonio a Agripa (Hch. 26:9-11), pronunció la ferocidad de su asalto:

> *Pues bien, yo mismo estaba convencido de que debía hacer todo lo posible por combatir el nombre de Jesús de Nazaret. Eso es precisamente lo que hice en Jerusalén. Con la autoridad de los jefes de los sacerdotes metí en la cárcel a muchos de los santos, y cuando los mataban, yo manifestaba mi aprobación. Muchas veces anduve de sinagoga en sinagoga castigándolos para obligarlos a blasfemar. Mi obsesión contra ellos me llevaba al extremo de perseguirlos incluso en ciudades del extranjero.*

Después de la pausa del capítulo 8, que describe el ministerio de Felipe, la escena cambia de nuevo a Jerusalén. **Saulo,** observa Lucas, **estaba respirando aún amenazas de muerte contra los discípulos del Señor.** Perseguir cristianos lo consumía; esto se había vuelto la luz de su vida. El mismo aire que **estaba**

respirando constaba de **amenazas de muerte contra los discípulos del Señor.** El vocablo **discípulos** se refiere a todos los creyentes, no solamente a los doce apóstoles. Todo cristiano es un seguidor y aprendiz del Señor Jesucristo. Saulo quería que todos cayeran en sus manos.

Al oír de un grupo de cristianos en Damasco, motivado por ambición mortal y celo religioso tergiversado, Saulo **vino al sumo sacerdote, y le pidió cartas para las sinagogas de Damasco, a fin de que si hallase algunos hombres o mujeres de este Camino, los trajese presos a Jerusalén. Al sumo sacerdote,** en su calidad de presidente del concilio, lo veían los romanos como director del estado judío. Por tanto, tenía autoridad sobre los asuntos judíos internos como este. En consecuencia, Saulo necesitaba qué él le diera **cartas** de extradición **para las sinagogas de Damasco a fin de** tener autoridad para atrapar cristianos. El hombre tenía la intención de hallar y llevar **presos a Jerusalén** a todos los que pertenecieran a **este Camino,** fueran **hombres o mujeres.**

Damasco, la antigua capital de Siria, contaba con una gran población judía. Eso se evidencia por la masacre de entre diez y veinte mil judíos en el año 66 d.C. (F. F. Bruce, *The Book of the Acts* [El libro de Hechos] [Grand Rapids: Eerdmans, 1971], p. 194). Dado el tamaño de la población judía, allí habría habido varias sinagogas.

La descripción del cristianismo como el **Camino** aparece varias veces en Hechos (19:9, 23; 22:4; 24:14, 22). Al parecer se deriva de la descripción del mismo Jesús como "el camino, la verdad y la vida" (Jn. 14:6). El **Camino** es un título oportuno para el cristianismo, ya que se trata del camino de Dios (Hch. 18:26), del camino de entrada al Lugar Santísimo (He. 10:19-20), y del camino de la verdad (2 P. 2:2).

Después de obtener los documentos necesarios, Saulo y su comitiva partieron hacia Damasco. La ruta normal al norte y este los haría pasar por Samaria. El avivamiento allí, liderado por Felipe, Pedro y Juan, pudo haber enfurecido aun más a Saulo. Con intensa hostilidad se aproximó a Damasco y al encuentro que le cambiaría el mundo por completo.

De la dramática historia de la conversión de Saulo brotan siete características de la vida transformada: fe en el Salvador, fervor de súplica, fidelidad en el servicio, llenura del Espíritu, comunión con los santos, denuedo para hablar, e intrepidez para sufrir.

FE EN EL SALVADOR

Mas yendo por el camino, aconteció que al llegar cerca de Damasco, repentinamente le rodeó un resplandor de luz del cielo; y cayendo en tierra, oyó una voz que le decía: Saulo, Saulo, ¿por qué me persigues? Él dijo: ¿Quién eres, Señor? Y le dijo: Yo soy Jesús, a quien tú persigues; dura cosa te es dar coces

contra el aguijón. Él, temblando y temeroso, dijo: Señor, ¿qué quieres que yo haga? Y el Señor le dijo: Levántate y entra en la ciudad, y se te dirá lo que debes hacer. Y los hombres que iban con Saulo se pararon atónitos, oyendo a la verdad la voz, mas sin ver a nadie. Entonces Saulo se levantó de tierra, y abriendo los ojos, no veía a nadie; así que, llevándole por la mano, le metieron en Damasco, donde estuvo tres días sin ver, y no comió ni bebió. (9:3-9)

La asombrosa conversión de Saulo, mediante la cual puso su fe en el Salvador a quien había perseguido tan cruelmente, se desarrolla en cinco fases: contacto, convicción, conversión, consagración y comunión.

CONTACTO

Mas yendo por el camino, aconteció que al llegar cerca de Damasco, repentinamente le rodeó un resplandor de luz del cielo; (9:3)

Saulo se dirigía a toda prisa a **Damasco** cuando **repentinamente** se detuvo en seco. **Le rodeó un resplandor de luz del cielo,** y él y sus compañeros cayeron al suelo (Hch. 26:14).

Confrontado con la aparición de la resplandeciente gloria de Jesucristo, Saulo, el endurecido cazador de cristianos, se quedó mudo de terror. Los otros relatos de Lucas acerca de este suceso (Hch. 22, 26) dan más detalles. Por Hechos 22:6 nos enteramos que el encuentro se llevó a cabo a mediodía. El **resplandor de luz del cielo** no fue algo de creación material, ya que trascendió en esplendor incluso al resplandeciente sol del Oriente Medio (26:13). Quienes viajaban con Saulo oyeron la voz del Señor, pero no entendieron las palabras expresadas (cp. v. 7 con 22:9; Jn. 12:29), porque las palabras del Señor eran solamente para los oídos de Saulo. Este en realidad, vio a Jesús en glorioso esplendor según lo atestigua el mismo Saulo en varias ocasiones (Hch. 9:17, 27; 22:14; 26:16; 1 Co. 9:1; 15:8), mientras sus compañeros de persecución solo vieron la luz (Hch. 22:9).

Paradójicamente, la última persona hasta entonces en haber visto a Cristo resucitado y glorificado fue Esteban. Aquí hay otra relación entre los ministerios de Esteban y Pablo (cp. capítulo 15 de esta obra). Es una prueba del poder de la gracia de Dios que quien participara en la muerte de Esteban sería el siguiente en ver a Jesucristo.

Aunque no lo hace de manera tan dramática, Dios siempre inicia el contacto en la salvación (cp. Jn. 6:37, 44; 10:27-29; 17:2, 6, 9, 11, 24; 2 Co. 4:6; Fil. 1:29; Stg. 1:18). Según se observó en el capítulo 20 de esta obra, el Espíritu Santo dispuso de forma soberana las circunstancias que llevaron a la conversión del eunuco etíope. Esto fue necesario, y lo sigue siendo, puesto que al estar muertos en sus delitos y pecados (Ef. 2:1), los incrédulos no pueden llegar a Dios por cuenta propia (cp. Ro. 3:10-12; 1 Co. 2:14; Ef. 2:4-10; Col. 2:13).

Que la salvación es iniciada por Dios en ninguna parte se declara más poderosamente que en las palabras de Pablo a Tito:

> *Porque nosotros también éramos en otro tiempo insensatos, rebeldes, extraviados, esclavos de concupiscencias y deleites diversos, viviendo en malicia y envidia, aborrecibles, y aborreciéndonos unos a otros. Pero cuando se manifestó la bondad de Dios nuestro Salvador, y su amor para con los hombres, nos salvó, no por obras de justicia que nosotros hubiéramos hecho, sino por su misericordia, por el lavamiento de la regeneración y por la renovación en el Espíritu Santo (Tit. 3:3-5).*

CONVICCIÓN

y cayendo en tierra, oyó una voz que le decía: Saulo, Saulo, ¿por qué me persigues? (9:4)

Prostrado **en tierra, oyó una voz que le decía: Saulo, Saulo, ¿por qué me persigues?** La repetición es enfática, como en otras partes de los escritos de Lucas (cp. Lc. 10:41; 13:34; 22:31). Esta repetición señala aquí un reproche a Saulo, destinado a producirle angustia en el alma, de modo que comprendiera cuán equivocado había estado, y que la culpa lo abrumara. Él era alguien que había odiado a Jesucristo sin ninguna causa (Jn. 15:25).

Las palabras de nuestro Señor, **¿por qué me persigues?** reflejan el vínculo inseparable entre Él mismo, como cabeza del cuerpo, y sus miembros. Ningún golpe propinado en la tierra deja de sentirse en el cielo por parte de nuestro compasivo Sumo Sacerdote. Al perseguir a los cristianos, Saulo infligía golpes directos sobre el Señor de ellos.

Saulo, quien había sido tan violento, fue reciamente enfrentado con la enormidad de sus crímenes, no contra los cristianos sino contra Cristo. Quienes van al infierno lo hacen definitivamente por rechazar al Salvador. Incluso quienes no persiguen creyentes, sino que simplemente viven separados de Jesucristo, son tan culpables de crímenes contra Dios como lo fue Saulo. Según el mismo Saulo escribiera después, "el que no amare al Señor Jesucristo, sea anatema" (1 Co. 16:22). Jesús afirmó que el Espíritu Santo convencería a los hombres "de pecado, por cuanto no creen en mí" (Jn. 16:9). El crimen de todos los crímenes por el que los hombres se condenarán eternamente es negarse a amar y a seguir al Señor Jesucristo.

La verdadera salvación debe incluir convicción de este pecado condenatorio, ya que es este mismo pecado y ningún otro lo que finalmente nos separa de Dios. Saulo sabía suficiente acerca de la fe cristiana como para odiarla y perseguirla. Él conocía las afirmaciones de Jesús y la verdadera historia de la redención divina según había predicado Esteban. Sabía que los apóstoles y sus asociados, Esteban y Felipe, tenían poder extraordinario sobre la enfermedad y los demonios. El Espíritu había tendido todo aquello como cimiento en la vida de Saulo. Cuando Jesús lo confrontó, la convicción debió haber sido abrumadora. El hombre sabía la verdad y, hallándose aquí aplastado contra el suelo, debía creerla.

CONVERSIÓN

Él dijo: ¿Quién eres, Señor? Y le dijo: Yo soy Jesús, a quien tú persigues; (9:5)

La respuesta inmediata de Saulo, **¿quién eres, Señor?** constituía un reconocimiento de la deidad: él sabía que se trataba de Dios. Todo el tiempo que este hombre obedecía su pasión de perseguir creyentes, el evangelio cristiano le llenaba la mente (de manera negativa). No es difícil creer que él ya conocía la respuesta a esta pregunta cuando la hizo, si no por fe entonces por temor. Su peor pesadilla imaginable habría sido descubrir que Jesús era el Mesías, que el cristianismo era auténtico, que el evangelio era la verdad de Dios, y que estaba luchando contra Dios. Cuando Saulo oyó las palabras **Yo soy Jesús, a quien tú persigues,** la luz de la verdad le fue confirmada en el alma y el evangelio se volvió positivo. Conocía muy bien el mensaje cristiano, al haberlo debatido con Esteban. Jesús, a quien había creído muerto, estaba obviamente vivo y evidentemente era quien afirmó ser. Además, el Señor le recordó en ese momento lo inútiles y dolorosos que eran sus esfuerzos contra Él. En Hechos 26:14, el Señor le dijo: "Saulo, Saulo, ¿por qué me persigues? Dura cosa te es dar coces contra el aguijón [varas puntiagudas y cortantes]". La resistencia de Saulo quedó aplastada en aquel instante, y su corazón, desgarrado por el arrepentimiento, fue sanado por la fe. Filipenses 3:4-11 describe el cambio mental que ocurrió en su alma en este momento:

> *Aunque yo tengo también de qué confiar en la carne. Si alguno piensa que tiene de qué confiar en la carne, yo más: circuncidado al octavo día, del linaje de Israel, de la tribu de Benjamín, hebreo de hebreos; en cuanto a la ley, fariseo; en cuanto a celo, perseguidor de la iglesia; en cuanto a la justicia que es en la ley, irreprensible. Pero cuantas cosas eran para mí ganancia, las he estimado como pérdida por amor de Cristo. Y ciertamente, aun estimo todas las cosas como pérdida por la excelencia del conocimiento de Cristo Jesús, mi Señor, por amor del cual lo he perdido todo, y lo tengo por basura, para ganar a Cristo, y ser hallado en él, no teniendo mi propia justicia, que es por la ley, sino la que es por la fe de Cristo, la justicia que es de Dios por la fe; a fin de conocerle, y el poder de su resurrección, y*

> *la participación de sus padecimientos, llegando a ser semejante a él en su muerte, si en alguna manera llegase a la resurrección de entre los muertos.*

Algunos han intentado explicar tontamente la experiencia de Saulo como consecuencia de un ataque epiléptico. Tal explicación es inadecuada, admitiendo aun la dudosa suposición de que Saulo fuera epiléptico. Ninguna convulsión podría explicar el giro total que estaba a punto de ocurrir en la vida de Saulo. Tampoco explica el hecho de que los compañeros de viaje de Saulo vieran la luz y oyeran la voz. Durante el resto de su vida, Saulo solo ofreció una explicación: en realidad había visto al Señor Jesucristo resucitado y glorificado.

Esta milagrosa conversión, sin participación humana en su acaecimiento, es un ejemplo de la magnitud y el poder de la gracia salvadora y soberana. Pablo testifica esta gracia en 1 Timoteo 1:13-17:

> *... habiendo yo sido antes blasfemo, perseguidor e injuriador; mas fui recibido a misericordia porque lo hice por ignorancia, en incredulidad. Pero la gracia de nuestro Señor fue más abundante con la fe y el amor que es en Cristo Jesús. Palabra fiel y digna de ser recibida por todos: que Cristo Jesús vino al mundo para salvar a los pecadores, de los cuales yo soy el primero. Pero por esto fui recibido a misericordia, para que Jesucristo mostrase en mí el primero toda su clemencia, para ejemplo de los que habrían de creer en él para vida eterna. Por tanto, al Rey de los siglos, inmortal, invisible, al único y sabio Dios, sea honor y gloria por los siglos de los siglos. Amén.*

CONSAGRACIÓN

Levántate y entra en la ciudad, y se te dirá lo que debes hacer. Y los hombres que iban con Saulo se pararon atónitos, oyendo a la verdad la voz, mas sin ver a nadie. Entonces Saulo se levantó de tierra, y abriendo los ojos, no veía a nadie; así que, llevándole por la mano, le metieron en Damasco, (9:6-8)

La sinceridad de la conversión de Saulo se hizo evidente al instante. Por Hechos 22:10 nos enteramos que preguntó: "¿Qué haré, Señor?". La rendición de Saulo fue total, mientras se sometía humildemente a la voluntad del Señor que había odiado. En oposición a la enseñanza de muchos hoy día, Saulo no sabía nada de aceptar a Cristo como Salvador, haciéndolo (con esperanza) Señor más adelante. La clara enseñanza de la Biblia es que Jesús es Señor (cp. Ro. 10:9-10), aparte de cualquier respuesta humana. La pregunta en cuanto a la salvación no es si Jesús es Señor, sino si estamos sometidos a su señorío. Saulo lo estuvo desde el momento de su conversión hasta el final de su vida.

En respuesta a la pregunta de Saulo, Jesús le dijo: **Levántate y entra en la**

ciudad de Damasco, **y se te dirá lo que debes hacer.** Lucas observa que **los hombres que iban con Saulo se pararon atónitos, oyendo a la verdad la voz, mas sin ver a nadie.** Este incidente no fue proyección subjetiva de la mente del hombre, sino un hecho histórico real. **Entonces Saulo se levantó de tierra, y abriendo los ojos, no veía a nadie; así que, llevándole por la mano, le metieron en Damasco.** Su entrada en la ciudad fue muy distinta de la que él había sospechado. En vez de irrumpir como héroe conquistador y azote de los cristianos, entró indefensamente ciego, siendo llevado de la mano.

Dios abatió a Saulo, llevándolo al punto de total consagración. De las cenizas de esa antigua vida se levantaría el hombre de Dios más noble y útil que alguna vez la Iglesia ha conocido.

COMUNIÓN

donde estuvo tres días sin ver, y no comió ni bebió. (9:9)

Tan asombrosa y repentina había sido la manera en que puso su fe en el Salvador, que Saulo necesitó tiempo para reflexionar en la transformación de todo aspecto de su vida. Durante **tres días sin ver,** en que **no comió ni bebió,** Dios lo hizo pasar por el proceso de reconstruir todo lo que el hombre había sido y había hecho. Aunque la salvación es una transformación instantánea de muerte a vida, de tinieblas a luz, se necesita tiempo para sondear las profundidades de su significado y riqueza. Saulo comenzó ese proceso.

FERVOR DE SÚPLICA

Había entonces en Damasco un discípulo llamado Ananías, a quien el Señor dijo en visión: Ananías. Y él respondió: Heme aquí, Señor. Y el Señor le dijo: Levántate, y ve a la calle que se llama Derecha, y busca en casa de Judas a uno llamado Saulo, de Tarso; porque he aquí, él ora, y ha visto en visión a un varón llamado Ananías, que entra y le pone las manos encima para que recobre la vista. (9:10-12)

Mientras Saulo esperaba, ciego y en ayuno, cavilando profundamente en lo que había ocurrido, Dios estaba tratando con otro hombre. El **discípulo llamado Ananías** que en ese **entonces** estaba **en Damasco** no era obviamente el mismo Ananías ejecutado por Dios en el capítulo 5. Hechos 22:12 lo describe como "piadoso" y "que tenía buen testimonio de todos los judíos que allí moraban". Tal vez era uno de los líderes espirituales de la iglesia en Damasco. De ser así, también este hombre irónicamente habría sido uno de los objetivos principales de Saulo. **El Señor le dijo** en una visión: **Levántate, y ve a la calle que se llama**

Derecha, y busca en casa de Judas a uno llamado Saulo, de Tarso. Esa fue una gran prueba para la fe de Ananías, ya que la temible reputación de Saulo era ampliamente conocida (cp. vv. 13-14). Ananías no habría tenido forma de conocer la conversión de Saulo, puesto que el Señor no se la reveló.

La acotación **porque he aquí, él ora** nos informa lo que Saulo hizo durante estos tres días sin vista. La oración es la respuesta espontánea del corazón piadoso hacia Dios. Aquellos verdaderamente transformados por Jesucristo se encuentran perdidos en el asombro y el gozo de la comunión con Él. La oración es tan natural para el cristiano como respirar. Pablo se volvió un hombre de oración incesante.

Mientras esperaba por Ananías, Dios le obsequió a Saulo una **visión** en que Ananías entra **y le pone las manos encima para que recobre la vista.** Dios, en su tierna misericordia para este perseguidor, no quiso que sufriera innecesaria tristeza, así que le dio a Saulo esperanza de recibir la vista. Un par de visiones estaban a punto de unir a dos hombres que se habían hallado en polos opuestos.

FIDELIDAD EN EL SERVICIO

Entonces Ananías respondió: Señor, he oído de muchos acerca de este hombre, cuántos males ha hecho a tus santos en Jerusalén; y aun aquí tiene autoridad de los principales sacerdotes para prender a todos los que invocan tu nombre. El Señor le dijo: Ve, porque instrumento escogido me es éste, para llevar mi nombre en presencia de los gentiles, y de reyes, y de los hijos de Israel; porque yo le mostraré cuánto le es necesario padecer por mi nombre. Fue entonces Ananías y entró en la casa, y poniendo sobre él las manos, dijo: Hermano Saulo, el Señor Jesús, que se te apareció en el camino por donde venías, me ha enviado para que recibas la vista. (9:13-17*a*)

En respuesta a la oración de Saulo, Dios dirigió a Ananías para ir a él. Como ya se señaló, esa orden representó una dura prueba para el valor de Ananías. Comprensiblemente, él se resistió a ir, protestando: **Señor, he oído de muchos acerca de este hombre, cuántos males ha hecho a tus santos en Jerusalén; y aun aquí tiene autoridad de los principales sacerdotes para prender a todos los que invocan tu nombre.** Dado que el mensaje de los creyentes en Jerusalén había llegado antes que Saulo, la iglesia en Damasco sabía que él llegaba y por qué motivo. Así que, en realidad, Ananías expresó: "Señor, ¿tienes alguna idea lo que me estás pidiendo?". Sin duda la petición le pareció suicida. Su vida estaba en riesgo, así como el ministerio que tenía en la iglesia. Se estaría preguntando si el Señor realmente quería acabar con las dos cosas.

La protesta de Ananías fue anulada, como Dios le explicó: **Ve, porque instrumento escogido me es éste, para llevar mi nombre en presencia de los**

gentiles, y de reyes, y de los hijos de Israel. El llamado al ministerio no se basa en los caprichos de los hombres sino en la decisión soberana de Dios. Ananías entendió claramente esa verdad, e igual Pablo. Este escribió en Gálatas 1:1: "Pablo, apóstol (no de hombres ni por hombre, sino por Jesucristo y por Dios el Padre que lo resucitó de los muertos)" (cp. 1 Ti. 2:7; 2 Ti. 1:11). A la iglesia en Colosas manifestó: "Fui hecho ministro... según la administración de Dios que me fue dada" (1:23, 25). Él también entendió que aunque a menudo predicaba primero a judíos (Hch. 13:14; 14:1; 17:1, 10; 18:4; 19:8), su llamado principal era ministrar a **los gentiles** (Ro. 11:13; 15:16). Además, tuvo el privilegio de dar testimonio de su Señor **en presencia de reyes,** como Agripa (Hch. 25:23ss) y, lo más probable, a César (cp. 2 Ti. 4:16-17).

Tales sufrimientos solo fueron una pequeña parte de **cuánto le** sería **necesario** a Saulo **padecer por** el **nombre** de Jesús. En 1 Corintios 4:9-13, 2 Corintios 11:23-29 y 12:7-10 se cataloga el sufrimiento que Saulo soportó a causa de su Señor. Y su padecimiento, que no se detuvo hasta que un hacha le apartó la cabeza de su fiel cuerpo, no esperó mucho para empezar: solo unos pocos días.

Fortalecido por el mensaje directo del Señor y venciendo sus temores, **Ananías entró en la casa** de Judas, **y poniendo sobre él las manos, dijo: Hermano Saulo, el Señor Jesús, que se te apareció en el camino por donde venías, me ha enviado para que recibas la vista.** Según revela Hechos 22:14-15, esta fue la puesta en marcha del servicio de Saulo: "Y él [Ananías] dijo: El Dios de nuestros padres te ha escogido para que conozcas su voluntad, y veas al Justo, y oigas la voz de su boca. Porque serás testigo suyo a todos los hombres, de lo que has visto y oído".

Las historias tanto de Ananías como de Saulo ilustran la verdad de que la vida transformada exige servicio a Cristo. Así escribió Saulo más adelante: "Ténganos los hombres por servidores de Cristo, y administradores de los misterios de Dios" (1 Co. 4:1).

LLENURA DEL ESPÍRITU

y seas lleno del Espíritu Santo. (9:17*b*)

Ananías era portador de una noticia mucho más transcendental para Saulo que la de la recuperación de la vista. De manera más maravillosa, también sería **lleno del Espíritu Santo.** El Espíritu ya estaba activo en la vida de Saulo, convenciéndolo de pecado (Jn. 16:9) y del señorío de Jesús (1 Co. 12:3), convirtiéndolo (Jn. 3:5; Tit. 3:5), poniéndolo en el cuerpo de Cristo, la Iglesia, y morando en él de forma permanente (1 Co. 12:3). Más allá de todo eso, él iba a ser lleno con el Espíritu en tal manera que lo facultaría de modo exclusivo para el servicio (cp. 2:4, 14; 4:8, 31; 6:5, 8). (Para un mayor estudio de la llenura del Espíritu, véase

Comentario MacArthur del Nuevo Testamento: Gálatas, Efesios [Grand Rapids: Editorial Portavoz, 2010], pp. 305ss).

Es importante que, a diferencia de los judíos (Hch. 2:1-4), los samaritanos (Hch. 8:14-17), y pronto los gentiles (Hch. 10:44-46), Saulo hubiera recibido el Espíritu y su encargo de servir sin apóstoles presentes. Él era judío, por tanto no era necesario repetir la venida inicial del Espíritu que sucedió en Pentecostés. Además, era un apóstol en su propio derecho y no obtuvo su autoridad de los otros apóstoles (Gá. 1:1; cp. 1 Co. 9:1; 2 Co. 11:5; 12:11; Gá. 1:15-17), ni estaba sujeto a esa autoridad. Igual que ellos, él fue elegido personalmente por el Señor Jesucristo y recibió el Espíritu por encargo y poder directamente de Él.

El Espíritu transformó a Saulo en dos maneras fundamentales. Primera, tomó las fuerzas naturales del hombre y las refinó. Saulo era un líder natural dotado, con sólida fuerza de voluntad. Era un hombre de fuertes convicciones, una persona emprendedora y valiente, un maestro en el uso del tiempo y los talentos, un individuo motivado, además de pensador y orador profundamente dotado.

El Espíritu Santo también eliminó características indeseables y las reemplazó con otras ambicionadas. Reemplazó el cruel odio de Saulo con amor; el espíritu inquieto y agresivo con paz; el trato petulante hacia las personas con amabilidad; el orgullo con humildad.

Solamente el Espíritu de Dios puede santificar tan concienzudamente una vida. Más adelante Saulo expresó esa verdad a los corintios: "Nosotros todos, mirando a cara descubierta como en un espejo la gloria del Señor, somos transformados de gloria en gloria en la misma imagen, como por el Espíritu del Señor" (2 Co. 3:18).

COMUNIÓN CON LOS SANTOS

Y al momento le cayeron de los ojos como escamas, y recibió al instante la vista; y levantándose, fue bautizado. Y habiendo tomado alimento, recobró fuerzas. Y estuvo Saulo por algunos días con los discípulos que estaban en Damasco. (9:18-19)

Al momento en que Ananías pronunciara sus palabras, **cayeron de los ojos** de Saulo algo así **como escamas, y recibió al instante la vista.** En respuesta a la exhortación de Ananías (cp. Hch. 22:16), Saulo se levantó y **fue bautizado.** Por medio de esa acción se unió abiertamente con las mismas personas a las que había odiado y perseguido. Sus odiados enemigos se volvieron sus amigos, mientras que sus antiguos amigos se convirtieron instantáneamente en sus enemigos (cp. v. 23). Conforme al patrón constante de testimonios de los creyentes en Hechos, el bautismo de Saulo siguió a su conversión.

Saulo disfrutó su primer contacto de comunión cristiana **habiendo tomado alimento** y recobrando las **fuerzas.** Permaneció **por algunos días con los discípulos que estaban en Damasco,** permitiéndoles celebrar con él su conversión y ministrarle a sus necesidades. Podemos imaginar el inmenso gozo de esos días y la incesante alabanza a Dios.

Una señal segura de una vida transformada es el deseo de estar con compañeros cristianos. En 1 Juan 3:14 se declara: "Nosotros sabemos que hemos pasado de muerte a vida". Creyente es aquel "que no anduvo en consejo de malos, ni estuvo en camino de pecadores, ni en silla de escarnecedores se ha sentado" (Sal. 1:1). Él puede decir con el salmista: "Compañero soy yo de todos los que te temen y guardan tus mandamientos" (Sal. 119:63).

Por supuesto, eso no significa que los cristianos no deban tener contacto con incrédulos (1 Co. 5:9-10). Pero un cristiano practicante que prefiere la compañía de individuos del mundo, lo más probable es que siga siendo uno de ellos.

DENUEDO PARA HABLAR

En seguida predicaba a Cristo en las sinagogas, diciendo que éste era el Hijo de Dios. Y todos los que le oían estaban atónitos, y decían: ¿No es éste el que asolaba en Jerusalén a los que invocaban este nombre, y a eso vino acá, para llevarlos presos ante los principales sacerdotes? Pero Saulo mucho más se esforzaba, y confundía a los judíos que moraban en Damasco, demostrando que Jesús era el Cristo. (9:20-22)

Aquellos transformados por la gracia salvadora de Dios no pueden dejar de narrar su experiencia (Hch. 4:20) y Saulo no fue la excepción. Después de algunos días de comunión con los santos, **en seguida predicaba a Cristo en las sinagogas.** A los cristianos conmocionados y sorprendidos por la conversión de Saulo se añadían los horrorizados judíos, quienes estaban esperando que él apresara cristianos, no que predicara a Jesucristo en sus sinagogas. Desde el principio él sintió esa valerosa compulsión que más tarde le hizo exclamar: "¡Ay de mí si no anunciare el evangelio!" (1 Co. 9:16).

En las mismísimas **sinagogas** a las que Saulo había ido con órdenes de arrestar cristianos, ahora comenzó a predicar **a Cristo.** El contenido de esa predicación fue que Jesús es el Hijo de Dios, un título para nuestro Señor que expresa su deidad (cp. Jn. 10:31-36). (Para un análisis del tema del señorío de Jesucristo, véase *Comentario MacArthur del Nuevo Testamento: Hebreos y Santiago* [Grand Rapids: Editorial Portavoz, 2014], pp. 31ss).

La conmoción y consternación que la predicación de Pablo produjo son inconcebibles para nosotros. El más celoso defensor del judaísmo se convirtió en el más celoso evangelista para el cristianismo. Como es lógico, **todos los que**

le oían estaban atónitos, y decían: ¿No es éste el que asolaba en Jerusalén a los que invocaban este nombre, y a eso vino acá, para llevarlos presos ante los principales sacerdotes? No lograban entender el drástico cambio en Saulo.

Lejos de languidecer bajo el apremio de la confusión convertida en hostilidad, **Saulo mucho más se esforzaba, y confundía a los judíos que moraban en Damasco, demostrando que Jesús era el Cristo.** Igual que Esteban antes que él, enfrentó a los judíos en debate público acerca de la deidad y el mesianismo de Jesús. La fe salvadora viene "por el oír, y el oír, por la palabra de Dios" (Ro. 10:17).

Que Saulo **confundía a los judíos** en este diálogo no debería sorprender a nadie. Él tenía la más delicada educación que el judaísmo del siglo I pudiera brindar, y ellos no podían esperar igualarle el conocimiento de las Escrituras. Una vez que comprendió quién era Jesús, Saulo tuvo la clave para revelar todo el Antiguo Testamento. Luego pudo usar su enorme conocimiento de esas Escrituras y su brillantez controlada por el Espíritu, así como la verdad de los milagros, las palabras, la muerte y la resurrección de Jesús, para demostrar **que Jesús era** realmente **el Cristo** esperado por tanto tiempo.

INTREPIDEZ PARA SUFRIR

Pasados muchos días, los judíos resolvieron en consejo matarle; pero sus asechanzas llegaron a conocimiento de Saulo. Y ellos guardaban las puertas de día y de noche para matarle. Entonces los discípulos, tomándole de noche, le bajaron por el muro, descolgándole en una canasta. Cuando llegó a Jerusalén, trataba de juntarse con los discípulos; pero todos le tenían miedo, no creyendo que fuese discípulo. Entonces Bernabé, tomándole, lo trajo a los apóstoles, y les contó cómo Saulo había visto en el camino al Señor, el cual le había hablado, y cómo en Damasco había hablado valerosamente en el nombre de Jesús. Y estaba con ellos en Jerusalén; y entraba y salía, y hablaba denodadamente en el nombre del Señor, y disputaba con los griegos; pero éstos procuraban matarle. Cuando supieron esto los hermanos, le llevaron hasta Cesarea, y le enviaron a Tarso. Entonces las iglesias tenían paz por toda Judea, Galilea y Samaria; y eran edificadas, andando en el temor del Señor, y se acrecentaban fortalecidas por el Espíritu Santo. (9:23-31)

La frase de Lucas **pasados muchos días** marcó un período que se define más específicamente en la declaración de Gálatas 1:17-18: "Ni subí a Jerusalén a los que eran apóstoles antes que yo; sino que fui a Arabia, y volví de nuevo a Damasco. Después, pasados tres años, subí a Jerusalén para ver a Pedro, y permanecí con él quince días". En realidad, entre los versículos 22 y 23 transcurrieron tres años. Se insinúa que Saulo pasó ese tiempo aprendiendo del Señor en el reino nabateo de Arabia. (Esta es una región que no se debe confundir con el territorio de la moderna Arabia, sino que está ubicado cerca de Damasco al sur de la península de Sinaí. Algunos historiadores afirman que una colonia de nabateos vivía en Damasco.) Saulo regresó y comenzó a predicar en Damasco con más fuerza que nunca, exasperando por completo a **los judíos** que **resolvieron en consejo matarle.** En la providencia de Dios, las **asechanzas** de ellos **llegaron a conocimiento de Saulo,** quien observó en 2 Corintios 11:32: "En Damasco, el gobernador de la provincia del rey Aretas guardaba la ciudad de los damascenos para prenderme". Al parecer, los judíos no eran los únicos a los que Saulo había irritado. Durante sus tres años en la Arabia nabatea había hablado a fondo y predicado el evangelio, y ya no era bien recibido tanto por los judíos como por los árabes.

Unidos en su deseo de acabar con Saulo, **ellos guardaban las puertas de día y de noche para matarle.** La ciudad estaba rodeada por un muro, y la única salida era a través de las puertas. Sin embargo, los cristianos hallaron otra salida. Era evidente que uno de ellos tenía acceso a una casa sobre el muro de la ciudad, por tanto, **los discípulos, tomándole de noche, le bajaron por el muro, descolgándole en una canasta.**

Después de haber logrado escapar, Saulo **llegó a Jerusalén,** donde **trataba de juntarse con los discípulos.** Estos, con toda razón, **le tenían miedo, no creyendo que fuese discípulo.** Saulo les debió haber parecido el prototipo del lobo disfrazado de oveja, que ahora intentaba destruir desde el interior lo que antes había tratado de destruir desde afuera.

No se sabe cuánto tiempo duró esta situación caótica, pero el tiempo imperfecto del verbo traducido **trataba** sugiere que los repetidos intentos de Saulo por unirse a la comunidad fueron rechazados. Finalmente, **Bernabé** (llamado "Hijo de consolación" en Hch. 4:36) **tomándole, lo trajo a los apóstoles, y les contó cómo Saulo había visto en el camino al Señor, el cual le había hablado, y cómo en Damasco había hablado valerosamente en el nombre de Jesús.** Con el gran prestigio de Bernabé para garantizarlo, Saulo fue finalmente aceptado.

Después de obtener aceptación, Saulo **estaba con ellos en Jerusalén; y entraba y salía, y hablaba denodadamente en el nombre del Señor.** Retomando donde Esteban había quedado, hablaba **y disputaba con los griegos.** Debido a la actitud intolerante que él mismo había hecho tanto por iniciar (cp. Hch. 8:1), ellos se volvieron sobre él y al instante **procuraban matarle.** No se registran las maneras en que intentaron esta acción.

La iglesia descubrió pronto que casi era tan malo tener a Saulo con ellos como contra ellos. Rápidamente, el hombre agitó un avispero y, sin duda, en la mente de algunos, tanto por el propio bien de ellos como por el de él, decidieron enviarlo a casa. Según Gálatas 1:18, su estadía solo duró quince días. **Los**

hermanos supieron la conspiración de los griegos probablemente de la propia visión de Saulo descrita en Hechos 22:17-21:

> *Y me aconteció, vuelto a Jerusalén, que orando en el templo me sobrevino un éxtasis. Y le vi que me decía: Date prisa, y sal prontamente de Jerusalén; porque no recibirán tu testimonio acerca de mí. Yo dije: Señor, ellos saben que yo encarcelaba y azotaba en todas las sinagogas a los que creían en ti; y cuando se derramaba la sangre de Esteban tu testigo, yo mismo también estaba presente, y consentía en su muerte, y guardaba las ropas de los que le mataban. Pero me dijo: Ve, porque yo te enviaré lejos a los gentiles.*

Por la propia seguridad de Saulo, **le llevaron hasta Cesarea** (el puerto marítimo sobre el Mediterráneo) **y le enviaron a Tarso,** el pueblo natal de él en Cilicia.

Así fue como Saulo desapareció de la escena por algunos años. Sin embargo, durante ese período no estuvo ocioso. Entre este tiempo y cuando Bernabé lo encontró en Tarso y lo llevó a Antioquía (11:25-26), se hallaba haciendo agresivamente lo que el Señor le había llamado a hacer. Según Gálatas 1:21, él fue "a las regiones de Siria y de Cilicia". Al menos algunas de las iglesias de esa región mencionadas en Hechos 15:23 debieron haber sido fundadas por él en esos años.

Con el revoltoso Saulo fuera del escenario, tanto como perseguidor de la iglesia como el blanco principal de quienes odiaban a Cristo, la situación se calmó en Palestina. Lucas vuelve a resumir el progreso de la iglesia declarando que **entonces las iglesias tenían paz por toda Judea, Galilea y Samaria; y eran edificadas, andando en el temor del Señor, y se acrecentaban fortalecidas por el Espíritu Santo.** Además de la salida de Saulo, cambios políticos contribuyeron al alivio temporal de la iglesia. El derrocamiento del complaciente Pilato como gobernador, junto con la expansión de la autoridad de Herodes Agripa, restringió la libertad de acción de los judíos. Por tanto, no pudieron tomar medidas drásticas contra la iglesia.

Aquel día, en el camino cerca de Damasco, la vida de Saulo se transformó de manera dramática y total. Y, a partir de ese momento, lo mismo ocurrió con la historia del mundo, como veremos cuando él regrese al primer plano en el capítulo 13.

Señales de un ministerio personal eficaz 22

Aconteció que Pedro, visitando a todos, vino también a los santos que habitaban en Lida. Y halló allí a uno que se llamaba Eneas, que hacía ocho años que estaba en cama, pues era paralítico. Y le dijo Pedro: Eneas, Jesucristo te sana; levántate, y haz tu cama. Y en seguida se levantó. Y le vieron todos los que habitaban en Lida y en Sarón, los cuales se convirtieron al Señor. Había entonces en Jope una discípula llamada Tabita, que traducido quiere decir, Dorcas. Esta abundaba en buenas obras y en limosnas que hacía. Y aconteció que en aquellos días enfermó y murió. Después de lavada, la pusieron en una sala. Y como Lida estaba cerca de Jope, los discípulos, oyendo que Pedro estaba allí, le enviaron dos hombres, a rogarle: No tardes en venir a nosotros. Levantándose entonces Pedro, fue con ellos; y cuando llegó, le llevaron a la sala, donde le rodearon todas las viudas, llorando y mostrando las túnicas y los vestidos que Dorcas hacía cuando estaba con ellas. Entonces, sacando a todos, Pedro se puso de rodillas y oró; y volviéndose al cuerpo, dijo: Tabita, levántate. Y ella abrió los ojos, y al ver a Pedro, se incorporó. Y él, dándole la mano, la levantó; entonces, llamando a los santos y a las viudas, la presentó viva. Esto fue notorio en toda Jope, y muchos creyeron en el Señor. Y aconteció que se quedó muchos días en Jope en casa de un cierto Simón, curtidor. (9:32-43)

Por grandes que puedan haber sido sus ministerios, los más nobles siervos de Dios siempre han sacado tiempo para ministrar a individuos. Moisés casi se agotó haciendo eso, hasta que su suegro lo reprendió por manejar mal el tiempo y le sugirió que delegara (Éx. 18:14ss). A pesar de las multitudes que lo acosaban, el Señor Jesucristo siempre tuvo preocupación y tiempo para las personas (cp. Mt. 9:19-22). Esteban participó en el cuidado personal de viudas (Hch. 6:1-6). Pablo, aunque consumido por alcanzar ciudades y naciones, se granjeó el cariño de aquellas personas cuyos nombres están en todas sus epístolas. El gran apóstol compartió su vida y su labor con ellas (cp. Ro. 16). Los atareados reformadores Lutero y Calvino no descuidaron sus deberes pastorales. La idea de un hombre de Dios que ministra solo a grandes multitudes es extraña en la Biblia. Dios espera que todos los cristianos, líderes incluidos, vuelquen sus vidas en otros (2 Ti. 2:2).

El apóstol Pedro sabía qué era predicar a las masas. Desde el día de Pentecostés en adelante habló a enormes multitudes en Jerusalén. También predicó dos veces ante el concilio (Hch. 4, 5). Este pasaje revela el otro lado del ministerio de Pedro: su servicio personal a individuos. Seis elementos de tal servicio se insinúan, no de su directa enseñanza sino indirectamente de sus acciones. Pedro era eficaz con individuos porque participaba, exaltaba a Cristo, estaba disponible, era devoto, era fructífero y se encontraba libre de prejuicios.

PEDRO PARTICIPABA

Aconteció que Pedro, visitando a todos, vino también a los santos que habitaban en Lida. Y halló allí a uno que se llamaba Eneas, que hacía ocho años que estaba en cama, pues era paralítico. (9:32-33)

El escenario cambia de Pablo otra vez a Pedro, quien vuelve a ser el personaje central en la narración de los tres capítulos siguientes. Pablo se ha convertido y valientemente ha proclamado tanto en Damasco como en Jerusalén su recién encontrada fe. Su predicación exasperó de tal manera a sus oponentes que, primero en Damasco y después en Jerusalén, estos trataron de matarlo. Para ahora ha huido de Jerusalén hacia su ciudad natal de Tarso. Varios años después, como se registró en el capítulo 13, el ministerio de Pablo dominará el resto de la narración de Hechos.

La continua expansión de la iglesia fuera de Jerusalén (con la ayuda de la persecución observada en Hch. 8:1-2) requirió movimiento de parte de Pedro. La declaración **aconteció que Pedro, visitando a todos,** muestra el incesante carácter del ministerio del apóstol en esa época. En uno de sus viajes **vino también a los santos que habitaban en Lida.** Pedro no permaneció en alguna oficina jerárquica sino que se hallaba en movimiento, lo que hacía que para Dios fuera fácil dirigirlo. Quienes participan activamente en el ministerio son, por lo general, los que reciben de Dios las principales oportunidades ministeriales. Siempre ha parecido que Dios confía sus ministerios más prósperos a sus santos más atareados. El simple hecho de estar plenamente activo en el ministerio coloca a alguien en oportunidades estratégicas.

Lida, conocida en el Antiguo Testamento como Lod, estaba situada a unos quince kilómetros al sureste de la costa marítima de Jope. Era un lugar importante, ya que la atravesaban los caminos de Egipto a Siria y de Jope a Jerusalén. Hoy día es la ubicación del aeropuerto internacional de Israel. Cuando Pedro llegó **halló allí a uno que se llamaba Eneas, que hacía ocho años que estaba**

en cama, pues era paralítico. El uso de la expresión **a uno** para describirlo, al contrastarlo con la descripción de Dorcas como "una discípula", sugiere que el hombre no era creyente. No existen ejemplos en el Nuevo Testamento de creyentes que fueran sanados (aunque Lázaro, Dorcas y Eutico fueron resucitados).

Lucas no especifica si **Eneas** estaba **paralítico** debido a un derrame cerebral, a una enfermedad como la poliomielitis, o a una lesión. En cualquier caso, la parálisis estaba más allá de las habilidades del conocimiento médico limitado de la época. El paralítico **hacía ocho años que estaba en cama,** y enfrentaba esa perspectiva para el resto de su vida.

La disponibilidad de Pedro debido a su participación le abrió una puerta para ministrar. El milagro, además del evidente efecto en la vida de Eneas, iba a ser usado por Dios para llevar a la fe en Jesucristo a grandes cantidades de personas en la región circundante.

PEDRO EXALTABA A CRISTO

Y le dijo Pedro: Eneas, Jesucristo te sana; levántate, y haz tu cama. Y en seguida se levantó. Y le vieron todos los que habitaban en Lida y en Sarón, los cuales se convirtieron al Señor. (9:34-35)

Quienes han de ministrar con eficacia para Jesucristo deben tratar de exaltarlo, no de promoverse ellos mismos. Pedro entendía a la perfección su papel (cp. Hch. 10:25-26). Acercándose al enfermo, **le dijo Pedro: Eneas, Jesucristo** (no Pedro) **te sana** (cp. Hch. 3:6). La desinteresada humildad de Pedro está en agudo contraste con muchos en el ministerio moderno que buscan su propia fama (y fortuna), en lugar de tratar de exaltar el nombre del Señor Jesucristo.

Pedro tomó en serio las palabras del Señor registradas en Juan 15:4-5: "Permaneced en mí, y yo en vosotros. Como el pámpano no puede llevar fruto por sí mismo, si no permanece en la vid, así tampoco vosotros, si no permanecéis en mí. Yo soy la vid, vosotros los pámpanos; el que permanece en mí, y yo en él, éste lleva mucho fruto; porque separados de mí nada podéis hacer". En su primera epístola, Pedro repitió esas palabras: "Si alguno habla, hable conforme a las palabras de Dios; si alguno ministra, ministre conforme al poder que Dios da, para que en todo sea Dios glorificado por Jesucristo, a quien pertenecen la gloria y el imperio por los siglos de los siglos. Amén" (1 P. 4:11).

Pablo también entendió ese principio. A los efesios les escribió: "Y a Aquel que es poderoso para hacer todas las cosas mucho más abundantemente de lo que pedimos o entendemos, según el poder que actúa en nosotros, a él sea gloria en la iglesia en Cristo Jesús por todas las edades, por los siglos de los siglos. Amén" (Ef. 3:20-21). De su ministerio escribió: "Tengo, pues, de qué gloriarme en Cristo Jesús en lo que a Dios se refiere. Porque no osaría hablar sino de lo que Cristo ha hecho por medio de mí para la obediencia de los gentiles, con la palabra y con las obras" (Ro. 15:17-18).

Entonces Pedro ordenó a Eneas que reaccionara a la curación diciéndole: **levántate, y haz tu cama.** El enfermo **en seguida se levantó,** sin parálisis. Ya que la sanidad de Eneas fue total, y que ya no estaría confinado, Pedro le ordenó: **haz tu cama.** Según se observó en el estudio de Hechos 3:8 en el capítulo 8 de esta obra, las sanidades que realizaran tanto Jesucristo como los apóstoles fueron instantáneas y completas. El Nuevo Testamento no sabe absolutamente nada de "curaciones progresivas", en que alguien ha sido "sanado" y luego se restablece poco a poco. (Para un detallado análisis del don de curación, véase mi libro *Los carismáticos* [El Paso, Tx.: Casa Bautista de Publicaciones, 1995].)

La curación de Eneas se extendió y tuvo dramáticas repercusiones. La presenciaron **todos los que habitaban en Lida y en Sarón, los cuales se convirtieron al Señor.** La palabra **todos** podría sorprender al lector, pero tal era el poder y la gracia de Dios a través de Pedro en esa región que **todos** creyeron. No solo en la ciudad natal de Eneas, **Lida,** sino también en la llanura circundante de Sarón, los habitantes llegaron a la fe en el Señor. La buena voluntad de Pedro de relacionarse con las personas, además de su deseo de glorificar a su Señor, lo convirtieron en un instrumento útil por medio del cual el Señor pudo recoger una abundante cosecha para su reino. La frase **se convirtieron al Señor** emplea el verbo *epistrephō*, "dar la vuelta" (cp. su uso en Hch. 3:19; 11:21; 14:15; 15:19; 26:18, 20, y en 2 Co. 3:16 y 1 Ts. 1:9), que describe la salvación como algo más que un cambio de mentalidad; en realidad se trata de un cambio de dirección de vida. La conversión es un cambio de actitud de una creencia y una conducta hacia un compromiso totalmente opuesto.

PEDRO SE HALLABA DISPONIBLE

Había entonces en Jope una discípula llamada Tabita, que traducido quiere decir, Dorcas. Esta abundaba en buenas obras y en limosnas que hacía. Y aconteció que en aquellos días enfermó y murió. Después de lavada, la pusieron en una sala. Y como Lida estaba cerca de Jope, los discípulos, oyendo que Pedro estaba allí, le enviaron dos hombres, a rogarle: No tardes en venir a nosotros. Levantándose entonces Pedro, fue con ellos; y cuando llegó, le llevaron a la sala, donde le rodearon todas las viudas, llorando y mostrando las túnicas y los vestidos que Dorcas hacía cuando estaba con ellas. (9:36-39)

La disponibilidad de Pedro lo llevó a una oportunidad aun más sorprendente. Eneas recibió sanidad, pero Dorcas fue resucitada de los muertos.

Mientras Pedro estaba en Lida, la tragedia golpeó a la iglesia en la cercana **Jope.** Uno de los miembros más amados era **una discípula llamada Tabita** (más comúnmente conocida por su nombre griego de **Dorcas**; ambos nombres significan "gacela"). El epitafio de esta encantadora dama era que **abundaba en buenas obras y en limosnas que hacía.** Específicamente, como muestra el versículo 39, ella hacía ropa para los pobres y necesitados. A diferencia de Eneas, a ella se le llama, de manera específica, una **discípula**. *Mathētria* (**discípula**), el femenino de *mathētēs* ("discípulo"), aparece solo aquí en el Nuevo Testamento. Dorcas era sin duda un ejemplo apropiado para lo que debía ser una mujer cristiana. Ella cumplió su llamado como discípula, según lo describió Pablo en Efesios 2:10: "Porque somos hechura suya, creados en Cristo Jesús para buenas obras, las cuales Dios preparó de antemano para que anduviésemos en ellas"; y en Colosenses 1:10: "Para que andéis como es digno del Señor, agradándole en todo, llevando fruto en toda buena obra, y creciendo en el conocimiento de Dios". Ella era un ejemplo del Nuevo Testamento de una mujer de Proverbios 31, alguien que "alarga su mano al pobre, y extiende sus manos al menesteroso" (Pr. 31:20).

Naturalmente, cuando **en aquellos días enfermó y murió,** este fue un duro golpe para los creyentes en Jope. **Después de lavada** en preparación para el sepelio, como se acostumbraba, en lugar de enterrarla inmediatamente, como también era costumbre (cp. Hch. 5:6, 10), **la pusieron en una sala.** Es obvio que tenían algo más en mente.

Lo que pasaría se hizo evidente de inmediato. **Lida estaba cerca de Jope,** y **los discípulos** se enteraron **que Pedro estaba allí.** Sin duda ellos también habían oído de la curación de Eneas, lo que les dio una idea. **Enviaron dos hombres, a rogarle** a Pedro: **No tardes en venir a nosotros.**

A pesar de los absorbentes deberes del apóstol entre las enormes cantidades de personas que confesaban a Jesús como Señor, **levantándose entonces Pedro, fue con ellos.** Él nunca estaba demasiado ocupado con las multitudes a fin de estar disponible para ayudar en tiempo de necesidad. **Cuando llegó** a Jope, **le llevaron a la sala** donde habían colocado el cuerpo de Dorcas.

Pedro vio de primera mano cuánto amaban a la mujer y qué pérdida representaba para la iglesia en Jope la muerte de esta dama. **Le rodearon todas las viudas** de la iglesia, **llorando y mostrando las túnicas y los vestidos que Dorcas hacía cuando estaba con ellas.** La responsabilidad de la iglesia de cuidar a las viudas, aunque a menudo olvidada hoy día, era tomada en serio en la iglesia primitiva (cp. Hch. 6:1ss; 1 Ti. 5:1ss). Las oportunidades de empleo para las mujeres estaban severamente limitadas, y las viudas sin familia que las cuidaran a menudo quedaban sin recursos (cp. Mr. 12:41-44; Lc. 7:11-15). Por tanto, la pérdida de Dorcas fue un golpe durísimo para estas **viudas.**

Muchos creen que negar a las mujeres papeles de liderazgo en la Iglesia significa negarles la oportunidad de ministrar. Nada podría estar más apartado de la verdad. Dorcas no predicaba ni dirigía la iglesia recién nacida, pero su ministerio en la iglesia de Jope fue crucial para granjearse el cariño de todos.

PEDRO ERA DEVOTO

Entonces, sacando a todos, Pedro se puso de rodillas y oró; y volviéndose al cuerpo, dijo: Tabita, levántate. Y ella abrió los ojos, y al ver a Pedro, se incorporó. Y él, dándole la mano, la levantó; entonces, llamando a los santos y a las viudas, la presentó viva. (9:40-41)

Así como había visto hacer al Señor cuando resucitó a la hija de Jairo (Mr. 5:40), Pedro sacó **a todos** de la sala donde yacía el cadáver de Dorcas. No iría a hacer una exhibición delante de la multitud que atrajera la atención hacia él, y quería un lugar tranquilo para orar.

Algunos podrían creer que Pedro, quien había participado en innumerables sanidades (cp. Hch. 5:12-16), simplemente le habría ordenado a Dorcas que resucitara. Sin embargo, él conocía la fuente de su poder y no presumió nada en cuanto a la voluntad de Dios. En consecuencia, **se puso de rodillas y oró.**

Esencial para todo ministerio de éxito, la oración reconoce la dependencia en Dios. La oración entiende que Dios "es poderoso para hacer todas las cosas mucho más abundantemente de lo que pedimos o entendemos, según el poder que actúa en nosotros" (Ef. 3:20). Pedro había aprendido de su Señor la importancia de la oración, habiéndolo visto y oído muchas veces en comunión con su Padre (cp. Mt. 14:23; Lc. 6:12-13).

Hace muchos años, cinco estudiantes universitarios fueron a Londres para oír predicar a Charles Haddon Spurgeon. Llegaron temprano al Tabernáculo Metropolitano y encontraron las puertas cerradas. Mientras esperaban en los peldaños un hombre se les acercó y les preguntó: "¿Les gustaría ver el equipo de calefacción de esta iglesia?". A eso no habían ido, pero concordaron en ir con él. Los llevó al interior del edificio, por un largo tramo de escaleras, y entraron a un pasillo, al final del cual abrió una puerta dentro de un salón grande lleno con setecientas personas orando de rodillas. "Ese —les dijo el guía, que no era otro que el mismo Spurgeon—, es el equipo de calefacción de esta iglesia".

Al terminar de orar, Pedro se volvió hacia el **cuerpo** de Dorcas y **dijo: Tabita, levántate. Y ella abrió los ojos, y al ver a Pedro, se incorporó. Y él, dándole la mano, la levantó; entonces, llamando a los santos y a las viudas, la presentó viva.** Para quienes la amaban, el gozo debió haber sido indescriptible. Sin embargo, pronto se hizo evidente que Dios no la resucitó únicamente para beneficio de ellos.

PEDRO ERA FRUCTÍFERO

Esto fue notorio en toda Jope, y muchos creyeron en el Señor. (9:42)

El mayor propósito de Dios al resucitar a Dorcas se hizo evidente ahora cuando el informe de su regreso a la vida **fue notorio en toda Jope.** Según se observó en los capítulos 8 y 13 de esta obra, Dios utilizó los milagros como señales que confirman que el evangelio es verdadero. También los usó para autenticar a los apóstoles como sus mensajeros. Dios usó la resurrección de Dorcas como la chispa para la salvación en toda la ciudad.

Igual que ocurrió con la sanidad de Eneas, el ministerio de Pedro llevó incontable fruto. Debido a la resurrección de Dorcas, **muchos** en Jope **creyeron en el Señor.** Se podría afirmar que convertirse al Señor (v. 35), una frase usada comúnmente en Hechos, es sinónimo de creer en el Señor (cp. Hch. 11:21). No hay fe salvadora sin conversión, ni verdadera fe sin arrepentimiento y transformación. De nuevo el ministerio de Pedro fortalecido por Dios, tanto en Lida como en Jope, hizo que muchas almas se añadieran al reino.

PEDRO SE ENCONTRABA LIBRE DE PREJUICIOS

Pedro se quedó en Jope un buen tiempo, en casa de un tal Simón, que era curtidor. (9:43)

Este comentario sirve como puente entre este pasaje y el relato siguiente de la conversión de Cornelio. Pedro decidió quedarse **en Jope un buen tiempo, en casa de un tal Simón, que era curtidor.** Estos fueron días desafiantes para el apóstol, mientras se derrumbaban los muros de sus prejuicios levantados durante toda una vida. Primero vino la conversión y la llenura del Espíritu para los samaritanos, con quienes ningún judío digno tenía trato. No obstante, Pedro se había visto obligado a recibirlos como hermanos en Cristo. Pronto vendría una conmoción incluso mayor, cuando los gentiles irían a entrar a la iglesia.

En esta acotación, al parecer insignificante, se derriba otro muro cuando Pedro se queda en casa de un **curtidor.** Los curtidores eran despreciados por la sociedad judía en el siglo I, ya que trataban con las pieles de animales muertos. Por tanto, curtir se consideraba una ocupación inmunda y a Simón lo habrían rechazado de la sinagoga local.

El prejuicio es devastador para cualquier ministerio. En demasiados círculos cristianos se rechaza a quienes no encajan en el molde. Cualquier fanatismo constituye una plaga en la causa de Dios, quien "no hace acepción de personas" (Hch. 10:34). No hay sitio para el prejuicio en un ministerio personal eficaz.

El celoso judío nacionalista Pablo aprendió esa lección, pues les escribió a los corintios:

> *Aunque soy libre respecto a todos, de todos me he hecho esclavo para ganar a tantos como sea posible. Entre los judíos me volví judío, a fin de ganarlos a ellos. Entre los que viven bajo la ley me volví como los que están sometidos a ella (aunque yo mismo no vivo bajo la ley), a fin de ganar a éstos. Entre los que no tienen la ley me volví como los que están sin ley (aunque no estoy libre de la ley de Dios sino comprometido con la ley de Cristo), a fin de ganar a los que están sin ley. Entre los débiles me hice débil, a fin de ganar a los débiles. Me hice todo para todos, a fin de salvar a algunos por todos los medios posibles (1 Co. 9:19-22).*

Pedro conocía los principios de un ministerio personal eficaz, y los vivía. Debido a eso, el Señor bendijo tanto el ministerio de este hombre tanto a individuos como el ministerio anterior a grandes multitudes. Es más, lo uno llevó a lo otro. Y sería a través de su ministerio a otro individuo, Cornelio, que la última barrera se derribaría, y los gentiles serían admitidos en la iglesia.

Se extiende la salvación 23

Había en Cesarea un hombre llamado Cornelio, centurión de la compañía llamada la Italiana, piadoso y temeroso de Dios con toda su casa, y que hacía muchas limosnas al pueblo, y oraba a Dios siempre. Este vio claramente en una visión, como a la hora novena del día, que un ángel de Dios entraba donde él estaba, y le decía: Cornelio. Él, mirándole fijamente, y atemorizado, dijo: ¿Qué es, Señor? Y le dijo: Tus oraciones y tus limosnas han subido para memoria delante de Dios. Envía, pues, ahora hombres a Jope, y haz venir a Simón, el que tiene por sobrenombre Pedro. Este posa en casa de cierto Simón curtidor, que tiene su casa junto al mar; él te dirá lo que es necesario que hagas. Ido el ángel que hablaba con Cornelio, éste llamó a dos de sus criados, y a un devoto soldado de los que le asistían; a los cuales envió a Jope, después de haberles contado todo. Al día siguiente, mientras ellos iban por el camino y se acercaban a la ciudad, Pedro subió a la azotea para orar, cerca de la hora sexta. Y tuvo gran hambre, y quiso comer; pero mientras le preparaban algo, le sobrevino un éxtasis; y vio el cielo abierto, y que descendía algo semejante a un gran lienzo, que atado de las cuatro puntas era bajado a la tierra; en el cual había de todos los cuadrúpedos terrestres y reptiles y aves del cielo. Y le vino una voz: Levántate, Pedro, mata y come. Entonces Pedro dijo: Señor, no; porque ninguna cosa común o inmunda he comido jamás. Volvió la voz a él la segunda vez: Lo que Dios limpió, no lo llames tú común. Esto se hizo tres veces; y aquel lienzo volvió a ser recogido en el cielo. Y mientras Pedro estaba perplejo dentro de sí sobre lo que significaría la visión que había visto, he aquí los hombres que habían sido enviados por Cornelio, los cuales, preguntando por la casa de Simón, llegaron a la puerta. Y llamando, preguntaron si moraba allí un Simón que tenía por sobrenombre Pedro. Y mientras Pedro pensaba en la visión, le dijo el Espíritu: He aquí, tres hombres te buscan. Levántate, pues, y desciende y no dudes de ir con ellos, porque yo los he enviado. Entonces Pedro, descendiendo a donde estaban los hombres que fueron enviados por Cornelio, les dijo: He aquí, yo soy el que buscáis; ¿cuál es la causa por la que habéis venido? Ellos dijeron: Cornelio el centurión, varón justo y temeroso de Dios, y que tiene buen testimonio en toda la nación de los judíos, ha recibido instrucciones de un santo ángel, de hacerte venir a su casa para oír tus palabras. Entonces,

haciéndoles entrar, los hospedó. Y al día siguiente, levantándose, se fue con ellos; y le acompañaron algunos de los hermanos de Jope. Al otro día entraron en Cesarea. Y Cornelio los estaba esperando, habiendo convocado a sus parientes y amigos más íntimos. Cuando Pedro entró, salió Cornelio a recibirle, y postrándose a sus pies, adoró. Mas Pedro le levantó, diciendo: Levántate, pues yo mismo también soy hombre. Y hablando con él, entró, y halló a muchos que se habían reunido. Y les dijo: Vosotros sabéis cuán abominable es para un varón judío juntarse o acercarse a un extranjero; pero a mí me ha mostrado Dios que a ningún hombre llame común o inmundo; por lo cual, al ser llamado, vine sin replicar. Así que pregunto: ¿Por qué causa me habéis hecho venir? Entonces Cornelio dijo: Hace cuatro días que a esta hora yo estaba en ayunas; y a la hora novena, mientras oraba en mi casa, vi que se puso delante de mí un varón con vestido resplandeciente, y dijo: Cornelio, tu oración ha sido oída, y tus limosnas han sido recordadas delante de Dios. Envía, pues, a Jope, y haz venir a Simón el que tiene por sobrenombre Pedro, el cual mora en casa de Simón, un curtidor, junto al mar; y cuando llegue, él te hablará. Así que luego envié por ti; y tú has hecho bien en venir. Ahora, pues, todos nosotros estamos aquí en la presencia de Dios, para oír todo lo que Dios te ha mandado. Entonces Pedro, abriendo la boca, dijo: En verdad comprendo que Dios no hace acepción de personas, sino que en toda nación se agrada del que le teme y hace justicia. Dios envió mensaje a los hijos de Israel, anunciando el evangelio de la paz por medio de Jesucristo; éste es Señor de todos. Vosotros sabéis lo que se divulgó por toda Judea, comenzando desde Galilea, después del bautismo que predicó Juan: cómo Dios ungió con el Espíritu Santo y con poder a Jesús de Nazaret, y cómo éste anduvo haciendo bienes y sanando a todos los oprimidos por el diablo, porque Dios estaba con él. Y nosotros somos testigos de todas las cosas que Jesús hizo en la tierra de Judea y en Jerusalén; a quien mataron colgándole en un madero. A éste levantó Dios al tercer día, e hizo que se manifestase; no a todo el pueblo, sino a los testigos que Dios había ordenado de antemano, a nosotros que comimos y bebimos con él después que resucitó de los muertos. Y nos mandó que predicásemos al pueblo, y testificásemos que él es el que Dios ha puesto por Juez de vivos y muertos. De éste dan testimonio todos los profetas, que todos los que en él creyeren, recibirán perdón de pecados por su nombre. Mientras aún hablaba Pedro estas palabras, el Espíritu Santo cayó sobre todos los que oían el discurso. Y los fieles de la circuncisión que habían venido con Pedro se quedaron atónitos de que también sobre los gentiles se derramase el don del Espíritu Santo. Porque los oían que hablaban en lenguas, y que magnificaban a Dios. Entonces respondió Pedro: ¿Puede acaso alguno impedir el agua, para que no sean bautizados estos que han recibido el Espíritu Santo también como nosotros? Y mandó bautizarles en el nombre del Señor Jesús. Entonces le rogaron que se quedase por algunos días. (10:1-48)

La novela clásica de Mark Twain *Las aventuras de Tom Sawyer* relata el siguiente intercambio entre Tom y su amigo Huck Finn. Tom le acaba de informar a Huck que no es bienvenido en el grupo de Tom.

—¡Tom! ¡Tan amigo como has sido mío! No me dejarás fuera, ¿verdad? Eso no lo haces tú, Tom.

—Huck, yo no quisiera; pero ¿qué diría la gente? Pues diría: ¡Bah, la cuadrilla de Tom Sawyer! ¡Hay en ella personas de malos antecedentes! Y eso lo dirían por ti, Huck. A ti no te gustaría, y yo no quiero que lo digan ([Quito, Ec.: Libresa, 2006], p. 190).

Los niños no son los únicos que participan en tan crueles juegos unos con otros; los adultos también tienen esa tendencia. Somos rápidos para excluir de nuestro grupo a los que consideramos indeseables: a quienes no nos halagan, o no apoyan nuestras opiniones, no refuerzan nuestros prejuicios, no aumentan nuestro orgullo, ni alimentan nuestros egos, o cuyo estilo de vida es muy diferente. El mundo, en general, expresa su intolerancia y su fanatismo en conflictos a todo nivel, desde silenciosos prejuicios hasta guerra total.

Ni siquiera la Iglesia es inmune a esta tendencia. Aquellos de otra cultura, coloración de piel, posición social, grupo educativo, o nivel de ingresos se encuentran a menudo tan mal recibidos en la iglesia como Huck Finn lo fue en el grupo de Tom Sawyer. Tan intolerante exclusivismo aflige el corazón del Señor Jesucristo, cuyo propósito y cuya oración fueron que todos los creyentes "sean uno; como tú, oh Padre, en mí, y yo en ti, que también ellos sean uno en nosotros; para que el mundo crea que tú me enviaste" (Jn. 17:21). En la Iglesia, "ya no hay judío ni griego; no hay esclavo ni libre; no hay varón ni mujer; porque todos vosotros sois uno en Cristo Jesús" (Gá. 3:28).

Las barreras culturales no eran menos profundas y rígidas en el mundo antiguo que en nuestros días. Para que la iglesia no se quedara como una pequeña secta del judaísmo era necesario atravesar esas barreras. Ya en Hechos, la barrera que separaba a los judíos de los samaritanos se había traspasado a través de los ministerios de Felipe, Pedro y Juan, que resultaron en cantidades de samaritanos convertidos. La demora en recibir el Espíritu hasta que Pedro y Juan llegaran destacó para ambas partes que tanto a samaritanos como a judíos se les había conferido el mismo Espíritu de Dios y que se les había colocado en la iglesia.

Pero una barrera más formidable apareció. La aversión de los judíos hacia los samaritanos era insignificante en comparación con su odio por los gentiles (cp. Jon. 3:10—4:4, que muestra la ira del profeta sobre los gentiles salvados de Dios). Antes de que el evangelio se pudiera predicar a todas las naciones y abarcarlas a todas (Mt. 28:19-20), era necesario derribar esta última barrera por el bien de la unidad. Una pequeña grieta en el muro ya se había abierto por medio de la conversión del eunuco etíope (8:26-40). Sin embargo, el hombre regresó a su lejana tierra y no se quedó en la comunión con los creyentes judíos. En la providencia de Dios había llegado el tiempo de reconciliar a judíos y gentiles en la Iglesia.

Es lógico que Pedro, el líder de los Doce, fuera quien abriera la puerta a los no circuncidados. Fue él quien predicó el día de Pentecostés y a la multitud en el pórtico de Salomón. Pedro también fue el hombre clave en la batalla continua con el concilio. Tampoco, según se ha indicado, los samaritanos se añadieron a la iglesia separadamente del ministerio de Pedro.

Para que el apóstol diera tan drástico paso requería alguna preparación. Ya se había liberado cada vez más de los prejuicios con que se había criado. Había aceptado a los samaritanos como hermanos en Cristo e iguales en la iglesia. Como revela el capítulo 10, él se queda en casa de un curtidor, cuyo oficio era despreciado por los judíos devotos. Pero aceptar a los gentiles como iguales delante del Señor era un asunto totalmente diferente. Las estrictas leyes judías no tenían nada que ver con los gentiles. A los judíos no los recibían en casas de gentiles (cp. v. 28), ni ellos recibían gentiles en sus casas. La tierra de una nación gentil se consideraba profana, y un judío se quitaba las sandalias antes de entrar a Israel (de donde vino la práctica de la expresión "sacudid el polvo de vuestros pies" [Mt. 10:14; Mr. 6:11; Lc. 9:5; Hch. 13:51]). Los judíos no consumían alimentos preparados por manos gentiles. Los utensilios de cocina comprados a un gentil se debían purificar antes de usarlos. En pocas palabras, a los gentiles se les consideraba inmundos y su presencia se consideraba deshonrosa.

El fundamento teológico para la unidad de judíos y gentiles en la Iglesia ya se había establecido. En Efesios 2:11-22, Pablo señaló que a través de la muerte expiatoria, total y única de Cristo, Él "de ambos pueblos hizo uno, derribando la pared intermedia de separación" (v. 14). Lucas registra aquí la comprensión histórica de tal verdad espiritual.

Pero este capítulo es algo más que la historia de la introducción de los gentiles en la iglesia; también es el relato de la salvación de un hombre. La secuencia de sucesos que llevan a la salvación de Cornelio presenta un patrón eterno de cómo la salvación se desarrolla. Del texto se pueden discernir seis elementos: preparación soberana, voluntad sumisa, presentación de la salvación, poder espiritual, confesión simbólica, y dulce comunión.

PREPARACIÓN SOBERANA

Había en Cesarea un hombre llamado Cornelio, centurión de la compañía llamada la Italiana, piadoso y temeroso de Dios con toda su casa, y que hacía muchas limosnas al pueblo, y oraba a Dios siempre. Este vio claramente en una visión, como a la hora novena del día, que un ángel de Dios entraba donde él estaba, y le decía: Cornelio. Él, mirándole fijamente, y atemorizado, dijo: ¿Qué es, Señor? Y le dijo: Tus oraciones y tus limosnas han subido para

memoria delante de Dios. Envía, pues, ahora hombres a Jope, y haz venir a Simón, el que tiene por sobrenombre Pedro. Este posa en casa de cierto Simón curtidor, que tiene su casa junto al mar; él te dirá lo que es necesario que hagas. Ido el ángel que hablaba con Cornelio, éste llamó a dos de sus criados, y a un devoto soldado de los que le asistían; a los cuales envió a Jope, después de haberles contado todo. Al día siguiente, mientras ellos iban por el camino y se acercaban a la ciudad, Pedro subió a la azotea para orar, cerca de la hora sexta. Y tuvo gran hambre, y quiso comer; pero mientras le preparaban algo, le sobrevino un éxtasis; y vio el cielo abierto, y que descendía algo semejante a un gran lienzo, que atado de las cuatro puntas era bajado a la tierra; en el cual había de todos los cuadrúpedos terrestres y reptiles y aves del cielo. Y le vino una voz: Levántate, Pedro, mata y come. Entonces Pedro dijo: Señor, no; porque ninguna cosa común o inmunda he comido jamás. Volvió la voz a él la segunda vez: Lo que Dios limpió, no lo llames tú común. Esto se hizo tres veces; y aquel lienzo volvió a ser recogido en el cielo. Y mientras Pedro estaba perplejo dentro de sí sobre lo que significaría la visión que había visto, he aquí los hombres que habían sido enviados por Cornelio, los cuales, preguntando por la casa de Simón, llegaron a la puerta. Y llamando, preguntaron si moraba allí un Simón que tenía por sobrenombre Pedro. Y mientras Pedro pensaba en la visión, le dijo el Espíritu: He aquí, tres hombres te buscan. Levántate, pues, y desciende y no dudes de ir con ellos, porque yo los he enviado. (10:1-20)

Los acontecimientos trascendentales de la inclusión de los gentiles en la Iglesia y la salvación de Cornelio requirieron preparación soberana. Tanto el convertido Cornelio como el predicador Pedro recibieron visiones de Dios que los preparó para lo que venía a continuación.

PREPARACIÓN DE CORNELIO

Había en Cesarea un hombre llamado Cornelio, centurión de la compañía llamada la Italiana, piadoso y temeroso de Dios con toda su casa, y que hacía muchas limosnas al pueblo, y oraba a Dios siempre. Este vio claramente en una visión, como a la hora novena del día, que un ángel de Dios entraba donde él estaba, y le decía: Cornelio. Él, mirándole fijamente, y atemorizado, dijo: ¿Qué es, Señor? Y le dijo: Tus oraciones y tus limosnas han subido para memoria delante de Dios. Envía, pues, ahora hombres a Jope, y haz venir a Simón, el que tiene por sobrenombre Pedro. Este posa en casa de cierto Simón curtidor, que tiene su casa junto al mar; él te dirá lo que es necesario que hagas. Ido el ángel que hablaba con Cornelio, éste llamó a dos de sus criados, y a un devoto soldado de los que le asistían; a los cuales envió a Jope, después de haberles contado todo. (10:1-8)

Ya que el ser humano está muerto en sus pecados (Ef. 2:1-4), la salvación no puede empezar ni empieza en él (cp. Jn 1:12-13; 6:37; Ef. 1:4; Hch. 13:48). Uno de esos seres humanos muertos, Cornelio, a quien Dios estaba a punto de salvar, vivía en **Cesarea,** una ciudad importante situada en la costa como a cincuenta kilómetros al norte de Jope. Esa era la capital de la provincia romana de Judea y la residencia de su procurador. Naturalmente, allí había apostada una gran guarnición romana. Entre ellos estaba Cornelio, un **centurión de la compañía llamada la Italiana.** Una legión romana con todas sus fuerzas consistía de seis mil hombres y estaba dividida en diez grupos de seiscientos cada uno. Un centurión comandaba a cien de estos hombres y, por tanto, cada legión tenía sesenta centuriones, a quienes se los consideraba la columna vertebral del ejército romano. El historiador romano Polibio describió a los centuriones como "no tanto aventureros temerarios sino líderes naturales de espíritu firme y apacible, no tanto hombres que iniciarán ataques y abrirán la batalla sino hombres que protegerán su tierra cuando los derroten y presionen con más fuerza, y que estarán listos para morir en sus puestos" (*Histories* [Historias] vi. xix-xlii, citado en Naphtali Lewis and Meyer Reinhold, eds., *Roman Civilization: Sourcebook* 1: *The Republic* [Civilización romana: Libro de consulta 1: La República] [Nueva York: Harper & Row, 1966], p. 435). Igual que los demás centuriones mencionados en el Nuevo Testamento, Cornelio había alcanzado su rango demostrando ser un hombre firme, responsable y confiable.

Sin embargo, más que un soldado, Cornelio era un hombre **piadoso y temeroso de Dios con toda su casa, y que hacía muchas limosnas al pueblo, y oraba a Dios siempre.** El suyo era un corazón que buscaba; él había vivido a la luz que tenía y Dios estaba a punto de darle más. Este es el equilibrio necesario para la elección divina, que Dios responde al corazón dispuesto que busca (cp. Is. 55:6-7; Jer. 29:13; Jn. 7:17). La elección divina y la responsabilidad humana son claras enseñanzas de la Biblia. La salvación es tanto llevada a cabo por Dios como ordenada a los pecadores. Aunque nuestra comprensión limitada no nos permite armonizar estos dos aspectos, no hay conflicto en la mente de Dios.

Cornelio era un hombre temeroso de Dios. El Señor había conmovido el alma sombría del centurión para que abandonara su religión pagana, y él adoraba a Jehová Dios. Esa devoción se expresaba en **que hacía muchas limosnas al pueblo, y** en el hecho de que **oraba a Dios siempre.** Sin embargo, no se había convertido por completo en prosélito del judaísmo por medio de la circuncisión.

A causa de la elección soberana de Cornelio, y en respuesta a su corazón de búsqueda, Dios se movió a fin de prepararlo. El centurión **vio claramente en una visión, como a la hora novena del día** (15.00 h)**, que un ángel de Dios entraba donde él estaba, y le decía: Cornelio.** La **hora novena** era el momento más importante de oración en el día judío (Hch. 3:1). Dios respondió la oración enviándole un mensajero angelical.

La aparición de ángeles en la Biblia producía terror y asombro (Jue. 6:22; 13:20; 1 Cr. 21:16; Dn. 10:4-9; Mt. 28:2-5; Lc. 1:11-13, 30; 2:9-10), muy diferente a la frivolidad casual con que muchos hoy día tratan sus supuestos encuentros con ellos. Es comprensible que el veterano soldado Cornelio estuviera aterrado. **Mirándole fijamente, y atemorizado, dijo: ¿Qué es, Señor?**

El ángel se apresuró a tranquilizar al hombre, diciéndole: **Tus oraciones y tus limosnas han subido para memoria delante de Dios.** Dios conocía el corazón de Cornelio, que era un hombre devoto, y que lo adoraba con lo mejor de su entendimiento. A pesar de la sinceridad de Cornelio y de su devoción al Dios verdadero, no podía ser salvo apartado de una correcta comprensión del evangelio de Jesucristo (Hch. 4:12). Dios lo estaba preparando para proporcionarle dicho conocimiento. Específicamente, el ángel le dio estas instrucciones: **Envía, pues, ahora hombres a Jope, y haz venir a Simón, el que tiene por sobrenombre Pedro. Este posa en casa de cierto Simón curtidor, que tiene su casa junto al mar.**

La reacción del centurión fue instantánea. Cuando **el ángel que hablaba con Cornelio** partió, este **llamó a dos de sus criados, y a un devoto soldado de los que le asistían; a los cuales envió a Jope, después de haberles contado todo.**

A primera vista, parece que no había ninguna razón para esta demora. Sin duda, el ángel era muy capaz de entregar el mensaje del evangelio a Cornelio. Aunque un ángel proclamará el evangelio en el futuro (Ap. 14:6), Dios ha escogido obrar por medio de instrumentos humanos. También quería allí a Pedro para que observara la salvación de Cornelio. Solo entonces el apóstol estaría totalmente preparado para aceptar a gentiles en la iglesia.

PREPARACIÓN DE PEDRO

Al día siguiente, mientras ellos iban por el camino y se acercaban a la ciudad, Pedro subió a la azotea para orar, cerca de la hora sexta. Y tuvo gran hambre, y quiso comer; pero mientras le preparaban algo, le sobrevino un éxtasis; y vio el cielo abierto, y que descendía algo semejante a un gran lienzo, que atado de las cuatro puntas era bajado a la tierra; en el cual había de todos los cuadrúpedos terrestres y reptiles y aves del cielo. Y le vino una voz: Levántate, Pedro, mata y come. Entonces Pedro dijo: Señor, no; porque ninguna cosa común o inmunda he comido jamás. Volvió la voz a él la segunda vez: Lo que Dios limpió, no lo llames tú común. Esto se hizo tres veces; y aquel lienzo volvió a ser recogido en el cielo. Y mientras Pedro estaba perplejo dentro de sí sobre lo que significaría la visión que había visto, he aquí los hombres que habían sido enviados por Cornelio, los cuales, preguntando por la casa de Simón, llegaron a la puerta. Y llamando, preguntaron si moraba allí un Simón que tenía por sobrenombre Pedro. Y mientras Pedro pensaba en la visión, le

dijo el Espíritu: He aquí, tres hombres te buscan. Levántate, pues, y desciende y no dudes de ir con ellos, porque yo los he enviado. (10:9-20)

Mientras tanto, de vuelta en Jope, Dios estaba preparando al predicador para este fabuloso encuentro. **Al día siguiente,** mientras los hombres enviados por Cornelio **iban por el camino y se acercaban a la ciudad, Pedro** recibió una visión divina. **Subió a la azotea para orar, cerca de la hora sexta** (mediodía). Era hora de almorzar, él **tuvo gran hambre, y quiso comer.** No obstante, debió haber una demora inesperada en su comida. **Mientras** sus anfitriones **le preparaban algo** de comer, a Pedro **le sobrevino un éxtasis.** Dios no solo llamó de forma soberana a Cornelio para la salvación sino que también preparó a Pedro como el medio, humanamente hablando, para lograrlo. El llamado soberano que Dios hace a individuos para su servicio especial está bien documentado en la Biblia (cp. Is. 49:1; Jer. 1:5; Jn. 15:16; Gá. 1:1).

En su éxtasis, Pedro **vio el cielo abierto, y que descendía algo semejante a un gran lienzo, que atado de las cuatro puntas era bajado a la tierra; en el cual había de todos los cuadrúpedos terrestres y reptiles y aves del cielo.** Muy apropiadamente, puesto que tenía hambre, en la visión del apóstol participó la comida. Que el lienzo contuviera animales puros e impuros refleja la instrucción del Antiguo Testamento en que Dios estableció ciertas restricciones dietéticas para Israel (cp. Lv. 11). Levítico 20:25-26 describe su motivo para dar tales restricciones:

> *Vosotros haréis diferencia entre animal limpio e inmundo, y entre ave inmunda y limpia; y no contaminéis vuestras personas con los animales, ni con las aves, ni con nada que se arrastra sobre la tierra, los cuales os he apartado por inmundos. Habéis, pues, de serme santos, porque yo Jehová soy santo, y os he apartado de los pueblos para que seáis míos.*

Era imperativo que Israel se mantuviera separado de sus vecinos idólatras, y tales restricciones dificultarían las relaciones sociales con estos.

Desde la venida del Nuevo Pacto y el llamado a un nuevo pueblo (la Iglesia), la época de las restricciones terminó, como Pedro descubriría pronto. En su visión, Dios le ordenó: **Levántate, Pedro, mata y come.** Como cualquier judío devoto se habría sentido, Pedro estaba horrorizado. Al instante protestó: **Señor, no; porque ninguna cosa común o inmunda he comido jamás.** Celosamente había cumplido las leyes dietéticas toda su vida, creyendo que tal compromiso *kosher* era requerido por el Señor. Su adhesión estricta reflejó su devoción por agradar a Dios. ¿Cómo hacer de lado inmediatamente todo aquello sin asaltar su conciencia, tan sensible al deber dietético?

Pedro se resistió firmemente al mensaje, por lo que **volvió la voz a él la**

segunda vez: Lo que Dios limpió, no lo llames tú común. Tan arraigadas eran las normas dietéticas en su vida que aún no lograba comprender lo que estaba sucediendo. Finalmente, la escena se repitió después **tres veces; y aquel lienzo volvió a ser recogido en el cielo.**

La visión dejó a **Pedro perplejo dentro de sí sobre lo que significaría la visión que había visto.** Dicho significado era doble. En el lado negativo simbolizaba la abolición de las restricciones dietéticas del Antiguo Testamento (cp. Mr. 7:14-23; Ro. 14:1-3; Col. 2:16-17; 1 Ti. 4:1-5). Tales características de separación ahora eran contraproducentes, ya que Dios estaba juntando a judíos y gentiles en la Iglesia, no manteniéndolos separados. En cuanto al lado positivo, la visión representaba la inclusión en un solo cuerpo tanto de gentiles, simbolizados por los animales impuros, como de judíos, simbolizados por los puros.

La perplejidad de Pedro tuvo corta duración. En ese momento, **los hombres que habían sido enviados por Cornelio, los cuales, preguntando por la casa de Simón, llegaron a la puerta. Y llamando, preguntaron si moraba allí un Simón que tenía por sobrenombre Pedro.** Ellos llegaron **mientras Pedro pensaba en la visión,** aun tratando de imaginar lo que el Señor estaba diciendo. Había llegado el momento del encuentro que clarificaría la confusión de Pedro, por lo que **le dijo el Espíritu: He aquí, tres hombres te buscan. Levántate, pues, y desciende y no dudes de ir con ellos, porque yo los he enviado.** Dios no solo preparó de manera soberana a Cornelio y a Pedro, sino que también determinó y dispuso soberanamente el momento de juntarlos.

VOLUNTAD SUMISA

Entonces Pedro, descendiendo a donde estaban los hombres que fueron enviados por Cornelio, les dijo: He aquí, yo soy el que buscáis; ¿cuál es la causa por la que habéis venido? Ellos dijeron: Cornelio el centurión, varón justo y temeroso de Dios, y que tiene buen testimonio en toda la nación de los judíos, ha recibido instrucciones de un santo ángel, de hacerte venir a su casa para oír tus palabras. Entonces, haciéndoles entrar, los hospedó. Y al día siguiente, levantándose, se fue con ellos; y le acompañaron algunos de los hermanos de Jope. Al otro día entraron en Cesarea. Y Cornelio los estaba esperando, habiendo convocado a sus parientes y amigos más íntimos. Cuando Pedro entró, salió Cornelio a recibirle, y postrándose a sus pies, adoró. Mas Pedro le levantó, diciendo: Levántate, pues yo mismo también soy hombre. Y hablando con él, entró, y halló a muchos que se habían reunido. Y les dijo: Vosotros sabéis cuán abominable es para un varón judío juntarse o acercarse a un extranjero; pero a mí me ha mostrado Dios que a ningún hombre llame común o inmundo; por lo cual, al ser llamado, vine sin replicar. Así que pregunto: ¿Por qué causa me habéis hecho venir? Entonces Cornelio dijo: Hace cuatro días que a esta hora

yo estaba en ayunas; y a la hora novena, mientras oraba en mi casa, vi que se puso delante de mí un varón con vestido resplandeciente, y dijo: Cornelio, tu oración ha sido oída, y tus limosnas han sido recordadas delante de Dios. Envía, pues, a Jope, y haz venir a Simón el que tiene por sobrenombre Pedro, el cual mora en casa de Simón, un curtidor, junto al mar; y cuando llegue, él te hablará. Así que luego envié por ti; y tú has hecho bien en venir. Ahora, pues, todos nosotros estamos aquí en la presencia de Dios, para oír todo lo que Dios te ha mandado. (10:21-33)

Pedro y Cornelio son un ejemplo de la obediencia que Dios exige, tanto al momento de la salvación como a través de la vida cristiana. La Biblia enseña reiteradamente que la obediencia acompaña a la fe verdadera (cp. Mt. 7:21-23; 21:28-32; Lc. 9:23, 57-62; Jn. 8:30-31; 14:15, 21, 23; 15:10, 14; Hch. 6:7; Ro. 1:5; 16:26; Stg. 2:14-26; 1 Jn. 2:3-4, 19). (Para más información acerca de este punto vital, véanse mis libros *El evangelio según Jesucristo* [El Paso, Tx.: Casa Bautista de Publicaciones, 2002], y *Faith Works* [La fe obra] [Dallas: Word, 1993).

Como hizo Cornelio, Pedro obedeció, aunque quizás no entendía por completo lo que estaba sucediendo. Este, **descendiendo a donde estaban los hombres** (el soldado y los dos criados) **que fueron enviados por Cornelio, les dijo: He aquí, yo soy el que buscáis; ¿cuál es la causa por la que habéis venido?** La respuesta de **ellos**, que debió haber asombrado aun más a Pedro, fue que **Cornelio el centurión, varón justo y temeroso de Dios, y que tiene buen testimonio en toda la nación de los judíos, ha recibido instrucciones de un santo ángel, de hacerte venir a su casa para oír tus palabras.**

Ahora fue el turno de Pedro de hacer algo sorprendente cuando, **haciéndoles entrar, los hospedó.** Les era demasiado tarde para regresar a Cesarea ese día, así que el apóstol los invitó a pasar allí la noche.

He aquí una grieta más en la barrera divisoria de judíos y gentiles. Ningún judío digno habría dado hospedaje a gentiles, en especial a un soldado del odiado ejército romano de ocupación. Hospedar viene de *xenizō*, que significa "recibir como un invitado". Se usa en Hebreos 13:2 para hablar de recibir ángeles. Pedro ofreció a sus inesperados visitantes tratamiento de primera, mostrando que la obra de Dios en su corazón había roto el típico prejuicio judío. Debido a eso supo la diferencia entre la ley del Antiguo Testamento, que es vinculante, y la tradición humana, que no lo es. Él tuvo dificultades en zafarse de la ley dietética, pero no hubo animosidad en su corazón hacia los gentiles, así que la hospitalidad fue fácil.

Al día siguiente, Pedro, **levantándose, se fue con ellos; y le acompañaron algunos de los hermanos de Jope.** En obediencia a la orden que recibiera en su visión, regresó a Cesarea con los mensajeros de Cornelio. Aunque no se le ordenó hacerlo, llevó con él a seis (Hch. 11:12) **de los hermanos de Jope.** Esta decisión al parecer insignificante de parte de Pedro cobra importancia más adelante en la historia. Ya que Pedro no tuvo instrucción divina para hacer esto, ilustra cómo Dios dirige a los creyentes por medio de sus deseos (cp. Sal. 37:4).

Después de pasar la noche en el camino, **al otro día entraron en Cesarea.** Dos mundos estaban a punto de encontrarse, cuando siete judíos devotos ortodoxos estuvieron a punto de toparse con una casa llena de gentiles ansiosos. Se había alcanzado un hito en la historia de la iglesia.

Mientras tanto **Cornelio los estaba esperando,** y no había estado ocioso. Anticipando ansiosamente lo que Pedro tenía que decirle, había **convocado a sus parientes y amigos más íntimos.** Cuando Pedro entró en la casa, **salió Cornelio a recibirle.** Sobrecogido **y postrándose a sus pies,** el centurión lo **adoró.** La respuesta inmediata y enfática de Pedro debería hacer reflexionar a quienes defienden la adoración a los santos. **Pedro le levantó, diciendo: Levántate, pues yo mismo también soy hombre.** En Hechos 14:11-15, Pablo y Bernabé quedaron igualmente horrorizados cuando las multitudes paganas en Listra intentaron adorarlos. Hasta los ángeles repudian tan equivocada adoración (Ap. 22:8-9).

Cuando Pedro **entró, halló a muchos que se habían reunido.** Dios no le había ordenado a Cornelio que reuniera a esas personas, pero su presencia fue una disposición fundamental de la providencia divina usando la voluntad de Cornelio. Si el centurión hubiera sido el único en salvarse, la iglesia en Jerusalén lo habría considerado una aberración. Sin embargo, si un grupo de gentiles se salvaba, habrían tenido que aceptar que Dios estaba incluyendo a gentiles en la iglesia.

Dirigiéndose a este grupo de no judíos, Pedro **les dijo: Vosotros sabéis cuán abominable es para un varón judío juntarse o acercarse a un extranjero; pero a mí me ha mostrado Dios que a ningún hombre llame común o inmundo; por lo cual, al ser llamado, vine sin replicar. Así que pregunto: ¿Por qué causa me habéis hecho venir?** Pedro empieza diciéndoles que no debería estar allí, ya que **abominable es para un varón judío juntarse o acercarse a un extranjero** (cp. Jn. 4:9; 18:28; Hch. 11:2-3; 22:21-22; Gá. 2:12). Él había vivido según ese criterio. No obstante, Dios le había enseñado, y él había aceptado, que **a ningún hombre** llamara **común o inmundo; por lo cual, al ser llamado** acudió **sin replicar.** Pero Pedro aún no estaba seguro de por qué se hallaba en esta casa, así que preguntó **por qué causa** lo habían **hecho venir.**

Cornelio replicó relatando los detalles específicos de su visión: **Hace cuatro días que a esta hora yo estaba en ayunas; y a la hora novena, mientras oraba en mi casa, vi que se puso delante de mí un varón con vestido resplandeciente, y dijo: Cornelio, tu oración ha sido oída, y tus limosnas han sido recordadas delante de Dios. Envía, pues, a Jope, y haz venir a Simón el que tiene por sobrenombre Pedro, el cual mora en casa de Simón, un curtidor, junto al mar; y cuando llegue, él te hablará. Así que luego envié por ti; y tú has hecho bien en**

venir. Ahora, pues, todos nosotros estamos aquí en la presencia de Dios, para oír todo lo que Dios te ha mandado. El soldado usa un término militar, *prostassō* (**mandado**), refiriéndose a una orden militar. Él entendía que cuando el Señor hablaba se trataba de una orden que exigía obediencia, y estaba listo a recibir sus órdenes de parte del Señor.

Por tanto, Pedro y Cornelio habían sido preparados por Dios de manera soberana, y ambos respondieron obedientemente a las instrucciones divinas. Todo estaba dispuesto para la presentación del evangelio por parte de Pedro, que daría como resultado la salvación de Cornelio y los demás.

PRESENTACIÓN DE LA SALVACIÓN

Entonces Pedro, abriendo la boca, dijo: En verdad comprendo que Dios no hace acepción de personas, sino que en toda nación se agrada del que le teme y hace justicia. Dios envió mensaje a los hijos de Israel, anunciando el evangelio de la paz por medio de Jesucristo; éste es Señor de todos. Vosotros sabéis lo que se divulgó por toda Judea, comenzando desde Galilea, después del bautismo que predicó Juan: cómo Dios ungió con el Espíritu Santo y con poder a Jesús de Nazaret, y cómo éste anduvo haciendo bienes y sanando a todos los oprimidos por el diablo, porque Dios estaba con él. Y nosotros somos testigos de todas las cosas que Jesús hizo en la tierra de Judea y en Jerusalén; a quien mataron colgándole en un madero. A éste levantó Dios al tercer día, e hizo que se manifestase; no a todo el pueblo, sino a los testigos que Dios había ordenado de antemano, a nosotros que comimos y bebimos con él después que resucitó de los muertos. Y nos mandó que predicásemos al pueblo, y testificásemos que él es el que Dios ha puesto por Juez de vivos y muertos. De éste dan testimonio todos los profetas, que todos los que en él creyeren, recibirán perdón de pecados por su nombre. (10:34-43)

En contraste con sus sermones acusadores del día de Pentecostés y en el pórtico de Salomón, y de su valiente defensa delante del concilio, Pedro aquí es guiado por el Espíritu a brindar una sencilla presentación del evangelio. Algunas situaciones requieren una presentación apologética e histórica antes de que los oyentes puedan entender el mensaje del evangelio. Otras, con corazones divinamente preparados, solo requieren las simples verdades del evangelio. Cornelio y los otros gentiles reunidos con él eran tales individuos divinamente preparados.

La frase **abriendo la boca** es una expresión coloquial griega que marca como algo importante lo que se dice a continuación. Mirando alrededor de su inverosímil audiencia, Pedro, con su nueva perspectiva, comenzó por destruir lo que quedaba de la barrera de separación entre los dos grupos: **En verdad comprendo que Dios no hace acepción de personas, sino que en toda nación se**

agrada del que le teme y hace justicia. De un solo golpe, Pedro va al meollo del asunto y capta la atención de los oyentes.

Decir **en verdad comprendo** es una admisión de que esto es realmente nuevo para él, y que solo ahora, por fin, estaba comenzando a entender que la Iglesia debía incluir a personas de **toda nación.** Estaba naciendo la verdad de las palabras de Jesús, "tengo otras ovejas que no son de este redil" (Jn. 10:16). El significado de la visión era claro. En realidad, debido a que esta verdad no era nueva, Pedro y sus compañeros judíos ya debían haber sabido que **Dios no hace acepción de personas.** Esta realidad se enseña claramente en el Antiguo Testamento (Dt. 10:17; 2 Cr. 19:7; Job 34:19).

Pablo se refirió a tal verdad. A los romanos les escribió: "¿Es Dios solamente Dios de los judíos? ¿No es también Dios de los gentiles? Ciertamente, también de los gentiles. Porque Dios es uno, y él justificará por la fe a los de la circuncisión, y por medio de la fe a los de la incircuncisión" (Ro. 3:29-30; cp. 2:11; Ef. 6:9).

Entonces Pedro amplió ese pensamiento, explicando que **en toda nación** Dios **se agrada del que le teme y hace justicia.** Algunos han malinterpretado este versículo como si enseñara universalismo, es decir, que Dios acepta a todos los que son sinceros en base a las obras que realizan. Ese punto de vista es obviamente absurdo e incongruente con la enseñanza bíblica. Si Cornelio y los otros ya habían sido salvos, ¿qué estaba haciendo allí Pedro predicando que las almas pueden salvarse solo por medio del nombre de Jesús (v. 43)? Además, que aún no eran salvos se establece claramente en Hechos 11:14. Hay algunos que negarían que haya cualquier obra de presalvación, por parte del pecador, y que lleve a la salvación. Esto también es absurdo, ya que el texto establece, con claridad, que la salvación llega a aquellos que temen a Dios y hacen justicia. ¿Es la salvación por obras? Por supuesto que no. Pedro simplemente está expresando la realidad de que hay un Espíritu que actúa en el corazón del pecador (cp. Jn. 16:8-11; Hch. 11:18; 2 Ti. 2:25). Tal acción produce una persona que **teme y hace justicia,** y de quien Dios **se agrada** o es aceptable (*dektos*) ante Él. Dicha palabra significa "marcado por una manifestación favorable del placer divino", según se usó en 2 Corintios 6:2: "En tiempo aceptable te he oído, y en día de salvación te he socorrido. He aquí ahora el tiempo aceptable; he aquí ahora el día de salvación". El texto muestra que el tiempo aceptable o favorable es el de salvación. Sin importar edad, raza, sexo o condición social, cuando el corazón tiene sed de Dios y de su justicia (Mt. 5:6), es el momento aceptable para salvación. Comentando este versículo, Everett Harrison señala: "El significado no es que tales individuos llegan a ser salvos de este modo (cp. Hch. 11:14), sino más bien que son candidatos adecuados para la salvación. Esta preparación es garantía de una seriedad espiritual que dará lugar a la fe una vez que el evangelio se escucha y se recibe" (*Interpreting Acts: The Expanding Church* [Interpretación de Hechos: La iglesia en expansión] [Grand Rapids: Zondervan, 1986], p. 182).

Cornelio respondió en su alma a la obra de Dios, pero no se debe creer que lo hizo por su cuenta, separado de la gracia de Dios. La verdad es que nadie, sea gentil (cp. Ro. 1:18ss) o judío (cp. Ro. 2:1ss), lo hace (Ro. 3:10-18). Dios había obrado en el corazón del centurión para que intentara conocerlo y obedecerlo, y cuando oyó la verdad salvadora del evangelio, respondió con entusiasmo.

Pedro presentó su mensaje asegurándoles que la salvación estaba disponible para el corazón preparado. Sin embargo, para ellos no bastaba simplemente saber de la disponibilidad de la salvación; debían saben cómo apropiarse del perdón del pecado y de la liberación del juicio. Pedro vuelve entonces al tema principal del evangelio, concretamente que la salvación viene por medio de Jesucristo para todo el mundo en cualquier nación. En palabras del himno "El único fundamento de la Iglesia", la Iglesia es

Elegida de toda nación,
pero única sobre toda la tierra.

El **mensaje** de Dios que contiene salvación vino primero **a los hijos de Israel** (cp. Ro. 1:16). Fue el glorioso mensaje **de la paz por medio de Jesucristo.** Todas las personas han caído y son enemigos que se hallan en guerra con Dios (cp. Ro. 5:10). La muerte expiatoria del Señor Jesucristo, al pagar el precio por el pecado, finalizó esa hostilidad y trajo paz entre el hombre y Dios. En palabras del apóstol Pablo, "Dios estaba en Cristo reconciliando consigo al mundo, no tomándoles en cuenta a los hombres sus pecados, y nos encargó a nosotros la palabra de la reconciliación" (2 Co. 5:19), y estaba "haciendo la paz mediante la sangre de su cruz" (Col. 1:20). La salvación se ofreció a todos porque Jesús es **Señor de todos.**

Según se indicó, Cesarea era la sede del gobierno romano en Judea. Por eso Pedro pudo afirmar a Cornelio y los demás: **Vosotros sabéis lo que se divulgó por toda Judea, comenzando desde Galilea, después del bautismo que predicó Juan.** Ellos estaban conscientes de **cómo Dios ungió con el Espíritu Santo y con poder a Jesús de Nazaret, y cómo éste anduvo haciendo bienes y sanando a todos los oprimidos por el diablo, porque Dios estaba con él.**

El bautismo que predicó Juan era uno que representaba una actitud de arrepentimiento y anhelo por el reino de justicia, y que preparó a la nación para el Mesías, quien fue **Jesús de Nazaret.** Cuando Él comenzó su ministerio, **Dios lo ungió con el Espíritu Santo y con poder** (cp. Mt. 3:13-17; Lc. 3:21-22). Pedro describe ese ministerio como que Jesús **anduvo haciendo bienes,** luego enuncia como ejemplo que Él sanó **a todos los oprimidos por el diablo.** Esa frase abarca toda la gama de males humanos, desde opresión demoníaca directa hasta condición de oscuridad espiritual. El apóstol Juan escribió: "El que practica el pecado es del diablo; porque el diablo peca desde el principio. Para esto apareció el

Hijo de Dios, para deshacer las obras del diablo" (1 Jn. 3:8). El dominio de Jesucristo sobre Satanás y sus demonios no dejó dudas de **que Dios estaba con él.**

Pedro les afirma que todos habían oído que el ministerio de Jesús era cierto. Añade la corroboración apostólica de que **somos testigos de todas las cosas que Jesús hizo en la tierra de Judea y en Jerusalén,** y entonces llega rápidamente al hecho importante diciendo: **A quien mataron colgándole en un madero. A éste levantó Dios al tercer día, e hizo que se manifestase; no a todo el pueblo, sino a los testigos que Dios había ordenado de antemano, a nosotros que comimos y bebimos con él después que resucitó de los muertos.** El hecho de que hombres religiosos lideraran el esfuerzo por matar a quien estuvo haciendo bienes y venciendo la obra de Satanás ilustra las profundidades de la depravación humana, aunque esta se disfrace de religión. Sin embargo, **Dios** trastornó el mundo y el infierno, reivindicando a Jesús al resucitarlo **al tercer día.**

No se debe pasar por alto la importancia de la afirmación de Pedro de que Dios **hizo que se manifestase.** Innumerables herejes desde los tiempos apostólicos hasta el presente han negado la verdad de la resurrección física de Cristo. No obstante, ese hecho es fundamental para el cristianismo. Pablo señala en 1 Corintios 15:12-19 las graves consecuencias de negar la resurrección. El versículo 17 declara que si Cristo no resucitó, nuestra fe sería vana; y aún estaríamos en nuestros pecados. Quienes niegan la resurrección literal de Cristo destruyen el único puente sobre el abismo que los separa de Dios. Para que conste, Pablo nos ha dejado el hecho inspirado de que Jesús resucitado se apareció a Pedro, después a los doce, a más de quinientos creyentes a la vez, luego a Santiago, a todos los apóstoles, y finalmente a él mismo (1 Co. 15:5-8).

Sin embargo, no todo el mundo tuvo el privilegio de presenciar a Cristo resucitado. Pedro declaró que Él apareció **no a todo el pueblo, sino a los testigos que Dios había ordenado de antemano, a nosotros que comimos y bebimos con él después que resucitó de los muertos.** Dios eligió solo a unos pocos para que llevaran al mundo el testimonio de que Jesucristo había resucitado de los muertos, y todos ellos eran creyentes. La referencia de Pedro **a nosotros que comimos y bebimos con él después que resucitó de los muertos** ofrece más prueba de la resurrección corporal de Jesús, ya que en el pensamiento judío los seres espirituales no podían hacer tales acciones.

El versículo 42 relata la advertencia que era esencial para el testimonio apostólico. A ellos se les **mandó** (ordenó) que predicaran **al pueblo, y** que testificaran solemnemente **que él es el que Dios ha puesto por Juez de vivos y muertos** (cp. Jn. 5:21-29; Hch. 17:30-31; 2 Ts. 1:7-10; 2 Ti. 4:8; Ap. 19:11ss). Para toda persona, Jesucristo será libertador o juez.

Los apóstoles no fueron los únicos testigos de Jesucristo; también lo fueron **todos los profetas.** Estos dieron testimonio de **que todos los que en él creyeren, recibirán perdón de pecados por su nombre** (por su poder y su autoridad).

Isaías (Is. 53:11), Jeremías (Jer. 31:34) y Zacarías (Zac. 13:1) estuvieron entre quienes hablaron del perdón que el Mesías traería. Todo lo que Jesús es e hizo constituye la culminación de promesas divinas hechas siglos antes. La última línea registrada del mensaje de Pedro, **todos los que en él creyeren, recibirán perdón de pecados,** es esencial. Cada componente es fundamental para el evangelio. **Todos** indica la oferta universal de gracia salvadora (cp. Hch. 2:39; 13:39; Ro. 9:33; 10:11; 1 Ti. 2:4; 2 P. 3:9; Ap. 22:17). **Los que en él creyeren** indica el medio para recibir la gracia salvadora: solo por fe en Cristo (Hch. 9:42; 11:17; 13:39; 14:23; 15:9; 16:31; 19:4; cp. Jn. 3:14-17; 6:69; Ro. 10:11; Gá. 3:22; Ef. 2:8-9). **Recibirán perdón de pecados** indica el maravilloso e inexpresable privilegio conferido por la gracia salvadora (Hch. 2:38; 13:38-39; cp. Mt. 26:28; Ef. 1:7; Col. 1:14).

PODER ESPIRITUAL

Mientras aún hablaba Pedro estas palabras, el Espíritu Santo cayó sobre todos los que oían el discurso. Y los fieles de la circuncisión que habían venido con Pedro se quedaron atónitos de que también sobre los gentiles se derramase el don del Espíritu Santo. Porque los oían que hablaban en lenguas, y que magnificaban a Dios. (10:44-46)

Mientras aún hablaba Pedro estas palabras, su sermón fue interrumpido de manera repentina y dramática. Sin que el texto lo diga, es evidente que cuando Cornelio y los demás gentiles oyeran que a través de Jesucristo estaba disponible ese perdón (v. 43), creyeron. En respuesta inmediata a esa fe, **el Espíritu Santo cayó sobre todos los que oían el discurso.** La fe salvadora resulta en la morada del Espíritu Santo (cp. Ro. 8:9; 1 Co. 12:13), y los incrédulos se caracterizan porque "no tienen al Espíritu" (Jud. 19). Es cierto que la venida del Espíritu se retrasó para los samaritanos; aunque fueron salvos por medio de la predicación de Felipe, debieron esperar hasta la llegada de Pedro y Juan. Sin embargo, como se indicó en el estudio de Hechos 8:14-19 en el capítulo 19 de esta obra, eso fue así para resaltar la unidad de samaritanos y judíos en la iglesia. Esa demora no fue necesaria aquí, puesto que el apóstol Pedro ya estaba presente.

Hechos 8 no establece la norma para recibir al Espíritu. Si los creyentes siempre fueran a ser salvos para después recibir al Espíritu, ¿por qué Cornelio y los otros lo recibieron en el momento en que fueron salvos? La opinión de algunos de que ellos ya eran salvos y que simplemente recibieron aquí al Espíritu entra en conflicto con 11:14. Además, si ya eran salvos y este solo fue el momento de recibir al Espíritu, ¿por qué Pedro predicó el evangelio? En vez de eso, ¿por qué no les dio la enseñanza de cómo recibir el Espíritu? La venida del Espíritu no requirió petición, confesión, bautismo en agua, ni imposición de manos. Llegó cuando ellos escucharon y creyeron. Eso se evidencia del testimonio inspirado de Pedro en Hechos 11:17 de que Dios les había dado el Espíritu Santo, después de haber "creído en el Señor Jesucristo".

No puede haber tal cosa como un cristiano sin el Espíritu Santo, ya que el Espíritu es esencial para la vida cristiana. Él es quien da poder para testificar (Hch. 1:8) y orar (Ro. 8:26). A través de su ministerio llega seguridad de salvación (Ro. 8:16), ya que por medio de Él los creyentes son "sellados para el día de la redención" (Ef. 4:30; cp. Ef. 1:13). Él "es las arras de nuestra herencia" (Ef. 1:14) y también nuestro maestro (1 Jn. 2:27).

Sin duda, Pedro no se sorprendió por lo ocurrido, porque ya había visto antes la misma realidad con los samaritanos. Pero **los fieles de la circuncisión que habían venido con Pedro se quedaron atónitos de que también sobre los gentiles se derramase el don del Espíritu Santo.** Estos seis hermanos que el apóstol llevó a Jope estaban atónitos de que los gentiles fueran salvos y recibieran el Espíritu. Que la iglesia no debía ser exclusivamente judía los debió sorprender. Sin embargo, difícilmente podían negar lo que estaba ocurriendo, **porque oían que** los gentiles **hablaban en lenguas, y que magnificaban a Dios.**

Este pasaje no enseña que hablar en lenguas se deba esperar normalmente con la venida del Espíritu. Él lo concedió en esta ocasión como prueba visible de que moraba en estos gentiles. El Espíritu estaba consciente de que sería difícil que los hermanos judíos con Pedro se convencieran, así que confirió la misma manifestación experimentada por los judíos cristianos en Pentecostés. Cabe señalar aquí que, como a lo largo de Hechos, hablar en lenguas es un fenómeno en grupo, no individual. (Para mayor información sobre hablar en lenguas véase mi libro *Los carismáticos* [El Paso, Tx.: Casa Bautista de Publicaciones, 1995], y *Comentario MacArthur del Nuevo Testamento: Primera Corintios* [Grand Rapids: Editorial Portavoz, 2003].)

CONFESIÓN SIMBÓLICA

Entonces respondió Pedro: ¿Puede acaso alguno impedir el agua, para que no sean bautizados estos que han recibido el Espíritu Santo también como nosotros? Y mandó bautizarles en el nombre del Señor Jesús. (10:47-48*a*)

Aquí, como siempre en el Nuevo Testamento, el bautismo sigue a la salvación. En realidad, todo el argumento de Pedro para bautizar a Cornelio y a los demás descansa en el hecho de que habían **recibido el Espíritu Santo,** y por consiguiente eran salvos. El bautismo, por tanto, no juega ningún papel en la salvación. Por medio de él los creyentes confiesan públicamente en forma simbólica, la transformación interior de la salvación. En lugar de hacerlo él mismo, Pedro sabiamente **mandó bautizarles en el nombre del Señor Jesús** mediante los cristianos que lo acompañaban. Por tanto involucró a los judíos en esta realidad trascendental, sabiendo que ellos estarían aun más dispuestos a apoyarla. Pedro pudo anticipar la reacción cuando se presentó de nuevo en Jerusalén y quiso todo el apoyo que pudo juntar.

DULCE COMUNIÓN

Entonces le rogaron que se quedase por algunos días. (10:48*b*)

Ya que eran aspectos muy valiosos tanto la alegría de la comunión con aquellos que tenían en común la misma fe preciosa, así como la oportunidad de aprender del noble apóstol todo lo que pudieran acerca de su Señor y de la salvación, Cornelio y sus compañeros convertidos **le rogaron** a Pedro **que se quedase por algunos días.** El deseo de comunión cristiana y de aprender es una señal de verdadera fe salvadora. Lidia (Hch. 16:15) expresó igual deseo después de convertirse.

Este capítulo histórico ha presenciado la inclusión de gentiles como iguales en la Iglesia. La última barrera se había derrumbado. Más tarde, Pedro describió esta fabulosa experiencia en Hechos 15:7-8: "Varones hermanos, vosotros sabéis cómo ya hace algún tiempo que Dios escogió que los gentiles oyesen por mi boca la palabra del evangelio y creyesen. Y Dios, que conoce los corazones, les dio testimonio, dándoles el Espíritu Santo lo mismo que a nosotros". Así se abrió el camino para la extensión del cristianismo en todo el mundo romano a través de los incansables esfuerzos misioneros de la iglesia primitiva.

La iglesia gentil 24

Oyeron los apóstoles y los hermanos que estaban en Judea, que también los gentiles habían recibido la palabra de Dios. Y cuando Pedro subió a Jerusalén, disputaban con él los que eran de la circuncisión, diciendo: ¿Por qué has entrado en casa de hombres incircuncisos, y has comido con ellos? Entonces comenzó Pedro a contarles por orden lo sucedido, diciendo: Estaba yo en la ciudad de Jope orando, y vi en éxtasis una visión; algo semejante a un gran lienzo que descendía, que por las cuatro puntas era bajado del cielo y venía hasta mí. Cuando fijé en él los ojos, consideré y vi cuadrúpedos terrestres, y fieras, y reptiles, y aves del cielo. Y oí una voz que me decía: Levántate, Pedro, mata y come. Y dije: Señor, no; porque ninguna cosa común o inmunda entró jamás en mi boca. Entonces la voz me respondió del cielo por segunda vez: Lo que Dios limpió, no lo llames tú común. Y esto se hizo tres veces, y volvió todo a ser llevado arriba al cielo. Y he aquí, luego llegaron tres hombres a la casa donde yo estaba, enviados a mí desde Cesarea. Y el Espíritu me dijo que fuese con ellos sin dudar. Fueron también conmigo estos seis hermanos, y entramos en casa de un varón, quien nos contó cómo había visto en su casa un ángel, que se puso en pie y le dijo: Envía hombres a Jope, y haz venir a Simón, el que tiene por sobrenombre Pedro; él te hablará palabras por las cuales serás salvo tú, y toda tu casa. Y cuando comencé a hablar, cayó el Espíritu Santo sobre ellos también, como sobre nosotros al principio. Entonces me acordé de lo dicho por el Señor, cuando dijo: Juan ciertamente bautizó en agua, mas vosotros seréis bautizados con el Espíritu Santo. Si Dios, pues, les concedió también el mismo don que a nosotros que hemos creído en el Señor Jesucristo, ¿quién era yo que pudiese estorbar a Dios? Entonces, oídas estas cosas, callaron, y glorificaron a Dios, diciendo: ¡De manera que también a los gentiles ha dado Dios arrepentimiento para vida! Ahora bien, los que habían sido esparcidos a causa de la persecución que hubo con motivo de Esteban, pasaron hasta Fenicia, Chipre y Antioquía, no hablando a nadie la palabra, sino sólo a los judíos. Pero había entre ellos unos varones de Chipre y de Cirene, los cuales, cuando entraron en Antioquía, hablaron también a los griegos, anunciando el evangelio del Señor Jesús. Y la mano del Señor estaba con ellos, y gran número creyó y se convirtió al Señor. Llegó la noticia de estas cosas a oídos

de la iglesia que estaba en Jerusalén; y enviaron a Bernabé que fuese hasta Antioquía. Este, cuando llegó, y vio la gracia de Dios, se regocijó, y exhortó a todos a que con propósito de corazón permaneciesen fieles al Señor. Porque era varón bueno, y lleno del Espíritu Santo y de fe. Y una gran multitud fue agregada al Señor. Después fue Bernabé a Tarso para buscar a Saulo; y hallándole, le trajo a Antioquía. Y se congregaron allí todo un año con la iglesia, y enseñaron a mucha gente; y a los discípulos se les llamó cristianos por primera vez en Antioquía. En aquellos días unos profetas descendieron de Jerusalén a Antioquía. Y levantándose uno de ellos, llamado Agabo, daba a entender por el Espíritu, que vendría una gran hambre en toda la tierra habitada; la cual sucedió en tiempo de Claudio. Entonces los discípulos, cada uno conforme a lo que tenía, determinaron enviar socorro a los hermanos que habitaban en Judea; lo cual en efecto hicieron, enviándolo a los ancianos por mano de Bernabé y de Saulo. (11:1-30)

La noticia de que los odiados gentiles fueron incluidos en la iglesia llegó a Jerusalén antes de que Pedro la diera a conocer, ya que se quedó en Cesarea por unos días (Hch. 10:48). Saber esto causó conmoción en la comunidad cristiana hebrea. Tan importante fue tal noticia que Lucas, movido por el inspirador Espíritu Santo, repite también en este capítulo el relato de la conversión de los gentiles.

Esa insólita repetición marca el acontecimiento con significado único. El cristianismo no se iba a convertir simplemente en otra secta del judaísmo. Si eso hubiera ocurrido, la gran comisión del Señor Jesucristo (Mt. 28:19-20) nunca se habría llevado a cabo. A diferencia del Israel de antes, la Iglesia no dejaría de canalizar las bendiciones de la gracia y del perdón de Dios hacia el mundo entero.

La extensión de la iglesia hacia los gentiles fue, por tanto, un paso crucial para manifestar el plan redentor de Dios. Esa extensión, que comenzó con el ministerio de Pedro a Cornelio y su casa, continúa ahora con la fundación de la iglesia gentil. Después de haber pasado de Jerusalén a Judea y Samaria, el evangelio estaba a punto de dar su paso final, aunque todavía en curso, de ir "hasta lo último de la tierra" (Hch. 1:8).

La fundación de esta primera congregación gentil se desarrolla en cuatro etapas: trabajo preparatorio, origen, crecimiento y generosidad.

TRABAJO PREPARATORIO

Oyeron los apóstoles y los hermanos que estaban en Judea, que también los gentiles habían recibido la palabra de Dios. Y cuando Pedro subió a Jerusalén, disputaban con él los que eran de la circuncisión, diciendo: ¿Por qué has

entrado en casa de hombres incircuncisos, y has comido con ellos? Entonces comenzó Pedro a contarles por orden lo sucedido, diciendo: Estaba yo en la ciudad de Jope orando, y vi en éxtasis una visión; algo semejante a un gran lienzo que descendía, que por las cuatro puntas era bajado del cielo y venía hasta mí. Cuando fijé en él los ojos, consideré y vi cuadrúpedos terrestres, y fieras, y reptiles, y aves del cielo. Y oí una voz que me decía: Levántate, Pedro, mata y come. Y dije: Señor, no; porque ninguna cosa común o inmunda entró jamás en mi boca. Entonces la voz me respondió del cielo por segunda vez: Lo que Dios limpió, no lo llames tú común. Y esto se hizo tres veces, y volvió todo a ser llevado arriba al cielo. Y he aquí, luego llegaron tres hombres a la casa donde yo estaba, enviados a mí desde Cesarea. Y el Espíritu me dijo que fuese con ellos sin dudar. Fueron también conmigo estos seis hermanos, y entramos en casa de un varón, quien nos contó cómo había visto en su casa un ángel, que se puso en pie y le dijo: Envía hombres a Jope, y haz venir a Simón, el que tiene por sobrenombre Pedro; él te hablará palabras por las cuales serás salvo tú, y toda tu casa. Y cuando comencé a hablar, cayó el Espíritu Santo sobre ellos también, como sobre nosotros al principio. Entonces me acordé de lo dicho por el Señor, cuando dijo: Juan ciertamente bautizó en agua, mas vosotros seréis bautizados con el Espíritu Santo. Si Dios, pues, les concedió también el mismo don que a nosotros que hemos creído en el Señor Jesucristo, ¿quién era yo que pudiese estorbar a Dios? Entonces, oídas estas cosas, callaron, y glorificaron a Dios, diciendo: ¡De manera que también a los gentiles ha dado Dios arrepentimiento para vida! (11:1-18)

Mientras Pedro aún estaba ministrando en Cesarea, la noticia de los extraordinarios sucesos que habían ocurrido llegó a la comunidad de Jerusalén. Lucas nos informa que el resto de **los apóstoles y los hermanos que estaban en Judea** oyeron **que también los gentiles habían recibido la palabra de Dios.** En consecuencia, **cuando Pedro subió a Jerusalén, disputaban con él los que eran de la circuncisión, diciendo: ¿Por qué has entrado en casa de hombres incircuncisos, y has comido con ellos?** La frase **los que eran de la circuncisión** parece describir a los creyentes judíos que conformaban la comunidad de Jerusalén (cp. Hch. 10:45). Asustados por las consecuencias sociales evidentes, muchos no dudaron en sostener que si los gentiles iban realmente a vivir como cristianos, primero tendrían que convertirse en prosélitos (cp. Hch. 15:5). Muchos aún estaban celosos de la ley y las costumbres judías. El templo era su principal lugar de reunión. No es de extrañar que mostraran su desacuerdo con Pedro, diciéndole indignados: **has entrado en casa de hombres incircuncisos, y has comido con ellos.** Reconocer que Jesús era su Mesías y Señor era una cosa, aceptar que Él era igualmente Señor de gentiles era otra.

En lugar de ponerse a reprocharles acaloradamente sus prejuicios, Pedro simplemente relató los extraordinarios acontecimientos que llevaron a la conversión de los gentiles (Hch. 10:1-48). **Comenzó a contarles por orden lo sucedido, diciendo: Estaba yo en la ciudad de Jope orando, y vi en éxtasis una visión; algo semejante a un gran lienzo que descendía, que por las cuatro puntas era bajado del cielo y venía hasta mí. Cuando fijé en él los ojos, consideré y vi cuadrúpedos terrestres, y fieras, y reptiles, y aves del cielo. Y oí una voz que me decía: Levántate, Pedro, mata y come. Y dije: Señor, no; porque ninguna cosa común o inmunda entró jamás en mi boca. Entonces la voz me respondió del cielo por segunda vez: Lo que Dios limpió, no lo llames tú común. Y esto se hizo tres veces, y volvió todo a ser llevado arriba al cielo. Y he aquí, luego llegaron tres hombres a la casa donde yo estaba, enviados a mí desde Cesarea. Y el Espíritu me dijo que fuese con ellos sin dudar. Fueron también conmigo estos seis hermanos, y entramos en casa de un varón, quien nos contó cómo había visto en su casa un ángel, que se puso en pie y le dijo: Envía hombres a Jope, y haz venir a Simón, el que tiene por sobrenombre Pedro; él te hablará palabras por las cuales serás salvo tú, y toda tu casa. Y cuando comencé a hablar, cayó el Espíritu Santo sobre ellos también, como sobre nosotros al principio. Entonces me acordé de lo dicho por el Señor, cuando dijo: Juan ciertamente bautizó en agua, mas vosotros seréis bautizados con el Espíritu Santo.**

Pedro entonces concluyó su reiteración y resumen (v. 17) con la intencionada observación: **Si Dios, pues, les concedió también el mismo don que a nosotros que hemos creído en el Señor Jesucristo, ¿quién era yo que pudiese estorbar a Dios?** ¿Quién desea polemizar con lo que el Señor ha hecho? Era incuestionable que Dios estaba salvando a los gentiles, como lo evidencia la venida del Espíritu Santo con el mismo fenómeno vinculado en Pentecostés. En el recuento que Pedro hiciera de los acontecimientos, los judíos debieron haber observado dos puntos clave. Primero, que el apóstol no actuó solo sino que llevó consigo a **seis hermanos** de la iglesia en Jope. El testimonio de ellos, además del de Pedro, hizo el caso aun más convincente. Segundo, lo que sucedió en la casa de Cornelio encajaba con las Escrituras. Pedro les recordó a sus acusadores **lo dicho por el Señor, cuando dijo: Juan ciertamente bautizó en agua, mas vosotros seréis bautizados con el Espíritu Santo.** Las Escrituras se estaban cumpliendo, exactamente como lo había dicho el más grande profeta de todos (cp. Hch. 1:5). Los fenómenos milagrosos que señalaban la llegada del Espíritu Santo, el testimonio de corroboración por parte de testigos poco comprensivos pero confiables, y la promesa de las Escrituras declarada por el Señor mismo fueron suficiente evidencia para acallar las protestas.

Cuando los acusadores de Pedro oyeron **estas cosas, callaron.** Difícilmente podían discutir con el Espíritu Santo, con el testimonio de siete testigos, o con las Escrituras. La realidad de que los judíos llegaran a admitir que **también a los gentiles ha dado Dios arrepentimiento para vida** fue una de las admisiones más increíbles en los anales de la historia judía. Porque a menos que los cristianos hebreos comprendieran eso, nunca habrían comenzado la tarea de evangelizar a los gentiles.

Este fue el inicio del esfuerzo divino por sentar las bases de la primera iglesia gentil. Al menos siete años transcurrieron desde Pentecostés hasta la fundación de esa iglesia en Antioquía. Hubo varios motivos para dicha tardanza. Primero, la autoridad apostólica debía establecerse. Se necesitó tiempo para que los creyentes se cimentaran en la enseñanza de los apóstoles (cp. Hch. 2:42) y para desarrollar líderes. Durante esos siete años, los apóstoles establecieron el fundamento doctrinal de la Iglesia. Segundo, fue necesario llevar a los creyentes individuales a un nivel suficiente de madurez antes de poderlos enviar. Creyentes inmaduros no serían misioneros eficaces. Tercero, se necesitaba tiempo para derribar los arraigados muros de prejuicios. Eso se estaba comenzando a lograr (cp. Gá. 2:11-14), por lo que era el momento de dar a luz a la iglesia en una tierra gentil y pasar a la última fase del plan de nuestro Señor a fin de evangelizar "hasta lo último de la tierra" (Hch. 1:8).

ORIGEN

Ahora bien, los que habían sido esparcidos a causa de la persecución que hubo con motivo de Esteban, pasaron hasta Fenicia, Chipre y Antioquía, no hablando a nadie la palabra, sino sólo a los judíos. Pero había entre ellos unos varones de Chipre y de Cirene, los cuales, cuando entraron en Antioquía, hablaron también a los griegos, anunciando el evangelio del Señor Jesús. Y la mano del Señor estaba con ellos, y gran número creyó y se convirtió al Señor. (11:19-21)

Este pasaje empieza donde quedó 8:4, analizando el efecto de **la persecución que hubo con motivo de Esteban.** Dicha persecución, dirigida por Saulo de Tarso, esparció por todas partes a la comunidad de Jerusalén. Aunque algunos fueron a Samaria (8:5, 25) y Cesarea (8:40; 10:24ss), Damasco (9:10), Lida, Jope y Sarón (9:35-36), al mismo tiempo en el lejano norte comenzaba a plantarse una iglesia entre gentiles. Algunos de los judíos **esparcidos pasaron hasta Fenicia, Chipre y Antioquía. Fenicia** era la región costera inmediatamente al norte de Judea, donde estaban situadas las ciudades de Tiro y Sidón. Desde allí podían embarcarse hacia la importante isla de **Chipre**, a cien kilómetros de la costa. También podían subir por la costa hacia **Antioquía,** a trescientos kilómetros aproximadamente al norte de Sidón.

Adondequiera que iban, los refugiados que salieron de Jerusalén **no** hablaban **a nadie la palabra, sino sólo a los judíos.** Ellos no pudieron haber sabido que el evangelio se había extendido a los gentiles, ya que huyeron de Jerusalén antes de que ese fenómeno ocurriera. Al faltar el conocimiento de tal precedente, los esparcidos seguían suponiendo que el evangelio solo era para el pueblo judío.

Sin embargo, con el tiempo ese molde para la iglesia se rompió. **Había entre ellos unos varones de Chipre y de Cirene, los cuales, cuando entraron en Antioquía, hablaron también a los griegos, anunciando el evangelio del Señor Jesús.** Siendo judíos de habla griega, predominantemente de regiones gentiles, estaban más abiertos a predicar a los gentiles que los judíos palestinos nativos. A través de sus esfuerzos nació la primera iglesia gentil.

Antioquía era una de las principales metrópolis antiguas, la tercera más grande del Imperio, detrás únicamente de Roma y Alejandría. **Antioquía** se destacaba por su cultura y comercio, ya que la cruzaban muchas rutas comerciales romanas. El escritor romano Cicerón la describió como un lugar de hombres cultos y estudios liberales. También era un lugar vil, lleno de adoración pagana e inmoralidad sexual. Cuando el escritor satírico romano Juvenal quiso lanzar una puya a Roma, escribió que el río Orontes (cerca de Antioquía) vació su basura en el río Tíber (cerca de Roma). La desenfrenada prostitución del templo de Dafne estaba a solo ocho kilómetros de distancia.

Parece obvio que los griegos estaban **anunciando el evangelio del Señor Jesús,** junto con los hechos de la vida, muerte y resurrección de Cristo, como Pedro lo había hecho con Cornelio y su casa. Haberlo presentado como el Mesías judío habría tenido poco significado para audiencias predominantemente gentiles.

En el Antiguo Testamento, la frase **la mano del Señor** tenía dos significados. En primer lugar, indicaba el poder de Dios expresado en juicio (cp. Éx. 9:33; Dt. 2:15; Jos. 4:24; 1 S. 5:6; 7:13). También se refería al poder de Dios expresado en bendición (Esd. 7:9; 8:18; Neh. 2:8, 18). En este caso se relacionaba con la bendición de Dios, por lo que **gran número creyó y se convirtió al Señor.** Una vez más, como casi en todos los lugares en que se predicaba a Jesucristo, la respuesta fue fabulosa (cp. Hch. 2:47; 4:4; 5:14; 6:1, 7; 9:31, 35, 42; 11:24; 14:1, 21; 16:5; 17:12). Gran cantidad de personas no solo **creyó** intelectualmente sino que también se convirtió de sus pecados **al Señor** (cp. 1 Ts. 1:9). Como siempre, creer es algo inseparable del arrepentimiento que se manifiesta en una vida cambiada.

CRECIMIENTO

Llegó la noticia de estas cosas a oídos de la iglesia que estaba en Jerusalén; y enviaron a Bernabé que fuese hasta Antioquía. Este, cuando llegó, y vio la gracia de Dios, se regocijó, y exhortó a todos a que con propósito de corazón permaneciesen fieles al Señor. Porque era varón bueno, y lleno del Espíritu Santo y de fe. Y una gran multitud fue agregada al Señor. Después fue Bernabé a Tarso para buscar a Saulo; y hallándole, le trajo a Antioquía. Y se congregaron

allí todo un año con la iglesia, y enseñaron a mucha gente; y a los discípulos se les llamó cristianos por primera vez en Antioquía. (11:22-26)

Ni la salvación del eunuco etíope ni la de Cornelio y su casa prepararon a los creyentes de Jerusalén para las ampliamente generalizadas conversiones de gentiles en Antioquía. Cuando **llegó la noticia de estas cosas a oídos de la iglesia que estaba en Jerusalén,** decidieron mandar un representante para que investigara. Por tanto, **enviaron a Bernabé que fuese hasta Antioquía.** Bernabé apareció por primera vez en el capítulo 4, cuando vendió una propiedad para suplir las necesidades de otros creyentes. Por medio de su influencia, finalmente la iglesia de Jerusalén aceptó a Pablo (Hch. 9:27). Él era un maestro dirigente en la iglesia y un hombre amoroso, tierno y generoso, de acuerdo con su nombre, que significa "hijo de consolación".

La elección de un representante era crucial. Enviar a un individuo rígidamente legalista pudo haber sido desastroso. Sin embargo, Bernabé contaba con los requisitos necesarios para el trabajo. El versículo 24 lo describe además como **varón bueno, y lleno del Espíritu Santo y de fe.** Poseía las cualidades espirituales indispensables para quien iba a discernir lo que estaba sucediendo.

Bernabé también era el hombre indicado para ser enviado porque, así como algunos de los fundadores de la iglesia en Antioquía, era judío chipriota (4:36-37). No lo irían a señalar como un extraño sino como uno de ellos.

La gracia de Dios puede ser invisible, pero sus efectos se ven fácilmente. Cuando Bernabé llegó a Antioquía **y vio la gracia de Dios** por medio de la cual esos gentiles se habían salvado, **se regocijó.** Otros judíos pudieron haberse disgustado por la conversión de gentiles, pero no Bernabé. Ver almas gentiles perdidas añadirse al reino le produjo inmenso gozo.

Después **exhortó a todos a que con propósito de corazón permaneciesen fieles al Señor.** Esa exhortación refleja la preocupación que todo pastor siente por los nuevos convertidos a fin de que estos continúen en la fe. En Hechos 13:43, Pablo y Bernabé animaron a nuevos creyentes "a que perseverasen en la gracia de Dios". En 14:22 exhortaron a los cristianos de Listra, Iconio y Antioquía "a que permaneciesen en la fe". La única manera de permanecer **fieles al Señor** es continuar en su Palabra, donde Él se le revela al creyente. El apóstol Juan escribió: "Lo que habéis oído desde el principio, permanezca en vosotros. Si lo que habéis oído desde el principio permanece en vosotros, también vosotros permaneceréis en el Hijo y en el Padre" (1 Jn. 2:24). Jesús declaró: "Si vosotros permaneciereis en mi palabra, seréis verdaderamente mis discípulos" (Jn. 8:31). Es por medio de la Palabra que el Espíritu Santo, verdadero maestro interior (1 Jn. 2:27), instruye a los creyentes.

Una vez más, Lucas narra el progreso de la iglesia en expansión mediante la actualización de su crecimiento. A través del persistente ministerio en

Antioquía, **una gran multitud fue agregada al Señor.** La cosecha era demasiado grande para que Bernabé la manejara solo, así que buscó ayuda. Inmediatamente pensó en el mejor hombre posible para la tarea, y **fue a Tarso para buscar a Saulo.** Sin embargo, encontrarlo no fue algo fácil. Habían pasado varios años desde que Saulo huyera de Jerusalén hacia su hogar en Tarso (Hch. 9:30). Al parecer lo habían desheredado por sus creencias cristianas (Fil. 3:8) y lo obligaron a salir de su casa. *Anazeteō* (**buscar**) sugiere una indagación laboriosa de parte de Bernabé. Los lexicógrafos griegos Moulton y Milligan informaron que *anazēteō* se usaba "específicamente con relación a la búsqueda de seres humanos con una insinuación de dificultad" (citado en G. Abbott-Smith, *A Manual Greek Lexicon of the New Testament* [Manual griego del léxico del Nuevo Testamento] [Edinburgh: T. & T. Clark, 1977], p. 29).

Finalmente Bernabé se encontró con Saulo, **y hallándole, le trajo a Antioquía.** Estos dos hombres dotados formaron un poderoso equipo ministerial. Enfrentaron la desalentadora tarea de pastorear a gran cantidad de nuevos creyentes en un ambiente pagano hostil. Para eso **se congregaron allí todo un año con la iglesia,** tiempo durante el cual **enseñaron a mucha gente.** A diferencia de muchos en la iglesia de hoy, ellos sabían que la necesidad más urgente de esos nuevos creyentes era que se les enseñara la Palabra de Dios. Bernabé y Saulo hicieron precisamente eso en grandes reuniones de creyentes en Antioquía.

La Iglesia contemporánea debería seguir el ejemplo de estos hombres. La enseñanza de la Palabra de Dios es fundamental para el ministerio de la Iglesia. Los apóstoles en Hechos 6 clarificaron que esta es la prioridad máxima de los líderes de la iglesia. Bernabé y Saulo hicieron bien su trabajo. Es probable que los líderes de la iglesia en Antioquía mencionados en el capítulo 13 fueran sus discípulos.

Después Lucas añade la acotación histórica de que **a los discípulos se les llamó cristianos por primera vez en Antioquía.** El término significa "del grupo de Cristo" y se utilizaba en tono de burla. Pedro animó a todo aquel que sufría "como cristiano" a que "no se avergüence, sino [que] glorifique a Dios por ello" (1 P. 4:16). Sin embargo, el que fue un término de burla pronto se convirtió en una insignia para la iglesia primitiva. El historiador Eusebio narra el relato de una mártir, quien replicó a las preguntas de sus torturadores diciendo simplemente: "Soy cristiana" (*Historia eclesiástica* V, I [Barcelona: Clie], p. 162).

GENEROSIDAD

En aquellos días unos profetas descendieron de Jerusalén a Antioquía. Y levantándose uno de ellos, llamado Agabo, daba a entender por el Espíritu, que vendría una gran hambre en toda la tierra habitada; la cual sucedió en tiempo de Claudio. Entonces los discípulos, cada uno conforme a lo que

tenía, determinaron enviar socorro a los hermanos que habitaban en Judea; lo cual en efecto hicieron, enviándolo a los ancianos por mano de Bernabé y de Saulo. (11:27-30)

La primera iglesia gentil no solo era sana en doctrina sino también fuerte en amor. **En aquellos días unos profetas descendieron de Jerusalén a Antioquía** llevando preocupantes noticias. El término **profetas** no se refiere a personajes del Antiguo Testamento como Isaías o Juan el Bautista sino a los predicadores del Nuevo Testamento (cp. 1 Co. 14:32; Ef. 2:20). **Uno de ellos, llamado Agabo, daba a entender por el Espíritu, que vendría una gran hambre en toda la tierra habitada.** Igual que los apóstoles, los profetas no fueron una orden permanente. Después de cumplir su propósito fundamental desaparecieron gradualmente del escenario para ser reemplazados por los evangelistas y pastores-maestros (Ef. 4:11).

La profecía de Agabo **sucedió en tiempo de Claudio** (41-54 d.C.). En los años 45-46 se experimentó gran hambre en Israel. Varios escritores antiguos atestiguan este hecho, entre ellos Tácito (*Anales* XI.43), Josefo (*Antigüedades* XX.ii.5), y Suetonio (*Claudio 18*).

La respuesta de la iglesia en Antioquía a la solicitud de dinero para ayudar a los creyentes en Judea fue inmediata. **Cada uno conforme a lo que tenía,** los discípulos **determinaron enviar socorro a los hermanos que habitaban en Judea.** Decididos a ayudar a la iglesia madre en Jerusalén, los cristianos en Antioquía les enviaron socorro. Muy parecida a la generosidad de la iglesia en Jerusalén (Hch. 4:34-35) fue esta expresión de amor por parte de sus hermanos gentiles. **Cada uno** dio **conforme a lo que tenía,** y la iglesia envió la contribución a Jerusalén **por mano de** sus dos mejores hombres: **Bernabé y de Saulo.** El regreso de ellos a Jerusalén se observa en Hechos 12:25.

La etapa final de la orden del Señor registrada en Hechos 1:8 se había alcanzado. La iglesia, originalmente judía, se había expandido de Jerusalén y Judea a Samaria y los gentiles en los confines de la tierra. La iglesia en Antioquía, que comenzó en este capítulo, iba a desempeñar un papel de liderazgo por varios siglos. Pero de todos sus honores se destaca el siguiente: se trató de la iglesia que el apóstol Pablo pastoreó y desde la cual fue llamado por el Espíritu para iniciar sus viajes misioneros (Hch. 13:1ss).

La locura de pelear contra Dios

25

En aquel mismo tiempo el rey Herodes echó mano a algunos de la iglesia para maltratarles. Y mató a espada a Jacobo, hermano de Juan. Y viendo que esto había agradado a los judíos, procedió a prender también a Pedro. Eran entonces los días de los panes sin levadura. Y habiéndole tomado preso, le puso en la cárcel, entregándole a cuatro grupos de cuatro soldados cada uno, para que le custodiasen; y se proponía sacarle al pueblo después de la pascua. Así que Pedro estaba custodiado en la cárcel; pero la iglesia hacía sin cesar oración a Dios por él. Y cuando Herodes le iba a sacar, aquella misma noche estaba Pedro durmiendo entre dos soldados, sujeto con dos cadenas, y los guardas delante de la puerta custodiaban la cárcel. Y he aquí que se presentó un ángel del Señor, y una luz resplandeció en la cárcel; y tocando a Pedro en el costado, le despertó, diciendo: Levántate pronto. Y las cadenas se le cayeron de las manos. Le dijo el ángel: Cíñete, y átate las sandalias. Y lo hizo así. Y le dijo: Envuélvete en tu manto, y sígueme. Y saliendo, le seguía; pero no sabía que era verdad lo que hacía el ángel, sino que pensaba que veía una visión. Habiendo pasado la primera y la segunda guardia, llegaron a la puerta de hierro que daba a la ciudad, la cual se les abrió por sí misma; y salidos, pasaron una calle, y luego el ángel se apartó de él. Entonces Pedro, volviendo en sí, dijo: Ahora entiendo verdaderamente que el Señor ha enviado su ángel, y me ha librado de la mano de Herodes, y de todo lo que el pueblo de los judíos esperaba. Y habiendo considerado esto, llegó a casa de María la madre de Juan, el que tenía por sobrenombre Marcos, donde muchos estaban reunidos orando. Cuando llamó Pedro a la puerta del patio, salió a escuchar una muchacha llamada Rode, la cual, cuando reconoció la voz de Pedro, de gozo no abrió la puerta, sino que corriendo adentro, dio la nueva de que Pedro estaba a la puerta. Y ellos le dijeron: Estás loca. Pero ella aseguraba que así era. Entonces ellos decían: ¡Es su ángel! Mas Pedro persistía en llamar; y cuando abrieron y le vieron, se quedaron atónitos. Pero él, haciéndoles con la mano señal de que callasen, les contó cómo el Señor le había sacado de la cárcel. Y dijo: Haced saber esto a Jacobo y a los hermanos. Y salió, y se fue a otro lugar. Luego que

fue de día, hubo no poco alboroto entre los soldados sobre qué había sido de Pedro. Mas Herodes, habiéndole buscado sin hallarle, después de interrogar a los guardas, ordenó llevarlos a la muerte. Después descendió de Judea a Cesarea y se quedó allí. Y Herodes estaba enojado contra los de Tiro y de Sidón; pero ellos vinieron de acuerdo ante él, y sobornado Blasto, que era camarero mayor del rey, pedían paz, porque su territorio era abastecido por el del rey. Y un día señalado, Herodes, vestido de ropas reales, se sentó en el tribunal y les arengó. Y el pueblo aclamaba gritando: ¡Voz de Dios, y no de hombre! Al momento un ángel del Señor le hirió, por cuanto no dio la gloria a Dios; y expiró comido de gusanos. Pero la palabra del Señor crecía y se multiplicaba. Y Bernabé y Saulo, cumplido su servicio, volvieron de Jerusalén, llevando también consigo a Juan, el que tenía por sobrenombre Marcos. (12:1-25)

La guerra hace estragos en cada frente de todo el universo. Dios, ángeles y hombres elegidos batallan contra Satanás, sus huestes demoníacas y seres humanos caídos. Aunque las consecuencias de la guerra nunca han estado en duda, las batallas no son menos reales.

La guerra comenzó en el nivel angelical cuando Lucifer, el más grande de todos los seres creados, se rebeló contra su Creador. Lucifer, más conocido como Satanás ("adversario"), fue expulsado del cielo y se llevó un tercio de los ángeles (Ap. 12:4). Desde ese momento hasta la actualidad se ha desatado guerra entre Satanás y Dios, en que participan ángeles y seres humanos.

En el frente humano, la batalla comenzó el momento que Adán y Eva se rebelaron contra Dios en el Edén. Cuando probaron el fruto prohibido (incitados por Satanás), la guerra de las edades se extendió a todo el reino humano. A través de los siglos, desde entonces los hombres han agitado los puños en desafío a Dios. Y aunque es patente la locura de pelear contra Él, esto no impide que cada generación sucesiva lo intente. Los hombres enfrentan su impotencia contra la omnipotencia de Dios, estrellándose como huevos crudos lanzados contra granito.

Salomón expresó muy bien la desesperanza de pelear contra Dios cuando escribió: "No hay sabiduría, ni inteligencia, ni consejo, contra Jehová" (Pr. 21:30). Aunque a menudo hombres pecadores aclaman a quienes luchan contra Dios como sabios, en realidad son necios. La verdadera sabiduría yace en estar del lado de Dios.

La historia está sembrada con los restos de las vidas destrozadas de aquellos tontos que luchan contra Dios. El filósofo alemán del siglo XIX, Friedrich Nietzsche, despreció el cristianismo como la religión de los débiles. Pelear contra Dios finalmente lo llevó al límite y vivió como demente los últimos años de su vida.

El novelista Sinclair Lewis, ganador del Premio Nobel de literatura en 1930, también creyó que podía pelear contra Dios. En su novela *Elmer Gantry* se burló del cristianismo. El protagonista fue un evangelista que también era alcohólico e incesante fornicador. La lucha de Lewis contra Dios le costó la sobriedad y murió como alcohólico indefenso en una clínica cerca de Roma.

Otro ganador del Premio Nobel, el escritor Ernest Hemingway, se consideró prueba viva de que se podía luchar con éxito contra Dios. Se jactaba de pelear en revoluciones, de hacer tropezar mujeres y de llevar una vida de pecado sin consecuencias aparentes. Sin embargo, finalmente sus pecados lo dejaron al descubierto, y se puso una pistola en la cabeza y se mató. Pelear contra Dios le costó la vida.

En tiempos bíblicos, así como en los nuestros, hubo quienes trataron en vano de batallar contra Dios. Muchos de ellos fueron reyes u otros gobernantes, cuyo inmenso poder terrenal los engañó haciéndoles creer que podían oponerse con éxito al cielo. En realidad ellos y sus reinos "son como la gota de agua que cae del cubo, y como menudo polvo en las balanzas le son estimadas; he aquí que hace desaparecer las islas como polvo... Como nada son todas las naciones delante de él; y en su comparación serán estimadas en menos que nada" (Is. 40:15, 17).

Uno de los primeros en la larga línea de gobernantes que lucharon contra Dios fue el faraón que gobernaba Egipto en la época del Éxodo. Pelear contra Dios le resultó muy caro a él y a su pueblo mientras horribles plagas, que culminaron en la muerte de todo varón primogénito egipcio, asolaron su tierra. Sin embargo, Faraón siguió peleando, hasta que su ejército se ahogó en el Mar Rojo. El rey cananeo de la parte de Arad en la guerra contra Dios resultó en la destrucción de su pueblo y sus ciudades (Nm. 21:1-3). Sehón de los amorreos (Nm. 21:21-31) y Og de Basán (Nm. 21:33-35) sufrieron destinos similares. Balac, rey de Moab, fue tan inteligente como para evitar un asalto frontal directo. En lugar de eso usó al profeta a sueldo Balaam para tratar de maldecir a Israel (Nm. 22—24). No obstante, la estrategia de Balac fracasó cuando Dios intervino, y Balaam, en cambio, bendijo a Israel. El rey de Hai peleó contra Dios y fue ahorcado por su aflicción (Jos. 8:29). Los treinta y un reyes cananeos enumerados en Josué 12:7-24 sufrieron derrotas similares. Senaquerib, líder orgulloso del temido y poderoso ejército asirio, vio ese ejército diezmado en batalla contra Dios (2 R. 19:35). Poco después él mismo murió, asesinado por dos de sus propios hijos (Is. 37:38).

Es triste que incluso muchos líderes del propio pueblo de Dios lucharan contra Él. Cada uno de los reyes de Israel, y muchos de los de Judá, se opusieron a Dios. El resultado fue la destrucción del reino del norte por medio de Asiria y del reino del sur por medio de Babilonia. Dios no tolera rebelión, ni siquiera entre las filas de su propio pueblo.

En la época del Nuevo Testamento, una familia de gobernantes se destaca en la batalla contra Dios: la de los Herodes. Al patriarca de la familia se le conoció con toda modestia como Herodes el Grande. Gobernó Judea desde el 47 al 37 a.C. Después, habiéndose llamado "Rey de los judíos" por parte de Antonio, Octavio y el senado romano, gobernó toda Palestina desde el 37 a.C. hasta su muerte, poco después del nacimiento de Cristo (Mt. 2:15).

Herodes el Grande fue un gobernante particularmente sanguinario. Ejecutó a una de sus esposas, Mariamne, a su madre, y a tres de sus hijos (al último, cinco días antes de su propia muerte). Poco antes de morir atrajo a destacados líderes judíos a Jericó donde los encarceló. Como sabía que el pueblo no lloraría su muerte, ordenó que estos líderes fueran ejecutados después que él muriera. Razonó que, de ese modo, habría al menos luto continuo el día de su muerte. Afortunadamente, su perverso plan no se llevó a cabo. El asesinato más bárbaro de Herodes fue la matanza de inocentes niños varones cerca de Belén (Mt. 2:16). Con esta acción cruel buscó, en vano, matar al verdadero Rey de los judíos, quien estaba a salvo en Egipto con sus padres.

El rey Herodes de este capítulo fue Herodes Agripa I, quien reinó desde el 37 hasta el 44 d.C. Era nieto de Herodes el Grande, quien había asesinado a su padre, Aristóbulo. El apóstol Pablo sería juzgado un día delante de su hijo, Herodes Agripa II. A pesar de haberse criado y educado en Roma, Agripa I siempre estuvo en terreno inestable con los romanos. Contrajo numerosas deudas en Roma, luego huyó a Palestina, dejando iracundos acreedores detrás de él. Comentarios imprudentes que este hombre hiciera llegaron a oídos del emperador romano Tiberio, quien en seguida lo encarceló. Liberado de prisión tras la muerte de Tiberio, se hizo gobernador del norte de Palestina (Lc. 3:1), al cual Judea y Samaria se agregaron finalmente en el año 41 d.C. Gobernó el mayor territorio desde Herodes el Grande casi cincuenta años antes. Debido a su frágil relación con Roma, le era indispensable mantener la lealtad de sus súbditos judíos.

Una manera de ganarse el favor de las autoridades judías residentes fue perseguir a la odiada secta de cristianos, especialmente los apóstoles. En consecuencia, **en aquel mismo tiempo** del hambre mencionada en el capítulo 11, Agripa **echó mano a algunos de la iglesia para maltratarles.** Uno de estos fue el amado apóstol **Jacobo, hermano de Juan,** a quien Agripa ordenó matar **a espada.** Jacobo se convirtió, por tanto, en el primero de los apóstoles que padeció martirio. Que él fuera ejecutado **a espada** sugiere que las acusaciones en su contra incluían llevar al pueblo a extraviarse tras dioses falsos (cp. Dt. 13:12-15). Así como su Señor había vaticinado, Jacobo bebió de la misma copa que Jesús (Mt. 20:23). Fue el primer apóstol en morir (aparte de Judas), y el único cuya muerte está registrada en el Nuevo Testamento.

La estratagema de Agripa tuvo un éxito rotundo. **Viendo que** el arresto y la ejecución de Jacobo habían **agradado a los judíos,** decidió ir por los demás. Razonó que el arresto y la ejecución de Pedro, el líder reconocido de los cristianos, lo congraciaría para siempre con sus súbditos judíos. Por tanto, durante **los días de los panes sin levadura,** la semana festiva después de la Pascua, Agripa **procedió a prender también a Pedro** (por tercera vez, cp. 4:3; 5:18). Astutamente eligió la Pascua, cuando Jerusalén se llenaba de peregrinos judíos devotos. Eso garantizaría máxima cobertura a su acción.

Habiéndole tomado preso, Agripa **puso en la cárcel** a Pedro, **entregándole a cuatro grupos de cuatro soldados cada uno, para que le custodiasen; y se proponía sacarle al pueblo después de la pascua.** Agripa sabía que durante la Pascua el pueblo estaría ocupado. Por tanto, **se proponía sacarle al pueblo después de la pascua.** Haría que el vistoso juicio público de Pedro, después del trajín de los días festivos, terminara antes de que las multitudes salieran de Jerusalén.

Mientras tanto, Pedro permanecía en prisión, bien custodiado por **cuatro grupos de cuatro soldados cada uno,** probablemente porque alguien recordó que la última vez él escapó (5:19). Estos escuadrones de cuatro soldados cada uno se alternaban la vigilancia sobre Pedro. En algún momento dado, dos se hallaban en la celda con él, encadenados a él, y dos más estaban ubicados afuera de la puerta de la celda (v. 6). Pedro se encontraba definitivamente en el ala de máxima seguridad de la prisión de Agripa.

Como muchos antes que él, Agripa iría a aprender, la manera difícil, la locura de pelear contra Dios. Debió haber seguido el consejo de Gamaliel al concilio: "No seáis tal vez hallados luchando contra Dios" (Hch. 5:39). Tan insensato curso de acción es peligroso, si no fatal y eternamente terrible, porque Dios contraataca. En Jeremías 21:5, Dios advierte a sus enemigos: "Pelearé contra vosotros con mano alzada y con brazo fuerte, con furor y enojo e ira grande". A los hipócritas en la iglesia de Pérgamo les advirtió: "Por tanto, arrepiéntete; pues si no, vendré a ti pronto, y pelearé contra ellos con la espada de mi boca" (Ap. 2:16).

Tres razones para no pelear contra Dios resaltan en Hechos 12: no se puede contender con su poder, no se puede evitar su castigo, y no se pueden frustrar sus propósitos.

NO SE PUEDE CONTENDER CON EL PODER DE DIOS

Así que Pedro estaba custodiado en la cárcel; pero la iglesia hacía sin cesar oración a Dios por él. Y cuando Herodes le iba a sacar, aquella misma noche estaba Pedro durmiendo entre dos soldados, sujeto con dos cadenas, y los guardas delante de la puerta custodiaban la cárcel. Y he aquí que se presentó un ángel del Señor, y una luz resplandeció en la cárcel; y tocando a Pedro en el costado, le despertó, diciendo: Levántate pronto. Y las cadenas se le cayeron de las manos. Le dijo el ángel: Cíñete, y átate las sandalias. Y lo hizo así. Y le dijo: Envuélvete en tu manto, y sígueme. Y saliendo, le seguía; pero no sabía que era verdad lo que hacía el ángel, sino que pensaba que veía una visión.

Habiendo pasado la primera y la segunda guardia, llegaron a la puerta de hierro que daba a la ciudad, la cual se les abrió por sí misma; y salidos, pasaron una calle, y luego el ángel se apartó de él. Entonces Pedro, volviendo en sí, dijo: Ahora entiendo verdaderamente que el Señor ha enviado su ángel, y me ha librado de la mano de Herodes, y de todo lo que el pueblo de los judíos esperaba. Y habiendo considerado esto, llegó a casa de María la madre de Juan, el que tenía por sobrenombre Marcos, donde muchos estaban reunidos orando. Cuando llamó Pedro a la puerta del patio, salió a escuchar una muchacha llamada Rode, la cual, cuando reconoció la voz de Pedro, de gozo no abrió la puerta, sino que corriendo adentro, dio la nueva de que Pedro estaba a la puerta. Y ellos le dijeron: Estás loca. Pero ella aseguraba que así era. Entonces ellos decían: ¡Es su ángel! Mas Pedro persistía en llamar; y cuando abrieron y le vieron, se quedaron atónitos. Pero él, haciéndoles con la mano señal de que callasen, les contó cómo el Señor le había sacado de la cárcel. Y dijo: Haced saber esto a Jacobo y a los hermanos. Y salió, y se fue a otro lugar. Luego que fue de día, hubo no poco alboroto entre los soldados sobre qué había sido de Pedro. Mas Herodes, habiéndole buscado sin hallarle, después de interrogar a los guardas, ordenó llevarlos a la muerte. Después descendió de Judea a Cesarea y se quedó allí. (12:5-19)

Mientras **Pedro estaba custodiado en la cárcel, la iglesia** reaccionó como por lo general hacía cuando enfrentaba persecución: **hacía sin cesar oración a Dios por él** (cp. 4:23-31). Ellos sabían que únicamente Dios tenía el poder para liberar a Pedro. El adverbio *ektenōs* (**sin cesar**) está relacionado con *ektenēs*, un término médico que describe el estiramiento de un músculo hasta sus límites. *Ektenōs* se usó en Lucas 22:44 para describir la oración de nuestro Señor en Getsemaní, en que "estando en agonía, oraba más intensamente; y era su sudor como grandes gotas de sangre que caían hasta la tierra". Los miembros de la iglesia derramaban el máximo esfuerzo posible en sus oraciones por Pedro. Ellos conocían la verdad que más tarde Santiago expresaría: "La oración eficaz del justo puede mucho" (Stg. 5:16). En conjunto, la palabra *ektenēs* describe tres elementos esenciales de la vida cristiana: amor (1 P. 4:8), servicio (Hch. 26:7) y, en el pasaje actual, oración.

Herodes creyó que tenía la situación bajo control. Sin embargo, Dios tenía otros planes. **Aquella misma noche estaba Pedro durmiendo entre dos soldados, sujeto con dos cadenas, y los guardas delante de la puerta custodiaban la cárcel.** A pesar de las espantosas circunstancias, Pero dormía profundamente. Ni la presencia de los guardias, la dureza del piso de la celda, la desdicha de la prisión, ni la inminente amenaza de ejecución pudieron perturbarle el descanso. Es más, tan profundamente dormía que el ángel debió empujarlo para que despertara.

Nuestra sociedad saturada de tranquilizantes y pastillas para dormir podría aprender una lección de cómo Pedro confiaba en Dios. Antes que nada, confiaba en la promesa que le hiciera el Señor Jesús de que moriría más tarde, cuando estuviera viejo (Jn. 21:18). Ya que todavía no era viejo, no tenía nada que temer. Además, cada vez que había estado antes en la cárcel, había sido liberado. Dios tenía un historial perfecto. Todo esto permitió que Pedro aconsejara a los creyentes que echaran toda la ansiedad sobre el Señor, porque él tiene cuidado de los creyentes (1 P. 5:7). Los cristianos que aprenden, como Pedro, a confiar en las promesas de Dios y en los resultados anteriores, por lo general duermen profundamente.

En los planes de Herodes para granjearse el favor de los judíos había un error grave y fatal: no consideró lo que Dios podría hacer. Dios tenía más ministerio para Pedro y no quería que lo ejecutaran todavía. Por consiguiente, **se presentó un ángel del Señor, y una luz resplandeció en la cárcel; y tocando a Pedro en el costado, le despertó, diciendo: Levántate pronto.** Como ya se señaló, Pedro dormía profundamente. Ni siquiera la **luz** que **resplandeció en la cárcel** lo despertó. Finalmente el ángel **tocando a Pedro en el costado, le despertó, diciendo: Levántate pronto.**

Cuando por fin Pedro despertó, **las cadenas se le cayeron de las manos.** Aún medio dormido y sin saber qué hacer con la situación, se le debió recordar que si iba a salir debía vestirse. **El ángel** le ordenó al apóstol: **Cíñete, y átate las sandalias. Y lo hizo así.** Entonces le dio más instrucciones: **Envuélvete en tu manto, y sígueme.**

Pedro obedientemente salió de la celda tras el ángel y **le seguía.** Sin embargo, aún mareado **no sabía que era verdad lo que hacía el ángel, sino que pensaba que** estaba viendo **una visión.** En una serie de maravillosos milagros, Pedro y el ángel **pasaron la primera y la segunda guardia,** y **llegaron a la puerta de hierro que daba a la ciudad, la cual se les abrió por sí misma; y salidos, pasaron una calle.** Después de haber visto a Pedro fuera de la celda y de la cárcel, y a salvo, **el ángel se apartó de él.** Su deber estaba cumplido (cp. He. 1:14). Herodes descubrió la misma verdad que ya antes había aprendido el concilio (cp. Hch. 5:17ss): que ninguna cárcel puede contener a quienes Dios quiere libres.

Solo entonces Pedro se dio cuenta de lo que estaba pasando. Finalmente, **volviendo en sí,** exclamó: **Ahora entiendo verdaderamente que el Señor ha enviado su ángel, y me ha librado de la mano de Herodes, y de todo lo que el pueblo de los judíos esperaba,** concretamente su ejecución. No se trataba de un sueño; realmente estaba libre.

De pronto, el apóstol se dio cuenta de que permanecer parado allí en la calle no era prudente para un bien conocido y fácilmente reconocible prisionero recién escapado. **Habiendo considerado esto, llegó a casa de María la madre de Juan, el que tenía por sobrenombre Marcos, donde muchos estaban reunidos**

orando. Él fue allí para estar con los creyentes y hacerles saber los detalles de su libertad. Pedro los fortaleció asegurándoles que también estaban a salvo porque Dios aún se hallaba en el control y les había contestado sus fervientes oraciones.

La **casa de María la madre** del compañero de Pedro, **Juan Marcos**, era **donde muchos** creyentes **estaban reunidos orando** por la liberación del apóstol. Era obvio que esta era una mujer acaudalada, ya que tenía criados (v. 13), y su casa era suficientemente grande para acomodar a todos los creyentes presentes. Antes de pasar a la clandestinidad, Pedro fue hasta la casa de ella. Que él supiera el camino sugiere que los creyentes se reunían allí con regularidad.

Cuando llegó a la casa de María, **llamó Pedro a la puerta del patio,** y **salió a escuchar una muchacha llamada Rode.** Ella naturalmente preguntó quién estaba allí a esa hora de la noche. El apóstol se identificó pero Rode, en lugar de abrir, **cuando reconoció la voz de Pedro, de gozo no abrió la puerta, sino que corriendo adentro, dio la nueva de que Pedro estaba a la puerta.**

Poniendo al descubierto toda la fe que había detrás de sus oraciones, le dijeron: **Estás loca.** ¡Sabían perfectamente que Pedro aún estaba en la cárcel! Impávida, **ella aseguraba que así era.** A pesar de la insistencia de la criada, ellos aún no estaban listos para aceptar el hecho de que Dios les había contestado las oraciones. Alguien sugirió que si Roda no había perdido el juicio, tal vez habría oído que se trataba del **ángel** de Pedro. En el pensamiento judío, cada persona tenía un ángel guardián que podía asumir la forma de esa persona.

Mientras tanto, el verdadero Pedro había quedado en una posición incómoda y peligrosa. Sin ninguna otra opción, **persistía en llamar,** esperando no atraer la atención sobre sí mismo ni que lo volvieran a arrestar. Finalmente, Rode logró persuadir a los otros de que salieran a ver por sí mismos. **Cuando** por fin ellos **abrieron** (para alivio de Pedro) **y le vieron, se quedaron atónitos.** La incapacidad del apóstol de entrar sin que le abrieran podría mostrar algo del temor de ser arrestados que se apoderó de estos creyentes.

El ruido hecho por los creyentes llenos de alegría amenazó con hacer lo que no consiguieron los insistentes toques de Pedro: despertar a los vecinos y lograr que recapturaran al fugitivo. **Pero él, haciéndoles con la mano señal de que callasen, les contó cómo el Señor le había sacado de la cárcel. Y dijo: Haced saber esto a Jacobo y a los hermanos. Y salió, y se fue a otro lugar.** Pedro rápidamente contó la asombrosa historia de su escape, lo que sin duda animó en gran manera a sus oyentes. Entonces les ordenó que le dieran la noticia a Jacobo (no el apóstol martirizado sino el hermano del Señor, Mt. 13:55). Por Hechos 15 nos enteramos que, en esta época, él era la cabeza de la iglesia en Jerusalén. Habiendo hecho eso, Pedro **salió, y se fue a otro lugar.** No quiso poner en peligro a sus compañeros creyentes, pues sabía que Agripa pronto lo estaría buscando. Lucas no nos dice a dónde fue el apóstol. La sugerencia de quienes quieren identificarlo como el primer papa, de que Pedro fue a Roma en esa fecha temprana, no es probable, en especial porque Hechos 15 lo encuentra de regreso en Jerusalén después de la muerte de Agripa.

Independientemente de a dónde haya ido, Pedro se desvanece de la escena en cuanto se refiere al registro de Hechos. Aparte de su breve aparición en el concilio de Jerusalén (Hch. 15), esta es la última vez que sabemos de este apóstol. De aquí en adelante la historia gira alrededor de Pablo y su ministerio.

La repentina y misteriosa desaparición de Pedro de una celda protegida eficazmente causó conmoción entre la guardia armada. **Luego que fue de día,** nos informa Lucas, **hubo no poco alboroto entre los soldados sobre qué había sido de Pedro.** Frenéticamente pusieron la cárcel al revés buscándolo, ya que sabían muy bien qué destino le esperaba a un soldado que perdía un prisionero (cp. 16:27; 27:42).

Sin embargo, no pudieron hallar al apóstol y, finalmente, se vieron obligados a informar eso a Herodes. Los peores temores que tenían se hicieron realidad, porque **Herodes, habiéndole buscado sin hallarle, después de interrogar a los guardas, ordenó llevarlos a la muerte.** Herodes era un hombre suspicaz y los guardias no pudieron haber ofrecido ninguna explicación razonable para la fuga de Pedro.

Después de juzgar y ejecutar a los guardias infractores, Herodes indignado **descendió de Judea a Cesarea y se quedó allí.** Su plan le había fallado y necesitaba unas vacaciones para recuperarse. Por desgracia para él, no aprendió que no se podía pelear contra Dios. Esa equivocación, que le costó con los judíos a Pedro y su prestigio como gobernante, en poco tiempo costaría la vida del mismo Herodes.

NO SE PUEDE EVITAR EL CASTIGO DE DIOS

Y Herodes estaba enojado contra los de Tiro y de Sidón; pero ellos vinieron de acuerdo ante él, y sobornado Blasto, que era camarero mayor del rey, pedían paz, porque su territorio era abastecido por el del rey. Y un día señalado, Herodes, vestido de ropas reales, se sentó en el tribunal y les arengó. Y el pueblo aclamaba gritando: ¡Voz de Dios, y no de hombre! Al momento un ángel del Señor le hirió, por cuanto no dio la gloria a Dios; y expiró comido de gusanos. (12:20-23)

Varios meses habían pasado desde la fuga de Pedro cuando, por razones que desconocemos, **Herodes estaba enojado contra los de Tiro y de Sidón.** Ellos se hallaban fuera de la jurisdicción de Herodes, pero desde la época del Antiguo Testamento **su territorio era abastecido por el del rey** (cp. 1 R. 5:11; Esd. 3:7; Ez. 27:17).

Dándose cuenta del peligro de tener a Herodes enojado, los de Tiro y de

Sidón **vinieron de acuerdo ante él, y sobornado Blasto, que era camarero mayor del rey, pedían paz.** El bloqueo económico de Herodes era agobiante, y les era necesario hacer la **paz** con él de inmediato. Persuadieron (seguramente con dinero) a **Blasto, que era camarero mayor del rey,** para que actuara como intermediario.

Herodes acordó las condiciones, pero para demostrar más su valía sometió a los embajadores de las dos ciudades a un espectáculo. **Un día señalado, Herodes, vestido de ropas reales, se sentó en el tribunal y les arengó.** Se habían reunido en el anfiteatro construido por el abuelo de Agripa, Herodes el Grande. Josefo describe así la escena: "[Herodes] se puso ropa hecha totalmente de plata, de una contextura totalmente asombrosa, y entró al teatro temprano en la mañana; en aquel momento la plata de sus ropas la iluminó el suave reflejo de los rayos del sol, y brillaban de una manera sorprendente" (Antigüedades XIX, vii, 2).

Sobrecogido por el esplendor del rey (o más probablemente, tratando de halagarlo), **el pueblo aclamaba gritando: ¡Voz de Dios, y no de hombre!** Josefo observa que Herodes "no los reprendió, ni rechazó esos halagos impíos" (Antigüedades XIX, vii, 2).

La respuesta de Dios fue inmediata. **Al momento un ángel del Señor le hirió, por cuanto no dio la gloria a Dios; y expiró comido de gusanos.** El Dr. Jean Sloat Morton comenta:

> La frase "comido de gusanos" en griego es *skolakobrotos*. La raíz *skolax* significa "una específica estructura de la cabeza de una solitaria". Ya que la palabra *scolex* (plural *scolices*) se aplica a la cabeza de las solitarias, la muerte de Herodes casi con seguridad se debió a la ruptura de un quiste formado por una tenia. Hay varias clases de solitarias, pero una de las más comunes que se encuentra en países con crías de ovejas es la cinta de perro, *Echinococcus granulosus*. Las infecciones más fuertes vienen de regiones donde se crían ovejas y ganado. Las ovejas y el ganado sirven como huéspedes intermedios para los parásitos. El perro come la carne infectada, luego el hombre obtiene los huevos de parte del perro, generalmente por contaminación fecal de pelo.
>
> La enfermedad está caracterizada por la formación de quistes, generalmente en el lóbulo derecho del hígado; los quistes pueden extenderse hacia abajo de la cavidad abdominal. La ruptura de uno de esos quistes puede liberar hasta dos millones de scolices. Los gusanos desarrollándose dentro de los quistes son llamados escólex, porque la región anterior constituye la parte principal del desarrollo en esta etapa. Cuando el quiste se rompe, el ingreso de restos celulares junto con los escólex puede causar muerte repentina.

> El uso de la palabra *scolex* no se limita a esta referencia acerca de Herodes; el término también aparece en Marcos 9:44. Una traducción literal de este versículo diría: "donde el escólex nunca muere". Este uso es muy interesante porque la tenia sigue propagándose. Cada sección del gusano es una unidad auto contaminada que tiene partes tanto macho como hembra. La parte posterior madura y forma cientos de huevos de gusano. La palabra *scolex* en este texto representa una descripción biológica de permanencia que el texto exige para la comparación (*Science in the Bible* [Ciencia en la Biblia] [Chicago: Moody, 1978], pp. 261-262).

Según Josefo, Herodes sobrevivió cinco días, en medio de un terrible dolor. A pesar de toda su pompa y majestad sufrió una muerte ignominiosa y vergonzosa. Así terminó el reinado y la vida del hombre que se había atrevido a tocar a dos de los apóstoles de Dios. El delito por el que se le ejecutó (44 d.C.) fue que **no dio la gloria a Dios,** el mismo delito por el cual serán condenados todos los no regenerados que rechazan a Dios (Ro. 1:18-23).

NO SE PUEDEN FRUSTRAR LOS PROPÓSITOS DE DIOS

Pero la palabra del Señor crecía y se multiplicaba. Y Bernabé y Saulo, cumplido su servicio, volvieron de Jerusalén, llevando también consigo a Juan, el que tenía por sobrenombre Marcos. (12:24-25)

Nuevamente Lucas nos mantiene al día en cuanto al crecimiento de la iglesia informándonos que, a pesar de la furiosa oposición de los hombres, **la palabra del Señor crecía y se multiplicaba.** No se podía detener su expansión más de lo que el rey Canuto pudo detener la llegada de la marea.

Después de establecer la realidad de que es imposible frustrar los propósitos de Dios, Lucas cita como ejemplo a **Bernabé y Saulo,** quienes **cumplido su servicio, volvieron de Jerusalén.** Habían terminado su misión de llevar alivio del hambre a la iglesia en Jerusalén (11:30). Esa misión se realizó tras la muerte de Herodes. Este murió, pero la iglesia a la que persiguió siguió viviendo.

Lucas observa que los acompañó **Juan, el que tenía por sobrenombre Marcos**. Por Colosenses 4:10 sabemos que él era sobrino de Bernabé. Así como el joven fue con ellos en su misión de ayuda a Jerusalén, también los acompañaría en su primer viaje misionero (13:5). La deserción durante ese viaje (13:13) provocaría finalmente un fuerte desacuerdo entre Pablo y Bernabé (15:36-40).

Los versículos 24-25 marcan una transición importante en Hechos. Presentan de nuevo al apóstol Pablo, de cuyo ministerio se ocupará principalmente el resto del libro.

El carácter de una iglesia eficaz

26

Había entonces en la iglesia que estaba en Antioquía, profetas y maestros: Bernabé, Simón el que se llamaba Niger, Lucio de Cirene, Manaén el que se había criado junto con Herodes el tetrarca, y Saulo. Ministrando éstos al Señor, y ayunando, dijo el Espíritu Santo: Apartadme a Bernabé y a Saulo para la obra a que los he llamado. Entonces, habiendo ayunado y orado, les impusieron las manos y los despidieron. Ellos, entonces, enviados por el Espíritu Santo, descendieron a Seleucia, y de allí navegaron a Chipre. Y llegados a Salamina, anunciaban la palabra de Dios en las sinagogas de los judíos. Tenían también a Juan de ayudante. Y habiendo atravesado toda la isla hasta Pafos, hallaron a cierto mago, falso profeta, judío, llamado Barjesús, que estaba con el procónsul Sergio Paulo, varón prudente. Este, llamando a Bernabé y a Saulo, deseaba oír la palabra de Dios. Pero les resistía Elimas, el mago (pues así se traduce su nombre), procurando apartar de la fe al procónsul. Entonces Saulo, que también es Pablo, lleno del Espíritu Santo, fijando en él los ojos, dijo: ¡Oh, lleno de todo engaño y de toda maldad, hijo del diablo, enemigo de toda justicia! ¿No cesarás de trastornar los caminos rectos del Señor? Ahora, pues, he aquí la mano del Señor está contra ti, y serás ciego, y no verás el sol por algún tiempo. E inmediatamente cayeron sobre él oscuridad y tinieblas; y andando alrededor, buscaba quien le condujese de la mano. Entonces el procónsul, viendo lo que había sucedido, creyó, maravillado de la doctrina del Señor. Habiendo zarpado de Pafos, Pablo y sus compañeros arribaron a Perge de Panfilia; pero Juan, apartándose de ellos, volvió a Jerusalén. (13:1-13)

Hay mucha verdad en el burlesco adagio de que algunas personas hacen que las cosas sucedan, otras las observan suceder, mientras otras más se quedan preguntando qué sucedió. Lo que se aplica a las personas también se aplica a las iglesias. Algunas son dinámicas, extendiéndose agresivamente con el evangelio para afectar al mundo. Otras más saben que Dios se está moviendo en otras iglesias y se preguntan por qué ellas no están experimentando ese poder. Aún otras apenas existen, languideciendo mientras la maleza espiritual (y quizás hasta la física) crece. Ellas únicamente tienen influencia en las vidas sociales de sus miembros.

Hechos 11 presenta un liderazgo y una congregación que Dios usó para hacer que las cosas sucedieran: la iglesia en Antioquía, el primer puesto de avanzada del cristianismo en el mundo pagano. Esa iglesia tuvo un inicio impresionante. Hechos 11:21 narra que "gran número creyó y se convirtió al Señor" bajo la ministración de judíos griegos que huyeron de Jerusalén después del martirio de Esteban (11:19-20). La iglesia en Antioquía creció dramáticamente bajo el competente liderazgo de Bernabé y Saulo (11:26). Fue en Antioquía que el nombre *cristianos* se dio por primera vez a los seguidores de Jesucristo (11:26). Aunque era un término burlón, los creyentes lo usaron como insignia de honor. Los miembros de esta iglesia, en gran parte gentil, mostraron su amor por sus hermanos judíos, enviándoles alivio contra el hambre (11:27-30).

Pero de todos los factores que fortalecieron la iglesia en Antioquía, el más importante fue su sumisión al Espíritu Santo. Tanto los líderes (cp. 11:24; 13:9) como la congregación (cp. 13:2, 4) de esta iglesia estaban llenos del Espíritu. Dependían por completo del Espíritu, quien les activó todas las fases de su ministerio.

¿Qué caracteriza a una iglesia llena del Espíritu? Una iglesia llena del Espíritu se puede definir simplemente como aquella en que sus miembros caminan en obediencia a la voluntad de Dios. Ya que Dios revela su voluntad en la Biblia, una iglesia llena del Espíritu debe estar profundamente comprometida con la Palabra de Dios. Es más, una comparación de Efesios 5 y Colosenses 3 revela que estar lleno del Espíritu y dejar que la Palabra more en abundancia en la vida de alguien produce los mismos efectos. Por tanto, hay dos lados de la misma realidad espiritual.

El capítulo 13 marca un momento crucial en Hechos. Los primeros doce capítulos se han enfocado en el ministerio de Pedro; los demás capítulos se enfocan en el de Pablo. Hasta ahora el énfasis ha estado en la iglesia judía en Jerusalén y Judea; los capítulos 13-28 describen la expansión de la iglesia gentil por todo el mundo romano. Y fue desde la iglesia en Antioquía, dinámica, doctrinalmente sana, creciente y controlada por el Espíritu, que se desplegó la bandera de las misiones gentiles. Esta congregación tenía líderes espirituales, con un ministerio espiritual, que continuaron una misión espiritual, enfrentaron oposición espiritual, y experimentaron victoria espiritual.

LÍDERES ESPIRITUALES

Había entonces en la iglesia que estaba en Antioquía, profetas y maestros: Bernabé, Simón el que se llamaba Niger, Lucio de Cirene, Manaén el que se había criado junto con Herodes el tetrarca, y Saulo. (13:1)

Las iglesias fuertes y eficaces inevitablemente tienen líderes piadosos, y la iglesia **en Antioquía** no era la excepción. Dios siempre ha puesto una calidad suprema en el liderazgo espiritual (Hch. 6:3; 1 Ti. 3:1-13; Tit. 1:5-9; cp. Os. 4:9; Mt. 9:36). Estos cinco hombres eran el corazón del ministerio en Antioquía.

Lucas los describe como **profetas y maestros,** dos términos importantes del Nuevo Testamento. Los **profetas** jugaron un papel importante en la iglesia apostólica (cp. 1 Co. 12:28; Ef. 2:20; 3:5; 4:11). Igual que los apóstoles, ellos eran predicadores de la Palabra de Dios y, en los primeros años, fueron responsables de que la iglesia instruyera a las congregaciones locales. A veces recibían nueva revelación de parte de Dios, como en Hechos 11:28 y 21:10-11. En ambos incidentes se narra que los profetas, a diferencia de los apóstoles, recibieron revelación práctica, no doctrinal. La función de los profetas como receptores de revelación divina terminó con el cese de los dones de señales temporales. Incluso su oficio, como el de los apóstoles, fue reemplazado por los de pastores-maestros y evangelistas (cp. Ef. 4:11-12), quienes eran los ancianos y supervisores (1 Ti. 3:1ss; Tit. 1:5-9). (Para mayor información sobre hablar en lenguas, véase mi libro *Los carismáticos* [El Paso, Tx.: Casa Bautista de Publicaciones, 1995], y *Comentario MacArthur del Nuevo Testamento*: *Primera Corintios* [Grand Rapids: Editorial Portavoz, 2003].)

Los profetas edificaban a los santos al predicar exposiciones de revelación existente (cp. 1 Ts. 5:20). Aunque profetas de esa clase única ya no existen, el don similar para predicar la Palabra aún existe. Se les concede a pastores y evangelistas, quienes proclaman lo que Pedro llamó "la palabra profética" (2 P. 1:19), y aún es vital para la salud espiritual de la iglesia (cp. Ro. 10:14-18). En todo el camino hasta el regreso del Señor, el "espíritu de la profecía" sigue siendo "el testimonio de Jesús" (Ap. 19:10).

Los **maestros** son importantes en la Iglesia de hoy (cp. 1 Co. 12:28; Ef. 4:11; Stg. 3:1). Su ministerio es el proporcionar a otros una clara comprensión de la verdad bíblica. El distintivo del ministerio de los maestros es su énfasis en la pedagogía antes que en la proclamación. Que son algo diferentes de los predicadores parece evidente en los textos que analizan a unos y otros, aunque el mismo hombre dotado a veces puede realizar ambas funciones, como indica Hechos 15:35.

Antioquía tenía cinco hombres que eran tanto predicadores como maestros de la Palabra de Dios. Fue por medio de su ministerio que la iglesia se edificó en la fe.

Bernabé ya ha aparecido varias veces en Hechos. Por 4:36 nos enteramos que era levita de la isla de Chipre. Su nombre de nacimiento era José, pero los apóstoles lo llamaron **Bernabé,** que significa "Hijo de consolación", una adecuada descripción para este hombre tierno y amoroso. Fue Bernabé quien convenció a los escépticos y recelosos creyentes en Jerusalén que la conversión de Saulo era verídica (9:27). La comunidad de Jerusalén lo envió a investigar los rumores de que los gentiles se habían salvado en Antioquía (11:22), una señal de la alta estima que la iglesia en Jerusalén le tenía. Él trajo desde Tarso a Saulo y lo involucró en el ministerio en Antioquía (11:25-26). Bernabé, junto a Saulo, llevó las contribuciones de la iglesia de Antioquía para el alivio de la iglesia judía a Jerusalén (11:30).

Poco se sabe de **Simón, Lucio** y **Manaén.** La observación de Lucas de que a **Simón se** le **llamaba Niger** (que significa "negro") podría suponer que era un hombre de tez oscura, africano o ambas cosas. Aunque algunos lo identifican con Simón de Cirene, quien cargó la cruz de Jesús (Mr. 15:21), pero no existe evidencia directa para tal identificación. A **Lucio,** y no a Simón, se le identifica con la ciudad **de Cirene** en el norte de África. No hay nada que lo vincule con el Lucio a quien Pablo saluda en Romanos 16:21 y, sin duda, ninguna evidencia para identificarlo (como algunos han sugerido) con Lucas el médico. Lucas narra que **Manaén** era notable debido a **que se había criado junto con Herodes el tetrarca** (Herodes Antipas, el Herodes de los Evangelios). *Suntrophos* (**se había criado junto con**) se puede traducir "hermano de crianza". Este se crió en la casa de Herodes el Grande, junto con Herodes Antipas. **Saulo,** o Pablo, no necesita presentación. Por medio de sus incansables esfuerzos, el evangelio se extendió por todo el mundo gentil. Estos eran los pastores que dirigieron el rebaño hacia la eficacia y la influencia.

MINISTERIO ESPIRITUAL

Ministrando éstos al Señor, y ayunando, (13:2*a*)

La responsabilidad de pastores espirituales es el ministerio espiritual. A diferencia de muchos en el ministerio de hoy que se atarean con actividades y programas superficiales, los líderes en Antioquía entendieron claramente su mandato espiritual. Imitaron a los apóstoles quienes, según Hechos 6:4, se dedicaron a la oración y al ministerio de la Palabra. Esas siempre son las prioridades para el hombre de Dios.

Ministrando viene de *leitourgeō*, una palabra que originalmente significaba "desempeñar un cargo público". Era "usada por oradores de Ática que servían al estado a sus propias expensas" (A. T. Robertson, *Word Pictures in the New Testament* [Imágenes verbales en el Nuevo Testamento] [Grand Rapids: Baker, reimpresión de la edición 1930], 3:177). Los líderes de la iglesia en Antioquía desempeñaban fielmente el oficio al que Dios los había llamado y cumplían con su ministerio (cp. 2 Ti. 4:5).

Sin embargo, en la Biblia, *leitourgeō* significa más que servicio público; describe servicio sacerdotal. En la Septuaginta describe a los sacerdotes que ministraban en el tabernáculo (Éx. 28:41). Servir en un papel de liderazgo en la iglesia se debe ver como un acto de adoración a Dios. Tal servicio consiste en ofrecerle sacrificios espirituales (cp. He. 13:15-16), que incluye oración, supervisión del rebaño, estudio, preparación y enseñanza de la Palabra.

La ministración de los cinco no era a la congregación, sino **al Señor.** Es importante entender que Dios es la audiencia para todo ministerio espiritual (cp. Hch. 20:19-20). Aquellos cuyo objetivo es ministrar al pueblo estarán tentados a hacer concesiones con el fin de lograr tal fin. Hacer del Señor el objeto de ministración evita la necesidad de componendas.

Así como los creyentes macedonios, quienes están en el ministerio deben entregarse primero al Señor y, solo entonces, a otros creyentes (cp. 2 Co. 8:5). Cada uno de estos procura "con diligencia" presentarse "a Dios aprobado", no a los hombres (2 Ti. 2:15). El hombre de Dios, igual que todo creyente, hace todo "de corazón, como para el Señor y no para los hombres... porque a Cristo el Señor" sirve (Col. 3:23-24).

A menudo, la Biblia relaciona al ayuno con tiempos de oración vigilante y apasionada (cp. Neh.1:4; Sal. 35:13; Dn. 9:3; Mt. 17:21; Lc. 2:37; 5:33; Hch. 14:23). Los cristianos pueden llegar a preocuparse tanto con los asuntos espirituales que pierdan el deseo de comer, o que dejen de lado los alimentos para concentrarse en intercesión intensa. Quienes saben poco de ayunar quizás sepan poco acerca de tal preocupación. La Biblia en ninguna parte ordena ayunar a los creyentes, pero Jesús supuso que sus seguidores lo harían (Mt. 6:17; Lc. 5:33-35). En agudo contraste con el ostentoso e hipócrita ayuno de los fariseos, el ayuno de los creyentes es únicamente para los ojos de Dios (Mt. 6:16-18). (Para mayor información sobre el ayuno, véase *Matthew 1-7*, MacArthur New Testament Commentary [Comentario MacArthur del Nuevo Testamento: Mateo 1-7] [Chicago: Moody, 1985], pp. 399ss).

MISIÓN ESPIRITUAL

dijo el Espíritu Santo: Apartadme a Bernabé y a Saulo para la obra a que los he llamado. Entonces, habiendo ayunado y orado, les impusieron las manos y los despidieron. Ellos, entonces, enviados por el Espíritu Santo, descendieron a Seleucia, y de allí navegaron a Chipre. Y llegados a Salamina, anunciaban la palabra de Dios en las sinagogas de los judíos. Tenían también a Juan de ayudante. (13:2*b*-5)

Los hombres espirituales con ministerios espirituales eficaces verán cómo Dios les extiende la misión espiritual. Él escoge para más ministración a quienes ya le están sirviendo de manera activa. No es probable que tome de la estantería a cristianos ociosos, los desempolve, y les confíe un trabajo importante. Saulo y

Bernabé estaban profundamente implicados en servir al Señor cuando les llegó más servicio. Dios elige hombres experimentados y probados para la importantísima misión a los gentiles.

La verdad de que todo ministerio se debe hacer para el Señor se refuerza aquí mediante la orden del Espíritu: **Apartadme a Bernabé y a Saulo.** Ellos eran sus hombres, para utilizarlos como Él quisiera y enviarlos a donde deseara.

Otro principio que fluye de este texto es que Dios llama soberanamente a hombres al ministerio. La iglesia no escogió a Saulo y Bernabé. En realidad, ellos pudieron haber sido los últimos en ser elegidos ya que eran los mejores elementos que la iglesia tenía. Tampoco Saulo y Bernabé se ofrecieron como voluntarios. Al contrario, de manera soberana el Espíritu los envió al servicio misionero a tiempo completo.

Un último principio que se extrae de este texto es la importancia de esperar el tiempo de Dios. La iglesia en Antioquía no elaboró esquemas ni trazó estrategias para alcanzar al mundo gentil. En lugar de eso se concentró en llevar a cabo los ministerios que Dios ya le había confiado. Una característica importante en el discernimiento de la voluntad de Dios para el futuro es hacer su voluntad en el presente.

No se revela cómo **el Espíritu Santo** le notificó el mandato a la iglesia. Es de suponer que habló por medio de uno de los profetas. Independientemente de cómo se transmitiera el mensaje, la respuesta de la iglesia fue obediencia instantánea. No hubo murmuraciones ni resentimiento; el Espíritu Santo demandó lo mejor de la iglesia, y Antioquía proveyó a Saulo y Bernabé.

Después de haber **ayunado y orado,** sin duda porque tuviera éxito el ministerio de Saulo y Bernabé, los líderes **les impusieron las manos.** La imposición de manos no fue la que les concedió el Espíritu Santo a Saulo y Bernabé, ni la que los ordenó para el ministerio. Los dos ya habían recibido el Espíritu (Hch. 9:17; 11:24) y habían estado sirviendo en el ministerio durante muchos años. La imposición de manos simplemente significó identificación, confirmación y unidad en la misión venidera (cp. Nm. 8:10; 27:18-23).

Después de orar por Saulo y Bernabé y de haberse identificado públicamente con ellos, los hermanos de la iglesia en Antioquía **los despidieron.** Una traducción mejor de *apoluō* (**los despidieron**) podría ser "los dejaron ir", o "los liberaron". Está claro por el versículo 1 que el Espíritu, no la iglesia, envió a los dos misioneros. Puesto que Él ya los había enviado, lo único que la iglesia podía hacer era cortar la cuerda y dejarlos ir. Esa verdad se repitió en el versículo 4, donde Lucas relata que los misioneros fueron **enviados por el Espíritu Santo.**

Dejando Antioquía para comenzar la misión, **descendieron a Seleucia.** Situada a veinticinco kilómetros de distancia, cerca de la desembocadura del río Orontes, esta población servía como el puerto de Antioquía. No se establece si los misioneros tomaron el camino hacia Seleucia o si viajaron por barco en el Orontes. Después de llegar a la ciudad abordaron un barco y **navegaron a Chipre.**

Chipre es la tercera isla más grande en el Mediterráneo, después de Sicilia y Cerdeña. Está aproximadamente a cien kilómetros de la costa siria y, en un día claro, sería visible desde Seleucia. La parte principal de la isla tiene entre ciento cincuenta y ciento sesenta kilómetros de largo y hasta cien de ancho. En tiempos del Nuevo Testamento, sus dos ciudades principales eran Salamina, el principal puerto y centro comercial, y Pafos, la capital.

Saulo y Bernabé sin duda eligieron comenzar su alcance misionero en Chipre por varias razones. Según Hechos 4:36, esta era la patria natal de Bernabé y, por tanto, territorio conocido. Además, estaba cerca de Antioquía, probablemente a dos días de viaje, a lo sumo. También Chipre tenía una gran población judía. Todas esas razones la convertían en un punto de inicio ideal para alcanzar el mundo gentil.

Llegados a Salamina, el puerto principal, **anunciaban la palabra de Dios en las sinagogas de los judíos.** Predicar el evangelio primero a los judíos fue costumbre de Pablo en sus viajes misioneros. Chipre tenía un asentamiento judío suficientemente grande como para mantener varias sinagogas en Salamina. Mientras viajaban de sinagoga en sinagoga, Saulo y Bernabé **tenían también de ayudante a Juan** Marcos, quien era nativo de Jerusalén (Hch. 12:12) y sobrino de Bernabé (Col. 4:10). Cuando Saulo y Bernabé regresaron de Jerusalén después de entregar la ayuda, Juan Marcos vino con ellos (Hch. 12:25). Sin duda había dejado Antioquía junto con Saulo y Bernabé. Aunque pronto desertó para volver a Jerusalén, por ahora era parte del equipo, ayudando a Saulo y Bernabé a llevar a cabo su misión espiritual.

OPOSICIÓN ESPIRITUAL

Y habiendo atravesado toda la isla hasta Pafos, hallaron a cierto mago, falso profeta, judío, llamado Barjesús, que estaba con el procónsul Sergio Paulo, varón prudente. Este, llamando a Bernabé y a Saulo, deseaba oír la palabra de Dios. Pero les resistía Elimas, el mago (pues así se traduce su nombre), procurando apartar de la fe al procónsul... Habiendo zarpado de Pafos, Pablo y sus compañeros arribaron a Perge de Panfilia; pero Juan, apartándose de ellos, volvió a Jerusalén. (13:6-8, 13)

Cuando los creyentes tratan de llevar adelante los propósitos de Dios, es inevitable la oposición satánica. El equipo misionero había **atravesado toda la isla** desde Salamina en la esquina noreste **hasta Pafos** en la costa suroeste. Además de ser la sede del gobierno romano, **Pafos** era...

> un gran centro para la adoración de Afrodita [Venus]... El más grande festival en Chipre en honor a Afrodita era la afrodisiaca, celebrada durante tres días cada primavera. Asistían grandes multitudes no solo de todas partes de Chipre sino también de naciones vecinas. (Charles F. Pfeiffer y Howard F. Vos, *The Wycliffe Historical Geography of Bible Lands* [Geografía histórica Wycliffe de las tierras bíblicas] [Chicago: Moody, 1967], pp. 305-306).

Esta era una ciudad plagada de inmoralidad. "Considerable prostitución religiosa acompañaba los ritos [a Afrodita] en Pafos" (Pfeiffer y Vos, p. 306).

Aquí, en la capital, **hallaron a cierto mago.** Igual a lo que sucedió cuando Pedro y Juan llevaron el evangelio a Samaria, Saulo y Bernabé se enfrentaron a un **mago.** La palabra *magos* (**mago**) no necesariamente tiene connotación maligna. Se usa, por ejemplo, en Mateo 2:1 para describir a los sabios que visitaron al bebé Jesús y su familia. El término originalmente se refería a la tribu sacerdotal hereditaria dentro de la nación de los medos. Ellos eran muy versados en astronomía y astrología, agricultura, matemáticas e historia; además participaban en varias prácticas ocultistas y eran famosos por su habilidad para interpretar sueños (cp. Dn. 2:1ss). Tal era su poder e influencia política que ningún gobernante persa llegaba al poder sin aprobación de estos magos. (Para más información sobre los magos, véase *Matthew* 1-7, MacArthur New Testament Commentary [Comentario MacArthur del Nuevo Testamento: Mateo 1-7] [Chicago: Moody, 1985], pp. 26-28.) Sin embargo, más tarde el término **mago** se usó para describir toda clase de practicantes de magia y aficionados a lo oculto. **Barjesús,** siendo **judío,** obviamente no era uno de los magos medo persas. Igual que Simón (Hch. 8:9-11), se trataba de un engañador que daba uso maligno a su conocimiento.

Barjesús no solo no era mago; Lucas lo describe como **falso profeta.** Es irónico que su nombre signifique "hijo de salvación", un apelativo realmente extraño para un profeta falso y engañador. No fue por accidente que este individuo se adhiriera al **procónsul** romano. El reino de las tinieblas está ansioso por influir en quienes gobiernan. Gran parte del mal en este mundo en última instancia tiene su origen en la funesta influencia de las "huestes espirituales de maldad en las regiones celestes" (Ef. 6:12; cp. Dn. 10:13—11:1).

El gobernador romano de Chipre era **Sergio Paulo,** a quien Lucas describe como **varón prudente.** La precisión del relato de Lucas la verifica una inscripción encontrada en Soloi, en la costa norte de Chipre, que cita: "En el proconsulado de Paulo" (Sir William M. Ramsay, *St. Paul the Traveller and the Roman Citizen* [San Pablo el viajero y ciudadano romano] [reimpresión; Grand Rapids: Baker, 1975], p. 74).

Como romano inteligente, sin duda el gobernador tenía gran interés en nuevas filosofías y creencias religiosas. El hecho de que tuviera en su séquito a un maestro judío (aunque renegado) mostraba que tenía algún interés en el judaísmo. Saulo y Bernabé le parecieron dos maestros judíos adicionales de quienes podía aprender más acerca de la fe judía. Además, sus funciones como gobernador lo impulsaban a investigar esta nueva enseñanza que estaba barriendo Chipre. En consecuencia, **llamando a Bernabé y a Saulo, deseaba oír la palabra de Dios.**

Asustado por la posibilidad de que Sergio Paulo se convirtiera, y de la consecuente pérdida de posición, **les resistía Elimas, el mago (pues así se traduce su nombre), procurando apartar de la fe al procónsul.** El tipo estaba cumpliendo la orden de su perverso amo, Satanás. Como muchos judíos de esta época, Barjesús también tenía un nombre griego, **Elimas,** por el cual era conocido en la corte de Sergio Paulo. La nota en paréntesis de Lucas, **pues así se traduce su nombre,** no significa que **Elimas** se traduzca Barjesús. En lugar de eso, **Elimas** era, al parecer, la transliteración griega de una palabra árabe para "mago" (Simon J. Kistemaker, *New Testament Commentary: Acts* [Comentario al Nuevo Testamento: Hechos] [Grand Rapids: Baker, 1990], p. 462).

Es bueno recordar la lección de estos versículos. Llevar a alguien a Cristo no es simplemente un ejercicio académico, no es cuestión de hacer una exitosa charla de ventas. Al contrario, implica una guerra abierta contra las fuerzas infernales. Saulo y Bernabé lucharon contra Barjesús por el alma de Sergio Paulo.

Pero tales ataques externos no son la única estrategia de Satanás. Aun más mortíferos han sido sus ataques durante siglos desde el interior de la Iglesia. No es de extrañar entonces que también con presión interna, Satanás tratara de descarrilar la misión a los gentiles. De esa presión resultó la deserción de Juan Marcos. Una vez concluida su obra en Chipre, y **habiendo zarpado de Pafos, Pablo y sus compañeros arribaron a Perge de Panfilia; pero Juan, apartándose de ellos, volvió a Jerusalén. Perge** era una ciudad importante en la provincia romana de **Panfilia**, en Asia Menor.

No está claro por qué **Juan, apartándose de ellos, volvió a Jerusalén.** Algunos han sugerido que le asustó viajar por las peligrosas montañas de Panfilia, una región infestada con bandas de ladrones (cp. 2 Co. 11:26). Otros creen que le resintió que Pablo tomara dominio sobre su pariente Bernabé; otros dicen que desaprobaba el énfasis de Pablo en predicar el evangelio a los gentiles; y aún otros afirman que el joven temía la persecución. Cualquiera que fuera la razón, Pablo no la consideró válida (Hch. 15:38). Lo trágico es que aunque la deserción de Juan Marcos no detuvo la misión a los gentiles, sí dividió el triunfal equipo de Pablo y Bernabé (Hch. 15:36-40). Disensión, división y desunión interna siguen trastornando las obras de Dios que han resistido fuertemente las tormentas de la oposición externa.

VICTORIA ESPIRITUAL

Entonces Saulo, que también es Pablo, lleno del Espíritu Santo, fijando en él los ojos, dijo: ¡Oh, lleno de todo engaño y de toda maldad, hijo del diablo, enemigo de toda justicia! ¿No cesarás de trastornar los caminos rectos del Señor? Ahora, pues, he aquí la mano del Señor está contra ti, y serás ciego, y no verás el sol por algún tiempo. E inmediatamente cayeron sobre él oscuridad y tinieblas; y andando alrededor, buscaba quien le condujese de la mano. Entonces el procónsul, viendo lo que había sucedido, creyó, maravillado de la doctrina del Señor. (13:9-12)

La batalla por el alma de Sergio Paulo alcanzó ahora su punto culminante. **Saulo,** de quien Lucas observa **que también** se le conocía con el nombre romano de **Pablo,** se había cansado de la interferencia del mago. Estando **lleno del Espíritu Santo,** el apóstol fijó **los ojos** en el falso profeta. Al igual que ocurre con todos los que incursionan en doctrinas ocultistas y demoníacas, Barjesús estaba **lleno de todo engaño y de toda maldad.** *Dolos* (**engaño**) es la palabra griega para "trampa". Igual que una trampa hábilmente disfrazada, Barjesús no era lo que parecía ser para sus desprevenidas víctimas. *Radiourgias* (**maldad**) aparece solo aquí en el Nuevo Testamento. Originalmente significaba "aptitud o facilidad para hacer; disposición para cambiar la posición de algo, bueno o malo; imprudencia, falta de escrúpulos, perversidad" (Marvin R. Vincent, *Word Studies in the New Testament* [Estudios de palabras en el Nuevo Testamento] [Grand Rapids: Eerdmans, 1946], 1:516). Lejos de ser un "hijo de salvación", en realidad Barjesús fue acusado por Pablo de ser **hijo del diablo.** El hombre se creía un profeta justo, pero el apóstol lo denunció como el **enemigo de toda justicia.** Constantemente retorcía y pervertía la verdad de Dios, lo que llevó a Pablo a hacer la devastadora pregunta: **¿No cesarás de trastornar los caminos rectos del Señor?**

No obstante, Barjesús no debía escapar con una simple reprimenda. Así como había enceguecido espiritualmente a otros, ahora iba a padecer ceguera física. Pablo le informó: **He aquí la mano del Señor está contra ti, y serás ciego, y no verás el sol por algún tiempo.** Que la ceguera del mago fuera temporal fue una señal de la misericordia divina. Solo podemos esperar que también se recuperara de su ceguera espiritual.

La victoria espiritual de los misioneros no fue solo negativa, como se ve en la derrota de Barjesús, sino también positiva. El emisario de Satanás había sido vencido y acallado; y ahora Pablo y Bernabé estaban a punto de ganar la batalla por el alma de Sergio Paulo: **Entonces el procónsul, viendo lo que había sucedido, creyó, maravillado de la doctrina del Señor.** Como se narra a menudo en Hechos, Dios usó un milagro para confirmar la autenticidad de sus mensajeros y la verdad de su Palabra. Es significativo que fuera **la doctrina del Señor,** no el asombroso milagro que acababa de presenciar, lo que motivó al **procónsul** a creer. El hombre estaba **maravillado de la doctrina del Señor,** no del milagro.

No hay ninguna razón para dudar de la autenticidad de la fe de Sergio Paulo. Que se convirtiera en un cristiano verdadero lo sugieren fuentes extrabíblicas. El gran arqueólogo del siglo XIX, Sir William Ramsay, "sostuvo de otras fuentes literarias que Sergia Paula, hija del procónsul, era cristiana, igual que el hijo de ella Gayo Caristanio Fronto, el primer ciudadano de Antioquía de Pisidia en ingresar al senado romano" (Richard N. Longenecker, "Hechos de los apóstoles", en Frank E. Gaebelein, ed. *The Expositor's Bible Commentary* [Comentario bíblico del expositor] [Grand Rapids: Zondervan, 1981], 9:421; cp. E. M. Blaiklock, *The Archaeology of the New Testament* [Arqueología del Nuevo Testamento] [Grand Rapids: Zondervan, 1977], p. 107; J. A. Thompson, *The Bible and Archaeology* [La Biblia y la arqueología] [Grand Rapids: Eerdmans, 1987], p. 392). Pero, aparte de la evidencia externa, el relato de Lucas es claro. La conversión de Sergio Paulo "ha sido el punto principal de toda la narración de Chipre" (John B. Polhill, *The New American Commentary: Acts* [Nuevo comentario estadounidense: Hechos] [Nashville: Broadman, 1992], p. 295). Mientras su antiguo consejero se sumía en la oscuridad física, el procónsul emergía de la oscuridad espiritual y entró a la gloriosa luz del evangelio.

La iglesia en Antioquía representa, con toda razón, un ejemplo de una iglesia eficaz. La triunfal misión de evangelizar el mundo gentil que ella iniciara constituyó un paso histórico. La verdadera Iglesia de Jesucristo sobre la tierra hoy día es el legado espiritual de tal eficacia.

Pablo predica a Jesús **27**

Ellos, pasando de Perge, llegaron a Antioquía de Pisidia; y entraron en la sinagoga un día de reposo y se sentaron. Y después de la lectura de la ley y de los profetas, los principales de la sinagoga mandaron a decirles: Varones hermanos, si tenéis alguna palabra de exhortación para el pueblo, hablad. Entonces Pablo, levantándose, hecha señal de silencio con la mano, dijo: Varones israelitas, y los que teméis a Dios, oíd: El Dios de este pueblo de Israel escogió a nuestros padres, y enalteció al pueblo, siendo ellos extranjeros en tierra de Egipto, y con brazo levantado los sacó de ella. Y por un tiempo como de cuarenta años los soportó en el desierto; y habiendo destruido siete naciones en la tierra de Canaán, les dio en herencia su territorio. Después, como por cuatrocientos cincuenta años, les dio jueces hasta el profeta Samuel. Luego pidieron rey, y Dios les dio a Saúl hijo de Cis, varón de la tribu de Benjamín, por cuarenta años. Quitado éste, les levantó por rey a David, de quien dio también testimonio diciendo: He hallado a David hijo de Isaí, varón conforme a mi corazón, quien hará todo lo que yo quiero. De la descendencia de éste, y conforme a la promesa, Dios levantó a Jesús por Salvador a Israel. Antes de su venida, predicó Juan el bautismo de arrepentimiento a todo el pueblo de Israel. Mas cuando Juan terminaba su carrera, dijo: ¿Quién pensáis que soy? No soy yo él; mas he aquí viene tras mí uno de quien no soy digno de desatar el calzado de los pies. Varones hermanos, hijos del linaje de Abraham, y los que entre vosotros teméis a Dios, a vosotros es enviada la palabra de esta salvación. Porque los habitantes de Jerusalén y sus gobernantes, no conociendo a Jesús, ni las palabras de los profetas que se leen todos los días de reposo, las cumplieron al condenarle. Y sin hallar en él causa digna de muerte, pidieron a Pilato que se le matase. Y habiendo cumplido todas las cosas que de él estaban escritas, quitándolo del madero, lo pusieron en el sepulcro. Mas Dios le levantó de los muertos. Y él se apareció durante muchos días a los que habían subido juntamente con él de Galilea a Jerusalén, los cuales ahora son sus testigos ante el pueblo. Y nosotros también os anunciamos el evangelio de aquella promesa hecha a nuestros padres, la cual Dios ha cumplido a los hijos de ellos, a nosotros, resucitando a Jesús; como está escrito también en el salmo segundo: Mi hijo eres tú, yo te he engendrado hoy. Y en cuanto a que

le levantó de los muertos para nunca más volver a corrupción, lo dijo así: Os daré las misericordias fieles de David. Por eso dice también en otro salmo: No permitirás que tu Santo vea corrupción. Porque a la verdad David, habiendo servido a su propia generación según la voluntad de Dios, durmió, y fue reunido con sus padres, y vio corrupción. Mas aquel a quien Dios levantó, no vio corrupción. Sabed, pues, esto, varones hermanos: que por medio de él se os anuncia perdón de pecados, y que de todo aquello de que por la ley de Moisés no pudisteis ser justificados, en él es justificado todo aquel que cree. Mirad, pues, que no venga sobre vosotros lo que está dicho en los profetas: Mirad, oh menospreciadores, y asombraos, y desapareced; porque yo hago una obra en vuestros días, obra que no creeréis, si alguien os la contare. (13:14-41)

Warren Wiersbe escribe: "Si algún arcángel con inclinación homilética me permitiera seleccionar otro tiempo y lugar en el cual vivir, al instante le pediría que me transportara a la Gran Bretaña durante la soberanía de la reina Victoria" (*Walking with the Giants* [Cómo caminar con los gigantes] [Grand Rapids: Baker, 1980], p. 51). Wiersbe observa que entre los grandes predicadores que florecieron durante esa época estaban Charles Spurgeon, Canon Henry Liddon, Alexander Maclaren, R.W. Dale, Alexander Whyte y Joseph Parker.

Pero para aquellos que, como Warren Wiersbe, gustan de la gran predicación (como deberían hacer todos los cristianos), una época aun más emocionante para estar vivo fue durante los primeros años de la iglesia. Fue entonces que se realizó la más grande predicación de la historia de la iglesia. Ya en Hechos, Lucas ha presentado tan magistrales predicadores como Pedro, Felipe y Esteban. Hechos 13 contiene el primer (y más fabuloso) sermón registrado del más grande predicador de todos los tiempos: el apóstol Pablo.

Aunque este es el primero de sus sermones registrados en Hechos, Pablo no era un predicador principiante. Había predicado en Damasco inmediatamente después de su conversión (Hch. 9:20), durante sus tres años en Arabia (Gá. 1:15-18), y mientras servía como pastor en Antioquía (Hch. 13:1). En realidad, él no podía dejar de predicar (1 Co. 9:16), ya que fue para ese propósito que el Señor lo llamó (Hch. 26:15-20; 1 Co. 1:17, 21-23; 2 Co. 5:19-20; Ro. 15:19; Ef. 3:8; Col. 1:25, 28; 1 Ti. 2:7; 2 Ti. 1:11). Las palabras de Pablo a los creyentes en Roma reflejan la importancia que ponía en la predicación: "¿Cómo, pues, invocarán a aquel en el cual no han creído? ¿Y cómo creerán en aquel de quien no han oído? ¿Y cómo oirán sin haber quien les predique?" (Ro. 10:14). Sus palabras a Timoteo son el clásico llamado a esta responsabilidad: "Que prediques la palabra" (2 Ti. 4:2). A Tito le dijo: "Pero tú habla lo que está de acuerdo con la sana doctrina", y "habla... con toda autoridad" (Tit. 2:1, 15), resaltando que la predicación debe ser doctrinal y con autoridad.

Por desgracia, muchos en la iglesia de hoy no tienen el mismo compromiso de Pablo para predicar la Palabra. Hay una escasez de predicación bíblicamente sana, que crea "hambre a la tierra, no hambre de pan, ni sed de agua, sino de oír la palabra de Jehová" (Am. 8:11). De los púlpitos de hoy vienen los sonidos inciertos de psicología, cháchara relacional, comentarios sociales, narración de historias, homilías superficiales y retórica política. Muchos ven la predicación como un anacronismo en la época actual de iglesias fáciles de manejar y orientadas en entretener. Programas, miembros intratables de la iglesia, y detalles administrativos carcomen el tiempo de preparación de los pastores que quieren predicar.

Aunque muchos restan importancia a la predicación bíblica, esta no es menos vital para una iglesia espiritualmente fuerte. El predicador representa a Cristo para su pueblo, reforzando el concepto de autoridad y sumisión dentro del cuerpo de Cristo. Convertir la iglesia en un grupo de terapia o en un centro de entretenimiento socava esa autoridad. La predicación bíblica sana también defiende la autoridad de la Palabra de Dios. Qué extraño es que muchos que afirman la infalibilidad de la Biblia no la predican de modo expositivo (cp. John MacArthur, "The Mandate of Biblical Inerrancy: Expository Preaching" [El mandato de la infalibilidad bíblica: predicación expositiva], *The Master's Seminary Journal* 1 [primavera 1990]: pp. 3-15).

El Nuevo Testamento resalta varias veces la importancia de predicar. Jesús le dijo a un posible seguidor: "Ve, y anuncia el reino de Dios" (Lc. 9:60), incluso mientras Él mismo lo hacía (Lc. 4:18-19, 43). Pablo hizo hincapié en la singularidad y la amplitud de este deber cuando encargó a su joven protegido Timoteo "que prediques la palabra; que instes a tiempo y fuera de tiempo; redarguye, reprende, exhorta con toda paciencia y doctrina" (2 Ti. 4:2). El apóstol ordenó: "Los ancianos que gobiernan bien, sean tenidos por dignos de doble honor, mayormente los que trabajan en predicar y enseñar" (1 Ti. 5:17). La propia pasión de Pablo y su llamado eran predicar la Palabra.

La predicación bíblica ha sido el catalizador de todo gran avivamiento en la historia de la Iglesia. Los padres de la iglesia tomaron la posta de los apóstoles y, por medio de su predicación, el cristianismo conquistó el Imperio romano. La predicación de los grandes reformadores Lutero, Calvino, Knox, Zuinglio y Latimer trajo la luz de la verdad a la Iglesia tras siglos de oscurantismo. La poderosa predicación de John Owen, John Bunyan, Richard Baxter, Thomas Manton, Thomas Brooks, Thomas Watson, y Jeremiah Burroughs, entre muchos otros, encendió el avivamiento puritano en la Inglaterra del siglo XVII. John Wesley, George Whitefield y Jonathan Edwards dirigieron el gran avivamiento del siglo XVIII. El siglo XIX, como ya se indicó, fue bendecido con la predicación de Spurgeon, Parker, Maclaren y Whyte. Quizás la iglesia de hoy sabe poco de avivamiento porque sabe poco de predicación fuerte, bíblica y doctrinal.

La iglesia nació el día de Pentecostés cuando Pedro predicó (Hch. 2:14ss). El evangelio se extendió a Samaria por medio de la predicación de Felipe (Hch.

8:4-5, 12). Cuando el evangelio se extendió al mundo gentil, el catalizador volvió a ser la predicación por parte de mensajeros elegidos de parte de Dios.

Habiendo visitado primero la patria de Bernabé, la isla de Chipre, el equipo misionero visitó después la región de la tierra de Pablo: Asia Menor. Saliendo de Chipre, navegaron hacia el norte cerca de trescientos kilómetros a través del mar Mediterráneo y desembarcaron en Atalia, el puerto de **Perge.** En ese punto Juan Marcos dejó a Pablo y Bernabé, y regresó a Jerusalén.

Pablo y Bernabé, al parecer, no predicaron en **Perge** en aquel tiempo, aunque sí lo hicieron en su viaje de regreso (Hch. 14:25). Algunos han especulado que Pablo estaba enfermo (cp. Gá. 4:13), posiblemente con malaria, y que debió salir de las llanuras costeras e ir a las regiones montañosas más frías (Antioquía de Pisidia estaba a mil doscientos metros sobre el nivel del mar). En todo caso, no se quedaron allí sino que, **pasando de Perge, llegaron a Antioquía de Pisidia.** Esta ciudad estaba situada en Asia Menor y no se debe confundir con Antioquía en Siria, de donde los misioneros emprendieron su viaje.

El escueto comunicado de Lucas pasa por alto lo que debió haber sido un arduo viaje (en especial si Pablo estaba enfermo de malaria). El camino de **Perge** a **Antioquía de Pisidia,** aproximadamente a ciento cincuenta kilómetros de distancia, era difícil y peligroso. Se abría paso a través de las escarpadas montañas de Tauro, pegado a precipicios que ascendían a alturas vertiginosas. Los viajeros también debían cruzar los turbulentos ríos Aksu y Eurimedonte. Los montes Tauro eran famosos por las bandas de ladrones que los infestaban. Los bandidos, que habían plagado las épocas de Alejandro Magno y César Augusto, seguían asolando en tiempos de Pablo. Cuando el apóstol escribió: "En caminos muchas veces; en peligros de ríos, peligros de ladrones" (2 Co. 11:26), muy bien pudo haber tenido este viaje en mente.

Tras concluir su difícil viaje, Pablo y Bernabé llegaron a Antioquía. En lo que se convirtió el patrón del ministerio de Pablo, **entraron en la sinagoga un día de reposo y se sentaron.** En las sinagogas, Pablo encontraba una audiencia dispuesta de personas interesadas en la verdad religiosa. Además, era costumbre conceder a rabinos visitantes, como Pablo, el derecho de dirigirse a la sinagoga. Tanto él como la audiencia de la sinagoga compartían el terreno común del Antiguo Testamento. Pablo podía hacer uso de ese reservorio común de conocimiento como punto de partida cuando presentaba el evangelio. Finalmente, su gran amor por sus compatriotas judíos y el deseo ardiente de verlos salvos (Ro. 10:1) llevó al apóstol a predicar el evangelio en las sinagogas.

El versículo 15 sugiere la liturgia común para las sinagogas del siglo I. La reunión se abría con la recitación de la *shema* (Dt. 6:4ss), la profesión de fe judía. Tras más oraciones llegaba **la lectura de la ley y de los profetas.** Luego venía la enseñanza, por lo general basada en la lectura de las Escrituras de esa semana. Puesto que era costumbre invitar a destacados visitantes a que impartieran la enseñanza (y tanto más ya que Pablo era estudiante del famoso rabino Gamaliel), **los principales de la sinagoga mandaron a decirles: Varones hermanos, si tenéis alguna palabra de exhortación para el pueblo, hablad.**

El Espíritu Santo preparó soberanamente las circunstancias, abriendo la puerta de par en par a fin de que el apóstol proclamara el evangelio. **Entonces Pablo, levantándose, hecha señal de silencio con la mano** para captar la atención de la audiencia (cp. Hch. 12:17; 19:33; 21:40; 26:1), comenzó su mensaje. Los **varones israelitas** eran los judíos presentes, mientras que la frase **los que teméis a Dios** se refiere a gentiles prosélitos. Pablo les ordenó: **oíd,** porque lo que estaba a punto de decir contenía el mensaje más importante que alguna vez oirían.

Dos personajes principales dominaron el sermón de Pablo: Dios el Padre (vv. 17, 18, 19, 20, 21, 22, 23, 30, 33, 37) y el Señor Jesucristo. Aunque solo se le menciona por nombre en el versículo 23, la vida, muerte y resurrección de Jesús fue el tema principal.

El mensaje evangelístico de Pablo se compone de manera lógica en tres partes. Presenta a Jesús como culminación de la historia, cumplimiento de la profecía, y justificador de los pecadores.

JESÚS: CULMINACIÓN DE LA HISTORIA

El Dios de este pueblo de Israel escogió a nuestros padres, y enalteció al pueblo, siendo ellos extranjeros en tierra de Egipto, y con brazo levantado los sacó de ella. Y por un tiempo como de cuarenta años los soportó en el desierto; y habiendo destruido siete naciones en la tierra de Canaán, les dio en herencia su territorio. Después, como por cuatrocientos cincuenta años, les dio jueces hasta el profeta Samuel. Luego pidieron rey, y Dios les dio a Saúl hijo de Cis, varón de la tribu de Benjamín, por cuarenta años. Quitado éste, les levantó por rey a David, de quien dio también testimonio diciendo: He hallado a David hijo de Isaí, varón conforme a mi corazón, quien hará todo lo que yo quiero. (13:17-22)

Los hombres han lidiado por mucho tiempo con la pregunta de a dónde va la historia (si es que va a alguna parte). ¿Hay un propósito, meta o culminación de la historia? ¿O es simplemente una sucesión de amaneceres y atardeceres, una serie sin sentido de años que fluyen rápidamente hacia ninguna parte? ¿Es la historia, como enseñaban los filósofos estoicos de la época de Pablo y como enseñan las religiones orientales de hoy día, una serie interminable de ciclos?

El filósofo existencialista francés, Jean-Paul Sartre, expresa la desesperanza sombría de esta visión en su novela *La Náusea.* En ella, uno de sus personajes comenta: "Mientras vivas, nada ocurre. El escenario cambia, las personas vienen y van, eso es todo. No hay comienzos. Días se añaden a días sin ton ni son, una interminable y monótona adición" (Robert Denoon Cumming, ed., *The Philosophy of Jean-Paul Sartre* [La filosofía de Jean-Paul Sartre] [Nueva York: Random House, 1965], p. 58). Más adelante en la novela el escritor agrega: "Solo estaba pensando, le dije riendo, que aquí nos sentamos todos, a comer y beber para preservar nuestra valiosa existencia, y en realidad no hay nada, nada, absolutamente ninguna razón para existir" (citado en C. Stephen Evans, *Existentialism: The Philosophy of Despair and the Quest for Hope* [Existencialismo: La filosofía de la desesperación y la búsqueda de esperanza] [Grand Rapids: Zondervan, 1984], p. 47).

Ver la historia como algo sin propósito atrae a personas pecadoras, ya que les concede libertad para hacer lo que quieran sin ningún temor a rendir cuentas a un juez moral divino. Como uno de los protagonistas en la novela de Dostoievski, *Los hermanos Karamázov,* expresara: "si no hay Dios, entonces todo está permitido" (citado en Evans, *Existentialism* [Existencialismo], p. 17). No obstante, tal "libertad" es en realidad una abrumadora carga de desesperación y desesperanza. Quitar a Dios de la escena reduce a un hombre a "una configuración al azar de átomos en la estela de la irrelevante historia casual" (Francis A. Schaeffer, *Death in the City* [Muerte en la ciudad] [Downers Grove, Ill.: InterVarsity, 1972], p. 18).

Pero, a pesar de tal cinismo y desesperación, la historia *sí* va a alguna parte. Todo judío y gentil prosélito en la audiencia de Pablo sabía exactamente a dónde: a su culminación en el venidero reino del Mesías. La comunión del hombre con Dios, hecha añicos por la caída, sería restaurada cuando el Mesías viniera y liberara a los hombres de la esclavitud del pecado. La historia se resolvería, finalmente, en que los redimidos volverían a estar en total comunión con Dios y le darían gloria. La encarnación de Jesús y su muerte expiatoria, su Segunda Venida para establecer su reino milenial terrenal, y su gobierno eterno sobre cielos nuevos y tierra nueva son la culminación de la historia.

Pablo tenía la intención de presentar a Jesús como el ansiado Mesías. Pero siendo un comunicador habilidoso sabía que primero debía captar la atención de su audiencia. Así que comenzó abordando un tema apreciado por los corazones de sus compatriotas: el cuidado providencial de Dios por Israel.

La historia de ese cuidado empezó cuando **el Dios de este pueblo de Israel escogió a** los **padres** de ellos. **Dios** tiene el control total de la historia. De modo soberano **escogió a** los **padres** (Abraham, Isaac, Jacob, José) de la nación. Después de la era patriarcal, Él **enalteció al pueblo, siendo ellos extranjeros en tierra de Egipto.** Esa frase se refiere al propósito soberano de Dios efectuado con relación al aumento en cantidad e influencia de estos.

Finalmente "se levantó sobre Egipto un nuevo rey que no conocía a José" (Éx. 1:8). Por temor al poder de las cantidades crecientes de israelitas, los esclavizó y maltrató cruelmente. Sin embargo, Dios no olvidó a su pueblo, **y con brazo levantado los sacó de Egipto**. La frase **con brazo levantado,** denotando su poder (Sal. 89:10, 13, 21; 136:12; Is. 40:10; 51:9; 62:8; Jer. 21:5; 27:5; 32:17, 21; Ez. 20:33-34), se convirtió en la expresión común de la liberación de la esclavitud egipcia por parte de Dios a la nación (Éx. 6:6; Dt. 4:34; 5:15; 7:19; 9:29; 26:8; 2 R. 17:36; Sal. 44:3).

Después del Éxodo, Dios siguió cuidando a la nación, y **por un tiempo como de cuarenta años los soportó en el desierto.** La evidencia de los manuscritos está dividida por igual entre *etropophorāsen* (**los soportó**) y *etrophophorāsān* ("cuidó de ellos") (Bruce M. Metzger, *A Textual Commentary on the Greek New Testament* [Comentario textual del griego del Nuevo Testamento] [London: United Bible Societies, 1975], p. 405). Ambas declaraciones son ciertas. Dios cuidó a la nación durante los cuarenta años de vagar en el desierto (Dt. 1:31; 2:7; 8:2, 4; 29:5; Neh. 9:21) y **soportó** el pecado y la rebelión de ellos (Neh. 9:16-19; Sal. 95:7-11; Am. 5:25-26; He. 3:7-11, 17-18). Dios cuidó de su pueblo a pesar de la rebelión, soportándoles el pecado porque tenían un papel clave en el plan divino para la historia.

Después que el pueblo vagara cuarenta años en el desierto, Dios condujo a la tierra prometida a una nueva generación de Israel. **Y habiendo destruido siete naciones en la tierra de Canaán, les dio en herencia su territorio,** todo lo cual tardó como **cuatrocientos cincuenta años.** Deuteronomio 7:1 enumera las siete naciones que fueron destruidas. Tras esa destrucción, Dios **les dio en herencia su territorio.** Desde el cautiverio en Egipto hasta la distribución de la tierra, resaltó Pablo, pasaron **cuatrocientos cincuenta años:** cuatrocientos de cautiverio en Egipto, cuarenta de vagar por el desierto y, aproximadamente, diez desde el cruce del Jordán hasta la división de la tierra en Josué 14:1ss. A lo largo de todo ese período, Dios mostró su poder, su cuidado y su fidelidad hacia Israel.

Después de tomar posesión de la tierra, el pueblo de Israel siguió siendo infiel, pero Dios siguió siendo fiel. Cuando fueron oprimidos por sus enemigos, Él **les dio jueces** (libertadores) **hasta el profeta Samuel. Samuel** une el período de los jueces con el de los reyes. Él fue el último juez, y ungió al primer rey, Saúl. Samuel fue tanto juez como **profeta.**

Cayendo presa de su falta de confianza en Dios y de su deseo de ser como las otras naciones, los israelitas **pidieron rey.** En 1 Samuel 8:5, "le dijeron [a Samuel]: He aquí tú has envejecido, y tus hijos no andan en tus caminos; por tanto, constitúyenos ahora un rey que nos juzgue, como tienen todas las naciones". Aunque esa petición era un rechazo al Señor (v. 7), **Dios les dio a Saúl hijo de Cis, varón de la tribu de Benjamín, por cuarenta años.** El nombre judío de Pablo, Saulo, sin duda se lo dieron en honor al primer rey de Israel. E igual que Pablo (Ro. 11:1; Fil. 3:5), **Saúl** era un **varón de la tribu de Benjamín.** Sin embargo, ahí terminó la similitud, porque mientras Pablo era un siervo obediente de Dios, Saúl era orgulloso, obstinado y desobediente. Su rebeldía a las instrucciones explícitas de Dios lo llevaron a su remoción como rey (1 S. 15:1ss), aunque Dios compasivamente le permitió reinar **por cuarenta años.** Esa es la única afirmación directa de la longitud del reinado de Saúl en la Biblia y concuerda con la duración de su reinado dada por Josefo (David J. Williams, *New International Biblical Commentary: Acts* [Nuevo comentario bíblico internacional: Hechos] [Peabody, Mass: Hendrickson, 1990], pp. 232-33). El texto hebreo de 1 Samuel 13:1 RVC omite la cantidad para la edad de Saúl al principio de su reinado. Según la NVI, su edad era "treinta" y, al final del versículo, declara que el reinado de Saúl "duró cuarenta y dos años". Sin embargo, esa es pura conjetura y contradice las explícitas palabras de Pablo aquí. Según Gleason Archer, la traducción de la RVR60 de 1 Samuel 13:1-2 es la correcta: "Cuando hubo reinado dos años sobre Israel, escogió luego a tres mil hombres de Israel" (*Encyclopedia of Bible Difficulties* [Enciclopedia de dificultades bíblicas] [Grand Rapids: Zondervan, 1982], pp. 171-172).

Después que Dios quitara a Saúl de la monarquía, **les levantó por rey a David.** En agudo contraste con Saúl, David era obediente; tanto era así que Dios **dio también testimonio diciendo: He hallado a David hijo de Isaí, varón conforme a mi corazón, quien hará todo lo que yo quiero.** Algunos podrían cuestionar la designación de David como un **varón conforme** al **corazón** de Dios. Después de todo, fue culpable de cobardía (1 S. 21:10—22:1), adulterio (2 S. 11:1-4) y asesinato (2 S. 12:9). Sin embargo, un varón conforme al corazón de Dios no es un hombre perfecto. Es uno que ve su pecado por lo que es y se arrepiente de él. Eso hizo David (Sal. 32, 38, 51); el castigo divino tuvo una obra perfeccionadora. A David se le puede llamar, con justicia, un hombre conforme al corazón de Dios porque (a diferencia de Saúl) su mayor deseo vino de encarnar la voluntad de Dios. Fue de su línea que vino el Mesías.

JESÚS: CUMPLIMIENTO DE LA PROFECÍA

De la descendencia de éste, y conforme a la promesa, Dios levantó a Jesús por Salvador a Israel. Antes de su venida, predicó Juan el bautismo de arrepentimiento a todo el pueblo de Israel. Mas cuando Juan terminaba su carrera, dijo: ¿Quién pensáis que soy? No soy yo él; mas he aquí viene tras mí uno de quien no soy digno de desatar el calzado de los pies. Varones hermanos, hijos del linaje de Abraham, y los que entre vosotros teméis a Dios, a vosotros es enviada la palabra de esta salvación. Porque los habitantes de Jerusalén y sus gobernantes, no conociendo a Jesús, ni las palabras de los profetas que se leen todos los días de reposo, las cumplieron al condenarle. Y sin hallar en él causa digna de muerte, pidieron a Pilato que se le matase. Y habiendo cumplido todas las cosas que de él estaban escritas, quitándolo del madero, lo pusieron en el sepulcro. Mas Dios le levantó de los muertos. Y él se apareció durante muchos días a los que habían subido juntamente con él de Galilea a

Jerusalén, los cuales ahora son sus testigos ante el pueblo. Y nosotros también os anunciamos el evangelio de aquella promesa hecha a nuestros padres, la cual Dios ha cumplido a los hijos de ellos, a nosotros, resucitando a Jesús; como está escrito también en el salmo segundo: Mi hijo eres tú, yo te he engendrado hoy. Y en cuanto a que le levantó de los muertos para nunca más volver a corrupción, lo dijo así: Os daré las misericordias fieles de David. Por eso dice también en otro salmo: No permitirás que tu Santo vea corrupción. Porque a la verdad David, habiendo servido a su propia generación según la voluntad de Dios, durmió, y fue reunido con sus padres, y vio corrupción. Mas aquel a quien Dios levantó, no vio corrupción. (13:23-37)

No solamente la historia del Antiguo Testamento señala a Jesucristo, sino que también lo hace así la profecía del Antiguo Testamento (Ap. 19:10). Él fue la simiente de la mujer que hirió la cabeza de la serpiente (Gn. 3:15). Fue el Hijo nacido de una virgen cuyo nombre era "Dios con nosotros" (Is. 7:14). Él fue el Admirable Consejero, el Dios Fuerte de Isaías 9:6. Miqueas 5:2 predijo que el Mesías nacería en Belén, y allí nació Jesús (Mt. 2:1). El Mesías debía ser descendiente de Abraham (Gn. 12:2-3), Jacob (Nm. 24:17), e Isaí (Is. 11:1), y Jesús lo fue (Mt. 1:1; Gá. 3:16; Lc. 3:32). Debía ser descendiente de David (Jer. 23:5; 2 S. 7), y Jesús lo fue (Mt. 1:1). Salmos 110:4 predijo que el Mesías sería un sacerdote según el orden de Melquisedec, y Jesús lo fue (He. 6:20). Siglos antes de que Jesús entrara en Jerusalén sobre un asno, Zacarías 9:9 predijo que el Mesías haría precisamente eso. Salmos 41:9 predijo la traición de Judas, y Zacarías 11:12 la cantidad exacta de dinero que el traidor recibiría por hacer eso. El cumplimiento de esas profecías y docenas más proveen abrumadora prueba de que Jesús de Nazaret era de verdad el Mesías profetizado y anhelado.

El versículo 23 une los dos primeros puntos de Pablo. Históricamente, Jesús era **de la descendencia de** David. Proféticamente, Él era aquel que, **conforme a la promesa, Dios** lo **levantó por Salvador a Israel.** Jesús era el cumplimiento de las profecías del Antiguo Testamento del Mesías venidero. En Él se llevó a cabo la **promesa** de Dios en el Antiguo Testamento.

La primera profecía que Pablo mencionó fue la del precursor del Mesías. Isaías 40:3-5 describe su ministerio:

> *Voz que clama en el desierto: Preparad camino a Jehová; enderezad calzada en la soledad a nuestro Dios. Todo valle sea alzado, y bájese todo monte y collado; y lo torcido se enderece, y lo áspero se allane. Y se manifestará la gloria de Jehová, y toda carne juntamente la verá; porque la boca de Jehová ha hablado.*

En Malaquías 3:1 Dios dijo de él: "He aquí, yo envío mi mensajero, el cual preparará el camino delante de mí". Esas profecías se cumplieron en **Juan** el Bautista, quien **predicó el bautismo de arrepentimiento a todo el pueblo de Israel.** El **bautismo** de Juan no era, por supuesto, el bautismo cristiano, el cual todavía no se había instituido. Era una limpieza ceremonial judía que simbolizaba el verdadero y sincero **arrepentimiento.** Juan invocó **a todo el pueblo de Israel** a arrepentirse y preparar sus corazones para la venida del Mesías. El arrepentimiento siempre ha sido un elemento necesario de la salvación.

Juan no era el Mesías, porque cuando terminaba su carrera, dijo: ¿Quién pensáis que soy? No soy yo él; mas he aquí viene tras mí uno de quien no soy digno de desatar el calzado de los pies. Su extraordinaria humildad, aunque era el hombre más grande que había vivido hasta este momento (Mt. 11:11), lo mantuvo lejos de tales pretensiones. Al ser confrontado por las autoridades judías, Juan claramente se diferenció del Mesías que aún no se había revelado:

> *Este es el testimonio de Juan, cuando los judíos enviaron de Jerusalén sacerdotes y levitas para que le preguntasen: ¿Tú, quién eres? Confesó, y no negó, sino confesó: Yo no soy el Cristo. Y le preguntaron: ¿Qué pues? ¿Eres tú Elías? Dijo: No soy. ¿Eres tú el profeta? Y respondió: No. Le dijeron: ¿Pues quién eres? para que demos respuesta a los que nos enviaron. ¿Qué dices de ti mismo? Dijo: Yo soy la voz de uno que clama en el desierto: Enderezad el camino del Señor, como dijo el profeta Isaías (Jn. 1:19-23).*

Juan ni siquiera se consideró **digno de desatar el calzado de los pies** del Mesías, la tarea del más bajo de los esclavos.

El ministerio de Juan era conocido por los oyentes de Pablo, ya que había tenido seguidores en Asia Menor (Hch. 19:1-3). Todos en la audiencia debieron haber sabido de la identificación de Juan con Jesús de Nazaret como el Mesías (Jn. 1:29, 36).

Pablo había llegado a un punto importante en su sermón, e hizo una pausa para resaltarlo. Volviendo a dirigirse a los dos grupos en la audiencia como **varones hermanos, hijos del linaje de Abraham, y los que entre vosotros teméis a Dios,** Pablo les declaró: **A vosotros es enviada la palabra de esta salvación** anunciada por Juan. Esta fue proclamada y por tanto estaba disponible "a todo aquel que cree; al judío primeramente, y también al griego" (Ro. 1:16).

Ahora Pablo anticipó y contestó dos preguntas que podrían haber surgido en las mentes de sus oyentes, una técnica que empleó con frecuencia en sus escritos (Ro. 3:3, 7-9, 21; 6:1, 15; 7:7, 13; 9:14; 11:1, 11; 1 Co. 15:35; Gá 3:21).

La primera pregunta fue aquella con la que el pueblo judío ha luchado desde los tiempos apostólicos hasta ahora: si Jesús es el Mesías, ¿por qué los líderes judíos no lo reconocieron como tal? Pablo dio la misma respuesta de Esteban: a causa de sus corazones endurecidos y ensombrecidos por el pecado. Explicó que **los habitantes de Jerusalén y sus gobernantes, no conociendo a Jesús, ni**

las palabras de los profetas que se leen todos los días de reposo, las cumplieron al condenarle. Los supuestos expertos en el Antiguo Testamento (escribas, fariseos, saduceos y sacerdotes) fracasaron por completo en entender la enseñanza de las Escrituras (cp. Mt. 22:29; Jn. 5:39). De haberlo hecho, habrían reconocido a Jesús como el Mesías. Aquellos que son ignorantes de la Palabra escrita inevitablemente serán ignorantes de la Palabra viva. La ignorancia se había vuelto una forma de vida para ellos, así que sustituyeron la verdad con ritualismo. Irónicamente, **cumplieron** entonces las mismas profecías de las Escrituras que no entendían **al condenar** a Jesús.

Pablo contestó después una segunda pregunta que surgiría: si el Mesías fue rechazado, ¿anula eso el plan de Dios? Lejos de ello, respondió Pablo. Isaías 53:3 predijo que el Mesías sería "despreciado y desechado entre los hombres". Odiaron a Jesús sin motivo, tanto que **sin hallar en él causa digna de muerte, pidieron a Pilato que se le matase.** Por tanto, ellos involuntariamente cumplieron Salmos 69:4: "Se han aumentado más que los cabellos de mi cabeza los que me aborrecen sin causa" (cp. Jn. 15:25).

Incluso el horrible crimen de la crucifixión cumplió la profecía. Pablo declara en el versículo 29 que **habiendo cumplido todas las cosas que de él estaban escritas, quitándolo del madero, lo pusieron en el sepulcro.** Entre las profecías cumplidas en la cruz estaban que el Mesías sería objeto de oprobio, ante quien menearían la cabeza (Sal. 109:25; cp. Mt. 27:39); que las multitudes en el sitio de la crucifixión lo mirarían y lo observarían (Sal. 22:17; cp. Lc. 23:35); y que sus verdugos se dividirían entre ellos la ropa echando suertes (Sal. 22:18; cp. Jn. 19:23-24). Salmos 69:21 predijo que le darían hiel y vinagre para su sed, y Mateo 27:34 registra el cumplimiento de esa predicción. El lamento de Jesús en la cruz: "Dios mío, Dios mío, ¿por qué me has desamparado?" (Mt. 27:46) fue el cumplimiento de Salmos 22:1, y sus palabras "Padre, en tus manos encomiendo mi espíritu" (Lc. 23:46) fueron profetizadas en Salmos 31:5. Los verdugos de Jesús no le rompieron ninguno de sus huesos (Jn. 19:33), así como Salmos 34:20 predijo que sucedería. Zacarías 12:10 predijo la perforación de su costado con una lanza, registrada en Juan 19:34.

Aparte de esas profecías, es asombroso el mismo hecho de que el Antiguo Testamento predijera que el Mesías sería *crucificado.* La crucifixión no era una forma judía de ejecución y, ni siquiera se conocía en tiempos del Antiguo Testamento. Sin embargo, Salmos 22 y Números 21 describen tal muerte (cp. Jn. 3:14).

La sepultura de Cristo también cumplió la profecía. A las víctimas de crucifixión comúnmente las lanzaban a tumbas masivas, ya que tal muerte era reservada normalmente para las clases más bajas de delincuentes. Sin embargo, después de la muerte de Jesús, **lo pusieron en el sepulcro.** Ese detalle al parecer insignificante fue el cumplimiento de Isaías 53:9, que declara: "Se dispuso con los impíos su sepultura, mas con los ricos fue en su muerte".

En el versículo 30 Pablo llega a la verdad culminante de su sermón cuando hace sonar la nota clave de la predicación apostólica declarando que **Dios levantó** a Jesús **de los muertos** (cp. Hch. 2:24, 32; 3:15; 4:10; 5:30; 10:40). De todas las pruebas en cuanto a que Jesús es el Mesías, esa es la más grandiosa. Como más tarde Pablo iría a escribir en Romanos 1:4, Jesús "fue declarado Hijo de Dios con poder, según el Espíritu de santidad, por la resurrección de entre los muertos".

Como evidencia para la resurrección, Pablo citó el hecho de que **él se apareció durante muchos días a los que habían subido juntamente con él de Galilea a Jerusalén, los cuales ahora son sus testigos ante el pueblo.** Hubo más de quinientos de esos testigos (1 Co. 15:6), entre ellos el mismo Pablo (1 Co. 15:8). Tampoco hay ninguna explicación creíble para los acontecimientos de la primera mañana de Pascua que no sea que Jesús resucitó de entre los muertos. (Para más información y refutación de las varias teorías alternativas, véanse *Matthew 24–28*, MacArthur New Testament Commentary [Comentario MacArthur del Nuevo Testamento: Mateo 24—28] [Chicago: Moody, 1989], pp. 317ss; Josh McDowell, *Evidence That Demands a Verdict* [Evidencia que exige un veredicto] [San Bernardino, Calif.: Here's Life, 1986], 1:232ss; Frank Morison, *Who Moved the Stone?* [¿Quién movió la piedra?] [Grand Rapids: Zondervan, 1958], pp. 88ss; George Eldon Ladd, *I Believe in the Resurrection of Jesus* [Creo en la resurrección de Jesús] [Grand Rapids: Eerdmans, 1976], pp. 132ss).

Pablo concluye esta sección sobre la resurrección mostrando que **el evangelio de aquella promesa hecha a nuestros padres, Dios** la **ha cumplido.** En los versículos 33-37 enumera tres de esas promesas.

La primera la cumplió Dios **resucitando a Jesús; como está escrito también en el salmo segundo: Mi hijo eres tú, yo te he engendrado hoy.** Salmos 2:7, citado aquí por Pablo, predice no solamente la encarnación de Cristo sino también su resurrección. La resurrección magnificó y glorificó la condición de Hijo por parte de Cristo.

Una segunda promesa, de Isaías 55:3, se hizo realidad cuando Dios **levantó** a Jesús **de los muertos para nunca más volver a corrupción,** y **lo dijo así: Os daré las misericordias fieles de David.** Un Mesías muerto no podía haber sido el canal para **las misericordias fieles** que Dios prometió a David y su posteridad.

La última y más grandiosa promesa viene de **otro salmo,** Salmos 16. David escribe en el versículo 10: **No permitirás que tu Santo vea corrupción.** Que David tenía en mente al Mesías, y no a sí mismo, es obvio, **porque a la verdad David, habiendo servido a su propia generación según la voluntad de Dios, durmió, y fue reunido con sus padres, y vio corrupción.** Que el cuerpo de David permaneció en su tumba después de su muerte también es obvio, ya que nadie creía que hubiera resucitado. Sin embargo, en agudo contraste con David, **aquel a quien Dios levantó, no vio corrupción.**

Todas esas promesas, e innumerables otras, requerían la resurrección de Jesús para su cumplimiento. Un Mesías muerto no cumple nada. Por tanto, esas promesas son también pruebas poderosas del Antiguo Testamento de que Jesús es el Mesías.

JESÚS: JUSTIFICADOR DE LOS PECADORES

Sabed, pues, esto, varones hermanos: que por medio de él se os anuncia perdón de pecados, y que de todo aquello de que por la ley de Moisés no pudisteis ser justificados, en él es justificado todo aquel que cree. Mirad, pues, que no venga sobre vosotros lo que está dicho en los profetas: Mirad, oh menospreciadores, y asombraos, y desapareced; porque yo hago una obra en vuestros días, obra que no creeréis, si alguien os la contare. (13:38-41)

El pueblo judío estaba profundamente consciente de los estragos y las consecuencias del pecado. A lo largo de su existencia los israelitas se habían aferrado al pecado individual y nacional. Todo el pueblo podía repetir los lastimeros gritos de David pidiendo por perdón, que fueron expresados en los salmos penitenciales (32, 38, 51). Salomón resumió brevemente su dilema cuando declaró: "No hay hombre que no peque" (1 R. 8:46).

El problema crítico para el pueblo judío era qué hacer respecto al pecado. El antiguo libro de Job expresó: "¿Y cómo se justificará el hombre con Dios?... ¿Cómo, pues, se justificará el hombre para con Dios? ¿Y cómo será limpio el que nace de mujer?" (Job 9:2; 25:4). La respuesta más común, a la que por sobre todo se ceñían los fariseos, era rígida conformidad externa a la ley. Pero tal legalismo, al ser simple esfuerzo humano, era impotente para refrenar las tendencias pecaminosas de la naturaleza caída del hombre. Además imponía una abrumadora carga que nadie era capaz de llevar (Mt. 23:2-4; Lc. 11:46; Hch. 15:10), puesto que "maldito todo aquel que no permaneciere en todas las cosas escritas en el libro de la ley, para hacerlas" (Gá. 3:10).

A quienes se esforzaban en vano para obtener su salvación por medio de guardar la ley, Pablo declaró dramáticamente la verdad más gloriosa y liberadora imaginable: **que por medio de** Jesús **se os anuncia perdón de pecados, y que de todo aquello de que por la ley de Moisés no pudisteis ser justificados, en él es justificado todo aquel que cree.** La muerte expiatoria de Jesús el Mesías satisfizo plenamente las demandas de la ley de Dios (Gá. 3:13), haciendo el **perdón de pecados** disponible para **todo aquel que cree.** Ese perdón es **de todo**, es decir, trae indulgencia completa para todos los pecados (Col. 2:13-14). Qué asombroso que el mismo pecado de matar al Mesías proporcionara el sacrificio por todo pecado y el sendero hacia la gloria a través del perdón total de los pecados de todo aquel que se arrepiente y cree.

Como ex fariseo, Pablo sabía muy bien que guardar la ley no liberaba a nadie de sus pecados. A los romanos les escribió que "el hombre es justificado por fe sin las obras de la ley" (Ro. 3:28; cp. 1 Co. 1:30; Gá. 2:16; 3:11; Fil. 3:9). El perdón ofrecido en Cristo libera a los pecadores de **todo aquello de que por la ley de Moisés no** pudieron **ser justificados.** Pablo afirma en Romanos 3:20-22:

> *Ya que por las obras de la ley ningún ser humano será justificado delante de él; porque por medio de la ley es el conocimiento del pecado. Pero ahora, aparte de la ley, se ha manifestado la justicia de Dios, testificada por la ley y por los profetas; la justicia de Dios por medio de la fe en Jesucristo, para todos los que creen en él. Porque no hay diferencia.*

Pablo concluyó su sermón con una advertencia en contra de rechazar la salvación en Jesucristo. Solemnemente advirtió a sus oyentes: **Mirad, pues, que no venga sobre vosotros lo que está dicho en los profetas,** concretamente juicio sobre pecadores impenitentes e incrédulos. El Antiguo Testamento advirtió contra rechazar al Mesías (cp. Sal. 2:12). Pablo concluyó su sermón citando uno de tantos pasajes de juicio, Habacuc 1:5: **Mirad, oh menospreciadores, y asombraos, y desapareced; porque yo hago una obra en vuestros días, obra que no creeréis, si alguien os la contare.** Esas palabras fueron expresadas acerca del juicio que estaba viniendo sobre Judá. Dios iba a usar a los malvados caldeos como su instrumento para traer juicio severo sobre la malvada Judá. Pablo lo usó para ilustrar la destrucción que el Antiguo Testamento promete a los pecadores que no se arrepienten ni se someten al Señor.

La alternativa con que Pablo dejó a su audiencia es la que toda persona enfrenta. Aceptar la salvación ofrecida en Jesucristo produce perdón de pecado y felicidad eterna. Rechazarla trae juicio y condenación eterna. La gracia y el amor de Dios no cancelan su justicia ni su odio santo por el pecado. Las sobrias palabras del escritor de Hebreos se destacan en todo momento como una advertencia para quienes rechazan el evangelio:

> *Por tanto, es necesario que con más diligencia atendamos a las cosas que hemos oído, no sea que nos deslicemos. Porque si la palabra dicha por medio de los ángeles fue firme, y toda transgresión y desobediencia recibió justa retribución, ¿cómo escaparemos nosotros, si descuidamos una salvación tan grande? (He. 2:1-3).*

El evangelio inquietante **28**

Cuando salieron ellos de la sinagoga de los judíos, los gentiles les rogaron que el siguiente día de reposo les hablasen de estas cosas. Y despedida la congregación, muchos de los judíos y de los prosélitos piadosos siguieron a Pablo y a Bernabé, quienes hablándoles, les persuadían a que perseverasen en la gracia de Dios. El siguiente día de reposo se juntó casi toda la ciudad para oír la palabra de Dios. Pero viendo los judíos la muchedumbre, se llenaron de celos, y rebatían lo que Pablo decía, contradiciendo y blasfemando. Entonces Pablo y Bernabé, hablando con denuedo, dijeron: A vosotros a la verdad era necesario que se os hablase primero la palabra de Dios; mas puesto que la desecháis, y no os juzgáis dignos de la vida eterna, he aquí, nos volvemos a los gentiles. Porque así nos ha mandado el Señor, diciendo: Te he puesto para luz de los gentiles, a fin de que seas para salvación hasta lo último de la tierra. Los gentiles, oyendo esto, se regocijaban y glorificaban la palabra del Señor, y creyeron todos los que estaban ordenados para vida eterna. Y la palabra del Señor se difundía por toda aquella provincia. Pero los judíos instigaron a mujeres piadosas y distinguidas, y a los principales de la ciudad, y levantaron persecución contra Pablo y Bernabé, y los expulsaron de sus límites. Ellos entonces, sacudiendo contra ellos el polvo de sus pies, llegaron a Iconio. Y los discípulos estaban llenos de gozo y del Espíritu Santo. (13:42-52)

En Romanos 1:16 Pablo describe el evangelio como "poder de Dios para salvación". La palabra griega traducida "poder" es *dunamis*, de la que se deriva la palabra "dinamita". Se refiere a la transformación positivamente dramática de aquellos que creen. Cuando el evangelio se predica con poder y convicción, los resultados también pueden ser negativamente explosivos. Porque el evangelio confronta primero a los pecadores con la ley y el juicio, luego la gracia de Dios en Cristo. Tal confrontación y exposición de culpa, vergüenza y condenación, junto con la oferta de salvación por gracia, exige una respuesta; a menudo esto obliga a los individuos a un rechazo más bien apasionado. Los expone como los pecadores impotentes que son y los despoja de sus pretensiones y aspiraciones de justicia propia. Y ese despojo, con frecuencia, enoja a quienes rechazan el mensaje.

Este ha sido el caso desde el primer predicador del Nuevo Testamento en adelante. La predicación de Juan el Bautista despertó la oposición de las autoridades judías a un nivel tal que le enviaron representantes exigiéndole saber quién era él (Jn. 1:19-22) y, por implicación, qué derecho tenía de predicar tan confrontador llamado al arrepentimiento.

El Señor Jesucristo fue el predicador más inquietante que jamás hubo. Su vida y su mensaje enfurecieron tanto a las autoridades judías descalificadoras que finalmente exigieron su muerte. Él mismo estableció la disensión del evangelio en Mateo 10:34-36:

> *No penséis que he venido para traer paz a la tierra; no he venido para traer paz, sino espada. Porque he venido para poner en disensión al hombre contra su padre, a la hija contra su madre, y a la nuera contra su suegra; y los enemigos del hombre serán los de su casa.*

Los apóstoles también predicaron un mensaje divisorio que condujo a la hostilidad. Los sermones de Pedro en Jerusalén pusieron a la ciudad en un revuelo que resultó en la persecución de los apóstoles. El sermón de Esteban causó tal agitación que no solo fue apedreado hasta la muerte sino que también inició la persecución contra la iglesia como un todo. De principio a fin en Hechos, el evangelio siguió causando divisiones dondequiera que se predicaba, según demuestra la narración de conflictos hasta el final del libro.

Conflicto ocurrirá a menudo cuando el verdadero evangelio se predique hoy día. Este no une a todo el mundo, ni es una opinión generalmente tolerable que los incrédulos puedan tomar o dejar. En lugar de eso divide a las personas, separando al penitente del duro de corazón, al salvo del perdido, al justo del reprobado, a quienes aman la verdad del evangelio de aquellos que la rechazan.

La mayor parte de oposición al evangelio en los primeros años vino del pueblo judío, un trágico resultado de su rechazo del Mesías, Jesucristo (Jn. 1:11). En Jerusalén, la persecución vino por parte de los líderes judíos (Hch. 4, 5, 7). En Samaria, la oposición vino por Simón el mago, quien tal vez era judío total o parcialmente. Pablo enfrentó amarga oposición por parte de los judíos en Damasco (Hch. 9:20-23). En Hechos 12, Herodes, tratando de agradar a los líderes judíos, asesinó a Santiago y encarceló a Pedro. En la primera parada de su actual viaje, Pablo y Bernabé enfrentaron al falso profeta judío Barjesús (Hch. 13:6-8). Hechos 14:2 registra: "Los judíos que no creían excitaron y corrompieron los ánimos de los gentiles contra los hermanos". El versículo 19 de ese mismo capítulo describe cómo "unos judíos de Antioquía y de Iconio, que persuadieron a la multitud, y habiendo apedreado a Pablo, le arrastraron fuera de la ciudad, pensando que estaba muerto". Similar oposición aparece en Hechos 17:5, 13; 18:6; 19:9; 20:3; 21:27ss; 23:12ss. Que la mismísima esperanza de Israel, esperada por tanto tiempo, no despertara su fe y su amor, sino su ira, es la más grande tragedia de la historia redentora.

Hechos 13:42-52 ubica a Pablo y Bernabé en Antioquía de Pisidia. Aquí también el evangelio probaría ser divisorio. Como una roca gigantesca lanzada dentro de una pequeña laguna, agitó la tranquila superficie entre los varios grupos étnicos de la ciudad. El pasaje describe las diferentes reacciones al sermón que Pablo acababa de predicar (13:16-41). La reacción inicial pareció positiva; la subsiguiente respuesta fue variada.

REACCIÓN INICIAL

Cuando salieron ellos de la sinagoga de los judíos, los gentiles les rogaron que el siguiente día de reposo les hablasen de estas cosas. Y despedida la congregación, muchos de los judíos y de los prosélitos piadosos siguieron a Pablo y a Bernabé, quienes hablándoles, les persuadían a que perseverasen en la gracia de Dios. El siguiente día de reposo se juntó casi toda la ciudad para oír la palabra de Dios. (13:42-44)

La respuesta preliminar al sermón de Pablo por parte de la audiencia de la sinagoga fue favorable, aunque esa actitud cambiaría pronto. Resaltan cuatro características de la respuesta inicial positiva.

MANIFESTARON SU SATISFACCIÓN

Cuando salieron ellos de la sinagoga de los judíos, los gentiles les rogaron que el siguiente día de reposo les hablasen de estas cosas. (13:42)

Intrigados por lo que habían oído, **cuando** Pablo y Bernabé **salieron de la sinagoga de los judíos, los gentiles les rogaron que el siguiente día de reposo les hablasen de estas cosas.** La dinámica y poderosa predicación de Pablo acerca del Mesías les había despertado el interés, y quisieron saber más. Su mensaje estuvo impregnado del Antiguo Testamento. Pablo había hablado de la elección soberana de Dios y del cuidado por Israel. Se había referido al más grandioso rey de Israel, David, y a los profetas. No había nada objetable en el mensaje de Pablo, excepto que nombró a Jesús de Nazaret como el Mesías. Si no se convencieron de esa verdad, los habitantes de Antioquía al menos no manifestaron la violenta oposición que proliferó en Jerusalén.

La habilidad de despertar interés en las personas es la característica de un buen predicador. En Hechos 17, Pablo vuelve a mostrar esa habilidad:

> *Inmediatamente, los hermanos enviaron de noche a Pablo y a Silas hasta Berea. Y ellos, habiendo llegado, entraron en la sinagoga de los judíos. Y éstos eran más nobles que los que estaban en Tesalónica, pues recibieron la palabra con toda*

solicitud, escudriñando cada día las Escrituras para ver si estas cosas eran así (vv. 10-11).

La persuasiva predicación de Pablo llevó a los bereanos al Antiguo Testamento para verificar por sí mismos que lo que el apóstol predicaba era cierto. El discurso de Pablo en el Areópago a los atenienses paganos les agitó tanto el interés que algunos le dijeron: "Ya te oiremos acerca de esto otra vez" (Hch. 17:32).

Que un predicador fascine tanto a sus oyentes de modo que exijan volver a oírlo es un testimonio de la eficacia de su predicación. Sin embargo, que ellos retrasen una conclusión acerca de Jesucristo es peligroso. Pablo escribió a los corintios: "Porque dice: En tiempo aceptable te he oído, y en día de salvación te he socorrido. He aquí ahora el tiempo aceptable; he aquí ahora el día de salvación" (2 Co. 6:2). El escritor de Hebreos, haciéndose eco del salmista, escribió: "Por lo cual, como dice el Espíritu Santo: Si oyereis hoy su voz, no endurezcáis vuestros corazones, como en la provocación, en el día de la tentación en el desierto" (He. 3:7-8; cp. Sal. 95:7-11).

FUERON PERSISTENTES

Y despedida la congregación, muchos de los judíos y de los prosélitos piadosos siguieron a Pablo y a Bernabé, (13:43*a*)

Algunos en la audiencia estaban tan afectados por el mensaje de Pablo que no pudieron esperar hasta el siguiente día de reposo para oír más. Por tanto, **despedida la congregación, muchos de** ellos, tanto **judíos** como **prosélitos piadosos** (convertidos por completo al judaísmo y que habían sido circuncidados) **siguieron a Pablo y a Bernabé** fuera de la sinagoga. Mantuvieron un diálogo fluido con los misioneros a través de las calles de Antioquía. Su apertura al mensaje y sus deseos de más conocimiento respecto a este, fueron señales alentadoras.

ESTABAN PROFESANDO

[Pablo y Bernabé] **hablándoles, les persuadían a que perseverasen en la gracia de Dios.** (13:43*b*)

Algunos en la multitud que oyeron el sermón de Pablo al parecer profesaron creer. Cuando continuaron **hablándoles,** Pablo y Bernabé **les persuadían a que perseverasen en la gracia de Dios.** Si la fe de esos oyentes fue verdadera no se hizo evidente al instante; debían validar su confesión continuando **en la gracia de Dios.** La perseverancia es una señal de la fe salvadora. El apóstol Juan describe a aquellos cuya fe no era verdadera como que "salieron de nosotros, pero no eran de nosotros; porque si hubiesen sido de nosotros, habrían permanecido con nosotros; pero salieron para que se manifestase que no todos son de nosotros" (1 Jn. 2:19). Nuestro Señor también resaltó la perseverancia como la señal de la verdadera fe salvadora: "Dijo entonces Jesús a los judíos que habían creído en él: Si vosotros permaneciereis en mi palabra, seréis verdaderamente mis discípulos" (Jn. 8:31). Esta es la señal de las verdaderas ramas que moran en la Vid:

> *Yo soy la vid verdadera, y mi Padre es el labrador. Todo pámpano que en mí no lleva fruto, lo quitará; y todo aquel que lleva fruto, lo limpiará, para que lleve más fruto. Ya vosotros estáis limpios por la palabra que os he hablado. Permaneced en mí, y yo en vosotros. Como el pámpano no puede llevar fruto por sí mismo, si no permanece en la vid, así tampoco vosotros, si no permanecéis en mí. Yo soy la vid, vosotros los pámpanos; el que permanece en mí, y yo en él, éste lleva mucho fruto; porque separados de mí nada podéis hacer. El que en mí no permanece, será echado fuera como pámpano, y se secará; y los recogen, y los echan en el fuego, y arden (Jn. 15:1-6).*

Compárese también Colosenses 1:21-23:

> *Y a vosotros también, que erais en otro tiempo extraños y enemigos en vuestra mente, haciendo malas obras, ahora os ha reconciliado en su cuerpo de carne, por medio de la muerte, para presentaros santos y sin mancha e irreprensibles delante de él; si en verdad permanecéis fundados y firmes en la fe, y sin moveros de la esperanza del evangelio que habéis oído, el cual se predica en toda la creación que está debajo del cielo; del cual yo Pablo fui hecho ministro.*

La clave es la frase "si en verdad permanecéis". El escritor de Hebreos menciona lo mismo: "Porque somos hechos participantes de Cristo, con tal que retengamos firme hasta el fin nuestra confianza del principio" (He. 3:14).

Un defecto trágico en gran parte de la evangelización contemporánea es la dependencia en la garantía silogística. A una persona que hace profesión de fe en Jesucristo se le presenta el siguiente silogismo, diseñado para proveer seguridad de salvación: "Quienes ponen su fe en Jesucristo serán salvos. Usted ha puesto su fe en Él. Por consiguiente, usted es salvo". Por desgracia, la segunda premisa presupone que la fe del individuo es verdadera, lo cual no se puede probar en ese momento sino que puede probarse por la perseverancia del individuo.

El resultado de tan defectuosa metodología de evangelización es que a muchos que no tienen fe verdadera se les ofrece una falsa seguridad psicológica.

La verdadera seguridad bíblica es un don de Dios a través del Espíritu Santo a creyentes obedientes. (Para más información sobre la doctrina de la seguridad, véanse John MacArthur, *Saved Without a Doubt* [Salvo sin duda alguna] [Wheaton, Ill.: Victor, 1992]; Thomas Brooks, *Heaven on Earth* [El cielo en la tierra] [reimpresión; Edinburgh: Banner of Truth], 1982.)

Una tentación especial enfrentada por los oyentes judíos de Pablo y Bernabé fue volver a caer en el legalismo. Muchos que intelectualmente estaban convencidos de que el evangelio era cierto no llegaron a la fe salvadora, porque no pudieron abandonar su sistema tradicional de justicia por obras. Enfrentaron y sucumbieron a presiones sociales y culturales, y sostuvieron el legalismo y el ritualismo, retirándose finalmente del mensaje de gracia.

El libro de Hebreos contiene varios pasajes de advertencia dirigidos a personas en esa peligrosa posición. Se resumen en el capítulo 10: "Mas el justo vivirá por fe; y si retrocediere, no agradará a mi alma. Pero nosotros no somos de los que retroceden para perdición, sino de los que tienen fe para preservación del alma" (vv. 38-39).

Pablo dirigió la siguiente advertencia a aquellos gálatas que intentaban ser justificados por medio de la ley: "De Cristo os desligasteis, los que por la ley os justificáis; de la gracia habéis caído" (Gá. 5:4). Guardar la ley y la fe en Jesucristo son formas mutuamente excluyentes de buscar salvación. A los romanos les escribió: "Y si por gracia, ya no es por obras; de otra manera la gracia ya no es gracia. Y si por obras, ya no es gracia; de otra manera la obra ya no es obra" (Ro. 11:6). Quienes buscan salvación por medio de obras de justicia pierden el derecho a la gracia de Dios y a Jesucristo, y están condenados eternamente.

ESTABAN PRESENTES

El siguiente día de reposo se juntó casi toda la ciudad para oír la palabra de Dios. (13:44)

El interés mostrado por los oyentes de Pablo era algo constante. Ellos no eran como muchos que tan solo momentáneamente profesan interés en el evangelio. **El siguiente día de reposo** regresaron, esperando ansiosamente el mensaje de Pablo. Y debido al contagioso entusiasmo que expresaban, **se juntó casi toda la ciudad para oír la palabra de Dios** proclamada por Pablo y Bernabé.

RESPUESTA POSTERIOR

Pero viendo los judíos la muchedumbre, se llenaron de celos, y rebatían lo que Pablo decía, contradiciendo y blasfemando. Entonces Pablo y Bernabé, hablando con denuedo, dijeron: A vosotros a la verdad era necesario que se

os hablase primero la palabra de Dios; mas puesto que la desecháis, y no os juzgáis dignos de la vida eterna, he aquí, nos volvemos a los gentiles. Porque así nos ha mandado el Señor, diciendo: Te he puesto para luz de los gentiles, a fin de que seas para salvación hasta lo último de la tierra. Los gentiles, oyendo esto, se regocijaban y glorificaban la palabra del Señor, y creyeron todos los que estaban ordenados para vida eterna. Y la palabra del Señor se difundía por toda aquella provincia. (13:45-49)

Después de la respuesta positiva inicial al sermón de Pablo, la posterior reacción se dividió por líneas raciales. La respuesta de los judíos fue negativa y, la de los gentiles, fue positiva.

RESPUESTA NEGATIVA

Pero viendo los judíos la muchedumbre, se llenaron de celos, y rebatían lo que Pablo decía, contradiciendo y blasfemando. Entonces Pablo y Bernabé, hablando con denuedo, dijeron: A vosotros a la verdad era necesario que se os hablase primero la palabra de Dios; mas puesto que la desecháis, y no os juzgáis dignos de la vida eterna, he aquí, nos volvemos a los gentiles. Porque así nos ha mandado el Señor, diciendo: Te he puesto para luz de los gentiles, a fin de que seas para salvación hasta lo último de la tierra. (13:45-47)

En un asombroso cambio total del día de reposo anterior, **viendo los judíos la muchedumbre, se llenaron de celos.** ¿Qué ocasionó su vehemente reacción opuesta? Realmente fue el prejuicio; les molestó que la salvación se pusiera a disposición de judíos y gentiles por igual. La actitud del profeta Jonás es el caso clásico que ilustra tal actitud regionalista. Cuando lo enviaron a predicar a los gentiles en Nínive, él huyó rápidamente en dirección opuesta porque temió que los ninivitas se arrepintieran y se volvieran a Dios. Y cuando la ciudad se arrepintió, Jonás se enojó tanto que deseó morir (Jon. 4:1-3).

Nada enfurecía tanto a **los judíos** como la idea de que las bendiciones de la salvación pudieran extenderse a los despreciados gentiles. Dicho pensamiento hizo que **se** llenaran **de celos,** como había ocurrido antes en el concilio (Hch. 5:17). No solo eso, sino que los motivó a actuar. **Rebatían lo que Pablo decía, contradiciendo y blasfemando.** El tiempo imperfecto de *antilegō* (**contradiciendo**) indica que se dedicaron a hablar continuamente contra el mensaje de Pablo, tratando de refutar al apóstol.

No contentos con trabarse en un furioso debate con Pablo, sus oponentes estuvieron **blasfemando** (cp. Hch. 18:6). Al hablar mal de Dios y de Cristo, estos judíos rechazaron la única esperanza de salvación y dejaron en claro que su profesión inicial de fe (ver el anterior análisis del v. 13) resultó ser superficial y falsa. Ningún verdadero creyente podría ser culpable alguna vez de semejante blasfemia (cp. 1 Co. 12:3). El prejuicio ciego e irrazonable contra los gentiles les costó su Mesías, su reino y el cielo.

Lejos de amedrentarse, **Pablo y Bernabé,** hablaron **con denuedo** en respuesta. A medida que se intensificaba la furia de la multitud, también aumentaba el valor de los misioneros. Entonces estos llevaron el debate a su fin, informando a sus adversarios: **A vosotros a la verdad era necesario que se os hablase primero la palabra de Dios.** El plan divino era que la salvación se ofreciera primero al pueblo judío. En Mateo 15:24 Jesús respondió a la mujer cananea, diciendo: "No soy enviado sino a las ovejas perdidas de la casa de Israel". Cuando envió a los doce a predicar, Jesús les ordenó: "Por camino de gentiles no vayáis, y en ciudad de samaritanos no entréis, sino id antes a las ovejas perdidas de la casa de Israel" (Mt. 10:5-6). Cristo resucitado ordenó que "que se predicase en su nombre el arrepentimiento y el perdón de pecados en todas las naciones, comenzando desde Jerusalén" (Lc. 24:47). Pedro les dijo a los judíos en Jerusalén: "A vosotros primeramente, Dios, habiendo levantado a su Hijo, lo envió para que os bendijese, a fin de que cada uno se convierta de su maldad" (Hch. 3:26). Pablo escribiría más tarde que el evangelio "es poder de Dios para salvación a todo aquel que cree; al judío primeramente, y también al griego" (Ro. 1:16). Aunque conocido como el apóstol a los gentiles (Ro. 11:13), sin embargo, Pablo dio gran prioridad a la evangelización de los judíos. Normalmente comenzaba a evangelizar en ciudades gentiles predicando a los judíos, reuniendo así algunos creyentes para que le ayudaran en el testimonio a los gentiles.

Por desgracia, los oyentes de Pablo prefirieron desechar el evangelio y, al hacerlo, no se consideraron **dignos de la vida eterna.** Dieron el veredicto sobre sí mismos por decisión propia. Después de siglos de esperar al Mesías, su propio pueblo lo rechazó junto con la salvación que Él traía (Jn. 1:11). Pagarían un precio terrible por su orgullo nacionalista y su amor a la justicia propia.

Este pasaje enseña la importante verdad bíblica de la responsabilidad humana. Al igual que todos los que van al infierno, los judíos incrédulos en Antioquía se consideraron indignos de la vida eterna por su incredulidad. Juan 3:18 afirma: "El que en él cree, no es condenado; pero el que no cree, ya ha sido condenado, porque no ha creído en el nombre del unigénito Hijo de Dios". Las personas perecen porque deciden rechazar y negarse a creer, y su decisión los deja fuera de la vida eterna. Jesús les dijo una vez a los judíos incrédulos: "No queréis venir a mí para que tengáis vida" (Jn. 5:40). Más tarde declaró: "Si no creéis que yo soy, en vuestros pecados moriréis" (Jn. 8:24). Condenación es el resultado de rechazo e incredulidad, por lo cual cada alma sin fe es totalmente responsable. Esa verdad de la voluntad personal debe mantenerse a la par con la verdad igualmente bíblica de que Dios es absolutamente soberano en cuanto a la salvación, y que salva a quien desea salvar (ver el análisis que sigue del v. 48).

La resultante antinomia (aparente incompatibilidad entre dos verdades innegables) está más allá de la capacidad de nuestras mentes finitas para resolver las cosas. J. I. Packer escribe:

> La antinomia particular que nos interesa aquí es la aparente oposición entre la soberanía divina y la responsabilidad humana, o (dicho de modo más bíblico) entre lo que Dios hace como Rey y lo que hace como Juez. Las Escrituras enseñan que como Rey, Él ordena y controla todas las cosas, las acciones humanas entre ellas, de acuerdo con su propio propósito eterno. La Biblia también enseña que como Juez, Él hace responsable a cada ser humano por las decisiones que toma y los cursos de acción que persigue. Por tanto, los oyentes del evangelio son responsables por sus reacciones; si rechazan las buenas nuevas son culpables de incredulidad. [...]
>
> El hombre sin Cristo es un pecador culpable, responsable ante Dios por romper su ley. Por eso es que necesita el evangelio. Cuando lo oye, es responsable por la decisión que tome al respecto. Se pone ante él una decisión entre la vida y la muerte, la más trascendental que cualquier hombre puede enfrentar... Cuando predicamos las promesas y las invitaciones del evangelio, y ofrecemos a Cristo a los pecadores, tanto a hombres como a mujeres, es parte de nuestra tarea resaltar y dejar en claro que ellos son responsables ante Dios por la forma en que reaccionen a las buenas nuevas de la gracia divina (*Evangelism and the Sovereignty of God* [Evangelización y la soberanía de Dios] [Downers Grove, Ill.: InterVarsity, 1978], pp. 22, 25-26).

Frente al rechazo de la comunidad judía, Pablo y Bernabé anunciaron que se volvían **a los gentiles, porque así** se los había **mandado el Señor.** Para apoyar esa decisión citaron Isaías 49:6, una profecía mesiánica muy conocida en que Dios dice del Mesías: **Te he puesto para luz de los gentiles, a fin de que seas para salvación hasta lo último de la tierra.** La estrecha perspectiva de la salvación como posesión exclusivamente judía es incluso extraña en el Antiguo Testamento, que claramente enseña que el Mesías sería enviado también a los gentiles (ver también Is. 42:1, 6; cp. Hch. 26:22-23). No había justificación para la respuesta negativa y hostil del pueblo judío hacia la salvación gentil.

RESPUESTA POSITIVA

Los gentiles, oyendo esto, se regocijaban y glorificaban la palabra del Señor, y creyeron todos los que estaban ordenados para vida eterna. Y la palabra del Señor se difundía por toda aquella provincia. (13:48-49)

A diferencia de la animosidad judía, **los gentiles, oyendo** las buenas nuevas de que se les ofrecía la salvación, **se regocijaban y glorificaban la palabra del Señor.** La noticia que resultó ser una piedra de tropiezo para los judíos provocó regocijo entre los gentiles. Estos **glorificaban la palabra del Señor, y creyeron todos los que estaban ordenados para vida eterna.**

Esa última frase es una de las afirmaciones más claras en toda la Biblia, relacionadas con la soberanía de Dios en la salvación. Como tal, es la verdad moderadora para la doctrina de la responsabilidad humana ya analizada. La Biblia afirma, sin vacilar, que en la salvación el hombre no elige a Dios, sino que Dios elige al hombre. Jesús declaró lisa y llanamente: "Ninguno puede venir a mí, si no le fuere dado del Padre" (Jn. 6:65). Pablo describió a los cristianos "como escogidos de Dios" (Col. 3:12; cp. 2 Ti. 2:10; Tit. 1:1). A los tesalonicenses escribió: "Debemos dar siempre gracias a Dios respecto a vosotros, hermanos amados por el Señor, de que Dios os haya escogido desde el principio para salvación, mediante la santificación por el Espíritu y la fe en la verdad" (2 Ts. 2:13). Es más, el término *escogido* se usa como un título para los creyentes en pasajes tales como Mateo 24:22, 24, 31; Lucas 18:7; y Romanos 8:33. Pedro llama a los creyentes "los elegidos" (1 P. 1:1 NVI). Esta elección por parte de Dios se hizo antes de que comenzara el mundo (Ef. 1:4), cuando sus nombres estaban realmente escritos en el libro de la vida (Ap. 13:8). La cuestión de la voluntad humana y la elección divina es tan inescrutable y tan incomprensible a nuestras mentes como para demandar que las creamos sin poder comprender cómo encajan en la mente de Dios.

Ordenados viene de *tassō*, que se usa en algunos documentos antiguos en el sentido de "inscribir" o "matricular" (F. F. Bruce, *The Book of the Acts* [El libro de Hechos] The New Internacional Commentary on the New Testament [Grand Rapids: Eerdmans, 1971], p. 283 n. 72). La lista en que los ordenados están inscritos se describe como "el libro de la vida" (Sal. 69:28; Fil. 4:3; Ap. 3:5; 13:8; 17:8; 20:12, 15; 21:27; 22:19; cp. Éx. 32:32-33; Dn. 12:1).

La Biblia afirma que quienes van al infierno lo hacen porque se juzgan indignos para la vida eterna (v. 46). A la inversa, los elegidos son salvos porque Dios los ordenó para vida eterna (v. 48). Esas verdades forman un paso estrecho entre dos abismos profundos. Resaltar cualquier verdad a costa de la otra es lanzarse uno mismo al abismo del error doctrinal.

La evangelización siempre sigue a la verdadera salvación, así como los que son salvos quieren, de manera natural, hablar de su fe. Los convertidos en Antioquía no eran la excepción. A través de su entusiasta testimonio, **la palabra del Señor se difundía por toda aquella provincia** (cp. vv. 44, 46, 48). Antioquía estaba trastornada no a causa de que Pablo hablara sobre autoestima, política o asuntos sociales, sino porque anunció la Palabra de Dios.

LOS RESULTADOS

Pero los judíos instigaron a mujeres piadosas y distinguidas, y a los principales de la ciudad, y levantaron persecución contra Pablo y Bernabé, y los expulsaron de sus límites. Ellos entonces, sacudiendo contra ellos el polvo de sus pies, llegaron a Iconio. Y los discípulos estaban llenos de gozo y del Espíritu Santo. (13:50-52)

Incapaces de vencer a los misioneros en debate, los judíos instigaron a mujeres piadosas y distinguidas, y a los principales de la ciudad, y levantaron persecución contra Pablo y Bernabé, y los expulsaron de sus límites. Usaron hábilmente a mujeres religiosas y respetables, y a hombres prominentes, con el fin de persuadir a las autoridades de que expulsaran a Pablo y Bernabé. Pablo se refiere a esta persecución en 2 Timoteo 3:11; posiblemente él y Bernabé fueron golpeados con varas o látigos (cp. 2 Co. 11:24-25).

El versículo 51 describe el triste y terrible resultado para los judíos incrédulos, mientras Pablo y Bernabé, **sacudiendo contra ellos el polvo de sus pies, llegaron a Iconio.** Esa fue una acción de simbolismo que no presagiaba nada bueno. Cuando Jesús envió a los setenta, les encargó:

> *Mas en cualquier ciudad donde entréis, y no os reciban, saliendo por sus calles, decid: Aun el polvo de vuestra ciudad, que se ha pegado a nuestros pies, lo sacudimos contra vosotros. Pero esto sabed, que el reino de Dios se ha acercado a vosotros. Y os digo que en aquel día será más tolerable el castigo para Sodoma, que para aquella ciudad (Lc. 10:10-12).*

Los judíos de la época de Pablo eran escrupulosos en no llevar el polvo gentil a Israel. Por medio de su acción, Pablo y Bernabé estaban diciendo, en realidad, que no consideraban a los judíos en Antioquía mejores que los paganos. No podía haber una condena más fuerte. Aquellos judíos se quedaron con su obstinada incredulidad.

Al contrario, **los discípulos estaban llenos de gozo y del Espíritu Santo.** Cuando los misioneros partieron para Iconio (a poco más de trece kilómetros de distancia), dejaron atrás dos grupos totalmente distintos: los judíos desechados, prejuiciosos y llenos de odio; y los creyentes gozosos y llenos del Espíritu.

Este breve pasaje describe con toda crudeza las opciones que enfrenta cada individuo. Todos los hombres o confían en Jesús y son salvos, o lo rechazan y son condenados. Así lo declaró Él mismo: "El que no es conmigo, contra mí es; y el que conmigo no recoge, desparrama" (Mt. 12:30). Dios no nos deja una tercera alternativa.

Las cualidades de un siervo eficaz de Jesucristo

29

Aconteció en Iconio que entraron juntos en la sinagoga de los judíos, y hablaron de tal manera que creyó una gran multitud de judíos, y asimismo de griegos. Mas los judíos que no creían excitaron y corrompieron los ánimos de los gentiles contra los hermanos. Por tanto, se detuvieron allí mucho tiempo, hablando con denuedo, confiados en el Señor, el cual daba testimonio a la palabra de su gracia, concediendo que se hiciesen por las manos de ellos señales y prodigios. Y la gente de la ciudad estaba dividida: unos estaban con los judíos, y otros con los apóstoles. Pero cuando los judíos y los gentiles, juntamente con sus gobernantes, se lanzaron a afrentarlos y apedrearlos, habiéndolo sabido, huyeron a Listra y Derbe, ciudades de Licaonia, y a toda la región circunvecina, y allí predicaban el evangelio. Y cierto hombre de Listra estaba sentado, imposibilitado de los pies, cojo de nacimiento, que jamás había andado. Este oyó hablar a Pablo, el cual, fijando en él sus ojos, y viendo que tenía fe para ser sanado, dijo a gran voz: Levántate derecho sobre tus pies. Y él saltó, y anduvo. Entonces la gente, visto lo que Pablo había hecho, alzó la voz, diciendo en lengua licaónica: Dioses bajo la semejanza de hombres han descendido a nosotros. Y a Bernabé llamaban Júpiter, y a Pablo, Mercurio, porque éste era el que llevaba la palabra. Y el sacerdote de Júpiter, cuyo templo estaba frente a la ciudad, trajo toros y guirnaldas delante de las puertas, y juntamente con la muchedumbre quería ofrecer sacrificios. Cuando lo oyeron los apóstoles Bernabé y Pablo, rasgaron sus ropas, y se lanzaron entre la multitud, dando voces y diciendo: Varones, ¿por qué hacéis esto? Nosotros también somos hombres semejantes a vosotros, que os anunciamos que de estas vanidades os convirtáis al Dios vivo, que hizo el cielo y la tierra, el mar, y todo lo que en ellos hay. En las edades pasadas él ha dejado a todas las gentes andar en sus propios caminos; si bien no se dejó a sí mismo sin testimonio, haciendo bien, dándonos lluvias del cielo y tiempos fructíferos, llenando de sustento y de alegría nuestros corazones. Y diciendo estas cosas, difícilmente lograron impedir que la multitud les ofreciese sacrificio. Entonces vinieron unos judíos de Antioquía y de Iconio, que persuadieron a la multitud, y habiendo apedreado a Pablo, le arrastraron

fuera de la ciudad, pensando que estaba muerto. Pero rodeándole los discípulos, se levantó y entró en la ciudad; y al día siguiente salió con Bernabé para Derbe. Y después de anunciar el evangelio a aquella ciudad y de hacer muchos discípulos, volvieron a Listra, a Iconio y a Antioquía, confirmando los ánimos de los discípulos, exhortándoles a que permaneciesen en la fe, y diciéndoles: Es necesario que a través de muchas tribulaciones entremos en el reino de Dios. Y constituyeron ancianos en cada iglesia, y habiendo orado con ayunos, los encomendaron al Señor en quien habían creído. Pasando luego por Pisidia, vinieron a Panfilia. Y habiendo predicado la palabra en Perge, descendieron a Atalia. De allí navegaron a Antioquía, desde donde habían sido encomendados a la gracia de Dios para la obra que habían cumplido. Y habiendo llegado, y reunido a la iglesia, refirieron cuán grandes cosas había hecho Dios con ellos, y cómo había abierto la puerta de la fe a los gentiles. Y se quedaron allí mucho tiempo con los discípulos. (14:1-28)

Cierto es que este extenso pasaje narrativo no contiene enseñanza explícita acerca de los requisitos de Dios para el servicio eficaz. Sin embargo, sí presenta a dos siervos calificados y eficaces que modelaron los requisitos necesarios para todo aquel que ha de proclamar las buenas nuevas por medio de Jesucristo. Las muchas características diferentes y únicas de este registro inspirado de la mayor extensión del evangelio en el mundo gentil se pueden unir enfocándose en las dos constantes en la diversidad: Pablo y Bernabé. Durante el flujo de esta narrativa, estos dos siervos de Dios manifiestan ejemplos de siete cualidades que hacen eficaz el ministerio espiritual: dones del Espíritu, denuedo, humildad, persistencia, cuidado, compromiso y reverencia.

DONES DEL ESPÍRITU

Esta característica es evidente en todo el capítulo. A medida que Pablo y Bernabé ministraban, empleaban los dones que el Espíritu les había conferido.

Un don espiritual no es una habilidad o talento natural humano sino una dádiva para los creyentes, por medio de la gracia de Dios, que brinda un canal a través del cual fluye el poder del Espíritu Santo en el ministerio (1 Co. 12:7). El ejercicio mutuo de las activaciones de esos dones es, por ende, vital para el adecuado funcionamiento y edificación del cuerpo de Cristo (1 Co. 12:14ss).

En este capítulo se pueden ver en operación cuatro de esos dones. El primero es la profecía (1 Co. 12:10), o habilidad concedida por el Espíritu para proclamar la Palabra de Dios con claridad y poder. El versículo 1 señala que **aconteció en Iconio que** Pablo y Bernabé **entraron juntos en la sinagoga de los judíos, y hablaron de tal manera que creyó una gran multitud de judíos, y asimismo de griegos.** El versículo 21 afirma que **después de anunciar el evangelio** en Derbe

y de hacer muchos discípulos, ellos **volvieron a Listra, a Iconio y a Antioquía.** El versículo 25 relata que Pablo y Bernabé **habiendo predicado la palabra en Perge, descendieron a Atalia.**

Un segundo don de gracia exhibido por los misioneros era la enseñanza (Ro. 12:7). El versículo 22 describe su ministerio de estar **confirmando los ánimos de los discípulos.** Esa reafirmación fue resultado de enseñarles la Palabra (cp. Hch. 2:42).

Pablo y Bernabé también manifestaron el don de la exhortación (Ro. 12:8): el estímulo espiritual que lleva a quien recibe ánimo a seguir un curso correcto de acción. El versículo 22 los encuentra **exhortándoles a que permaneciesen en la fe.**

Un último don evidente en este capítulo es el de liderazgo (Ro. 12:8). Como parte de sus deberes, Pablo y Bernabé **constituyeron ancianos en cada iglesia** (v. 23). No dejaron a su suerte a los nuevos convertidos. Sus dones de liderazgo les permitieron crear la estructura para las congregaciones recién formadas e implementar los líderes adecuados.

Esos cuatro dones están en el núcleo de todo ministerio espiritual al edificar la iglesia. Hoy día siguen siendo vitales para pastores-maestros y evangelistas. Además de estos dones permanentes de edificación, los apóstoles también tenían dones de señales temporales que eran únicos a su Señor y a ellos (2 Co. 12:12). Este pasaje menciona dos de esos dones apostólicos: milagros (v. 3) y sanidad (v. 8). Esos dones únicos confirmaron que los apóstoles hablaban de parte de Dios (He. 2:3-4). Tal confirmación sobrenatural es innecesaria hoy día. Si un hombre habla ahora de parte de Dios, esto puede y debe determinarse por si el mensaje se conforma a la única norma, la cual es la Biblia.

Ya que el ministerio eficaz exige el funcionamiento colectivo de dones espirituales, Pablo exhorta a la Iglesia en Romanos 12:6-8:

> *De manera que, teniendo diferentes dones, según la gracia que nos es dada, si el de profecía, úsese conforme a la medida de la fe; o si de servicio, en servir; o el que enseña, en la enseñanza; el que exhorta, en la exhortación; el que reparte, con liberalidad; el que preside, con solicitud; el que hace misericordia, con alegría.*

Pedro también escribió de la urgente necesidad de que cada individuo ministre su don particular: "Cada uno según el don que ha recibido, minístrelo a los otros, como buenos administradores de la multiforme gracia de Dios" (1 P. 4:10). La singularidad del término *don* no excluye la realidad de que el don que tengamos pueda ser una combinación de las varias categorías de dones, mezclada de manera única para cada creyente.

Que Dios los escogiera para el reto del servicio misionero se debió a que Pablo y Bernabé habían ministrado sus dones con eficacia en su iglesia local (cp. Hch. 13:1-3). Ellos habían probado su fidelidad y estaban listos para una esfera más amplia de ministración.

DENUEDO

Aconteció en Iconio que entraron juntos en la sinagoga de los judíos, y hablaron de tal manera que creyó una gran multitud de judíos, y asimismo de griegos. Mas los judíos que no creían excitaron y corrompieron los ánimos de los gentiles contra los hermanos. Por tanto, se detuvieron allí mucho tiempo, hablando con denuedo, confiados en el Señor, el cual daba testimonio a la palabra de su gracia, concediendo que se hiciesen por las manos de ellos señales y prodigios. Y la gente de la ciudad estaba dividida: unos estaban con los judíos, y otros con los apóstoles. Pero cuando los judíos y los gentiles, juntamente con sus gobernantes, se lanzaron a afrentarlos y apedrearlos, habiéndolo sabido, huyeron a Listra y Derbe, ciudades de Licaonia, y a toda la región circunvecina, y allí predicaban el evangelio. (14:1-7)

Después de haber sido expulsados de Antioquía de Pisidia (Hch. 13:50), Pablo y Bernabé fueron a **Iconio,** como a ciento treinta kilómetros hacia el sureste. **Iconio** era un crisol de culturas: frigios nativos cuyos antepasados habían ocupado la región desde tiempos antiguos, griegos y judíos que se remontaban al período seléucida (312-65 a.C.), y colonos romanos que habían llegado más recientemente.

Cuando Pablo y Bernabé arribaron a **Iconio**, como solían hacer al evangelizar una nueva ciudad, inmediatamente **entraron juntos en la sinagoga de los judíos.** Si hubieran ido primero a los gentiles, no habrían podido ir a la sinagoga. **Hablaron de tal manera que creyó una gran multitud de judíos, y asimismo de griegos.** La predicación de los misioneros se basó sin duda en el Antiguo Testamento y se enfocó en probar que Jesús era el Cristo. Llevó mucho fruto porque se hizo en el poder del Espíritu Santo.

Sin embargo, como pasó en Antioquía de Pisidia, rápidamente aparecieron los celos en toda su fealdad. **Los judíos que no creían excitaron y corrompieron los ánimos de los gentiles** incrédulos **contra los hermanos. Que no creían** viene de *apeitheō*, y se puede traducir "desobedientes". El Nuevo Testamento equipara la incredulidad en el evangelio con desobediencia (Jn. 3:36; Ro. 2:8; 15:31; Ef. 2:2; 5:6; 2 Ts. 1:8; Tit. 3:3; 1 P. 4:17), ya que "Dios, habiendo pasado por alto los tiempos de esta ignorancia, ahora manda a todos los hombres en todo lugar, que se arrepientan" y crean en el Señor Jesucristo (Hch. 17:30-31). Aquellos que se niegan a hacer eso son desobedientes al mandato de Dios.

Corrompieron los ánimos se traduce de *kakoō*, que también puede significar "envenenar". Aunque Pablo y Bernabé **se detuvieron** en Iconio **mucho tiempo**

hablando con denuedo, confiados en el Señor, sus enemigos envenenaron poco a poco la opinión pública contra ellos. Igual que en Antioquía de Pisidia, la predicación de los misioneros polarizó gradualmente a la población en Iconio. Ese es el resultado esperado cuando el evangelio se presenta de manera adecuada (cp. el análisis de Hch. 13:42-52 en el capítulo 28 de esta obra).

El uso que Lucas hace del término **por tanto** para comenzar el versículo 3 parece desconcertante a primera vista. La expresión sugiere una conexión lógica con lo que la precede, sin embargo la conexión con el versículo 2 no es inmediatamente obvia. Debido a eso, algunos han debatido que el versículo 2 no fue parte original del texto de Hechos, o que pertenece a otro sitio. Ellos opinan que interrumpe el flujo lógico del texto de los versículos 1 al 3. No obstante, ese punto de vista es de mente cerrada, según explica John Polhill:

> El versículo 3 está en tensión deliberada con el anterior, y hace hincapié en el poder del testimonio cristiano y la habilitación divina detrás de él. Aunque había fuerte resistencia hacia los cristianos (v. 2), estos aún podían mantener su testimonio. Los dos apóstoles no estaban dispuestos a dar marcha atrás. Tenían el poder del Espíritu Santo para hablar "con denuedo" por parte del Señor (cp. 4:29-31). Lejos de intimidarse, estaban inspirados para dar testimonio aún más valiente (*The New American Commentary: Acts* [Nuevo comentario estadounidense: Hechos] [Nashville: Broadman, 1992], p. 311).

La creciente oposición no intimidó a Pablo y Bernabé sino que les dio energía para hablar **con denuedo.** Tampoco impidió que pasaran **mucho tiempo** ministrando en Iconio.

Denuedo es esa cualidad esencial sin la cual no se puede lograr nada importante para el evangelio. Es lo que permite a los creyentes persistir frente a la oposición.

Sin duda, el denuedo definía al apóstol Pablo. A los tesalonicenses les escribió: "Habiendo antes padecido y sido ultrajados en Filipos, como sabéis, tuvimos denuedo en nuestro Dios para anunciaros el evangelio de Dios en medio de gran oposición" (1 Ts. 2:2; cp. Hch. 9:27-28; 13:46; 19:8). Seguir hablando con denuedo era su constante preocupación (Ef. 6:19-20; Fil. 1:19-20).

El denuedo también marcó a los otros predicadores iniciales. Con la dura advertencia por parte del concilio de que dejaran de predicar en el nombre de Jesús, "Pedro y Juan respondieron diciéndoles: Juzgad si es justo delante de Dios obedecer a vosotros antes que a Dios; porque no podemos dejar de decir lo que hemos visto y oído" (Hch. 4:19-20). Pedro y Juan informaron al resto de la iglesia de las amenazas del concilio. La respuesta de la iglesia fue orar pidiendo aún mayor denuedo: "Ahora, Señor, mira sus amenazas, y concede a tus siervos que con todo denuedo hablen tu palabra" (Hch. 4:29). Tal denuedo ha sido básico para el servicio cristiano eficaz a través de los siglos.

Mientras los misioneros continuaban predicando el evangelio con valor y fidelidad, **el Señor daba testimonio a la palabra de su gracia, concediendo que se hiciesen por las manos de ellos señales y prodigios.** Estos maravillosos actos de poder divino a través de Pablo y Bernabé afirmaban que hablaban de parte de Dios. La designación **la palabra de su gracia** es apropiada, ya que el mensaje del evangelio trata de la gracia de Dios concedida a pecadores indignos para que se puedan reconciliar con Él. Esa gracia es el núcleo del evangelio. Las milagrosas **señales y prodigios** eran la confirmación de que el mensaje de gracia para los pecadores que Pablo y Bernabé expresaban venía realmente de parte de Dios.

Por maravilloso que el mensaje fuera, y por poderosa que era la confirmación, hubo oposición de parte de los judíos incrédulos. Como resultado, **la gente de la ciudad estaba dividida: unos estaban con los judíos, y otros con los apóstoles.** Igual que en Antioquía de Pisidia, Iconio se había convertido en un caldero polarizado y humeante. No pasó mucho tiempo antes de que la ciudad estallara en respuesta a la predicación confrontadora de los dos hombres.

Lucas se refiere tanto a Pablo como a Bernabé como **apóstoles.** ¿En qué sentido Bernabé era apóstol? Obviamente no se trataba de un apóstol en el mismo sentido que los doce y Pablo. Estos fueron testigos presenciales del Cristo resucitado y fueron llamados personalmente por Él. Bernabé no calificaba en lo uno ni en lo otro. No fue comisionado directamente por Jesucristo sino por la iglesia (cp. 2 Co. 8:19). Por tanto, era un apóstol solo en el sentido general de la palabra. Debido a eso, es mejor traducir aquí **apóstoles** no como un título oficial sino como "mensajeros" (cp. 2 Co. 8:23; Fil. 2:25). El verbo *apostellō,* del cual se deriva *apostolos* ("apóstol"), significa "enviar". Tanto Pablo como Bernabé fueron apóstoles, es decir, enviados por la iglesia en Antioquía. Además, Pablo era oficialmente un apóstol de Jesucristo (Ro. 1:1, 5; 1 Co. 1:1; 9:1; 2 Co. 1:1; Gá. 1:1; Ef. 1:1; Col. 1:1; 1 Ti. 1:1; 2:7; 2 Ti. 1:1, 11; Tit. 1:1), y Bernabé, por servir con él, quedaba bajo la sombra de la autoridad apostólica de Pablo.

La candente oposición a Pablo y Bernabé finalmente estalló en llamas. A instancia de sus oponentes, **los judíos y los gentiles, juntamente con sus gobernantes, se lanzaron a afrentarlos y apedrearlos. Se lanzaron** viene de la palabra *hormē,* que literalmente significa "un ataque" o "un asalto". La forma verbal de *hormē* aparece en Hechos 19:29, donde describe el asalto sobre los compañeros de Pablo por parte de la turba en Éfeso. Sin duda una escena parecida de violencia colectiva se llevó a cabo en Iconio, cuando la multitud ingobernable trató de **afrentarlos y apedrearlos.** El intento de apedrear a Pablo y Bernabé demuestra que sus oponentes judíos fueron los incitadores. Apedrear era una forma judía de ejecución, generalmente por blasfemia.

Pablo y Bernabé eran valientes, pero no tontos. Habiendo **sabido** lo que estaba sucediendo, en sensato instinto de conservación, **huyeron a Listra y Derbe, ciudades de Licaonia, y a toda la región circunvecina.** Su huida fue un acto de prudencia, no de cobardía (cp. Mt. 10:23). Era evidente que no podían lograr nada más quedándose en Iconio, así que era hora de mudarse a un nuevo territorio donde se necesitara el evangelio. Como ya había ocurrido en Hechos (8:1-4), la persecución simplemente espoleó las nuevas de perdón y salvación a regiones distintas.

Pablo causó una profunda impresión durante su estadía en Iconio. Esa impresión

> está reflejada en la descripción de él conservada en *Hechos de Pablo* del siglo II, una descripción tan vigorosa y poco convencional que seguramente debe descansar en una buena tradición local de cómo se veía Pablo. Un tal Onesíforo, residente en Iconio, va al encuentro de Pablo, que está en su camino a la ciudad. "Y vio acercarse a Pablo, un hombre pequeño en tamaño, con cejas pobladas y una nariz más bien grande, calvo, patizambo, de constitución fuerte, lleno de gracia, porque a veces se parecía a un hombre, y a veces tenía el rostro de un ángel" (F. F. Bruce, *The Book of the Acts* [El libro de Hechos], The New International Commentary of the New Testament [Nuevo comentario internacional sobre el Nuevo Testamento] [Grand Rapids: Eerdmans, 1971], p. 288).

Como muestra esta tradición, los creyentes en Iconio no pensaron nada negativo del apóstol porque hubiera huido.

Las **ciudades de** la región de **Licaonia, Listra y Derbe,** a las que Pablo y Bernabé huyeron, eran pueblos provinciales tranquilos, bien fuera de lo común. Ambos estaban ubicados en la provincia romana de Galacia. **Listra** estaba a veintinueve kilómetros de Iconio y era el hogar de Loida, Eunice y Timoteo (Hch. 16:1; 2 Ti. 1:5), quienes tal vez recibieron la salvación durante esta visita hecha por el apóstol. **Derbe** estaba a sesenta y cuatro kilómetros al sureste de **Listra.** Ya que ninguna sinagoga se menciona en **Listra,** es probable que tuviera una pequeña población judía. Sin embargo, eso no detuvo a los misioneros, y de inmediato proclamaron el evangelio. De este esfuerzo en Listra, Lucas registra tres acontecimientos notables: la sanidad de un hombre que nunca había caminado, el extraño incidente de paganos adorando a los predicadores, y el apedreamiento de Pablo.

HUMILDAD

Y cierto hombre de Listra estaba sentado, imposibilitado de los pies, cojo de nacimiento, que jamás había andado. Este oyó hablar a Pablo, el cual, fijando

en él sus ojos, y viendo que tenía fe para ser sanado, dijo a gran voz: Levántate derecho sobre tus pies. Y él saltó, y anduvo. Entonces la gente, visto lo que Pablo había hecho, alzó la voz, diciendo en lengua licaónica: Dioses bajo la semejanza de hombres han descendido a nosotros. Y a Bernabé llamaban Júpiter, y a Pablo, Mercurio, porque éste era el que llevaba la palabra. Y el sacerdote de Júpiter, cuyo templo estaba frente a la ciudad, trajo toros y guirnaldas delante de las puertas, y juntamente con la muchedumbre quería ofrecer sacrificios. Cuando lo oyeron los apóstoles Bernabé y Pablo, rasgaron sus ropas, y se lanzaron entre la multitud, dando voces y diciendo: Varones, ¿por qué hacéis esto? Nosotros también somos hombres semejantes a vosotros, que os anunciamos que de estas vanidades os convirtáis al Dios vivo, que hizo el cielo y la tierra, el mar, y todo lo que en ellos hay. En las edades pasadas él ha dejado a todas las gentes andar en sus propios caminos; si bien no se dejó a sí mismo sin testimonio, haciendo bien, dándonos lluvias del cielo y tiempos fructíferos, llenando de sustento y de alegría nuestros corazones. Y diciendo estas cosas, difícilmente lograron impedir que la multitud les ofreciese sacrificio. (14:8-18)

Pablo, desde luego, ministraba mientras el poder del Espíritu fluía libremente a través de él. Mientras predicaba en **Listra,** probablemente en el mercado, observó que **cierto hombre de Listra estaba sentado, imposibilitado de los pies, cojo de nacimiento, que jamás había andado.** La triple descripción de Lucas resalta la desesperanza de la condición del hombre. Congénitamente estaba lisiado y todos, en el pueblo, lo sabían. Este **hombre oyó hablar a Pablo.**

De las docenas de personas en la multitud, Pablo, **fijando en él sus ojos, y viendo que tenía fe para ser sanado, dijo a gran voz: Levántate derecho sobre tus pies.** El apóstol vio una oportunidad para confirmar su mensaje con una señal milagrosa. Este individuo que nunca en su vida había dado un paso, **saltó, y anduvo.** El libre flujo del poder del Espíritu Santo a través de Pablo resultó en un dramático milagro.

Aunque los creyentes de hoy no poseen poder milagroso de curación como Pablo, el principio es instructivo: el poder de Dios es absolutamente necesario para realizar su obra (Ef. 6:10; 1 P. 4:11). El poder "para hacer todas las cosas mucho más abundantemente de lo que pedimos o entendemos" (Ef. 3:20) llega a todos los creyentes en la salvación. El poder del Espíritu Santo se libera en las vidas de los creyentes cuando caminan momento a momento en obediencia a la verdad. Eso les permite ser usados como agentes por medio de los cuales no ocurre curación física, sino más bien la transformación del alma en salvación y santificación.

Junto con el poder y los resultados en el servicio de Cristo viene la tentación del orgullo. A menudo es difícil reconocer que los resultados se derivan del poder de Dios, no del ingenio humano y la capacidad.

Pedro escribió acerca de la crucial importancia de la humildad en 1 Pedro 5:5-6:

> *Igualmente, jóvenes, estad sujetos a los ancianos; y todos, sumisos unos a otros, revestíos de humildad; porque: Dios resiste a los soberbios, y da gracia a los humildes. Humillaos, pues, bajo la poderosa mano de Dios, para que él os exalte cuando fuere tiempo.*

Santiago repite estos pensamientos en 4:6, 10: "Dios resiste a los soberbios, y da gracia a los humildes… Humillaos delante del Señor, y él os exaltará". Humildad es la virtud suprema porque otorga a Dios su lugar legítimo. La comprensión de Pablo de la realidad de la humildad se ve mejor en sus palabras a los corintios:

> *Y me ha dicho: Bástate mi gracia; porque mi poder se perfecciona en la debilidad. Por tanto, de buena gana me gloriaré más bien en mis debilidades, para que repose sobre mí el poder de Cristo. Por lo cual, por amor a Cristo me gozo en las debilidades, en afrentas, en necesidades, en persecuciones, en angustias; porque cuando soy débil, entonces soy fuerte (2 Co. 12:9-10).*

Después que Dios realizara a través del apóstol el espectacular milagro de curar al paralítico, se produjo una reacción extraña. **Entonces la gente, visto lo que Pablo había hecho, alzó la voz, diciendo en lengua licaónica: Dioses bajo la semejanza de hombres han descendido a nosotros.** Este extraño y sorprendente giro de acontecimientos tuvo su origen en el folclore local. Había una tradición en Listra (registrada por el poeta romano Ovidio, quien murió en el año 17 d.C.) de que los dioses Júpiter y Mercurio vinieron una vez de incógnito a la tierra. Cuando llegaron a Listra y pidieron comida y alojamiento, todos se los negaron. Finalmente, un viejo campesino llamado Filemón y su esposa, Baucis, los hospedaron. Sus poco hospitalarios vecinos se ahogaron en una inundación enviada por los vengativos dioses. Sin embargo, Filemón y Baucis vieron a su humilde casucha convertirse en un magnífico templo, donde sirvieron como sacerdote y sacerdotisa. Tras sus muertes, se convirtieron en dos árboles majestuosos.

Decididos a no repetir la equivocación de sus antepasados, los habitantes de Listra **a Bernabé** llamaron **Júpiter, y a Pablo, Mercurio, porque éste era el que llevaba la palabra.** Las identificaciones son interesantes. Que identificaran a **Bernabé** con **Júpiter** sugiere que este presentaba una apariencia más distinguida e imponente que Pablo. La identificación de **Pablo** con **Mercurio,** el mensajero de los dioses, es perfectamente lógica, ya que él **era el que llevaba la palabra.** Puesto que las multitudes hablaban **en lengua licaónica,** ni Pablo ni Bernabé podían entender lo que estaba ocurriendo.

Para no quedarse atrás, **el sacerdote de Júpiter, cuyo templo estaba frente a la ciudad, trajo toros y guirnaldas delante de las puertas, y juntamente con la muchedumbre quería ofrecer sacrificios.** Si Júpiter había bajado de veras a la tierra en la forma de este predicador, el sacerdote tenía que dirigir al pueblo en ofrecerle adoración.

Lucas describe entonces la reacción de Pablo y Bernabé al darse cuenta finalmente de lo que estaba ocurriendo: **Cuando lo oyeron los apóstoles Bernabé y Pablo, rasgaron sus ropas** (una expresión judía de horror y repulsión ante la blasfemia; cp. Mt. 26:65) **y se lanzaron entre la multitud.** Decididos a detener la exaltación no deseada, los misioneros estuvieron **dando voces y diciendo: Varones, ¿por qué hacéis esto? Nosotros también somos hombres semejantes a vosotros, que os anunciamos que os convirtáis de estas vanidades.** Ellos no eran dioses, insistieron Pablo y Bernabé, sino **hombres semejantes** a los liconianos. Lejos de buscar adoración, los misioneros habían llegado a Listra a anunciarles el evangelio con el fin de que se volvieran **de estas vanidades.** Esta última frase describe, de manera acertada, no solamente la idolatría de Listra sino también toda religión falsa. Todas las religiones aparte de la adoración al Dios verdadero son inútiles, sin esperanza y resultan ser **vanidades.**

La multitud en Listra era pagana, no versada en las Escrituras del Antiguo Testamento. En consecuencia, el mensaje de Pablo fue muy diferente de los que predicó en las sinagogas judías en Iconio y Antioquía de Pisidia. En lugar de proclamar al Dios de Abraham, Isaac y Jacob de las Escrituras, proclamó **al Dios vivo, que hizo el cielo y la tierra, el mar, y todo lo que en ellos hay.** Ya que los liconianos no conocían el Antiguo Testamento, Pablo apeló al conocimiento universal y racional del Creador, la primera razón en un mundo de causa y efecto. Así escribió más adelante a los romanos:

> *La ira de Dios se revela desde el cielo contra toda impiedad e injusticia de los hombres que detienen con injusticia la verdad; porque lo que de Dios se conoce les es manifiesto, pues Dios se lo manifestó. Porque las cosas invisibles de él, su eterno poder y deidad, se hacen claramente visibles desde la creación del mundo, siendo entendidas por medio de las cosas hechas, de modo que no tienen excusa (Ro. 1:18-20; cp. Sal. 19:1-6).*

Pablo evangelizó más tarde a los paganos en la acrópolis de Atenas desde el mismo punto inicial: la necesidad de explicar la razón definitiva del mundo y de todo lo que contiene (cp. el análisis de 17:22-31 en el capítulo 35 de esta obra).

Aunque se había manifestado en revelación general a través de la razón y la conciencia, **en las edades pasadas,** Dios **ha dejado a todas las gentes andar en sus propios caminos.** Había una tolerancia de parte de Dios hacia pecadores que no tenían la revelación total de la santa voluntad divina.

Es importante tener en cuenta, en este punto, que nada ha devastado más la predicación del evangelio hacia el mundo ignorante que la teoría de la evolución. Puesto que esta teoría enseña una explicación de la existencia de todo sin un Creador o dador de ley moral, quienes la aceptan no logran ver ninguna necesidad de Dios o de una causa principal. (Para más información de la teoría de la evolución, véase el capítulo 35 de esta obra.)

Revelación especial viene únicamente en las Escrituras del Antiguo Testamento, confiadas a Israel. Las naciones paganas, en su ignorancia, andaban **en sus propios caminos,** teniendo solo revelación general. Como el comentarista Albert Barnes explica, eso significaba que Dios les permitía

> proceder sin las restricciones e instrucciones de una ley escrita. Se les permitía seguir su propia razón y sus propias pasiones, además de su propio sistema de religión. Dios no les dio leyes escritas, y no les envió mensajeros (*Notes on the New Testament: Acts-Romans* [Notas sobre el Nuevo Testamento: Hechos-Romanos] [reimpresión de la edición de 1884-85; Grand Rapids: Baker], pp. 219-220).

Aquellos tiempos terminaron con la venida de Cristo (cp. Hch. 4:12). Desde entonces, "Dios, habiendo pasado por alto los tiempos de esta ignorancia, ahora manda a todos los hombres en todo lugar, que se arrepientan" (Hch. 17:30), y el evangelio se debe predicar a toda criatura (Mr. 16:15; Lc. 24:47).

Aunque las naciones gentiles no tenían revelación escrita y especial, Dios **no se dejó a sí mismo sin testimonio, haciendo bien,** dando **lluvias del cielo y tiempos fructíferos.** La providencia divina, como los teólogos llaman a esta bondad ilimitada, así como una respuesta racional al poder creador, atestiguan a todos los hombres la existencia de Dios. Lo mismo sucede con la propia conciencia de ellos, que contiene ley moral (Ro. 2:13-15). A causa de tales provisiones, quienes rechazan a Dios no tienen excusa (Ro. 1:20).

Así que la intención del pueblo pagano era honrar a los dos "dioses" que les estaban **diciendo estas cosas, difícilmente** Pablo y Bernabé **lograron impedir que la multitud les ofreciese sacrificio.** Por fin, se las arreglaron para hacerse entender, y la ceremonia llegó a su fin.

Este incidente revela la humildad de Pablo y Bernabé. Ser aclamado como un dios era el mayor honor imaginable en el mundo grecorromano, lo cual era muy buscado (cp. Hch. 12:22). Sin embargo, ellos rechazaron tales ideas respecto a sí mismos y, en su lugar, señalaron el Dios creador a la multitud pagana. Lograron enfrentar con éxito la tentación de sucumbir al orgullo. Si Pablo y Bernabé hubieran cedido a esa tentación, esta les habría destruido su utilidad. Quienes buscan gloria para sí mismos están en la senda de la debilidad e impotencia espiritual.

PERSISTENCIA

Entonces vinieron unos judíos de Antioquía y de Iconio, que persuadieron a la multitud, y habiendo apedreado a Pablo, le arrastraron fuera de la ciudad, pensando que estaba muerto. Pero rodeándole los discípulos, se levantó y entró en la ciudad; y al día siguiente salió con Bernabé para Derbe. Y después de anunciar el evangelio a aquella ciudad y de hacer muchos discípulos, volvieron a Listra, a Iconio y a Antioquía, (14:19-21)

No se sabe si los **judíos** que **vinieron** a Listra **de Antioquía y de Iconio** perseguían a Pablo y Bernabé, o si simplemente estaban en viaje de negocios. En cualquier caso, se indignaron al encontrar a los dos misioneros proclamando otra vez el evangelio. Actuando de inmediato, **persuadieron a la multitud,** y después de haber **apedreado a Pablo, le arrastraron fuera de la ciudad, pensando que estaba muerto.** Lucas no detalla los argumentos que estos judíos usaron para volver a la multitud pagana contra Pablo y Bernabé, pero sin lugar a dudas lograron su objetivo. Algunas de las mismas personas que habían querido adorar a Pablo como un dios se volvieron salvajemente contra él. La ligereza que mostraron es una remembranza de los habitantes de Jerusalén que saludaron a Jesús en la entrada triunfal, y que unos días después pidieron su ejecución. En un acto de violencia colectiva la multitud apedreó a Pablo, acción a la que él se refiere en 2 Corintios 11:25 (cp. Gá. 6:17). Lucas no registra por qué a Bernabé no lo atacaron también. Quizás logró escapar, o la multitud enfocó su furia en Pablo porque él era el vocero principal (v. 12).

La pregunta que surge es si Pablo murió a causa de la lapidación y fue resucitado. Algunos sostienen que así fue, y vinculan este incidente con su experiencia del tercer cielo narrada en 2 Corintios 12. Sin embargo, tal punto de vista es poco probable por varias razones.

La palabra **pensando** viene de *nomizō*, que por lo general significa "suponer algo que no es verdad". *Nomizō* aparece en Hechos 7:25, donde Moisés supuso erróneamente que los israelitas comprenderían que Dios lo había enviado a liberarlos. En Hechos 8:20 describe la falsa suposición de Simón de que podía comprar el poder del Espíritu Santo. *Nomizō* se usa en Hechos 16:27 para describir la suposición casi fatal del carcelero de Filipos de que los prisioneros habían escapado (cp. Hch. 17:29; 21:29; Mt. 5:17; 10:34; 20:10; Lc. 2:44; 1 Ti. 6:5). El uso predominante de *nomizō* en el Nuevo Testamento apoya la idea de que Pablo no estaba muerto y que la suposición de la multitud fue incorrecta.

Además, si Pablo hubiera muerto y resucitado, ¿por qué Lucas insertó la palabra **pensando**? Eso habría socavado la credibilidad del milagro, ya que los escépticos podrían debatir que la multitud supuso erróneamente que Pablo estaba muerto.

Tampoco los milagros, especialmente las resurrecciones, son minimizados en Hechos. Las resurrecciones de Dorcas (Hch. 9:36-42) y Eutico (Hch. 20:9-12) se presentan de manera clara y sin ambigüedades como la realidad de que una persona muerta vuelva a vivir. Si Pablo hubiera muerto y resucitado, ¿por qué relatar el incidente de un modo tan vago e incierto? En todo el libro de Hechos, los milagros son señales sobrenaturales que señalan la verdad a los hombres. No obstante, una señal confusa no señala a ninguna parte.

Finalmente, en 2 Corintios 12:2, Pablo declara que su experiencia del tercer cielo se realizó catorce años antes de que escribiera 2 Corintios (56 o 57 d.C.). Eso remonta la experiencia del tercer cielo al año 42 o 43, una fecha imposiblemente temprana para la lapidación de Pablo en Listra durante el primer viaje misionero.

Sin embargo, los aspirantes a verdugos creyeron que Pablo estaba muerto. Arrastraron el cuerpo fuera de la ciudad y lo botaron con desprecio, sin siquiera darle un sepelio decente. El ministerio de los misioneros en Listra no había sido sin fruto, y algunos de los **discípulos** rodearon el cuerpo golpeado e inconsciente de su caído líder. Ellos llegaron ya sea para llevarse el cuerpo a enterrarlo o para protegerlo de mayor daño. Posiblemente, entre ellos estaba Timoteo, un nativo de Listra (Hch. 16:1), su madre Eunice y su abuela Loida (cp. 2 Ti. 1:5). Para alegría y asombro de los creyentes, Pablo recuperó la conciencia, **se levantó y entró en la ciudad.**

La mayoría habría tomado algún tiempo para recuperarse, pero no Pablo. **Al** mismísimo **día siguiente salió con Bernabé para Derbe,** un trayecto de sesenta y cuatro kilómetros a pie. Para alguien en la condición de Pablo, el viaje debió haber sido muy doloroso. Sin embargo, por voluntad propia él nunca perdió un día. Ya que la puerta para ministrar estaba temporalmente cerrada en Listra, con sencillez se trasladó a ministrar en otro lugar. Nada lo intimidó, ni siquiera que lo apedrearan casi hasta matarlo (cp. Fil. 4:11). El apóstol era persistente y comprometido, "aprovechando bien el tiempo, porque los días son malos" (Ef. 5:16).

CUIDADO

Y después de anunciar el evangelio a aquella ciudad y de hacer muchos discípulos, volvieron a Listra, a Iconio y a Antioquía, confirmando los ánimos de los discípulos, exhortándoles a que permaneciesen en la fe, y diciéndoles: Es necesario que a través de muchas tribulaciones entremos en el reino de Dios. Y constituyeron ancianos en cada iglesia, y habiendo orado con ayunos, los encomendaron al Señor en quien habían creído. (14:21-23)

Pablo y Bernabé expresaron su interés y preocupación por los nuevos creyentes. Un siervo eficaz de Dios sabe que la gran comisión no es lograr, simplemente, que se hagan profesiones de fe sino nutrir esa fe hasta la madurez. **Después de anunciar el evangelio** en Derbe **y de hacer muchos discípulos,** los misioneros **volvieron a Listra, a Iconio y a Antioquía.** Una vez completada la obra en Derbe, Pablo y Bernabé volvieron a visitar las tres ciudades de las que habían salido. Tales visitas estuvieron llenas de peligro. Algunas personas han especulado que para esta época había nuevos magistrados romanos a cargo. Aunque eso fuera cierto, las comunidades judías en todas las tres ciudades permanecieron implacablemente opuestas al evangelio. No obstante, Pablo y Bernabé sabían que era mucho más peligroso para la causa del evangelio que los nuevos rebaños no fueran fortalecidos.

En el cuidado que Pablo y Bernabé dieron a sus hijos en la fe participaron al menos cuatro elementos. Su primera tarea fue confirmar **los ánimos de los discípulos.** Confirmar viene de *epistērizō*, una palabra usada en otras partes de Hechos para hablar de fortalecer a los creyentes (15:32, 41; 18:23). Esa debería ser la meta de todo pastor (cp. Ef. 4:11-16; Col. 4:12-13) y se hace por medio de la enseñanza de la Biblia (Hch. 20:31-32; 1 Jn. 2:14).

Además de enseñar a los discípulos, Pablo y Bernabé estuvieron **exhortándoles,** o animándoles a la obediencia. A los creyentes no solo se les debe enseñar verdades bíblicas sanas, sino también animarlos a practicarlas. Pablo les recordó a los tesalonicenses: "Sabéis de qué modo, como el padre a sus hijos, exhortábamos y consolábamos a cada uno de vosotros" (1 Ts. 2:11). La exhortación es compañera inseparable de la consolación.

La exhortación de Pablo y Bernabé era doble. Primero, exhortaron a los creyentes **a que permaneciesen en la fe.** La perseverancia es una característica esencial de la fe salvadora (cp. Jn. 8:31; Col. 1:21-23; He. 3:6; y el estudio de Hch. 13:42*b* en el capítulo 28 de esta obra). Tal aspecto de exhortación era especialmente importante considerando que **a través de muchas tribulaciones entremos en el reino de Dios** (cp. Mt. 11:12; 13:20-21; 16:24-25; 19:27-29; Mr. 4:16-17; Lc. 14:26-35). La perseverancia en la vida cristiana constituye una guerra incesante contra las fuerzas del reino de las tinieblas (cp. Ef. 6:10ss). Por tanto, se debe recordar a los cristianos que esperen dificultades y persecución, y que no desmayen por eso. Jesús prometió: "En el mundo tendréis aflicción" (Jn. 16:33). Pablo exhortó a Timoteo: "Tú, pues, sufre penalidades como buen soldado de Jesucristo... Y también todos los que quieren vivir piadosamente en Cristo Jesús padecerán persecución" (2 Ti. 2:3; 3:12). Santiago dio las buenas nuevas de que tal tribulación produce paciencia espiritual (Stg. 1:2-4), y Pedro confirma esa verdad en 1 Pedro 5:10.

Otra clave para el seguimiento eficaz es la organización. Sabiendo que su tiempo en estas ciudades sería breve, Pablo y Bernabé hicieron arreglos de largo plazo para el crecimiento continuo de los creyentes. Lo hicieron constituyendo **ancianos en cada iglesia.** Estos subpastores del Gran Pastor debían guiar y cuidar fielmente el rebaño mucho después que Pablo y Bernabé se hubieran ido (cp. 1 Ts. 5:12; 1 Ti. 5:17; He. 13:17; 1 P. 5:1-3). El hecho de que en tan poco tiempo algunos hubieran alcanzado el nivel de madurez espiritual requerida para los ancianos muestra la intensidad de la enseñanza y la exhortación de Pablo y de Bernabé. Que los ancianos fueran elegidos después de haber **orado con ayunos** muestra la seriedad con que se debió enfocar el proceso de selección.

Después de haber hecho todo lo humanamente posible por sus convertidos, los misioneros **los encomendaron al Señor en quien habían creído** (cp. Hch. 20:32). Esa actitud reconoce al Señor Jesucristo como la cabeza de la Iglesia, y la fuente de toda verdad y todo poder.

COMPROMISO

Pasando luego por Pisidia, vinieron a Panfilia. Y habiendo predicado la palabra en Perge, descendieron a Atalia. (14:24-25)

Agotados por sus viajes y su duro trabajo en la proclamación del evangelio, los dos misioneros se dirigieron a casa. Habiendo pasado **luego por Pisidia, vinieron a Panfilia,** y a la ciudad de **Perge.** Otros pudieron haber descansado antes de descender al puerto de **Atalia** y haber reservado pasaje para ir a casa, pero no Pablo y Bernabé. Tal era su compromiso con su llamado a evangelizar, que no salieron hasta no haber **predicado la palabra en Perge.** Según se observó en el análisis de Hechos 13:14 de esta obra, Pablo y Bernabé al parecer no habían predicado en Perge la primera vez que estuvieron allí. Para no dejar asuntos pendientes, procedieron a hacerlo. Cualesquiera que fueran las circunstancias, ellos estaban comprometidos a cumplir su llamado.

REVERENCIA

De allí navegaron a Antioquía, desde donde habían sido encomendados a la gracia de Dios para la obra que habían cumplido. Y habiendo llegado, y reunido a la iglesia, refirieron cuán grandes cosas había hecho Dios con ellos, y cómo había abierto la puerta de la fe a los gentiles. Y se quedaron allí mucho tiempo con los discípulos. (14:26-28)

Concluido finalmente su largo y arduo viaje, Pablo y Bernabé salieron de Atalia y **de allí navegaron a Antioquía, desde donde habían sido encomendados a la gracia de Dios para la obra que habían cumplido.** Sin duda, la iglesia en **Antioquía** estaba muy feliz por el regreso de sus dos amados pastores. La obra a la que **habían sido encomendados a la gracia de Dios** (cp. 9:15-16; 13:2-4) había tenido mucho éxito, según **refirieron** los misioneros.

Algunos se podrían haber jactado de todo lo que habían hecho: de las iglesias que habían plantado, la cantidad de convertidos que habían hecho y los milagros que habían realizado, pero no Pablo y Bernabé. Ellos mantuvieron sus logros en la perspectiva adecuada, observando que **Dios había hecho** todas esas cosas **con ellos, y cómo había abierto la puerta de la fe a los gentiles.** Se veían a sí mismos como instrumentos por medio de los cuales Dios había logrado sus propósitos; y toda la gloria fue para Él. Esa es una perspectiva esencial para un siervo del Señor.

A través de los dones del Espíritu: denuedo, poder, humildad, persistencia, cuidado, compromiso y reverencia a Dios, Pablo y Bernabé fueron usados con el fin de lograr mucho para el reino. Esas cualidades aún caracterizan a quienes recorren el sendero hacia el servicio cristiano eficaz.

El concilio de Jerusalén: ¿Es la salvación por ley o por gracia?

30

Entonces algunos que venían de Judea enseñaban a los hermanos: Si no os circuncidáis conforme al rito de Moisés, no podéis ser salvos. Como Pablo y Bernabé tuviesen una discusión y contienda no pequeña con ellos, se dispuso que subiesen Pablo y Bernabé a Jerusalén, y algunos otros de ellos, a los apóstoles y a los ancianos, para tratar esta cuestión. Ellos, pues, habiendo sido encaminados por la iglesia, pasaron por Fenicia y Samaria, contando la conversión de los gentiles; y causaban gran gozo a todos los hermanos. Y llegados a Jerusalén, fueron recibidos por la iglesia y los apóstoles y los ancianos, y refirieron todas las cosas que Dios había hecho con ellos. Pero algunos de la secta de los fariseos, que habían creído, se levantaron diciendo: Es necesario circuncidarlos, y mandarles que guarden la ley de Moisés. Y se reunieron los apóstoles y los ancianos para conocer de este asunto. Y después de mucha discusión, Pedro se levantó y les dijo: Varones hermanos, vosotros sabéis cómo ya hace algún tiempo que Dios escogió que los gentiles oyesen por mi boca la palabra del evangelio y creyesen. Y Dios, que conoce los corazones, les dio testimonio, dándoles el Espíritu Santo lo mismo que a nosotros; y ninguna diferencia hizo entre nosotros y ellos, purificando por la fe sus corazones. Ahora, pues, ¿por qué tentáis a Dios, poniendo sobre la cerviz de los discípulos un yugo que ni nuestros padres ni nosotros hemos podido llevar? Antes creemos que por la gracia del Señor Jesús seremos salvos, de igual modo que ellos. Entonces toda la multitud calló, y oyeron a Bernabé y a Pablo, que contaban cuán grandes señales y maravillas había hecho Dios por medio de ellos entre los gentiles. Y cuando ellos callaron, Jacobo respondió diciendo: Varones hermanos, oídme. Simón ha contado cómo Dios visitó por primera vez a los gentiles, para tomar de ellos pueblo para su nombre. Y con esto concuerdan las palabras de los profetas, como está escrito: Después de esto volveré y reedificaré el tabernáculo de David, que está caído; y repararé sus ruinas, y lo volveré a levantar, para que el resto de los hombres busque

al Señor, y todos los gentiles, sobre los cuales es invocado mi nombre, dice el Señor, que hace conocer todo esto desde tiempos antiguos. Por lo cual yo juzgo que no se inquiete a los gentiles que se convierten a Dios, sino que se les escriba que se aparten de las contaminaciones de los ídolos, de fornicación, de ahogado y de sangre. Porque Moisés desde tiempos antiguos tiene en cada ciudad quien lo predique en las sinagogas, donde es leído cada día de reposo. Entonces pareció bien a los apóstoles y a los ancianos, con toda la iglesia, elegir de entre ellos varones y enviarlos a Antioquía con Pablo y Bernabé: a Judas que tenía por sobrenombre Barsabás, y a Silas, varones principales entre los hermanos; y escribir por conducto de ellos: Los apóstoles y los ancianos y los hermanos, a los hermanos de entre los gentiles que están en Antioquía, en Siria y en Cilicia, salud. Por cuanto hemos oído que algunos que han salido de nosotros, a los cuales no dimos orden, os han inquietado con palabras, perturbando vuestras almas, mandando circuncidaros y guardar la ley, nos ha parecido bien, habiendo llegado a un acuerdo, elegir varones y enviarlos a vosotros con nuestros amados Bernabé y Pablo, hombres que han expuesto su vida por el nombre de nuestro Señor Jesucristo. Así que enviamos a Judas y a Silas, los cuales también de palabra os harán saber lo mismo. Porque ha parecido bien al Espíritu Santo, y a nosotros, no imponeros ninguna carga más que estas cosas necesarias: que os abstengáis de lo sacrificado a ídolos, de sangre, de ahogado y de fornicación; de las cuales cosas si os guardareis, bien haréis. Pasadlo bien. Así, pues, los que fueron enviados descendieron a Antioquía, y reuniendo a la congregación, entregaron la carta; habiendo leído la cual, se regocijaron por la consolación. Y Judas y Silas, como ellos también eran profetas, consolaron y confirmaron a los hermanos con abundancia de palabras. Y pasando algún tiempo allí, fueron despedidos en paz por los hermanos, para volver a aquellos que los habían enviado. Mas a Silas le pareció bien el quedarse allí. Y Pablo y Bernabé continuaron en Antioquía, enseñando la palabra del Señor y anunciando el evangelio con otros muchos. (15:1-35)

En varias épocas de su historia, los líderes de la Iglesia se han reunido para resolver cuestiones doctrinales. Por ejemplo, los historiadores reconocen siete concilios ecuménicos en los primeros siglos de la existencia de la Iglesia. De esos siete, quizás los dos más importantes fueron los concilios de Nicea (325) y Calcedonia (451). En esos concilios se condenó errónea enseñanza acerca de la persona y la naturaleza de nuestro Señor, y se definió cuidadosamente la posición bíblica.

Por importante que estos concilios fueran, el concilio de Jerusalén, descrito en este capítulo, fue el primero y el más importante de todos. Allí se estableció la cuestión doctrinal más trascendental de todas: ¿Qué debe hacer una persona para ser salva? Los apóstoles y los ancianos resistieron con éxito la presión de imponer el legalismo y el ritualismo judío sobre los creyentes gentiles. En otras palabras, prohibieron la inclusión de las obras como parte de la salvación. Afirmaron para siempre la verdad de que la salvación es totalmente por la gracia de Dios mediante la fe, aparte de cualquier esfuerzo humano.

La entrada generalizada de gentiles a la iglesia fue muy preocupante y amenazadora para algunos de los creyentes judíos. Muchos creían que los gentiles que quisieran volverse cristianos debían primero convertirse en prosélitos judíos. Veían el cristianismo como la culminación del judaísmo. Que los gentiles evitaran el proceso y se volvieran cristianos sin convertirse primero en prosélitos judíos, los horrorizaba y abrumaba. No podían concebir que paganos pudieran simplemente entrar a la iglesia y estar al instante en pie de igualdad con los creyentes judíos. Eso parecía injusto a quienes habían dedicado sus vidas a guardar la ley de Dios. También temían que, en una iglesia cada vez más gentil, se perdiera la cultura, las tradiciones y las influencias judías.

Dadas estas preocupaciones, el conflicto era inevitable. Mientras los convertidos gentiles eran pocos y ya eran prosélitos judíos (como el eunuco etíope y Cornelio), el asunto pudo evitarse. Pero, para la época del concilio de Jerusalén, las cosas habían llegado a un punto crítico. La situación no era si Dios quería salvar gentiles, sino cómo se iban a salvar. ¿Podían entrar directamente al reino de Dios, sin pasar por el portal del judaísmo? Con el fin de decidir ese asunto es que se reunió el concilio de Jerusalén. Del registro inspirado emergen cuatro características: la disensión, el análisis, la decisión y el desarrollo.

LA DISENSIÓN

Entonces algunos que venían de Judea enseñaban a los hermanos: Si no os circuncidáis conforme al rito de Moisés, no podéis ser salvos. Como Pablo y Bernabé tuviesen una discusión y contienda no pequeña con ellos, se dispuso que subiesen Pablo y Bernabé a Jerusalén, y algunos otros de ellos, a los apóstoles y a los ancianos, para tratar esta cuestión. Ellos, pues, habiendo sido encaminados por la iglesia, pasaron por Fenicia y Samaria, contando la conversión de los gentiles; y causaban gran gozo a todos los hermanos. Y llegados a Jerusalén, fueron recibidos por la iglesia y los apóstoles y los ancianos, y refirieron todas las cosas que Dios había hecho con ellos. Pero algunos de la secta de los fariseos, que habían creído, se levantaron diciendo: Es necesario circuncidarlos, y mandarles que guarden la ley de Moisés. (15:1-5)

Los falsos maestros han plagado la Iglesia en toda su historia. Son emisarios de Satanás, enviados para destruir el poder de la Iglesia y corromper su proclamación. Dos de los apóstoles en el concilio de Jerusalén, Pedro y Pablo, advirtieron de la funesta influencia de los falsos maestros. Pedro escribió: "Pero hubo también falsos profetas entre el pueblo, como habrá entre vosotros falsos maestros, que introducirán encubiertamente herejías destructoras, y aun negarán al Señor que los rescató, atrayendo sobre sí mismos destrucción repentina" (2 P. 2:1). Pablo advirtió a los líderes de la iglesia en Éfeso: "Yo sé que después de mi partida entrarán en medio de vosotros lobos rapaces, que no perdonarán al rebaño. Y de vosotros mismos se levantarán hombres que hablen cosas perversas para arrastrar tras sí a los discípulos" (Hch. 20:29-30).

La más destructiva de las "herejías destructivas", ya que condena a los hombres, es la enseñanza de que la salvación es por obras humanas, contra la cual advirtió Pedro. Esa doctrina es el credo de toda religión falsa y la herejía de mayor duración en la historia de la Iglesia. **Algunos** hombres **que venían de Judea** llevaron a Antioquía esta mortífera plaga espiritual, según la cual **enseñaban a los hermanos: Si no os circuncidáis conforme al rito de Moisés, no podéis ser salvos.** Sin la autorización de la iglesia de Jerusalén (v. 24), estos autoproclamados guardianes del legalismo llegaron para "enderezar" la teología de los creyentes en Antioquía. Sin duda también se negaban a comer con los gentiles (cp. Gá. 2:1ss) y, por tanto, no tendrían comunión con ellos en la Cena del Señor. La enseñanza y las acciones de estos individuos representaban una grave amenaza para la verdad del evangelio (cp. Gá. 5:2-6), así como para la unidad de la iglesia. El peligro de una división entre gentiles y judíos era real.

El pronunciamiento de los judaizantes a los gentiles, **si no os circuncidáis conforme al rito de Moisés, no podéis ser salvos,** creó comprensiblemente gran revuelo en la iglesia en Antioquía. A los gentiles, que ya creían ser salvos solamente por medio de la fe en Cristo se les informaba ahora que su salvación no era válida. Como los buenos pastores que eran, **Pablo y Bernabé** acudieron en defensa de su rebaño y tuvieron **una discusión y contienda no pequeña con** los legalistas. Lucharon con furia por la verdad y contra la brecha que se estaba impulsando entre judíos y gentiles en la iglesia.

Reconociendo las consecuencias de largo alcance de este asunto, **se dispuso que subiesen Pablo y Bernabé a Jerusalén, y algunos otros de** los hermanos (entre ellos Tito, Gá. 2:1, 3)**, los apóstoles y los ancianos, para tratar esta cuestión.** El asunto vital de cómo los gentiles debían ser salvos no se podía determinar en una congregación local. La decisión debía tomarse en **Jerusalén** por parte de los líderes de la iglesia ordenados por Dios: **los apóstoles y los ancianos** (cp. Ef. 2:20).

La delegación de hombres de confianza partió para Jerusalén, **habiendo sido encaminados por la iglesia** en Antioquía. A lo largo del camino **pasaron por Fenicia y Samaria, contando la conversión de los gentiles; y causaban gran gozo a todos los hermanos.** Esas regiones estaban muy pobladas por judíos de habla griega y samaritanos que estaban más abiertos a la salvación de gentiles de lo que estaban los judíos palestinos. La noticia de **la conversión de los gentiles** produjo **gran gozo a todos** estos **hermanos.** Como hijos espirituales de Esteban, Felipe, Pedro y Juan, no tenían la misma opinión de los legalistas que atribulaban a la iglesia en Antioquía. Pablo y Bernabé consiguieron apoyo a su paso. No solamente la iglesia en Antioquía sino también las de Fenicia y Samaria apoyaron la doctrina apostólica de la salvación solo por fe, tanto para judíos, como para gentiles.

Por fin, la delegación de Antioquía llegó **a Jerusalén,** donde **fueron recibidos por la iglesia y los apóstoles y los ancianos.** Entonces **refirieron todas las cosas que Dios había hecho con ellos,** reconociendo a Dios como la fuente de sus logros (cp. 14:27). Debió haber sido una escena conmovedora cuando los veteranos guerreros de la cruz relataron sus luchas y triunfos por la causa de Cristo.

Pero no todos se pusieron felices con el relato de Pablo y Bernabé. A algunos les horrorizó el informe de que los gentiles no estuvieran observando la ley de Moisés. Estos, sin duda **de la secta de los fariseos, que habían creído, se levantaron diciendo: Es necesario circuncidarlos, y mandarles que guarden la ley de Moisés.**

Aunque ambos grupos de fariseos manifestaban legalismo, estos creyentes eran distintos de los judaizantes del versículo 1. Claramente, los últimos no eran verdaderos cristianos, ya que enseñaban que la circuncisión se exigía para recibir salvación. Por tanto, mezclar obras humanas con la fe anulaba la gracia (Ro. 11:6). Lenski escribe:

> Agregar algo a Cristo como necesario para la salvación, por ejemplo la circuncisión o cualquier obra humana de cualquier tipo, es negar que Cristo sea el Salvador completo, es poner algo humano a la par con él, sin duda convirtiendo eso en el punto final. Aquello es fatal. Un puente hacia el cielo que se construye solo de 99% de Cristo y 1% de algo humano se rompe en la unión y deja de ser un puente. Incluso si se pudiera creer que Cristo nos llevara 999 kilómetros del camino, y se requiriera algo simplemente humano durante el último kilómetro, esto nos dejaría en el aire con el cielo estando aún muy lejos de nosotros (R. C. H. Lenski, *The Interpretation of the Acts of the Apostles* [Interpretación de Hechos de los apóstoles] [Minneapolis: Augsburg, 1961], p. 593).

Aquellos que creen que la ceremonia o el ritual juegan una parte en la salvación han negado la verdad de "que el hombre es justificado por fe sin las obras de la ley" (Ro. 3:28; cp. Gá 2:16).

Sin embargo, los fariseos del versículo 5 son diferentes, ya que el texto los describe como **que habían creído.** No sostuvieron que la circuncisión fuera necesaria para la salvación, sino que los creyentes estaban obligados a guardar la ley. Para ellos, la circuncisión y mantener la ley no eran medios de salvación sino obediencia requerida tras la salvación. Eran muy parecidos a los débiles hermanos de Romanos 14:1-10, que se adherían a leyes dietéticas, rituales y códigos sabáticos por causa de conciencia. Estaban convencidos de que Jesús de Nazaret era el Mesías que murió por sus pecados y resucitó de los muertos. Sin embargo, eso no les llevó inmediatamente a dejar de guardar la ley mosaica como estilo de vida. Eran verdaderos cristianos, pero no habían entendido la liberadora verdad de que las sombras ceremoniales y los rituales del Antiguo Testamento habían quedado atrás (Col. 2:16-17; He. 8:13).

Los **fariseos,** a diferencia de sus antiguos rivales los saduceos, podían volverse cristianos y retener muchas de sus creencias distintivas. Creían en la interpretación al pie de la letra de las Escrituras, en una resurrección literal, en vida después de la muerte, y en la existencia de ángeles (cp. Hch. 23:8). Por tanto

> tenían en común las convicciones básicas de los cristianos. Debido a esto a veces en Hechos se les encuentra defendiendo a los cristianos contra los saduceos, quienes tenían mucho menos en común con los puntos de vista cristianos (cp. 5:17; 23:8ss). Una importante barrera entre cristianos y fariseos era el extenso uso de la tradición oral de los fariseos, que tanto Jesús como Pablo rechazaron como tradición humana. No extraña que algunos fariseos llegaran a aceptar a Cristo como el Mesías a quien habían esperado. Por todo su énfasis en la ley, tampoco sorprende que fueran reticentes a recibir a alguien dentro de la comunidad en una manera no conforme con la tradición. Esa tradición estaba bien establecida para los prosélitos: circuncisión y todo el yugo de la ley (John B. Polhill, *The New American Commentary: Acts* [Nuevo comentario estadounidense: Hechos] [Nashville: Broadman, 1992], pp. 324-325).

Los creyentes en el Nuevo Testamento están libres de la carga insoportable (Hch. 10:13-15; 15:10) de guardar todo el ritual del Antiguo Testamento. No están "sin ley de Dios, sino bajo la ley de Cristo" (1 Co. 9:21). No hay licencia para pecar en la libertad cristiana.

EL ANÁLISIS

Y se reunieron los apóstoles y los ancianos para conocer de este asunto. Y después de mucha discusión, Pedro se levantó y les dijo: Varones hermanos, vosotros sabéis cómo ya hace algún tiempo que Dios escogió que los gentiles oyesen por mi boca la palabra del evangelio y creyesen. Y Dios, que conoce

los corazones, les dio testimonio, dándoles el Espíritu Santo lo mismo que a nosotros; y ninguna diferencia hizo entre nosotros y ellos, purificando por la fe sus corazones. Ahora, pues, ¿por qué tentáis a Dios, poniendo sobre la cerviz de los discípulos un yugo que ni nuestros padres ni nosotros hemos podido llevar? Antes creemos que por la gracia del Señor Jesús seremos salvos, de igual modo que ellos. Entonces toda la multitud calló, y oyeron a Bernabé y a Pablo, que contaban cuán grandes señales y maravillas había hecho Dios por medio de ellos entre los gentiles. Y cuando ellos callaron, Jacobo respondió diciendo: Varones hermanos, oídme. Simón ha contado cómo Dios visitó por primera vez a los gentiles, para tomar de ellos pueblo para su nombre. Y con esto concuerdan las palabras de los profetas, como está escrito: Después de esto volveré y reedificaré el tabernáculo de David, que está caído; y repararé sus ruinas, y lo volveré a levantar, para que el resto de los hombres busque al Señor, y todos los gentiles, sobre los cuales es invocado mi nombre, dice el Señor, que hace conocer todo esto desde tiempos antiguos. (15:6-18)

Después de recibir a los hombres de Antioquía, **se reunieron** en privado con ellos **los apóstoles y los ancianos para conocer de este asunto** de la salvación. Los líderes, no la congregación, decidirían este tema explosivo y potencialmente divisivo. E incluso fueron capaces de llegar a una decisión solo **después de mucha discusión.** Lucas no satisface nuestra curiosidad al darnos un relato de esa reunión. Solo podemos imaginar cómo debió haber sido, con hombres eruditos y piadosos defendiendo con mucha pasión sus posiciones. Lucas resume su relato con toda la congregación reunida para oír la decisión de sus líderes. Esa decisión fue anunciada en una serie de discursos por parte de Pablo, Bernabé y Jacobo. Cada uno expuso la verdad de que la salvación es totalmente por la gracia soberana de Dios mediante la fe, aparte de cualquier ritual o de guardar la ley. Tomadas juntas, estas disertaciones constituyen una de las defensas más fuertes de esa verdad en la Biblia. Bien se ha dicho que Hechos 15 es la Carta Magna de la iglesia cristiana.

Los discursos de Pedro, Pablo y Bernabé, y Jacobo presentan seis pruebas de que la salvación es únicamente por gracia. La salvación por gracia se demuestra por la revelación antigua, el don del Espíritu, la purificación del pecado, la imposibilidad de la ley para salvar, la realidad de los milagros, y la promesa profética.

LA REVELACIÓN ANTIGUA PRUEBA QUE LA SALVACIÓN ES POR GRACIA

Y después de mucha discusión, Pedro se levantó y les dijo: Varones hermanos, vosotros sabéis cómo ya hace algún tiempo que Dios escogió que los gentiles oyesen por mi boca la palabra del evangelio y creyesen. (15:7)

El primer orador fue **Pedro,** quien comenzó llevando a los creyentes reunidos a lo que había ocurrido **ya hace algún tiempo** en la iglesia. Les recordó **que Dios escogió** por medio del ministerio del apóstol **que los gentiles oyesen por boca** de él mismo **la palabra del evangelio y creyesen.** Aseveró que este problema fue resuelto años atrás, cuando Dios salvó a Cornelio y su casa aparte de la circuncisión, de guardar la ley, y de los rituales (Hch. 10:44-48). Su punto fue simple y directo: los legalistas no tenían ningún derecho de exigir a los gentiles lo que Dios no exigía. El asunto ya estaba divinamente resuelto.

EL DON DEL ESPÍRITU PRUEBA QUE LA SALVACIÓN ES POR GRACIA

Y Dios, que conoce los corazones, les dio testimonio, dándoles el Espíritu Santo lo mismo que a nosotros; y ninguna diferencia hizo entre nosotros y ellos, (15:8-9*a*)

Entonces Pedro se anticipó con habilidad y refutó una posible objeción a su primer punto. Los judaizantes pudieron haber sostenido que ya que Cornelio y los otros no reunían los requisitos legalistas para la salvación, en realidad no podían haber sido salvos. El apóstol demolió ese potencial argumento señalando que **Dios, que conoce los corazones, les dio testimonio** a los cristianos judíos. El don del Espíritu pertenece únicamente a los verdaderos redimidos (Ro. 8:9; 1 Co. 6:19; 12:13; Gá. 3:14; 4:6). Y para que nadie cuestionara si ellos recibieron el Espíritu, Pedro continuó recordándoles que **ninguna diferencia hizo entre nosotros y ellos.** Los gentiles tuvieron la misma experiencia, hablando en lenguas, como habían hecho los creyentes judíos en Pentecostés (Hch. 10:44-45; 11:17-18). Eso demostró que habían recibido el Espíritu, lo que a su vez afirmó que su salvación era verdadera.

LA PURIFICACIÓN DEL PECADO PRUEBA QUE LA SALVACIÓN ES POR GRACIA

purificando por la fe sus corazones. (15:9*b*)

La sola purificación **por la fe** de los **corazones** de los creyentes gentiles ofrece una prueba más de la salvación por gracia (la fuente de la fe, Ef. 2:8-9). Aquellos purificados de sus pecados son, obviamente, salvos y Dios no purifica personas que no sean verdaderamente salvas. Tal purificación viene solo por gracia de Dios. Pablo escribió a los efesios: "En quien tenemos redención por su sangre, el perdón de pecados según las riquezas de su gracia" (Ef.1:7; cp. Hch. 10:43). Puesto que los creyentes gentiles ya habían sido purificados de sus pecados solo por gracia, ¿qué más podían añadir la ley y el ritual? El problema del pecado había sido tratado y la justificación otorgada.

LA IMPOSIBILIDAD DE LA LEY PARA SALVAR PRUEBA QUE LA SALVACIÓN ES POR GRACIA

Ahora, pues, ¿por qué tentáis a Dios, poniendo sobre la cerviz de los discípulos un yugo que ni nuestros padres ni nosotros hemos podido llevar? Antes creemos que por la gracia del Señor Jesús seremos salvos, de igual modo que ellos. (15:10-11)

Pedro cuestiona a los judaizantes: **¿por qué tentáis a Dios?** No estaban en posición de desafiar o cuestionar el evangelio de la gracia de Dios. El apóstol resaltó la necedad de poner **sobre la cerviz de los discípulos un yugo que ni** los **padres** de ellos **ni** ellos mismos habían **podido llevar.** La descripción de la ley como un yugo pesado e irritante era apropiada. Al describir el legalismo de los escribas y fariseos, Jesús declaró: "Atan cargas pesadas y difíciles de llevar, y las ponen sobre los hombros de los hombres" (Mt. 23:4; cp. Lc. 11:46). Era una tontería que los legalistas esperaran que los gentiles asumieran una carga que ellos mismos encontraban muy pesada de sobrellevar y, por tanto, se alegraron de haber sido liberados.

Era igualmente erróneo imponer sobre los gentiles lo que no había funcionado para los judíos. Ninguno de los oyentes judíos de Pedro había sido salvo por la ley, ni había sido purificado de sus pecados por la ley, ni había recibido el Espíritu Santo por guardar la ley (cp. Gá. 3:2-3). Ya que guardar la ley no podía hacer ninguna de esas cosas vitales en ellos, ¿por qué exigírselas a los gentiles?

Pedro cerró su charla con la resonante afirmación de que la gloriosa verdad de la salvación es únicamente por gracia. **Creemos,** declaró, **que por la gracia del Señor Jesús seremos salvos, de igual modo que ellos.** Ya sea para judíos o gentiles, siempre ha habido y siempre habrá solo un camino de salvación.

LA REALIDAD DE LOS MILAGROS PRUEBA QUE LA SALVACIÓN ES POR GRACIA

Entonces toda la multitud calló, y oyeron a Bernabé y a Pablo, que contaban cuán grandes señales y maravillas había hecho Dios por medio de ellos entre los gentiles. (15:12)

Sin poder contradecir los puntos de Pedro, **toda la multitud calló. Bernabé y Pablo** subieron entonces al escenario y, con denuedo, **contaban cuán grandes señales y maravillas había hecho Dios por medio de ellos entre los gentiles.** Esas milagrosas **señales y maravillas** confirmaron que Pablo y Bernabé eran voceros de Dios (cp. 2 Co. 12:12). Adoctrinaron acerca de la salvación por gracia (Hch. 13:38-39), y los milagros que Dios realizó por medio de ellos confirmaba la veracidad de tal enseñanza (He. 2:3-4). En contraste, los judaizantes no podían producir milagros para apoyar su enseñanza. Dios no confirma falsa enseñanza concediendo milagros (una verdad aplicable en la Iglesia de hoy para los muchos supuestos obradores de milagros con teología aberrante).

Igual que ocurrió con los argumentos de Pedro, la evidencia presentada por Pablo y Bernabé era irrefutable. Su enseñanza de que la salvación era solo por gracia estaba cincelada indiscutiblemente con la aprobación de Dios.

LA PROMESA PROFÉTICA PRUEBA QUE LA SALVACIÓN ES POR GRACIA

Y cuando ellos callaron, Jacobo respondió diciendo: Varones hermanos, oídme. Simón ha contado cómo Dios visitó por primera vez a los gentiles, para tomar de ellos pueblo para su nombre. Y con esto concuerdan las palabras de los profetas, como está escrito: Después de esto volveré y reedificaré el tabernáculo de David, que está caído; y repararé sus ruinas, y lo volveré a levantar, para que el resto de los hombres busque al Señor, y todos los gentiles, sobre los cuales es invocado mi nombre, dice el Señor, que hace conocer todo esto desde tiempos antiguos. (15:13-18)

Cuando Pablo y Bernabé **callaron, Jacobo** pronunció el discurso final en defensa de la salvación por gracia. Recordó a sus oyentes que **Simón** (Pedro) había **contado cómo Dios visitó por primera vez a los gentiles, para tomar de ellos pueblo para su nombre.** Jacobo resumió el primer punto de Pedro: que por gracia Dios había salvado a los gentiles años atrás. Luego reforzó ese punto observando que **con esto concuerdan las palabras de los profetas.** El Antiguo Testamento predijo que Dios salvaría gentiles, y Jacobo citó Amós 9:11-12 para probarlo. Su cita difiere del texto masorético del Antiguo Testamento hebreo. Algunos han especulado que citó de la Septuaginta, la traducción griega del Antiguo Testamento, pero su cita tampoco corresponde exactamente a la Septuaginta. No obstante, el inspirado Jacobo sin duda está dando el sentido del pasaje como Dios quería que se entendiera, igual que los escritores del Nuevo Testamento a menudo hacen con textos del Antiguo Testamento.

El pasaje de Amós habla del reino milenial. Dios asegura: **reedificaré el tabernáculo de David, que está caído; y repararé sus ruinas, y lo volveré a levantar.** En el reino milenial, **el resto de los hombres** buscará **al Señor, y todos los gentiles, sobre los cuales es invocado mi nombre, dice el Señor, que hace conocer todo esto desde tiempos antiguos.** Los gentiles serán salvos como gentiles, sin primero convertirse en judíos, o bien el versículo 17 no tendría ningún sentido. El pasaje de Amós citado en ese versículo describe claramente que quienes están fuera de la comunidad del pacto de Israel reciben salvación, sin mencionar que primero deban convertirse en prosélitos judíos. Jacobo volvió a asegurar a su audiencia judía que la inclusión de gentiles en la iglesia no abrogaba el plan de Dios para Israel. Es más, en el reino serán ellos los mensajeros para llevar a los gentiles a Dios (Zac. 8:20-23).

La posición de Jacobo es que el profeta dijo que los gentiles estarán en el reino sin convertirse en prosélitos judíos. Por tanto, no hay necesidad de que se vuelvan prosélitos en la época actual. Su discurso representa una conclusión adecuada para las charlas en defensa de la salvación por gracia. Pedro comenzó resaltando que los gentiles, en el pasado, fueron salvos solo por gracia; Jacobo concluyó mostrando que ese también será el caso en el futuro. En consecuencia, la salvación de gentiles en el presente también debe ser únicamente por gracia.

LA DECISIÓN

Por lo cual yo juzgo que no se inquiete a los gentiles que se convierten a Dios, sino que se les escriba que se aparten de las contaminaciones de los ídolos, de fornicación, de ahogado y de sangre. Porque Moisés desde tiempos antiguos tiene en cada ciudad quien lo predique en las sinagogas, donde es leído cada día de reposo. Entonces pareció bien a los apóstoles y a los ancianos, con toda la iglesia, elegir de entre ellos varones y enviarlos a Antioquía con Pablo y Bernabé: a Judas que tenía por sobrenombre Barsabás, y a Silas, varones principales entre los hermanos; y escribir por conducto de ellos:

Los apóstoles y los ancianos y los hermanos, a los hermanos de entre los gentiles que están en Antioquía, en Siria y en Cilicia, salud. Por cuanto hemos oído que algunos que han salido de nosotros, a los cuales no dimos orden, os han inquietado con palabras, perturbando vuestras almas, mandando circuncidaros y guardar la ley, nos ha parecido bien, habiendo llegado a un acuerdo, elegir varones y enviarlos a vosotros con nuestros amados Bernabé y Pablo, hombres que han expuesto su vida por el nombre de nuestro Señor Jesucristo. Así que enviamos a Judas y a Silas, los cuales también de palabra os harán saber lo mismo. Porque ha parecido bien al Espíritu Santo, y a nosotros, no imponeros ninguna carga más que estas cosas necesarias: que os abstengáis de lo sacrificado a ídolos, de sangre, de ahogado y de fornicación; de las cuales cosas si os guardareis, bien haréis. Pasadlo bien. (15:19-29)

La evidencia para la salvación por gracia presentada durante los discursos fue concluyente. **Por lo cual,** basado en todo lo que se había dicho, Jacobo, como cabeza de la iglesia en Jerusalén (cp. Hch. 12:17), juzga **que no se inquiete a los gentiles que se convierten a Dios.** Guardar la ley y observar rituales no eran requisitos para la salvación. A los judaizantes se les ordenó **que no se** inquietara **a los gentiles** enseñando lo contrario.

Con el principal asunto doctrinal resuelto, Jacobo se volvió hacia asuntos prácticos de compañerismo. Él y los otros líderes estaban preocupados no solo de que los judíos no inquietaran a los gentiles, sino también que estos no molestaran a los judíos. El peligro era que los gentiles, disfrutando de su libertad en Cristo, presionaran a los creyentes judíos a ejercer esa misma libertad y violar sus conciencias. Para evitar eso, Jacobo propuso **que se les escriba** una carta a los gentiles ordenándoles **que se aparten** de cuatro costumbres: **de las contaminaciones de los ídolos, de fornicación, de ahogado y de sangre.** Esas eran violaciones de la ley de **Moisés,** quien **desde tiempos antiguos tiene en cada ciudad quien lo predique en las sinagogas, donde es leído cada día de reposo.** Violar innecesariamente las sanciones mosaicas destruiría la credibilidad de la iglesia con judíos incrédulos y ofendería a los creyentes. Sería un abuso de la libertad en Cristo que los creyentes disfrutaban (cp. 1 P. 2:16).

Las contaminaciones de los ídolos se refiere a alimentos ofrecidos a dioses paganos y luego vendidos en carnicerías del templo. La idolatría era un asunto repugnante y blasfemo para los judíos. El Antiguo Testamento está repleto de advertencias contra la idolatría (cp. Éx. 20:3; 34:17; Dt. 5:7). Además, la práctica idolátrica de sus antepasados llevó a la destrucción de la nación (cp. 2 R. 17:7-18; 2 Cr. 36:14-16). Ellos tratarían naturalmente de evitar cualquier manifestación de esta práctica, incluso comer carne ofrecida a ídolos. Ese fue un asunto grave en la iglesia primitiva, que más tarde Pablo examinaría detenidamente (1 Co. 8:1-13; 10:14-33).

Fornicación describe pecado sexual en general, y las orgías asociadas con la adoración de dioses paganos en particular. El sexo ilícito era parte integral de la adoración pagana gentil. Las sacerdotisas del templo a menudo no eran más que prostitutas. Aunque la **fornicación** es obviamente una cuestión moral (cp. 1 Co. 6:15-20), en un sentido más amplio también es un tema de consideración para los judíos. En todas sus relaciones matrimoniales y en el comportamiento con el sexo opuesto, los gentiles no debían hacer nada ofensivo a la ley de Dios o a la sensibilidad judía.

Abstenerse **de ahogado y de sangre** implicaba leyes dietéticas (Gn. 9:4; Lv. 3:17; 7:26; 17:12-14; 19:26; Dt. 12:16, 23; 15:23; 1 S. 14:34; Ez. 33:25). Aunque ciertamente sin imponer esas leyes sobre los creyentes gentiles (cp. Hch. 10:9-16), Jacobo las estableció como requisitos mínimos para el compañerismo. Como ya se observó, la libertad en Cristo no concede el derecho de pecar, ni de ofender a otros creyentes.

Habiendo decidido tanto asuntos doctrinales como cuestiones prácticas, **pareció bien a los apóstoles y a los ancianos, con toda la iglesia, elegir de entre ellos varones y enviarlos a Antioquía con Pablo y Bernabé: a Judas que tenía por sobrenombre Barsabás, y a Silas, varones principales entre los hermanos.** La decisión del concilio se debía comunicar a la iglesia en **Antioquía,** el centro del cristianismo gentil. Que **los apóstoles y los ancianos, con toda la iglesia** se pusieran de acuerdo fue otra manifestación de la unidad que caracterizó a la iglesia primitiva (cp. Hch. 6:5).

Era necesario **elegir varones y enviarlos** a Antioquía **con** los **amados Bernabé y Pablo,** o, de lo contrario, los judaizantes seguramente habrían acusado a los dos misioneros de dar una explicación parcial de los procedimientos. En consecuencia, eligieron **a Judas que tenía por sobrenombre Barsabás, y a Silas,** a quienes Lucas describe como **varones principales entre los hermanos.** Nada más se sabe de **Judas que tenía por sobrenombre Barsabás,** ni si estaba emparentado con José Barsabás mencionado en Hechos 1:23. No obstante, **Silas** desempeñó un papel destacado en la historia del Nuevo Testamento. También conocido como Silvano (2 Co. 1:19; 1 Ts. 1:1; 2 Ts. 1:1; 1 P. 5:12), acompañó a Pablo en su segundo viaje misionero (15:40; 16:19, 25, 29; 17:4, 10, 14, 15; 18:5). Más tarde sirvió como amanuense de Pedro para su primera epístola (1 P. 5:12). Lucas describe a Judas y a Silas como **varones principales** en la iglesia de Jerusalén. Reconociendo la importancia esencial de la misión, la iglesia en Jerusalén envió sus dos mejores hombres. Otra muestra de cuán seriamente los líderes de la iglesia vieron la situación es que decidieron **escribir** una carta junto con la delegación. Esa misiva, de **los apóstoles y los ancianos y los hermanos,** estaba dirigida **a los hermanos de entre los gentiles que están en Antioquía, en Siria y en Cilicia.** Que la iglesia en Jerusalén se dirigiera a los gentiles como **hermanos** era importante. Esto afirmó la aceptación de la iglesia hacia ellos como compañeros creyentes y socavó la posición de los judaizantes. La salutación *chairein* (**salud**) aparece solo aquí, en Hechos 23:26 (donde la usa un romano, Claudio Lisias), y en Santiago 1:1. Aquello podría sugerir que Santiago escribió la carta a favor de los otros. **Siria y Cilicia** estaban regidas en esa época como un solo distrito romano, del cual Antioquía era la capital. Muchas de las iglesias en **Cilicia** sin duda habían sido fundadas por Pablo durante su estadía allí después de su huida de Jerusalén (Hch. 9:30). Las iglesias gentiles en Chipre y Galacia no se mencionan. Tal vez las consideraban extensiones de la iglesia de Antioquía, o la carta se pudo haber dirigido solamente a Antioquía porque esa iglesia había enviado la delegación a Jerusalén (Homer A. Kent, hijo, *Jerusalem to Rome* [De Jerusalén a Roma] [Grand Rapids: Baker, 1992], p. 128). En todo caso, la carta fue entregada por Pablo y Silas a las iglesias de Galacia (Hch. 16:4).

Se expone el motivo de la carta. La iglesia en Jerusalén había **oído que algunos que han salido de** ellos, **a los cuales** sin haberles dado ninguna **orden, han inquietado** a los creyentes de Antioquía **con palabras, perturbando** sus **almas.** Los judaizantes que estaban inquietando a la iglesia en Antioquía no tenían autorización de Jerusalén. *Tarassō* (**inquietado**) no es la misma palabra usada en el versículo 19. Es una expresión fuerte que significa "trastornar profundamente", "perturbar profundamente", "confundir", o "crear temor". Se usa en Juan 14:1 para describir el estado de preocupación de los discípulos después que Jesús les hablara de su muerte inminente. También aparece en referencia a falsa enseñanza en Gálatas 1:7 y 5:10. *Anaskeuazō* (**perturbando**) aparece solamente aquí en el Nuevo Testamento. En el griego extrabíblico se usaba para hablar de caer en bancarrota o con relación a una fuerza militar saqueando una ciudad (W. E. Vine, *An Expository Dictionary of New Testament Words* [Diccionario expositivo de palabras del Nuevo Testamento] [Old Tappan, N. J.: Revell, 1966], 4:88). Tomadas juntas, estas dos palabras describen acertadamente los estragos causados por falsas enseñanzas.

Después de haber decidido enviar la carta, les **pareció bien** a los líderes de la comunidad en Jerusalén, tras llegar **a un acuerdo, elegir** entre ellos algunos **varones y enviarlos** a Antioquía **con** sus **amados Bernabé y Pablo.** Que hubieran **llegado a un acuerdo** con relación a este asunto muestra una vez más la unidad que disfrutaban (cp. v. 22). La descripción de **Bernabé y Pablo** como **amados** muestra el afecto que sentían por ellos. El elogio que la iglesia hace de estos **hombres que han expuesto su vida por el nombre de nuestro Señor Jesucristo** es el más noble que alguien podía recibir. En su primer viaje misionero, los dos habían enfrentado persecución (Hch. 13:50), y a Pablo casi lo habían asesinado (Hch. 14:19-20). Disposición para sufrir por la causa de Cristo fue el patrón constante de sus vidas.

¿Qué les hizo querer arriesgar sus vidas? Primero, estaban preocupados por otros. Pablo escribió a los filipenses: "Y aunque sea derramado en libación sobre el sacrificio y servicio de vuestra fe, me gozo y regocijo con todos vosotros" (Fil. 2:17). Segundo, sabían que el camino de sufrimiento llevaba a una provisión más abundante de la gracia de Dios (2 Co. 12:9-10). Tercero, entendían la continuidad de la vida eterna. En Romanos 14:7-9, Pablo escribió:

> *Porque ninguno de nosotros vive para sí, y ninguno muere para sí. Pues si vivimos, para el Señor vivimos; y si morimos, para el Señor morimos. Así pues, sea que vivamos, o que muramos, del Señor somos. Porque Cristo para esto murió y resucitó, y volvió a vivir, para ser Señor así de los muertos como de los que viven.*

Saber que en vida o en muerte eran del Señor, los hacía más intrépidos. Cuarto, sabían que la muerte simplemente les hacía ganar el cielo, el cual anhelaban. Pablo expresó esa misma esperanza en Filipenses 1:21-23:

> *Porque para mí el vivir es Cristo, y el morir es ganancia. Mas si el vivir en la carne resulta para mí en beneficio de la obra, no sé entonces qué escoger. Porque de ambas cosas estoy puesto en estrecho, teniendo deseo de partir y estar con Cristo, lo cual es muchísimo mejor.*

Quinto, Pablo y Bernabé trataban de obedecer a Cristo a toda costa, aunque esa obediencia significara sufrir. Pedro escribió a los creyentes: "Pues para esto fuisteis llamados; porque también Cristo padeció por nosotros, dejándonos ejemplo, para que sigáis sus pisadas" (1 P. 2:21; cp. 1 P. 3:17; 5:10). Por último, y lo más importante, estaban dispuestos a sufrir **por el nombre de nuestro Señor Jesucristo** (cp. Fil. 3:10). El **nombre** de **Jesucristo** incluía todo lo que Él era y se proponía, y motivó el servicio de Pablo (Ro. 1:5), así como el servicio de otros en la iglesia primitiva (3 Jn. 7). Cuando los apóstoles sufrían persecución, se regocijaban "de haber sido tenidos por dignos de padecer afrenta por causa del Nombre" (Hch. 5:41). Ningún costo era demasiado alto de pagar a fin de proteger la honra del Señor Jesucristo.

Como ya se había decidido (v. 22), **Judas y Silas** acompañarían a Pablo y Bernabé de vuelta a Antioquía. Ellos **también de palabra** harían **saber lo mismo,** confirmando así el contenido de la carta por su informe de primera mano de los procedimientos. Luego, reflejando la decisión del concilio con relación a los asuntos del compañerismo (vv. 19-21), la carta concluyó:

> **Porque ha parecido bien al Espíritu Santo, y a nosotros, no imponeros ninguna carga más que estas cosas necesarias: que os abstengáis de lo sacrificado a ídolos, de sangre, de ahogado y de fornicación; de las cuales cosas si os guardareis, bien haréis. Pasadlo bien.** (15:28-29)

La misiva contestaba, por consiguiente, el asunto doctrinal surgido en la iglesia de Antioquía y daba instrucción sabia sobre cómo evitar desavenencias en la comunidad.

EL DESARROLLO

Así, pues, los que fueron enviados descendieron a Antioquía, y reuniendo a la congregación, entregaron la carta; habiendo leído la cual, se regocijaron por la consolación. Y Judas y Silas, como ellos también eran profetas, consolaron y confirmaron a los hermanos con abundancia de palabras. Y pasando algún tiempo allí, fueron despedidos en paz por los hermanos, para volver a aquellos que los habían enviado. Mas a Silas le pareció bien el quedarse allí. Y Pablo y Bernabé continuaron en Antioquía, enseñando la palabra del Señor y anunciando el evangelio con otros muchos. (15:30-35)

Los mensajeros **que fueron enviados**, con las bendiciones de la comunidad de Jerusalén **descendieron a Antioquía.** Allí, **reuniendo a la congregación, entregaron la carta.** Toda la **congregación,** que había estado esperando con ansias la noticia de si su salvación era cierta, se reunió para escuchar la decisión de los apóstoles.

La lectura de la **carta** y el informe de la delegación evocaron cuatro respuestas de los creyentes reunidos. La primera fue celebración: **se regocijaron.** La confirmación de que la salvación era, en realidad, solamente por gracia quitó de sus hombros la tremenda carga de preocupación. La segunda respuesta fue **consolación,** debido al ánimo que el mensaje les produjo. Ya no debían temer que su salvación no fuera auténtica. El legalismo produce temor, culpa y orgullo, mientras la sola gracia produce consuelo y esperanza (2 Ts. 2:16). Una tercera respuesta fue confirmación, cuando **Judas y Silas, como ellos también eran profetas, consolaron y confirmaron a los hermanos con abundancia de palabras.** Los dos líderes de Jerusalén añadieron sus propias palabras alentadoras a las de la carta. Entonces, después de pasar **algún tiempo allí, fueron despedidos en paz por los hermanos, para volver a aquellos que los habían enviado** y regresaron a Jerusalén. El legalismo no produce confirmación ni edificación; es "la palabra de su gracia" la que "que tiene poder para" sobreedificar a los creyentes (Hch. 20:32). La respuesta final fue continuidad. El versículo 34 no está en los mejores manuscritos, pero el 35 declara que **Pablo y Bernabé continuaron en Antioquía, enseñando la palabra del Señor y anunciando el evangelio con otros muchos.** Los dos hombres retomaron donde habían quedado y continuaron su ministerio **anunciando** y **enseñando la palabra del Señor.** Su enseñanza dejó claro que la salvación es solamente por gracia.

Por tanto, la iglesia apostólica sobrevivió al mayor reto que había enfrentado, y estableció la doctrina de salvación por gracia. El intento de Satanás por inyectar enseñanza hereje fue desbaratado, y así también lo fue su intento de dividir la iglesia a lo largo de líneas culturales y raciales. Salvaguardada la verdad vitalmente importante de salvación por gracia, la iglesia experimentó mayores días de ministración que nunca antes.

Siempre ha habido, y siempre habrá, una sola manera de ser salvos. Nadie expresó esa verdad con más claridad que el apóstol Pablo cuando escribió las conocidas palabras: "Por gracia sois salvos por medio de la fe; y esto no de vosotros, pues es don de Dios; no por obras, para que nadie se gloríe" (Ef. 2:8-9).

Evangelización a la manera correcta

31

Después de algunos días, Pablo dijo a Bernabé: Volvamos a visitar a los hermanos en todas las ciudades en que hemos anunciado la palabra del Señor, para ver cómo están. Y Bernabé quería que llevasen consigo a Juan, el que tenía por sobrenombre Marcos; pero a Pablo no le parecía bien llevar consigo al que se había apartado de ellos desde Panfilia, y no había ido con ellos a la obra. Y hubo tal desacuerdo entre ellos, que se separaron el uno del otro; Bernabé, tomando a Marcos, navegó a Chipre, y Pablo, escogiendo a Silas, salió encomendado por los hermanos a la gracia del Señor, y pasó por Siria y Cilicia, confirmando a las iglesias. Después llegó a Derbe y a Listra; y he aquí, había allí cierto discípulo llamado Timoteo, hijo de una mujer judía creyente, pero de padre griego; y daban buen testimonio de él los hermanos que estaban en Listra y en Iconio. Quiso Pablo que éste fuese con él; y tomándole, le circuncidó por causa de los judíos que había en aquellos lugares; porque todos sabían que su padre era griego. Y al pasar por las ciudades, les entregaban las ordenanzas que habían acordado los apóstoles y los ancianos que estaban en Jerusalén, para que las guardasen. Así que las iglesias eran confirmadas en la fe, y aumentaban en número cada día. Y atravesando Frigia y la provincia de Galacia, les fue prohibido por el Espíritu Santo hablar la palabra en Asia; y cuando llegaron a Misia, intentaron ir a Bitinia, pero el Espíritu no se lo permitió. Y pasando junto a Misia, descendieron a Troas. Y se le mostró a Pablo una visión de noche: un varón macedonio estaba en pie, rogándole y diciendo: Pasa a Macedonia y ayúdanos. Cuando vio la visión, en seguida procuramos partir para Macedonia, dando por cierto que Dios nos llamaba para que les anunciásemos el evangelio. (15:36—16:10)

El Señor Jesucristo definió la misión de la Iglesia cuando ordenó a los creyentes: "Id, y haced discípulos a todas las naciones, bautizándolos en el nombre del Padre, y del Hijo, y del Espíritu Santo" (Mt. 28:19). En toda su historia la Iglesia ha tratado de cumplir esa misión.

Aunque hay un consenso general sobre la *necesidad* de evangelizar, existe gran diversidad de métodos. Hay muchos enfoques diferentes, desde presentaciones sencillas de unos cuantos versículos básicos hasta acontecimientos sofisticados multimedia; y desde encuentros personales hasta cruzadas evangelizadoras en toda la ciudad. Existen innumerables libros, videos y seminarios para entrenar a cristianos en cómo anunciar su fe. Institutos de evangelización, centros de capacitación, universidades bíblicas, y seminarios, todos ofrecen cursos sobre evangelización. Hay una enorme y desconcertante cantidad de tratados, folletos y otra literatura de evangelización, todo desde "Un camino al cielo", hasta "Las cuatro leyes espirituales", "Seis pasos para la paz con Dios", y "Treinta y nueve pasos para la salvación".

Lo que a menudo se pasa por alto en el énfasis sobre la metodología son los principios esenciales básicos que afianzan toda verdadera evangelización bíblica. Este pasaje ilustra esos llamados de evangelización por la pasión correcta, la prioridad correcta, el personal correcto, las precauciones correctas, y la presentación correcta en el lugar correcto.

LA PASIÓN CORRECTA

Después de algunos días, Pablo dijo a Bernabé: Volvamos (15:36*a*)

Después de la pausa del concilio de Jerusalén, donde quedó decidido el asunto crucial de la salvación por gracia, la iglesia en Antioquía reanudó su alcance evangelizador. Específicamente, este pasaje marca el inicio del segundo viaje misionero de Pablo. Su ministerio también se había interrumpido por la controversia con los legalistas y por su visita a Jerusalén. Con esto detrás de él, estaba listo para seguir adelante con la tarea de alcanzar a los perdidos.

La frase **después de algunos días** denota un período indeterminado, durante el cual "Pablo y Bernabé continuaron en Antioquía, enseñando la palabra del Señor y anunciando el evangelio con otros muchos" (15:35). Al final de ese tiempo, **Pablo dijo a Bernabé: Volvamos...** No fue como si Pablo estuviera aburrido en Antioquía. Ayudar a pastorear una iglesia grande y creciente es suficientemente retador para la mayoría de hombres. Pero Pablo siempre sintió con intensidad el llamado a regiones no evangelizadas. Simplemente no estaba en él permanecer por mucho tiempo en un lugar mientras muchos miles aún no habían oído el evangelio, y él había sido comisionado para alcanzarlos. El apóstol era un hombre apasionado, motivado por un deseo de predicar el evangelio especialmente donde aún se lo debía proclamar (Ro. 15:20). Tal pasión fue el resultado de amor por Dios y compromiso con la obediencia. Esto lo llevó a escribir: "Me es impuesta necesidad; y ¡ay de mí si no anunciare el evangelio!" (1 Co. 9:16). Nadie que no tenga esa preocupación por las almas perdidas será eficaz alguna vez en evangelizar. Esa falta de motivación interior es algo que ninguna capacitación o maestría de técnicas puede superar.

Todo sitio en que Pablo se hallara, sin importar cuánto tiempo permaneciera allí, solo era un paso hacia otro lugar. Por muchos años anheló visitar Roma (Ro. 15:22-23). Se podría creer que Roma sería su meta definitiva, y que él estaría contento de ministrar allí el resto de su vida. Después de todo, esta era la capital del mayor imperio que el mundo había conocido jamás, la ciudad más estratégica del universo. Tenía una enorme población y era visitada por miles desde todo rincón del mundo conocido. Pero incluso la poderosa Roma era solo otro lugar de parada para Pablo. A la iglesia en esa ciudad le escribió que "cuando vaya a España, iré a vosotros; porque espero veros al pasar, y ser encaminado allá por vosotros, una vez que haya gozado con vosotros... pasaré entre vosotros rumbo a España" (Ro.15:24, 28). Pablo era un hombre obligado a alcanzar a los perdidos, y no podía descansar por mucho tiempo de esa carga, ni siquiera en la compañía de hermanos en la fe.

La apasionada preocupación por aquellos sin Cristo encontró un eco en el corazón de J. Hudson Taylor, el misionero inglés del siglo XIX en la China, quien escribió:

> Tengo un deseo más fuerte que nunca de ir a China. Esa tierra siempre está en mis pensamientos. Piensa al respecto: Trescientos sesenta millones de almas, ¡sin Dios ni esperanza en el mundo! Piensa en que más de doce millones de nuestras criaturas compañeras mueren cada año sin ninguno de los consuelos del evangelio. Contando a las personas comunes y corrientes, Barnsley solo tiene quince mil habitantes. ¡Imagina qué pasaría si todos ellos murieran en doce meses! Sin embargo, en China año tras año, *centenares* están muriendo por cada hombre, mujer y niño en Barnsley. ¡Pobre y rechazada China! Casi nadie se preocupa por ella (Dr. y Sra. Howard Taylor, *J. Hudson Taylor: A Biography* [Biografía] [Chicago: Moody, 1981], p. 17. Cursivas en el original).

Tal pasión no se puede aprender estudiando metodología evangelista. Resulta de conocer y amar a Cristo de manera tan profunda que algo de su amor por los pecadores perdidos llegue a ser nuestro. Y conocer a Cristo viene al estudiar su Palabra. Es por medio de ese estudio que "nosotros todos, mirando a cara descubierta como en un espejo la gloria del Señor, somos transformados de gloria en gloria en la misma imagen, como por el Espíritu del Señor" (2 Co. 3:18).

LA PRIORIDAD CORRECTA

a visitar a los hermanos en todas las ciudades en que hemos anunciado la palabra del Señor, para ver cómo están. (15:36*b*)

Aunque Pablo fue el evangelista humano más grandioso que el mundo ha conocido alguna vez, seguramente no encajaba en el estereotipo del siglo XXI. La concepción moderna de un evangelista es de alguien que viaja de ciudad en ciudad predicando el evangelio, y dejando que otros den seguimiento a sus convertidos. Sin embargo, Pablo era un evangelista bíblico. Veía su responsabilidad no solo de proclamar el evangelio salvador, sino también de establecer iglesias y llevar a la madurez a los nuevos convertidos en su fe. No sorprende entonces que planeara su segundo viaje misionero para rememorar el primero. Su objetivo era **visitar a los hermanos en todas las ciudades en que** ellos habían **anunciado la palabra del Señor, para ver cómo** estaban. Pablo entendía claramente que la prioridad final de la evangelización es el discipulado: enseñar a los creyentes a obedecer todo lo que Cristo ha ordenado (Mt. 28:19-20).

¿Qué motivó a Pablo a volver a visitar a los convertidos del primer viaje misionero, además de su deseo de que obtuvieran madurez? Primero, los amaba como sus hijos espirituales. Expresó ese amor a los filipenses cuando escribió: "Dios me es testigo de cómo os amo a todos vosotros con el entrañable amor de Jesucristo" (Fil. 1:8). A los tesalonicenses les declaró: "Nosotros, hermanos, separados de vosotros por un poco de tiempo, de vista pero no de corazón, tanto más procuramos con mucho deseo ver vuestro rostro" (1 Ts. 2:17).

Ese es un elemento perdido con frecuencia en la evangelización moderna. También se falla, a menudo, en mostrar suficiente amor por aquellos a quienes se ha llevado a Cristo. En consecuencia, el evangelista no acepta responsabilidad por ellos. Sin embargo, la evangelización de Pablo no sufría de tal falta de amor. A los corintios les escribió: "Aunque tengáis diez mil ayos en Cristo, no tendréis muchos padres; pues en Cristo Jesús yo os engendré por medio del evangelio" (1 Co. 4:15). Pablo se veía como un padre amoroso y responsable por el bienestar espiritual de sus hijos.

Un segundo motivo para volver a visitar a los convertidos fue el compromiso del apóstol con la estrategia de evangelización más eficaz de todas: levantar creyentes maduros, no bebés espirituales, que sean capaces de reproducirse. El compromiso de Pablo de madurar creyentes refleja el de nuestro Señor, quien pasó la mayor parte de su tiempo con solo doce hombres. Pablo sabía que, como apóstol, debía entregarse a la iglesia

> *a fin de perfeccionar a los santos para la obra del ministerio, para la edificación del cuerpo de Cristo, hasta que todos lleguemos a la unidad de la fe y del conocimiento del Hijo de Dios, a un varón perfecto, a la medida de la estatura de la plenitud de Cristo (Ef. 4:12-13).*

Pablo expresó su filosofía ministerial en Colosenses 1:28, donde escribió: "A quien anunciamos, amonestando a todo hombre, y enseñando a todo hombre en toda sabiduría, a fin de presentar perfecto en Cristo Jesús a todo hombre". Él no era un evangelista tipo conductor que se da a la fuga. Durante su ministerio en Éfeso, "de noche y de día, no he cesado de amonestar con lágrimas a cada uno" (Hch. 20:31).

A largo plazo, la obra de una congregación local bien enseñada, madura y espiritualmente fuerte tiene mayor influencia que las cruzadas evangelísticas masivas.

EL PERSONAL CORRECTO

Y Bernabé quería que llevasen consigo a Juan, el que tenía por sobrenombre Marcos; pero a Pablo no le parecía bien llevar consigo al que se había apartado de ellos desde Panfilia, y no había ido con ellos a la obra. Y hubo tal desacuerdo entre ellos, que se separaron el uno del otro; Bernabé, tomando a Marcos, navegó a Chipre, y Pablo, escogiendo a Silas, salió encomendado por los hermanos a la gracia del Señor, y pasó por Siria y Cilicia, confirmando a las iglesias. Después llegó a Derbe y a Listra; y he aquí, había allí cierto discípulo llamado Timoteo, hijo de una mujer judía creyente, pero de padre griego; y daban buen testimonio de él los hermanos que estaban en Listra y en Iconio. Quiso Pablo que éste fuese con él; y tomándole, (15:37—16:3*a*)

Dios utiliza las personas adecuadas, las que Él elige, para cumplir las tareas que les tiene previstas. A ese fin, Él puede usar, y usa, hasta las circunstancias más negativas con el fin de producir los resultados más positivos. Lo hizo así en el caso detallado en este texto.

Cuando estaban a punto de embarcarse para su nuevo viaje, Pablo y Bernabé cometieron un error desde el principio. **Bernabé quería que llevasen consigo a Juan, el que tenía por sobrenombre Marcos.** El tiempo imperfecto del verbo traducido **llevasen** muestra que Bernabé era persistente. Igualmente firme, **a Pablo no le parecía bien llevar consigo al que se había apartado de ellos desde Panfilia, y no había ido con ellos a la obra** (cp. el análisis de Hch. 13:13 en el capítulo 26 de esta obra). Después de la primera falta de Juan Marcos, Pablo no le tenía confianza. Al duro y curtido en la batalla soldado de Cristo no le gustaban los desertores. Por otra parte, el tierno y alentador Bernabé insistía en darle a su sobrino (Col. 4:10) una segunda oportunidad.

Finalmente, **hubo tal desacuerdo entre ellos, que se separaron el uno del otro.** *Paroxusmos* (**tal desacuerdo**) es la raíz de la palabra castellana *paroxismo.* La sociedad entre ambos se disolvió no amigablemente sino con violentas emociones, y **Bernabé, tomando a Marcos, navegó a Chipre** (hogar de Bernabé, Hch. 4:36).

Aquí surge la pregunta de quién tenía la razón, Bernabé o Pablo. Aunque la Biblia no lo dice explícitamente, el peso de la evidencia favorece a Pablo. Él era un apóstol, Bernabé no. Por tanto, Bernabé debió haberse sometido a la autoridad apostólica de Pablo. Además, Pablo y Silas, y no Bernabé y Marcos, fueron encomendados por la iglesia (v. 40). Finalmente, Bernabé debió haber comprendido que habría sido poco prudente y difícil llevar a Marcos, en quien Pablo no confiaba.

Aunque al parecer no volvieron a ministrar juntos (esta es la última mención de Bernabé en Hechos), sabemos que Pablo y Bernabé llegaron a zanjar sus diferencias, porque Pablo más adelante escribió de modo aprobatorio respecto al ministerio de Bernabé (1 Co. 9:6). Incluso Juan Marcos, el causante de todo el lío, se convirtió después en uno de los valiosos colaboradores de Pablo (Col. 4:10; Flm. 24; 2 Ti. 4:11). También llegó a estar asociado de cerca con el apóstol Pedro (1 P. 5:13) y tuvo el privilegio de escribir uno de los cuatro Evangelios. Bernabé hizo un trabajo asombroso en ayudar a darle un giro a la vida y al ministerio de su joven sobrino.

Tras su separación de Bernabé, **Pablo, escogiendo a Silas, salió encomendado por los hermanos a la gracia del Señor.** No obstante, otro de los intentos de Satanás por impedir la extensión del evangelio fracasó. Ahora había dos equipos misioneros donde antes había habido uno. La influencia de estos hombres se había duplicado.

El nuevo compañero de Pablo, **Silas,** había sido uno de los líderes de la iglesia en Jerusalén (véase el estudio de Silas en el capítulo 31 de esta obra). Este era, en todos los aspectos, un hombre adecuado para el trabajo misionero. Como profeta (Hch. 15:32), era hábil para proclamar y enseñar la Palabra. Como judío, tenía entrada a las sinagogas. Como ciudadano romano (Hch. 16:37), disfrutaba de la misma protección y los mismos beneficios que Pablo. Y su posición como respetado líder de la iglesia en Jerusalén reforzó la enseñanza de Pablo de que la salvación gentil solo era por gracia. Eso era muy importante ya que parte del ministerio de ambos implicaba entregar "las ordenanzas que habían acordado los apóstoles y los ancianos que estaban en Jerusalén" (Hch. 16:4).

En el primer viaje misionero, Pablo y Bernabé habían entrado en Asia menor a través de la isla de Chipre. Pero con Bernabé y Juan Marcos ya allí (v. 39), no tenía sentido que Pablo y Silas tomaran ese camino. Pablo eligió, en cambio, viajar **por Siria y Cilicia,** por tanto entró en Galacia por la dirección opuesta. La importancia de eso se hará evidente poco después. **Siria** era el territorio que rodeaba Antioquía, y la región vecina de **Cilicia** incluía la ciudad natal de Pablo, Tarso. Muchas de las iglesias allí sin duda las había fundado el mismo Pablo. Mientras él y Silas viajaban por esas regiones estaban atareados **confirmando a las iglesias,** lo cual les era prioritario.

Después de atravesar la escarpada cordillera del Tauro a través de las Puertas Cilicias al norte de Tarso, el equipo misionero **llegó a Derbe y a Listra.** Pablo y Bernabé habían visitado esas ciudades en el primer viaje misionero (Hch. 14:6ss), y **Listra** había sido el escenario de algunos acontecimientos importantes. Allí fue donde Pablo había curado a un cojo (14:8-10). En respuesta, la asombrada multitud declaró dioses a los dos misioneros (14:11-18). Después de eso, a Pablo lo habían apedreado casi hasta matarlo por parte de judíos celosos de Antioquía e Iconio (14:19).

En **Listra,** a los misioneros se les unió **cierto discípulo llamado Timoteo.** Así como Silas había reemplazado a Bernabé, también Timoteo reemplazó a Juan Marcos. Ahora se hizo evidente la importancia de que Pablo y Silas entraran en Asia menor desde la dirección opuesta. Si hubieran seguido la misma ruta del primer viaje misionero, no habrían llegado a Listra hasta el final. Al añadir a **Timoteo** al principio del viaje obtuvieron su ayuda durante todo el recorrido.

Timoteo iba a jugar un papel clave en la vida de Pablo, convirtiéndose, con el tiempo, en su mano derecha (1 Co. 4:17; 1 Ts. 3:2; Fil. 2:19). Timoteo fue también "verdadero hijo en la fe" de Pablo (1 Ti. 1:2; cp. 1 Co. 4:17; 2 Ti. 1:2); el apóstol lo había llevado a Cristo cuando visitó Listra en su primer viaje misionero.

Timoteo era **hijo de una mujer judía** (Eunice) **creyente** (igual que su abuela Loida, 2 Ti. 1:5), **pero de padre griego.** Siendo tanto judío como gentil, Timoteo tenía acceso a ambas culturas, una calificación importante para el servicio misionero en esa época. Él era un hombre joven, probablemente se hallaba al final de su adolescencia o, quizás, contaba poco más de veinte años, pero **daban buen testimonio de él los hermanos que estaban en Listra y en Iconio.** Un requisito clave para ser líder de la iglesia es que sea "irreprensible" (1 Ti. 3:2, 10). Timoteo, incluso en su juventud, estaba cualificado para servir en ese aspecto.

Reconociendo el valor y el potencial de Timoteo, **quiso Pablo que éste fuese con él.** Este fue un paso importante para el joven y un sacrificio de parte de su familia. Ellos conocían demasiado bien los peligros que enfrentaba como compañero de Pablo. Eunice y Loida aún recordarían vívidamente los acontecimientos de la última visita de Pablo a Listra, cuando terminó ensangrentado y golpeado, y lo dejaron creyéndolo muerto. Era posible que Timoteo pudiera correr un destino parecido. Sin embargo, le permitieron ir. Después de ser comisionado por los ancianos de la asamblea local de creyentes (1 Ti. 4:14; 2 Ti. 1:6), el joven se unió a Pablo y Silas, y el curso de su vida se fijó.

LAS PRECAUCIONES CORRECTAS

le circuncidó por causa de los judíos que había en aquellos lugares; porque todos sabían que su padre era griego. (16:3*b*)

Con el padre de Timoteo probablemente muerto, y habiendo sido gentil de todos modos, Pablo asumió el papel de un padre y **circuncidó** al joven. Algunos han criticado duramente a Pablo por hacer eso, acusándolo de caer en la misma herejía que combatió en el concilio de Jerusalén. Pero tal crítica no podía estar más lejos de la verdad. En ninguna parte se establece o se sugiere que Pablo circuncidó a Timoteo para que pudiera ser salvo. El texto expresa claramente que **le circuncidó por causa de los judíos que había en aquellos lugares; porque todos sabían que su padre era griego.** La circuncisión era el requisito indispensable del judaísmo. Si Timoteo no se hubiera circuncidado, los **judíos** habrían supuesto que estaba renunciando a su herencia judía y eligiendo vivir como un gentil. La circuncisión que Pablo le hiciera no tenía nada que ver con la salvación; lo hizo por el bien de la conveniencia, para evitar la colocación de un obstáculo innecesario en el camino de la evangelización judía. La circuncisión de Timoteo le concedió total acceso a las sinagogas que visitaría con Pablo y Silas.

Lejos de caer en el legalismo, Pablo estaba siendo coherente con un principio que después expresaría en 1 Corintios 9:19-22:

> *Por lo cual, siendo libre de todos, me he hecho siervo de todos para ganar a mayor número. Me he hecho a los judíos como judío, para ganar a los judíos; a los que están sujetos a la ley (aunque yo no esté sujeto a la ley) como sujeto a la ley, para ganar a los que están sujetos a la ley; a los que están sin ley, como si yo estuviera sin ley (no estando yo sin ley de Dios, sino bajo la ley de Cristo), para ganar a los que están sin ley. Me he hecho débil a los débiles, para ganar a los débiles; a todos me he hecho de todo, para que de todos modos salve a algunos.*

Es significativo que Pablo se negara a circuncidar a Tito (Gá. 2:3). A diferencia de Tito, Timoteo era gentil de pura sangre. Haber circuncidado al primero habría significado capitular ante el legalismo.

De las acciones de Pablo con relación a sus dos compañeros, resulta evidente un principio importante. Los misioneros deben ser sensibles a las características exclusivas de las culturas en que trabajan. Como Pablo hizo al circuncidar a Timoteo, deberían tratar de no ofender de manera innecesaria. Pero así como Pablo al negarse a circuncidar a Tito, no deben transigir ninguna de las verdades eternas de la Biblia.

LA PRESENTACIÓN CORRECTA

Y al pasar por las ciudades, les entregaban las ordenanzas que habían acordado los apóstoles y los ancianos que estaban en Jerusalén, para que las guardasen. Así que las iglesias eran confirmadas en la fe, y aumentaban en número cada día. (16:4-5)

Básicamente, la clave para la evangelización eficaz y bíblica es el mensaje correcto. Ese mensaje es la verdad de que la salvación es por gracia a través de la fe en Jesucristo, y fue ese mensaje el que Pablo, Silas y Timoteo anunciaron lealmente. Cuando pasaron **por las ciudades** de Galacia, los misioneros **les entregaban las ordenanzas que habían acordado los apóstoles y los ancianos que estaban en Jerusalén, para que las guardasen.** Ellos estaban extendiendo la verdad liberadora afirmada en el concilio de Jerusalén: que la salvación era totalmente por la gracia de Dios. Asimismo, que a los nuevos creyentes no se les impediría su comunión con sus hermanos judíos. De este modo, los misioneros hacían saber a las iglesias las regulaciones impuestas sobre los gentiles. Ese es el mensaje doble del cristianismo: salvación por gracia y vivir por amor.

La exposición resumida de Lucas (cp. 2:41, 47; 4:4; 5:14; 6:7; 9:31) muestra el efecto saludable de la sana evangelización bíblica y del discipulado. Él observa **que las iglesias eran confirmadas en la fe, y aumentaban en número cada día.** El objetivo de la evangelización no es acumular enormes cantidades de convertidos. Sin embargo, es verdad que las iglesias fuertes, establecidas en la fe, aumentarán en número.

EL LUGAR CORRECTO

Y atravesando Frigia y la provincia de Galacia, les fue prohibido por el Espíritu Santo hablar la palabra en Asia; y cuando llegaron a Misia, intentaron ir a Bitinia, pero el Espíritu no se lo permitió. Y pasando junto a Misia, descendieron a Troas. Y se le mostró a Pablo una visión de noche: un varón macedonio estaba en pie, rogándole y diciendo: Pasa a Macedonia y ayúdanos. Cuando vio la visión, en seguida procuramos partir para Macedonia, dando por cierto que Dios nos llamaba para que les anunciásemos el evangelio. (16:6-10)

Atravesando Frigia y la provincia de Galacia, Pablo decidió ir más al oeste al interior de la provincia de **Asia.** Esa región era importante, y allí habría más tarde iglesias en ciudades como Éfeso, Pérgamo y Tiatira. No obstante, por ahora Dios tenía otros planes para los misioneros y, de algún modo, **les fue prohibido por el Espíritu Santo hablar la palabra en Asia.**

Con la vía al oeste bloqueada, los misioneros giraron al norte hacia **Misia,** la región norteña de **Asia.** Pero cuando **intentaron ir** más al norte hacia **Bitinia, el Espíritu no se lo permitió.** No hay indicio de cómo se les impidió hacerlo, pero sin ningún otro lugar para ir, **descendieron a Troas,** un puerto sobre el Mar Egeo. Ellos sabían que finalmente Dios les revelaría dónde quería que fueran si seguían en acción. Al final, en forma dramática, así lo hizo. **Se le mostró a Pablo una visión de noche: un varón macedonio estaba en pie, rogándole y diciendo: Pasa a Macedonia y ayúdanos. Macedonia** estaba al otro lado del Mar Egeo sobre tierra firme de Grecia. Allí se ubicaban las importantes ciudades de

Filipos y Tesalónica. Más importante, este sería el primer ingreso del evangelio en el continente europeo.

Habiendo recibido el llamamiento divino, Pablo no dudó. Lucas observa: **Cuando vio la visión, en seguida procuramos partir para Macedonia, dando por cierto que Dios nos llamaba para que les anunciásemos el evangelio.** La experiencia del equipo misionero ilustra un principio básico para conocer la voluntad de Dios: seguir adelante y permitirle que cierre puertas hasta que llegue la oportunidad correcta.

El versículo 10 es el primero de los pasajes "nosotros" en Hechos. Lucas, el escritor del libro, se ha unido ahora al equipo misionero. Igual que Timoteo, él iba a ser amigo fiel de Pablo y leal compañero por el resto de la vida del apóstol.

Este pasaje ilustra los principios básicos de la evangelización: Dios usa personas con la pasión correcta y la prioridad correcta, con el personal correcto que toma las precauciones correctas, para hacer la presentación correcta en el lugar correcto. Toda metodología de evangelización se debe evaluar a la luz de tales realidades.

Descripción de dos mujeres 32

Zarpando, pues, de Troas, vinimos con rumbo directo a Samotracia, y el día siguiente a Neápolis; y de allí a Filipos, que es la primera ciudad de la provincia de Macedonia, y una colonia; y estuvimos en aquella ciudad algunos días. Y un día de reposo salimos fuera de la puerta, junto al río, donde solía hacerse la oración; y sentándonos, hablamos a las mujeres que se habían reunido. Entonces una mujer llamada Lidia, vendedora de púrpura, de la ciudad de Tiatira, que adoraba a Dios, estaba oyendo; y el Señor abrió el corazón de ella para que estuviese atenta a lo que Pablo decía. Y cuando fue bautizada, y su familia, nos rogó diciendo: Si habéis juzgado que yo sea fiel al Señor, entrad en mi casa, y posad. Y nos obligó a quedarnos. Aconteció que mientras íbamos a la oración, nos salió al encuentro una muchacha que tenía espíritu de adivinación, la cual daba gran ganancia a sus amos, adivinando. Esta, siguiendo a Pablo y a nosotros, daba voces, diciendo: Estos hombres son siervos del Dios Altísimo, quienes os anuncian el camino de salvación. Y esto lo hacía por muchos días; mas desagradando a Pablo, éste se volvió y dijo al espíritu: Te mando en el nombre de Jesucristo, que salgas de ella. Y salió en aquella misma hora. (16:11-18)

Las últimas décadas han presenciado el surgimiento de muchos denominados movimientos de liberación. Al parecer, su objetivo es liberar de la opresión y la desigualdad a las personas y elevarlas a una categoría superior. Solo entonces, sostienen los proponentes, los individuos pueden sentirse realizados.

Sin embargo, como todos los demás movimientos sociales, los de liberación en última instancia no son lo que prometen. Ningún movimiento que reorganiza la condición social de las personas, mientras deja sus corazones sin transformar, es realmente liberador. Solo hay una manera de experimentar verdadera libertad, y es teniendo un corazón libre de la esclavitud del pecado y la muerte. El Señor Jesucristo expresó esa verdad en Juan 8:32 cuando declaró: "Conoceréis la verdad, y la verdad os hará libres". Esa libertad no viene por esfuerzo humano. El profeta Jeremías preguntó de manera retórica: "¿Mudará el etíope su piel, y el leopardo sus manchas? Así también, ¿podréis vosotros hacer bien, estando habituados a hacer mal?" (Jer. 13:23). La transformación radical de muerte espiritual a vida eterna, de oscuridad a luz, del reino de Satanás al de Dios solo viene a quienes "no son engendrados de sangre, ni de voluntad de carne, ni de voluntad de varón, sino de Dios" (Jn. 1:13). La satisfacción viene únicamente por medio de la total transformación a través del nuevo nacimiento.

Por tanto, solo hay dos tipos de personas en el mundo: aquellas a quienes "la ley del Espíritu de vida en Cristo Jesús ha librado de la ley del pecado y de la muerte" (Ro. 8:2) y a quienes Él dio vida cuando estaban "muertos en [sus] delitos y pecados" (Ef. 2:1). Solo existen los esclavos de la injusticia y los esclavos de la justicia (Ro. 6:16-18).

El movimiento de liberación de las mujeres es un ejemplo de un esfuerzo social que promete libertad y que no puede ofrecer otra cosa que esclavitud al pecado. En las descripciones de las dos mujeres que se hallan en Hechos 16:11-18, encontramos ejemplos tanto de libertad como de esclavitud. Lidia, la primera gentil registrada convertida en Europa, fue una mujer realmente liberada. La muchacha esclava sin nombre y endemoniada tipificaba a los esclavizados al pecado por parte de Satanás.

LA MUJER LIBERADA

Zarpando, pues, de Troas, vinimos con rumbo directo a Samotracia, y el día siguiente a Neápolis; y de allí a Filipos, que es la primera ciudad de la provincia de Macedonia, y una colonia; y estuvimos en aquella ciudad algunos días. Y un día de reposo salimos fuera de la puerta, junto al río, donde solía hacerse la oración; y sentándonos, hablamos a las mujeres que se habían reunido. Entonces una mujer llamada Lidia, vendedora de púrpura, de la ciudad de Tiatira, que adoraba a Dios, estaba oyendo; y el Señor abrió el corazón de ella para que estuviese atenta a lo que Pablo decía. Y cuando fue bautizada, y su familia, nos rogó diciendo: Si habéis juzgado que yo sea fiel al Señor, entrad en mi casa, y posad. Y nos obligó a quedarnos. (16:11-15)

El pasaje se inicia con el equipo misionero (Pablo, Silas, Timoteo y Lucas) en la ciudad portuaria de Troas, que estaba situada al otro lado del Mar Egeo de Grecia, sobre la orilla occidental de Asia Menor (moderna Turquía) cerca del lugar de la antigua Troya. El Espíritu Santo había dirigido allí a los misioneros, pues les había cerrado todas las demás puertas de ministración (16:6-8). Estando en Troas, Pablo tuvo una visión de un hombre de Macedonia (tierra firme de Grecia), que le rogaba: "Pasa a Macedonia y ayúdanos" (16:9). En respuesta a la visión, Lucas observa: "En seguida procuramos partir para Macedonia, dando por cierto que Dios nos llamaba para que les anunciásemos el evangelio" (16:10).

Zarpando, pues, de Troas, debido al llamado de Dios, ellos fueron **con rumbo directo a Samotracia. Samotracia** es una isla en el Mar Egeo, aproximadamente a medio camino entre Asia Menor y tierra firme de Grecia. Allí pernoctaron (para evitar los peligros de navegar en medio de la oscuridad) **y el día siguiente** navegaron hacia **Neápolis,** la ciudad que le servía de puerto a Filipos. Los vientos debieron haber sido favorables, porque el viaje inverso de Filipos a Troas en el tercer viaje misionero duró cinco días (Hch. 20:6). Cuando el equipo misionero desembarcó en **Neápolis,** el ministerio de Pablo finalmente se extendió a Europa.

El equipo no se detuvo a predicar en **Neápolis,** sino que **de allí** continuaron **a Filipos,** casi a dieciséis kilómetros tierra adentro. **Filipos,** según observa Lucas, era **la primera ciudad de la provincia de Macedonia, y una colonia** romana. Llamada así en honor a Felipe II de Macedonia (padre de Alejandro Magno). En **Filipos** terminaba el gran camino romano conocido como la Vía Egnatia. La ciudad fue nombrada **colonia** romana por Octavio, después de la batalla de Accio en el 31 a.C. Como colonia, Filipos

> poseía el *ius Italicum*, que conllevaba el derecho a la libertad (*libertas*), es decir, que era autónoma e independiente del gobierno provincial; el derecho de exención de impuestos (*immunitas*); y el derecho de poseer tierras en plena propiedad, como bajo la ley romana, y de usar procedimientos y precedentes italianos legales. En 16:16-40 tenemos una clara descripción del procedimiento, que por otra parte pertenece precisamente a esta época (David J. Williams, *New International Biblical Commentary: Acts* [Nuevo comentario bíblico internacional: Hechos] [Peabody, Mass.: Hendrickson, 1990], p. 284).

Aunque en Hechos aparecen otras ocho ciudades conocidas como colonias romanas, Filipos es la única a la que Lucas se refiere como una colonia.

Los misioneros se quedaron en Filipos **algunos días, y** luego **un día de reposo** salieron **fuera de la puerta** de la ciudad, **junto al río, donde solía hacerse la oración.** Pablo acostumbraba en cada población que visitaba predicar primero en la sinagoga. Como rabino y estudiante de Gamaliel, el más grande maestro de la época (Hch. 22:3), Pablo podía estar seguro de obtener audiencia allí. Sin embargo, para formar una sinagoga se requería la presencia de diez hombres judíos que fueran jefes de hogar. Era evidente que la comunidad judía de Filipos era demasiado pequeña para formar una sinagoga. En tales casos se debía organizar un lugar de **oración,** bajo cielo abierto y cerca de un río o el mar. El de Filipos estaba ubicado **fuera de la puerta, junto al río,** probablemente donde el camino que llevaba a Filipos atravesaba el río Gangites. El hecho de que el grupo se reuniera fuera de la ciudad tal vez indica que el lugar de encuentro estaba más allá de la zona sagrada, en la que no se permitían divinidades extranjeras.

Los misioneros se sentaron y hablaron **a las mujeres que se habían reunido.**

El hecho de que solo se mencionen **mujeres** es otra prueba del tamaño pequeño de la comunidad judía en Filipos. A falta de un hombre que las dirigiera, estas mujeres se reunían para orar, leer la ley del Antiguo Testamento, y estudiar lo que habían leído. Que les enseñara un rabino itinerante como Pablo, sin duda era un raro privilegio.

Es significativo que las primeras personas a las que Pablo predicara en Europa fueran mujeres. A menudo quienes rechazan su enseñanza sobre el papel de las mujeres lo han caricaturizado como un machista. Pero él no tenía prejuicios, como lo demuestra su afán de hablar con este grupo. La actitud del apóstol estaba en marcado contraste con la de sus compañeros fariseos, quienes no se dignaban enseñar a una mujer y, regularmente, en sus oraciones rutinarias, agradecían a Dios por no ser gentiles, esclavos ni mujeres. Esto también es contrario al trato a la mujer en la sociedad greco-romana. Pablo valoraba el ministerio de mujeres tales como Febe (Ro. 16:1), aquellas entre las que saludó en Romanos 16:3ss, e incluso Evodia y Síntique (Fil. 4:2-3).

El versículo 14 presenta a **una mujer llamada Lidia.** Debido a que el hogar de esta dama en **la ciudad de Tiatira** estaba ubicado en la provincia romana de Lidia, es posible que "Lidia" no fuera tanto su nombre personal como su nombre comercial; la pudieron haber conocido como "la dama de Lidia". **Tiatira,** lugar de una de las siete iglesias de Apocalipsis (Ap. 2:18-29), se destacaba por su producción de bienes de tinte y artículos teñidos de color púrpura. No asombra que la misma Lidia fuera **vendedora de púrpura.** El tinte púrpura, sea extraído de las glándulas de mariscos murez o de las raíces de la planta granza, era prohibitivamente costoso. Los vestidos de púrpura eran usados por la realeza y los acaudalados, y la venta de **púrpura** quizás era un negocio muy rentable. Que Lidia tuviera una casa suficientemente grande para acomodar al equipo misionero (v. 15) y a la naciente iglesia en Filipos (v. 40), indica su riqueza.

Tres aspectos secuenciales de la conversión de Lidia se destacan en la narración. En primer lugar, **adoraba a Dios.** El suyo era un corazón buscador y la mujer ya se había vuelto de la idolatría pagana para adorar al único Dios verdadero. Que **adoraba a Dios** muestra que Lidia, igual que Cornelio (Hch. 10:2), era una creyente en el Dios de Israel. Sin embargo, ella no se había vuelto totalmente prosélita al judaísmo.

La búsqueda de Lidia fue el primer paso de su liberación espiritual. Pero ella, igual que todos los pecadores, no buscó por su cuenta a Dios hasta que Él la buscó. En Romanos 3:11, Pablo escribió: "No hay quien entienda, no hay quien busque a Dios". El Señor Jesucristo declaró: "Ninguno puede venir a mí, si el Padre que me envió no le trajere" (Jn. 6:44).

La conversión de Lidia, como las de Cornelio y el eunuco etíope, ilustran un principio importante. Una pregunta hecha, a menudo, acerca de la evangelización se relaciona con el destino de quienes nunca oyen el evangelio. La conversión de Lidia muestra que Dios revelará la plenitud del evangelio a aquellos que Él hace que lo busquen sinceramente. En Juan 6:37, Jesús manifestó: "Todo lo que el Padre me da, vendrá a mí; y al que a mí viene, no le echo fuera". Dios nunca se apartará del corazón que lo busca.

Lidia no solo estaba buscando, sino que también **estaba oyendo** el evangelio anunciado por Pablo. Muchos oyen el sonido del mensaje dador de vida predicado sin realmente oírlo. Son como los compañeros de Pablo en el camino a Damasco que, aunque oyeron el sonido, "no entendieron la voz del que hablaba" (Hch. 22:9).

El Señor Jesucristo condenó a quienes escuchan sin oír. En respuesta a la pregunta de sus discípulos acerca de por qué hablaba en parábolas,

> *Él respondiendo, les dijo: Porque a vosotros os es dado saber los misterios del reino de los cielos; mas a ellos no les es dado. Porque a cualquiera que tiene, se le dará, y tendrá más; pero al que no tiene, aun lo que tiene le será quitado. Por eso les hablo por parábolas: porque viendo no ven, y oyendo no oyen, ni entienden. De manera que se cumple en ellos la profecía de Isaías, que dijo: De oído oiréis, y no entenderéis; y viendo veréis, y no percibiréis. Porque el corazón de este pueblo se ha engrosado, y con los oídos oyen pesadamente, y han cerrado sus ojos; para que no vean con los ojos, y oigan con los oídos, y con el corazón entiendan, y se conviertan, y yo los sane. Pero bienaventurados vuestros ojos, porque ven; y vuestros oídos, porque oyen. Porque de cierto os digo, que muchos profetas y justos desearon ver lo que veis, y no lo vieron; y oír lo que oís, y no lo oyeron (Mt. 13:11-17).*

En Juan 8:43-45, Jesús dio la razón de por qué las personas no escuchan su Palabra:

> *¿Por qué no entendéis mi lenguaje? Porque no podéis escuchar mi palabra. Vosotros sois de vuestro padre el diablo, y los deseos de vuestro padre queréis hacer. Él ha sido homicida desde el principio, y no ha permanecido en la verdad, porque no hay verdad en él. Cuando habla mentira, de suyo habla; porque es mentiroso, y padre de mentira. Y a mí, porque digo la verdad, no me creéis.*

Lidia no era como estos individuos, sino que oyó con fe el evangelio salvador. Lo hizo porque **el Señor abrió el corazón de ella para que estuviese atenta a lo que Pablo decía.** Según se indicó en el análisis de Hechos 13:48 en el capítulo 28 de esta obra, Dios es absolutamente soberano en la salvación. Si eso no fuera cierto, nadie se salvaría. Porque aquellos "muertos en [sus] delitos y pecados" (Ef. 2:1) son incapaces de responder a la verdad espiritual. Dios tiene que abrir el corazón.

Recordar la soberanía de Dios en la salvación es la base de una perspectiva adecuada en cuanto a evangelizar. La salvación no depende de hábiles estrategias de evangelización, de la habilidad del predicador, ni de una presentación magistral. No es una obra humana en absoluto; es obra de Dios. Pablo escribió a los corintios: "Yo planté, Apolos regó; pero el crecimiento lo ha dado Dios. Así que ni el que planta es algo, ni el que riega, sino Dios, que da el crecimiento" (1 Co. 3:6-7).

En 1 Corintios 2:1-4, Pablo describió su enfoque evangelístico a los corintios:

> *Así que, hermanos, cuando fui a vosotros para anunciaros el testimonio de Dios, no fui con excelencia de palabras o de sabiduría. Pues me propuse no saber entre vosotros cosa alguna sino a Jesucristo, y a éste crucificado. Y estuve entre vosotros con debilidad, y mucho temor y temblor; y ni mi palabra ni mi predicación fueron con palabras persuasivas de humana sabiduría, sino con demostración del Espíritu y de poder.*

Aunque erudito competente y experto en el manejo de las Escrituras, Pablo reconoció que la simple persuasión humana no salva a nadie. Los demás evangelistas primitivos también conocían esa verdad; es vana la búsqueda de ingeniosa manipulación en los mensajes evangelísticos de Hechos. Al contrario, están llenos de interpretación y aplicación de las Escrituras, y del anuncio del evangelio (cp. 2:14ss, 41; 3:12ss; 5:42; 8:4-5; 13:15ss; 16:30-32; 17:10-12).

Muchos individuos en nuestra época actúan de manera atolondrada como si Dios dependiera totalmente de ellos para alcanzar a los perdidos. Nada puede estar más lejos de la verdad. A. W. Tozer señala:

> Tal vez la idea más difícil de todas para nuestro egoísmo natural de entretener es que Dios no necesita nuestra ayuda. Comúnmente lo representamos como un Padre ocupado, ansioso o algo frustrado, corriendo alrededor en busca de ayuda para llevar a cabo su plan benevolente de traer la paz y la salvación al mundo; pero como dijera Lady Julian: "Vi realmente que Dios hace todo, lo que nunca es muy poco". El Dios que obra en todas las cosas seguramente no necesita ayuda ni ayudantes.
>
> Demasiados llamados misioneros se basan en esta frustración imaginaria del Dios Todopoderoso. Un orador eficaz puede estimular fácilmente piedad en sus oyentes, no solo hacia los paganos sino hacia el Dios que ha tratado muy duro y por mucho tiempo de salvarlos, y que ha fracasado por falta de apoyo. Temo que miles de personas jóvenes entran al servicio cristiano con ningún otro motivo que el de ayudar a liberar a Dios de la situación embarazosa en que la ha metido su amor,

y de la que sus capacidades limitadas parecen incapaces de sacarlo (*The Knowledge of the Holy* [El conocimiento del Dios santo] [Nueva York: Harper & Row, 1975], p. 41).

El elemento más importante de cualquier presentación del evangelio es la claridad de contenido. A fin de presentarlo claramente, se requiere invocar el poder del Espíritu y dejar los resultados a Dios.

Como se acostumbraba en la iglesia primitiva, Lidia **fue bautizada,** junto con **su familia,** inmediatamente después de su conversión, sin duda en el río cerca del lugar de oración. La familia del carcelero también creyó en el evangelio (Hch. 16:33), y Dios estableció la iglesia en Filipos. El bautismo es la señal externa de la identificación de la persona redimida con Jesucristo. Es un acto de obediencia por parte del creyente, pero no juega ningún papel en la salvación. (Para evidencia de que el bautismo no salva, véase el capítulo 6 de esta obra.)

Después de su bautismo, Lidia **rogó** a los misioneros que aceptaran su hospitalidad **diciendo: Si habéis juzgado que yo sea fiel al Señor, entrad en mi casa, y posad.** La hospitalidad se requiere de todos los cristianos (Ro. 12:13; He. 13:2; 1 P. 4:9), especialmente de las mujeres (1 Ti. 5:10) y de los líderes de la iglesia (Tit. 1:8). Era crucial en el mundo antiguo, donde a menudo los hostales eran inadecuados para que los cristianos se alojaran. Estos lugares eran sucios, peligrosos, caros y, a menudo, poco más que burdeles. Preparar un hogar donde los viajeros pudieran estar expuestos al amor cristiano, la vida familiar y la comunión era una alta prioridad para las mujeres cristianas (cp. 1 Ti. 5:9-10). La hospitalidad de Lidia ofreció prueba de que, en realidad, era una mujer liberada (cp. Jn. 13:35).

LA MUJER ESCLAVIZADA

Aconteció que mientras íbamos a la oración, nos salió al encuentro una muchacha que tenía espíritu de adivinación, la cual daba gran ganancia a sus amos, adivinando. Esta, siguiendo a Pablo y a nosotros, daba voces, diciendo: Estos hombres son siervos del Dios Altísimo, quienes os anuncian el camino de salvación. Y esto lo hacía por muchos días; mas desagradando a Pablo, éste se volvió y dijo al espíritu: Te mando en el nombre de Jesucristo, que salgas de ella. Y salió en aquella misma hora. (16:16-18)

A medida que la iglesia echaba raíces en Filipos, Satanás se movía para atacarla. Aquí, igual que en Samaria (8:9ss) y en Chipre (13:6ss), se produjo el choque de la luz y la oscuridad. El maligno trató de infiltrarse en la iglesia o de aplastarla con persecución. Ambas vías de ataque resultarían infructuosas.

Su intento de infiltrarse se desarrolló cuando los misioneros continuaron su patrón de ir al lugar de **oración** junto al río. Les **salió al encuentro** un emisario del diablo: **una muchacha que tenía espíritu de adivinación.** El texto griego literalmente reza: "un espíritu pitón". Esa designación se deriva de la mitología griega, en la cual pitón era una serpiente que custodiaba el famoso oráculo de Delfos. Con el tiempo, la pitón resultó muerta a manos de Apolo, el dios de la profecía. Ya que se creía que Apolo hablaba por medio del oráculo en Delfos, el término "pitón" llegó a referirse a cualquiera en contacto con Apolo. En términos modernos, la joven era una médium en contacto con demonios. Lucas observa que la endemoniada **daba gran ganancia a sus amos, adivinando.** Se creía que tales personas podían predecir el futuro, un bien valioso en la cultura greco-romana:

> Griegos y romanos daban mucho mérito al augurio y la adivinación. Ningún comandante emprendería una campaña militar importante, ni un emperador firmaría un importante decreto sin primero consultar un oráculo para ver cómo podrían resultar las cosas. Una muchacha esclava con don de clarividente era, por tanto, una verdadera mina de oro para sus propietarios (John B. Polhill, *The New American Commentary: Acts* [Nuevo comentario estadounidense: Hechos] [Nashville: Broadman, 1992], p. 351).

Esta desventurada herramienta de Satanás estuvo **siguiendo a Pablo y** los otros, y daba **voces, diciendo: Estos hombres son siervos del Dios Altísimo, quienes os anuncian el camino de salvación.** Este era un ataque sutil y peligroso, un audaz intento de infiltrar cizaña mortal entre el trigo, porque lo que la endemoniada muchacha estaba diciendo era absolutamente cierto. El demonio incluso usó terminología bíblica. La expresión **Dios Altísimo** era una designación del Antiguo Testamento para el Dios de Israel (Sal. 78:35; Dn. 5:18). La muchacha también habló del **camino de salvación.** El padre de mentiras manifiesta la verdad cuando conviene a sus propósitos, disfrazándose él y sus emisarios como ángeles de luz (2 Co. 11:13-14). Algo de su obra más eficaz y diabólica se hace en el nombre de Jesucristo. A menudo el maligno utiliza un título verídico para atrapar personas en un falso sistema religioso. Ya que la muchacha endemoniada estaba de acuerdo con los predicadores cristianos, la suposición natural sería que ella fuera parte del grupo. Entonces habría estado en posición de hacer daño inconfesable a la causa de Cristo.

Igual que su Señor (Mr. 1:34; Lc. 4:41), Pablo no quería publicidad de parte de Satanás. Puesto que la muchacha había estado haciendo sus anuncios **por muchos días, Pablo** se molestó. Le ofendió el asalto satánico a su ministerio y sintió pesar por el lamentable estado de la joven. Acabó con lo uno y lo otro cuando **se volvió y dijo al espíritu: Te mando en el nombre de Jesucristo, que salgas de ella.** En obediencia a la autoridad apostólica de Pablo, el demonio

salió en aquella misma hora. La capacidad para echar fuera demonios caracterizó a los apóstoles de Cristo (Mr. 3:15; 2 Co. 12:12), pero pasó de la iglesia con ellos. Ese y los otros dones milagrosos confirmaron que los apóstoles eran voceros de Dios. A pesar de las afirmaciones de muchos hoy día, ningún creyente tiene autoridad para ordenar a los demonios que le obedezcan. (Para mayor información sobre este tema, véase John MacArthur, *Cómo resistir al enemigo de nuestras almas* [El Paso, Tx.: Mundo Hispano, s.f.].) La batalla espiritual se lucha ahora con la armadura y las armas analizadas en Efesios 6:10ss.

Estas dos mujeres tipifican a toda la humanidad. Todo el mundo o está liberado por medio de Jesucristo o esclavizado por parte de Satanás. La única senda hacia la libertad es la que siguió Lidia: buscar a Dios, oír el evangelio, y tener un corazón receptivo para responder al Señor. Quienes hacen eso no resultarán desilusionados, porque el Señor mismo promete en Jeremías 29:13: "Me buscaréis y me hallaréis, porque me buscaréis de todo vuestro corazón".

33

Cómo convertir la persecución en producción

Pero viendo sus amos que había salido la esperanza de su ganancia, prendieron a Pablo y a Silas, y los trajeron al foro, ante las autoridades; y presentándolos a los magistrados, dijeron: Estos hombres, siendo judíos, alborotan nuestra ciudad, y enseñan costumbres que no nos es lícito recibir ni hacer, pues somos romanos. Y se agolpó el pueblo contra ellos; y los magistrados, rasgándoles las ropas, ordenaron azotarles con varas. Después de haberles azotado mucho, los echaron en la cárcel, mandando al carcelero que los guardase con seguridad. El cual, recibido este mandato, los metió en el calabozo de más adentro, y les aseguró los pies en el cepo. Pero a medianoche, orando Pablo y Silas, cantaban himnos a Dios; y los presos los oían. Entonces sobrevino de repente un gran terremoto, de tal manera que los cimientos de la cárcel se sacudían; y al instante se abrieron todas las puertas, y las cadenas de todos se soltaron. Despertando el carcelero, y viendo abiertas las puertas de la cárcel, sacó la espada y se iba a matar, pensando que los presos habían huido. Mas Pablo clamó a gran voz, diciendo: No te hagas ningún mal, pues todos estamos aquí. Él entonces, pidiendo luz, se precipitó adentro, y temblando, se postró a los pies de Pablo y de Silas; y sacándolos, les dijo: Señores, ¿qué debo hacer para ser salvo? Ellos dijeron: Cree en el Señor Jesucristo, y serás salvo, tú y tu casa. Y le hablaron la palabra del Señor a él y a todos los que estaban en su casa. Y él, tomándolos en aquella misma hora de la noche, les lavó las heridas; y en seguida se bautizó él con todos los suyos. Y llevándolos a su casa, les puso la mesa; y se regocijó con toda su casa de haber creído a Dios. Cuando fue de día, los magistrados enviaron alguaciles a decir: Suelta a aquellos hombres. Y el carcelero hizo saber estas palabras a Pablo: Los magistrados han mandado a decir que se os suelte; así que ahora salid, y marchaos en paz. Pero Pablo les dijo: Después de azotarnos públicamente sin sentencia judicial, siendo

ciudadanos romanos, nos echaron en la cárcel, ¿y ahora nos echan encubiertamente? No, por cierto, sino vengan ellos mismos a sacarnos. Y los alguaciles hicieron saber estas palabras a los magistrados, los cuales tuvieron miedo al oír que eran romanos. Y viniendo, les rogaron; y sacándolos, les pidieron que salieran de la ciudad. Entonces, saliendo de la cárcel, entraron en casa de Lidia, y habiendo visto a los hermanos, los consolaron, y se fueron. (16:19-40)

Un aspecto muy tranquilizador del gobierno soberano de Dios sobre el universo es su capacidad de producir buenos resultados a partir de malas circunstancias. Esto se aplica especialmente cuando su pueblo padece persecución. "Y sabemos que a los que aman a Dios, todas las cosas les ayudan a bien, esto es, a los que conforme a su propósito son llamados" (Ro. 8:28), a menudo "la ira del hombre [lo] alabará" (Sal. 76:10).

Vendido como esclavo en Egipto por sus hermanos celosos, José saltó a la fama en la corte de Faraón. En esa posición exaltada pudo proveer para su padre y sus hermanos durante la subsiguiente hambruna:

> *Ahora, pues, no os entristezcáis, ni os pese de haberme vendido acá; porque para preservación de vida me envió Dios delante de vosotros. Pues ya ha habido dos años de hambre en medio de la tierra, y aún quedan cinco años en los cuales ni habrá arada ni siega. Y Dios me envió delante de vosotros, para preservaros posteridad sobre la tierra, y para daros vida por medio de gran liberación. Así, pues, no me enviasteis acá vosotros, sino Dios, que me ha puesto por padre de Faraón y por señor de toda su casa, y por gobernador en toda la tierra de Egipto... Vosotros pensasteis mal contra mí, mas Dios lo encaminó a bien, para hacer lo que vemos hoy, para mantener en vida a mucho pueblo (Gn. 45:5-8; 50:20).*

Dios usó a José para preservar a los antepasados de la nación de Israel.

La apostasía de Israel condujo a su cautiverio a manos de crueles naciones extranjeras. Pero del trauma y la tragedia de ese período emergieron luces tan brillantes como Daniel, Jeremías, Ezequiel, Esdras, Nehemías y Ester.

El delito más horrible cometido alguna vez fue el asesinato del Hijo de Dios, pero de ese acto malvado Dios produjo salvación. Pedro declaró en su sermón el día de Pentecostés:

> *Varones israelitas, oíd estas palabras: Jesús nazareno, varón aprobado por Dios entre vosotros con las maravillas, prodigios y señales que Dios hizo entre vosotros por medio de él, como vosotros mismos sabéis; a éste, entregado por el determinado consejo y anticipado conocimiento de Dios, prendisteis y matasteis por manos de inicuos, crucificándole; al cual Dios levantó, sueltos los dolores de la muerte, por cuanto era imposible que fuese retenido por ella (Hch. 2:22-24; cp. He. 2:10).*

Hechos 4, 5, 7, 8 y 12 registran la persecución de la iglesia primitiva. No obstante, todos esos ejemplos solo dieron como resultado el fortalecimiento de la iglesia y un aumento en sus cantidades (4:4). Hechos 8:1 observa que "en aquel día [del martirio de Esteban] hubo una gran persecución contra la iglesia que estaba en Jerusalén; y todos fueron esparcidos por las tierras de Judea y de Samaria, salvo los apóstoles". Hechos 11:19-21 describe los resultados de esa persecución:

> *Ahora bien, los que habían sido esparcidos a causa de la persecución que hubo con motivo de Esteban, pasaron hasta Fenicia, Chipre y Antioquía, no hablando a nadie la palabra, sino sólo a los judíos. Pero había entre ellos unos varones de Chipre y de Cirene, los cuales, cuando entraron en Antioquía, hablaron también a los griegos, anunciando el evangelio del Señor Jesús. Y la mano del Señor estaba con ellos, y gran número creyó y se convirtió al Señor.*

Hechos 16 narra otra ilustración de cómo Dios convierte las malas circunstancias en victoria espiritual. Falsamente acusados, salvajemente golpeados, e injustamente encarcelados, Pablo y Silas vieron cómo Dios usó esas circunstancias para llevar salvación a toda una familia.

Esta sección muestra las consecuencias de la milagrosa liberación de la muchacha endemoniada (vv. 16-18). El ministerio de Pablo había tenido su primer enfrentamiento en Europa en la importante ciudad de Filipos. Junto con sus compañeros misioneros (Silas, Timoteo y Lucas) evangelizó a un grupo de mujeres, tanto judías como prosélitas. Una de estas últimas, Lidia, se convirtió junto con su casa (vv. 14-15), y la iglesia filipense nació.

Satanás reaccionó con rapidez, intentando primero infiltrar a una médium endemoniada en la joven confraternidad. Cuando el milagroso poder de Pablo frustró ese intento, Satanás trató de destruir a la iglesia por medio de persecución. Esas siempre son sus dos vías de ataque: infiltración, atacar a la iglesia desde adentro; y persecución, atacarla desde afuera. Los versículos 19-40 registran el fracaso del ataque de Satanás por medio de persecución, cuando Dios usó esta misma persecución para extender la iglesia filipense. El maravilloso cambio de Dios de persecución a triunfo se desarrolla en cinco etapas secuenciales: persecución, alabanza, predicación, provisión y protección.

PERSECUCIÓN

Pero viendo sus amos que había salido la esperanza de su ganancia, prendieron a Pablo y a Silas, y los trajeron al foro, ante las autoridades; y presentándolos a los magistrados, dijeron: Estos hombres, siendo judíos, alborotan nuestra ciudad, y enseñan costumbres que no nos es lícito recibir ni hacer, pues somos romanos. Y se agolpó el pueblo contra ellos; y los magistrados, rasgándoles las

ropas, ordenaron azotarles con varas. Después de haberles azotado mucho, los echaron en la cárcel, mandando al carcelero que los guardase con seguridad. El cual, recibido este mandato, los metió en el calabozo de más adentro, y les aseguró los pies en el cepo. (16:19-24)

La reacción de los **amos** de la muchacha endemoniada revela la inhumana crueldad de la institución de esclavitud. En lugar de alegrarse por la liberación de ella, se enfurecieron al ver **que había salido la esperanza de su ganancia.** Su actitud recuerda a los gadarenos en Marcos 5. En lugar de regocijarse por la liberación que Jesús hiciera al maníaco endemoniado, se enojaron por la pérdida del hato de cerdos (v. 16). Tan furiosos estaban que "comenzaron a rogarle que se fuera de sus contornos" (v. 17). Más tarde, en Éfeso, los artesanos que hacían templecillos de la diosa Diana se volvieron violentamente hostiles hacia el cristianismo. Temían que la expansión del evangelio los sacara del negocio, y el revuelo fue inmenso (Hch. 19:23ss).

Tales reacciones ilustran una triste realidad espiritual: el amor al dinero enturbia la percepción espiritual. Pablo escribió a Timoteo: "Los que quieren enriquecerse caen en tentación y lazo, y en muchas codicias necias y dañosas, que hunden a los hombres en destrucción y perdición" (1 Ti. 6:9). Esto es cierto "porque raíz de todos los males es el amor al dinero, el cual codiciando algunos, se extraviaron de la fe, y fueron traspasados de muchos dolores" (v. 10).

Furiosos por la pérdida de los ingresos que la muchacha proporcionaba, sus amos **prendieron a Pablo y a Silas, y los trajeron al foro, ante las autoridades.** Ese fue un interesante giro de acontecimientos para Pablo, quien antes de su conversión había hecho una carrera en que "arrastraba a hombres y a mujeres, y los entregaba en la cárcel" (Hch. 8:3). El *agora* (**foro**) era la plaza pública central. Funcionaba no solo como mercado sino también

> como el centro social de la ciudad. Aquí los desempleados estaban a la espera de trabajo adecuado, los enfermos eran sanados, y los magistrados juzgaban casos judiciales. En aquellos días, el demandante podría arrastrar a un acusado a la corte y pedirle al juez que emitiera un veredicto (Stg. 2:6). Los amos de la muchacha esclava estaban actuando conforme a la ley romana cuando echaron mano de Pablo y Silas y llevaron su queja ante las autoridades de la ciudad (Simon J. Kistemaker, *New Testament Commentary: Acts* [Comentario al Nuevo Testamento: Hechos] [Grand Rapids: Baker, 1990], p. 595).

Más tarde, Lucas describe a **las autoridades** como **los magistrados** (*stratēgos*; *praetor* en latín). Toda colonia romana estaba gobernada por dos de estos individuos, como ocurría en Filipos.

Habiendo arrastrado a Pablo y Silas ante estas autoridades, sus acusadores abrieron los procedimientos con esta declaración: **Estos hombres, siendo judíos, alborotan nuestra ciudad.** El antisemitismo no es un fenómeno moderno sino que tiene sus orígenes en la antigüedad. Más o menos en esta época, el emperador Claudio emitió un edicto expulsando de Roma a los judíos (Hch. 18:2). Este antisemitismo podría explicar por qué solamente aprehendieron a Pablo y Silas, ya que Lucas era gentil y Timoteo medio gentil.

La acusación de que Pablo y Silas estaban enseñando **costumbres que no nos es lícito recibir ni hacer, pues somos romanos,** era técnicamente cierta. Había una ley que prohibía a ciudadanos romanos practicar cualquier religión extranjera que no la hubiera aprobado el Estado, aunque esta ley casi nunca se hacía cumplir. Pero la acusación de que los misioneros estaban creando confusión masiva en la ciudad era falsa, pues no se basaba en realidades sino en ira por los beneficios perdidos.

Las acusaciones contra Pablo y Silas, aunque falsas, bastaron para manipular una reacción y agitar al **pueblo** en el mercado. La mentalidad enardecida de la turba asumió el poder y, sin pensar, **se agolpó el pueblo contra** los dos misioneros. Atrapados en el frenesí antisemita de la turba, **los magistrados** fallaron miserablemente en mantener las normas altamente apreciadas de la justicia romana. No se molestaron en investigar las acusaciones, en llevar a cabo un juicio apropiado, o en dar a Pablo y Silas una oportunidad de defenderse (lo que habría revelado ante todo que eran ciudadanos romanos). En lugar de eso, **los magistrados, rasgándoles las ropas, ordenaron azotarles** (ilegalmente, cp. v. 37) **con varas.** Cualquier apariencia de procedimiento legal fue inexistente. Los azotes eran administrados por los lictores (los "alguaciles" de los vv. 35, 38), quienes estaban bajo el mando de los magistrados (v. 35). Cada lictor portaba un haz de varas atadas juntas, irónicamente como símbolo de la ley y la justicia romana. Con esas varas azotaban brutalmente a los hombres, un castigo que Pablo soportó tres veces (2 Co. 11:25).

Después de haber **azotado mucho** a Pablo y Silas con las varas de los lictores, los magistrados **los echaron en la cárcel.** A los azotes ilegales agregaron un encarcelamiento injusto. Ordenaron poner a los misioneros en un lugar de máxima seguridad, **mandando al carcelero que los guardase con seguridad. El cual, recibido este mandato, los metió en el calabozo de más adentro, y les aseguró los pies en el cepo.** A fin de no tomar ningún riesgo con tan importantes prisioneros, el carcelero **metió** a los dos apaleados y sangrantes hombres **en el calabozo de más adentro,** la parte de máxima seguridad en la cárcel. Entonces tomó más precaución asegurándoles **los pies en el cepo.** Sin embargo, todos esos dispositivos de seguridad resultarían inútiles. Igual que Herodes (Hch. 12:6-11) y el concilio (Hch. 5:19-25) antes que ellos, los magistrados en Filipos se iban a dar cuenta de que ninguna prisión puede contener a quienes Dios quiere libres.

Tampoco esta persecución inspirada satánicamente intimidó a Pablo y Silas; los animó a ser aun más audaces. Al narrar este incidente a los tesalonicenses, Pablo declaró: "Habiendo antes padecido y sido ultrajados en Filipos, como sabéis, tuvimos denuedo en nuestro Dios para anunciaros el evangelio de Dios en medio de gran oposición" (1 Ts. 2:2). El indomable espíritu del apóstol, y la gozosa anticipación de estar con Cristo en el cielo, le proveyeron un denuedo casi excesivo para anunciar el evangelio. Ningún tipo de oposición podía impedirle cumplir con su llamado. Al escribir a los filipenses desde la prisión en Roma, Pablo se alegró de que "las cosas que me han sucedido, han redundado más bien para el progreso del evangelio" (Fil. 1:12). Lejos de terminar su ministerio, ese encarcelamiento hizo que él se extendiera incluso a "los de la casa de César" (Fil. 4:22). Pablo pudo aceptar cualquier sufrimiento resultante de su ministerio porque se veía a sí mismo como reemplazable. A los filipenses les escribió: "Aunque sea derramado en libación sobre el sacrificio y servicio de vuestra fe, me gozo y regocijo con todos vosotros" (Fil. 2:17). Pablo y Silas manifestaron esa misma actitud de gozo en medio del sufrimiento estando encarcelados en Filipos, convirtiendo la persecución en alabanza.

ALABANZA

Pero a medianoche, orando Pablo y Silas, cantaban himnos a Dios; y los presos los oían. Entonces sobrevino de repente un gran terremoto, de tal manera que los cimientos de la cárcel se sacudían; y al instante se abrieron todas las puertas, y las cadenas de todos se soltaron. Despertando el carcelero, y viendo abiertas las puertas de la cárcel, sacó la espada y se iba a matar, pensando que los presos habían huido. Mas Pablo clamó a gran voz, diciendo: No te hagas ningún mal, pues todos estamos aquí. Él entonces, pidiendo luz, se precipitó adentro, y temblando, se postró a los pies de Pablo y de Silas; (16:25-29)

Era comprensible que Pablo y Bernabé no pudieran dormir debido a sus terribles circunstancias. Después de haber sido gravemente azotados se hallaron en un calabozo inmundo. Sus pies estaban atados al cepo diseñado para inducir dolorosos calambres al extenderles las piernas tanto como era posible. A pesar de todo esto mantuvieron una actitud gozosa. Cuando la **medianoche** llegó, **Pablo y Silas** oraban y **cantaban himnos a Dios.** Su actitud asombró a los otros **presos,** los cuales **los oían,** y proveían un poderoso testimonio de la gracia transformadora de Dios.

¿Cómo podían los dos misioneros alabar a Dios bajo tales condiciones? Ellos entendían lo que muchos cristianos parecen olvidar: alabar a Dios no depende de las circunstancias. Pablo escribió a la iglesia en Filipos: "Regocijaos en el Señor *siempre*" (Fil. 4:4, itálicas añadidas; cp. 1 Ts. 5:16, 18). Los cristianos no se regocijan en sus *circunstancias*; ni siquiera Pablo hizo eso. Él sabía qué era experimentar aflicción tan severa que estaba abrumado "sobremanera" hasta llegar a perder "la esperanza de conservar la vida" (2 Co. 1:8). Los cristianos se regocijan en la gloriosa verdad de que el Dios soberano controla todas las circunstancias de la vida. Saben "que a los que aman a Dios, todas las cosas les ayudan a bien, esto es, a los que conforme a su propósito son llamados" (Ro. 8:28). Cuando llegan los sufrimientos, los creyentes se pueden consolar en la verdad expresada por el apóstol en 1 Pedro 5:10: "El Dios de toda gracia, que nos llamó a su gloria eterna en Jesucristo, después que hayáis padecido un poco de tiempo, él mismo os perfeccione, afirme, fortalezca y establezca". Igual que Pablo en 2 Corintios 4:16-17, ellos pueden decir:

> *Por tanto, no desmayamos; antes aunque este nuestro hombre exterior se va desgastando, el interior no obstante se renueva de día en día. Porque esta leve tribulación momentánea produce en nosotros un cada vez más excelente y eterno peso de gloria.*

El apóstol añade en 2 Corintios 12:9-10:

> *Y me ha dicho: Bástate mi gracia; porque mi poder se perfecciona en la debilidad. Por tanto, de buena gana me gloriaré más bien en mis debilidades, para que repose sobre mí el poder de Cristo. Por lo cual, por amor a Cristo me gozo en las debilidades, en afrentas, en necesidades, en persecuciones, en angustias; porque cuando soy débil, entonces soy fuerte.*

La clave para tener gozo en todas las circunstancias de la vida es estar llenos del Espíritu Santo. Gozo es parte del fruto del Espíritu (Gá. 5:22), y ceder el control al Espíritu produce cánticos de alegría (Ef. 5:18-19). El problema con los cristianos tristes y abatidos no son sus circunstancias, sino la falta de una vida controlada por el Espíritu.

La reacción de Pablo y Silas pone de relieve otra verdad de vital importancia en la vida cristiana: La manera en que viven los cristianos se relaciona directamente con el concepto que tengan de Dios. Nadie expresa más claramente esa verdad que A. W. Tozer:

> Lo que entra en nuestras mentes cuando pensamos acerca de Dios es lo más importante acerca de nosotros.
>
> La historia de la humanidad probablemente mostrará que ninguna persona jamás se ha elevado por encima de su religión, y la historia espiritual del hombre demostrará, de manera positiva, que ninguna religión ha sido alguna vez superior al concepto que esta tenga de Dios...

> Si fuéramos capaces de extraer de cualquier hombre una respuesta completa a la pregunta: "¿Qué viene a tu mente cuando piensas en Dios?", podríamos predecir con seguridad el futuro espiritual de ese individuo...
>
> Un concepto adecuado de Dios es básico no solo para la teología sistemática sino también para la vida cristiana práctica. Es a la adoración lo que los cimientos son al templo; si este concepto es inadecuado o desviado, toda la estructura colapsará tarde o temprano. Creo que difícilmente haya un error en la doctrina o un fracaso en la aplicación de la ética cristiana, que en última instancia no se puedan rastrear hasta pensamientos imperfectos e innobles acerca de Dios (*The Knowledge of the Holy* [El conocimiento del Dios santo] [Nueva York: Harper & Row, 1975], pp. 9, 10).

Pablo y Silas no basaron su teología en sus circunstancias. Al contrario, evaluaron esas circunstancias a la luz de lo que sabían que era cierto respecto a Dios. Sus cánticos expresaban confianza plena en que Dios utilizaría las circunstancias que estaban viviendo para bien de ellos y para la gloria de Él. No tuvieron que esperar mucho tiempo hasta que Dios hizo exactamente eso.

Entonces el coro de alabanzas fue interrumpido porque **sobrevino de repente un gran terremoto,** cuando Dios intervino a favor de sus santos. Tan poderoso fue el terremoto **que los cimientos de la cárcel se sacudían; y al instante se abrieron todas las puertas, y las cadenas de todos se soltaron** de las paredes. Dios había enviado un ángel para liberar a Pedro de la cárcel (Hch. 12:7ss); aquí usó los medios naturales de un terremoto. Tanto el reino sobrenatural como el natural están bajo el control soberano de Dios.

El terremoto también sacudió la casa del guardián, probablemente ubicada al lado de la cárcel. **Despertando** de su sueño **el carcelero, y viendo abiertas las puertas de la cárcel, sacó la espada y se iba a matar, pensando** naturalmente **que los presos habían huido.** Sabía demasiado bien que un soldado romano que permitía escapar a un prisionero, cualquiera que fuera la causa, pagaba con su propia vida (cp. Hch. 12:19; 27:42). En lugar de anticipar la humillante y dolorosa ejecución que sin duda llegaría, el carcelero prefirió matarse inmediatamente.

Antes de que pudiera hacer eso, una voz que salió de la oscuridad lo detuvo. Desde el interior de la cárcel, **Pablo clamó a gran voz, diciendo: No te hagas ningún mal, pues todos estamos aquí.** No solo Pablo y Silas sino también el resto de prisioneros habían permanecido (quizás todos estaban en el mismo calabozo). Por qué los otros prisioneros no intentaron escapar no se indica. Tal vez aún estaban asombrados por el terremoto y temieron las réplicas. Es posible que temieran las consecuencias si trataban de escapar y los recapturaran. O muy bien pudo haber sido que su respeto por Pablo y Silas hiciera que se refrenaran. Fuera como fuera, todos permanecieron dentro de la cárcel.

Asombrado ante este increíble giro de acontecimientos, el carcelero, **pidiendo luz, se precipitó adentro, y temblando, se postró a los pies de Pablo y de Silas.** Las mesas estaban tumbadas, y el hombre cayó de rodillas delante de sus prisioneros. Sin duda estaba consciente del mensaje que los misioneros habían predicado, y relacionó el terremoto como confirmación sobrenatural de que ellos decían la verdad. Esa confirmación sobrenatural de Pablo y Silas, además del mensaje que predicaban, llevó al carcelero a percibir que hablaban verdad divina y a buscar la salvación que ofrecían. Igual que en la experiencia de Pablo (cp. Hch. 9:1ss), se necesitó una sorprendente manifestación del poder de Dios para hacer poner al carcelero de rodillas. Sus defensas se habían derrumbado y su corazón estaba ahora abierto a responder a la predicación del evangelio.

PREDICACIÓN

y sacándolos, les dijo: Señores, ¿qué debo hacer para ser salvo? Ellos dijeron: Cree en el Señor Jesucristo, y serás salvo, tú y tu casa. Y le hablaron la palabra del Señor a él y a todos los que estaban en su casa. (16:30-32)

Sin duda después de asegurarse primero que los demás prisioneros estuvieran a buen recaudo, el carcelero, sacando a Pablo y Silas al patio, **les dijo: Señores, ¿qué debo hacer para ser salvo?** Algunos han interpretado su pregunta en términos de ser salvo del castigo, pero ese no es el caso. Ya que ninguno de los prisioneros había escapado, el hombre no enfrentaría castigo de parte sus superiores. ¿Y por qué hacer esa pregunta a dos prisioneros? La pregunta del carcelero expresaba el profundo anhelo de su corazón de estar a cuentas con Dios. Después de oír el testimonio de la muchacha endemoniada (v. 17), sea en persona o por boca de otros, indudablemente creyó que Pablo y Silas tenían la respuesta.

A la simple y directa pregunta del carcelero, los misioneros le dieron igualmente una respuesta simple y directa: **Cree en el Señor Jesucristo, y serás salvo, tú y tu casa.** A diferencia del joven rico (Lc. 18:18-23), el corazón del carcelero estaba preparado; nada se interponía en su camino.

La verdad que la salvación es totalmente por fe en el Señor Jesucristo satura las Escrituras. Según Hechos 4:12, "en ningún otro hay salvación; porque no hay otro nombre bajo el cielo, dado a los hombres, en que podamos ser salvos". Esa gloriosa verdad fue el núcleo de la predicación apostólica (véase también Hch. 2:38-39; 5:14; 8:12; 10:43; 11:17, 21; 13:12, 38-39, 48; 14:1; 15:11; 17:12; 18:8). Jesús mismo declaró: "Yo soy el camino, y la verdad, y la vida; nadie viene al Padre, sino por mí" (Jn. 14:6). También es el tema constante de las epístolas (cp. Ro. 3:20-25; 5:1; 1 Co. 6:11; Gá. 2:16; 3:24; Ef. 2:8-9; 2 Ti. 3:15; Tit. 3:7).

Creer **en el Señor Jesucristo** significa, primero, creer que Él es quien afirmó ser. El apóstol Juan escribió: "Pero éstas [señales] se han escrito para que creáis que Jesús es el Cristo, el Hijo de Dios, y para que creyendo, tengáis vida en su nombre" (Jn. 20:31). Segundo, significa creer en lo que hizo. Pablo resumió en pocas palabras la obra de Cristo en 1 Corintios 15:3-4:

> *Porque primeramente os he enseñado lo que asimismo recibí: Que Cristo murió por nuestros pecados, conforme a las Escrituras; y que fue sepultado, y que resucitó al tercer día, conforme a las Escrituras.*

A los romanos escribió:

> *Si confesares con tu boca que Jesús es el Señor, y creyeres en tu corazón que Dios le levantó de los muertos, serás salvo. Porque con el corazón se cree para justicia, pero con la boca se confiesa para salvación (Ro. 10:9-10).*

El mensaje de salvación fue predicado no solo al carcelero sino también al resto de su **casa.** En consecuencia, los dos misioneros **le hablaron la palabra del Señor a todos los que estaban en su casa.** Toda la familia, los siervos, y tal vez parientes o huéspedes que se estaban quedando con él oyeron el evangelio (cp. v. 15; Hch. 11:14; 18:8). Que los demás en la casa del carcelero creyeron individualmente el evangelio se clarifica en el v. 34 (cp. Hch. 10:44).

PROVISIÓN

Y él, tomándolos en aquella misma hora de la noche, les lavó las heridas; y en seguida se bautizó él con todos los suyos. Y llevándolos a su casa, les puso la mesa; y se regocijó con toda su casa de haber creído a Dios. (16:33-34)

Cuando el evangelio se predica a corazones dispuestos hacia Dios, los resultados son inevitables. El carcelero y cada uno de los miembros de su casa fueron salvos. Que su salvación fue genuina es evidente por cuatro consideraciones. Primera, expresó verdadero amor por Pablo y Silas cuando, **tomándolos en aquella misma hora de la noche, les lavó las heridas.** Jesús afirmó en Juan 13:35: "En esto conocerán todos que sois mis discípulos, si tuviereis amor los unos con los otros". Segundo, **en seguida se bautizó él con todos los suyos.** Mediante esa acción se identificaron públicamente con Jesucristo. Aunque era tarde en la noche, sin duda otras personas estaban afuera debido al terremoto. Aunque no hubiera otros que atestiguaran el bautismo, la notició debió propagarse sin duda alguna. Tercero, mostró hospitalidad, como Lidia había hecho antes que él (v. 15), cuando llevó a Pablo y Silas **a su casa** y **les puso la mesa.** Santiago 2:14-17 muestra la importancia de la hospitalidad en relación con la fe. Por último, se regocijó con toda su casa de haber creído a Dios. Poco tiempo antes el hombre había estado dispuesto a suicidarse. Ahora irradiaba el gozo que viene de saber que los pecados le fueron perdonados (cp. Sal. 32:1; Ro. 4:7). Solamente la gracia de Dios puede efectuar tan instantánea transformación.

PROTECCIÓN

Cuando fue de día, los magistrados enviaron alguaciles a decir: Suelta a aquellos hombres. Y el carcelero hizo saber estas palabras a Pablo: Los magistrados han mandado a decir que se os suelte; así que ahora salid, y marchaos en paz. Pero Pablo les dijo: Después de azotarnos públicamente sin sentencia judicial, siendo ciudadanos romanos, nos echaron en la cárcel, ¿y ahora nos echan encubiertamente? No, por cierto, sino vengan ellos mismos a sacarnos. Y los alguaciles hicieron saber estas palabras a los magistrados, los cuales tuvieron miedo al oír que eran romanos. Y viniendo, les rogaron; y sacándolos, les pidieron que salieran de la ciudad. Entonces, saliendo de la cárcel, entraron en casa de Lidia, y habiendo visto a los hermanos, los consolaron, y se fueron. (16:35-40)

Siempre fiel pastor preocupado por su rebaño, Pablo estaba consciente de que debía tomar medidas para proteger a la iglesia recién nacida de Filipos contra el acoso oficial del gobierno. La oportunidad se presentó **cuando fue de día,** y **los magistrados enviaron alguaciles** (los mismos individuos que habían azotado a Pablo y Silas) **a decir: Suelta a aquellos hombres.**
Indudablemente esperaban que los escarmentados misioneros salieran del pueblo caminando con dificultad. Sin embargo, Pablo tenía otras ideas.

Sin duda complacido por las buenas noticias que los alguaciles le dieron, **el carcelero hizo saber estas palabras a Pablo: Los magistrados han mandado a decir que se os suelte; así que ahora salid, y marchaos en paz.** Pero Pablo se negó a ser expulsado de manera tan impertinente. No buscó venganza, pero no quería que el trato que les dieron a él y a Silas se volviera un precedente para maltratar a otros cristianos. Que hubieran salido sin decir nada pudo haber sentado un peligroso precedente para el trato futuro a misioneros, y habría expuesto a los creyentes a acciones arbitrarias y abusivas de parte de los magistrados.

Estas autoridades habían cometido una grave equivocación, como indicó Pablo: **Después de azotarnos públicamente sin sentencia judicial, siendo ciudadanos romanos, nos echaron en la cárcel.** Infligir castigo corporal a un ciudadano era una grave violación de la ley romana, tanto más cuanto que se había hecho **sin sentencia judicial.** Las consecuencias, tanto para los magistrados como para la ciudad, eran potencialmente graves. A los magistrados los podían haber retirado del cargo y el emperador pudo haber revocado los privilegios de Filipos como colonia romana.

Pablo no permitió que los magistrados agravaran su injusticia echando al apóstol y a Silas **encubiertamente. No, por cierto,** respondió, **sino vengan ellos mismos a sacarnos.** Si los magistrados quieren que nos vayamos, declara Pablo, hagan que nos muestren el respeto debido a ciudadanos romanos.

Cuando **los alguaciles hicieron saber** las **palabras** de Pablo **a los magistrados,** estos últimos **tuvieron miedo al oír que** los dos misioneros **eran romanos.** Sabían que las consecuencias de sus acciones podrían ser devastadoras para ellos y para su ciudad. Tratando de calmar la situación y aplacar a Pablo y Silas, los magistrados fueron personalmente a la cárcel con una actitud conciliadora y, como exigió Pablo, **les rogaron; y sacándolos, les pidieron que salieran de la ciudad.** Los magistrados estaban en una posición incómoda. Por una parte, no tenían base legal para expulsar a dos ciudadanos romanos que no eran culpables de ningún delito. Por otra parte, la presencia continua de Pablo y Silas en Filipos pudo haber provocado más violencia. Habiéndoseles desinflado adecuadamente el arrebato que mostraran el día anterior, lo único que pudieron hacer los humildes magistrados fue suplicar a los misioneros **que salieran de la ciudad.** Estos lo hicieron así, pero bajo sus propias condiciones. Primero, al salir **de la cárcel, entraron en casa de Lidia,** donde **habiendo visto a los hermanos, los consolaron,** y solo entonces **se fueron.**

Una vez más, los planes de Satanás fueron frustrados y anulados por el control soberano que Dios tiene de los acontecimientos. La persecución que Satanás desató para destruir a la iglesia filipense solamente le añadió otra familia y le ganó protección de los gobernantes de la ciudad. Para quienes valientemente predican el evangelio y alaban a Dios sin importar cuáles sean las circunstancias, Él está dispuesto a convertir la persecución en producción.

Los hombres que trastornaron el mundo

34

Pasando por Anfípolis y Apolonia, llegaron a Tesalónica, donde había una sinagoga de los judíos. Y Pablo, como acostumbraba, fue a ellos, y por tres días de reposo discutió con ellos, declarando y exponiendo por medio de las Escrituras, que era necesario que el Cristo padeciese, y resucitase de los muertos; y que Jesús, a quien yo os anuncio, decía él, es el Cristo. Y algunos de ellos creyeron, y se juntaron con Pablo y con Silas; y de los griegos piadosos gran número, y mujeres nobles no pocas. Entonces los judíos que no creían, teniendo celos, tomaron consigo a algunos ociosos, hombres malos, y juntando una turba, alborotaron la ciudad; y asaltando la casa de Jasón, procuraban sacarlos al pueblo. Pero no hallándolos, trajeron a Jasón y a algunos hermanos ante las autoridades de la ciudad, gritando: Estos que trastornan el mundo entero también han venido acá; a los cuales Jasón ha recibido; y todos éstos contravienen los decretos de César, diciendo que hay otro rey, Jesús. Y alborotaron al pueblo y a las autoridades de la ciudad, oyendo estas cosas. Pero obtenida fianza de Jasón y de los demás, los soltaron. Inmediatamente, los hermanos enviaron de noche a Pablo y a Silas hasta Berea. Y ellos, habiendo llegado, entraron en la sinagoga de los judíos. Y éstos eran más nobles que los que estaban en Tesalónica, pues recibieron la palabra con toda solicitud, escudriñando cada día las Escrituras para ver si estas cosas eran así. Así que creyeron muchos de ellos, y mujeres griegas de distinción, y no pocos hombres. Cuando los judíos de Tesalónica supieron que también en Berea era anunciada la palabra de Dios por Pablo, fueron allá, y también alborotaron a las multitudes. Pero inmediatamente los hermanos enviaron a Pablo que fuese hacia el mar; y Silas y Timoteo se quedaron allí. Y los que se habían encargado de conducir a Pablo le llevaron a Atenas; y habiendo recibido orden para Silas y Timoteo, de que viniesen a él lo más pronto que pudiesen, salieron. (17:1-15)

El mundo no es ahora como cuando Dios lo creó. La caída del hombre y la resultante maldición de Dios sobre la tierra y su entorno, la derribaron de su eje espiritual. El hombre caído está ahora atrapado en un diabólico sistema mundial que es hostil a Dios. El nuestro es realmente un mundo patas arriba.

Sin embargo, el universo no quedará así para siempre. Al final, el Señor de gloria regresará (Ap. 19:11-21), se hará cargo de la tierra (Ap. 5), y establecerá su reinado soberano sobre toda ella (Sal. 2:6-8). La maldición será quitada, y la tierra será restaurada a algo de su carácter original. Finalmente, después del reinado de Jesucristo en la tierra, todo el universo será revertido (2 P. 3:10-13; Ap. 21:1-4).

Eso no significa que Dios esté con los brazos cruzados hasta entonces. Durante la historia redentora Él ha enviado a sus misioneros a anunciar la luz de su verdad al mundo perdido y oscurecido por el pecado. Tales personas alteran el sistema y perturban la comodidad de los pecadores, provocándoles ira. Enderezan las cosas desde la perspectiva de Dios, pero las ponen patas arriba desde la perspectiva del mundo.

Elías ministró durante los siniestros días del reinado de Acab, quien era un hombre malvado, más que cualquiera de sus antecesores en el trono de Israel (1 R. 16:30). Peor aún, estaba casado con Jezabel, la perversa hija del rey pagano de Sidón. Bajo la incitación de ella (1 R. 21:25), llevó a la nación por el destructivo sendero de la idolatría. Enviado a confrontar la maldad de Acab, Elías profetizó que una devastadora sequía asolaría a Israel (1 R. 17:1). El profeta, por tanto, alteró a tal punto el mundo de Acab que, finalmente, cuando los dos se reunieron cara a cara, el exasperado Acab exclamó: "¿Eres tú el que turbas a Israel?" (1 R. 18:17).

Otro hombre alborotador fue llevado ante el último rey de Judá, Sedequías. El poderoso ejército babilonio que había estado sitiando Jerusalén se había retirado temporalmente para tratar con la amenaza de las fuerzas de Faraón (Jer. 37:11). Pero, a pesar de esa señal alentadora, Jeremías siguió insistiendo en que la ciudad caería. Lo que es peor para la moral de los pobladores, solemnemente declaró:

> *Así ha dicho Jehová: El que se quedare en esta ciudad morirá a espada, o de hambre, o de pestilencia; mas el que se pasare a los caldeos vivirá, pues su vida le será por botín, y vivirá. Así ha dicho Jehová: De cierto será entregada esta ciudad en manos del ejército del rey de Babilonia, y la tomará (Jer. 38:2-3).*

Un grupo de enfurecidos funcionarios judiciales arrastró a Jeremías delante del rey Sedequías, exigiendo:

> *Muera ahora este hombre; porque de esta manera hace desmayar las manos de los hombres de guerra que han quedado en esta ciudad, y las manos de todo el pueblo, hablándoles tales palabras; porque este hombre no busca la paz de este pueblo, sino el mal (Jer. 38:4).*

El profeta estaba anunciando el mensaje de Dios para este pueblo condenado y rebelde. Sin embargo, desde la perspectiva distorsionada de ellos, él era culpable de traición.

El profeta Amós vivió durante los tiempos difíciles del reino dividido. Aunque nativo del reino sureño de Judá, Dios lo envió con un mensaje de condenación al reino norteño de Israel. En lugar de hacer caso a la advertencia divinamente inspirada de Amós,

> *El sacerdote Amasías de Bet-el envió a decir a Jeroboam rey de Israel: Amós se ha levantado contra ti en medio de la casa de Israel; la tierra no puede sufrir todas sus palabras. Porque así ha dicho Amós: Jeroboam morirá a espada, e Israel será llevado de su tierra en cautiverio (Am. 7:10-11).*

Entonces Amasías dijo despectivamente a Amós: "Vidente, vete, huye a tierra de Judá, y come allá tu pan, y profetiza allá" (Am. 7:12). Amós le estaba poniendo el mundo patas arriba a Amasías, y a este no le gustó.

Así como Elías, Jeremías y Amós, el apóstol Pablo también sacudió a pecadores complacientes. Prácticamente en toda ciudad que visitaba ocasionaba una revuelta. Es más, al iniciar el capítulo 17, él acababa de dejar Filipos, donde su ministerio había molestado a los griegos paganos. Para sus enemigos, Pablo era "una plaga, y promotor de sediciones entre todos los judíos por todo el mundo" (Hch. 24:5).

¿Qué caracteriza a una persona que sacude al mundo por medio del evangelio? De la narración de Hechos 17 surgen cuatro palabras clave que proveen la respuesta: valor, contenido, convertidos y conflicto. Los relatos del ministerio de Pablo en Tesalónica y Berea están estrechamente relacionados y se los debe considerar juntos.

VALOR

Pasando por Anfípolis y Apolonia, llegaron a Tesalónica, donde había una sinagoga de los judíos. Y Pablo, como acostumbraba, fue a ellos... Inmediatamente, los hermanos enviaron de noche a Pablo y a Silas hasta Berea. Y ellos, habiendo llegado, entraron en la sinagoga de los judíos. (17:1-2*a*, 10)

Nunca influirá en el mundo para Cristo quien no tenga valor; son las personas valientes las que cambian las situaciones. Pablo le recordó eso a Timoteo (2 Ti. 1:7). Valor y audacia fueron esenciales para la influencia que tuvo la iglesia primitiva, y no hay ejemplo más consecuente de ello que el mismo Pablo. La posibilidad de sufrimientos y de persecución no le impidió cumplir su ministerio. Dirigiéndose a los ancianos de la iglesia en Éfeso, recapituló su actitud:

Ahora, he aquí, ligado yo en espíritu, voy a Jerusalén, sin saber lo que allá me ha de acontecer; salvo que el Espíritu Santo por todas las ciudades me da testimonio, diciendo que me esperan prisiones y tribulaciones. Pero de ninguna cosa hago caso, ni estimo preciosa mi vida para mí mismo, con tal que acabe mi carrera con gozo, y el ministerio que recibí del Señor Jesús, para dar testimonio del evangelio de la gracia de Dios (Hch. 20:22-24).

Los incidentes en Tesalónica y Berea exhibieron el extraordinario valor del apóstol.

Pablo, Silas y Timoteo habían salido de Filipos a raíz del disturbio provocado por la curación que Pablo hiciera a una muchacha endemoniada (16:16-40). Al parecer Lucas, no los acompañó, ya que la narración de Hechos cambia ahora a tercera persona (cp. 16:19). Quizás se quedó en Filipos para ministrar allí a la joven iglesia. Como gentil, Lucas tal vez pudo haber estado inmune al sentimiento contra los judíos que se había levantado hacia Pablo y Silas.

Dejando Filipos, los misioneros viajaron al suroeste a lo largo del importante camino romano conocido como la Vía Egnatia, **pasando por Anfípolis y Apolonia, llegaron** finalmente **a Tesalónica. Anfípolis** se hallaba a unos cincuenta kilómetros de Filipos, **Apolonia** como a cincuenta kilómetros de **Anfípolis,** y **Tesalónica** a poco más de sesenta kilómetros de **Apolonia.** La narración sugiere que hicieron el viaje desde Filipos hasta Tesalónica en tres días, deteniéndose a pasar la primera noche en **Anfípolis** y la segunda en **Apolonia.** De ser así, cubrieron unos cincuenta kilómetros diarios, llevando a algunos comentaristas a especular que viajaron a caballo (quizás suplidos por la generosidad de la iglesia filipense). Es difícil imaginar que Pablo y Silas, débiles por los azotes recibidos en Filipos, pudieran haber caminado ciento sesenta kilómetros en tres días.

No hay indicio de que Pablo y sus compañeros predicaran el evangelio en **Anfípolis** o **Apolonia,** aunque **Anfípolis** era una ciudad más grande e importante que Filipos. Parece ser que ninguna de estas ciudades tenía sinagoga. La observación de Lucas de que en **Tesalónica había una sinagoga de los judíos** sugiere una ausencia de ellas en las otras ciudades; no hay evidencia de que se haya identificado alguna sinagoga en Anfípolis ni en Apolonia.

Tesalónica era la ciudad capital de Macedonia y la más importante, con una población calculada en doscientos mil habitantes. Fue fundada por Felipe de Macedonia (padre de Alejandro Magno) o, más probablemente, por uno de sus generales, Casandro, llamándola así por la hermanastra de Alejandro Magno. Conocida hoy día como Thessaloniki, sigue siendo una ciudad importante en Grecia.

Pablo estaba motivado por un ardiente deseo de ver salvos a sus compañeros judíos (Ro. 9:1-3; 10:1). No sorprende entonces que, **como acostumbraba, fue a** los judíos al llegar a Tesalónica. A pesar del frecuente maltrato a manos de ellos, Pablo nunca perdió su pasión por las almas del pueblo al que pertenecía.

El apóstol enfrentó mucha oposición judía en su primer viaje misionero. En la isla de Chipre se le opuso el falso profeta judío Barjesús (Hch. 13:6ss). Saliendo de allí fue a Antioquía de Pisidia, donde "viendo los judíos la muchedumbre, se llenaron de celos, y rebatían lo que Pablo decía, contradiciendo y blasfemando" (Hch. 13:45). Más tarde, "los judíos instigaron a mujeres piadosas y distinguidas, y a los principales de la ciudad, y levantaron persecución contra Pablo y Bernabé, y los expulsaron de sus límites" (Hch. 13:50). Los misioneros fueron a Iconio, donde "los judíos que no creían excitaron y corrompieron los ánimos de los gentiles contra los hermanos" (Hch. 14:2). Obligados a huir de Iconio (Hch. 14:5-6), Pablo y Bernabé fueron a Listra, donde Pablo casi pierde la vida (Hch. 14:19). A pesar de todo eso, y de la reciente persecución en Filipos a manos de gentiles, el apóstol no dudó en entrar con valentía a la sinagoga en Tesalónica.

Por desgracia, la oposición judía obligó a Pablo a huir también de esta ciudad. El versículo 10 señala que, **inmediatamente, los hermanos** en Tesalónica **enviaron de noche a Pablo y a Silas hasta Berea.** Localizada a unos ochenta kilómetros de Tesalónica, **Berea** era una población mucho menos importante; el escritor romano Cicerón la describió como "fuera de lo común". Sin dejarse intimidar por la constante oposición de sus hermanos judíos, el apóstol entró de inmediato a **la sinagoga de los judíos** al llegar a Berea. Su amor por su pueblo y por su Dios no le dejaba alternativa. Así escribió en 1 Corintios 9:16: "Si anuncio el evangelio, no tengo por qué gloriarme; porque me es impuesta necesidad; y ¡ay de mí si no anunciare el evangelio!". Tal valor es el resultado de varias virtudes espirituales.

Primera, el valor se edifica en la fe: confiar en Dios. David también conocía la importancia de esa verdad. A menudo atribulado y perseguido por sus enemigos, sin embargo anunció una y otra vez su absoluta confianza en Dios. En Salmos 27 declaró:

> *Jehová es mi luz y mi salvación; ¿de quién temeré? Jehová es la fortaleza de mi vida; ¿de quién he de atemorizarme? Cuando se juntaron contra mí los malignos, mis angustiadores y mis enemigos, para comer mis carnes, ellos tropezaron y cayeron. Aunque un ejército acampe contra mí, no temerá mi corazón; aunque contra mí se levante guerra, yo estaré confiado (vv. 1-3).*

Pablo repitió ese pensamiento en Efesios 6:10: "Fortaleceos en el Señor, y en el poder de su fuerza" (cp. 2 Ti. 2:1). La clave del valor es confiar en el poder soberano y en el cuidado de Dios, y depender de su fuerza. En cualquier circunstancia de la vida, los cristianos pueden confiar en que "a los fieles guarda Jehová"

(Sal. 31:23). La falta de valor proviene, en última instancia, de una inadecuada comprensión de Dios.

Segunda, el valor resulta de la pureza: confesar el pecado. En Salmos 7, David escribió:

> *Jehová Dios mío, en ti he confiado; sálvame de todos los que me persiguen, y líbrame, no sea que desgarren mi alma cual león, y me destrocen sin que haya quien me libre. Jehová Dios mío, si yo he hecho esto, si hay en mis manos iniquidad; si he dado mal pago al que estaba en paz conmigo (antes he libertado al que sin causa era mi enemigo), persiga el enemigo mi alma, y alcáncela; huelle en tierra mi vida, y mi honra ponga en el polvo... Mi escudo está en Dios, que salva a los rectos de corazón (vv. 1-5, 10).*

Frente a una dura prueba, David declaró que en su vida no había pecado sin confesar. Sobre esa base, pedía a Dios que lo liberara de sus enemigos. Él sabía que tratar de librar una batalla espiritual con agujeros en su coraza de justicia era una necedad.

Tercera, el valor viene de la esperanza: agradecer con anticipación a Dios por la victoria. En 2 Crónicas 20, Judá enfrentó una invasión por parte de una fuerza combinada de moabitas y amonitas. El rey Josafat, sabiendo que Judá era impotente contra sus enemigos, oró al Señor pidiendo ayuda (v. 12). Luego llevó a su pueblo a hacer frente a los atacantes. El versículo 21 narra que antes de que comenzara la batalla, Josafat "puso a algunos que cantasen y alabasen a Jehová, vestidos de ornamentos sagrados, mientras salía la gente armada, y que dijesen: Glorificad a Jehová, porque su misericordia es para siempre". En respuesta a su agradecida confianza, "puso contra los hijos de Amón, de Moab y del monte de Seir, las emboscadas de ellos mismos que venían contra Judá, y se mataron los unos a los otros" (v. 22). Agradecer a Dios por adelantado brindó al pueblo confianza para anticipar la victoria.

CONTENIDO

y por tres días de reposo discutió con ellos, declarando y exponiendo por medio de las Escrituras, que era necesario que el Cristo padeciese, y resucitase de los muertos; y que Jesús, a quien yo os anuncio, decía él, es el Cristo... Y éstos eran más nobles que los que estaban en Tesalónica, pues recibieron la palabra con toda solicitud, escudriñando cada día las Escrituras para ver si estas cosas eran así. (17:2*b*-3, 11)

El valor debe ir acompañado del contenido adecuado si un creyente va a afectar el mundo. Tener el mensaje correcto, pero sin el valor para anunciarlo, lo hace inútil. Por otra parte, anunciar audazmente el error, como hacen las sectas, causa aun más daño. Proclamar la verdad con gran denuedo, como hacía Pablo, no puede evitar que el mundo cambie.

Algunos cristianos creen que es demasiado importante no ofender a los incrédulos. Por tanto, enfocan sus presentaciones del evangelio solo en aquello que Cristo tiene para ofrecer al pecador a fin de mejorarle la vida en el tiempo y la eternidad. Declarar al no cristiano que su vida de pecado es una ofensa a un Dios santo, e invitarlo a que se aflija y se arrepienta, se ha considerado mala técnica de mercadotecnia.

Tal desequilibrado enfoque para evangelizar no halla sustento bíblico. El verdadero evangelio *debe* ofender al incrédulo confrontándolo con su pecado y el juicio. Romanos 9:33 declara: "He aquí pongo en Sion piedra de tropiezo y roca de caída". Pedro citó ese mismo pasaje del Antiguo Testamento (Is. 28:16), así como Salmos 118:22 e Isaías 8:14:

> *Por lo cual también contiene la Escritura: He aquí, pongo en Sion la principal piedra del ángulo, escogida, preciosa; y el que creyere en él, no será avergonzado. Para vosotros, pues, los que creéis, él es precioso; pero para los que no creen, la piedra que los edificadores desecharon, ha venido a ser la cabeza del ángulo; y: Piedra de tropiezo, y roca que hace caer, porque tropiezan en la palabra, siendo desobedientes; a lo cual fueron también destinados (1 P. 2:6-8).*

Los pecadores son una ofensa constante para Dios (cp. Sal. 7:11); ellos deben saber eso.

Pablo confrontó valientemente a los judíos de Tesalónica, **y por tres días de reposo discutió con ellos, declarando y exponiendo por medio de las Escrituras, que era necesario que el Cristo padeciese, y resucitase de los muertos; y que Jesús, a quien yo os anuncio, decía él, es el Cristo.**

La creencia común de los judíos acerca del Mesías lo representaba como un gobernante político conquistador que les restauraría las fortunas, les derrotaría los enemigos, y los haría entrar al reino. Que el Mesías vendría a morir a manos de su propio pueblo estaba más allá de la comprensión que tenían. Hasta los apóstoles habían tardado mucho tiempo en entender esa verdad (cp. Mt. 16:21-22; Lc. 24:25-26). Pablo escribió en 1 Corintios 1:23 de la dificultad que el pueblo judío tenía en aceptar la muerte del Mesías, cuando afirmó que el "Cristo crucificado" era "para los judíos ciertamente tropezadero", y que aun para los gentiles era "locura".

Discutió viene de *dialegomai,* de donde se deriva la palabra castellana *diálogo.* No describe un sermón formal sino una conversación, durante la cual Pablo respondió preguntas de sus oyentes. Esa era la manera en que comúnmente él ministraba en las sinagogas (cp. Hch. 18:4, 19; 19:8-9). El testimonio eficaz cristiano incluye poder contestar preguntas acerca de la fe. Pedro ordenó a los creyentes: "Santificad a Dios el Señor en vuestros corazones, y estad siempre preparados para presentar defensa con mansedumbre y reverencia ante todo el que os demande razón de la esperanza que hay en vosotros" (1 P. 3:15).

La Biblia provee la verdad para tal defensa. El principio básico del método apologético de Pablo no era la insubstancialidad de la sabiduría humana, ni las tradiciones extrabíblicas tan veneradas por los judíos. En lugar de eso, el apóstol **discutió con ellos, declarando y exponiendo por medio de las Escrituras** del Antiguo Testamento. Demostró su caso desde la misma fuente que los judíos veneraban, **que era necesario que el Cristo padeciese, y resucitase de los muertos.** Lucas no narra los detalles de los argumentos de Pablo (para un resumen de uno de los mensajes del apóstol, véase Hch. 13:16ss). Quizás habló de los tipos de sacrificio en el sistema expiatorio de la ley de Moisés y, sin duda, apeló a pasajes como Salmos 22 e Isaías 53 para probar que el Mesías debía padecer, y a Salmos 16 para mostrar que el Mesías resucitaría de los muertos. Habiendo comprobado, por consiguiente, que el Antiguo Testamento profetizó la muerte y resurrección del Mesías, la poderosa conclusión de Pablo fue **que Jesús, a quien yo os anuncio, decía él, es el Cristo.** Solo Él cumplió esas profecías, pues "murió por nuestros pecados, conforme a las Escrituras", y después "fue sepultado, y... resucitó al tercer día, conforme a las Escrituras" (1 Co. 15:3-4). Aquellos que alborotarían al mundo usarían la Palabra de Dios como palanca.

Pablo utilizó el mismo enfoque para evangelizar a los judíos de Berea. Lucas señala que **éstos eran más nobles que los que estaban en Tesalónica, pues recibieron la palabra con toda solicitud, escudriñando cada día las Escrituras para ver si estas cosas eran así.** Evidentemente no tuvieron que vencer los prejuicios que tenían los judíos tesalonicenses. Cabe destacar que cuando la persecución surgió en Berea fue dirigida por judíos de Tesalónica (v. 13). A diferencia de los tesalonicenses, con quienes Pablo tuvo que razonar y persuadir (v. 4), los de Berea **recibieron la palabra con toda solicitud, escudriñando cada día las Escrituras para ver si estas cosas** que predicaba el apóstol **eran así.** Ellos estuvieron abiertos a la verdad e investigaron los rollos por sí mismos. No extraña que Lucas los describiera como **más nobles que los que estaban en Tesalónica.**

Escudriñando viene de *anakrinō*, palabra usada a veces en una investigación judicial. Los nobles de Berea filtraron con mucho cuidado la evidencia y concluyeron que el evangelio que anunciaba Pablo era la verdad que cumplía la promesa del Antiguo Testamento. Quienes examinan sinceramente las Escrituras siempre llegarán a esa conclusión. En Juan 5:39, Jesús les dijo a los líderes judíos: "Escudriñad las Escrituras; porque a vosotros os parece que en ellas tenéis la vida eterna; y ellas son las que dan testimonio de mí". En el versículo 46 añadió: "Porque si creyeseis a Moisés, me creeríais a mí, porque de mí escribió él". En Juan 7:17 Jesús exigió un corazón dispuesto cuando expresó: "El que quiera hacer la voluntad de Dios, conocerá si la doctrina es de Dios, o si yo hablo por mi propia cuenta". En Lucas 24:25-27 Jesús mismo usó las Escrituras del Antiguo Testamento para convencer a sus discípulos:

> *Entonces él les dijo: ¡Oh insensatos, y tardos de corazón para creer todo lo que los profetas han dicho! ¿No era necesario que el Cristo padeciera estas cosas, y que entrara en su gloria? Y comenzando desde Moisés, y siguiendo por todos los profetas, les declaraba en todas las Escrituras lo que de él decían (Lc. 24:25-27).*

Desde luego que ahora tenemos ambos testamentos para probar que Jesús es el Cristo.

La mayoría de personas que rechazan el evangelio tienen poco conocimiento de las Escrituras. Algunos de los más duros críticos de la Biblia a través de los siglos han mostrado una ignorancia sorprendente de las enseñanzas bíblicas. Por tanto, el principal deber al evangelizar debe ser demostrar en las Escrituras la verdad del cristianismo.

¿Cómo puede un cristiano conocer suficientemente la Palabra de Dios a fin de usarla de manera eficaz?

Primero, el prerrequisito para el estudio de la Biblia es confesar los pecados. En 1 Pedro 2:1-2 se declara esa verdad de forma resumida: "Desechando, pues, toda malicia, todo engaño, hipocresía, envidias, y todas las detracciones, desead, como niños recién nacidos, la leche espiritual no adulterada, para que por ella crezcáis para salvación". Es imposible estudiar útilmente las Escrituras con una mente impura.

Segundo, el estudio bíblico debe ser diligente. Pablo ordenó a Timoteo, su amado hijo en la fe: "Procura con diligencia presentarte a Dios aprobado, como obrero que no tiene de qué avergonzarse, que usa bien la palabra de verdad" (2 Ti. 2:15). El estudio negligente, descuidado e indolente de la Biblia no producirá un cristiano "poderoso en las Escrituras" (Hch. 18:24).

Tercero, los creyentes deben comprometerse a practicar las verdades que aprenden. Santiago exhortó a los cristianos: "Sed hacedores de la palabra, y no tan solamente oidores, engañándoos a vosotros mismos" (Stg. 1:22). El objetivo final de todo estudio bíblico no es aumentar el conocimiento, sino acrecentar la santidad y la semejanza a Cristo.

Por último, una manera excelente de aprender la verdad es enseñársela a otros (2 Ti. 2:2). Retenemos más de lo que estudiamos para enseñar a otros que de lo que aprendemos para nuestro propio beneficio.

El creyente del Antiguo Testamento, Esdras, es un ejemplo que todo cristiano debería seguir. Según Esdras 7:10, él "había preparado su corazón para inquirir la ley de Jehová y para cumplirla, y para enseñar en Israel sus estatutos y decretos".

CONVERTIDOS

Y algunos de ellos creyeron, y se juntaron con Pablo y con Silas; y de los griegos piadosos gran número, y mujeres nobles no pocas... Así que creyeron muchos de ellos, y mujeres griegas de distinción, y no pocos hombres. (17:4, 12)

Quienes han de afectar al mundo para Cristo deben reconocer que no pueden hacerlo solos. Discipular a otros, quienes a su vez enseñan a otros más (2 Ti. 2:2), ocasiona crecimiento exponencial y magnifica la influencia del cristianismo en el mundo. Tal reproducción espiritual fue un elemento clave en el ministerio de Pablo.

La presentación que el apóstol hiciera del evangelio fue tan convincente que **algunos de** los judíos tesalonicenses, aunque renuentes, **creyeron, y se juntaron con Pablo y con Silas.** Los de Tesalónica no estuvieron tan abiertos a la verdad como los de Berea, pero la convincente exposición del Antiguo Testamento que Pablo hiciera, junto con la obra del Espíritu Santo (1 Ts. 1:5), hicieron que los de Berea respondieran como lo hicieron. No solamente algunos de los judíos, sino también **de los griegos piadosos gran número, y mujeres nobles no pocas** llegaron al conocimiento salvador del evangelio.

La tesalonicense fue una iglesia que se reprodujo espiritualmente. Dos de sus miembros, Aristarco y Segundo, se unieron a Pablo en la obra evangelizadora (Hch. 20:4). En 1 Tesalonicenses 1:8 Pablo elogió a todos los miembros de la iglesia porque "partiendo de vosotros ha sido divulgada la palabra del Señor, no sólo en Macedonia y Acaya, sino que también en todo lugar vuestra fe en Dios se ha extendido". Los tesalonicenses usaron su ubicación estratégica en la Vía Egnatia para extender el evangelio más allá de su propia ciudad.

Una abundante cosecha similar se recogió en Berea, donde **creyeron muchos de** los judíos, ansiosos por entender, junto con **mujeres griegas de distinción, y no pocos hombres.** A los tesalonicenses se les debió persuadir; los de Berea estaban listos y **creyeron.** Sus corazones estaban más abiertos a la verdad, como lo demuestra su búsqueda anhelante de las Escrituras. Los pobladores de Tesalónica y de Berea tipifican dos clases de personas halladas en la evangelización. La Palabra de Dios puede persuadir al cerrado y al sincero, al obstinado y al dócil, por causa de quien busca la verdad y de quien no la busca.

CONFLICTO

Entonces los judíos que no creían, teniendo celos, tomaron consigo a algunos ociosos, hombres malos, y juntando una turba, alborotaron la ciudad; y asaltando la casa de Jasón, procuraban sacarlos al pueblo. Pero no hallándolos, trajeron a Jasón y a algunos hermanos ante las autoridades de la ciudad,

gritando: Estos que trastornan el mundo entero también han venido acá; a los cuales Jasón ha recibido; y todos éstos contravienen los decretos de César, diciendo que hay otro rey, Jesús. Y alborotaron al pueblo y a las autoridades de la ciudad, oyendo estas cosas. Pero obtenida fianza de Jasón y de los demás, los soltaron... Cuando los judíos de Tesalónica supieron que también en Berea era anunciada la palabra de Dios por Pablo, fueron allá, y también alborotaron a las multitudes. Pero inmediatamente los hermanos enviaron a Pablo que fuese hacia el mar; y Silas y Timoteo se quedaron allí. Y los que se habían encargado de conducir a Pablo le llevaron a Atenas; y habiendo recibido orden para Silas y Timoteo, de que viniesen a él lo más pronto que pudiesen, salieron. (17:5-9, 13-15)

Este último punto es el resultado de los primeros tres. Aquellos que con valentía anuncian el mensaje correcto y ganan convertidos enfrentarán conflicto. Oposición acompañará al triunfo. Pablo y sus compañeros no fueron la excepción. Los **judíos** en Tesalónica **que no creían** se enfurecieron por el éxito del evangelio. Estos "amaron más las tinieblas que la luz, porque sus obras eran malas" (Jn. 3:19). **Teniendo celos,** estos individuos **tomaron consigo a algunos ociosos, hombres malos, y juntando una turba, alborotaron la ciudad**; irónicamente, de esto mismo acusaron a los misioneros (v. 6). **Asaltando la casa de Jasón,** donde la turba supuso que los misioneros se alojaban, **procuraban sacarlos al pueblo.**

Pablo, Silas y Timoteo no estaban allí, y la muchedumbre debió contentarse con arrastrar a **Jasón y a algunos hermanos ante las autoridades de la ciudad.** La descripción de Lucas es fiel; él usa el término *politarchs* para los funcionarios, la expresión precisa para los magistrados locales que se daba en inscripciones descubiertas en Macedonia. Nada se sabe de **Jasón,** excepto que quizás era judío, ya que Jasón era un nombre tomado a menudo por los judíos de la diáspora.

Los líderes judíos formularon dos acusaciones contra los creyentes. La primera fue: **Estos que trastornan el mundo entero también han venido acá; a los cuales Jasón ha recibido.** Esta vaga acusación de que los misioneros eran alborotadores no se sustentaba. Es más, fue la turba la que provocó los disturbios (v. 5). Al declarar que **Jasón** los había **recibido,** lo acusaban de albergar delincuentes. La segunda acusación contra los misioneros fue mucho más grave: **todos éstos contravienen los decretos de César, diciendo que hay otro rey, Jesús.** Reconocer a cualquier otro rey que no fuera el César era uno de los crímenes más graves en el Imperio romano. Fue por supuestamente afirmar que un gobernante terrenal era rival para el César que los romanos crucificaron a Jesús (cp. Jn. 19:12). No adorar al César sin duda llevó a la ejecución a Pablo.

Las acusaciones **alborotaron al pueblo y a las autoridades de la ciudad** cuando oyeron **estas cosas.** Las autoridades, igual que sus homólogas en Filipos, decidieron que la más sencilla de las soluciones era expulsar a los "alborotadores". En consecuencia, habiendo exigido y obtenido **fianza de Jasón y de los demás, los soltaron.** Puesto que la fianza se perdería si había más problemas, Pablo y sus compañeros no tuvieron otra opción que irse. La angustia que la expulsión causó en el apóstol se refleja en sus comentarios en 1 Tesalonicenses 2:17-18:

> *Pero nosotros, hermanos, separados de vosotros por un poco de tiempo, de vista pero no de corazón, tanto más procuramos con mucho deseo ver vuestro rostro; por lo cual quisimos ir a vosotros, yo Pablo ciertamente una y otra vez; pero Satanás nos estorbó.*

Cuando los misioneros fueron expulsados de Tesalónica y se mudaron a Berea (v. 10), por desgracia los siguió la oposición satánicamente inspirada al evangelio (cp. 1 Ts. 2:14-16). **Cuando los judíos de Tesalónica supieron que también en Berea era anunciada la palabra de Dios por Pablo, fueron allá, y también alborotaron a las multitudes.** Lucas no ofrece detalles de lo ocurrido, pero Pablo, al menos, fue obligado a salir. Por tanto, **los hermanos enviaron a Pablo que fuese hacia el mar,** desde donde pudo tomar un barco hacia Atenas. (No está claro exactamente cómo Pablo salió de Berea hacia Atenas. Debido a varias interpretaciones en los manuscritos griegos, los comentaristas discrepan en cuanto a si viajó por barco o por tierra.) A diferencia de la situación en Tesalónica, **Silas y Timoteo** pudieron quedarse para continuar la obra en Berea. Mientras tanto, **los que se habían encargado de conducir a Pablo le llevaron a Atenas; y habiendo recibido orden para Silas y Timoteo, de que viniesen a él lo más pronto que pudiesen, salieron.** Al parecer, los cristianos de Berea concluyeron que no había lugar seguro en ninguna parte de Macedonia para Pablo, de ahí la decisión de enviarlo a Atenas.

Los cristianos que alborotarían al mundo como hicieran Pablo y sus compañeros deben ser audaces. Deben anunciar el mensaje correcto y reconocer la importancia de obtener la ayuda de otros. También deben estar preparados para capear la tormenta de la persecución que seguramente seguirá. En palabras de G. Campbell Morgan,

> la medida de nuestro triunfo en la obra de Dios siempre es la medida de nuestro esfuerzo laborioso. Ningún trabajo de propagación se hace sin un costo; y todo triunfo verdadero de la cruz produce después el fruto de alguna nueva aflicción, y de alguna nueva tristeza. Así que compartimos el trabajo que hace que el reino venga (*The Acts of the Apostles* [Hechos de los apóstoles] [Nueva York: Revell, 1924], pp. 405-406).

Cómo conocer al Dios no conocido

35

Mientras Pablo los esperaba en Atenas, su espíritu se enardecía viendo la ciudad entregada a la idolatría. Así que discutía en la sinagoga con los judíos y piadosos, y en la plaza cada día con los que concurrían. Y algunos filósofos de los epicúreos y de los estoicos disputaban con él; y unos decían: ¿Qué querrá decir este palabrero? Y otros: Parece que es predicador de nuevos dioses; porque les predicaba el evangelio de Jesús, y de la resurrección. Y tomándole, le trajeron al Areópago, diciendo: ¿Podremos saber qué es esta nueva enseñanza de que hablas? Pues traes a nuestros oídos cosas extrañas. Queremos, pues, saber qué quiere decir esto. (Porque todos los atenienses y los extranjeros residentes allí, en ninguna otra cosa se interesaban sino en decir o en oír algo nuevo.) Entonces Pablo, puesto en pie en medio del Areópago, dijo: Varones atenienses, en todo observo que sois muy religiosos; porque pasando y mirando vuestros santuarios, hallé también un altar en el cual estaba esta inscripción: AL DIOS NO CONOCIDO. Al que vosotros adoráis, pues, sin conocerle, es a quien yo os anuncio. El Dios que hizo el mundo y todas las cosas que en él hay, siendo Señor del cielo y de la tierra, no habita en templos hechos por manos humanas, ni es honrado por manos de hombres, como si necesitase de algo; pues él es quien da a todos vida y aliento y todas las cosas. Y de una sangre ha hecho todo el linaje de los hombres, para que habiten sobre toda la faz de la tierra; y les ha prefijado el orden de los tiempos, y los límites de su habitación; para que busquen a Dios, si en alguna manera, palpando, puedan hallarle, aunque ciertamente no está lejos de cada uno de nosotros. Porque en él vivimos, y nos movemos, y somos; como algunos de vuestros propios poetas también han dicho: Porque linaje suyo somos. Siendo, pues, linaje de Dios, no debemos pensar que la Divinidad sea semejante a oro, o plata, o piedra, escultura de arte y de imaginación de hombres. Pero Dios, habiendo pasado por alto los tiempos de esta ignorancia, ahora manda a todos los hombres en todo lugar, que se arrepientan; por cuanto ha establecido un día en el cual juzgará al mundo con justicia, por aquel varón a quien designó, dando fe a todos con haberle levantado de los

muertos. Pero cuando oyeron lo de la resurrección de los muertos, unos se burlaban, y otros decían: Ya te oiremos acerca de esto otra vez. Y así Pablo salió de en medio de ellos. Mas algunos creyeron, juntándose con él; entre los cuales estaba Dionisio el areopagita, una mujer llamada Dámaris, y otros con ellos. (17:16-34)

En su mensaje del domingo por la mañana del 7 de enero de 1855, un joven, Charles Haddon Spurgeon, dirigió las siguientes palabras a su congregación:

> Alguien ha dicho que "el estudio apropiado de la humanidad es el hombre". No me opongo a esa idea, pero creo que es igualmente cierto que el estudio apropiado de los elegidos de Dios es Dios; el estudio apropiado de un cristiano es la deidad. La ciencia más encumbrada, la especulación más elevada, la filosofía más poderosa que jamás puede atraer la atención de un hijo de Dios es el nombre, la naturaleza, la persona, el trabajo, las obras, y la existencia del gran Dios al que llama su Padre…
>
> ¿Quieres deshacerte de tus penas? ¿Te ahogan las preocupaciones? Entonces ve, sumérgete en el profundo mar de la divinidad; piérdete en su inmensidad; y saldrás como de un sofá de descanso, renovado y vigorizado. No conozco nada que pueda consolar tanto el alma, calmar tanto las infladas olas del dolor y la tristeza, y expresar tanta paz a los vientos del sufrimiento, como un devoto que reflexiona sobre el tema de la deidad. ("Inmutabilidad de Dios", en *The New Park Street Pulpit* [El púlpito de la calle New Park] [Pasadena, Tex.: Pilgrim, 1981], p. 1).

Aunque expresadas más de un siglo atrás, las palabras de Spurgeon hablan con fuerza a la Iglesia moderna. En esta época de liberalismo, neo-ortodoxia, pragmatismo, psicología, emotividad, experimentalismo y teología centrada en el hombre, la Iglesia necesita desesperadamente una apropiada perspectiva de Dios.

Para el mundo incrédulo, lleno de escepticismo, racionalismo, misticismo y desesperanza que cada uno produce, y opuesto a lo sobrenatural, el cristiano ofrece el único mensaje de esperanza. El hombre no es un accidente cósmico, un ser personal atrapado en un universo unipersonal. Hay un Dios, que es tanto el creador del universo como su gobernante soberano. No solo existe, sino que también es conocible y se ha revelado a la humanidad. Dios creó a los hombres para que lo conocieran (Jn. 17:3) y para que por medio de ese conocimiento lo glorificaran (Mt. 5:16; Ro. 15:6; 1 Co. 6:20). El conocimiento íntimo que el ser humano tiene de Dios se perdió en la caída, pero se restaura a través del sacrificio expiatorio de Jesucristo. El pecado es perdonado, y personas alejadas son reconciliadas con Dios en tiempo y eternidad.

Para los creyentes, el nivel más alto de madurez espiritual pertenece a quienes han conocido "al que es desde el principio" (1 Jn. 2:13). Saben que Dios es la clave para el contentamiento (Fil. 4:11), la bienaventuranza (Sal. 33:12; 144:15) y la paz (Is. 26:3; Ro. 8:6). Al enfrentar una crisis, "el pueblo que conoce a su Dios" es el que "se esforzará y actuará" (Dn. 11:32).

En Hechos 17:16-34, Pablo anuncia las buenas nuevas de que el único Dios vivo y verdadero es conocible para la ciudad pagana de Atenas. El apóstol había llegado allí sin su equipo después que lo obligaran a huir de Tesalónica y Berea (17:1-15). Envió un mensaje por medio de su escolta para que Silas y Timoteo se le reunieran allí (17:15). Sin embargo, no estaba en su naturaleza quedarse ocioso mientras esperaba. El resultado fue una clásica confrontación entre el hombre de Dios y la ciudad de Satanás.

Como judío helenizado, Pablo había estado expuesto a la cultura griega con sus tradiciones sobresalientes en arte y filosofía. Atenas era el centro de esa cultura. En su apogeo, varios siglos antes de Cristo había sido la ciudad más grande del mundo. Allí enseñaron Sócrates, su brillante alumno Platón y el alumno de Platón, Aristóteles, quizás el filósofo más grande e influyente de todos los tiempos. También lo hizo Epicuro, fundador del epicureísmo, y Zenón, fundador del estoicismo, dos filosofías dominantes.

Para la época de Pablo, Corinto había reemplazado a Atenas como el centro político y comercial más importante de Grecia. Aunque Atenas había perdido su importancia cultural, seguía siendo el centro filosófico del mundo antiguo, y era la sede de la universidad más famosa del mundo. Atenas también era un centro religioso, donde se adoraba a casi todo dios existente. El escritor pagano Petronio citó, de manera sarcástica, que era más fácil encontrar un dios en Atenas que un hombre (R. C. H. Lenski, *The Interpretation of the Acts of the Apostles* [Interpretación de Hechos de los apóstoles] [Minneapolis: Augsburg, 1961], p. 708). Todo edificio público estaba dedicado a un dios y estatuas de dioses atestaban la ciudad (17:16, 23).

Fue esa enorme manifestación de idolatría pagana la que indujo a actuar a Pablo. Lucas señala que **mientras Pablo esperaba** a Silas y Timoteo **en Atenas, su espíritu se enardecía viendo la ciudad entregada a la idolatría.** En lugar de verla desde una perspectiva turista, vio a Atenas como una ciudad de hombres y mujeres perdidos, condenados a una eternidad sin Cristo.

Jerusalén movió al Señor tanto a las lágrimas como a la ira, y Atenas asimismo movió a Pablo a la ira santa. **Se enardecía** no pone de manifiesto la fuerza de *paroxunō*, que significa "enojarse, o enfurecerse". Lucas usó el sustantivo correspondiente para describir el "tal desacuerdo" entre Pablo y Bernabé (Hch. 15:39). El apóstol odiaba la idolatría porque le robaba la gloria a Dios (cp. Ro. 1:23). El misionero del siglo XIX, Henry Martyn, expresó lo que Pablo debió haber sentido. Escribió acerca de un debate que tuvo con un musulmán:

> Mirza Seid Ali me habló de un dístico (copla de dos versos) hecho por su amigo en honor a una victoria sobre los rusos. El sentimiento era que el príncipe Abbas Mirza había matado a tantos cristianos que Cristo desde el cuarto cielo se agarró de la falda de Mahomet [Mahoma] para suplicarle que desistiera. Me dolió en el alma esta blasfemia. Mirza Seid Ali percibió que me hallaba muy trastornado. "¿Qué es lo que había sido tan ofensivo? —le pregunté—. Yo no podría soportar la existencia si Jesús no fuera glorificado; sería el infierno para mí, si él fuera a ser siempre así de deshonrado". "¿Por qué?" —indagó él asombrado. "Si alguien te arrancara los ojos —repliqué—, no se puede decir *por qué* sientes dolor... se trata del sentimiento. Que yo esté terriblemente herido se debe a que soy uno con Cristo" (Constance E. Padwick, *Henry Martyn* [Chicago: Moody, 1980], pp. 225-26. Cursivas en el original).

Pablo canalizó su emoción actuando. **Así que,** a causa de su indignación por la blasfemia de los atenienses en su idolatría contra el Señor, **discutía en la sinagoga con los judíos y piadosos, y en la plaza cada día con los que concurrían.** Siguiendo su patrón normal de ministración, Pablo iba el día de reposo donde sus compatriotas, y **discutía en la sinagoga con los judíos y piadosos.** El resto de la semana se enfrentaba **en la plaza** (el famoso *agora* de Atenas) con todos los interesados, dialogando **cada día con los que concurrían.**

Atenas no solo afectó a Pablo sino que él también creó un efecto en la ciudad. Entre los que participaron en el debate estaban **algunos filósofos de los epicúreos y de los estoicos.** Ellos, junto con los cínicos, representaban las tres escuelas de filosofía contemporáneas más populares.

Central a la filosofía epicúrea era la enseñanza de que el placer y evitar el dolor son el fin principal del hombre. Los epicúreos eran materialistas que, aunque no negaban la existencia de los dioses, creían que estos no interferían en los asuntos de los hombres. Enseñaban que en la muerte, tanto el cuerpo como el alma (ambos compuestos de átomos) se desintegraban; que no hay otra vida.

Los **filósofos de los estoicos,** por otra parte, veían el dominio propio como la virtud más grande. Creían que este dominio viene de ser indiferentes tanto al placer como al dolor, alcanzando el lugar donde no se siente nada. A diferencia del ateísmo práctico de los epicúreos, los estoicos eran panteístas.

Los extremos del estoicismo y del epicureísmo resumen la inutilidad de la existencia humana separada de Dios. F. F. Bruce escribe:

> El estoicismo y el epicureísmo representan intentos alternativos en el paganismo pre cristiano de hacer frente a la vida, especialmente en

> tiempos de incertidumbre y dificultad, y el paganismo pos cristiano hasta nuestros días no ha podido idear algo considerablemente mejor (F. F. Bruce, *The Book of the Acts,* [El libro de Hechos] The New International Commentary of the New Testament [El nuevo comentario internacional sobre el Nuevo Testamento] [Grand Rapids: Eerdmans, 1971], p. 351).

Aunque diferían radicalmente en sus creencias filosóficas, tanto los estoicos como los epicúreos se unieron en su desprecio por la enseñanza de Pablo. Algunos de ellos **decían** de manera burlona: **¿Qué querrá decir este palabrero?** *Spermologos* (**palabrero**) significa literalmente "recolector de semilla". La palabra

> evocaba imágenes de un ave picoteando semillas de forma indiscriminada en un corral. Se refería a un aficionado, alguien que recogía fragmentos de ideas aquí y allá, y los hacía pasar como algo profundo sin hondura del entendimiento en absoluto (John B. Polhill, *The New American Commentary: Acts* [Nuevo comentario estadounidense: Hechos] [Nashville: Broadman, 1992], p. 367).

Otros, malinterpretando por completo el mensaje de Pablo, pensaron que él era un **predicador de nuevos dioses; porque les predicaba el evangelio de Jesús, y de la resurrección.** Pudieron haber creído que Pablo usaba el término *anastasis* (**resurrección**) como el nombre propio de una diosa.

Pablo creó tal revuelo que finalmente **le trajeron al Areópago.** El **areópago** era una corte, llamada así por la colina en que una vez se encontrara. El poder de ese tribunal había fluctuado con los siglos, pero en tiempos romanos era considerable. (Atenas era una ciudad libre en el Imperio romano, con el derecho de gobierno propio.) Pablo no estaba vinculado formalmente ante esta corte (que varios siglos antes había condenado a Sócrates), pero informalmente le exigieron dar cuenta de su enseñanza.

Los debates se abrieron con la pregunta: **¿Podremos saber qué es esta nueva enseñanza de que hablas? Pues traes a nuestros oídos cosas extrañas. Queremos, pues, saber qué quiere decir esto.** Sin embargo, ellos no tenían verdadero interés en el evangelio, como muestra el comentario entre paréntesis de Lucas: **(Porque todos los atenienses y los extranjeros residentes allí, en ninguna otra cosa se interesaban sino en decir o en oír algo nuevo.)** La opinión de Lucas respecto a la pasión de los atenienses por novedades encuentra eco en otros escritores antiguos.

El tema del mensaje de Pablo a la asamblea era acerca de cómo conocer al Dios no conocido. Eso comprende tres pasos: reconocer lo que Dios es, reconocer quién es Él, y reconocer lo que Él ha dicho.

RECONOCER LO QUE DIOS ES

Entonces Pablo, puesto en pie en medio del Areópago, dijo: Varones atenienses, en todo observo que sois muy religiosos; porque pasando y mirando vuestros santuarios, hallé también un altar en el cual estaba esta inscripción: AL DIOS NO CONOCIDO. Al que vosotros adoráis, pues, sin conocerle, es a quien yo os anuncio. (17:22-23)

Puesto en pie en medio del Areópago, Pablo comenzó su alocución admitiendo la devoción religiosa de los pobladores: **Varones atenienses, en todo observo que sois muy religiosos.** Tomó como punto de contacto algo que observó mientras estaba **pasando y mirando** los **santuarios** de la ciudad, y halló **también un altar en el cual estaba esta inscripción: AL DIOS NO CONOCIDO.**

Los atenienses habían dado el primer paso hacia el conocimiento de Dios en que eran muy creyentes en lo sobrenatural. Evidentemente es imposible que quienes niegan la existencia de Dios lleguen a conocerlo, "porque es necesario que el que se acerca a Dios crea que le hay" (He. 11:6). Nadie buscará una senda hacia un destino que no cree que exista. Y los atenienses debieron haber creído que había un dios (entre todas sus deidades) al que no conocían.

La Biblia no brinda argumentos formales para la existencia de Dios. Su existencia es, a fin de cuentas, un asunto de revelación y fe (He. 11:6; cp. Jn. 1:18; 20:29). Sin embargo, esa fe no es un salto ciego en la oscuridad, sino que se basa en hechos. Es cierto que aunque la existencia de Dios no es demostrable en el sentido de un experimento científico o una ecuación matemática, es racional y lógica en un mundo de causa y efecto.

La Biblia revela evidencia poderosa y convincente para la existencia de Dios. Externamente, "los cielos cuentan la gloria de Dios, y el firmamento anuncia la obra de sus manos" (Sal. 19:1). Internamente, "lo que de Dios se conoce les es manifiesto, pues Dios se lo manifestó" (Ro. 1:19).

La ley de causa y efecto argumenta a favor de la existencia de Dios. El sentido común dictamina que todo efecto debe tener una causa. Pero no puede haber una cadena interminable de tales causas. Por tanto, debe haber una causa final no causada. Los teólogos se refieren a esa línea de razonamiento como el argumento cosmológico. (Para una exposición de esta forma del argumento cosmológico, véase Norman L. Geisler y Winfried Corduan, *Philosophy of Religion* [La filosofía de la religión] [Grand Rapids: Baker, 1988], pp. 175ss.) Una forma alternativa de ese argumento dice lo siguiente: Todo lo que comienza a existir tiene una causa. El universo comenzó a existir. Por tanto, el universo debe tener una causa. (Para una defensa de esta forma de argumento cosmológico, véase William Lane Craig, *Apologetics* [Apologética] [Chicago: Moody, 1984], pp. 73ss; Francis J. Beckwith, "Philosophy and Belief in God: The Resurgence of Theism in

Philosophical Circles" [La filosofía y la fe en Dios: Resurgimiento del teísmo en círculos filosóficos], *The Master's Seminary Journal* 2 [primavera de 1991], pp. 72ss).

La Biblia reconoce el principio de causa y efecto en Hebreos 3:4, donde el escritor asevera que "toda casa es hecha por alguno; pero el que hizo todas las cosas es Dios". Una casa requiere una causa eficiente; sería absurdo poner un montón de material de construcción en el paso de un huracán y esperar que la tormenta ensamble una casa. ¿Cuánto más absurdo es creer que el universo inmensamente complejo en que vivimos no tuviera una causa eficiente?

La naturaleza también muestra notable evidencia de diseño. El biólogo Michael Pitman escribe: "A través de cualquier ojo, menos el de los miopes, el mundo biológico muestra claras señales de planificación y orden" (*Adam and Evolution* [Adán y la evolución] [Londres: Rider, 1984], p. 27). Desde la desconcertante complejidad de la célula, a la transformación milagrosa de orugas en mariposas y a la exacta ingeniería de la tierra para sustentar vida, los ejemplos de diseño están en todas partes. El botánico Alan Radcliffe Smith cita uno:

> La orquídea Lady's Slipper [zapatito de dama] es un ejemplo de orquídea de dos estambres. Como lo indica el nombre común, el pico es muy característico, con la forma de un zapato o pantufla. El interior del pico es muy suave, lo que junto con los bordes enrollados internos, impide la fácil salida de un insecto visitante por el mismo camino que entró. En su lugar, por la forma del pico y la naturaleza de la superficie, el bicho se ve obligado a moverse hacia la parte posterior, o punto de unión, donde hay dos pequeñas salidas. A fin de llegar a esas salidas, el insecto debe pasar primero por debajo de un estigma. Después debe rozar más allá uno u otro de los dos estambres, que le depositan polen, y entonces queda libre para volar. Si luego va a otro zapatito, lo polinizará con el polen obtenido en el anterior; el segundo zapatito no estará en la misma planta ya que solo una flor está abierta en una planta dada en un momento dado. Por tanto, la fertilización cruzada se efectúa de manera muy eficiente... La complejidad de interacción entre planta e insecto es realmente asombrosa y, para aquellos que la verán, lleva claramente el sello del Creador omnisciente (citado por Pitman, *Adam and Evolution*, p. 82).

Un plan requiere un planificador, un programa requiere un programador, y un diseño requiere un diseñador. Puesto que el mundo exhibe tan clara evidencia de diseño, debe haber un Diseñador. Esa es la esencia del argumento teleológico para la existencia de Dios: el orden y la complejidad del universo no pudieron haber surgido por casualidad. La Biblia también presenta esa verdad. En Salmos 94:9, el salmista escribió: "El que hizo el oído, ¿no oirá? El que formó el ojo, ¿no verá?". La inteligencia viene de inteligencia, y el juicio moral de un ser moral. Sostener que todo esto viene de materia muerta es el colmo de la locura.

Puesto que la evidencia para la existencia de Dios es tan abrumadora, surge la pregunta de por qué hay ateos. La Biblia enseña que la razón no es intelectual ni racional sino moral y espiritual. David escribió en Salmos 14:1: "Dice el necio en su corazón: No hay Dios". Que la necedad a la vista es moral, no intelectual, está claro por el resto del versículo: "Se han corrompido, hacen obras abominables; no hay quien haga el bien". El rechazo de Dios por parte del ateísmo atrae a personas que quieren evitar el juicio debido a su estilo de vida pecaminoso.

Romanos 1:18-23 deja en claro que el asunto de rechazar a Dios es voluntario y debido al amor al pecado:

> *Porque la ira de Dios se revela desde el cielo contra toda impiedad e injusticia de los hombres que detienen con injusticia la verdad; porque lo que de Dios se conoce les es manifiesto, pues Dios se lo manifestó. Porque las cosas invisibles de él, su eterno poder y deidad, se hacen claramente visibles desde la creación del mundo, siendo entendidas por medio de las cosas hechas, de modo que no tienen excusa. Pues habiendo conocido a Dios, no le glorificaron como a Dios, ni le dieron gracias, sino que se envanecieron en sus razonamientos, y su necio corazón fue entenebrecido. Profesando ser sabios, se hicieron necios, y cambiaron la gloria del Dios incorruptible en semejanza de imagen de hombre corruptible, de aves, de cuadrúpedos y de reptiles.*

En la confusión causada por filosofías contradictorias e idolatría, Pablo declaró con firmeza la verdad de que el único Dios verdadero no sólo existe sino que también puede ser conocido: **Al que vosotros adoráis, pues, sin conocerle, es a quien yo os anuncio.** Que Dios se puede conocer es clara enseñanza de la Biblia (Dt. 4:35; 1 R. 8:43; 1 Cr. 28:9; Sal. 9:10; Jer. 9:24; 24:7; 31:34; Jn. 17:3). Este Dios que se puede conocer representa el mensaje de esperanza que tiene el creyente para el mundo perdido.

RECONOCER QUIÉN ES DIOS

El Dios que hizo el mundo y todas las cosas que en él hay, siendo Señor del cielo y de la tierra, no habita en templos hechos por manos humanas, ni es honrado por manos de hombres, como si necesitase de algo; pues él es quien da a todos vida y aliento y todas las cosas. Y de una sangre ha hecho todo el linaje de los hombres, para que habiten sobre toda la faz de la tierra; y les ha prefijado el orden de los tiempos, y los límites de su habitación; para que busquen a Dios, si en alguna manera, palpando, puedan hallarle, aunque ciertamente no está lejos de cada uno de nosotros. Porque en él vivimos, y nos movemos, y somos;

como algunos de vuestros propios poetas también han dicho: Porque linaje suyo somos. Siendo, pues, linaje de Dios, no debemos pensar que la Divinidad sea semejante a oro, o plata, o piedra, escultura de arte y de imaginación de hombres. (17:24-29)

Después de establecer que Dios existe y que los hombres lo pueden conocer, el apóstol lo presenta a sus oyentes. Presenta a Dios como creador, gobernante, dador, controlador y revelador.

CREADOR

El Dios que hizo el mundo y todas las cosas que en él hay, (17:24*a*)

La audaz aseveración del apóstol de que **Dios hizo el mundo y todas las cosas que en él hay** fue una verdad poderosa y perturbadora de oír para algunos de los atenienses. Esto iba contra la opinión de los epicúreos, que creían que la materia era eterna y que, por tanto, no tenía creador. Los estoicos, que como panteístas creían que todo formaba parte de Dios, creerían sin duda que Dios no pudo haberse creado a sí mismo. Sin embargo, este seguía siendo el enfoque básico requerido. Siempre que se ha eliminado la lógica de un creador, las personas quedan completamente separadas de Dios.

La verdad de que Dios es el creador del universo y de todo lo que contiene es igual de impopular en nuestra época. La explicación dominante entre los impíos para el origen de todas las cosas es la evolución. Sus entusiastas seguidores (que por desgracia incluyen a muchos cristianos) la enseñan dogmáticamente como un hecho científico tan firmemente establecido como la ley de la gravedad. Sin embargo, la evolución ni siquiera es una teoría científica (ya que no es observable, repetible, ni comprobable), por no hablar de un hecho establecido.

La impresionante evidencia científica en contra de la evolución puede resumirse brevemente así: Primero, la segunda ley de la termodinámica muestra que la evolución es teóricamente imposible. Segundo, la evidencia del registro fósil muestra que, en realidad, la evolución no se llevó a cabo (Entre los muchos libros útiles que presentan el caso específico contra la evolución están Michael Denton, *Evolution: A Theory in Crisis* [Evolución: Una teoría en crisis] [Bethesda, Md.: Adler and Adler, 1985]; Duane T. Gish, *Evolution: The Fossils Still Say NO!* [Evolución: Los fósiles siguen diciendo ¡NO!] [El Cajon, Calif.: Institute for Creation Research, 1995]; Henry M. Morris, *The Biblical Basis for Modern Science* [La base bíblica para la ciencia moderna] [Grand Rapids: Baker, 1985]; Henry M. Morris y Gary E. Parker, *What Is Creation Science?* [¿Qué es la ciencia de la creación?] [San Diego: Master Book Publishers, 1984]).

La segunda ley de la termodinámica, uno de los principios más consolidados en toda ciencia, afirma que la tendencia natural es que todas las cosas vayan de un estado más ordenado a uno menos ordenado. El famoso ateo Isaac Asimov reconoció: "Por lo que sabemos, todos los cambios están en la dirección de entropía creciente, de desorden creciente, del aumento del carácter aleatorio, de deterioro" (citado en Henry M. Morris, ed., *Creacionismo Científico* [San Diego: Creation-Life, 1976], p. 39). No obstante, de modo increíble los evolucionistas sostienen que lo opuesto es lo que precisamente ha ocurrido. Según ellos, las cosas han pasado de un estado menos ordenado a uno más ordenado. Los intentos de armonizar la evolución con la segunda ley de la termodinámica no han tenido éxito, y esto permanece como un poderoso testigo en contra de la evolución (cp. Emmett L. Williams, ed., *Thermodynamics and the Development of Order* [Termodinámica y desarrollo del orden] [Norcross, Ga.: Creation Research Society Books, 1987]).

La única manera de determinar si la evolución ha sucedido es examinar el registro fósil, que contiene la historia de la vida en la tierra. Aunque presentado en literatura popular y en libros de texto como prueba para la evolución, el registro fósil es, en realidad, una fuente importante de vergüenza para los evolucionistas. Las innumerables formas de transición entre grupos filogenéticos exigidas por la evolución simplemente no se encuentran. Aunque un evolucionista, David B. Kitts, de la Universidad de Oklahoma, admite:

> A pesar de la brillante promesa de que la paleontología proporciona un medio de "ver" la evolución, ha presentado algunas desagradables dificultades para los evolucionistas. La más notoria es la presencia de "brechas" en el registro fósil. La evolución requiere formas intermedias entre especies, y la paleontología no las proporciona ("Paleontology and Evolutionary Theory"[Paleontología y teoría evolutiva], *Evolution* 28 [septiembre 1974], p. 467).

Incluso Stephen Jay Gould de la Universidad de Harvard, quizás el defensor moderno más conocido de la evolución, admite cándidamente:

> La extrema rareza de formas transicionales en el registro fósil persiste como el secreto profesional de la paleontología. Los árboles evolutivos que adornan nuestros textos tienen datos solo en las puntas y los nudos de sus ramas; por razonable que sea, el resto es inferencia, no evidencia de fósiles ("Evolution's Erratic Pace" [El errático paso de la evolución], *Natural History* LXXXVI [mayo 1977], p. 14).

La afirmación de Pablo de que **Dios hizo el mundo y todas las cosas que en él hay** encuentra su apoyo en las Escrituras. La Biblia empieza con la sencilla declaración: "En el principio creó Dios los cielos y la tierra" (Gn. 1:1). En Salmos 146:5-6, el salmista escribe: "Bienaventurado aquel cuyo ayudador es el Dios de Jacob, cuya esperanza está en Jehová su Dios, el cual hizo los cielos y la tierra, el mar, y todo lo que en ellos hay; que guarda verdad para siempre". Isaías pregunta de modo retórico: "¿No has sabido, no has oído que el Dios eterno es Jehová, el cual creó los confines de la tierra?" (Is. 40:28). En Isaías 45:18 el profeta describe a Dios como "el que formó la tierra, el que la hizo y la compuso". Jeremías 10:12 declara que Dios es "el que hizo la tierra con su poder, el que puso en orden el mundo con su saber, y extendió los cielos con su sabiduría". Consolándose en el poder de Dios, Jeremías exclama: "¡Oh Señor Jehová! he aquí que tú hiciste el cielo y la tierra con tu gran poder, y con tu brazo extendido, ni hay nada que sea difícil para ti" (Jer. 32:17). Zacarías 12:1 afirma que Dios "extiende los cielos y funda la tierra, y forma el espíritu del hombre dentro de él".

El Nuevo Testamento también enseña que Dios es el creador. Efesios 3:9 declara que Dios "creó todas las cosas". Colosenses 1:16 ratifica acerca de Jesucristo: "En él fueron creadas todas las cosas, las que hay en los cielos y las que hay en la tierra, visibles e invisibles; sean tronos, sean dominios, sean principados, sean potestades; todo fue creado por medio de él y para él". El gran himno de alabanza a Dios en Apocalipsis 4:11 reza: "Señor, digno eres de recibir la gloria y la honra y el poder; porque tú creaste todas las cosas, y por tu voluntad existen y fueron creadas". En Apocalipsis 10:6, un ángel "juró por el que vive por los siglos de los siglos, que creó el cielo y las cosas que están en él, y la tierra y las cosas que están en ella, y el mar y las cosas que están en él, que el tiempo no sería más".

Sin embargo, la verdad de que Dios es el creador de todas las cosas es ampliamente rechazada, incluso por algunos que profesan creer en su existencia. Ven a Dios como una primera causa remota, que se limita a poner en marcha el proceso evolutivo y que no puede hacer ningún reclamo sobre la vida de nadie. Pero el Dios creador puede hacer eso y lo hace. Los hombres pecadores se sienten incómodos con la idea de que tienen que rendir cuentas a Aquel que los creó, y que, por lo tanto, es el dueño de ellos.

Cuando predicaba a los judíos, Pablo comenzaba con las Escrituras del Antiguo Testamento; pero con los gentiles comenzaba con la necesidad de explicar la causa principal (véase el análisis de 14:15 en el capítulo 32 de esta obra).

GOBERNANTE

siendo Señor del cielo y de la tierra, no habita en templos hechos por manos humanas, (17:24*b*)

Puesto que Dios creó el **cielo y la tierra,** Él es tanto **Señor** como legítimo gobernante de lo que en ellos hay. Génesis 14:19 describe a Dios como "creador de los cielos y de la tierra", mientras David manifiesta, en Salmos 24:1: "De Jehová es la tierra y su plenitud; el mundo, y los que en él habitan". El salmista escribió: "Jehová estableció en los cielos su trono, y su reino domina sobre todos" (Sal. 103:19). Humillado por el devastador juicio divino sobre Nabucodonosor, rey pagano de Babilonia, este fue obligado a admitir que el

> *dominio [de Dios] es sempiterno, y su reino por todas las edades. Todos los habitantes de la tierra son considerados como nada; y él hace según su voluntad en el ejército del cielo, y en los habitantes de la tierra, y no hay quien detenga su mano, y le diga: ¿Qué haces? (Dn. 4:34-35).*

El Dios que creó el universo obviamente **no habita en templos hechos por manos humanas.** En 1 Reyes 8:27, Salomón dijo: "¿Es verdad que Dios morará sobre la tierra? He aquí que los cielos, los cielos de los cielos, no te pueden contener; ¿cuánto menos esta casa que yo he edificado?" (cp. 2 Cr. 2:6; 6:18). David expresó esa misma verdad en Salmos 139:1-12:

> *Oh Jehová, tú me has examinado y conocido. Tú has conocido mi sentarme y mi levantarme; has entendido desde lejos mis pensamientos. Has escudriñado mi andar y mi reposo, y todos mis caminos te son conocidos. Pues aún no está la palabra en mi lengua, y he aquí, oh Jehová, tú la sabes toda. Detrás y delante me rodeaste, y sobre mí pusiste tu mano. Tal conocimiento es demasiado maravilloso para mí; alto es, no lo puedo comprender. ¿A dónde me iré de tu Espíritu? ¿Y a dónde huiré de tu presencia? Si subiere a los cielos, allí estás tú; y si en el Seol hiciere mi estrado, he aquí, allí tú estás. Si tomare las alas del alba y habitare en el extremo del mar, aun allí me guiará tu mano, y me asirá tu diestra. Si dijere: Ciertamente las tinieblas me encubrirán; aun la noche resplandecerá alrededor de mí. Aun las tinieblas no encubren de ti, y la noche resplandece como el día; lo mismo te son las tinieblas que la luz.*

La insensatez de la idolatría se ve más claramente en su negación de lo infinito de Dios.

DADOR

ni es honrado por manos de hombres, como si necesitase de algo; pues él es quien da a todos vida y aliento y todas las cosas. (17:25)

Pablo señala lo absurdo de imaginar que Dios, el creador y gobernador del universo, deba ser **honrado por manos de hombres, como si necesitase de algo.** Job 22:2-3 pregunta: "¿Traerá el hombre provecho a Dios? ¿Tiene contentamiento el

Omnipotente en que tú seas justificado, o provecho de que tú hagas perfectos tus caminos?". Dios declara a Israel:

> *No tomaré de tu casa becerros, ni machos cabríos de tus apriscos. Porque mía es toda bestia del bosque, y los millares de animales en los collados. Conozco a todas las aves de los montes, y todo lo que se mueve en los campos me pertenece. Si yo tuviese hambre, no te lo diría a ti; porque mío es el mundo y su plenitud (Sal. 50:9-12).*

Lejos de necesitar algo de los hombres, Dios **es quien da a todos vida y aliento y todas las cosas.** Salmos 104:14-15 expresa:

> *El [Dios] hace producir el heno para las bestias, y la hierba para el servicio del hombre, sacando el pan de la tierra, y el vino que alegra el corazón del hombre, el aceite que hace brillar el rostro, y el pan que sustenta la vida del hombre.*

Pablo escribió a los romanos: "Porque de él, y por él, y para él, son todas las cosas. A él sea la gloria por los siglos. Amén" (Ro. 11:36). A Timoteo le ordenó: "A los ricos de este siglo manda que no sean altivos, ni pongan la esperanza en las riquezas, las cuales son inciertas, sino en el Dios vivo, que nos da todas las cosas en abundancia para que las disfrutemos" (1 Ti. 6:17). Santiago observa: "Toda buena dádiva y todo don perfecto desciende de lo alto, del Padre de las luces, en el cual no hay mudanza, ni sombra de variación" (Stg. 1:17).

Dios no da solo a sus hijos. Jesús declaró en Mateo 5:45 que Dios "hace salir su sol sobre malos y buenos, y que hace llover sobre justos e injustos". Dios bendice a todos los hombres, incluso a los pecadores más endurecidos, con los beneficios de la gracia común.

CONTROLADOR

Y de una sangre ha hecho todo el linaje de los hombres, para que habiten sobre toda la faz de la tierra; y les ha prefijado el orden de los tiempos, y los límites de su habitación; (17:26)

Dios no solo es el gobernante soberano del universo sino que también tiene el control de los asuntos y destinos de hombres y naciones. Pablo declara que Dios hizo **de una sangre** (Adán) **todo el linaje de los hombres, para que habiten sobre toda la faz de la tierra.** Esa declaración fue un golpe para el orgullo nacional de los griegos, quienes despectivamente se referían a los no griegos como "bárbaros". Todos los hombres son iguales, porque todos fueron creados por Dios. Él **ha prefijado el orden de los tiempos,** el auge y la caída de las naciones y los imperios están en sus manos (cp. Dn. 2:36ss; Lc. 21:24). Dios también prefijo **los límites de su habitación,** poniendo a ciertas naciones en ubicaciones geográficas específicas (Dt. 32:8) y determinando la extensión de sus conquistas (cp. Is. 10:12-15).

REVELADOR

para que busquen a Dios, si en alguna manera, palpando, puedan hallarle, aunque ciertamente no está lejos de cada uno de nosotros. Porque en él vivimos, y nos movemos, y somos; como algunos de vuestros propios poetas también han dicho: Porque linaje suyo somos. Siendo, pues, linaje de Dios, no debemos pensar que la Divinidad sea semejante a oro, o plata, o piedra, escultura de arte y de imaginación de hombres. (17:27-29)

La actividad providencial de Dios como creador, gobernante, dador y controlador debería ser motivo **para que** los hombres **busquen a Dios.** La razón debería hacerlos ir desde el efecto superior (el universo) hasta la causa primera: Dios. En todo lo que ha hecho al crear y sustentar el universo, Él se ha revelado a la humanidad. Tal auto-revelación debería animar a los hombres a que, de **alguna manera, palpando, puedan hallarle.** La revelación natural de Dios en la conciencia humana (Ro. 2:14-15) y en el mundo físico deja sin excusa a todos los hombres (Ro. 1:18ss), ya que Él **ciertamente no está lejos de cada uno de nosotros.** Incluso quienes nunca han oído el evangelio también son responsables ante Dios por no vivir de acuerdo a la revelación natural. De haberlo hecho, Dios les habría traído la revelación especial que necesitaban para ser salvos.

Los griegos ciertamente no podían alegar ignorancia. Hasta sus **propios poetas** reconocían la revelación de Dios en la naturaleza, aunque erróneamente la veían como una revelación de sus falsos dioses. El poeta cretense Epiménides señaló que **en él vivimos, y nos movemos, y somos,** mientras que Arato, de la misma patria chica de Pablo, añadió: **Porque linaje suyo somos.** Esas citas ilustran la revelación universal de Dios como creador, gobernante y sustentador. Aunque Pablo fácilmente pudo haber documentado esas verdades en el Antiguo Testamento, en vez de eso escogió ilustraciones conocidas para esta audiencia pagana que no conocía las Escrituras.

Puesto que el hombre es **linaje de Dios,** como lo reconocen hasta los poetas paganos, es una insensatez **pensar que la Divinidad sea semejante a oro, o plata, o piedra, escultura de arte y de imaginación de hombres.** Si Dios creó a la humanidad, Él debe ser más que un simple ídolo hecho por manos humanas. Pablo usó citas de los propios poetas griegos para resaltar ante su audiencia lo absurdo de la idolatría.

El mejor punto de inicio para evangelizar a paganos sin conocimiento de las

Escrituras es explicar el poder y la Persona detrás de la creación. El invento satánico de la evolución corta el sendero de la razón que lleva a Dios.

RECONOCER LO QUE DIOS HA DICHO

Pero Dios, habiendo pasado por alto los tiempos de esta ignorancia, ahora manda a todos los hombres en todo lugar, que se arrepientan; por cuanto ha establecido un día en el cual juzgará al mundo con justicia, por aquel varón a quien designó, dando fe a todos con haberle levantado de los muertos. (17:30-31)

Reconocer que Dios existe, e incluso comprender de quién se trata, no llevará a un conocimiento salvador de Él. Eso viene solo de un entendimiento de la revelación especial. Por tanto, Pablo concluye su mensaje presentando a sus oyentes la revelación especial de Dios en la persona de Jesucristo.

La venida de Cristo provocó un cambio en el trato de Dios con la humanidad. En el pasado, Dios pasó **por alto los tiempos de esta ignorancia,** es decir, no siempre intervino con juicio especial (aunque el pecado siempre produjo consecuencias) contra las naciones que no lo conocían. Pero **ahora manda a todos los hombres en todo lugar, que se arrepientan.** La revelación natural no es suficiente para salvar y solo sirve para atraer a los hombres a Dios. No hay salvación aparte de Jesucristo, "porque no hay otro nombre bajo el cielo, dado a los hombres, en que podamos ser salvos" (Hch. 4:12).

Llegará un día en el cual Dios **juzgará al mundo con justicia, por aquel varón a quien designó,** Jesucristo. En Juan 5:22-27, Jesús afirmó:

> *Porque el Padre a nadie juzga, sino que todo el juicio dio al Hijo, para que todos honren al Hijo como honran al Padre. El que no honra al Hijo, no honra al Padre que le envió. De cierto, de cierto os digo: El que oye mi palabra, y cree al que me envió, tiene vida eterna; y no vendrá a condenación, mas ha pasado de muerte a vida. De cierto, de cierto os digo: Viene la hora, y ahora es, cuando los muertos oirán la voz del Hijo de Dios; y los que la oyeren vivirán. Porque como el Padre tiene vida en sí mismo, así también ha dado al Hijo el tener vida en sí mismo; y también le dio autoridad de hacer juicio, por cuanto es el Hijo del Hombre.*

Dios presentó prueba **a todos** los hombres al haber **levantado de los muertos** a su Hijo Jesús. La resurrección de Jesucristo mostró la aprobación de Dios hacia Él y lo calificó como Juez. Ahora no hay excusa, pues la prueba de la Palabra del Señor está totalmente dentro de ella. Los pecadores serán juzgados por lo que hacen con esa verdad.

La respuesta al mensaje de Pablo era previsible, considerando el desprecio que sus oyentes ya le habían expresado (cp. v. 18). **Cuando oyeron** que Pablo hablaba **de la resurrección de los muertos, unos se burlaban,** ya que no había lugar en el pensamiento griego para una resurrección corporal. **Otros**, un poco más caritativos, **decían: Ya te oiremos acerca de esto otra vez.** Sin embargo, nunca lo harían, ya que **Pablo salió de en medio de ellos** y pronto dejó Atenas para nunca más regresar.

No obstante, la defensa que Pablo hiciera del cristianismo no quedó totalmente en el olvido. Lucas señala que **algunos** hombres **creyeron, juntándose con él; entre los cuales estaba Dionisio el areopagita,** miembro de la corte del Areópago, **una mujer llamada Dámaris, y otros con ellos.** Estos no solo reconocieron la existencia de Dios y quién es Él, sino que también dieron el paso final y escucharon lo que Él les decía por medio de su mensajero. Debido a eso, solo ellos llegaron a conocer "al Dios no conocido".

Ánimo para los siervos de Dios

36

Después de estas cosas, Pablo salió de Atenas y fue a Corinto. Y halló a un judío llamado Aquila, natural del Ponto, recién venido de Italia con Priscila su mujer, por cuanto Claudio había mandado que todos los judíos saliesen de Roma. Fue a ellos, y como era del mismo oficio, se quedó con ellos, y trabajaban juntos, pues el oficio de ellos era hacer tiendas. Y discutía en la sinagoga todos los días de reposo, y persuadía a judíos y a griegos. Y cuando Silas y Timoteo vinieron de Macedonia, Pablo estaba entregado por entero a la predicación de la palabra, testificando a los judíos que Jesús era el Cristo. Pero oponiéndose y blasfemando éstos, les dijo, sacudiéndose los vestidos: Vuestra sangre sea sobre vuestra propia cabeza; yo, limpio; desde ahora me iré a los gentiles. Y saliendo de allí, se fue a la casa de uno llamado Justo, temeroso de Dios, la cual estaba junto a la sinagoga. Y Crispo, el principal de la sinagoga, creyó en el Señor con toda su casa; y muchos de los corintios, oyendo, creían y eran bautizados. Entonces el Señor dijo a Pablo en visión de noche: No temas, sino habla, y no calles; porque yo estoy contigo, y ninguno pondrá sobre ti la mano para hacerte mal, porque yo tengo mucho pueblo en esta ciudad. Y se detuvo allí un año y seis meses, enseñándoles la palabra de Dios. Pero siendo Galión procónsul de Acaya, los judíos se levantaron de común acuerdo contra Pablo, y le llevaron al tribunal, diciendo: Este persuade a los hombres a honrar a Dios contra la ley. Y al comenzar Pablo a hablar, Galión dijo a los judíos: Si fuera algún agravio o algún crimen enorme, oh judíos, conforme a derecho yo os toleraría. Pero si son cuestiones de palabras, y de nombres, y de vuestra ley, vedlo vosotros; porque yo no quiero ser juez de estas cosas. Y los echó del tribunal. Entonces todos los griegos, apoderándose de Sóstenes, principal de la sinagoga, le golpeaban delante del tribunal; pero a Galión nada se le daba de ello. (18:1-17)

Una verdad poco valorada acerca del ministerio es que los pastores y misioneros, tal vez más que otros creyentes, son objeto de desánimo. Charles Spurgeon explica que...

> a buenos hombres se les promete tribulación en este mundo, y los ministros la pueden esperar en mayor proporción que otros, de modo que así puedan aprender a entender el sufrimiento del pueblo del Señor, y que por tanto puedan ser pastores adecuados de un rebaño enfermo ("Los síncopes del ministro", en *Lectures to My Students: First Series* [Sermones a mis alumnos: Primera serie] [reimpresión; Grand Rapids: Baker, 1980], p. 168).

Algunos de los siervos escogidos de Dios han experimentado momentos de grave desaliento y desesperación. Cargado con el peso de personas rebeldes y rezongonas, Moisés clamó al Señor:

> *¿Por qué has hecho mal a tu siervo? ¿Y por qué no he hallado gracia en tus ojos, que has puesto la carga de todo este pueblo sobre mí? ¿Concebí yo a todo este pueblo? ¿Lo engendré yo, para que me digas: Llévalo en tu seno, como lleva la que cría al que mama, a la tierra de la cual juraste a sus padres?¿De dónde conseguiré yo carne para dar a todo este pueblo? Porque lloran a mí, diciendo: Danos carne que comamos. No puedo yo solo soportar a todo este pueblo, que me es pesado en demasía. Y si así lo haces tú conmigo, yo te ruego que me des muerte, si he hallado gracia en tus ojos; y que yo no vea mi mal (Nm. 11:11-15).*

Tras la derrota de Israel en Hai, Josué dijo: "¡Ah, Señor Jehová! ¿Por qué hiciste pasar a este pueblo el Jordán, para entregarnos en las manos de los amorreos, para que nos destruyan? ¡Ojalá nos hubiéramos quedado al otro lado del Jordán!" (Jos. 7:7). Elías sabía qué era lanzarse desde lo alto del éxito al pozo de la desesperación. Después de su dramática victoria sobre los profetas de Baal en el monte Carmelo (1 R. 18:20ss), huyó al desierto por temor a Jezabel. Allí perdió la esperanza de vivir, y manifestó: "Basta ya, oh Jehová, quítame la vida, pues no soy yo mejor que mis padres" (1 R. 19:4). Enfrentado con la posibilidad de una muerte inminente, el rey piadoso Ezequías lloró e imploró al Señor (Is. 38:1-20). Después que su mundo se colapsara y, al parecer, su Dios lo abandonara, Job maldijo el día en que nació (Job 3:1ss) y se quejó amargamente por la manera en que Dios lo trató (Job 9:16ss). Jeremías fue conocido como el profeta llorón, y aun a nuestro Señor se le describió como "varón de dolores, experimentado en quebranto" (Is. 53:3).

Tampoco el apóstol Pablo escapó a las garras del desaliento. El inicio de Hechos 18 lo encuentra en medio de un bajón en su agotador ministerio. Su segundo viaje misionero había sido arduo. Después de recorrer Asia Menor "confirmando a las iglesias" (Hch. 15:41), atravesó el Mar Egeo hasta tierra firme griega. La sanidad de una chica endemoniada en Filipos provocó un motín, y tanto él como Silas fueron azotados y encarcelados. Después de ser liberados mediante un devastador terremoto, a Pablo lo obligaron a salir de la ciudad (16:39-40). De allí fue a Tesalónica, donde su ministerio disfrutó gran éxito (17:4). La persecución lo forzó a huir a Berea (17:10), donde muchos también respondieron a su predicación y enseñanza (17:12). Cuando la persecución lo siguió allí desde Tesalónica, Pablo se vio obligado de nuevo a escapar del peligro (17:14). Llegó sin compañía a la gran ciudad de Atenas, donde en gran parte se hizo caso omiso a su brillante discurso en defensa del cristianismo (17:19-32). Luego **salió de Atenas y fue a Corinto,** a ochenta y cinco kilómetros de distancia.

En la época de Pablo, Corinto había reemplazado a Atenas como principal centro político y comercial de Grecia. La urbe gozaba de una ubicación estratégica en el istmo de Corinto, que conectaba la península del Peloponeso con el resto de Grecia. Casi todo tráfico entre el norte y el sur de la nación atravesaba la ciudad. Debido a que se debían navegar trescientos veinte kilómetros para rodear la península, a algunos barcos los ponían sobre rodillos y los jalaban por la franja de tierra de seis kilómetros y medio. En el año 67 d.C., Nerón comenzó a abrir un canal, pero este no se concluyó hasta 1893.

Como centro comercial, Corinto era cosmopolita, con una población en gran parte inestable. Pfeiffer y Vos observaron que "gran parte de la población era ambulante (marineros, comerciantes, funcionarios gubernamentales, y otros) y por tanto estaba aislada de las cohibiciones de una sociedad asentada" (*The Wycliffe Historical Geography of Bible Lands* [Geografía histórica Wycliffe de las tierras bíblicas] [Chicago: Moody, 1967], p. 481). Como resultado, Corinto era una de las ciudades más pervertidas de la antigüedad. R. C. H. Lenski escribe:

> Corinto era una ciudad incluso más malvada que otras más grandes del imperio en este período. El mismo término "corintio" llegó a significar libertino. *Korinthiazomai*, "corintianizar", significaba practicar prostitución; *Korinthiastēs* = fornicario; *Korinthia korē* (muchacha) = cortesana (*The Interpretation of the Acts of the Apostles* [Interpretación de los Hechos de los apóstoles] [Minneapolis: Augsburg, 1961], p. 744).

Elevándose quinientos metros por sobre Corinto estaba la acrópolis, en la cima de la cual se ubicaba el templo de Afrodita, la diosa del amor. Cada noche, las mil sacerdotisas del templo, que eran prostitutas de rituales, bajaban a la ciudad para ejercer su oficio. En agudo contraste con el sosegado (en comparación) centro intelectual y cultural de Atenas, Corinto era "sin lugar a dudas una ciudad bulliciosa donde 'solamente los rudos lograban sobrevivir' (Horacio, *Epístolas* 1.17.36)" (David J. Williams, *New International Biblical Commentary: Acts* [Nuevo comentario bíblico internacional: Hechos] [Peabody, Mass.: Hendrickson, 1990], p. 313).

Al llegar a Corinto, Pablo sintió gran desánimo. "La combinación de un éxito limitado en Atenas, la soledad, y la perspectiva de enfrentarse a esta ciudad, con su comercio y su vicio, justificaba la debilidad y el temor que se apoderaron del apóstol cuando llegó para comenzar su obra" (Everett F. Harrison, *Interpreting Acts: The Expanding Church* [Interpretación de Hechos: La iglesia en expansión] [Grand Rapids: Zondervan, 1986], p. 292). Al reflexionar en su estado mental cuando llegó por primera vez a la ciudad, Pablo escribió más tarde a los corintios: "Estuve entre vosotros con debilidad, y mucho temor y temblor" (1 Co. 2:3). También habló de su sufrimiento en su primera carta a los tesalonicenses, escrita desde Corinto. En 1 Tesalonicenses 3:7 declaró: "Por ello, hermanos, en medio de toda nuestra necesidad y aflicción fuimos consolados de vosotros por medio de vuestra fe". La fe de ellos fue una luz de esperanza en medio de la lobreguez de Pablo. Además de su desánimo, tal vez había estado físicamente enfermo, quizás por los efectos prolongados del maltrato que había recibido en Filipos (16:22-24). La debilidad física a menudo agrava aun más el desaliento.

Pero el "Dios de toda consolación" (2 Co. 1:3), que "consuela a los humildes" (2 Co. 7:6), no dejó a Pablo en su condición de oprimido. Animó a su siervo en apuros a través de cuatro medios: la compañía de amigos, la bendición de convertidos, la comunión de Dios, y la frustración de sus enemigos. Estas son las mismas bendiciones a las que cualquier siervo deprimido del Señor se puede aferrar en busca de ánimo.

LA COMPAÑÍA DE AMIGOS

Y halló a un judío llamado Aquila, natural del Ponto, recién venido de Italia con Priscila su mujer, por cuanto Claudio había mandado que todos los judíos saliesen de Roma. Fue a ellos, y como era del mismo oficio, se quedó con ellos, y trabajaban juntos, pues el oficio de ellos era hacer tiendas. Y discutía en la sinagoga todos los días de reposo, y persuadía a judíos y a griegos. Y cuando Silas y Timoteo vinieron de Macedonia, (18:2-5*a*)

La lucha de Pablo se hizo más intensa porque debió soportarla a solas. Con Silas y Timoteo aún en Macedonia (v. 5), Dios sabía que el apóstol necesitaba a alguien más que le ayudara a llevar la formidable carga que tenía. Pablo **halló** esa compañía que necesitaba con desesperación en **un judío llamado Aquila, natural del Ponto, recién venido de Italia con Priscila su mujer, por cuanto Claudio había mandado que todos los judíos saliesen de Roma.** En Corinto, el apóstol se reunió primero con este equipo de marido y mujer que llegaron a ser dos de sus amigos más cercanos, que incluso arriesgaron sus vidas por él (Ro. 16:3-4). **Ponto,** región del hogar de Aquila, se encuentra en Asia Menor, en la costa sur del Mar Negro. Debido a que a **Priscila su mujer** se le nombra primera en cuatro de las seis veces que se menciona a la pareja, algunos han especulado que se trataba de una mujer romana de posición social más encumbrada que Aquila. Lo más probable es que se la mencione primero porque era la más prominente de los dos en el servicio a la iglesia. Pablo siempre se refiere a ella por su nombre formal, Prisca (Ro. 16:3 DHH; 1 Co. 16:19 DHH; 2 Ti. 4:19 DHH), aunque Lucas siempre usa la forma diminutiva **Priscila** (cp. vv. 18, 26).

La Biblia no narra las conversiones de Aquila y Priscila, pero es probable que ya fueran cristianos cuando Pablo los conoció. Habían venido de Roma, donde ya existía una iglesia (Ro. 1:7-8), y no figuran entre los corintios conversos, ya sea en este capítulo o en cualquier otro lugar del Nuevo Testamento. De haber recibido salvación bajo el ministerio de Pablo, sin duda la conversión de esta pareja tan importante se habría registrado.

Al explicar la reubicación de Aquila y Priscila en Corinto, Lucas señala que **recién** habían **venido de Italia por cuanto Claudio había mandado que todos los judíos saliesen de Roma.** Ese decreto lo menciona el historiador romano Suetonio, quien escribió: "Como los judíos se dejaban enredar en constantes disturbios por instigación de Cresto, [Claudio] los desterró de Roma" (*Life of Claudius* 25.4 [La vida de Claudio], citado en F. F. Bruce, *The Book of the Acts* [El libro de Hechos], The New International Commentary on the New Testament [El nuevo comentario internacional sobre el Nuevo Testamento] [Grand Rapids: Eerdmans, 1971], p. 368). Ya que Cresto difiere de Cristo solo en una letra, comúnmente se supone que Suetonio se refiere a los disturbios en la comunidad judía provocados por la predicación de Cristo. Al escribir setenta años después del hecho, erróneamente supuso que Cresto (Cristo) debió haber estado en Roma provocando los disturbios.

Como los obligaron a salir de Roma, Aquila y Priscila mudaron su negocio a Corinto. Pablo, sin duda buscando trabajo para sostenerse, los conoció allí, **y como era del mismo oficio, se quedó con ellos, y trabajaban juntos, pues el oficio de ellos era hacer tiendas.** *Skēnopoios* (**hacer tiendas**) también se podía referir a trabajadores del cuero, un comercio que incluía hacer tiendas, que a menudo se fabricaban de cuero. Era costumbre para todos los muchachos judíos, incluso hijos de rabinos, aprender el oficio de su padre. Sin duda Pablo aprendió de su padre a trabajar en este oficio.

El apóstol, desde luego, no descuidó su ministerio. Mientras trabajaba junto a Aquila y Priscila durante la semana, **discutía en la sinagoga todos los días de reposo, y persuadía a judíos y a griegos.** Según se indicó en el estudio de 17:2 en el capítulo 34 de esta obra, persuadir tiene la connotación de diálogo. Aunque el evangelio era el único tema de Pablo (cp. 1 Co. 2:1-4), este no solo predicaba; participaba en sesiones de preguntas y respuestas. Como se había propuesto, **persuadía a** los **judíos y a** los **griegos** temerosos de Dios (prosélitos del judaísmo) de que Jesucristo era el Señor de Israel, el Mesías, y el Salvador del pecado y el infierno.

El Dios de toda consolación suplió la necesidad de compañía de este desanimado siervo, no solo proveyéndole dos nuevos amigos sino también devolviéndole dos ya conocidos. La llegada de **Silas y Timoteo** desde **Macedonia** sin duda lo animó en gran manera. Aunque Hechos no lo narra, Silas y Timoteo, al parecer, se volvieron a unir con Pablo en Atenas como él deseaba (17:15). De allí envió a Timoteo de vuelta a Tesalónica (1 Ts. 3:1-6). Silas también fue enviado a alguna parte de Macedonia ya que él también vino a Corinto desde esa provincia. Pudo haber ido a Filipos (cp. Fil. 4:15; 2 Co. 11:9), ya que Pablo mantuvo en este tiempo comunicación frecuente con su primera iglesia europea.

LA BENDICIÓN DE CONVERTIDOS

Pablo estaba entregado por entero a la predicación de la palabra, testificando a los judíos que Jesús era el Cristo. Pero oponiéndose y blasfemando éstos, les dijo, sacudiéndose los vestidos: Vuestra sangre sea sobre vuestra propia cabeza; yo, limpio; desde ahora me iré a los gentiles. Y saliendo de allí, se fue a la casa de uno llamado Justo, temeroso de Dios, la cual estaba junto a la sinagoga. Y Crispo, el principal de la sinagoga, creyó en el Señor con toda su casa; y muchos de los corintios, oyendo, creían y eran bautizados. (18:5*b*-8)

Los generosos regalos de los macedonios (2 Co. 11:9; Fil. 4:15) llevados por Silas y Timoteo permitieron a Pablo dejar de trabajar el cuero y entregarse **por entero a la predicación de la palabra** (cp. Lc. 24:27; Jn. 5:39, 46; Hch. 6:4; 1 Co. 9:6ss). Usando el Antiguo Testamento, estuvo **testificando a los judíos que Jesús era el Cristo** (cp. Hch. 13:16-41).

Como sucedía tan a menudo cuando Pablo presentaba el evangelio a sus compatriotas, muchos en la comunidad judía lo rechazaron. **Oponiéndose** viene de *antitassō,* y literalmente significa "organizar en orden de batalla" (Lenski, *Acts,* p. 748). Se organizaron para combatir la enseñanza de Pablo y para estar **blasfemando** del nombre de Cristo, el pecado más grave (cp. Mt. 12:31-32; Lc. 22:64-65).

Por fin, Pablo, dándose cuenta de la inutilidad de seguir tirando perlas a los cerdos (Mt. 7:6), se fue **sacudiéndose los vestidos** en el gesto judío tradicional y dramático de rechazo. Los judíos que volvían de tierra gentil por costumbre sacudían el polvo gentil de sus sandalias, una acción que se convirtió en símbolo de su odio por los no judíos (cp. Lc. 9:5; Hch. 13:51). El acto de Pablo simbolizó su rechazo a los judíos, una acción exasperante hacia ellos por parte de uno de los suyos. También mostraba el aborrecimiento por la blasfemia que expresaban; el apóstol no quería que nada del polvo de la sinagoga, donde esa blasfemia se había realizado se le pegara a la ropa. La asombrosa afirmación de Pablo, **vuestra sangre sea sobre vuestra propia cabeza; yo, limpio** (cp. Jos. 2:19;

2 S. 1:16; 1 R. 2:37; Ez. 18:13; 33:4; Mt. 27:25) indicaba que sus oponentes eran totalmente responsables por lo que estaban haciendo. Igual que el atalaya de Ezequiel 33:2-5, Pablo se absolvió de cualquier culpa relacionada con el rechazo que le hicieran.

Desde entonces, Pablo iría a ministrar el evangelio **a los gentiles,** por lo que **saliendo de allí, se fue a la casa de uno llamado Justo, temeroso de Dios.** Como **temeroso de Dios, Justo,** aunque gentil, había mostrado interés en el Dios de Israel y se había vinculado a la sinagoga. Sus dos nombres (Ticio Justo, NVI) indican que era romano, y ya que los romanos a menudo tenían tres nombres, algunos han especulado que su nombre completo era Gayo Ticio Justo, identificándolo por tanto con el Gayo de Romanos 16:23 y 1 Corintios 1:14.

La pasión de Pablo por alcanzar con el evangelio a sus compañeros judíos (cp. Ro. 9:1; 10:1) no le permitió ir muy lejos de la sinagoga. Es más, la casa de Ticio Justo **estaba junto a la sinagoga,** lo que sin duda enfureció más a los judíos incrédulos. Peor aún (desde la perspectiva de ellos) fue la sorprendente noticia de que **Crispo, el principal de la sinagoga, creyó en el Señor con toda su casa.** Esa asombrosa conversión debió haber provocado reacciones violentas en la comunidad judía de Corinto, que veía con creciente alarma cómo **muchos de los corintios, oyendo, creían y eran bautizados.** Desesperados por detener la marea creciente de creyentes en Jesús como el Mesías, pronto llevaron a Pablo ante las autoridades romanas. Sin embargo, antes de esa prueba, el Señor proveyó al apóstol el consuelo más animador: Él mismo se le presentó a Pablo.

LA COMUNIÓN CON DIOS

Entonces el Señor dijo a Pablo en visión de noche: No temas, sino habla, y no calles; porque yo estoy contigo, y ninguno pondrá sobre ti la mano para hacerte mal, porque yo tengo mucho pueblo en esta ciudad. Y se detuvo allí un año y seis meses, enseñándoles la palabra de Dios. (18:9-11)

Los amigos de Pablo, tanto los recientes como los antiguos, le dieron mucho ánimo, igual que los numerosos corintios convertidos. No obstante, esos mismos convertidos hicieron que se intensificara la oposición de la comunidad judía de Corinto, hasta el punto de que Pablo estaba cuestionando si debía continuar predicando en Corinto. A fin de animar a su siervo en el nivel más alto y reanimador, **el Señor** mismo le **dijo a Pablo en visión de noche: No temas, sino habla.** Esta es una de las seis visiones que Pablo recibió en Hechos (9:12; 16:9-10; 22:17-18; 23:11; 27:23-24), y todas llegaron en momentos cruciales en su ministerio.

El alentador mensaje del Señor: **No temas, sino habla** respondió a la prueba que Pablo tenía en la mente. La visión sobrenatural brindó cuatro razones para que el apóstol no cesara de anunciar el evangelio en esa ciudad. Primera, el Señor dio una orden específica cuando dijo: **habla.** Segunda, Dios le recordó: **yo estoy contigo.** Él le dio una revelación similar a Josué cuando este asumió el liderazgo de Israel, tras la muerte de Moisés:

> *Nadie te podrá hacer frente en todos los días de tu vida; como estuve con Moisés, estaré contigo; no te dejaré, ni te desampararé... Mira que te mando que te esfuerces y seas valiente; no temas ni desmayes, porque Jehová tu Dios estará contigo en dondequiera que vayas (Jos. 1:5, 9).*

Con la poderosa presencia del Señor apoyando su ministerio, Pablo podía lograr todo lo que Dios quería de él. El Señor estuvo a su lado hasta el mismísimo fin de su ministerio (2 Ti. 4:16-18) y promete su presencia a todos los creyentes (Mt. 28:20; cp. Is. 41:10; Jer. 1:17-19).

Tercera, Dios prometió a Pablo: **Ninguno pondrá sobre ti la mano para hacerte mal.** Aquellos que están bajo la protección de Dios son inmunes (cp. Is. 54:17; Ap. 11:5).

La última razón que Dios le diera a Pablo para seguir predicando fue que Él tenía **mucho pueblo en esta ciudad.** Estos eran todos los que "estaban ordenados para vida eterna" en Corinto, pero que aún no creían (Hch. 13:48). La verdad de elección expresada en el versículo 10 compensa la verdad de la responsabilidad humana en el versículo 6. Como siempre, las Escrituras presentan esas dos verdades inescrutables sin intentar armonizarlas. Ambas son ciertas y no hay verdadera contradicción entre ellas. (Para más información de este tema, véase la exposición de Hechos 13:46, 48 en el capítulo 28 de esta obra.) Aquí está claro que algunas personas que aún no son salvas pertenecen al Señor, y no serán salvas sin la predicación del evangelio (cp. Ro. 10:13-15). Pablo definió que su predicación tenía como finalidad acercar los elegidos a la fe (cp. Tit. 1:1).

Con su fortaleza renovada por completo, Pablo **se detuvo** en Corinto por **un año y seis meses, enseñándoles la palabra de Dios.** Siguió ministrando en esa localidad estratégica, y los elegidos continuaron siendo salvos y creciendo en su fe. Durante ese período, cierto incidente proporcionó la fuente final del ánimo de Dios para Pablo.

LA FRUSTRACIÓN DE SUS ENEMIGOS

Pero siendo Galión procónsul de Acaya, los judíos se levantaron de común acuerdo contra Pablo, y le llevaron al tribunal, diciendo: Este persuade a los hombres a honrar a Dios contra la ley. Y al comenzar Pablo a hablar, Galión dijo a los judíos: Si fuera algún agravio o algún crimen enorme, oh judíos, conforme a derecho yo os toleraría. Pero si son cuestiones de palabras, y de

nombres, y de vuestra ley, vedlo vosotros; porque yo no quiero ser juez de estas cosas. Y los echó del tribunal. Entonces todos los griegos, apoderándose de Sóstenes, principal de la sinagoga, le golpeaban delante del tribunal; pero a Galión nada se le daba de ello. (18:12-17)

Los oponentes judíos de Pablo habían observado con rabia frustrada cómo más y más personas llegaban a la fe en Cristo. Finalmente, en desesperación, trataron de lograr que las autoridades romanas pusieran un alto a la predicación de Pablo.

Esa autoridad estaba establecida en **Galión,** el **procónsul de Acaya. Galión** era el hermano de Séneca, el famoso filósofo romano y tutor de Nerón. Séneca describió a su hermano como "una persona inteligente que odiaba la adulación y que fue bendecido con una 'personalidad naturalmente agradable'" (Simon J. Kistemaker, *New Testament Commentary: Acts* [Comentario del Nuevo Testamento: Hechos] [Grand Rapids: Baker, 1990], p. 659). Fue **procónsul de Acaya** desde julio del 51 d.C. hasta junio del 52 d.C. Lucas hace uso del título **procónsul** como otro testimonio importante de su esmerada exactitud como historiador, según explica Richard N. Longenecker:

> Que Lucas distinga correctamente entre provincias senatoriales e imperiales, las primeras gobernadas por un procónsul a nombre del senado y las segundas gobernadas por un propretor en representación del emperador, dice mucho de su exactitud, porque la condición de las provincias cambiaba con las épocas. Acaya fue una provincia senatorial desde el 27 a.C. al 15 d.C., y luego otra vez del 44 d.C. en adelante... Fue, por tanto, gobernada por un procónsul... Sin embargo, Macedonia era la provincia principal, y de ahí que Lucas llame correctamente pretores a los magistrados en Filipos ("Hechos de los apóstoles", en Frank E. Gaebelein, ed., *The Expositor's Bible Commentary* [Comentario bíblico del expositor] [Grand Rapids: Zondervan, 1981], 9:485).

Con la esperanza de sacar provecho de la autoridad sin experiencia de Galión, **los judíos se levantaron de común acuerdo contra Pablo, y le llevaron al tribunal.** El **tribunal** era una gran plataforma elevada de piedra localizada en el *agora* (mercado) frente a la residencia del procónsul, y servía como corte pública donde él juzgaba casos. Los judíos esperaban un veredicto favorable de parte de Galión, que se pudiera citar después como precedente en otros lugares donde el evangelio se predicara. Comenzaron el proceso **diciendo: Este persuade a los hombres a honrar a Dios contra la ley.** El judaísmo era tolerado oficialmente por los romanos, quienes en esta fecha inicial veían al cristianismo solo como una secta del judaísmo. La acusación desafiaba ese conocimiento convencional al afirmar que ya que la enseñanza cristiana de Pablo estaba fuera de los límites del judaísmo, el cristianismo no debería recibir la tolerancia de parte de los romanos que el judaísmo obtenía.

Esta era una acusación con implicaciones de largo alcance. Si Galión se hubiera pronunciado a favor de los judíos, el cristianismo se habría prohibido no solo en Corinto sino también en todo el imperio. No obstante, a Galión no lo iban a engañar tan fácilmente. Cuando **Pablo** estuvo a punto de comenzar **a hablar** con el fin de defenderse, **Galión** lo interrumpió. El procónsul no quiso inmiscuirse en lo que veía como una disputa interna dentro del judaísmo. En consecuencia, **dijo a los judíos: Si fuera algún agravio o algún crimen enorme, oh judíos, conforme a derecho yo os toleraría. Pero si son cuestiones de palabras, y de nombres, y de vuestra ley, vedlo vosotros; porque yo no quiero ser juez de estas cosas.** Galión rindió lo que en las cortes modernas se llamaría un juicio sumario y desestimó el caso. Oficialmente decretó que no se había cometido delito sino que el asunto era solo cuestión de semántica. Cuando los judíos persistieron en sostener su caso contra Pablo, Galión **los echó del tribunal.**

Aunque no está claro el antecedente específico de **todos los griegos,** la interpretación más razonable es que se refiere a los enojados judíos que descargaron su frustración **apoderándose de Sóstenes, principal de la sinagoga,** y **le golpeaban delante del tribunal.** Eso parece más consecuente con la negativa de **Galión** en cuanto a detener la golpiza (véase el análisis que sigue). No se sabe si **Sóstenes** era cristiano en este tiempo, pero más tarde se le identifica como uno (1 Co. 1:1). Si ya se había vuelto cristiano, el motivo para que los judíos lo maltrataran era obvio. De no haber sido así, sus compañeros judíos probablemente estaban enojados por la torpeza del hombre en llevar el caso de ellos ante Galión. Como **principal de la sinagoga** (así como Crispo, v. 8) sin duda había presentado ante el juez el caso contra Pablo. Pero en consonancia con su negativa a inmiscuirse en los asuntos internos de los judíos, y reconociendo que se trataba de una cuestión religiosa entre ellos, **a Galión nada se le daba de ello.**

Dios fortaleció a Pablo por medio de amigos, de convertidos, de su misma presencia, y a través de la derrota de los enemigos del apóstol. Dios fue fiel a su promesa registrada en Isaías 40:29-31:

> *Él da esfuerzo al cansado, y multiplica las fuerzas al que no tiene ningunas. Los muchachos se fatigan y se cansan, los jóvenes flaquean y caen; pero los que esperan a Jehová tendrán nuevas fuerzas; levantarán alas como las águilas; correrán, y no se cansarán; caminarán, y no se fatigarán.*

El mismo consuelo y ánimo está disponible para todos lo que sirven fielmente a nuestro Señor.

Ruptura con el pasado 37

Mas Pablo, habiéndose detenido aún muchos días allí, después se despidió de los hermanos y navegó a Siria, y con él Priscila y Aquila, habiéndose rapado la cabeza en Cencrea, porque tenía hecho voto. Y llegó a Éfeso, y los dejó allí; y entrando en la sinagoga, discutía con los judíos, los cuales le rogaban que se quedase con ellos por más tiempo; mas no accedió, sino que se despidió de ellos, diciendo: Es necesario que en todo caso yo guarde en Jerusalén la fiesta que viene; pero otra vez volveré a vosotros, si Dios quiere. Y zarpó de Éfeso. Habiendo arribado a Cesarea, subió para saludar a la iglesia, y luego descendió a Antioquía. Y después de estar allí algún tiempo, salió, recorriendo por orden la región de Galacia y de Frigia, confirmando a todos los discípulos. Llegó entonces a Éfeso un judío llamado Apolos, natural de Alejandría, varón elocuente, poderoso en las Escrituras. Este había sido instruido en el camino del Señor; y siendo de espíritu fervoroso, hablaba y enseñaba diligentemente lo concerniente al Señor, aunque solamente conocía el bautismo de Juan. Y comenzó a hablar con denuedo en la sinagoga; pero cuando le oyeron Priscila y Aquila, le tomaron aparte y le expusieron más exactamente el camino de Dios. Y queriendo él pasar a Acaya, los hermanos le animaron, y escribieron a los discípulos que le recibiesen; y llegado él allá, fue de gran provecho a los que por la gracia habían creído; porque con gran vehemencia refutaba públicamente a los judíos, demostrando por las Escrituras que Jesús era el Cristo. Aconteció que entre tanto que Apolos estaba en Corinto, Pablo, después de recorrer las regiones superiores, vino a Éfeso, y hallando a ciertos discípulos, les dijo: ¿Recibisteis el Espíritu Santo cuando creísteis? Y ellos le dijeron: Ni siquiera hemos oído si hay Espíritu Santo. Entonces dijo: ¿En qué, pues, fuisteis bautizados? Ellos dijeron: En el bautismo de Juan. Dijo Pablo: Juan bautizó con bautismo de arrepentimiento, diciendo al pueblo que creyesen en aquel que vendría después de él, esto es, en Jesús el Cristo. Cuando oyeron esto, fueron bautizados en el nombre del Señor Jesús. Y habiéndoles impuesto Pablo las manos, vino sobre ellos el Espíritu Santo; y hablaban en lenguas, y profetizaban. Eran por todos unos doce hombres. (18:18—19:7)

Aunque la obra expiatoria de Jesucristo inauguró el nuevo pacto, los creyentes judíos de la iglesia primitiva tardaron en abandonar por completo las prácticas ceremoniales del antiguo pacto que veneraban y seguían obedientemente. El libro de Hebreos contiene la teología de esa transición, mostrando la superioridad de Cristo a todo el mundo y en todo lo relacionado con el Antiguo Testamento. El libro de Hechos narra el resultado histórico de la transición, como una nueva entidad que entraba a la etapa de la historia redentora. Es evidente que Dios había hecho temporalmente a un lado a Israel (cp. Mt. 21:33-43; 22:1-9; 23:37-38; Ro. 10:19-21; 11:20-24), cuya larga historia de apostasía llegó a un clímax terrible con la muerte de su Mesías. Dios comenzó a llevar a cabo los propósitos de su reino por medio de la iglesia. Sin embargo, se necesitó tiempo para que la nueva iglesia se aislara por completo de sus antiguos hábitos religiosos (cp. Hch. 10, 11, 15).

El judaísmo del primer siglo era mucho más que una religión; se trataba de una combinación de leyes divinamente ordenadas que cubrían muchos aspectos de la vida diaria, junto con el desarrollo de una tradición nacional y cultural hecha por el hombre. Ser judío no solo era acoger un credo bíblico o afirmar una teología del Antiguo Testamento. También significaba adoptar una interpretación tradicional de las Escrituras y una expansión de prescripciones legales en casi todas las áreas de la vida. Ser judío significaba no solo *creer* de manera diferente a los vecinos gentiles sino también *comportarse* de modo distinto. Es más, el propósito de muchas ceremonias y observancias del Antiguo Testamento era mantener a Israel aislado de sus vecinos gentiles.

Los judíos eran el pueblo especial de Dios, y Él quería que se mantuvieran apartados de la influencia corruptora del resto del mundo, y que fueran testigos a las naciones del poder y la gracia del Dios verdadero. Este diseño divino estaba compuesto y hasta adulterado por "tradiciones de hombres", las que Jesús dijo que sustituyeron por "el mandamiento de Dios" (cp. Mt. 15:3, 9).

No es sorprendente que hasta los apóstoles tuvieran dificultad en despojarse de antiguos patrones y exigencias, y en hacer la transición. Hechos 2:46 encuentra que la iglesia aún se reunía en el templo, y 3:1 muestra que Pedro y Juan aún estaban observando los tiempos prescritos de oración. Pedro se resistió, de manera tenaz y reiterada, a abandonar las regulaciones dietéticas (10:9-16). A los creyentes judíos, incluso a los otros apóstoles, les sorprendió que Pedro violara la costumbre judía al comer con gentiles (11:2-3). Hasta Pablo, el apóstol a los gentiles, hizo dos veces un voto judío (18:18; 21:26). Cabe señalar que el Señor fue paciente con esta transición. Igualmente instó a los creyentes a entender que a quienes aún observaban las leyes del Antiguo Testamento no se les debía incitar hacia cierta libertad que violara sus conciencias o les hiciera entrar en condenación personal. Este es el tema de la instrucción de Pablo en Romanos 14:1—15:6.

A la iglesia, incluso en el mundo gentil, por lo general se la asociaba con las sinagogas. La costumbre de Pablo, cuando entraba a una ciudad, era predicar primero el evangelio a los judíos congregados el día de reposo. Los creyentes judíos solían seguir operando en el marco de la sinagoga el mayor tiempo posible (cp. 19:8-9). Tan común era esa asociación que, inicialmente, los romanos vieron al cristianismo como nada más que una secta dentro del judaísmo. Por eso el procónsul Galión se negó a pronunciarse en el caso de los judíos contra Pablo, declarando que se trataba de una disputa interna del judaísmo (18:12-15).

El texto de Hechos 18:18—19:7 está vinculado por tres ejemplos de aquellas personas inmersas en esta transición del Antiguo al Nuevo Pacto: Pablo, Apolos y doce santos del Antiguo Testamento.

PABLO EN TRANSICIÓN

Mas Pablo, habiéndose detenido aún muchos días allí, después se despidió de los hermanos y navegó a Siria, y con él Priscila y Aquila, habiéndose rapado la cabeza en Cencrea, porque tenía hecho voto. Y llegó a Éfeso, y los dejó allí; y entrando en la sinagoga, discutía con los judíos, los cuales le rogaban que se quedase con ellos por más tiempo; mas no accedió, sino que se despidió de ellos, diciendo: Es necesario que en todo caso yo guarde en Jerusalén la fiesta que viene; pero otra vez volveré a vosotros, si Dios quiere. Y zarpó de Éfeso. Habiendo arribado a Cesarea, subió para saludar a la iglesia, y luego descendió a Antioquía. Y después de estar allí algún tiempo, salió, recorriendo por orden la región de Galacia y de Frigia, confirmando a todos los discípulos. (18:18-23)

La resolución favorable de Galión (18:14-15) le permitió a **Pablo** quedarse **aún muchos días** en Corinto. Sin embargo, al menos finalmente sintió la necesidad de regresar a Palestina. **Se despidió de los hermanos** en Corinto, **y navegó a Siria,** llevando **con él** a **Priscila y Aquila,** quienes se habían convertido en dos amigos cercanos de Pablo. Que sintiera la libertad de invitarlos a que lo acompañaran muestra que otros líderes ya habían surgido dentro de la iglesia en Corinto, tales como Gayo, Sóstenes, Estéfanas y Crispo. Y el hecho de que Priscila y Aquila dejaran su negocio para ir con Pablo indica su lealtad y devoción a él.

Al llegar a **Cencrea,** el puerto oriental de Corinto, donde halló un barco que se dirigía al este, Pablo se rapó **la cabeza porque tenía hecho voto.** Su acción parece desconcertante a primera vista, ya que él estaba muy consciente de que el Antiguo Pacto y todos sus rituales habían expirado. Sin embargo, él había sido criado de acuerdo a las más estrictas normas de la fe judía. Pablo escribió en Gálatas 1:13-14:

> *Porque ya habéis oído acerca de mi conducta en otro tiempo en el judaísmo, que perseguía sobremanera a la iglesia de Dios, y la asolaba; y en el judaísmo*

aventajaba a muchos de mis contemporáneos en mi nación, siendo mucho más celoso de las tradiciones de mis padres.

A los filipenses se describió como

circuncidado al octavo día, del linaje de Israel, de la tribu de Benjamín, hebreo de hebreos; en cuanto a la ley, fariseo; en cuanto a celo, perseguidor de la iglesia; en cuanto a la justicia que es en la ley, irreprensible (Fil. 3:5-6).

Después de volverse cristiano, Pablo se dio cuenta de la inutilidad de todos los esfuerzos de salvación personal a través de ritual, tradición, legalismo, sinceridad y bondad externa comparados con la verdadera justicia y el verdadero conocimiento de Dios que viene al conocer a Cristo (Fil. 3:7-9). Pero él poseía un verdadero amor por la ley de Dios en las Escrituras (cp. Ro. 7:12, 14) y aún tenía la influencia de su herencia judía. Cuando quiso mostrar su profundo agradecimiento por el maravilloso ánimo de Dios durante los tiempos difíciles en Corinto (cp. capítulo 36 de esta obra), es natural que hubiera pensado en una manera típicamente judía de hacerlo.

El voto que Pablo hizo fue el voto nazareo: una promesa especial de separación y devoción a Dios (cp. 2 Co. 6:17). Por lo general se hacía en gratitud al Todopoderoso por bendición o liberación misericordiosas. En Números 6, Dios mismo inauguró el voto nazareo, diciéndole a Moisés:

Habla a los hijos de Israel y diles: El hombre o la mujer que se apartare haciendo voto de nazareo, para dedicarse a Jehová, se abstendrá de vino y de sidra; no beberá vinagre de vino, ni vinagre de sidra, ni beberá ningún licor de uvas, ni tampoco comerá uvas frescas ni secas. Todo el tiempo de su nazareato, de todo lo que se hace de la vid, desde los granillos hasta el hollejo, no comerá. Todo el tiempo del voto de su nazareato no pasará navaja sobre su cabeza; hasta que sean cumplidos los días de su apartamiento a Jehová, será santo; dejará crecer su cabello (Nm. 6:2-5).

El voto era por período específico (generalmente un mes, aunque Sansón [Jue. 16:17], Samuel [1 S. 1:11] y Juan el Bautista [Lc. 1:15] fueron nazareos de por vida). Al final de ese tiempo había una minuciosa ceremonia:

Esta es, pues, la ley del nazareo el día que se cumpliere el tiempo de su nazareato: Vendrá a la puerta del tabernáculo de reunión, y ofrecerá su ofrenda a Jehová, un cordero de un año sin tacha en holocausto, y una cordera de un año sin defecto en expiación, y un carnero sin defecto por ofrenda de paz. Además un canastillo de tortas sin levadura, de flor de harina amasadas con aceite, y hojal-

dres sin levadura untadas con aceite, y su ofrenda y sus libaciones. Y el sacerdote lo ofrecerá delante de Jehová, y hará su expiación y su holocausto; y ofrecerá el carnero en ofrenda de paz a Jehová, con el canastillo de los panes sin levadura; ofrecerá asimismo el sacerdote su ofrenda y sus libaciones. Entonces el nazareo raerá a la puerta del tabernáculo de reunión su cabeza consagrada, y tomará los cabellos de su cabeza consagrada y los pondrá sobre el fuego que está debajo de la ofrenda de paz. Después tomará el sacerdote la espaldilla cocida del carnero, una torta sin levadura del canastillo, y una hojaldre sin levadura, y las pondrá sobre las manos del nazareo, después que fuere raída su cabeza consagrada; y el sacerdote mecerá aquello como ofrenda mecida delante de Jehová, lo cual será cosa santa del sacerdote, además del pecho mecido y de la espaldilla separada; después el nazareo podrá beber vino. Esta es la ley del nazareo que hiciere voto de su ofrenda a Jehová por su nazareato, además de lo que sus recursos le permitieren; según el voto que hiciere, así hará, conforme a la ley de su nazareato (Nm. 6:13-21).

En la época de Pablo, se disponía que quienes estuvieran fuera de Jerusalén al término de su voto se raparan la cabeza, como hizo el apóstol, y al cabo de treinta días presentaran el cabello en el templo (cp. Josefo, *Guerras*, 2.15.1). La frase **porque tenía hecho voto** indica un proceso que aún no se había completado. Eso requería su llegada a Jerusalén.

Después de haber cruzado el Mar Egeo mientras navegaban hacia el este, Pablo y su grupo llegaron **a Éfeso,** la ciudad más importante en Asia Menor. **Dejó allí** a Priscila y Aquila para que instalaran y establecieran su negocio. Al parecer, estos se quedaron en Éfeso algunos años, tuvieron una reunión de iglesia en su casa (1 Co. 16:19) y, finalmente, volvieron a Roma (Ro. 16:3-5). Pablo, como era su estrategia común, entró **en la sinagoga,** y allí **discutía con los judíos.** Igual que pasó en Berea, fue bien recibido, tanto que los judíos **le rogaban que se quedase con ellos por más tiempo.** Su respuesta a esta gran oportunidad brinda un claro testimonio a la seriedad de su voto. ¡Se negó a quedarse! Teniendo prisa por llegar a Jerusalén a causa de su voto, y (como algunos manuscritos griegos añaden) por llegar antes de la **fiesta** (tal vez la Pascua), el apóstol **no accedió.** Con mucho pesar **se despidió de ellos, diciendo: Es necesario que en todo caso yo guarde en Jerusalén la fiesta que viene; pero otra vez volveré a vosotros, si Dios quiere. Y zarpó de Éfeso.** No obstante, no salió de la ciudad sin testigos cristianos, ya que Priscila y Aquila se quedaron allí. Y, como veremos dentro de poco, ellos pronto tendrían ayuda.

Al llegar a Palestina, Pablo, **habiendo arribado a Cesarea,** llegó a la ciudad romana y puerto de escala para viajeros con destino a Jerusalén. Desde allí continuó para cumplir su voto, y después **subió para saludar a la iglesia.** Que Pablo visitó Jerusalén, aunque la ciudad no se menciona, está claro por el requisito del voto, y también por el uso de Lucas de los términos **subió** y **descendió.** Él naturalmente **subió** desde Cesarea, situada en la costa, hasta Jerusalén, localizada en el monte Sion, y luego **descendió** de Jerusalén a cualquier otra parte. Después completó su segundo viaje misionero en **Antioquía,** desde donde había comenzado el recorrido (15:35-36).

Con estos breves versículos, enfocados en el apóstol en transición desde los antiguos hábitos, Lucas resume un largo y arduo viaje. William Barclay observa:

> Podemos ver claramente aquí lo mucho que no sabemos acerca de Pablo. Hechos 18:23—19:1 describe un viaje de no menos de dos mil cuatrocientos kilómetros al que despidió con apenas una referencia. Hay incontables historias de heroísmo de Pablo que nunca conoceremos (*The Acts of the Apostles* [Hechos de los apóstoles] [Philadelphia: Westminster, 1955], p. 150).

El ardiente deseo de Pablo de alcanzar a los perdidos para Cristo no le permitió quedarse por mucho tiempo en su iglesia local en Antioquía. **Después de estar allí algún tiempo, salió, recorriendo por orden la región de Galacia y de Frigia, confirmando a todos los discípulos.** Con estas palabras Lucas empieza el relato del tercer viaje misionero de Pablo. Pero antes de continuar con el registro de esa misión, regresa para relatar lo que ocurrió en Éfeso tras la salida de Pablo. Narra la historia de un segundo individuo en transición: Apolos.

APOLOS EN TRANSICIÓN

Llegó entonces a Éfeso un judío llamado Apolos, natural de Alejandría, varón elocuente, poderoso en las Escrituras. Este había sido instruido en el camino del Señor; y siendo de espíritu fervoroso, hablaba y enseñaba diligentemente lo concerniente al Señor, aunque solamente conocía el bautismo de Juan. Y comenzó a hablar con denuedo en la sinagoga; pero cuando le oyeron Priscila y Aquila, le tomaron aparte y le expusieron más exactamente el camino de Dios. Y queriendo él pasar a Acaya, los hermanos le animaron, y escribieron a los discípulos que le recibiesen; y llegado él allá, fue de gran provecho a los que por la gracia habían creído; porque con gran vehemencia refutaba públicamente a los judíos, demostrando por las Escrituras que Jesús era el Cristo. (18:24-28)

Cuando la escena cambia a Éfeso, el médico inspirado presenta a **un judío llamado Apolos, natural de Alejandría.** En aquel tiempo, **Alejandría**, situada en Egipto cerca de la desembocadura del Nilo, tenía una enorme población judía. Así que, aunque criado fuera de Israel, Apolos creció en un entorno cultural judío. *Logios* (**elocuente**) aparece solo aquí en el Nuevo Testamento. La palabra "puede significar un hombre de palabras... o un hombre de ideas" (A. T. Robertson, *Word Pictures in the New Testament* [Imágenes verbales en el Nuevo Testamento] [Grand Rapids: Baker, s.f., reimpresión de la edición 1930], 3:306). Apolos muy bien podría haber sido tanto un hombre erudito como elocuente.

Más importante, él era **poderoso en las Escrituras.** *Dunatos* (**poderoso**) está relacionado con *dunamis*, de donde se deriva la palabra castellana "dinamita". *Graphais* (**Escrituras**), como siempre en el Nuevo Testamento, identifica al Antiguo Testamento. La erudición y elocuencia de Apolos, junto con su poderoso trato del Antiguo Testamento, hacían de él un tremendo orador (cp. v. 28). La rareza de tales predicadores lo indica el hecho de que nadie más es nominado así como poderoso en tratar con las Escrituras. La iglesia de hoy día está en desesperada necesidad de hombres como Apolos. Que él hubiera **sido instruido en el camino del Señor** no significa que ya fuera cristiano (cp. v. 26). La frase **el camino del Señor** es un término del Antiguo Testamento para la instrucción en las cosas de Dios. Dios dijo a Abraham en Génesis 18:19:

> *Yo sé que mandará a sus hijos y a su casa después de sí, que guarden el camino de Jehová, haciendo justicia y juicio, para que haga venir Jehová sobre Abraham lo que ha hablado acerca de él.*

Jueces 2:22 describe el deseo de Dios de "probar a Israel" para ver "si procurarían o no seguir el camino de Jehová, andando en él, como lo siguieron sus padres". En Salmos 25:8-9 el salmista declara: "Bueno y recto es Jehová; por tanto, él enseñará a los pecadores el camino. Encaminará a los humildes por el juicio, y enseñará a los mansos su carrera". El camino del Señor, entonces, era el sendero de normas espirituales y morales que Dios esperaba que su pueblo siguiera (cp. 1 S. 12:23; 2 R. 21:22; Pr. 10:29; Jer. 5:4-5).

Apolos combinaba su profundo conocimiento y su elocuencia con un corazón apasionado. Lucas lo describe como **de espíritu fervoroso,** que tenía un alma ardiente con entusiasmo por las cosas de Dios. Su celo se tradujo en acción, cuando **hablaba y enseñaba diligentemente lo concerniente al Señor, aunque solamente conocía el bautismo de Juan. Y comenzó a hablar con denuedo en la sinagoga.** Basándose en su limitado conocimiento, Apolos **hablaba y enseñaba diligentemente lo concerniente a** Jesús. Sin embargo, no tenía una comprensión completa del evangelio, ya que **solamente conocía el bautismo de Juan.** El bautismo de Juan era de preparación para la venida del Mesías (Lc. 1:16-17). Apolos aceptó el mensaje de Juan el Bautista acerca de la venida del Mesías. Incluso creyó que Jesús era el Cordero de Dios (Jn. 1:29) y el Mesías. Sin duda exponía con fuerza y persuasión las Escrituras que señalaban a Jesús. Pero no entendía el significado de la muerte y resurrección de Cristo. Tampoco estaba familiarizado con la venida del Espíritu y el nacimiento de la iglesia en el día de

Pentecostés. En resumen, era un santo redimido del Antiguo Testamento; era salvo pero aún no se le podía llamar cristiano.

Aunque la enseñanza de Apolos era correcta, dentro de sus límites, necesitaba el resto de la historia relacionada con Jesús. Por tanto, **cuando le oyeron Priscila y Aquila, le tomaron aparte y le expusieron más exactamente el camino de Dios.** En lugar de instruir públicamente a Apolos, con mucho tacto lo **tomaron aparte,** tal vez llevándolo a la casa de ellos, para hablarle. Después de hacer eso, le explicaron la rica plenitud de la verdad concerniente a la muerte expiatoria y la resurrección del Mesías. Da fe de su piadosa humildad que este poderoso predicador y erudito consintiera en que un humilde fabricante de tiendas y su esposa le enseñaran.

Después de esta maravillosa instrucción y culminación de su fe, y armado con este nuevo conocimiento del evangelio de Dios, Apolos quiso atravesar el Mar Egeo y **pasar a Acaya,** específicamente a su capital, Corinto (19:1). **Los hermanos** en Éfeso lo **animaron** a hacer eso, e incluso **escribieron a los discípulos** de Corinto **que le recibiesen** como un nuevo compañero cristiano. Cumpliendo con su plan y llegando a Corinto, el elocuente predicador pronto hizo sentir su presencia en las comunidades tanto cristianas como judías. Lucas señala que Apolos **fue de gran provecho a los que por la gracia habían creído.** La designación de los cristianos aquí como **los que por la gracia habían creído** es la manera del Espíritu de recordar a todos que la fe es un don de gracia (cp. Ef. 2:8). Por medio de su poderosa predicación, Apolos ayudó al crecimiento espiritual de los creyentes.

Este ferviente y brillante erudito del Antiguo Testamento también explotó como una bomba en la comunidad judía de no convertidos en Corinto. Igual que Esteban (6:8-10) y Pablo (9:22) antes que él, Apolos **con gran vehemencia refutaba públicamente a los judíos, demostrando por las Escrituras que Jesús era el Cristo. Refutaba** viene de *diakatelegchomai*, una palabra doblemente intensa. Apolos era tan eficaz en su alocución que aplastaba a sus oponentes, refutándoles totalmente en cada punto.

La actuación devastadora de este hombre en los debates públicos causó profunda impresión en la iglesia de Corinto. Pronto lo tuvieron en la misma alta estima que mostraban a Pedro y Pablo (1 Co. 1:12; 3: 4, 6). Debió haberle dolido (como pasó con Pablo y Pedro), que una de las facciones de la iglesia corintia en desarrollo se identificara con él. Su exitosa transición de creyente del Antiguo Testamento a santo del Nuevo Testamento fue una inmensa bendición para la iglesia.

SANTOS DEL ANTIGUO TESTAMENTO EN TRANSICIÓN

Aconteció que entre tanto que Apolos estaba en Corinto, Pablo, después de recorrer las regiones superiores, vino a Éfeso, y hallando a ciertos discípulos,

les dijo: ¿Recibisteis el Espíritu Santo cuando creísteis? Y ellos le dijeron: Ni siquiera hemos oído si hay Espíritu Santo. Entonces dijo: ¿En qué, pues, fuisteis bautizados? Ellos dijeron: En el bautismo de Juan. Dijo Pablo: Juan bautizó con bautismo de arrepentimiento, diciendo al pueblo que creyesen en aquel que vendría después de él, esto es, en Jesús el Cristo. Cuando oyeron esto, fueron bautizados en el nombre del Señor Jesús. Y habiéndoles impuesto Pablo las manos, vino sobre ellos el Espíritu Santo; y hablaban en lenguas, y profetizaban. Eran por todos unos doce hombres. (19:1-7)

Tras el paréntesis que describe la conversión y el ministerio de Apolos, Lucas regresa a la historia de Pablo para su ejemplo final de transición. Observa **que entre tanto que Apolos estaba en Corinto, Pablo, después de recorrer las regiones superiores, vino a Éfeso.** El amado apóstol estaba haciendo honor a su promesa de regresar a Éfeso (18:21), con la esperanza de que los judíos aún estuvieran ansiosos de oírlo. Llegó allí por el camino de las **regiones superiores.** Al hacer eso, Pablo tomó la ruta más directa, no la ruta comercial regular en el nivel inferior a través de los valles Meander y Lycus. En consecuencia, se acercó a Éfeso por el norte, donde había estado ministrando (18:23).

Una vez en Éfeso, Pablo halló **a ciertos discípulos.** Mucha controversia rodea la condición espiritual de estos hombres. Quienes insisten en que ya eran cristianos usan este pasaje como prueba para su punto de vista de que recibir al Espíritu Santo es una experiencia posterior a la salvación, o una "segunda bendición". Sin embargo, tal interpretación es insostenible. En primer lugar, comete el error metodológico de no considerar la naturaleza transicional de Hechos, lo que significa que las experiencias y los fenómenos descritos en Hechos no son normativos para hoy día. Segundo, esta interpretación es defectuosa porque comete el error de comparación bíblica. Otros textos hacen evidente que este pasaje no se puede usar para enseñar que algunos cristianos de hoy quizás no tengan el Espíritu Santo. Eso estaría en contradicción con la enseñanza explícita de las epístolas del Nuevo Testamento, que declaran inequívocamente que todo cristiano recibe el Espíritu de salvación (1 Co. 6:19; 12:13; 2 Co. 6:16; Ef. 1:13), y que define a quienes no tienen el Espíritu como no salvos (Ro. 8:9; Jud. 19). (Para mayor información del error de convertir las experiencias registradas en Hechos en normas para hoy, véase mi libro *Los carismáticos* [El Paso: Casa Bautista de Publicaciones, 1995], pp. 171ss).

Tampoco la descripción que Lucas hace de ellos como **discípulos** prueba que estos hombres fueran cristianos. *Mathētēs* ("discípulo") simplemente significa "aprendiz" o "seguidor", y no siempre en el Nuevo Testamento se refiere a cristianos (aunque todo cristiano es un discípulo de Jesucristo). La Biblia habla de los discípulos de los fariseos (Mr. 2:18; Lc. 5:33) y de Juan el Bautista (Mt. 9:14; 11:2; Lc. 5:33; 7:18-19; 11:1; Jn. 1:35; 3:25). Incluso no todos los llamados discípulos de Jesucristo eran salvos. Juan 6:66 expresa: "Desde entonces muchos de sus discípulos volvieron atrás, y ya no andaban con él".

Sin duda Pablo no supuso que estos doce discípulos eran cristianos. Su pregunta, **¿Recibisteis el Espíritu Santo cuando creísteis?** buscaba determinar la condición de estas personas. El comentarista David Williams explica el significado de la pregunta del apóstol:

> Su criterio [de Pablo] de lo que distingue al cristiano es significativo. Así también es la manera en que está enmarcada su pregunta. Sugiere que el Espíritu Santo se recibe en un punto definitivo en el tiempo, y que este tiempo es el momento de la creencia inicial (el participio aoristo, *pisteusantes*, que se construye aquí como coincidente con el verbo, *elabete*). El mismo pensamiento se expresa por ejemplo en Efesios 1:13: "Habiendo creído en él, fuisteis sellados con el Espíritu Santo de la promesa" (cp. Hch. 11:17). No se prevé ningún espacio de tiempo entre los dos acontecimientos; ni la posibilidad albergada de creer sin recibir también el "sello del Espíritu" (*New International Biblical Commentary: Acts* [Nuevo comentario bíblico internacional: Hechos] [Peabody, Mass.: Hendrickson, 1990], p. 329).

La respuesta de ellos: **Ni siquiera hemos oído si hay Espíritu Santo** confirmó al apóstol que ellos todavía no eran cristianos. Que no estuvieran informados de la venida del Espíritu en Pentecostés mostraba que, en realidad, eran santos del Antiguo Testamento. La respuesta que dieron a la siguiente pregunta de Pablo, **¿en qué, pues, fuisteis bautizados?** clarificó más la condición de ellos. Respondieron: **En el bautismo de Juan,** demostrando que fueron discípulos de Juan el Bautista. Que Pablo hallara seguidores de Juan el Bautista casi un cuarto de siglo después de su muerte no es insólito. J. B. Lightfoot observa que tales grupos aún existían en el siglo II (*Saint Paul's Epistles to the Colossians and to Philemon* [Epístolas de San Pablo a los Colosenses y Filemón] [reimpresión de la edición 1879; Grand Rapids: Zondervan], pp. 402ss). Además, si estos doce ya hubieran creído en Jesucristo se habrían bautizado en nombre de Él.

Después de averiguar que eran santos del Antiguo Testamento, Pablo explicó que Juan bautizó con bautismo de arrepentimiento, diciendo al pueblo que creyesen en aquel que vendría después de él, esto es, en Jesús el Cristo. La afirmación del apóstol ofrece más prueba de que estos discípulos no eran cristianos; al parecer no sabían que Jesús era el Mesías prometido a quien Juan anunció. De manera significativa, Pablo no los instruyó en cuanto a recibir el Espíritu, sino acerca de Jesús.

La luz de la verdad les iluminó los corazones cuando oyeron la enseñanza de Pablo, y fueron bautizados en el nombre del Señor Jesús, que significa su unión espiritual con Él por medio de la fe. Al instante, en un gesto de afirmación apostólica, Pablo les impuso las manos. Algunos de los apóstoles habían estado presentes en cada nueva fase de la iglesia (Hch. 2, 8, 10), de modo que serían testigos fidedignos de la realidad de que todo aquel que creía en Jesucristo era uno con Él. I. Howard Marshall observa que

> la imposición de manos debe entenderse como un acto especial de compañerismo, al incorporar personas interesadas a la comunión de la iglesia. Esto era necesario en el caso de los samaritanos convertidos en el capítulo 8 para clarificar que eran aceptados totalmente en la iglesia judía centrada en Jerusalén; y era necesario en la actual instancia para clarificar a estos miembros de un grupo semicristiano que ahora se estaban volviendo parte de la Iglesia universal (*The Acts of the Apostles* [Hechos de los apóstoles] [Grand Rapids: Eerdmans, 1992], p. 308).

Cuando Pablo hizo este gesto, **vino sobre ellos el Espíritu Santo,** y como había ocurrido con otros antes que ellos (cp. 2:1-4; 8:14-17) **hablaban en lenguas, y profetizaban.** Este fue un indicio más de que ahora formaban parte de la única iglesia verdadera (cp. 11:15, 17). Y ya que ni siquiera habían oído que el Espíritu había venido, necesitaban prueba tangible de que Él había entrado de veras en sus vidas.

Estos **doce hombres,** igual que Pablo y Apolos antes que ellos, ilustran la naturaleza de transición de Hechos. La iglesia, que había aceptado a judíos, gentiles y samaritanos, ahora reunía al último grupo: santos del Antiguo Testamento. Y se presentaron las mismas señales milagrosas, para que todos supieran lo que se dijo de los gentiles en Hechos 11:17-18:

> *Si Dios, pues, les concedió también el mismo don que a nosotros que hemos creído en el Señor Jesucristo, ¿quién era yo que pudiese estorbar a Dios? Entonces, oídas estas cosas, callaron, y glorificaron a Dios, diciendo: ¡De manera que también a los gentiles ha dado Dios arrepentimiento para vida!*

Por tanto, todos los grupos estaban reunidos. Y en cada caso hubo apóstoles presentes para verificar que todos recibieron el mismo Espíritu en la misma manera. Tras haberse completado el proceso, Pablo pudo escribir a los efesios que hay "un cuerpo, y un Espíritu, como fuisteis también llamados en una misma esperanza de vuestra vocación; un Señor, una fe, un bautismo" (Ef. 4:4-5). A partir de entonces, el Espíritu Santo vendría a cada corazón en la salvación, como las epístolas enseñan.

La poderosa Palabra 38

Y entrando Pablo en la sinagoga, habló con denuedo por espacio de tres meses, discutiendo y persuadiendo acerca del reino de Dios. Pero endureciéndose algunos y no creyendo, maldiciendo el Camino delante de la multitud, se apartó Pablo de ellos y separó a los discípulos, discutiendo cada día en la escuela de uno llamado Tiranno. Así continuó por espacio de dos años, de manera que todos los que habitaban en Asia, judíos y griegos, oyeron la palabra del Señor Jesús. Y hacía Dios milagros extraordinarios por mano de Pablo, de tal manera que aun se llevaban a los enfermos los paños o delantales de su cuerpo, y las enfermedades se iban de ellos, y los espíritus malos salían. Pero algunos de los judíos, exorcistas ambulantes, intentaron invocar el nombre del Señor Jesús sobre los que tenían espíritus malos, diciendo: Os conjuro por Jesús, el que predica Pablo. Había siete hijos de un tal Esceva, judío, jefe de los sacerdotes, que hacían esto. Pero respondiendo el espíritu malo, dijo: A Jesús conozco, y sé quién es Pablo; pero vosotros, ¿quiénes sois? Y el hombre en quien estaba el espíritu malo, saltando sobre ellos y dominándolos, pudo más que ellos, de tal manera que huyeron de aquella casa desnudos y heridos. Y esto fue notorio a todos los que habitaban en Éfeso, así judíos como griegos; y tuvieron temor todos ellos, y era magnificado el nombre del Señor Jesús. Y muchos de los que habían creído venían, confesando y dando cuenta de sus hechos. Asimismo muchos de los que habían practicado la magia trajeron los libros y los quemaron delante de todos; y hecha la cuenta de su precio, hallaron que era cincuenta mil piezas de plata. Así crecía y prevalecía poderosamente la palabra del Señor. (19:8-20)

Desde la caída, los miembros de la especie humana han estado en rebelión contra Dios. Después de haber roto (así lo creyeron) "sus ligaduras", y echado de ellos mismos las "cuerdas" de Dios (Sal. 2:3), imaginaron ser libres. En realidad se volvieron esclavos del pecado (Jn. 8:34; Ro. 6:17) y de Satanás (1 Jn. 5:19). El apóstol Pablo recordó a los efesios:

> *Y él os dio vida a vosotros, cuando estabais muertos en vuestros delitos y pecados, en los cuales anduvisteis en otro tiempo, siguiendo la corriente de este mundo,*

> *conforme al príncipe de la potestad del aire, el espíritu que ahora opera en los hijos de desobediencia (Ef. 2:1-2).*

Por dos medios Satanás manipula a los seres humanos caídos. Primero, les influye las mentes: Pablo escribió a los corintios: "El hombre natural no percibe las cosas que son del Espíritu de Dios, porque para él son locura, y no las puede entender, porque se han de discernir espiritualmente" (1 Co. 2:14). Faltándoles la iluminación del Espíritu Santo, hombres y mujeres sin regenerar caen en las garras de Satanás, quien ciega "el entendimiento de los incrédulos, para que no les resplandezca la luz del evangelio de la gloria de Cristo, el cual es la imagen de Dios" (2 Co. 4:4).

Esto se confirma mediante la estrategia espiritual para la guerra contra el reino de Satanás dada en 2 Corintios 10:3-5, donde Pablo escribe:

> *Pues aunque andamos en la carne, no militamos según la carne; porque las armas de nuestra milicia no son carnales, sino poderosas en Dios para la destrucción de fortalezas, derribando argumentos y toda altivez que se levanta contra el conocimiento de Dios, y llevando cautivo todo pensamiento a la obediencia a Cristo.*

Estamos librando una guerra contra ideas, filosofías y pensamientos orgullosos en un esfuerzo por derribar ideologías humanas y llevar cautivo todo pensamiento a Cristo. Eso únicamente se puede lograr con la verdad de la Biblia.

Segundo, Satanás ejerce una influencia siniestra sobre la voluntad humana caída, aunque no puede obligarla a actuar. Pero lo hace por medio de la tentación, tanto externa a través del perverso sistema mundial, como interna a través de la naturaleza humana pecadora. Jesús expresó a los fariseos el terrible efecto de esa influencia cuando les dijo: "Vosotros sois de vuestro padre el diablo, y los deseos de vuestro padre queréis hacer" (Jn. 8:44).

Sin embargo, Satanás no obtiene por completo las cosas a su manera. En este mundo caído, rebelde y perverso, "apareció el Hijo de Dios, para deshacer las obras del diablo" (1 Jn. 3:8). Su muerte en la cruz aseguró la derrota definitiva de Satanás:

> *Así que, por cuanto los hijos participaron de carne y sangre, él también participó de lo mismo, para destruir por medio de la muerte al que tenía el imperio de la muerte, esto es, al diablo (He. 2:14; cp. Col. 2:15; 1 P. 3:18-22).*

Cuando venga el glorioso reino terrenal del Señor Jesucristo, a Satanás no se le permitirá profanarlo con su presencia (Ap. 20:1-3). Liberado para una última andanada de actividad maligna al final del milenio, él y sus fuerzas malvadas y rebeldes, tanto angelicales como humanas, serán entonces lanzadas al lago de fuego para siempre (Ap. 20:10-15).

El ministerio terrenal de Jesucristo anunció la derrota definitiva de Satanás. Desde el principio, Jesús ejerció absoluto poder y autoridad sobre el diablo y sus demonios. Tentado tres veces por el mismo Satanás, Jesús salió victorioso de la lucha. Los evangelios están repletos de ejemplos del poder de Cristo sobre el reino demoníaco. Mateo 17:14-18 relata uno de esos incidentes:

> *Cuando llegaron al gentío, vino a él un hombre que se arrodilló delante de él, diciendo: Señor, ten misericordia de mi hijo, que es lunático, y padece muchísimo; porque muchas veces cae en el fuego, y muchas en el agua. Y lo he traído a tus discípulos, pero no le han podido sanar. Respondiendo Jesús, dijo: ¡Oh generación incrédula y perversa! ¿Hasta cuándo he de estar con vosotros? ¿Hasta cuándo os he de soportar? Traédmelo acá. Y reprendió Jesús al demonio, el cual salió del muchacho, y éste quedó sano desde aquella hora.*

Marcos 1:32-34 presenta otro punto de vista del asombroso poder de Jesús sobre los demonios:

> *Cuando llegó la noche, luego que el sol se puso, le trajeron todos los que tenían enfermedades, y a los endemoniados; y toda la ciudad se agolpó a la puerta. Y sanó a muchos que estaban enfermos de diversas enfermedades, y echó fuera muchos demonios; y no dejaba hablar a los demonios, porque le conocían.*

Jesús no solo tenía autoridad para expulsar demonios, sino que también tenía tan absoluto control sobre ellos que les prohibía hablar. Marcos 5:1-13 describe uno de los ejemplos más aterradores de posesión demoníaca en toda la Biblia:

> *Vinieron al otro lado del mar, a la región de los gadarenos. Y cuando salió él de la barca, en seguida vino a su encuentro, de los sepulcros, un hombre con un espíritu inmundo, que tenía su morada en los sepulcros, y nadie podía atarle, ni aun con cadenas. Porque muchas veces había sido atado con grillos y cadenas, mas las cadenas habían sido hechas pedazos por él, y desmenuzados los grillos; y nadie le podía dominar. Y siempre, de día y de noche, andaba dando voces en los montes y en los sepulcros, e hiriéndose con piedras. Cuando vio, pues, a Jesús de lejos, corrió, y se arrodilló ante él. Y clamando a gran voz, dijo: ¿Qué tienes conmigo, Jesús, Hijo del Dios Altísimo? Te conjuro por Dios que no me atormentes. Porque le decía: Sal de este hombre, espíritu inmundo. Y le preguntó: ¿Cómo te llamas? Y respondió diciendo: Legión me llamo; porque somos muchos. Y le rogaba mucho que no los enviase fuera de aquella región. Estaba allí cerca del monte un gran hato de cerdos paciendo. Y le rogaron todos los demonios,*

diciendo: Envíanos a los cerdos para que entremos en ellos. Y luego Jesús les dio permiso. Y saliendo aquellos espíritus inmundos, entraron en los cerdos, los cuales eran como dos mil; y el hato se precipitó en el mar por un despeñadero, y en el mar se ahogaron.

Ni siquiera la curación de este individuo infestado con numerosos demonios representó alguna dificultad para Jesús. Les ordenó entrar a los cerdos, para que todos los que observaban no tuvieran ninguna duda de que ellos le obedecían. Esta fue una demostración dramática de su poder sobre las fuerzas espirituales del diablo.

Los demonios exhibieron un terror que se deriva de conocer su destino final. Lucas 4:33-35 relata:

Estaba en la sinagoga un hombre que tenía un espíritu de demonio inmundo, el cual exclamó a gran voz, diciendo: Déjanos; ¿qué tienes con nosotros, Jesús nazareno? ¿Has venido para destruirnos? Yo te conozco quién eres, el Santo de Dios. Y Jesús le reprendió, diciendo: Cállate, y sal de él. Entonces el demonio, derribándole en medio de ellos, salió de él, y no le hizo daño alguno.

Consciente del destino que le esperaba (destrucción eterna en el infierno) el demonio preguntó con miedo si este era el momento y si Jesús iba a destruirlo en el acto (cp. Mt. 8:29). De modo interesante, mientras los hombres a través de los siglos han debatido la identidad de Jesús, los demonios no tienen esas dudas. Este ángel caído sabía que estaba en la presencia del "Santo de Dios", y saber eso lo aterró (cp. Stg. 2:19). Cabe señalar que, en este caso, como en todos los casos registrados en los Evangelios, no hubo lucha. Jesús habló y al instante los demonios se sometieron.

Jesús también extendió su poder sobre los demonios, delegándolo a algunos de sus seguidores. Durante su ministerio terrenal envió a setenta de sus discípulos a anunciar el evangelio del reino. Cuando ellos volvieron, exclamaron: "Señor, aun los demonios se nos sujetan en tu nombre" (Lc. 10:17). A los doce se les concedió poder sobre los demonios (cp. Mt. 10:8). Hechos 5:16 registra que "aun de las ciudades vecinas muchos venían a Jerusalén, trayendo enfermos y atormentados de espíritus inmundos; y todos eran sanados" por los apóstoles. Por medio del ministerio de Felipe el evangelista, "de muchos que tenían espíritus inmundos, salían éstos dando grandes voces" (Hch. 8:7). Al encontrar a una muchacha endemoniada en Filipos, "desagradando a Pablo, éste se volvió y dijo al espíritu: Te mando en el nombre de Jesucristo, que salgas de ella. Y salió en aquella misma hora" (Hch. 16:18).

Tal poder milagroso sobre los demonios fue exclusivo de unos pocos individuos durante la era apostólica, siendo básicamente las "señales, prodigios y milagros" que constituyeron "las señales de apóstol" verdadero (2 Co. 12:12). Para cuando se escribió Hebreos, su autor habló de tan milagrosas señales en tiempo pasado:

> *¿Cómo escaparemos nosotros, si descuidamos una salvación tan grande? La cual, habiendo sido anunciada primeramente por el Señor, nos fue confirmada por los que oyeron, testificando Dios juntamente con ellos, con señales y prodigios y diversos milagros y repartimientos del Espíritu Santo según su voluntad (He. 2:3-4).*

La fascinación con exorcizar demonios, que se ve hoy día en algunos círculos cristianos, no tiene apoyo bíblico y es peligrosa. La suposición de que un creyente tiene autoridad para dar órdenes a Satanás y a los demonios, o para atarlos, es ficción. Ni siquiera el arcángel Miguel sería tan osado (cp. Jud. 9). Y reducir la vida cristiana a cacería de demonios evita la responsabilidad ordenada bíblicamente de buscar santificación viviendo de manera santa y piadosa.

En ninguna parte de las epístolas hay alguna promesa de que los cristianos puedan liberar de demonios a los incrédulos. Tampoco hay orden de que creyentes expulsen demonios unos de otros. En ninguna parte de la Biblia se expulsa demonios de creyentes. Puesto que no hay evidencia bíblica de que en cristianos residan demonios, no sorprende que no haya registro de demonios expulsados de creyentes. En efecto, el pasaje definitivo del Nuevo Testamento sobre guerra espiritual (Ef. 6:10-17) resalta la victoria del creyente a través de una vida santa y justa armada con la Palabra. (Para más información sobre estos temas, véase mis libros *Los carismáticos* [El Paso: Casa Bautista de Publicaciones, 1995] y, en particular, *Equipados para la batalla* [El Paso, Tx.: Mundo Hispano] 2007.)

El arma cristiana que se debe esgrimir en batalla personal contra las fuerzas de las tinieblas es "la espada del Espíritu, que es la palabra de Dios" (Ef. 6:17). Ya que solo por el poder de la Palabra es que caen las fortalezas intelectuales de Satanás, de modo que por medio de esa verdad los cristianos puedan batallar con éxito contra Satanás y sus huestes demoníacas. Incluso el libro de Hechos, que registra los ministerios personales de evangelización de los apóstoles, resalta la predicación de la Palabra por encima de señales, prodigios, milagros y exorcismos. Y en Hechos 6:4 los apóstoles definieron las prioridades de su ministerio en la iglesia: "Nosotros persistiremos en la oración y en el ministerio de la palabra".

Este valioso texto muestra cuán poderosamente la Palabra de Dios dominó la ciudad de Éfeso. El versículo 20 resume el pasaje: "Así crecía y prevalecía poderosamente la palabra del Señor". El poder de la Palabra de Dios es evidente a través de su proclamación, confirmación, competencia, convicción y dominio.

PROCLAMACIÓN

Y entrando Pablo en la sinagoga, habló con denuedo por espacio de tres meses, discutiendo y persuadiendo acerca del reino de Dios. Pero endureciéndose algunos y no creyendo, maldiciendo el Camino delante de la multitud, se apartó Pablo de ellos y separó a los discípulos, discutiendo cada día en la escuela de uno llamado Tiranno. Así continuó por espacio de dos años, de manera que todos los que habitaban en Asia, judíos y griegos, oyeron la palabra del Señor Jesús. (19:8-10)

El primer paso para desatar el poder de la Palabra es proclamarla, y eso fue lo que Pablo hizo. El apóstol había establecido relaciones cordiales con los judíos efesios en su anterior visita corta (18:19-21). Al regresar a Éfeso halló la puerta aún abierta, así que **entrando en la sinagoga, habló con denuedo por espacio de tres meses, discutiendo y persuadiendo acerca del reino de Dios.** El tiempo imperfecto de *parrēsiazomai* (**habló con denuedo**) recalca la naturaleza continua de la proclamación de Pablo. Denuedo era una característica de la predicación apostólica (Hch. 4:29) y del deseo del apóstol por ministrar (Ef. 6:19). El contenido de su predicación era de confrontación sin concesiones; él no ocultaba nada por temor al rechazo o la hostilidad. Pablo pasó **tres meses** anunciando valientemente el evangelio en la **sinagoga,** su período más largo en cualquier sinagoga, excepto tal vez en Corinto. Durante ese tiempo estuvo **discutiendo** con los judíos **y persuadiendo acerca del reino de Dios. Discutiendo** es de *dialegomai* de donde viene la palabra *diálogo*. Pablo no se limitó a dar una conferencia; respondió de nuevo a sus preguntas y argumentos. **Persuadiendo** es el participio presente de *peithō,* y significa "convencer por medio de argumento" (cp. Hch. 28:23). Es evidente que él estaba en medio de toda una congregación de judíos incrédulos. Sin embargo, de manera resuelta y directa les cuestionó todo su sistema religioso, llamándolos a arrepentirse y creer en Jesús como su Mesías y Dios.

Predicar **acerca del reino de Dios** abarca más que el reino escatológico de mil años de Cristo en la tierra. Enseñar acerca del reino de Dios es mostrar las cosas relacionadas con Cristo y la salvación (cp. Hch. 28:31), y la justicia (Ro. 14:17). Es enseñar cómo ingresar en la esfera de salvación y vivir en comunión con Dios.

Aunque Pablo pudo ministrar en la sinagoga por un tiempo excepcionalmente largo, al final sucedió lo inevitable. **Endureciéndose algunos** de los judíos **y no creyendo**, maldijeron **el Camino delante de la multitud. Endureciéndose** viene de *sklērunō,* palabra usada en el Nuevo Testamento para hablar de un corazón duro hacia Dios (Ro. 9:18; He. 3:8, 13, 15; 4:7). El tiempo imperfecto del verbo muestra que el endurecimiento fue un proceso. A lo largo del ministerio de tres meses de Pablo en la sinagoga de Éfeso, algunos corazones se endurecieron poco a poco contra el evangelio. Cuando se rechaza reiteradamente la verdad, los corazones se endurecen y el mensaje de salvación se convierte en "olor de muerte para muerte" (2 Co. 2:16). A la negativa de los judíos a arrepentirse y creer el evangelio se le clasifica de desobediencia, ya que creer es una orden divina (Hch. 17:30; cp. Mr. 1:15).

La manifestación externa de esa desobediencia endurecida interna se expresó no solo en una negativa a arrepentirse y creer, sino también porque maldijeron **el Camino.** Como sugiere el texto de la *New American Standard Bible* en cuanto al uso de la mayúscula, **el Camino** era un título original para el cristianismo (cp. Hch. 9:2; 19:23; 24:14, 22). Los oponentes de Pablo comenzaron una campaña pública agresiva de calumnias **delante de la multitud** en un intento de destruir la influencia del apóstol con ellos.

Dándose cuenta de que ya no se ganaba nada estando en la sinagoga, **se apartó Pablo** de allí **y separó a los discípulos** (los que se habían arrepentido y confesado a Jesús como Señor), **discutiendo cada día en la escuela de uno llamado Tiranno. Tiranno** pudo haber sido el propietario de la sala de conferencias o un maestro que enseñaba ahí. Si era maestro, su nombre (que significa "nuestro tirano") podría ser un apodo puesto por sus estudiantes. Algunos manuscritos del Nuevo Testamento añaden que Pablo enseñaba en ese instituto desde la hora quinta hasta la hora décima (11:00 a 16:00), quizás el momento en que Tiranno despedía a los estudiantes para el descanso del mediodía. F. F. Bruce, por ejemplo, escribió:

> Tiranno sin duda tenía sus clases a tempranas horas de la mañana. La actividad pública terminaba en las ciudades de Ionia durante varias horas a las 11:00 y... a las 13:00 se quedarían dormidas más personas que a la 01:00. Pero Pablo, después de pasar las primeras horas del día fabricando tiendas (cp. Hch. 20:34), dedicaba las horas de agobio y calor a su asunto más importante y fatigoso, y debió haber contagiado a sus oyentes con su propio celo y energía, así que debieron estar dispuestos a sacrificar su siesta por escuchar a Pablo. (*The Book of the Acts* [El libro de Hechos], The New International Commentary on the New Testament [El nuevo comentario internacional sobre el Nuevo Testamento] [Grand Rapids: Eerdmans, 1971], pp. 388-389).

Pablo no quedaba libre a las 16:00, sino que continuaba ministrando hasta altas horas de la noche (Hch. 20:31), sin duda instruyendo de casa en casa.

Mantuvo este agotador programa **por espacio de dos años, de manera que todos los que habitaban en Asia, judíos y griegos, oyeron la palabra del Señor Jesús.** Sin salir alguna vez de Éfeso (hasta donde se sabe), a través de sus convertidos Pablo evangelizó a las iglesias de Colosas y Hierápolis, y tal vez también se fundaron las siete iglesias de Apocalipsis 2—3. La muy eficaz estrategia de Pablo para evangelizar era enseñar la Palabra, hacer discípulos, y permitirles extender el evangelio. Reproducir espiritualmente cristianos debe estar en el corazón de todo método eficaz de evangelización.

Así, el reino de las tinieblas fue eficazmente asaltado por la proclamación del evangelio.

CONFIRMACIÓN

Y hacía Dios milagros extraordinarios por mano de Pablo, de tal manera que aun se llevaban a los enfermos los paños o delantales de su cuerpo, y las enfermedades se iban de ellos, y los espíritus malos salían. (19:11-12)

Para proporcionar pruebas irrefutables de que el mensaje era verdadero, **hacía Dios milagros extraordinarios por mano de Pablo.** Tal milagrosa confirmación era una norma característica de la predicación apostólica. A falta de un Nuevo Testamento escrito por el cual medir la enseñanza de alguien, Dios usó señales y prodigios para autenticar su mensaje (2 Co. 12:12; He. 2:3-4; cp. Hch. 2:22).

Inmersos en la superstición y sin entender que Pablo era simplemente el canal humano para el poder de Dios, los efesios hicieron algunas cosas asombrosas. **Los paños,** o sudaderas para el cabello, y los **delantales** que Pablo usaba durante su labor en la fabricación de tiendas se las **llevaban a los enfermos.** La idea de que el poder sanador podía transmitirse de manera tan mágica era algo extendido en el mundo antiguo (cp. Mt. 9:21; Hch. 5:15). El hecho de que **las enfermedades se** fueran **de ellos, y los espíritus malos** salieran a través de esos medios no hace recomendable tal método (como algunos aspirantes a curanderos harían creer a la gente). En cambio, esto debe verse nada más que como la adaptación de Dios a la mentalidad de aquellas personas, y probó más adelante que Pablo provenía de Dios y que por ende hablaba a nombre de Él. Como médico, Lucas diferencia cuidadosamente entre **enfermedades** y aflicciones causadas por **espíritus malos** para dejar en claro que no todas las enfermedades se deben a causas demoníacas.

Los milagros que Dios realizó por medio de Pablo fueron fundamentales para convencer a los efesios de que él venía de parte de Dios. Impresionados con el apóstol como mensajero de Dios, sus corazones estaban preparados para oír su mensaje de salvación.

COMPETENCIA

Pero algunos de los judíos, exorcistas ambulantes, intentaron invocar el nombre del Señor Jesús sobre los que tenían espíritus malos, diciendo: Os conjuro por Jesús, el que predica Pablo. Había siete hijos de un tal Esceva, judío, jefe

de los sacerdotes, que hacían esto. Pero respondiendo el espíritu malo, dijo: A Jesús conozco, y sé quién es Pablo; pero vosotros, ¿quiénes sois? Y el hombre en quien estaba el espíritu malo, saltando sobre ellos y dominándolos, pudo más que ellos, de tal manera que huyeron de aquella casa desnudos y heridos. (19:13-16)

Al ver lo poderoso del nombre de Jesús, **algunos de los judíos, exorcistas ambulantes** decidieron añadir esto a su repertorio de encantos mágicos. Según explica John Polhill:

> Los antiguos magos eran sincretistas y prestarían términos de cualquier religión que pareciera bastante rara para ser considerada eficaz. Esos judíos exorcistas de Éfeso solo estaban ejerciendo su oficio. El "hechizo" de Pablo en el nombre de Jesús parecía eficaz en él, así que lo intentaron (*The New American Commentary: Acts* [Nuevo comentario estadounidense: Hechos] [Nashville: Broadman, 1992], p. 403).

Igual que ocurrió con Simón el mago (Hch. 8), los **exorcistas** creyeron que el poder del Espíritu que actuaba en los apóstoles no era más que su propia falsedad o actividad demoníaca, y que se podía manipular para sus propios fines. En consecuencia, **intentaron invocar el nombre del Señor Jesús sobre los que tenían espíritus malos, diciendo: Os conjuro por Jesús, el que predica Pablo.** Estos, desde luego, no eran cristianos judíos, ya que solo conocían a Jesús como **el que predica Pablo.** *Exorkistōn* (**exorcistas**) aparece solo aquí en el Nuevo Testamento. Se deriva de una raíz que significa "atar con un juramento"; los exorcistas antiguos intentaban expulsar demonios invocando el nombre de un ser espiritual más poderoso. Estos tipos eran muy comunes en el mundo antiguo, incluso entre los judíos (Mt. 12:27; Hch. 13:6). Sus hechizos de fantasía y sus fórmulas rituales eran muy diferentes a la absoluta autoridad delegada por Cristo y ejercida por los apóstoles.

El nombre de Jesús no es un encanto mágico para ser usado por quien quiera usarlo, según estos **exorcistas** aprendieron pronto a las malas. Se dirigieron al demonio con el hechizo: **Os conjuro por Jesús, el que predica Pablo.** Sin embargo, a diferencia de Pablo, ellos no conocían a la Persona que nombraban ni se les había delegado el poder de Dios. Lucas añade la nota explicativa de que **había siete hijos de un tal Esceva, judío, jefe de los sacerdotes, que hacían esto.** Nada más se sabe del **tal Esceva,** y nunca se conoció un **judío jefe de los sacerdotes** con ese nombre. O era miembro de una de las familias de sumos sacerdotes, o lo más probable es que se hubiera apropiado del título para impresionar a sus clientes. Eso no es diferente de los charlatanes de nuestros días que afirman falsamente ser médicos o profesores.

Aunque pudieron haber engañado a los crédulos efesios, estos aspirantes a exorcistas no pudieron engañar al demonio. Este sabía que ellos no tenían ningún poder. Hablando a través de la voz de su víctima humana, **el espíritu malo** socarronamente les **dijo: A Jesús conozco, y sé quién es Pablo; pero vosotros, ¿quiénes sois?** El demonio sabía muy bien quién era Jesús, y estaba consciente de que Pablo había recibido, de parte de Dios, poder sobrenatural sobre el reino demoníaco. Al preguntar a los exorcistas: **¿quiénes sois?**, el demonio les cuestionó la autoridad que tenían sobre él.

Por supuesto, esos conjuradores no tenían el derecho de usar el nombre de Jesús ni el poder para dar órdenes a los demonios, así que el demonio los atacó cruelmente. Con la fortaleza sobrenatural que a veces acompaña la posesión demoníaca (cp. Mr. 5:3-4), **el hombre en quien estaba el espíritu malo, saltando sobre** los siete de **ellos y dominándolos, pudo más que ellos, de tal manera que huyeron de aquella casa desnudos y heridos.** Maltratados, arrojados del sacerdocio y humillados, se batieron en ignominiosa retirada. Sin duda quedaron sorprendidos de que su intento de exorcismos hubiera fracasado por completo. Es de suponer que, en el pasado, Satanás los hubiera dejado creer que tenían éxito. Puede ser útil recordar que el reino de Satanás es incoherente y esporádico. Incluso ni sus demonios actúan de forma coherente, y forman una casa dividida contra ella misma, la cual no puede permanecer (Mt. 12:25-26). Sin embargo, aquí Dios, para sus propios fines divinos, anuló los esfuerzos confusos de estos necios.

Esta historia ilustra claramente el peligro para cualquiera que asuma poder mesiánico o apostólico sobre los demonios y Satanás, y que por tanto entre con ligereza en el reino sobrenatural.

Satanás pudo haber querido que estos hijos de Esceva tuvieran éxito, para que el gobierno de las tinieblas pudiera competir con Dios, como hicieron con Moisés los magos de Faraón (Éx. 7:22). Pero el intento de ofrecer competencia a la Palabra fue frustrado. En realidad esto resultó totalmente contraproducente y solo trajo mayor convicción entre los efesios en cuanto al poder del nombre de Jesús y de la verdad que predicaba Pablo.

CONVICCIÓN

Y esto fue notorio a todos los que habitaban en Éfeso, así judíos como griegos; y tuvieron temor todos ellos, y era magnificado el nombre del Señor Jesús. Y muchos de los que habían creído venían, confesando y dando cuenta de sus hechos. Asimismo muchos de los que habían practicado la magia trajeron los libros y los quemaron delante de todos; y hecha la cuenta de su precio, hallaron que era cincuenta mil piezas de plata. (19:17-19)

El destino de los aspirantes a exorcistas pronto **fue notorio a todos los que habitaban en Éfeso, así judíos como griegos.** Como resultado, **tuvieron temor todos ellos, y era magnificado el nombre del Señor Jesús.** La tremenda realidad del nombre de Jesús (que abarca todo lo que es cierto respecto a Él) fue evidente para todos. Reconocieron que Jesús no era alguien con quién jugar, sino alguien ante quien inclinarse en fe. Conmocionados por lo que había ocurrido y reconociendo la inutilidad de la magia pagana, **muchos de los que habían creído venían, confesando y dando cuenta de sus hechos.** Así mostraron el alejamiento del pecado que marca el verdadero arrepentimiento. *Praxeis* (**hechos**) se refiere aquí a los hechizos mágicos secretos de estas personas, que por lo general se creía que eran inútiles si se los llegaba a divulgar. Estos efesios se volvieron de su magia como los tesalonicenses se volvieron de sus ídolos (1 Ts. 1:9).

No contentos con tan solo arruinar sus hechizos divulgándolos, **muchos de los que habían practicado la magia trajeron los libros y los quemaron delante de todos; y hecha la cuenta de su precio, hallaron que era cincuenta mil piezas de plata.** Destruyeron en público la totalidad de sus accesorios de magia **delante de todos** los habitantes. El valor asombroso de ello, señalado como **cincuenta mil piezas de plata** (equivalente al salario de cincuenta mil días de trabajo para un trabajador promedio), fue promulgado para indicar la amplia participación de los efesios en las artes mágicas.

DOMINIO

Así crecía y prevalecía poderosamente la palabra del Señor. (19:20)

El breve resumen de la declaración de Lucas (cp. Hch. 6:7; 12:24) une el pasaje y resalta la posición dominante que la Palabra de Dios logró en Éfeso. Todas las fuerzas satánicas del ocultismo y la magia que se formaron contra la Palabra no la pudieron vencer. La valiente predicación del evangelio, los milagros que confirmaronn la derrota de los exorcistas, el temor resultante y el respeto por el nombre de Jesús, además del repudio público de las artes mágicas, demostraron la fuerza invencible de la Palabra de Dios.

El alboroto en Éfeso 39

Pasadas estas cosas, Pablo se propuso en espíritu ir a Jerusalén, después de recorrer Macedonia y Acaya, diciendo: Después que haya estado allí, me será necesario ver también a Roma. Y enviando a Macedonia a dos de los que le ayudaban, Timoteo y Erasto, él se quedó por algún tiempo en Asia. Hubo por aquel tiempo un disturbio no pequeño acerca del Camino. Porque un platero llamado Demetrio, que hacía de plata templecillos de Diana, daba no poca ganancia a los artífices; a los cuales, reunidos con los obreros del mismo oficio, dijo: Varones, sabéis que de este oficio obtenemos nuestra riqueza; pero veis y oís que este Pablo, no solamente en Éfeso, sino en casi toda Asia, ha apartado a muchas gentes con persuasión, diciendo que no son dioses los que se hacen con las manos. Y no solamente hay peligro de que este nuestro negocio venga a desacreditarse, sino también que el templo de la gran diosa Diana sea estimado en nada, y comience a ser destruida la majestad de aquella a quien venera toda Asia, y el mundo entero. Cuando oyeron estas cosas, se llenaron de ira, y gritaron, diciendo: ¡Grande es Diana de los efesios! Y la ciudad se llenó de confusión, y a una se lanzaron al teatro, arrebatando a Gayo y a Aristarco, macedonios, compañeros de Pablo. Y queriendo Pablo salir al pueblo, los discípulos no le dejaron. También algunas de las autoridades de Asia, que eran sus amigos, le enviaron recado, rogándole que no se presentase en el teatro. Unos, pues, gritaban una cosa, y otros otra; porque la concurrencia estaba confusa, y los más no sabían por qué se habían reunido. Y sacaron de entre la multitud a Alejandro, empujándole los judíos. Entonces Alejandro, pedido silencio con la mano, quería hablar en su defensa ante el pueblo. Pero cuando le conocieron que era judío, todos a una voz gritaron casi por dos horas: ¡Grande es Diana de los efesios! Entonces el escribano, cuando había apaciguado a la multitud, dijo: Varones efesios, ¿y quién es el hombre que no sabe que la ciudad de los efesios es guardiana del templo de la gran diosa Diana, y de la imagen venida de Júpiter? Puesto que esto no puede contradecirse, es necesario que os apacigüéis, y que nada hagáis precipitadamente. Porque habéis traído a estos hombres, sin ser sacrílegos ni blasfemadores de vuestra diosa. Que si Demetrio y los artífices que están con él tienen pleito contra alguno, audiencias se conceden, y procónsules hay; acúsense los unos

a los otros. Y si demandáis alguna otra cosa, en legítima asamblea se puede decidir. Porque peligro hay de que seamos acusados de sedición por esto de hoy, no habiendo ninguna causa por la cual podamos dar razón de este concurso. Y habiendo dicho esto, despidió la asamblea. (19:21-41)

Una lección que la historia enseña es la verdad paradójica de que la Iglesia crece bajo persecución. La eficacia y la persecución por lo general van de la mano, ya que una iglesia eficaz es valiente, y una iglesia valiente a menudo se fortalece por medio del sufrimiento. El Señor Jesucristo llamó a su Iglesia a ser sal y luz en el mundo (Mt. 5:13-14); la sal produce escozor cuando se frota en heridas, y la luz manifiesta las obras malas hechas en la oscuridad. Ambas provocan una reacción hostil.

La iglesia primitiva enfrentó persecución desde su inicio. En Jerusalén, esa persecución vino de la religión organizada (Hch. 4:1-31; 5:17-42; 6:9-15; 8:1-4). En Antioquía se derivó de prejuicios y envidia (Hch. 13:44-52). En Listra fue consecuencia del paganismo ignorante (Hch. 14:8-19). En Filipos fue la reacción a una victoria sobre el reino demoníaco (Hch. 16:16-40). En Tesalónica vino de una turba ingobernable, incitada por líderes religiosos judíos (Hch. 17:1-9). En Atenas, el evangelio enfrentó la oposición de filosofía mundana (Hch. 17:16-34). En Corinto, igual que en Jerusalén, vino del judaísmo, esta vez en una corte romana (Hch. 18:5-17). Dondequiera que la iglesia anuncie valiente y fielmente el evangelio enfrenta oposición satánica. No es de extrañar, entonces, que la persecución también surgiera en Éfeso, derivada de un falso materialismo religioso. Corazones endurecidos, hipocresía y odio activaron la oposición al evangelio.

Antes de describir el caos del alboroto, Lucas ofrece una breve nota sobre los planes del apóstol. Cuando su ministerio de tres años en Éfeso llegaba a su fin, **Pablo se propuso ir a Jerusalén** por el camino de **Macedonia y Acaya.** Su itinerario parece confuso, ya que Macedonia y Acaya estaban en dirección opuesta a Jerusalén. Además, acababa de ministrar en esas regiones antes de llegar a Éfeso (18:23). Pero Pablo tenía un plan definitivo en mente, uno que revela su profunda preocupación por la unidad de la Iglesia.

Muchos en la iglesia de Jerusalén eran pobres y necesitados de ayuda financiera sostenida. A fin de suplir tal necesidad, Pablo quería llevar con él a Jerusalén una ofrenda de amor de las iglesias mayormente gentiles que había fundado. Antes de regresar a Jerusalén volvió a visitar Macedonia y Acaya para recoger ese donativo (Ro. 15:25-27; 1 Co. 16:1-4; 2 Co. 8-9). Al contribuir a las necesidades económicas de los creyentes judíos en Jerusalén, aquellos gentiles resaltarían la unidad de la iglesia (cp. 1 Co. 12:26), confirmando mientras tanto en una manera muy práctica su amor por los hermanos judíos. Santiago 2:15-16 describe la importancia de tal cuidado:

> *Si un hermano o una hermana están desnudos, y tienen necesidad del mantenimiento de cada día, y alguno de vosotros les dice: Id en paz, calentaos y saciaos, pero no les dais las cosas que son necesarias para el cuerpo, ¿de qué aprovecha?*

Sin embargo, Jerusalén no era el destino final de Pablo. Él declaró: **Después que haya estado allí, me será necesario ver también a Roma.** En consonancia con su deseo de "predicar el evangelio, no donde Cristo ya hubiese sido nombrado, para no edificar sobre fundamento ajeno" (Ro. 15:20), no había visitado aún la capital del Imperio. No obstante, tan estratégica era la iglesia allí, que el apóstol no podía ausentarse de manera indefinida. Así se los explicó a los romanos: "Deseo veros, para comunicaros algún don espiritual, a fin de que seáis confirmados" (Ro. 1:11).

Pero hasta la poderosa Roma era para Pablo simplemente una parada en el camino hacia algún otro lugar. En Romanos 15:22-24 escribió:

> *Por esta causa me he visto impedido muchas veces de ir a vosotros. Pero ahora, no teniendo más campo en estas regiones, y deseando desde hace muchos años ir a vosotros, cuando vaya a España, iré a vosotros; porque espero veros al pasar, y ser encaminado allá por vosotros, una vez que haya gozado con vosotros.*

Desde la puesta en marcha desde Antioquía en su primer viaje misionero, Pablo había estado extendiendo su ministerio más lejos hacia el occidente. España estaba aún más al occidente de Roma. También era la patria de algunas de las personas más influyentes en el Imperio romano, tales como el famoso filósofo Séneca. Pablo, el maestro de la estrategia, estaba planificando alcanzar a España con el evangelio.

Su breve expresión del deseo de visitar Roma indica un momento decisivo en Hechos. Desde este momento hasta el final del libro, el objetivo en la mente del apóstol es Roma. Finalmente llegaría allí, aunque no por los medios previstos.

Mientras tanto, Pablo envió **a Macedonia a dos de los que le ayudaban, Timoteo y Erasto,** a fin de allanar el camino para su propio regreso y para la colecta. **Timoteo,** amigo, discípulo, colaborador y amado hijo espiritual de Pablo, había estado ministrando en Corinto (18:5) antes de unirse a Pablo en Éfeso en algún momento no especificado. Nada más se sabe de **Erasto** o si es el mismo individuo mencionado en Romanos 16:23 o 2 Timoteo 4:20. Sin embargo, Pablo **se quedó por algún tiempo en Asia.** El apóstol demoró temporalmente todos los planes de su viaje porque, como escribiera en este tiempo a los corintios, "estaré en Éfeso hasta Pentecostés; porque se me ha abierto puerta grande y eficaz, y muchos son los adversarios" (1 Co. 16:8-9). Esos adversarios se harían conocer pronto, cuando un alboroto estalló en Éfeso por el éxito del ministerio del apóstol. El relato que Lucas hace de ese disturbio narra sus causas, características y apaciguamiento.

CAUSAS DEL ALBOROTO

Hubo por aquel tiempo un disturbio no pequeño acerca del Camino. Porque un platero llamado Demetrio, que hacía de plata templecillos de Diana, daba no poca ganancia a los artífices; a los cuales, reunidos con los obreros del mismo oficio, dijo: Varones, sabéis que de este oficio obtenemos nuestra riqueza; pero veis y oís que este Pablo, no solamente en Éfeso, sino en casi toda Asia, ha apartado a muchas gentes con persuasión, diciendo que no son dioses los que se hacen con las manos. Y no solamente hay peligro de que este nuestro negocio venga a desacreditarse, sino también que el templo de la gran diosa Diana sea estimado en nada, y comience a ser destruida la majestad de aquella a quien venera toda Asia, y el mundo entero. (19:23-27)

Lucas nos informa que **por aquel tiempo** (antes de que Pablo saliera de Éfeso como planeaba (cp. vv. 21-22) surgió **un disturbio no pequeño acerca del Camino.** Según se observó en el capítulo 38 de esta obra, **el Camino** era un título inicial para la fe cristiana (cp. Hch. 9:2; 19:9; 22:4; 24:14, 22), probablemente derivado de la descripción de Jesús de sí mismo como "el camino, y la verdad, y la vida" (Jn. 14:6).

La causa desapercibida del disturbio fue el antagonismo del reino satánico ante lo predominante de la Palabra (19:20). Los demonios incitaron a agentes humanos para que se opusieran al evangelio, el cual se extendía rápidamente por toda la provincia de Asia (v. 26; cp. v. 10). El instigador del alboroto fue **un platero llamado Demetrio.** Este era un nombre común, y no hay motivo para suponer que se trate del individuo mencionado en 3 Juan 12. Este hombre **hacía de plata templecillos de** la diosa **Diana** (probablemente representándola sentada en el templo). Los santuarios servían como ídolos familiares y se presentaban en el templo como ofrendas votivas. Los arqueólogos han desenterrado muchos santuarios de terracota, pero ninguno de plata. Es probable que los últimos los derritieran debido a su contenido de plata, quizás incluso por parte de los mismos sacerdotes del templo.

Demetrio era un comerciante importante, que **daba no poca ganancia a los artífices** a quienes subcontrataba para hacer el trabajo. Incluso pudo haber sido el jefe del gremio de plateros. El comercio que estos hombres representaban era importante y lucrativo. La adoración a la diosa Diana estaba extendida por todo el Imperio romano. Parece haber habido al menos treinta y tres santuarios a Diana en todo el Imperio, por lo que tal vez era el culto más popular de todos. Éfeso, sede del impresionante templo de Diana (una de las siete maravillas del mundo antiguo), era el centro de la adoración a esa diosa. Peregrinos llegaban a la ciudad, especialmente durante el festival anual a Diana que se celebraba cada primavera. El comercio generado por este flujo de peregrinos era parte esencial de la economía de Éfeso. Es probable que el alboroto descrito en este pasaje se realizara durante ese festival, en la temporada alta para la venta de los accesorios de Diana.

Asustado por la expansión del evangelio cristiano y el subsiguiente rechazo a la adoración de ídolos, Demetrio se reunió con sus compañeros plateros y **con los obreros del mismo oficio.** Aunque más tarde mencionaría asuntos más nobles, comenzó su discurso afirmando sin rodeos su preocupación real: **Varones, sabéis que de este oficio obtenemos nuestra riqueza.** El evangelio amenazaba sus negocios y se veían obligados a tomar medidas. Demetrio les recordó, entonces, la magnitud de la amenaza que representaba la fe cristiana y su vocero principal: **Pero veis y oís que este Pablo, no solamente en Éfeso, sino en casi toda Asia, ha apartado a muchas gentes con persuasión, diciendo que no son dioses los que se hacen con las manos.** Los predicadores cristianos estaban negando la realidad de los **dioses que se hacen con las manos** (cp. 1 Co. 8:4-6), y ya habían **apartado** de aquella verdad **a muchas gentes con persuasión.** Igual que los tesalonicenses, los efesios se estaban volviendo de los ídolos a fin de servir "al Dios vivo y verdadero" (1 Ts. 1:9).

Demetrio, un amargo oponente de la fe cristiana, fue obligado a confesar que la predicación del evangelio tenía éxito. Es significativo que no pudiera inventar ninguna acusación legítima de infracciones cometidas por los cristianos (cp. v. 37). Su preocupación era puramente económica; mientras más personas se volvían cristianas, más se contraía el mercado para los templecillos. Por tanto, el floreciente negocio de los artífices estaba en peligro.

¿Qué ocasionó el éxito del evangelio en Éfeso? Primero, la poderosa presencia y el trabajo incansable y diligente de un individuo totalmente comprometido con Jesucristo. Pablo fue ejemplo de la influencia que un hombre puede tener en una ciudad, provincia, estado o nación. La clave para su influencia no fue su personalidad carismática, una inteligente estrategia de mercado, o influencia política. En su discurso de despedida a los ancianos de la iglesia en Éfeso, el apóstol les recordó: "No he rehuido anunciaros todo el consejo de Dios... de noche y de día, no he cesado de amonestar con lágrimas a cada uno" (Hch. 20:27, 31). La influencia de Pablo fluía de su devoción a su Señor y a la Palabra de verdad.

Un segundo factor en el éxito del evangelio fue una iglesia depurada. Hechos 19:18-19 relata:

> *Y muchos de los que habían creído venían, confesando y dando cuenta de sus hechos. Asimismo muchos de los que habían practicado la magia trajeron los libros y los quemaron delante de todos; y hecha la cuenta de su precio, hallaron que era cincuenta mil piezas de plata.*

Debido a la depuración, la iglesia estaba limpia y "crecía y prevalecía poderosamente la palabra del Señor" (19:20).

Una tercera razón para el éxito del evangelio fue el uso de la iglesia de adecuados medios espirituales. Los creyentes efesios no presionaron a las autoridades de la ciudad, no hicieron manifestaciones frente a las tiendas de los plateros, ni dieron declaraciones contra la adoración a Diana. Tampoco intentaron ser populares. Predicaron y vivieron el mensaje, y dejaron que el poder de sus vidas cambiadas confrontara y expulsara viejas costumbres.

Entonces Demetrio comenzó su discurso apelando a los temores de la ruina financiera de sus oyentes, advirtiendo del **peligro de que este nuestro negocio venga a desacreditarse.** ¡Qué típico de una mente depravada centrarse en el materialismo craso cuando las almas eternas están en juego! El Señor Jesucristo puso al descubierto la insensatez de esa clase de pensamiento cuando preguntó: "¿Qué aprovechará al hombre si ganare todo el mundo, y perdiere su alma? ¿O qué recompensa dará el hombre por su alma?" (Mr. 8:36-37). El infierno estará lleno de personas que, así como Judas, amaron al dinero más que a Dios.

Subiendo un nivel de consideraciones financieras personales, Demetrio apeló después a la devoción religiosa de sus oyentes. Planteó la inquietante posibilidad de **que el templo de la gran diosa Diana** pudiera llegar a ser **estimado en nada.** Advirtió que los cristianos estaban cuestionando la majestad de Diana.

Finalmente, Demetrio apeló directamente al asunto económico. Si comienza **a ser destruida la majestad de aquella a quien venera toda Asia, y el mundo entero,** Éfeso sufriría. El templo de Diana era famoso en todo el mundo romano y había sido construido con donaciones de muchos gobernantes. Todo lo que empañara la reputación de Diana haría reducir la posición de Éfeso, ocultaría su orgullo cívico y, por desgracia, paralizaría la economía de la ciudad. La lealtad a Éfeso exigía que los artífices se opusieran a la nueva religión que amenazaba socavar el atractivo y la fuente de ingresos de la ciudad.

CARÁCTERÍSTICAS DEL ALBOROTO

Cuando oyeron estas cosas, se llenaron de ira, y gritaron, diciendo: ¡Grande es Diana de los efesios! Y la ciudad se llenó de confusión, y a una se lanzaron al teatro, arrebatando a Gayo y a Aristarco, macedonios, compañeros de Pablo. Y queriendo Pablo salir al pueblo, los discípulos no le dejaron. También algunas de las autoridades de Asia, que eran sus amigos, le enviaron recado, rogándole que no se presentase en el teatro. Unos, pues, gritaban una cosa, y otros otra; porque la concurrencia estaba confusa, y los más no sabían por qué se habían reunido. Y sacaron de entre la multitud a Alejandro, empujándole los judíos. Entonces Alejandro, pedido silencio con la mano, quería hablar en su defensa ante el pueblo. Pero cuando le conocieron que era judío, todos a una voz gritaron casi por dos horas: ¡Grande es Diana de los efesios! (19:28-34)

El espectro del desastre financiero, el cuestionamiento de sus creencias religiosas fervientemente conservadas y la amenaza a su orgullo cívico fueron demasiado difíciles de soportar para la muchedumbre. **Cuando oyeron** el discurso de Demetrio, los plateros y los artesanos **se llenaron de ira, y gritaron, diciendo: ¡Grande es Diana de los efesios!** Demetrio había logrado su objetivo y fustigó a la multitud a un frenesí. Exacerbado por el ardiente discurso, el pueblo irrumpió en las calles, invocando el nombre de su diosa. Igual que los caldeos en la época de Jeremías, los efesios se entontecieron "con imágenes" (Jer. 50:38).

La furiosa turba manifestó la primera característica del motín: ira. Tal furor insensato tipifica tumultos, cuando la furia se descontrola y la violencia no discrimina. También es típica de la manera en que el mundo reacciona al cristianismo: "Se enfurecían en sus corazones, y crujían los dientes contra él" (Hch. 7:54). De igual modo, la turba enfurecida en Filipos "se agolpó... contra ellos [Pablo y Silas]; y los magistrados, rasgándoles las ropas, ordenaron azotarles con varas. Después de haberles azotado mucho, los echaron en la cárcel, mandando al carcelero que los guardase con seguridad" (Hch. 16:22-23). En Jerusalén,

> *unos judíos de Asia, al verle en el templo, alborotaron a toda la multitud y le echaron mano, dando voces: ¡Varones israelitas, ayudad! Este es el hombre que por todas partes enseña a todos contra el pueblo, la ley y este lugar; y además de esto, ha metido a griegos en el templo, y ha profanado este santo lugar. Porque antes habían visto con él en la ciudad a Trófimo, de Éfeso, a quien pensaban que Pablo había metido en el templo. Así que toda la ciudad se conmovió, y se agolpó el pueblo; y apoderándose de Pablo, le arrastraron fuera del templo, e inmediatamente cerraron las puertas. Y procurando ellos matarle, se le avisó al tribuno de la compañía, que toda la ciudad de Jerusalén estaba alborotada (Hch. 21:27b-31).*

El evangelio hace enojar a las personas porque las confronta con su falsa religión y su pecado, y las obliga a reconocer la insuficiencia de su visión del mundo, poniendo al descubierto la frivolidad de su estilo de vida.

Una segunda característica del motín fue la confusión. Cuando los frenéticos agitadores hormiguearon por todo Éfeso, consiguieron que **la ciudad se** llenara **de confusión,** caos y desorden. Surgiendo por las calles principales, los furiosos habitantes bajaron por la colina donde **a una se lanzaron al teatro, arrebatando a Gayo y a Aristarco, macedonios, compañeros de Pablo.** Según Hechos 20:4, **Aristarco** era de Tesalónica, una ciudad de Macedonia. Sin embargo, ese mismo versículo nombra la ciudad natal de **Gayo** como Derbe, una ciudad de Galacia. Podría ser, como algunos comentaristas sostienen, que el plural genitivo *Makedonas* ("de Macedonia") originalmente fuera singular. En ese caso, describiría solo a Aristarco. No obstante, Gayo era un nombre común (cp. 1 Co. 1:14; 3 Jn. 1), y el mencionado en 20:4 podría tratarse de alguien distinto. **Aristarco** era un amado compañero de Pablo, quien lo acompañaría en su desafortunado viaje a Roma (Hch. 27:2) y compartiría su encarcelamiento en esa ciudad (Col. 4:10). Era un creyente judío, ya que Pablo lo describe, junto con "Marcos el sobrino de Bernabé" y "Jesús, llamado Justo" como "los únicos de la circuncisión que me ayudan en el reino de Dios" (Col. 4:10-11). El **teatro,** las ruinas del cual se conservan extraordinariamente hoy día, era el lugar normal en que se realizaban las reuniones del pueblo. Como el edificio más grande de la ciudad (con una capacidad aproximada de veinticinco mil personas), era el único sitio que podía albergar a tan enorme multitud.

Cuando oyó lo que estaba ocurriendo, **Pablo** quiso **salir al pueblo.** El valiente apóstol quería irrumpir en el teatro para rescatar a sus amigos y defender la causa de Cristo contra las acusaciones de Demetrio. Dándose cuenta de que para Pablo aparecer ante la ingobernable turba sería solo poner en peligro su vida (y las de sus compañeros), **los discípulos no le dejaron.** Aunque el apóstol "de ninguna cosa [hacía] caso, ni [estimaba] preciosa [su] vida para [sí] mismo" (Hch. 20:24), los demás creyentes no le permitirían arriesgar innecesariamente la vida (cp. Hch. 9:25, 30; 17:10, 14).

No solo que los hermanos cristianos de Pablo lo frenaron, **también algunos de los asiarcas, que eran amigos de Pablo, enviaron a él y repetidamente le rogaron que no se aventurara *a presentarse* en el teatro** (LBLA). Los asiarcas

> eran miembros de las familias más nobles y acaudaladas de la provincia de Asia, y estaban unidos en una asociación que promovía el culto al emperador y a Roma... Cada año uno de los asiarcas era elegido por toda la provincia, y otros adicionales eran elegidos por cada ciudad que tenía un templo en que se honraba al emperador. El título probablemente se llevaba de por vida por parte de funcionarios de la asociación; así que en la época de Pablo pudo haber habido una cantidad de asiarcas en Éfeso (Richard N. Longenecker, "The Acts of the Apostles" [Hechos de los apóstoles], en Frank E. Gaebelein, ed., *The Expositor's Bible Commentary* [Comentario bíblico del expositor] [Grand Rapids: Zondervan, 1981], 9:503-504).

Temiendo por la seguridad de Pablo, los asiarcas **le enviaron recado, rogándole que no se presentase en el teatro.** El hecho de que tan destacados individuos fueran amigables con el apóstol es significativo. Everett F. Harrison escribe:

> El mismo hecho de que hombres de tanta prominencia y riqueza fueran amigos de Pablo revela con la mayor claridad que no lo consideraban peligroso ni que ejercía una actividad ilícita. He aquí una prueba positiva de que el culto imperial (la adoración del emperador romano) aún

no había llegado al punto de oponerse a la causa cristiana. La acción de Galión (18:14-15) pudo haber sido influyente en hacer que los oficiales de la provincia [los asiarcas] fueran favorables a Pablo (*Interpreting Acts: The Expanding Church* [Interpretación de Hechos: La iglesia en expansión] [Grand Rapids: Zondervan, 1986], p. 319).

Mientras tanto, la situación en el teatro era de caos total: **Unos, pues, gritaban una cosa, y otros otra; porque la concurrencia estaba confusa.** Entonces Lucas añade con un toque satírico: **y los más no sabían por qué se habían reunido.** Arrastrada por la histeria de masas, la mayoría de personas en la multitud ni siquiera entendía cuál era el problema.

Una última característica del disturbio fue la estrechez de mente que se produjo. Según la traducción de la LBLA, **algunos de la multitud dedujeron que** la causa de la conmoción era **Alejandro, puesto que los judíos lo habían empujado hacia adelante.** *Sunbibazō* (**dedujeron**) puede, como indica la nota al margen, traducirse "instruyeron". En ese caso, el texto estaría diciendo que algunos en la multitud (judíos) dieron instrucciones al hombre de que hablara por ellos. Subiéndose a la plataforma, **Alejandro,** pidiendo **silencio con la mano, quería hablar en su defensa ante el pueblo.** Él pudo haber sido un cristiano judío, o lo más probable un vocero para los judíos incrédulos. (Cualquier identificación de él con los Alejandros de las epístolas pastorales [1 Ti. 1:20; 2 Ti. 4:14] es dudosa, debido a lo común del nombre.) En todo caso, el propósito de los judíos al empujarlo **hacia adelante** fue el mismo. Temiendo que el disturbio se convirtiera en una matanza, quisieron desvincularse de los cristianos.

Sin embargo, el intento les fracasó. **Cuando** los de la turba **conocieron que** Alejandro **era judío, todos a una voz gritaron casi por dos horas: ¡Grande es Diana de los efesios!** Para la multitud pagana debió haber habido poca diferencia entre cristianos o judíos. Unos y otros adoraban a un Dios invisible y ambos rechazaban la idolatría. Las mentes de los paganos estaban cerradas a lo que Alejandro podía tener que decir. En cambio, lo ahogaron con sus gritos de **¡grande es Diana de los efesios!** Totalmente fuera de control, se mantuvieron gritando durante **casi por dos horas.**

APACIGUAMIENTO DEL ALBOROTO

Entonces el escribano, cuando había apaciguado a la multitud, dijo: Varones efesios, ¿y quién es el hombre que no sabe que la ciudad de los efesios es guardiana del templo de la gran diosa Diana, y de la imagen venida de Júpiter? Puesto que esto no puede contradecirse, es necesario que os apacigüéis, y que nada hagáis precipitadamente. Porque habéis traído a estos hombres, sin ser sacrílegos ni blasfemadores de vuestra diosa. Que si Demetrio y los

artífices que están con él tienen pleito contra alguno, audiencias se conceden, y procónsules hay; acúsense los unos a los otros. Y si demandáis alguna otra cosa, en legítima asamblea se puede decidir. Porque peligro hay de que seamos acusados de sedición por esto de hoy, no habiendo ninguna causa por la cual podamos dar razón de este concurso. Y habiendo dicho esto, despidió la asamblea. (19:35-41)

Por último, después de dos horas de desenfrenada confusión, el orden se restauró por parte del **escribano.** Como alto funcionario administrativo de la ciudad (equivalente al alcalde de una ciudad moderna) y como enlace entre el ayuntamiento y las autoridades romanas, el escribano era el principal dirigente de Éfeso. Como tal, sabía que los romanos lo responsabilizarían por lo sucedido. **Cuando había apaciguado a la multitud,** el hombre comenzó a dirigirse a los miembros, diciendo: **Varones efesios, ¿y quién es el hombre que no sabe que la ciudad de los efesios es guardiana del templo de la gran diosa Diana, y de la imagen venida de Júpiter?** Les recordó que era de conocimiento común en todo el mundo romano que **la ciudad de los efesios es guardiana del templo de la gran diosa Diana. La imagen venida de Júpiter** tal vez se refiera a un meteorito. John Polhill observa:

> A menudo los meteoritos se asociaban con la adoración de la Diosa Madre [Diana]. El más famoso de estos fue la roca sagrada llevada de Pesino a Roma en el 204 a.C. Un meteorito también parece asociado con el culto de Diana. Aunque no hay evidencia más allá de este texto para que tal piedra sagrada se relacione con el culto en Éfeso, es del todo probable que existiera, dada la frecuente asociación de la diosa madre con una "piedra del cielo" (*Acts*, p. 413).

El escribano siguió señalando: **Puesto que esto no puede contradecirse, es necesario que os apacigüéis, y que nada hagáis precipitadamente.** Nada que los predicadores cristianos pudieran hacer, insistió él, posiblemente podría afectar a su gran diosa; el poder de Diana era innegable, y su reputación garantizada. Aunque el hombre era sincero, estaba trágicamente equivocado. Hoy día nadie adora a Diana, pero millones adoran al Señor Jesucristo.

Después, el **escribano** recurrió a un asunto más grave y los reprendió. **Habéis traído a estos hombres, sin ser sacrílegos ni blasfemadores de vuestra diosa.** Hasta este funcionario pagano atestiguaba del carácter de los cristianos; no eran ladrones, y tampoco usaban lenguaje ofensivo. A pesar de los reclamos de Demetrio, los cristianos no habían actuado de manera incorrecta.

Una vez apaciguada la multitud, el hombre criticó a **Demetrio y los artífices** por provocar los disturbios. En lugar de recurrir a la movilización de la turba, debieron haber seguido el debido proceso de la ley. Después de todo, les recordó, que si ellos **tienen pleito contra alguno, audiencias se conceden, y procónsules hay; acúsense los unos a los otros.** Cualquier cosa que no se pudiera resolver en las cortes, **en legítima asamblea se puede decidir.**

El escribano concluyó su discurso con una advertencia que los puso a pensar: **Porque peligro hay de que seamos acusados de sedición por esto de hoy, no habiendo ninguna causa por la cual podamos dar razón de este concurso.** Otra vez exoneró a los cristianos, admitiendo que **no** había **ninguna causa** para el **alboroto.** En consecuencia, los bulliciosos estaban en **peligro** de ser **acusados de sedición** por parte del gobierno romano, y no podrían **dar razón de este concurso** o desordenada concurrencia. Si los romanos investigaban el disturbio, los habitantes de Éfeso no podrían defender sus acciones. Eso podría resultar en la pérdida de los privilegios que los romanos les habían concedido. Los argumentos del hombre fueron convincentes y, cuando **despidió la asamblea,** se fueron tranquilamente. Hasta donde se sabe, Demetrio y sus compañeros de oficio no llevaron el asunto más lejos.

Los creyentes de Éfeso capearon la tormenta de persecución desatada por el discurso de Demetrio y el consecuente disturbio. De hecho, la congregación en Éfeso jugaría un papel prominente en la historia de la Iglesia durante varios siglos. Así que, de nuevo en Hechos, Dios hizo que la ira de los hombres lo alabara (Sal. 76:10).

Por amor a la iglesia 40

Después que cesó el alboroto, llamó Pablo a los discípulos, y habiéndolos exhortado y abrazado, se despidió y salió para ir a Macedonia. Y después de recorrer aquellas regiones, y de exhortarles con abundancia de palabras, llegó a Grecia. Después de haber estado allí tres meses, y siéndole puestas asechanzas por los judíos para cuando se embarcase para Siria, tomó la decisión de volver por Macedonia. Y le acompañaron hasta Asia, Sópater de Berea, Aristarco y Segundo de Tesalónica, Gayo de Derbe, y Timoteo; y de Asia, Tíquico y Trófimo. Estos, habiéndose adelantado, nos esperaron en Troas. Y nosotros, pasados los días de los panes sin levadura, navegamos de Filipos, y en cinco días nos reunimos con ellos en Troas, donde nos quedamos siete días. El primer día de la semana, reunidos los discípulos para partir el pan, Pablo les enseñaba, habiendo de salir al día siguiente; y alargó el discurso hasta la medianoche. Y había muchas lámparas en el aposento alto donde estaban reunidos; y un joven llamado Eutico, que estaba sentado en la ventana, rendido de un sueño profundo, por cuanto Pablo disertaba largamente, vencido del sueño cayó del tercer piso abajo, y fue levantado muerto. Entonces descendió Pablo y se echó sobre él, y abrazándole, dijo: No os alarméis, pues está vivo. Después de haber subido, y partido el pan y comido, habló largamente hasta el alba; y así salió. Y llevaron al joven vivo, y fueron grandemente consolados. Nosotros, adelantándonos a embarcarnos, navegamos a Asón para recoger allí a Pablo, ya que así lo había determinado, queriendo él ir por tierra. Cuando se reunió con nosotros en Asón, tomándole a bordo, vinimos a Mitilene. Navegando de allí, al día siguiente llegamos delante de Quío, y al otro día tomamos puerto en Samos; y habiendo hecho escala en Trogilio, al día siguiente llegamos a Mileto. Porque Pablo se había propuesto pasar de largo a Éfeso, para no detenerse en Asia, pues se apresuraba por estar el día de Pentecostés, si le fuese posible, en Jerusalén. Enviando, pues, desde Mileto a Éfeso, hizo llamar a los ancianos de la iglesia. (20:1-17)

Si alguien pregunta: ¿Cuáles son las cualidades más importantes de un ministro de Jesucristo?, sin duda recibiría muchas respuestas. Habilidad en predicar y enseñar, así como valentía y devoción están entre las cualidades fundamentales que se deben enumerar. Habilidad para pastorear, sabia supervisión y capacidad para trabajar con personas también son virtudes cruciales.

Detrás de todas esas cualidades debe haber amor; amor por el Señor, amor por la verdad, y amor por la iglesia... no por la organización sino por las personas. Tal amor, que fluye de la devoción al Señor Jesucristo y a la Palabra de Dios, caracteriza a todos aquellos que ejercen el noble liderazgo en la Iglesia.

Siempre ha habido pastores consagrados que se sacrificaron en vida y muerte por la iglesia. Fue amor por la iglesia lo que motivó a los atareados reformadores Lutero y Calvino a predicar constantemente a sus rebaños, no solamente los domingos sino a lo largo de la semana. Muchos pastores puritanos siguieron predicando la Palabra después que las autoridades les prohibieran hacerlo. Sabían que se arriesgaban a ser encarcelados (como ocurrió con John Bunyan), pero el amor por la iglesia los impulsó a tomar ese riesgo. El amor por la iglesia consumió al piadoso pastor escocés, del siglo XIX, Robert Murray McCheyne. La mala salud no pudo impedirle su amoroso servicio y, en consecuencia, murió siendo joven. Fue su amor por la iglesia lo que motivó a Charles Spurgeon a hablar contra el modernismo que se estaba introduciendo en la iglesia evangélica de su época. Durante la resultante "Controversia del declive", Spurgeon fue duramente criticado por su posición. Algunas de las personas más cercanas a él lo abandonaron. Pero el hombre se negó a dar marcha atrás, aunque el estrés que generó la controversia apresuró su muerte.

La historia de la Iglesia está abarrotada de ejemplos de quienes sacrificialmente la amaron. Sin embargo, ningún hombre ha amado alguna vez a la iglesia más que el apóstol Pablo. Él expresó frecuentemente ese amor en sus cartas. A los filipenses les escribió:

> *Doy gracias a mi Dios siempre que me acuerdo de vosotros, siempre en todas mis oraciones rogando con gozo por todos vosotros, por vuestra comunión en el evangelio, desde el primer día hasta ahora; estando persuadido de esto, que el que comenzó en vosotros la buena obra, la perfeccionará hasta el día de Jesucristo; como me es justo sentir esto de todos vosotros, por cuanto os tengo en el corazón; y en mis prisiones, y en la defensa y confirmación del evangelio, todos vosotros sois participantes conmigo de la gracia (Fil. 1:3-7).*

A los corintios les dijo: "Nuestras cartas sois vosotros, escritas en nuestros corazones" (2 Co. 3:2). También les escribió: "Estáis en nuestro corazón, para morir y para vivir juntamente" (2 Co. 7:3). En 1 Tesalonicenses 2:7-8, Pablo expresó su amor íntimo por la iglesia tesalonicense:

> *Antes fuimos tiernos entre vosotros, como la nodriza que cuida con ternura a sus propios hijos. Tan grande es nuestro afecto por vosotros, que hubiéramos querido*

> *entregaros no sólo el evangelio de Dios, sino también nuestras propias vidas; porque habéis llegado a sernos muy queridos.*

Sin embargo, el apóstol no simplemente amó "de palabra ni de lengua, sino de hecho y en verdad" (1 Jn. 3:18). Jesús manifestó en Juan 15:13: "Nadie tiene mayor amor que este, que uno ponga su vida por sus amigos". Pablo hizo ese último sacrificio al dar su vida para servir a la iglesia por la que Jesús entregó su vida a fin de redimirla.

El apóstol no solo dio su vida por la iglesia, sino que también soportó mucho sufrimiento por ella. En 2 Corintios 11:23-28 registró algo de ese padecimiento:

> *¿Son ministros de Cristo? (Como si estuviera loco hablo.) Yo más; en trabajos más abundante; en azotes sin número; en cárceles más; en peligros de muerte muchas veces. De los judíos cinco veces he recibido cuarenta azotes menos uno. Tres veces he sido azotado con varas; una vez apedreado; tres veces he padecido naufragio; una noche y un día he estado como náufrago en alta mar; en caminos muchas veces; en peligros de ríos, peligros de ladrones, peligros de los de mi nación, peligros de los gentiles, peligros en la ciudad, peligros en el desierto, peligros en el mar, peligros entre falsos hermanos; en trabajo y fatiga, en muchos desvelos, en hambre y sed, en muchos ayunos, en frío y en desnudez; y además de otras cosas, lo que sobre mí se agolpa cada día, la preocupación por todas las iglesias.*

El peor sufrimiento que Pablo soportó no fue el físico resultante de ser apaleado, golpeado o de haber naufragado. Un dolor mucho más implacable fue su amorosa "preocupación por todas las iglesias" (v. 28). En el versículo 29 exclama: "¿Quién enferma, y yo no enfermo? ¿A quién se le hace tropezar, y yo no me indigno?"

Cuando falsa doctrina amenazó a las iglesias gálatas, esto causó mucha angustia en Pablo. Sus turbulentas emociones están reflejadas en las inconexas construcciones griegas en el libro de Gálatas. Las deserciones de sus seres queridos y de confianza, como Juan Marcos (Hch. 13:13) y Demas (2 Ti. 4:10), lo hirieron profundamente. El pecado crónico y la rebelión en Corinto lo deprimieron (2 Co. 7:5-6).

Tan grande era el amor de Pablo por la iglesia que de buena gana, incluso con gozo, sufrió por ello. A los filipenses les escribió: "Aunque sea derramado en libación sobre el sacrificio y servicio de vuestra fe, me gozo y regocijo con todos vosotros" (Fil. 2:17). Repitió ese mismo tema en su carta a los colosenses: "Ahora me gozo en lo que padezco por vosotros, y cumplo en mi carne lo que falta de las aflicciones de Cristo por su cuerpo, que es la iglesia" (Col. 1:24).

Hechos 20:1-17 no describe amor en los términos enaltecidos de 1 Corintios

13. En realidad, el pasaje no contiene doctrina ni exhortación práctica en absoluto. Pero esta simple y sencilla narración ilustra el amor de Pablo por la iglesia en acción (donde se ve mejor el amor). Ese amor se hizo visible en exhortación, entrega, persistencia, disponibilidad y preocupación del apóstol.

EXHORTACIÓN

Después que cesó el alboroto, llamó Pablo a los discípulos, y habiéndolos exhortado y abrazado, se despidió... Y después de recorrer aquellas regiones, y de exhortarles con abundancia de palabras, (20:1a, 2*b*)

La calma volvió a Éfeso **después que cesó el alboroto** (los disturbios descritos en 19:23-41). La palabra *thorubos* (**alboroto**) es un calificativo apropiado para esos acontecimientos tumultuosos encendidos por Demetrio el platero. Mateo usó el término para describir la revuelta que se realizó durante el juicio que Pilato hiciera a Jesús (Mt. 27:24). Lucas lo usó más tarde en Hechos para narrar el motín que estalló cuando Pablo visitó el templo en Jerusalén (21:34). En los tres casos la palabra describe un levantamiento incontrolable e histérico.

Después de tan traumático suceso, casi todos los hombres habrían estado felices de escapar con vida. Sin embargo, la preocupación de Pablo por la seguridad espiritual de la iglesia anuló cualquier preocupación por su seguridad personal. Él no podía salir de Éfeso hasta que hubiera llamado, **exhortado y abrazado a los discípulos** una vez más. El apóstol estaba muy consciente, como advertiría pronto a los líderes de la iglesia en Éfeso (20:29-31), del grave peligro que los falsos maestros representaban. Sin duda también estaba preocupado de que a los creyentes efesios los pudiera intimidar la amenaza de más disturbios. La solución de ambos problemas fue instrucción y exhortación a seguir la Palabra de Dios. Solo después de encomendar a los creyentes efesios, Pablo **se despidió** de ellos para comenzar su viaje planificado a Jerusalén vía Macedonia y Acaya (cp. 19:21).

Saliendo de Éfeso, el apóstol atravesó el Mar Egeo hacia Macedonia, tal vez por el camino de Troas. El propósito principal de su viaje por Macedonia era recolectar una ofrenda para los creyentes pobres en Jerusalén (véase la sección siguiente). Sin embargo, no podía dejar pasar la oportunidad de instruir a los creyentes macedonios. Mientras estuvo con ellos les dio, como había hecho con los efesios, exhortación **con abundancia de palabras.** Esta advertencia y consejo de la Biblia formó el contenido de su predicación hacia ellos.

Cuando Pablo se puso en marcha hacia Jerusalén debió haber tenido una sensación de que todo había terminado. Su tercer viaje misionero había visto que la oposición alcanzaba un punto culminante. Casi en todas partes a donde el apóstol iba enfrentaba violenta persecución. Creía que no iba a regresar, que nunca volvería a ver las iglesias de Asia, Macedonia y Acaya que se habían vuelto tan queridas para él (cp. 20:25). (Pablo pudo haber visitado otra vez algunas de ellas tras su liberación de su primer encarcelamiento romano. No obstante, en este tiempo quizás no previó esa posibilidad.) Es debido a la medida de su amor que Pablo permaneció en Éfeso, exponiéndose a más riesgo. Pasó esas últimas horas exhortándoles **con abundancia** de acuerdo con la Palabra... la fuente de la vida y fortaleza de las personas allí.

Por desgracia, el compromiso de Pablo por anunciar la verdad de Dios no está en boga hoy día. Predicar aquellas exhortaciones de la Palabra ya no ocupa el lugar central que tenía en la iglesia primitiva (Hch. 10:42; 13:5, 32; 14:7, 15, 21; 15:35; 16:10; 17:3, 13; 20:25; 28:31). El encargo de Pablo a Timoteo, "ocúpate en la lectura, la exhortación y la enseñanza" (1 Ti. 4:13) también se pasa por alto muy a menudo. (Para un análisis de la importancia de la predicación, véase el capítulo 4 de esta obra).

Los resultados de restar importancia a una fuerte predicación bíblica son trágicos. Cuando los pastores rechazan su responsabilidad de "perfeccionar a los santos" (Ef. 4:12*a*), entonces los santos no pueden hacer su "obra del ministerio" (v. 12*b*). Por consiguiente, "la edificación del cuerpo de Cristo" (v. 12*c*) no se lleva a cabo. Las desastrosas consecuencias incluyen falta de verdadera unidad (v. 13*a*), imperfecto conocimiento acerca de Jesucristo (v. 13*b*), y falta de madurez espiritual (v. 13*c*), lo que da como resultado "niños fluctuantes, llevados por doquiera de todo viento de doctrina, por estratagema de hombres que para engañar emplean con astucia las artimañas del error" (v. 14).

¿Por qué se minimiza la predicación? Primero, debido al asalto generalizado a la autoridad de la Biblia. Nunca en la historia de la Iglesia se ha sometido a la Biblia a los ataques salvajes que ha soportado en el último siglo y medio. Los incrédulos escépticos niegan la inspiración de las Escrituras, burlándose de ellas como mitos precientíficos de las tribus hebreas. Afirman que la Biblia está llena de graves errores científicos, fallas históricas y hasta defectos morales.

Ataques más sutiles han venido de aquellos en el interior de la iglesia. Algunos concuerdan con los escépticos en que la Biblia contiene errores y, sin embargo, afirman que sigue siendo fidedigna. Lo absurdo de tal punto de vista es evidente,

> porque si bien es sin duda un misterio que la verdad eterna se revela en los sucesos temporales y se presenta en palabras humanas, es pura insensatez decir que esta verdad se revela en y a través de lo que es erróneo (Geoffrey W. Bromiley, "La autoridad de la Biblia", en Donald Guthrie, J. A. Motyer, Alan M. Stibbs, y Donald J. Wiseman, eds., *The New Bible Commentary: Revised* [Nuevo comentario bíblico: Revisado] [Grand Rapids: Eerdmans, 1970], p. 10).

Otros apoyan la inspiración e infalibilidad de la Biblia, pero niegan en la práctica su singularidad como fuente de revelación divina. Afirmar que Dios habla hoy día por medio de profecías, visiones y sueños niega el hecho de que solamente la Biblia contiene "la fe que ha sido una vez dada a los santos" (Jud. 3), y "todas las cosas que pertenecen a la vida y a la piedad" (2 P. 1:3). (Para más información de este punto, véanse mis libros *Los carismáticos* [El Paso: Casa Bautista de Publicaciones, 1995], y *Reckless Faith* [Fe peligrosa] [Wheaton, Ill.: Crossway, 1994].)

La exhortación de Pablo estaba firmemente basada en la fidelidad de las Escrituras (como lo fueron sus escritos, cp. Ro. 4:3; 9:17; 10:11; 11:2; Gá. 3:8, 22; 4:30; 1 Ti. 5:18). Hechos 17:2 observa que "Pablo, como acostumbraba, fue a ellos, y por tres días de reposo discutió con ellos". A los corintios escribió:

> *Porque primeramente os he enseñado lo que asimismo recibí: Que Cristo murió por nuestros pecados, conforme a las Escrituras; y que fue sepultado, y que resucitó al tercer día, conforme a las Escrituras (1 Co. 15:3-4).*

El apóstol instruyó al joven pastor Timoteo: "Ocúpate en la lectura, la exhortación y la enseñanza" (1 Ti. 4:13), ya que "toda la Escritura es inspirada por Dios, y útil para enseñar, para redargüir, para corregir, para instruir en justicia, a fin de que el hombre de Dios sea perfecto, enteramente preparado para toda buena obra" (2 Ti. 3:16-17).

La pérdida de fe en una Biblia fidedigna socava gravemente la predicación. Es más, no puede haber verdadera predicación bíblica si se rechazan la autoridad y la singular preeminencia de la Palabra de Dios, pues no quedaría revelación divina que anunciar. Lo que quedaría es racionalismo humanista por un lado o misticismo subjetivo por el otro, los cuales son la antítesis de la predicación bíblica (La predicación bíblica se define en John MacArthur y otros, *El redescubrimiento de la predicación expositiva* [1996]).

Un segundo aporte para la desaparición de la predicación bíblica proviene de algunos que dicen defender la autoridad de las Escrituras. Un triste legado de los movimientos fundamentalistas y evangélicos han sido aquellos pastores intolerantes y legalistas que son arbitrarios, inmisericordes y duros. Abusan de la autoridad del púlpito. Haciendo caso omiso a la advertencia de Pedro: "No como teniendo señorío sobre los que están a vuestro cuidado, sino siendo ejemplos de la grey" (1 P. 5:3), en realidad se han erigido como pequeños dioses en sus iglesias. No solo ejercen autoridad abusiva en la iglesia sino también, a menudo, en las vidas privadas de su gente, con trágicos resultados. Dios espera de los pastores que alimenten a las ovejas, no que las inmolen.

La predicación de esos hombres es, con frecuencia, una denuncia pomposa hacia quienes no están de acuerdo con ellos o dogmáticas declaraciones de sus preocupaciones legalistas particulares. Juegan con las emociones de las personas, intimidándolas con el más despreciable temor. Tan descortés abuso del púlpito pudo haber contribuido tanto a la desaparición de la predicación bíblica como al debilitamiento de la autoridad de las Escrituras.

La manera en que los pastores y las congregaciones ven el ministerio impide la sana predicación. El enfoque apostólico del ministerio en "la oración y... la palabra" (Hch. 6:4) se puede perder entre las exigencias puestas sobre los pastores. A un hombre del que se espera que visite y que sea evangelista, consejero, trabajador social y administrador de la programación de la iglesia, obviamente le quedará poco tiempo para largas horas de abundante estudio en preparar la predicación. (Para un punto de vista bíblico del ministerio pastoral, véase John MacArthur, ed., *La predicación: Cómo predicar bíblicamente* [Nashville, Tenn.: Grupo Nelson, 2009].) Factores de pecado personal, como pereza y apatía hacia el estudio por parte de algunos pastores, también han contribuido a que la predicación desaparezca.

Pero nada contribuye actualmente más a la disminución de la predicación bíblica que el surgimiento de una filosofía ministerial orientada en la mercadotecnia. Tratando de ser "fáciles de utilizar", las iglesias han desechado la predicación a favor de películas, teatro, conciertos, testimonios de superestrellas cristianas y otras formas de entretenimiento. Y esto no es de extrañar, ya que la predicación de las verdades bíblicas con relación al pecado, el juicio y la soberanía de Dios en la salvación, decididamente no es algo fácil de usar. En una filosofía de ministerio donde impera el pragmatismo, las grandes multitudes atraídas por este tipo de cultos de "adoración" sirven para validar tales reuniones. Sin embargo, ese pensamiento con poca visión es totalmente equivocado. El problema con las iglesias no es la poca asistencia sino la mala salud espiritual. Y lo que más necesitan las personas no es que las entretengan, sino que les enseñen las verdades de la Palabra de Dios (2 Ti. 4:1-4). (Critico la filosofía centrada en el mercadeo ministerial que impregna la Iglesia de hoy en mi libro *Avergonzados del evangelio* [Grand Rapids: Editorial Portavoz, 2001].)

Una señal segura de auténtico amor por la Iglesia es la exhortación desinteresada e incansable de la Palabra de Dios. Aunque agotado, ocupado y perseguido, Pablo se dedicaba a enseñar adondequiera que iba. Su pasión consumidora, incluso a riesgo de su propia vida, era ver a los creyentes llegar a la madurez espiritual. Así lo expresó en Colosenses 1:28: "A quien anunciamos, amonestando a todo hombre, y enseñando a todo hombre en toda sabiduría, a fin de presentar perfecto en Cristo Jesús a todo hombre".

ENTREGA

y salió para ir a Macedonia. Y después de recorrer aquellas regiones, (20:1*b*-2*a*)

Pablo planeaba viajar desde Éfeso a Jerusalén a través de **aquellas regiones** de **Macedonia** (el sector norte) y Acaya (el sector sur). Tal rumbo lo llevaba en dirección opuesta a su destino final de Jerusalén. Sin embargo, él tenía en mente un propósito definitivo: hacer una colecta para los creyentes pobres en Jerusalén. Menciona sus planes en tres de sus epístolas escritas en esta época: 1 Corintios, 2 Corintios y Romanos. En 1 Corintios, escrita poco antes de su salida de Éfeso (1 Co. 16:5-8), Pablo escribió:

> *En cuanto a la ofrenda para los santos, haced vosotros también de la manera que ordené en las iglesias de Galacia. Cada primer día de la semana cada uno de vosotros ponga aparte algo, según haya prosperado, guardándolo, para que cuando yo llegue no se recojan entonces ofrendas. Y cuando haya llegado, a quienes hubiereis designado por carta, a éstos enviaré para que lleven vuestro donativo a Jerusalén. Y si fuere propio que yo también vaya, irán conmigo (1 Co. 16:1-4).*

En 2 Corintios, escrita desde Macedonia (2 Co. 2:12-13; 7:5-6), Pablo dedica dos capítulos enteros a la colecta (2 Co. 8-9). En Romanos, escrita desde la ciudad de Acaya de Corinto (Ro. 16:23; 1 Co. 1:14), escribió lo siguiente:

> *Mas ahora voy a Jerusalén para ministrar a los santos. Porque Macedonia y Acaya tuvieron a bien hacer una ofrenda para los pobres que hay entre los santos que están en Jerusalén. Pues les pareció bueno, y son deudores a ellos; porque si los gentiles han sido hechos participantes de sus bienes espirituales, deben también ellos ministrarles de los materiales. Así que, cuando haya concluido esto, y les haya entregado este fruto, pasaré entre vosotros rumbo a España (Ro. 15:25-28).*

¿Por qué la colecta era tan importante para Pablo? Primero, porque tenía amor por los santos en Jerusalén que estaban empobrecidos a causa de la persecución. Esos santos también llevaban la carga de los creyentes que habiendo sido peregrinos en Jerusalén, recibieron la salvación en Pentecostés y luego se quedaron allí; por tanto, necesitaron provisión. Además, los otros apóstoles en Jerusalén le habían pedido que se acordara de los pobres (Gá. 2:10).

Para agravar la dificultad de la iglesia en Jerusalén, la tierra de Israel había sufrido una grave hambruna (cp. Hch. 11:28). De no haber sido por los esfuerzos de socorro organizados por la reina Helena de Adiabene (una región en el norte de Mesopotamia, al este de Siria), convertida al judaísmo, muchos habrían perecido. A fin de proveer dinero para los muchos que eran pobres, creyentes ricos vendían sus propiedades desde el principio (Hch. 4:32-37). Tales recursos no eran ilimitados, pero el problema de la pobreza continuaba. Las agotadas provisiones de la iglesia en Jerusalén necesitaban la urgente ayuda de recursos externos.

Cuando Pablo llegó finalmente allá con la ofrenda, los judíos incrédulos, indignados por su presencia, intentaron matarlo. Los romanos lo rescataron, pero él debió permanecer prisionero por más de dos años (Hch. 24:27), debió soportar un peligroso viaje por mar hasta Roma, y debió ser juzgado ante el emperador. Los sacrificios que el apóstol soportó voluntariamente revelan su gran amor por la iglesia.

Una razón de igual importancia para llevar la ofrenda era la profunda preocupación de Pablo por la unidad de la iglesia. Él sabía que las tensiones culturales entre judíos y gentiles representaban un peligro constante para esa unidad. Al suplir generosamente las necesidades de los creyentes judíos pobres en Jerusalén, los gentiles afirmarían su amor por ellos (1 Jn. 3:17; cp. Stg. 2:15-16). Eso a su vez cimentaría el vínculo de unidad tan importante para Pablo (Ro. 10:12; Gá. 3:28; Col. 3:11).

Está claro que el amor de Pablo por la iglesia se demostró mediante entrega sacrificial. El apóstol Juan expresó el inseparable vínculo entre dar y amar en 1 Juan 3:16-18:

> *En esto hemos conocido el amor, en que él puso su vida por nosotros; también nosotros debemos poner nuestras vidas por los hermanos. Pero el que tiene bienes de este mundo y ve a su hermano tener necesidad, y cierra contra él su corazón, ¿cómo mora el amor de Dios en él? Hijitos míos, no amemos de palabra ni de lengua, sino de hecho y en verdad.*

PERSISTENCIA

Después de haber estado allí tres meses, y siéndole puestas asechanzas por los judíos para cuando se embarcase para Siria, tomó la decisión de volver por Macedonia. Y le acompañaron hasta Asia, Sópater de Berea, Aristarco y Segundo de Tesalónica, Gayo de Derbe, y Timoteo; y de Asia, Tíquico y Trófimo. Estos, habiéndose adelantado, nos esperaron en Troas. Y nosotros, pasados los días de los panes sin levadura, navegamos de Filipos, y en cinco días nos reunimos con ellos en Troas, donde nos quedamos siete días. (20:3-6)

Después de haber estado tres meses en Acaya (la mayor parte pasados en Corinto), era hora de que Pablo continuara su viaje. Él había querido abordar un barco en Cencrea (puerto de Corinto) que llevaba peregrinos judíos a Palestina para la Pascua. Sin embargo, como le había ocurrido con mucha frecuencia en el pasado, enfrentó peligro por parte de sus compatriotas (2 Co. 11:26). **Cuando** estaba a punto de embarcarse **para Siria** se dio cuenta de las

asechanzas que le estaban poniendo **los judíos** de Corinto. Estos no habían olvidado las asombrosas conversiones de los líderes de la sinagoga: Crispo (18:8) y Sóstenes (18:17; 1 Co. 1:1), ni la humillante derrota que sufrieron ante el procónsul Galión (18:12-17). Lucas no narra los detalles de esta asechanza, pero Pablo habría sido un blanco fácil para ser asesinado en una embarcación pequeña, especialmente abarrotada con peregrinos judíos.

El complot retrasó a Pablo, privándolo de la ruta marítima directa a Siria. Por tanto, **tomó la decisión de volver** a Palestina **por Macedonia.** Eso lo haría volver sobre sus pasos por el norte de Acaya y entrar a Macedonia. Desde ahí cruzaría el Mar Egeo a fin de hallar otro barco en Asia Menor que se dirigiera a Israel. Tal demora y el desvío le costó a Pablo la oportunidad de estar en Jerusalén para la Pascua; lo único que podía esperar ahora era llegar a tiempo para Pentecostés, cincuenta días después de la Pascua (20:16).

Pablo no viajó solo. **Le acompañaron hasta Asia, Sópater de Berea, Aristarco y Segundo de Tesalónica, Gayo de Derbe, y Timoteo; y de Asia, Tíquico y Trófimo.** El grupo al parecer se separó en Filipos, ya que Lucas observa que los mencionados en el versículo 4, **habiéndose adelantado, nos esperaron en Troas.** El uso de los pronombres "nos" (v. 5) y "nosotros" (v. 6) revela que Lucas estaba otra vez viajando en compañía de Pablo, reuniéndosele en Filipos. Según parece, Lucas se quedó en esa ciudad después de obligar a Pablo y Silas a salir de allí (como sugiere el uso de "ellos" en 17:1).

Los compañeros de Pablo vinieron de las provincias romanas en que él había servido. Es posible que fueran representantes oficiales de sus iglesias y que hubieran recogido ofrendas para la iglesia en Jerusalén. **Sópater** (**Berea**), **Aristarco y Segundo** (**Tesalónica**) eran de Macedonia; **Gayo** (**Derbe**) y **Timoteo** (Listra, Hch. 16:1) de Galacia; y **Tíquico y Trófimo** (ambos probablemente de Éfeso, cp. Hch. 21:29) **de Asia.** Lucas quizás representaba a Filipos, y Tito a Acaya (Corinto, cp. 2 Co. 8:16-19). Los restantes del grupo (Pablo, Lucas y posiblemente Tito) **pasados los días de los panes sin levadura** (la Pascua), navegaron desde **Filipos, y en cinco días** se reunieron **con ellos en Troas.** Después de celebrar la Pascua en Filipos, se embarcaron en Neápolis (Hch. 16:11-12) para reunirse con sus compañeros **en Troas.** El viaje de Pablo a través del Mar Egeo desde Troas hasta Neápolis en el segundo viaje misionero había tardado solamente dos días (16:11). Sin embargo, esta vez el viaje tardó **cinco días,** quizás debido a que tenían los vientos en contra. Reunido en Troas, el grupo se quedó allí por **siete días.**

La persistencia de Pablo es otra señal de su amor por la iglesia. En este pasaje modeló la persistencia del amor del que escribió en 1 Corintios 13, donde lo describe como paciente (v. 4), que todo lo soporta (v. 7), y que nunca falla (v. 8). El amor incansable y persistente persigue el bien de los demás.

DISPONIBILIDAD

El primer día de la semana, reunidos los discípulos para partir el pan, Pablo les enseñaba, habiendo de salir al día siguiente; y alargó el discurso hasta la medianoche. Y había muchas lámparas en el aposento alto donde estaban reunidos; y un joven llamado Eutico, que estaba sentado en la ventana, rendido de un sueño profundo, por cuanto Pablo disertaba largamente, vencido del sueño cayó del tercer piso abajo, y fue levantado muerto. Entonces descendió Pablo y se echó sobre él, y abrazándole, dijo: No os alarméis, pues está vivo. Después de haber subido, y partido el pan y comido, habló largamente hasta el alba; y así salió. Y llevaron al joven vivo, y fueron grandemente consolados. Nosotros, adelantándonos a embarcarnos, navegamos a Asón para recoger allí a Pablo, ya que así lo había determinado, queriendo él ir por tierra. Cuando se reunió con nosotros en Asón, tomándole a bordo, vinimos a Mitilene. Navegando de allí, al día siguiente llegamos delante de Quío, y al otro día tomamos puerto en Samos; y habiendo hecho escala en Trogilio, al día siguiente llegamos a Mileto. Porque Pablo se había propuesto pasar de largo a Éfeso, para no detenerse en Asia, pues se apresuraba por estar el día de Pentecostés, si le fuese posible, en Jerusalén. Enviando, pues, desde Mileto a Éfeso, hizo llamar a los ancianos de la iglesia. (20:7-17)

Este pasaje es la descripción escrita más antigua de un culto cristiano de adoración, y se destacan varias características. En primer lugar, **los discípulos** se reunieron **para partir el pan** (para adorar) no el Sabbat (sábado) sino **el primer día de la semana** (domingo). A pesar de las afirmaciones de algunos, a los cristianos no se les exige observar el Sabbat, según las siguientes consideraciones revelan.

Primera, aunque un día de descanso y adoración está demostrado por Dios en la creación, el Sabbat en sábado fue dado a Israel como señal del Pacto Mosaico (Éx. 31:16-17; Ez. 20:12; Neh. 9:14). Puesto que los cristianos están bajo el Nuevo Pacto (2 Co. 3:6ss; He. 8), no se les exige observar la señal asociada con el Pacto Mosaico.

Segunda, no hay orden en el Nuevo Testamento de que los cristianos observen el Sabbat.

Tercera, incluso durante la economía mosaica, el Antiguo Testamento no ordenaba a las naciones gentiles observar el Sabbat ni las condenaba por no hacerlo. Eso ofrece más prueba de que el Sabbat fue dado solamente a Israel.

Cuarta, no hay registro en la Biblia de que alguien observara el Sabbat antes de la época de Moisés. De igual modo, el primer mandato de guardar el Sabbat aparece en la ley dada a Moisés en el Sinaí (Éx. 20:8).

Quinta, el concilio de Jerusalén (Hch. 15) no impuso que los creyentes gentiles guardaran el Sabbat.

Sexta, en sus epístolas el apóstol Pablo advirtió a los gentiles acerca de muchos pecados diferentes pero nunca de quebrantar el Sabbat.

Séptima, Colosenses 2:16-17 describe el Sabbat como una sombra de Cristo; la sombra ya no es vinculante para nosotros puesto que la esencia (Cristo) ya llegó.

Octava, en Gálatas 4:10-11, Pablo reprende a los gálatas por creer que Dios esperaba que ellos observaran días especiales, tales como el Sabbat.

Novena, Romanos 14:5 declara que observar el Sabbat era asunto de preferencia personal entre los judíos convertidos. Esto debía tolerarse hasta que ellos se volvieran más maduros en el entendimiento de su libertad cristiana. Por tanto, no podía ser algo que Dios exigiera hacer a los creyentes.

Décima, el libro de Hechos y los posteriores escritos de los padres de la iglesia primitiva aclaran que la iglesia desde sus inicios se reunía el domingo para adorar. Por ejemplo, la *Epístola de Bernabé*, escrita al final del siglo I, afirma:

> *Vuestros novilunios y vuestros sábados no los aguanto.* Mirad cómo dice: No me son aceptos vuestros sábados de ahora, sino el que yo he hecho, aquél en que, haciendo descansar todas las cosas, haré el principio de un día octavo, es decir, el principio de otro mundo. Por eso justamente nosotros celebramos también el día octavo con regocijo, por ser día en que Jesús resucitó de entre los muertos y, después de manifestado, subió a los cielos. (*Padres Apostólicos*, por Daniel Ruiz Bueno, tomado de http://escrituras.tripod.com/Textos/EpBernabe.htm, visitado agosto 2, 2013).

A principios del siglo II, Ignacio escribió: "Que cada amigo de Cristo guarde el día del Señor como un festival, el día de la resurrección, la reina y jefe de todos los días" (*Carta a los Magnesios*, IX; *Los padres antenicenos* [reimpresión; Grand Rapids: Eerdmans, 1973], 1:63). Posteriormente, en el siglo II, Justino Mártir describió cómo adoraban los cristianos de su época:

> En el día llamado domingo, todos los que viven en ciudades o en el campo se reúnen en un lugar, y se leen las memorias de los apóstoles o los escritos de los profetas, cuando el tiempo lo permite… El domingo es el día en que todos tenemos nuestra reunión ordinaria, porque… Jesucristo nuestro Salvador en el mismo día resucitó de los muertos (*First Apology* [Primera apología], LXVII; [reimpresión; Grand Rapids: Eerdmans, 1973], 1:186).

Tertuliano, quien vivió a finales de siglo II e inicios del III, se refirió a los cristianos como aquellos "a quienes los Sabbat son extraños" (*On Idolatry* [De idolatría], XIV [reimpresión; Grand Rapids: Eerdmans, 1973], 3:70).

Lucas ofrece una segunda característica de la adoración en la iglesia primitiva al recordar el lugar de reunión como **el aposento alto** de una casa. Las iglesias del Nuevo Testamento se reunían en casas (Ro. 16:5; 1 Co. 16:19; Col. 4:15; Flm. 2); el primer edificio conocido de iglesia data de la primera mitad del siglo III (E. M. Blaiklock, "Dura Europos", en E. M. Blaiklock y R. K. Harrison, eds., *The New International Dictionary of Biblical Archaeology* [Nuevo diccionario internacional de arqueología bíblica] [Grand Rapids: Zondervan, 1983], p. 165).

Lucas agrega que el propósito de la reunión era **partir el pan,** celebrar el ágape (festín de amor, o comida común, cp. 1 Co. 11:20-22) y comunión. En preparación para ello, **Pablo les enseñaba. Enseñaba** viene de *dialegomai*, de donde se deriva la palabra castellana "diálogo". Pablo no dejó de predicar; había debate, y él respondía a las preguntas. A veces esas preguntas exigían prolongadas explicaciones, como en este caso. Aunque debía **salir al día siguiente, alargó el discurso hasta la medianoche.** El apóstol estaba a punto de tener un viaje largo y difícil, pero su amor por la iglesia hizo que estuviera disponible mientras los miembros lo necesitaran. Sin pensar en su necesidad de descanso, utilizó cada minuto disponible para enseñar a los creyentes en Troas. Como el versículo 11 lo indica, Pablo se quedó allí hasta que fue la hora de partir.

Lucas también estuvo en la reunión y provee el detalle del testigo ocular en el versículo 8 de que **había muchas lámparas en el aposento alto donde estaban reunidos.** Pudo haber mencionado las lámparas para mostrar que la iglesia no tenía nada que ocultar de sus vecinos paganos. Sin embargo, lo más probable es que Lucas mencione las lámparas para ayudar a explicar por qué Eutico se quedó dormido. Las numerosas lámparas de aceite debieron añadir vapores y humo a la atmósfera cargada en la habitación.

Eutico había encontrado la ubicación más ventajosa, pues **estaba sentado en** el alféizar de **la ventana** abierta, donde el aire sería más fresco y más frío. Sin embargo, incluso allí comenzó poco a poco (como lo indica el tiempo presente del participio *katapheromenos* [**rendido**]), a sentirse **rendido de un sueño profundo.** El humo, la estrechez de la habitación llena de gente, su juventud (la palabra *pais* ["joven"] en el v. 11 sugiere que tenía entre siete y catorce años de edad) y lo avanzado de la hora, finalmente, lo afectaron. **Por cuanto Pablo disertaba largamente,** Eutico, **vencido del sueño cayó del tercer piso abajo, y fue levantado muerto.** Lucas declara que el joven estaba **muerto**. Como médico (Col. 4:14), él obviamente pudo determinar eso.

El impresionante acontecimiento interrumpió la reunión, y los aturdidos creyentes se reunieron alrededor del cuerpo de Eutico. No obstante, la tragedia duró poco y se convirtió en triunfo. **Entonces descendió Pablo** con los demás **y se echó sobre él, y abrazándole, dijo: No os alarméis, pues está vivo.** Que el apóstol se echara **sobre él y** lo abrazara hace recordar a Elías (1 R. 17:21) y Eliseo (2 R. 4:34). La afirmación del apóstol, **no os alarméis, pues está vivo** no significa que Eutico no hubiera muerto (cp. v. 9) sino que su vida había sido restaurada. En consecuencia, Pablo les ordenó: **No os alarméis;** es decir, que detuvieran la conmoción, la consternación, y los lamentos que debieron haber comenzado. **Alarméis** viene de *thorubeō,* la forma verbal de la palabra "alboroto" en el versículo 1. Se la utiliza para describir los lamentos en Mateo 9:23 y Marcos 5:38.

Luego los creyentes se **llevaron al joven vivo, y** desde luego **fueron grandemente consolados.** Sin embargo, la enseñanza no había acabado, porque **después de haber subido** todos ellos a la cámara superior y de haber **partido el pan y comido,** Pablo **habló largamente hasta el alba.** Tras la pausa para un momento de comunión y de amor fraternal, el apóstol continuó enseñándoles toda la noche. Dada la dramática confirmación de su autoridad apostólica que acababan de presenciar, sin duda Pablo había captado la atención de la audiencia.

Al alba, Pablo debió salir. Lucas comenta: **adelantándonos a embarcarnos, navegamos a Asón,** a treinta kilómetros de Troas. Pensaban **recoger allí a Pablo, ya que así lo había determinado, queriendo él ir por tierra.** No se dice por qué el apóstol prefirió caminar hasta **Asón.** Lo más probable es que esto le diera más tiempo para instruir a los discípulos de Troas que lo acompañaban.

El amor desinteresado de Pablo por la iglesia es notablemente puro; él estuvo disponible para ministrar durante toda una noche y a través de treinta kilómetros a pie la mañana siguiente. Ningún sacrificio era demasiado grande para que el apóstol edificara a los santos. Estaba diligentemente a disposición de su amado pueblo.

Lucas demuestra más disponibilidad de Pablo en el siguiente segmento de esta narración:

> **Cuando se reunió con nosotros en Asón, tomándole a bordo, vinimos a Mitilene. Navegando de allí, al día siguiente llegamos delante de Quío, y al otro día tomamos puerto en Samos; y habiendo hecho escala en Trogilio, al día siguiente llegamos a Mileto. Porque Pablo se había propuesto pasar de largo a Éfeso, para no detenerse en Asia, pues se apresuraba por estar el día de Pentecostés, si le fuese posible, en Jerusalén. Enviando, pues, desde Mileto a Éfeso, hizo llamar a los ancianos de la iglesia.** (20:14-17)

Después de su larga caminata desde Troas, Pablo **se reunió con** el resto de su grupo **en Asón. Tomándole a bordo,** el barco salió para **Mitilene,** la ciudad principal de la isla de Lesbos. Pablo y sus compañeros continuaron su viaje a través de las islas de la costa de Asia Menor, deteniéndose sucesivamente en **Quío** (el lugar de nacimiento de Homero) y **Samos** (el lugar de nacimiento del matemático Pitágoras) antes de desembarcar en tierra firme en **Mileto,** una ciudad a casi cincuenta kilómetros al sur de Éfeso. Lucas observa, a modo de explicación que **Pablo se había propuesto pasar de largo a Éfeso, para no detenerse en Asia, pues se apresuraba por estar el día de Pentecostés, si le fuese posible, en Jerusalén.** La tardanza causada por el complot contra la vida del apóstol en Corinto (20:3) lo había obligado a celebrar la Pascua en Jerusalén. Él, sin embargo, **se apresuraba por estar el día de Pentecostés en Jerusalén,** cincuenta días después de la Pascua. Por tanto, **no** quiso **detenerse en Asia,** especialmente en **Éfeso.** Sin duda sintió que una visita personal a la iglesia allí le consumiría demasiado tiempo, así que decidió **desde Mileto** hacer **llamar a los ancianos de la iglesia** en **Éfeso** a fin de que se reunieran con él en **Mileto.** Eso explica su decisión de abordar una nave en Troas que lo llevaría a Mileto en lugar de Éfeso.

El barco en que Pablo estaba navegando evidentemente iba a permanecer en Mileto durante varios días. En vez de descansar, el apóstol usó ese tiempo para instruir y animar más a los líderes clave de la iglesia en Éfeso. Tan grande era su preocupación que no pudo dejar pasar la oportunidad de darles el evangelio y advertirles que irían a enfrentar tiempos muy difíciles. Pablo tenía un amor especial por esa iglesia, a la que había dedicado tres años para levantarla.

El amor del apóstol por la iglesia establece la norma que deben seguir todos los cristianos (cp. Ro. 12:10ss). Que Dios dé a todos los creyentes, no solo a los líderes, tal amor disponible de enseñanza, entrega y persistencia por la Iglesia de Cristo, "la cual él ganó por su propia sangre" (Hch. 20:28).

La visión de Pablo acerca del ministerio 41

Enviando, pues, desde Mileto a Éfeso, hizo llamar a los ancianos de la iglesia. Cuando vinieron a él, les dijo: Vosotros sabéis cómo me he comportado entre vosotros todo el tiempo, desde el primer día que entré en Asia, sirviendo al Señor con toda humildad, y con muchas lágrimas, y pruebas que me han venido por las asechanzas de los judíos; y cómo nada que fuese útil he rehuido de anunciaros y enseñaros, públicamente y por las casas, testificando a judíos y a gentiles acerca del arrepentimiento para con Dios, y de la fe en nuestro Señor Jesucristo. Ahora, he aquí, ligado yo en espíritu, voy a Jerusalén, sin saber lo que allá me ha de acontecer; salvo que el Espíritu Santo por todas las ciudades me da testimonio, diciendo que me esperan prisiones y tribulaciones. Pero de ninguna cosa hago caso, ni estimo preciosa mi vida para mí mismo, con tal que acabe mi carrera con gozo, y el ministerio que recibí del Señor Jesús, para dar testimonio del evangelio de la gracia de Dios. (20:17-24)

En este mundo complejo, la experiencia es muy codiciada después de los productos básicos. Los seminarios dados por expertos en todo desde tecnología hasta administración del tiempo, inversiones y relaciones están repletos de personas, y los libros sobre esos temas a menudo son los más vendidos. Casi cualquier persona que ha tenido éxito en algo encontrará miembros de una audiencia ansiosos por aprender cómo ellos también podrían triunfar.

El consejo de expertos también es algo anhelado en la iglesia, particularmente en el área del crecimiento, donde el consejo de especialistas en análisis culturales y técnicas de mercadotecnia se valora en gran manera. Algunos seminarios incluso tienen departamentos relacionados con crecimiento de la iglesia, y tratan de transmitir a los futuros pastores esas técnicas que las escuelas creen que asegurarán el crecimiento.

Si el apóstol Pablo estuviera vivo, sería el experto en crecimiento de la iglesia más solicitado e imitado de todos. Al fin y al cabo, en gran medida fue a través de su ministerio que el cristianismo pasó de ser una pequeña secta palestina a un fenómeno de todo un imperio.

Sin embargo, tratar de copiar el estilo del apóstol sería algo erróneo porque su éxito no se basó en su metodología ministerial. El éxito del ministerio de Pablo fluyó de su devoción a la verdad, de su carácter espiritual, de su compromiso por servir a Dios, y del poderoso ejemplo resultante que su vida representa para otros. No había brecha de credibilidad entre la verdad que Pablo anunciaba y el modo en que vivía.

El Nuevo Testamento enseña que el alma del liderazgo es el ejemplo. Jesús recordó a sus discípulos en Juan 13:15: "Ejemplo os he dado, para que como yo os he hecho, vosotros también hagáis". Lucas describió su evangelio como el registro de "todas las cosas que Jesús comenzó a hacer y a enseñar" (Hch. 1:1). El escritor de Hebreos ordenó a sus lectores: "Acordaos de vuestros pastores, que os hablaron la palabra de Dios; considerad cuál haya sido el resultado de su conducta, e imitad su fe" (He. 13:7). Pedro exhortó a sus compañeros ancianos que sean "ejemplos de la grey" (1 P. 5:3). Pablo escribió a los corintios: "Os ruego que me imitéis" (1 Co. 4:16; cp. 11:1), e instruyó a los filipenses: "Sed imitadores de mí, y mirad a los que así se conducen según el ejemplo que tenéis en nosotros" (Fil. 3:17; cp. 4:9). Elogió a los tesalonicenses: "Vosotros vinisteis a ser imitadores de nosotros y del Señor, recibiendo la palabra en medio de gran tribulación, con gozo del Espíritu Santo" (1 Ts. 1:6). Su consejo para Timoteo sobre cómo ser un líder fue "en palabra, conducta, amor, espíritu, fe y pureza" (1 Ti. 4:12).

Este pasaje en Hechos 20 ofrece una perspectiva en la visión de Pablo acerca del ministerio. No se centra en técnicas sino en las actitudes piadosas que él modeló. El apóstol veía su ministerio en relación con cuatro dimensiones: hacia Dios, hacia la iglesia, hacia los perdidos, y hacia sí mismo. Tener la perspectiva apropiada en esos cuatro aspectos es básico para un ministerio triunfal.

El medio en que Pablo reveló estos principios fue su discurso de despedida a los ancianos de la iglesia de Éfeso. Él se hallaba en su camino a Jerusalén, llevando una ofrenda de las iglesias gentiles para cubrir las necesidades de la iglesia en Jerusalén. Al hacer eso esperaba calmarles la carga física, así como cimentar el vínculo espiritual entre judíos y gentiles en la iglesia. El barco en que él y sus compañeros viajaban había hecho una parada en **Mileto,** en la costa de Asia Menor a sesenta y cinco kilómetros de Éfeso. Desde allí, Pablo **hizo llamar a los ancianos de la iglesia** en **Éfeso.** Había decidido (por razones de tiempo) no visitar a la iglesia en esta ciudad (20:16). No obstante, su amor y su preocupación por esa iglesia lo obligaron a dar esta exhortación final a sus líderes.

Estos hombres eran especialmente queridos para el corazón de Pablo. Él era su padre espiritual y el fundador de la iglesia local en que servían. Por tres años los había nutrido y enseñado, soportando persecución de parte de los judíos y un motín causado por los gentiles. Ellos habían alcanzado la madurez espiritual bajo el ministerio de Pablo, y él les había encargado la supervisión de la congregación efesia. El término **ancianos** los identifica como pastores, con énfasis en su madurez espiritual, mientras que **obispos** (v. 28) describe la función de estos hombres. Ellos eran individuos espiritualmente maduros que gobernaban la iglesia. Los dos términos describen al mismo hombre, junto con la palabra "pastor" ("para apacentar", v. 28), que resalta la tarea de alimentar o enseñar. Todas las tres palabras se usan para referirse al más alto lugar de liderazgo espiritual en la iglesia.

Cuando los ancianos **vinieron a él,** Pablo comenzó a decirles lo que tenía en el corazón. Su alocución, la única de las dirigidas a los cristianos que Lucas registra, está llena de fraseología paulina. **Les dijo: Vosotros sabéis cómo me he comportado entre vosotros todo el tiempo, desde el primer día que entré en Asia.** Los ancianos efesios habían observado el ministerio de Pablo durante los tres años qué él estuvo en la ciudad. La apelación del apóstol al conocimiento personal que tenían de él es una reminiscencia de sus palabras a los tesalonicenses:

> *Porque vosotros mismos sabéis, hermanos, que nuestra visita a vosotros no resultó vana... Porque nunca usamos de palabras lisonjeras, como sabéis, ni encubrimos avaricia; Dios es testigo... Vosotros sois testigos, y Dios también, de cuán santa, justa e irreprensiblemente nos comportamos con vosotros los creyentes; así como también sabéis de qué modo, como el padre a sus hijos, exhortábamos y consolábamos a cada uno de vosotros (1 Ts. 2:1, 5, 10-11).*

Al recordarles a los ancianos efesios que conocieron de primera mano el ministerio de Pablo, él no solo se estaba poniendo como ejemplo para que lo emularan sino que también se pudo haber estado defendiendo personalmente. Los falsos maestros constantemente trataban de destruir lo que él había construido, a menudo atacándole la credibilidad (cp. 2 Co. 10:10-12; 11:1ss; Gá. 1:6-9; 3:1; 5:12; Fil. 3:2). El hecho de que tales enemigos del evangelio amenazaran a Éfeso es evidente por la advertencia de Pablo en los versículos 29-31. Por otra parte, él simplemente pudo haber estado exponiendo su propio ministerio como ejemplo para que los ancianos lo siguieran.

HACIA DIOS: SERVICIO

sirviendo al Señor con toda humildad, y con muchas lágrimas, y pruebas que me han venido por las asechanzas de los judíos; (20:19)

Pablo veía el ministerio principalmente como estar **sirviendo al Señor** y, por lo general, se refería a sí mismo como "siervo de Jesucristo" (Ro. 1:1; cp. Gá. 1:10;

Col. 1:7; 4:7; Tit. 1:1). Cristo era el único a quien Pablo quería agradar, no a los hombres. En medio de una rugiente tormenta en el mar testificó de la devoción de servir a su Señor, diciéndoles a los otros a bordo: "Esta noche ha estado conmigo el ángel del Dios de quien soy y a quien sirvo" (Hch. 27:23). A los gálatas escribió: "¿Busco ahora el favor de los hombres, o el de Dios? ¿O trato de agradar a los hombres? Pues si todavía agradara a los hombres, no sería siervo de Cristo" (Gá. 1:10). En 1 Tesalonicenses 2:4 declaró: "Según fuimos aprobados por Dios para que se nos confiase el evangelio, así hablamos; no como para agradar a los hombres, sino a Dios, que prueba nuestros corazones". Pablo conocía bien la verdad de que "el temor del hombre pondrá lazo; mas el que confía en Jehová será exaltado" (Pr. 29:25).

Todos en el ministerio cristiano están llamados a servir a Dios antes que a los hombres. Eso se aplica a todos los creyentes, porque en primer lugar lo que todos hacen es servir al Señor (1 Co. 10:31; Mt. 25:34-40). Servir a Dios define el motivo para hacer lo que es correcto a sus ojos por sobre toda consideración. Esto significa que un predicador no sirve a la voluntad y a los deseos de la congregación o incluso de los líderes de la iglesia, sino a Dios (Ef. 6:5-7). Así lo expresó Pablo a los Colosenses: "A Cristo el Señor servís" (Col. 3:24).

Sirviendo viene de *douleuō*, la forma verbal de *doulos* ("siervo, esclavo"). Pablo usa la forma verbal diecisiete veces en sus epístolas, principalmente para referirse a la obediencia al Señor. Consideró un gran honor y privilegio servir al Rey de reyes y Señor de señores.

Dos actitudes marcan a un siervo del Señor. Primera, tal servicio debe prestarse **con toda humildad,** ya que un siervo no es más grande que su maestro (Mt. 10:24). A pesar de su posición y sus logros, Pablo era un hombre humilde. Preguntó a los corintios contenciosos: "¿Qué, pues, es Pablo, y qué es Apolos? Servidores por medio de los cuales habéis creído; y eso según lo que a cada uno concedió el Señor" (1 Co. 3:5). En 1 Corintios 15:9 se describió como "el más pequeño de los apóstoles, que no soy digno de ser llamado apóstol, porque perseguí a la iglesia de Dios". En 2 Corintios 3:5 escribió: "No que seamos competentes por nosotros mismos para pensar algo como de nosotros mismos, sino que nuestra competencia proviene de Dios". Aunque de sí mismo consideró "que en nada he sido inferior a aquellos grandes apóstoles" (2 Co. 11:5), en Efesios 3:8 se refirió a él como "el más pequeño de todos los santos" y en 1 Timoteo 1:15 como "el primero [de los pecadores]".

Ambrosio, obispo de Milán en el siglo IV, fue uno de los líderes más conocidos de la iglesia primitiva. Fue bajo su ministerio que Agustín se convirtió. Ambrosio había sido gobernador de la provincia romana que incluía la ciudad de Milán. Cuando el obispo de esa ciudad murió, la gente se reunió en la catedral para elegir a un nuevo obispo. Como gobernador, Ambrosio se levantó para hablar unas pocas palabras a la multitud. De pronto alguien gritó: "¡Ambrosio para obispo!". Otros en la multitud repitieron el grito. Para sorpresa y consternación de Ambrosio (aunque había sido cristiano por mucho tiempo, nunca lo habían ordenado, y aún no se había bautizado), fue elegido obispo. El religioso huyó y trató sin éxito de esconderse, pero finalmente lo persuadieron de que su designación era la voluntad de Dios. Su primera acción como obispo fue dar su riqueza a los pobres.

Llamado a convertirse en predicador del evangelio, el reformador escocés John Knox

> lloró a mares y se retiró a su habitación. Su aspecto y su comportamiento, desde ese día hasta cuando se vio obligado a presentarse en la plaza pública de predicación, declaraban en gran medida el dolor y la tribulación de su corazón; porque ningún hombre vio señal alguna de alegría en él, ni tampoco tuvo el placer para acompañar a ningún hombre, varios días juntos (William Barclay, *The Letters to Timothy, Titus, and Philemon* [Cartas a Timoteo, Tito y Filemón] [Philadelphia: Westminster, 1975], p. 50).

Segunda, servir al Señor implica disposición para soportar el sufrimiento, ya que sufrir es el destino de cualquier siervo. El Señor Jesucristo fue el principal ejemplo de siervo sufriente. Pasajes como Salmos 22 e Isaías 53 describen su sufrimiento con detalle gráfico. Pedro escribió en 1 Pedro 2:21: "Para esto fuisteis llamados; porque también Cristo padeció por nosotros, dejándonos ejemplo, para que sigáis sus pisadas". Así como Cristo sufrió, "también todos los que quieren vivir piadosamente en Cristo Jesús padecerán persecución" (2 Ti. 3:12), porque "es necesario que a través de muchas tribulaciones entremos en el reino de Dios" (Hch. 14:22).

Pablo enumera dos áreas de las que proviene el sufrimiento. Su referencia de servir al Señor **con muchas lágrimas** expresa sufrimiento interno. El celo del apóstol por el Señor lo llevó a estar triste y acongojado cuando Dios era deshonrado por incrédulos y creyentes. Los que participan de la pasión de Pablo participarán de sus lágrimas.

Tres aspectos en particular conmovieron a Pablo hasta las lágrimas. Primero, le dolía la condición de los perdidos. En Romanos 9:2-3 escribe: "Tengo gran tristeza y continuo dolor en mi corazón. Porque deseara yo mismo ser anatema, separado de Cristo, por amor a mis hermanos, los que son mis parientes según la carne".

Segundo, lloraba por los cristianos débiles, en lucha y en pecado. Para tales creyentes en Corinto escribió: "Por la mucha tribulación y angustia del corazón os escribí con muchas lágrimas" (2 Co. 2:4).

Por último, la siniestra amenaza que planteaban los falsos maestros hizo que

Pablo dijera a los ancianos de Éfeso: "Por tanto [a causa de los falsos maestros mencionados en los vv. 29-30], velad, acordándoos que por tres años, de noche y de día, no he cesado de amonestar con lágrimas a cada uno" (v. 31). A los filipenses escribió: "Por ahí andan muchos, de los cuales os dije muchas veces, y aun ahora lo digo llorando, que son enemigos de la cruz de Cristo" (Fil. 3:18).

Sin embargo, las lágrimas de un siervo de Dios no son en vano. El salmista escribió en Salmos 126:6: "Irá andando y llorando el que lleva la preciosa semilla; mas volverá a venir con regocijo, trayendo sus gavillas". A aquellos con corazones tiernos y compasivos, que expanden fielmente la preciosa semilla de la Palabra, Dios les promete una abundante cosecha espiritual.

No todo sufrimiento es interno. Pablo también sufrió **pruebas** externas **que** le vinieron **por las asechanzas de los judíos.** Enfrentó hostilidad y oposición de sus compatriotas a lo largo de su ministerio (2 Co. 11:24, 26). Hechos 9:20 reseña que el apóstol "en seguida predicaba a Cristo en las sinagogas, diciendo que éste era el Hijo de Dios". No pasó mucho tiempo en desarrollarse la oposición; el versículo 23 de ese mismo capítulo narra que "los judíos resolvieron en consejo matarle". Pablo enfrentó en Chipre oposición de "un hechicero judío, un falso profeta llamado Barjesús" (Hch. 13:6). En Antioquía de Pisidia, "viendo los judíos la muchedumbre [reunida para oír hablar a Pablo], se llenaron de celos, y rebatían lo que Pablo decía, contradiciendo y blasfemando" (Hch. 13:45). En Iconio (14:2), Listra (14:19), Tesalónica (17:5ss), Berea (17:13), Corinto (18:6, 12-13) y Éfeso (19:9) se repetía la triste historia de la hostilidad judía. En el inicio del actual viaje de Pablo a Jerusalén se había urdido un complot judío para quitarle la vida (20:3), y cuando llegó a allí debió enfrentar aun más oposición judía (21:27ss, 23:12ss). En realidad se hicieron ciertas las palabras del Señor a Ananías respecto a Pablo: "Yo le mostraré cuánto le es necesario padecer por mi nombre" (Hch. 9:16).

Algunos juzgan el éxito de un siervo de Dios por lo grande o extendido de su ministerio, por cuántos títulos tiene, o por cuánta publicidad recibe. Pero la verdadera medida de un siervo de Dios es si se enfoca en agradar únicamente a Dios, lo que le da la disposición para servir con humildad y sufrir oposición de aquellos hostiles a la verdad.

HACIA LA IGLESIA: ENSEÑANZA

y cómo nada que fuese útil he rehuido de anunciaros y enseñaros, públicamente y por las casas, (20:20)

Pablo entendió claramente que su obligación hacia la iglesia era enseñar. Según escribió en Efesios 4:12, la tarea primordial de los líderes en la iglesia es "perfeccionar a los santos para la obra del ministerio, para la edificación del cuerpo de Cristo", un objetivo que solo se puede lograr por medio de una constante: la enseñanza de la Palabra de Dios. Por tanto, Pablo les recuerda a los efesios: **Cómo nada que fuese útil he rehuido de** anunciarles y enseñarles **públicamente y por las casas. Rehuido** viene de *hupostellō*, que también aparece en el versículo 27, y significa "retroceder" o "retener". Pablo no retuvo nada del consejo sabio y del propósito soberano y santo de Dios; no retuvo doctrina, exhortación ni amonestación que fuera provechosa.

Bien advierte Proverbios 29:25: "El temor del hombre pondrá lazo". Pero Pablo no tenía esos temores... ni siquiera para confrontar a otro apóstol. En Gálatas 2:11-21 relató la historia de su dramática reprensión pública a Pedro:

> *Cuando Pedro vino a Antioquía, le resistí cara a cara, porque era de condenar. Pues antes que viniesen algunos de parte de Jacobo, comía con los gentiles; pero después que vinieron, se retraía y se apartaba, porque tenía miedo de los de la circuncisión. Y en su simulación participaban también los otros judíos, de tal manera que aun Bernabé fue también arrastrado por la hipocresía de ellos. Pero cuando vi que no andaban rectamente conforme a la verdad del evangelio, dije a Pedro delante de todos: Si tú, siendo judío, vives como los gentiles y no como judío, ¿por qué obligas a los gentiles a judaizar? Nosotros, judíos de nacimiento, y no pecadores de entre los gentiles, sabiendo que el hombre no es justificado por las obras de la ley, sino por la fe de Jesucristo, nosotros también hemos creído en Jesucristo, para ser justificados por la fe de Cristo y no por las obras de la ley, por cuanto por las obras de la ley nadie será justificado. Y si buscando ser justificados en Cristo, también nosotros somos hallados pecadores, ¿es por eso Cristo ministro de pecado? En ninguna manera. Porque si las cosas que destruí, las mismas vuelvo a edificar, transgresor me hago. Porque yo por la ley soy muerto para la ley, a fin de vivir para Dios. Con Cristo estoy juntamente crucificado, y ya no vivo yo, mas vive Cristo en mí; y lo que ahora vivo en la carne, lo vivo en la fe del Hijo de Dios, el cual me amó y se entregó a sí mismo por mí. No desecho la gracia de Dios; pues si por la ley fuese la justicia, entonces por demás murió Cristo.*

El celo de Pablo por la pureza del evangelio no le permitió tener favoritismos. Con valor confrontaba a cualquiera (incluso al respetable líder de los doce, o a su amigo cercano Bernabé), quienes comprometieron la verdad bíblica. A diferencia de muchos hoy día, Pablo pudo declarar: "¿Busco ahora el favor de los hombres, o el de Dios? ¿O trato de agradar a los hombres? Pues si todavía agradara a los hombres, no sería siervo de Cristo" (Gá. 1:10). En su exhortación a Timoteo: "Que prediques la palabra; que instes a tiempo y fuera de tiempo; redarguye, reprende, exhorta con toda paciencia y doctrina" (2 Ti. 4:2), el apóstol en sí era un ejemplo de quien había hecho precisamente eso. Él debía expresar sus convicciones relacionadas con la verdad, como manifestó en 2 Corintios 4:13: "Creí, por lo cual hablé".

Que un hombre de Dios debe anunciar con denuedo la verdad no es una idea del Nuevo Testamento. David escribió:

> *He anunciado justicia en grande congregación; he aquí, no refrené mis labios, Jehová, tú lo sabes. No encubrí tu justicia dentro de mi corazón; he publicado tu fidelidad y tu salvación; no oculté tu misericordia y tu verdad en grande asamblea (Sal. 40:9-10).*

Ezequiel 33:7-9 contiene una seria advertencia sobre las consecuencias de no declarar la verdad de Dios:

> *A ti, pues, hijo de hombre, te he puesto por atalaya a la casa de Israel, y oirás la palabra de mi boca, y los amonestarás de mi parte. Cuando yo dijere al impío: Impío, de cierto morirás; si tú no hablares para que se guarde el impío de su camino, el impío morirá por su pecado, pero su sangre yo la demandaré de tu mano. Y si tú avisares al impío de su camino para que se aparte de él, y él no se apartare de su camino, él morirá por su pecado, pero tú libraste tu vida.*

Quienes se amilanan de anunciar la verdad de Dios están sujetos al castigo divino.

En 2 Timoteo 3:16 se define lo que es **útil:** "Toda la Escritura es inspirada por Dios, y útil para enseñar, para redargüir, para corregir, para instruir en justicia". "Enseñar" implica comunicar los principios de la Palabra de Dios; "redargüir" se refiere a aplicar las Escrituras a fin de producir convicción de pecado; "corregir" ofrece a los pecadores arrepentidos la dirección bíblica para volverse del pecado y seguir a Cristo; e "instruir en justicia" lleva a los creyentes a lo largo del sendero hacia la semejanza a Cristo. Por tanto, armado con las Escrituras, "el hombre de Dios [es] perfecto, enteramente preparado para toda buena obra" (2 Ti. 3:17).

Había dos formas en que Pablo enseñaba. Lo hacía **públicamente.** Hechos 19:8 narra que cuando llegó a Éfeso enseñó en la sinagoga durante tres meses. Después de obligarlo a salir de allí enseñó en una escuela por más de dos años (19:10). Pero él no solo anunció públicamente la Palabra, sino también en privado **por las casas.** Tomó las verdades anunciadas públicamente y las aplicó a los asuntos cotidianos de individuos y familias.

Sea en público o en privado, el siervo de Jesucristo no deja de declarar las verdades útiles de la Palabra de Dios. Y en el proceso de preparación y proclamación maneja las Escrituras "como obrero que no tiene de qué avergonzarse, que usa bien la palabra de verdad" (2 Ti. 2:15).

HACIA LOS PERDIDOS: EVANGELIZACIÓN

testificando a judíos y a gentiles acerca del arrepentimiento para con Dios, y de la fe en nuestro Señor Jesucristo. (20:21)

Ninguna visión del ministerio es completa si deja de tener una perspectiva adecuada para alcanzar a los perdidos. Pablo se veía como un evangelista con la orden de alcanzar pecadores con la verdad del evangelio. A los romanos escribió:

> *A griegos y a no griegos, a sabios y a no sabios soy deudor... No me avergüenzo del evangelio, porque es poder de Dios para salvación a todo aquel que cree; al judío primeramente, y también al griego (1:14, 16).*

En 1 Corintios 9:19-23 se revela el deseo apasionado del apóstol de cumplir ese mandato:

> *Por lo cual, siendo libre de todos, me he hecho siervo de todos para ganar a mayor número. Me he hecho a los judíos como judío, para ganar a los judíos; a los que están sujetos a la ley (aunque yo no esté sujeto a la ley) como sujeto a la ley, para ganar a los que están sujetos a la ley; a los que están sin ley, como si yo estuviera sin ley (no estando yo sin ley de Dios, sino bajo la ley de Cristo), para ganar a los que están sin ley. Me he hecho débil a los débiles, para ganar a los débiles; a todos me he hecho de todo, para que de todos modos salve a algunos. Y esto hago por causa del evangelio, para hacerme copartícipe de él.*

Tan intensa era la preocupación de Pablo por los perdidos que clamó: "¡Ay de mí si no anunciare el evangelio!" (1 Co. 9:16). Incluso hizo la sorprendente declaración de que, si fuera posible, estaría dispuesto a renunciar a su propia salvación para ver salvados a los judíos no redimidos (Ro. 9:3).

El intenso celo de Pablo por anunciar el evangelio lo obligaba a hacer una presentación minuciosa y completa del mismo. **Testificando** viene de *diamarturomai*, una palabra compuesta de un verbo intensificado por la añadidura de una preposición. Las presentaciones del evangelio de parte de Pablo nunca fueron superficiales o parciales sino detalladas y exhaustivas (cp. vv. 20, 27). Como apóstol a los gentiles (Ro. 11:13; cp. 1 Ti. 2:7), evangelizaba **a judíos y a gentiles.**

Una sana presentación bíblica del evangelio debe contener dos elementos. Primero, debe incluir **arrepentimiento para con Dios.** *Metanoia* (**arrepentimiento**) es una palabra rica e importante del Nuevo Testamento que significa "cambiar la mentalidad o el propósito de alguien". Describe un cambio mental que resulta en un cambio de conducta; es el acto consciente de un pecador que se vuelve de sus pecados hacia Dios. El teólogo Heinrich Heppe, del siglo XIX, definió al arrepentimiento como "una fuente de gracia, concedida solo a los elegidos, por medio de la cual hacen a un lado la vida de pecado y se ocupan de la justicia" (*Reformed Dogmatics* [Doctrina reformada] [reimpresión; Grand Rapids: Baker, 1978], p. 571). El remordimiento, como el expresado por Judas (Mt. 27:3) o Saúl (1 S. 15:24-25), no se debe confundir con arrepentimiento. Este último implica dolor por la acción de pecar, y remordimiento implica tristeza por las consecuencias. Una persona arrepentida siente dolor por haber pecado, mientras que una persona llena de remordimiento siente pena porque la descubrieron.

El arrepentimiento abarca todo el ser: intelecto, emoción y voluntad. En Hechos 2:36, Pedro concluyó su sermón del día de Pentecostés declarando con valentía: "Sepa, pues, ciertísimamente toda la casa de Israel, que a este Jesús a quien vosotros crucificasteis, Dios le ha hecho Señor y Cristo". A sus oyentes les había presentado de manera clara y poderosa las realidades del evangelio. El versículo 37 describe el aspecto emocional del arrepentimiento: "Al oír esto, se compungieron de corazón, y dijeron a Pedro y a los otros apóstoles: Varones hermanos, ¿qué haremos?". Pero el verdadero arrepentimiento también implica un acto de la voluntad: "Así que, los que recibieron su palabra fueron bautizados" (v. 41). Al identificarse públicamente con Jesucristo por medio del bautismo estos nuevos creyentes rompieron de manera decisiva con su pasado.

El Nuevo Testamento desconoce totalmente un evangelio que carece de un llamado al arrepentimiento. Juan el Bautista insistió que sus oyentes hicieran "frutos dignos de arrepentimiento" (Lc. 3:8). El Señor Jesucristo también llamó a las personas a arrepentirse (Mt. 4:17); es más, Él describió su ministerio como de pecadores llamados al arrepentimiento (Lc. 5:32). El mensaje de Pablo tanto para judíos como gentiles fue "que se arrepintiesen y se convirtiesen a Dios, haciendo obras dignas de arrepentimiento" (Hch. 26:20). Las palabras del Señor Jesucristo de "que se predicase en su nombre el arrepentimiento y el perdón de pecados en todas las naciones, comenzando desde Jerusalén" (Lc. 24:47; cp. Hch. 17:30) señalan al arrepentimiento como algo fundamental para el mensaje del evangelio. (Para un análisis detallado del arrepentimiento, véanse mis libros *El evangelio según Jesucristo* [El Paso, Tx.: Casa Bautista de Publicaciones, 2002], y *Faith Works* [Las obras de la fe] [Dallas: Word, 1993]).

El mensaje del evangelio también incluye **fe en nuestro Señor Jesucristo.** Los pecadores no solo deben volverse del pecado sino volverse hacia Dios (cp. 1 Ts. 1:9). La fe salvadora, igual que el arrepentimiento, tiene un aspecto intelectual, emocional y volitivo. Los teólogos usan tres palabras del latín, *notitia, assensus* y *fiducia*, para describir esos aspectos. *Notitia* (conocimiento) es el aspecto intelectual, *assensus* (asentimiento), el emocional, y *fiducia* (responsabilidad), el aspecto volitivo de la fe salvadora. La fe salvadora, por tanto, implica que la persona integral confía únicamente **en nuestro Señor Jesucristo** a fin de obtener salvación. (Para más instrucción sobre la fe salvadora, véase mi libro *Faith Works* [Las obras de la fe] [Dallas: Word, 1993], pp. 37-54.)

Pablo se veía no solo como un siervo que alimentaba a la casa de Dios, sino como heraldo que anunciaba a los pecadores perdidos las buenas nuevas de salvación. Esos dos aspectos esenciales del ministerio deben ser la preocupación de todos los creyentes.

HACIA SÍ MISMO: SACRIFICIO

Ahora, he aquí, ligado yo en espíritu, voy a Jerusalén, sin saber lo que allá me ha de acontecer; salvo que el Espíritu Santo por todas las ciudades me da testimonio, diciendo que me esperan prisiones y tribulaciones. Pero de ninguna cosa hago caso, ni estimo preciosa mi vida para mí mismo, con tal que acabe mi carrera con gozo, y el ministerio que recibí del Señor Jesús, para dar testimonio del evangelio de la gracia de Dios. (20:22-24)

Como excelente siervo de Jesucristo, Pablo tenía una inquebrantable devoción a su único propósito de vida. Se describió como **ligado en espíritu** a causa de su fuerte compulsión por cumplir su ministerio. *Deō* (**ligado**) se usa comúnmente para referirse a unión física con cadenas o cuerdas (cp. Mt. 14:3; 21:2; 27:2; Hch. 9:2; 12:6; 21:11). El término se usa de manera figurada para expresar la unión poderosa del vínculo matrimonial (Ro. 7:2; 1 Co. 7:27, 39). El sentido del deber y responsabilidad de Pablo hacia su Maestro lo puso en su camino **a Jerusalén, sin saber** específicamente **lo que allá** le iría a **acontecer** una vez que estuviera en esa ciudad. Sin embargo, sí sabía **que el Espíritu Santo por todas las ciudades** que el apóstol visitaba le daba **testimonio** de que le esperaban **prisiones y tribulaciones** (cp. Ro. 15:31). Se le reveló a Pablo que iba a enfrentar persecución en Jerusalén, aunque aún no se le había expuesto lo que esta traería consigo. Se le clarificaría por medio del profeta Agabo cuando el apóstol llegara a Palestina (21:10-11).

La respuesta de Pablo a la situación revela su espíritu de sacrificio: Les dijo a los ancianos de la iglesia: **De ninguna cosa hago caso, ni estimo preciosa mi vida para mí mismo, con tal que acabe mi carrera con gozo, y el ministerio que recibí del Señor Jesús, para dar testimonio del evangelio de la gracia de Dios.** Al apóstol solamente le importaba una cosa: concluir la obra que Dios le había encargado. Lo que le ocurriera no tenía importancia (cp. 21:13), comparándolo con la naturaleza única del llamado que le hiciera el mismo Cristo, del cual dependían todas las acusaciones en su contra.

Debe tenerse en cuenta que el mensaje que el apóstol predicaba y que todos los predicadores repiten se denomina **el evangelio de la gracia de Dios.** El claro énfasis está en la gracia, el inmerecido favor de Dios por medio del cual perdona a indignos pecadores la totalidad de sus pecados y les concede, de manera libre y compasiva, la justicia total de Jesucristo.

Pablo cumplió con éxito su ministerio hasta el final de su vida. Cuando se acercaba su muerte, escribió en tono victorioso a Timoteo: "He peleado la buena batalla, he acabado la carrera, he guardado la fe" (2 Ti. 4:7). Y después de haber pagado el precio final por su servicio dedicado y leal a Jesucristo, sin duda oyó de su amado Maestro las palabras: "Bien, buen siervo y fiel... entra en el gozo de tu señor" (Mt. 25:21).

Debería ser el objetivo de todos los cristianos completar con éxito el ministerio que Dios les ha dado. Para ello es necesario que mantengan una perspectiva adecuada del ministerio y de la relación con Dios, con los creyentes, con los incrédulos, y consigo mismos. Hacer menos que eso no es digno del Señor que los llamó misericordiosamente a su servicio.

Un encargo a los líderes de la Iglesia del Nuevo Testamento

42

Y ahora, he aquí, yo sé que ninguno de todos vosotros, entre quienes he pasado predicando el reino de Dios, verá más mi rostro. Por tanto, yo os protesto en el día de hoy, que estoy limpio de la sangre de todos; porque no he rehuido anunciaros todo el consejo de Dios. Por tanto, mirad por vosotros, y por todo el rebaño en que el Espíritu Santo os ha puesto por obispos, para apacentar la iglesia del Señor, la cual él ganó por su propia sangre. Porque yo sé que después de mi partida entrarán en medio de vosotros lobos rapaces, que no perdonarán al rebaño. Y de vosotros mismos se levantarán hombres que hablen cosas perversas para arrastrar tras sí a los discípulos. Por tanto, velad, acordándoos que por tres años, de noche y de día, no he cesado de amonestar con lágrimas a cada uno. Y ahora, hermanos, os encomiendo a Dios, y a la palabra de su gracia, que tiene poder para sobreedificaros y daros herencia con todos los santificados. Ni plata ni oro ni vestido de nadie he codiciado. Antes vosotros sabéis que para lo que me ha sido necesario a mí y a los que están conmigo, estas manos me han servido. En todo os he enseñado que, trabajando así, se debe ayudar a los necesitados, y recordar las palabras del Señor Jesús, que dijo: Más bienaventurado es dar que recibir. Cuando hubo dicho estas cosas, se puso de rodillas, y oró con todos ellos. Entonces hubo gran llanto de todos; y echándose al cuello de Pablo, le besaban, doliéndose en gran manera por la palabra que dijo, de que no verían más su rostro. Y le acompañaron al barco. (20:25-38)

El elemento fundamental en cualquier organización, institución o empresa es su liderazgo. Un buen liderazgo puede levantar una organización hasta las cúspides del éxito, mientras que el malo puede sumergirla en las profundidades de la ruina. No sorprende que una enorme cantidad de material esté disponible para quienes deseen mejorar sus habilidades de liderazgo. Al liderazgo se le trata como un elemento esencial porque lo es.

A Dios le interesa aun más el liderazgo en su reino. La Biblia, tanto en su enseñanza como en los ejemplos que presenta, habla del liderazgo. El Antiguo Testamento presenta buenos líderes, tales como Moisés, Samuel y David. También revela las desastrosas consecuencias que vienen a causa de malos líderes, tales como Saúl, Acab y Manasés. El Antiguo Testamento contiene sabio consejo sobre cómo ser un buen líder (Pr. 8:15; 14:28; 16:10, 12; 20:8, 26, 28; 29:4, 14; 31:4), y tiene sus denuncias de malas prácticas de liderazgo (Is. 9:14-16; Jer. 5:31; Ez. 22:26-28; Os. 4:9).

El Nuevo Testamento presenta malos líderes como los fariseos, a quienes Jesús describió como "ciegos guías de ciegos" que solo sirven para guiar al desastre tanto a sus seguidores como a sí mismos (Mt. 15:14). Los resultados de su liderazgo inepto y fatal afligieron en gran manera a nuestro Señor. "Al ver las multitudes, tuvo compasión de ellas; porque estaban desamparadas y dispersas como ovejas que no tienen pastor" (Mt. 9:36). Carentes de liderazgo espiritual competente, los judíos se desviaron sin rumbo fijo. El liderazgo sabio, generoso y sacrificial de los apóstoles está en agudo contraste con el liderazgo incompetente de los líderes de Israel.

Las epístolas pastorales establecen las normas enaltecidas para los líderes de la Iglesia (1 Ti. 3:1-13; Tit. 1:5-9). Todas esas exigencias se resumen en el requisito de que un líder debe ser "irreprensible" (1 Ti. 3:2; Tit. 1:6). Las normas son altas porque la responsabilidad es grande. Santiago advirtió: "No os hagáis maestros muchos de vosotros, sabiendo que recibiremos mayor condenación" (Stg. 3:1). Pablo instruyó a Timoteo que es necesario reprender en público a los líderes que persisten en pecar (1 Ti. 5:20). Por otra parte, aquellos "que gobiernan bien, sean tenidos por dignos de doble honor, mayormente los que trabajan en predicar y enseñar" (1 Ti. 5:17). En el liderazgo espiritual hay un potencial para gran bendición o grave condenación.

Una tarea primordial de los apóstoles y evangelistas fue el nombramiento de pastores en las primeras congregaciones. Pablo mandó a Tito, quien ministraba en la iglesia en Creta, que estableciera "ancianos en cada ciudad" (Tit. 1:5), así como él y Bernabé lo habían hecho en su primer viaje misionero (Hch. 14:23). En el actual pasaje, Pablo se dirige a los ancianos que había nombrado en Éfeso. El barco se había detenido en su viaje a Palestina en Mileto (20:15), no muy lejos de Éfeso. El apóstol convocó a los ancianos efesios para que se reunieran con él allí (20:17) a fin de darles una exhortación final. En los versículos 17-24 Pablo describe cuatro perspectivas fundamentales de actitud en el ministerio: hacia Dios, hacia la iglesia, hacia los perdidos, y hacia sí mismo. Después de dar esa visión general de las dimensiones del ministerio, ahora el apóstol reduce su enfoque a la enseñanza relacionada con el ministerio en la iglesia.

Antes de indicarles las prioridades para dirigir la iglesia, Pablo estableció una base con un resumen de su propio ministerio en Éfeso. Comenzó informándoles una nota triste: **Yo sé que ninguno de todos vosotros, entre quienes he pasado predicando el reino de Dios, verá más mi rostro.** Él les había servido por tres años, y su obra con ellos había concluido. Tras ser instruidos y discipulados por el apóstol, estaban listos para ministrar por cuenta propia. El término **reino** abarca el gobierno de Dios en la esfera de la salvación, no solamente el futuro reino milenial de Jesucristo (cp. Hch. 28:31). **Predicando el reino** significa anunciar el evangelio, las buenas nuevas de que los pecadores en el reino de Satanás, muerte y destrucción ("el reino de las tinieblas"), podían entrar al reino de salvación, vida y gloria ("el reino del Hijo de Dios"). Pablo predicó este evangelio a fondo y con claridad, como lo indicó en los versículos 20 y 27.

Debido a que cumplió con esmero su obligación de enseñar, Pablo podía atestiguar **que** estaba **limpio de la sangre de todos** los hombres, tanto judíos como gentiles. No solo había enseñado a la iglesia sino que también había evangelizado a los perdidos. No había sido infiel en ningún aspecto del ministerio. La declaración del apóstol de que estaba **limpio de la sangre de todos** es reminiscencia de las palabras de Dios a Ezequiel:

> *A ti, pues, hijo de hombre, te he puesto por atalaya a la casa de Israel, y oirás la palabra de mi boca, y los amonestarás de mi parte. Cuando yo dijere al impío: Impío, de cierto morirás; si tú no hablares para que se guarde el impío de su camino, el impío morirá por su pecado, pero su sangre yo la demandaré de tu mano. Y si tú avisares al impío de su camino para que se aparte de él, y él no se apartare de su camino, él morirá por su pecado, pero tú libraste tu vida (Ez. 33:7-9).*

Ese es un recordatorio aleccionador de la grave responsabilidad que todos los creyentes, pero especialmente los líderes, tienen que anunciar la verdad de Dios (cp. Stg. 3:1). Pablo se declaró inocente **porque no** había **rehuido** comunicarles **todo el consejo de Dios.** La implicación era que los ancianos debían seguir el ejemplo de Pablo en predicar un evangelio completo de la redención de Dios para los pecadores, o enfrentar el castigo divino. Esto aún hoy día se aplica a todos los pastores.

Después de esa nota personal, Pablo encargó a los líderes de la iglesia que conservaran cinco prioridades: estar bien con Dios, apacentar el rebaño, proteger a la grey, estudiar y orar, y despojarse de todo egoísmo.

ESTAR BIEN CON DIOS

mirad por vosotros, (20:28*a*)

La máxima prioridad para cualquier persona comprometida en el liderazgo espiritual es su propia relación con Dios. El ministerio eficaz no es una simple actividad externa; es el desbordamiento de una relación rica y profunda con Dios. Según observara sabiamente John Owen:

> Un ministro puede llenar las bancas, la lista de comunión, las bocas del público, pero que ese ministro esté de rodillas en secreto delante del Dios todopoderoso, eso es él y nada más (citado en I. D. E. Thomas, *A Puritan Golden Treasury* [Un Tesoro puritano dorado] [Edinburgh: Banner of Truth, 1977], p. 192).

Nadie está listo para hacer frente a las presiones y responsabilidades del ministerio si no está bien con Dios. Aquellas presiones, así como las exigencias para dar ejemplo, requieren que los líderes estén constantemente en guardia (Mr. 13:9; Lc. 21:34).

El primer paso para estar en guardia es el examen de uno mismo. Después de todo un capítulo de exhortación al joven predicador (1 Ti. 4:1-15), Pablo resumió lo que había dicho pidiendo a Timoteo que se examinara (v. 16): "Ten cuidado de ti mismo y de la doctrina; persiste en ello, pues haciendo esto, te salvarás a ti mismo y a los que te oyeren". El apóstol encargó a Timoteo que escudriñara su vida y su doctrina a fin de asegurar que una y otra honraran a Dios. Eso fue fundamental para su propia perseverancia y para la salvación de otros. Pablo expresó esa misma verdad en su segunda carta a Timoteo:

> *Pero en una casa grande, no solamente hay utensilios de oro y de plata, sino también de madera y de barro; y unos son para usos honrosos, y otros para usos viles. Así que, si alguno se limpia de estas cosas, será instrumento para honra, santificado, útil al Señor, y dispuesto para toda buena obra (2 Ti. 2:20-21).*

En una casa hay recipientes para usos deshonrosos como basura y otros desperdicios. También hay utensilios para usos honrosos como alimentos y bebidas. Solamente los recipientes limpios y de alta calidad son aptos para la honra. Ya que Dios usa instrumentos limpios y santos (utensilios de honor), el examen personal y el abandono del pecado son esenciales para los líderes. Aunque Dios bendice su verdad a pesar del predicador, no bendice al líder impío, cualquiera que sea el título, la posición o el cargo que este pueda tener.

En un pasaje poderoso de su obra clásica *The Reformed Pastor* [El pastor reformado], Richard Baxter hace un conmovedor llamado a los pastores de que se examinen personalmente:

> Ten cuidado, no sea que convivas con esos pecados contra los que predicas en otros, y no sea que resultes culpable de lo que condenas a diario. ¿Vas a lograr que tu obra magnifique a Dios, y cuando lo hayas hecho, lo

> deshonrarás como tantos otros? ¿Vas a anunciar el poder del gobierno de Cristo, y sin embargo lo vilipendiarás y te rebelarás tú mismo? ¿Vas a predicar sus leyes, y las romperás deliberadamente? Si el pecado es malo, ¿por qué vivir en él? Si no lo es, ¿por qué disuadir a los hombres del mismo? Si es peligroso, ¿cómo te atreves a aventurarte en él? Si no lo es, ¿por qué les dices eso a los hombres? Si las amenazas de Dios son ciertas, ¿por qué no temerlas? Si son falsas, ¿por qué afligir innecesariamente a los hombres con ellas, y ponerlos en sustos sin causa alguna? ¿Conoces "el juicio de Dios, que los que practican tales cosas son dignos de muerte", y sin embargo las cometes? "Tú, pues, que enseñas a otro, ¿no te enseñas a ti mismo?". "Tú que dices que no se ha de adulterar, ¿adulteras?". "Tú, pues, que condenas la borrachera o la avaricia, ¿eres borracho o avaro?". "Tú que te jactas de la ley, ¿con infracción de la ley deshonras a Dios?". ¡Cómo! ¿Proferirá la misma lengua el mal contra el cual habla? ¿Censurarán, calumniarán y condenarán a tu prójimo esos labios que lamentan estas cosas y otras parecidas en otros? Ten cuidado de ti mismo, no sea que lamentes el pecado y sin embargo no lo subyugues; no sea que mientras intentes derribarlo en otros, te inclines ante él, y te esclavices tú mismo: "Si os sometéis a alguien como esclavos para obedecerle, sois esclavos de aquel a quien obedecéis, sea del pecado para muerte, o sea de la obediencia para justicia" (*The Reformed Pastor* [El pastor reformado] [Edinburgh: Banner of Truth, 1979], pp. 67-68).

La santidad personal es el requisito del verdadero y poderoso liderazgo espiritual. Dios pide santidad que no solo sea externa, a los ojos de los hombres. Pablo tenía esa virtud exterior aun antes de su salvación, cuando se describió como irreprensible ante la ley (Fil. 3:6). Pero a eso llamó "basura" (v. 8) comparado con la verdadera justicia. La verdadera santidad es interior, de modo que se pueda decir con Pablo: "Nuestra gloria es esta: el testimonio de nuestra conciencia, que con sencillez y sinceridad de Dios, no con sabiduría humana, sino con la gracia de Dios, nos hemos conducido en el mundo, y mucho más con vosotros" (2 Co. 1:12).

APACENTAR EL REBAÑO

y por todo el rebaño en que el Espíritu Santo os ha puesto por obispos, para apacentar la iglesia del Señor, la cual él ganó por su propia sangre. (20:28*b*)

Tras asegurarse de que su propia vida (y, en consecuencia, la de su familia, 1 Ti. 3:4-5) está en orden, la segunda prioridad de un líder es el cuidado espiritual de su rebaño. Positivamente, ese cuidado implica alimentar y guiar **todo el**

rebaño. La metáfora de un rebaño y un pastor se usa a menudo para describir la relación de Dios con su pueblo. Esta alegoría es acertada, ya que las ovejas son indefensas, tímidas y sucias, y necesitan constante protección y cuidado. El Antiguo Testamento a menudo describe a Israel como el rebaño de Dios (Sal. 77:20; 78:52; 80:1; Is. 40:11; 63:11; Jer. 13:17; 23:2-3; 31:10; Ez. 34:2ss; Mi. 2:12; 5:4; 7:14; Zac. 10:3), y el Nuevo Testamento representa a la Iglesia como un rebaño con el Señor Jesucristo como su Pastor (Jn. 10:1ss; He. 13:20; 1 P. 2:25; 5:2-4).

Jesucristo, el "Príncipe de los pastores" (1 P. 5:4), ha tomado su rebaño y lo ha dividido en muchas manadas pequeñas (cp. 1 P. 5:2: "la grey de Dios que está [repartida] entre vosotros"; v. 3: "los que están a vuestro cuidado"). **El Espíritu Santo** levanta soberanamente **obispos,** o subpastores, que son responsables por **apacentar** sus rebaños. **Apacentar** viene de *poimainō*, un término amplio que abarca toda la tarea de un pastor. Sin embargo, la parte más importante es alimentar. En Juan 21:15-17, tres veces Jesús instruyó a Pedro que cuidara las ovejas de Él. La segunda vez usó *poimainō*, pero la primera y tercera vez usó *boskō*, que tiene el significado más restringido de "alimentar". Obviamente entonces, la tarea principal de un subpastor del rebaño del Señor es alimentar a las ovejas. Por desgracia, muchos subpastores de hoy no hacen eso, al parecer satisfechos con llevar a las ovejas de una tierra estéril a otra. El trágico resultado es un rebaño débil, listo para comer las hierbas venenosas de la falsa doctrina, o para seguir a falsos pastores que engañosamente les prometen pastos más verdes, mientras los llevan al desierto estéril.

Puesto que las ovejas son seguidoras, la tarea de los pastores también implica dirigir al rebaño. Ellos deben establecer la dirección que han de seguir las ovejas. El Nuevo Testamento no reconoce al gobierno congregacional; en vez de eso ordena a los creyentes: "Obedeced a vuestros pastores, y sujetaos a ellos" (He. 13:17). Pablo recordó a los tesalonicenses que los pastores "os presiden en el Señor", y que los deben apreciar, estimar, amar y seguir sin discusión (1 Ts. 5:12-13). Dios ha encomendado el liderazgo de la iglesia a los **obispos** (ancianos, pastores). Quienes sirven fielmente deben recibir doble honra (1 Ti. 5:17); a quienes caen en pecado se les debe reprender públicamente (1 Ti. 5:20). Da mucho que pensar que un día los ancianos rendirán cuentas a Dios por cómo dirigieron a las personas que tenían bajo su cargo (He. 13:17).

El motivo para tan enaltecidas normas de liderazgo yace en el hecho de que **la iglesia** no pertenece a los hombres, sino que es **del Señor** (cp. 1 P. 5:2). Los líderes de la Iglesia tienen la administración de la propiedad de Dios y deben cumplir fielmente con esa tarea (cp. 1 Co. 4:2). Además, la Iglesia es la realidad más preciosa en la tierra, ya que el precio más alto por ella fue pagado cuando el Señor Jesucristo la **ganó por su propia sangre** (cp. 1 P. 1:18-19). Eso requiere que todo líder trate a la Iglesia como la comunidad preciosa que es. Dios es espíritu y no tiene cuerpo, por tanto, no tiene sangre. Pero Pablo puede decir que

Dios prácticamente compró la Iglesia con su propia sangre porque él "creyó tan firmemente en la deidad de Jesucristo y en su unidad esencial con el Padre que no dudó en hablar de su sacrificio en el Calvario como un derramamiento de la sangre de Dios" (G. T. Stokes, "The Acts of the Apostles" [Hechos de los apóstoles], en W. Robertson Nicoll, ed., *The Expositor's Bible* [La Biblia del expositor] [Nueva York: A. C. Armstrong and Son, 1903], 2:419).

El Señor Jesucristo estableció el ejemplo de la amorosa preocupación por la Iglesia que todos los líderes deben seguir. En Efesios 5:25-27, Pablo describe el amor expiatorio de Cristo por la Iglesia:

> *Cristo amó a la iglesia, y se entregó a sí mismo por ella, para santificarla, habiéndola purificado en el lavamiento del agua por la palabra, a fin de presentársela a sí mismo, una iglesia gloriosa, que no tuviese mancha ni arruga ni cosa semejante, sino que fuese santa y sin mancha.*

El subpastor debe tener la misma preocupación por la pureza de la Iglesia que tuvo el Gran Pastor. Pablo sin duda lo hizo. A los corintios escribió: "Os celo con celo de Dios; pues os he desposado con un solo esposo, para presentaros como una virgen pura a Cristo" (2 Co. 11:2). Aquellos subpastores que valoran realmente la Iglesia apacentarán sus rebaños alimentándolos con la Palabra de Dios y guiándolos fielmente.

PROTEGER A LA GREY

Porque yo sé que después de mi partida entrarán en medio de vosotros lobos rapaces, que no perdonarán al rebaño. Y de vosotros mismos se levantarán hombres que hablen cosas perversas para arrastrar tras sí a los discípulos. Por tanto, velad, acordándoos que por tres años, de noche y de día, no he cesado de amonestar con lágrimas a cada uno. (20:29-31)

No es suficiente que un pastor fiel alimente y guíe su rebaño, también debe protegerlo de depredadores. Pablo no tenía duda de que **después de** su **partida** falsos maestros amenazarían la iglesia en Éfeso, puesto que ya habían entrado en Corinto (2 Co. 11:4) y en las iglesias de Galacia (Gá. 1:6). Cada vez que se anuncia la verdad se puede esperar que Satanás la contrarreste con las mentiras de la falsa doctrina. Siempre ha sido así. La sorprendente descripción que Pablo hace de los falsos maestros como **lobos rapaces, que no perdonarán al rebaño** repite la descripción del Señor Jesucristo (Mt. 7:15; 10:16). Debido al grave peligro que los falsos maestros representan para la Iglesia, las Escrituras los condenan en el lenguaje más enérgico. Pedro los describe vívidamente en 2 Pedro 2 como "aquellos que, siguiendo la carne, andan en concupiscencia e inmundicia, y desprecian el señorío" (v. 10); "animales irracionales" (v. 12); "inmundicias y manchas" (v. 13); "Tienen los ojos llenos de adulterio... tienen el corazón habituado a la codicia, y son hijos de maldición" (v. 14); "son fuentes sin agua, y nubes empujadas por la tormenta; para los cuales la más densa oscuridad está reservada para siempre" (v. 17); "esclavos de corrupción" (v. 19); perros que vuelven a su vómito, y puercas lavadas que se revuelcan en el cieno (v. 22).

Tal como lo predijera Pablo, los falsos maestros entraron al rebaño en Éfeso y lo atacaron (cp. Ap. 2:2). Sin embargo, aun más sutil que el ataque de falsos maestros desde afuera es la deserción de aquellos en el interior. En consecuencia, Pablo les advirtió que **de vosotros mismos se levantarán hombres que hablen cosas perversas para arrastrar tras sí a los discípulos. Perversas** viene de *diastrephō*, que significa "distorsionar" o "torcer". Los falsos maestros tuercen la verdad de Dios para sus propios fines perversos. **Arrastrar tras sí** viene de *apospaō* y se puede traducir "llevar a la fuerza" o "apartar". Pablo advierte que si los subpastores no están vigilantes, los lobos se les llevarán las ovejas para devorarlas.

Trágicamente, aun la iglesia en Éfeso, donde el mismo Pablo sirvió por tres años, vio tales deserciones entre el liderazgo. En sus cartas a Timoteo (quien era entonces pastor de la iglesia en Éfeso), Pablo condenó a los falsos maestros que habían surgido dentro de la congregación efesia (1 Ti. 1:3-7; 2 Ti. 3:1-9), nombrando incluso a algunos de ellos (1 Ti. 1:20; 2 Ti. 1:15; 2:17).

Judas también advierte en su epístola del peligro insidioso de los falsos maestros que surgen desde el interior de la iglesia:

> *Amados, por la gran solicitud que tenía de escribiros acerca de nuestra común salvación, me ha sido necesario escribiros exhortándoos que contendáis ardientemente por la fe que ha sido una vez dada a los santos. Porque algunos hombres han entrado encubiertamente, los que desde antes habían sido destinados para esta condenación, hombres impíos, que convierten en libertinaje la gracia de nuestro Dios, y niegan a Dios el único soberano, y a nuestro Señor Jesucristo (vv. 3-4).*

> *Pero éstos blasfeman de cuantas cosas no conocen; y en las que por naturaleza conocen, se corrompen como animales irracionales. ¡Ay de ellos! porque han seguido el camino de Caín, y se lanzaron por lucro en el error de Balaam, y perecieron en la contradicción de Coré. Estos son manchas en vuestros ágapes, que comiendo impúdicamente con vosotros se apacientan a sí mismos; nubes sin agua, llevadas de acá para allá por los vientos; árboles otoñales, sin fruto, dos veces muertos y desarraigados; fieras ondas del mar, que espuman su propia vergüenza; estrellas errantes, para las cuales está reservada eternamente la oscuridad de las tinieblas (vv. 10-13).*

Estos son murmuradores, querellosos, que andan según sus propios deseos, cuya boca habla cosas infladas, adulando a las personas para sacar provecho (v. 16).

A fin de proteger a sus rebaños de ataques tanto desde afuera como dentro de la iglesia, los subpastores deben hacer dos cosas. Primera, deben velar. Sabiendo que los lobos salvajes están esperando una oportunidad para atacar los rebaños, los pastores deben estar vigilantes. Charles Jefferson describe lo importante que es la vigilancia del pastor:

> El pastor oriental era antes que nada un vigilante. Tenía una torre de vigilancia. Su obligación era mantener los ojos bien abiertos, escrutando continuamente el horizonte, alerta a la posible aparición de enemigos. Debía ser prudente y estar atento. La vigilancia era una virtud cardinal. Una vigilia alerta le era necesaria. No podía permitirse caer en estado de somnolencia, porque el enemigo siempre rondaba cerca. Solo estando alerta podía eludir al enemigo. Había varias clases de enemigos, todos terribles, y cada uno de diferente manera. En ciertas temporadas del año había inundaciones. Las corrientes aumentaban velozmente y se desbordaban. Era necesario tomar acciones rápidas para escapar a la destrucción. Había enemigos de una clase más sutil: animales, rapaces y traicioneros leones, osos, hienas, chacales y lobos. Había enemigos en el aire; enormes aves de presa surcaban siempre el aire para abalanzarse sobre un cordero o un cabrito. Luego, los más peligrosos de todos, estaban las aves y bestias humanas de rapiña: ladrones y bandidos, hombres que se dedicaban a robar rediles y asesinar pastores. Ese mundo oriental estaba plagado de peligros. Fuerzas hostiles amenazaban al pastor y su rebaño. Cuando Ezequiel, Jeremías, Isaías y Habacuc hablaron de los pastores, los llamaron atalayas establecidos para advertir y salvar.
>
> En muchas ocasiones, el ministro no es como un pastor porque no está vigilante. Permite que su iglesia sea destrozada por quedarse medio dormido. Da por sentado que no hay lobos, aves de rapiña o ladrones, y mientras dormita llega el enemigo. Falsas ideas, interpretaciones destructivas, enseñanzas desmoralizadoras entran a su grupo, y el ministro ni se da cuenta. Quizás estuvo más interesado en la investigación literaria; o se absorbió en el estudio contenido en el último trimestre teológico, y no supo qué estaban leyendo los jóvenes de su congregación, o qué ideas extrañas se habían alojado en las cabezas de algunos de los miembros principales. Hay errores que son tan feroces como lobos y despiadados como hienas; despedazan la fe, el amor y la esperanza, y dejan las iglesias, una vez prósperas, destrozadas y medio muertas

(*The Minister as Shepherd* [El ministro como pastor] [Hong Kong: Living Books for All, 1980], pp. 41-42, 43-44).

El pastor fiel también debe advertir a su rebaño. Pablo había hecho eso durante su ministerio en Éfeso; les recordó a los líderes de esta ciudad **que por tres años, de noche y de día, no** había **cesado de amonestar con lágrimas a cada uno. Amonestar** viene de *noutheteō,* que se refiere a aconsejar con una advertencia incluida (cp. Col. 1:28). El modelo del ministerio de Pablo muestra la importancia de advertir a los creyentes acerca de falsos maestros. El apóstol amonestó a los efesios **por tres años,** cuidando **a cada uno** de los miembros del rebaño (cp. v. 20). Tan obligado estaba en advertirles, que apenas le quedaba tiempo para dormir, ministrando **de noche y de día** (cp. 1 Ts. 2:9; 2 Ts. 3:8). Tampoco era este un simple ejercicio académico para Pablo, pues él resaltaba sus advertencias **con lágrimas.** Lloraba porque conocía las terribles consecuencias que llegan cuando se infiltran falsos maestros. Solo siguiendo el ejemplo de Pablo, el subpastor fiel puede proteger el rebaño de Cristo de los lobos salvajes y las ovejas enfermas que constantemente lo amenazan.

ESTUDIO Y ORACIÓN

Y ahora, hermanos, os encomiendo a Dios, y a la palabra de su gracia, que tiene poder para sobreedificaros y daros herencia con todos los santificados. (20:32)

Si un subpastor está alimentando, guiando y protegiendo a su rebaño, debe ser un estudiante de las Escrituras y estar dedicado a la oración. Solo entonces tendrá el verdadero conocimiento y la sabiduría para aplicar dicho conocimiento. Esta prioridad doble del ministro se remonta al ejemplo de los apóstoles, quienes declararon en Hechos 6:4: "Nosotros persistiremos en la oración y en el ministerio de la palabra". Esos ejercicios son el núcleo de la eficacia de un líder.

Aquí hay otra ilustración de la práctica constante de Pablo de encomendar a los creyentes **a Dios** en oración (Ro. 1:9-10; Ef. 1:15-16; Fil. 1:4; 1 Ts. 1:2-3; 2 Ts. 1:11; 2 Ti. 1:3; Flm. 4). Aunque este no es específicamente un llamado a los pastores a orar, sin duda constituye un recordatorio de la importancia de la oración en la vida de Pablo. La iglesia en Hechos vivía un ambiente continuo de oración (1:14; 2:42). Sus miembros oraron a la hora de elegir el sucesor de Judas (1:24), al enfrentar persecución (4:23-31; 16:25), y cuando debieron elegir a siete hombres para administrar los esfuerzos de ayuda de la iglesia (6:6); oraron por la liberación de Pedro de la cárcel (12:5, 12), y cuando enviaron a Pablo y Bernabé al campo misionero (13:2); también oraron al ungir ancianos en las iglesias locales (14:23); en resumen, cada aspecto de la iglesia primitiva estaba cubierto con oración.

No hay sustituto para la oración, porque esta reconoce la dependencia en Dios y nos alinea con los propósitos de Él. También permite a Dios glorificarse al responder (Jn. 14:13). Sin ella, los intentos de los subpastores de alimentar, guiar y proteger el rebaño serán vanos. Buenas intenciones, buenas ideas, o buenos programas no pueden superar los efectos de la falta de oración.

El estudio de la Biblia es el otro pilar fundamental del ministerio, ya que es **la palabra de** la **gracia** de Dios la **que tiene poder para** sobreedificar a los creyentes y darles **herencia con todos los santificados.** En 1 Pedro 2:2, el apóstol repitió la idea de Pablo: "Desead, como niños recién nacidos, la leche espiritual no adulterada, para que por ella crezcáis para salvación". Pablo le dijo a Timoteo que la Iglesia era "columna y baluarte de la verdad" (1 Ti. 3:15), por lo que se requiere que sus líderes conozcan esa verdad.

La Palabra es la fuente de crecimiento espiritual (1 Ts. 2:13; 2 Ti. 3:16-17; 2 P. 3:18). También es la fuente de garantía, que convence a los creyentes de que tienen una **herencia con todos los santificados.** A los creyentes débiles que luchan y les falta la seguridad de la salvación se les debe nutrir con la Palabra de Dios a fin de que crezcan "en la gracia y el conocimiento de nuestro Señor y Salvador Jesucristo" (2 P. 3:18).

La oración y el ministerio de la Palabra deben ser la principal ocupación del pastor. Si el subpastor hace caso omiso a estos elementos, tanto él como su rebaño sufrirán en gran manera.

DESPOJARSE DE TODO EGOÍSMO

Ni plata ni oro ni vestido de nadie he codiciado. Antes vosotros sabéis que para lo que me ha sido necesario a mí y a los que están conmigo, estas manos me han servido. En todo os he enseñado que, trabajando así, se debe ayudar a los necesitados, y recordar las palabras del Señor Jesús, que dijo: Más bienaventurado es dar que recibir. Cuando hubo dicho estas cosas, se puso de rodillas, y oró con todos ellos. Entonces hubo gran llanto de todos; y echándose al cuello de Pablo, le besaban, doliéndose en gran manera por la palabra que dijo, de que no verían más su rostro. Y le acompañaron al barco. (20:33-38)

Un ministerio que honre a Dios debe centrarse en dar, no en obtener. Dios no bendice el ministerio de alguien que está preocupado del dinero. El Señor Jesucristo lo expresó de manera categórica y directa: "No podéis servir a Dios y a las riquezas" (Mt. 6:24). A todos los creyentes se les ordena: "Sean vuestras costumbres sin avaricia, contentos con lo que tenéis ahora" (He. 13:5); eso se aplica doblemente a quienes ocupan posiciones de liderazgo espiritual (1 Ti. 3:3; Tit. 1:7). Los que se preocupan por el rebaño de Dios no deben hacerlo por ganancia material.

El amor al dinero siempre ha caracterizado a los falsos maestros. En el

Antiguo Testamento, Isaías (56:11), Jeremías (6:13; 8:10) y Miqueas (3:11) denunciaron la codicia de falsos dirigentes de Israel. En el Nuevo Testamento, Pablo describió a los falsos maestros como quienes enseñan "por ganancia deshonesta lo que no conviene" (Tit. 1:11). Pedro también advirtió contra la codicia de falsos maestros (2 P. 2:3).

El ministerio de Pablo no se caracterizó por el materialismo egoísta. Él declaró de manera tajante: **Ni plata ni oro ni vestido de nadie he codiciado.** Entonces apeló a su observación directa de sus tres años de servir en Éfeso. **Antes vosotros sabéis**, les recordó, sin duda poniendo las manos en alto mientras hablaba, **que para lo que me ha sido necesario a mí y a los que están conmigo, estas manos me han servido.** Aunque el apóstol tenía todo el derecho de recibir apoyo para su ministerio (1 Co. 9:3ss) y a veces lo recibió (2 Co. 11:8-9; Fil. 4:10-19), tenía la costumbre de mantenerse a sí mismo (2 Co. 11:7; 12:13; 1 Ts. 2:9; 2 Ts. 3:8). Lo hacía "para no abusar de mi derecho en el evangelio" (1 Co. 9:18).

A continuación, Pablo apeló a que le siguieran el ejemplo. **En todo os he enseñado que, trabajando así, se debe ayudar a los necesitados, y recordar las palabras del Señor Jesús, que dijo: Más bienaventurado es dar que recibir.** El apóstol no solo se mantenía a sí mismo sino que también trabajaba para ayudar a otros en necesidad. Esta cita de Jesús no está registrada en los Evangelios pero, sin embargo, se conocía entre los primeros cristianos. Es de gran importancia que esa sea la única cita registrada fuera de los Evangelios de una declaración expresada por Jesús mientras estuvo en la tierra, lo cual confiere gran peso a la verdad que revela. Los Evangelios no solo contienen todas las palabras que nuestro Señor pronunció durante su ministerio terrenal, sino también todas sus obras (Jn. 21:25). Sin embargo, solamente la Biblia inspirada por Dios contiene aquellas palabras y obras que Él quiso que recordáramos. Las obras y los dichos de fantasía registrados en escritos extrabíblicos se deben rechazar.

Cuando hubo dicho estas cosas, Pablo **se puso de rodillas, y oró con todos ellos.** Su exhortación había concluido, y él estaba a punto de irse, sin duda porque su barco zarparía en cualquier momento. Al terminar el tiempo de oración, **hubo gran llanto de todos; y echándose al cuello de Pablo, le besaban, doliéndose en gran manera por la palabra que dijo, de que no verían más su rostro.** La despedida fue muy emotiva, y reflejó el profundo amor de los ancianos de Éfeso por Pablo, y su inmensa tristeza porque no lo volverían a ver. Incluso cuando finalmente el amado apóstol salió disparado, ellos no pudieron soportar la idea de separarse de él, **y le acompañaron al barco.**

El ministerio de Pablo tuvo éxito porque su vida estaba a cuentas con Dios, porque dio prioridad a nutrir y proteger el rebaño, porque se dedicó a la oración y al ministerio de la palabra, y porque estaba totalmente libre de egoísmo. El resultado fue el amor dedicado que le mostraran estos ancianos y, más importante, la aprobación de Dios.

El valor de la convicción 43

Después de separarnos de ellos, zarpamos y fuimos con rumbo directo a Cos, y al día siguiente a Rodas, y de allí a Pátara. Y hallando un barco que pasaba a Fenicia, nos embarcamos, y zarpamos. Al avistar Chipre, dejándola a mano izquierda, navegamos a Siria, y arribamos a Tiro, porque el barco había de descargar allí. Y hallados los discípulos, nos quedamos allí siete días; y ellos decían a Pablo por el Espíritu, que no subiese a Jerusalén. Cumplidos aquellos días, salimos, acompañándonos todos, con sus mujeres e hijos, hasta fuera de la ciudad; y puestos de rodillas en la playa, oramos. Y abrazándonos los unos a los otros, subimos al barco y ellos se volvieron a sus casas. Y nosotros completamos la navegación, saliendo de Tiro y arribando a Tolemaida; y habiendo saludado a los hermanos, nos quedamos con ellos un día. Al otro día, saliendo Pablo y los que con él estábamos, fuimos a Cesarea; y entrando en casa de Felipe el evangelista, que era uno de los siete, posamos con él. Este tenía cuatro hijas doncellas que profetizaban. Y permaneciendo nosotros allí algunos días, descendió de Judea un profeta llamado Agabo, quien viniendo a vernos, tomó el cinto de Pablo, y atándose los pies y las manos, dijo: Esto dice el Espíritu Santo: Así atarán los judíos en Jerusalén al varón de quien es este cinto, y le entregarán en manos de los gentiles. Al oír esto, le rogamos nosotros y los de aquel lugar, que no subiese a Jerusalén. Entonces Pablo respondió: ¿Qué hacéis llorando y quebrantándome el corazón? Porque yo estoy dispuesto no sólo a ser atado, mas aun a morir en Jerusalén por el nombre del Señor Jesús. Y como no le pudimos persuadir, desistimos, diciendo: Hágase la voluntad del Señor. Después de esos días, hechos ya los preparativos, subimos a Jerusalén. Y vinieron también con nosotros de Cesarea algunos de los discípulos, trayendo consigo a uno llamado Mnasón, de Chipre, discípulo antiguo, con quien nos hospedaríamos. (21:1-16)

El compromiso valiente, derivado de fuertes convicciones, es una cualidad esencial que se encuentra en todos aquellos que Dios escoge para dirigir. Convencidos de que Dios había dado a Israel la tierra de Canaán, Josué y Caleb debatieron con firmeza a favor de una invasión inmediata (Nm. 13:30; 14:7-9), a pesar de los consejos temerosos y cobardes de los otros diez espías. Creyendo que Dios le daría a su pueblo la victoria sobre las fuerzas cananeas dirigidas por Sísara, Débora instó a Barac a guiar a los israelitas contra los enemigos (Jue. 4:4-14). Tal era la convicción de David en que Dios derrotaría a Goliat (uno de los malditos hijos de Anac) y que liberaría a Israel de los filisteos, que de buena gana arriesgó la vida en batalla con el gigante (1 S. 17:32-37). Sadrac, Mesac y Abed-nego estuvieron dispuestos a renunciar a sus vidas antes que a su convicción de que solo a Dios se debe adorar (Dn. 3:16-18). Daniel también estuvo dispuesto a morir antes que a dejar de adorar al Dios verdadero (Dn. 6:10).

El apóstol Pablo se paró en la línea de aquellos santos que tenían tales convicciones fuertes. Estaba concluyendo una misión importante de entregar fondos de ayuda de parte de las iglesias gentiles en Asia Menor y Grecia para la gran cantidad de pobres en la iglesia de Jerusalén. A causa de los muchos peregrinos en esa iglesia, y de la enemistad y persecución hacia los creyentes de Jerusalén, había muchos pobres entre la congregación que estaban en constante necesidad. La iglesia seguramente había agotado sus recursos en la generosidad de los primeros años (cp. Hch. 4:32-37) y ahora necesitaba ayuda generosa (cp. 2 Co. 8:20; 9:5). El objetivo de Pablo no solo era suplir las necesidades básicas de la congregación en Jerusalén (cp. Gá. 2:9-10), sino también solidificar la amorosa unidad entre las iglesias judías y gentiles (cp. Ef. 2:11-17). Cuando el apóstol viajaba a Jerusalén para entregar el dinero se le advirtió varias veces de los sufrimientos y la persecución que enfrentaría al llegar allí (Hch. 20:23). A pesar de esas advertencias, él no vaciló en su convicción de que iba a cumplir la voluntad de Dios en el asunto, lo cual le dio el valor para enfocarse en su ministerio sin importar las consecuencias personales.

De la narración en los versículos 1-16 emergen cuatro aspectos del valor de convicción mostrado por el apóstol Pablo: tal valor sabe su propósito, no se puede desviar, paga cualquier precio, y motiva a otros.

EL VALOR DE CONVICCIÓN SABE SU PROPÓSITO

Después de separarnos de ellos, zarpamos y fuimos con rumbo directo a Cos, y al día siguiente a Rodas, y de allí a Pátara. Y hallando un barco que pasaba a Fenicia, nos embarcamos, y zarpamos. Al avistar Chipre, dejándola a mano izquierda, navegamos a Siria, y arribamos a Tiro, porque el barco había de descargar allí. (21:1-3)

La convicción presupone un propósito claro. Josué y Caleb estaban convencidos de que Dios le había dado a Israel la tierra de Canaán. Débora estaba convencida de que Dios le daría la victoria a Israel. David estaba convencido de que Dios juzgaría a Goliat y protegería a Israel de los filisteos. Daniel, Sadrac, Mesac y Abed-nego estaban convencidos de que el Dios verdadero se debía adorar en vez de los ídolos. Pablo estaba convencido de que se movía y ministraba en el propósito y el poder de Dios. De esa convicción inquebrantable provenía su valor indomable.

La narración de Hechos 21 empieza con un recordatorio de la emotiva despedida de Pablo de los ancianos efesios. Lucas, uno de los principales compañeros de viaje del apóstol y autor de Hechos, observa: **Después de separarnos de ellos, zarpamos y fuimos con rumbo directo a Cos, y al día siguiente a Rodas, y de allí a Pátara.** El uso que Lucas hace del término *apospaō* (**separarnos**), que significa "arrancar" (cp. 20:30; Lc. 22:41), muestra el trauma de esa partida. Tan grande era el amor de los ancianos de Éfeso por Pablo que él prácticamente debió arrancarse de sus afligidos amigos.

Habiéndose separado con dificultad **de ellos,** Pablo y sus compañeros navegaron para reanudar su viaje hacia Palestina. Saliendo de Mileto, zarparon **con rumbo directo a Cos,** ciudad capital de la isla del mismo nombre. De ahí navegaron hacia **Rodas,** donde al entrar al puerto pasaron el famoso Coloso de Rodas, una de las siete maravillas del mundo antiguo. De Rodas giraron hacia la esquina noroeste de Asia Menor, deteniéndose en **Pátara.** Cada uno de esos puertos representa un día de viaje; el barco navegaba durante el día y anclaba en cada puerto para pasar la noche.

> El motivo [de que el barco no navegara en la noche es el viento], que en el Egeo durante el verano por lo general sopla del norte, empezando a una hora muy temprana en la mañana; en la tarde se desvanece; al atardecer hay completa calma, y después surge un suave viento del sur que sopla durante la noche (Sir William M. Ramsay, *St. Paul the Traveller and the Roman Citizen* [San Pablo el viajero y ciudadano romano] [reimpresión; Grand Rapids: Baker, 1975], p. 293).

Fue ese viento del norte el que permitió a la nave viajar **con rumbo directo** desde Mileto **a Cos.**

Pátara, situada en la parte continental de Asia Menor, cerca de la desembocadura del río Janto, era un puerto grande y ajetreado. En su prisa por llegar a Jerusalén antes del día de Pentecostés (20:16), Pablo decidió arriesgarse a cruzar el mar Mediterráneo en lugar de continuar ceñido a la costa. Los predominantes vientos del oeste hacían posible cruzar el mar abierto. En consecuencia, **hallando un barco que pasaba** por el Mediterráneo de Pátara **a Fenicia,** Pablo y sus amigos se embarcaron y zarparon. Este barco era sin duda mucho más grande que el navío más pequeño en que habían venido navegando. El barco que llevaría a Pablo a través del Mediterráneo en su memorable viaje a Roma llevaba 276 personas (Hch. 27:37), y el de este pasaje podría haber sido igual en tamaño.

Atravesando el Mediterráneo, pasaron al sur de **Chipre, dejándola a mano izquierda.** El barco no ancló en Chipre sino que siguió navegando **a Siria,** y desembarcó en **Tiro.** El cruce de Pátara a Tiro en la costa este del Mediterráneo normalmente tarda cinco días. Entonces Pablo y su grupo debieron esperar siete días (v. 4) antes de que el barco estuviera listo para continuar su viaje.

Este simple relato de los viajes de Pablo retrata a un hombre motivado por cumplir la prioridad de suplir las necesidades de los pobres y unificar la iglesia. Muestra que la fortaleza de su valor derivaba de la devoción a obedecer lo que él sabía que eran prioridades divinas.

EL VALOR DE CONVICCIÓN NO SE PUEDE DESVIAR

Y hallados los discípulos, nos quedamos allí siete días; y ellos decían a Pablo por el Espíritu, que no subiese a Jerusalén. Cumplidos aquellos días, salimos, acompañándonos todos, con sus mujeres e hijos, hasta fuera de la ciudad; y puestos de rodillas en la playa, oramos. Y abrazándonos los unos a los otros, subimos al barco y ellos se volvieron a sus casas. (21:4-6)

Viajar en el barco que navegaba directamente a través del Mediterráneo hacia Palestina permitió a Pablo y los demás pasar tiempo en Tiro y aún llegar a Jerusalén a tiempo para el día de Pentecostés. El apóstol no había fundado la iglesia en Tiro y quizás no había conocido a los cristianos de esa ciudad, ya que la iglesia la debieron haber fundado creyentes que huyeron de la persecución que estalló en Jerusalén después del martirio de Esteban (Hch. 11:19), persecución dirigida irónicamente por el mismo Pablo. Que el apóstol no estuviera familiarizado con la iglesia en Tiro requirió que hallara a **los discípulos.** Después de encontrarlos, Pablo y sus compañeros se quedaron **allí** los **siete días** que permanecieron en la ciudad.

Los cristianos allí afirmaron rápidamente su amor por el apóstol y, temiendo por su seguridad, le **decían a Pablo por el Espíritu, que no subiese a Jerusalén.** La pregunta que surge es si Pablo recibió aquí del Espíritu Santo una orden directa, que obstinadamente desobedeció. Algunos sostienen que, motivado por su preocupación apasionada hacia los pobres y con la unidad de la iglesia en mente, el apóstol fue desobediente al ir a Jerusalén. La Biblia revela con toda franqueza las faltas hasta de los más grandes hombres de Dios. Las Escrituras presentan las fallas, así como los triunfos de hombres como Noé, Abraham, Jacob, David, Pedro, Juan y el resto de los apóstoles. Pablo no era más inmune a fallar que ellos; es más, Lucas ya había narrado la pelea de Pablo con Bernabé por causa de Juan Marcos (15:37-39). Sin embargo, que el apóstol no desobedeciera en esta ocasión es evidente por varias consideraciones.

Primera, la frase **por el Espíritu** no es concluyente; solo significa que alguien habló a partir de un don espiritual de profecía. No obstante, según observa Pablo en 1 Corintios 14:29, no toda manifestación del don de profecía es legítimo. Si fue legítima o no en este caso se debe determinar por otros factores.

Segunda, Pablo vivía de manera sensible a la guía del Espíritu. Al prohibírsele por el Espíritu predicar en ciertas regiones, el apóstol no desobedeció (Hch. 16:6-7). Al ser guiado por el Espíritu para ministrar en Macedonia, Pablo obedeció al instante (Hch. 16:9-10). Ese modelo de obediencia de largo plazo hace improbable que fuera desobediente en esta ocasión.

Tercera, el Espíritu Santo nunca había prohibido a Pablo ir a Jerusalén. Según Hechos 20:22-23, le advirtió en varias ocasiones al apóstol lo que le sucedería cuando llegara allí, pero no le instruyó que no fuera.

Cuarta, Pablo describió su misión a Jerusalén como "el ministerio que recibí del Señor Jesús" (Hch. 20:24). ¿Cómo podía el Espíritu Santo prohibir a Pablo que hiciera lo que el Señor Jesucristo le había ordenado hacer? Además, Hechos 19:21 relata que "Pablo se propuso en espíritu ir a Jerusalén", mientras que, en Hechos 20:22, el apóstol se describe como "ligado yo en espíritu, voy a Jerusalén". Él se veía obligado en su interior por el Espíritu Santo a llevar a cabo esta misión.

Por último, las Escrituras no sugieren en ninguna parte que Pablo pecara al ir a Jerusalén. Después de llegar allí declaró: "Yo con toda buena conciencia he vivido delante de Dios hasta el día de hoy" (Hch. 23:1; cp. 24:16). Es difícil ver cómo pudo haber dicho eso si hubiera pecado flagrantemente contra Dios.

En Tiro, como en tantos otros lugares, el Espíritu Santo advirtió a Pablo de la persecución que enfrentaría en Jerusalén. Los creyentes de Tiro, por el Espíritu, previeron el sufrimiento que él soportaría cuando llegara a su meta. Era solo natural que intentaran disuadirlo de ir a Jerusalén, exactamente como pronto harían algunos de sus más viejos amigos (21:12). El mensaje del Espíritu para Pablo en Tiro, igual que en otras partes, era una advertencia, no una prohibición.

Después de una semana de compañerismo y ministración en Tiro, era hora de que Pablo y su grupo partieran. Lucas escribe: **Cumplidos aquellos días** (el barco había terminado de descargar y estaba listo para zarpar) **salimos.** Tan devotos se habían vuelto los cristianos en Tiro con ellos que acompañándolos **todos, con sus mujeres e hijos,** escoltaron a Pablo y sus compañeros **hasta** que estuvieron **fuera de la ciudad** (cp. 20:38). En la orilla tuvieron una improvisada reunión de oración. Lucas escribe que **puestos de rodillas en la playa,** oraron, y se abrazaron **los unos a los otros.** Luego subieron **al barco y ellos se volvieron a sus casas.**

Ni la amenaza de persecución ni las súplicas de los creyentes bien intencionados pudieron impedir que Pablo cumpliera su llamado. Retuvo el valor de su convicción a pesar de las repetidas advertencias de una severa persecución una vez que llegara a Jerusalén (Hch. 20:23). Nada podía disuadirlo de llevar a cabo la tarea que el Señor le había asignado.

EL VALOR DE CONVICCIÓN PAGA CUALQUIER PRECIO

Y nosotros completamos la navegación, saliendo de Tiro y arribando a Tolemaida; y habiendo saludado a los hermanos, nos quedamos con ellos un día. Al otro día, saliendo Pablo y los que con él estábamos, fuimos a Cesarea; y entrando en casa de Felipe el evangelista, que era uno de los siete, posamos con él. Este tenía cuatro hijas doncellas que profetizaban. Y permaneciendo nosotros allí algunos días, descendió de Judea un profeta llamado Agabo, quien viniendo a vernos, tomó el cinto de Pablo, y atándose los pies y las manos, dijo: Esto dice el Espíritu Santo: Así atarán los judíos en Jerusalén al varón de quien es este cinto, y le entregarán en manos de los gentiles. Al oír esto, le rogamos nosotros y los de aquel lugar, que no subiese a Jerusalén. Entonces Pablo respondió: ¿Qué hacéis llorando y quebrantándome el corazón? Porque yo estoy dispuesto no sólo a ser atado, mas aun a morir en Jerusalén por el nombre del Señor Jesús. Y como no le pudimos persuadir, desistimos, diciendo: Hágase la voluntad del Señor. (21:7-14)

Tras completar **la navegación, saliendo de Tiro,** Pablo y los demás llegaron **a Tolemaida.** Conocida en tiempos del Antiguo Testamento como Aco (Jue. 1:31), **Tolemaida** estaba aproximadamente a cuarenta kilómetros al sur de Tiro. Como alguien que no perdía oportunidad de ministrar (cp. Ef. 5:16), de inmediato Pablo buscó a los cristianos en esa ciudad. **Habiendo saludado a los hermanos,** Pablo y sus compañeros se quedaron **con ellos** durante **un día.** La iglesia en Tolemaida, igual que la de Tiro, probablemente la habían fundado quienes huyeron de Jerusalén después del martirio de Esteban (Hch. 11:19). El cuidado de Pablo hacia ellos no era menos porque él no hubiera fundado la iglesia; la suya era una "preocupación por todas las iglesias" (2 Co. 11:28).

Después de un día de retraso, el barco reanudó su viaje hacia el sur, a lo largo de la costa. **Al otro día** recorrieron los sesenta y cinco kilómetros hasta **Cesarea,** puerto de Jerusalén, localizado a cien kilómetros al noroeste de la ciudad santa. Esta era la sede del gobierno romano en Judea y la residencia oficial de sus gobernadores (especialmente Pilato). Cesarea tenía una población mixta de judíos y gentiles. También era el hogar de **Felipe el evangelista, que era uno de los siete** hombres fieles elegidos por la iglesia primitiva cerca de veinte años antes para supervisar la distribución de alimentos a las viudas (Hch. 6:5-6). Dios honró el servicio de Felipe y lo llamó a ser un evangelista. Fue él quien predicó el evangelio en Samaria (Hch. 8:5) y en muchas otras ciudades cercanas (8:40). Felipe también fue el pionero en predicar el evangelio a no judíos, primero a los mestizos samaritanos, luego al eunuco etíope (8:26ss). Merecía el apelativo de **evangelista,** un título dado a nadie más en Hechos (aunque se dice que Timoteo hacía la obra de evangelista [2 Ti. 4:5]).

Aunque muchos años antes Pablo había sido un implacable enemigo de Felipe y del evangelio que este predicaba, ahora ambos eran compañeros predicadores de la salvación. El principal perseguidor de los cristianos, una vez muy temido (cp. Gá. 1:22-24), fue acogido en **casa** del evangelista, quien hospedó a todo el grupo de misioneros.

La familia de Felipe incluía a sus **cuatro hijas doncellas que profetizaban.** El hecho de que Lucas las describiera como doncellas sugiere que Dios las pudo haber reservado para un ministerio especial (cp. 1 Co. 7:34). Los profetas, así como los apóstoles, fueron especialmente ungidos por Dios en la iglesia. Se los debe diferenciar de creyentes individuales con el don de profecía (1 Co. 12:10). Los profetas complementaron el trabajo de los apóstoles (Ef. 4:11), funcionando exclusivamente dentro de una congregación local particular, mientras los apóstoles tenían un ministerio más amplio. A diferencia de los apóstoles, cuya revelación doctrinal era fundamental para la iglesia (Hch. 2:42; Ef. 2:20), el mensaje de los profetas era más personal y práctico. A veces recibían nueva revelación de Dios relacionada con asuntos que más tarde se cubrirían en la Biblia. Sin embargo, el principal objetivo de su ministerio era la reiteración o exposición de revelación divina existente (1 Co. 14:3), algo muy similar a lo que hoy día hacen predicadores y maestros de la Palabra.

El aspecto revelador del don de profecía cesó al final de la era apostólica con la conclusión de las Escrituras. El aspecto no revelador y reiterativo del ministerio doctrinal y de exhortación práctica de los profetas ha sido tomado por los evangelistas, pastores y maestros. Es más, en las últimas cartas que escribió, las epístolas pastorales, Pablo no se refiere en absoluto a profetas; en su lugar, la enseñanza la deben hacer los ancianos (1 Ti. 3:2; Tit. 1:9). Esta falta de referencias a los profetas es especialmente importante en epístolas dedicadas en gran manera a la estructura, el personal y el servicio de la iglesia (cp. 1 Ti. 3:15). (Para un análisis más detallado de los profetas y el don de la profecía, véase *Comentario MacArthur del Nuevo Testamento: Primera Corintios* [Grand Rapids: Editorial Portavoz, 2003], pp. 352-353; *Los carismáticos* [El Paso, Tx.: Casa Bautista de Publicaciones, 1995], pp. 70-71; y *Reckless Faith* [Fe peligrosa] [Wheaton, Ill.: Crossway, 1994], pp. 177-199.)

Lucas no da detalles relacionados con el ministerio profético de las hijas de Felipe. Por tanto, es imposible saber cuán a menudo profetizaban o incluso si lo hicieron más de una vez. Sin embargo, el Nuevo Testamento no permite que mujeres asuman el papel de predicadoras o maestras en la Iglesia (1 Co. 14:34-36; 1 Ti. 2:11-12). Por eso es probable que ellas profetizaran al recibir revelación divina, en lugar de predicar sermones. También es posible que hablaran de manera instructiva a personas en vez de hacerlo a congregaciones.

Se ha documentado que los primeros creyentes consideraban a estas mujeres como valiosas fuentes de información sobre la historia inicial de la iglesia. El historiador Eusebio observa que el padre de la Iglesia, Papias, recibía información de parte de ellas (*Ecclesiastical History* [Historia eclesiástica], III.XXXIX; [Grand Rapids: Baker, 1973], p. 126). Tal vez Lucas las utilizó como fuente de información para escribir su Evangelio y Hechos; además, pudo haber tenido muchas oportunidades de hablar con ellas, no solo durante esta visita, sino también durante los dos años de encarcelamiento de Pablo en Cesarea (Hch. 24:27).

Cualquiera que haya sido la naturaleza profética del ministerio de estas cuatro mujeres, ellas no profetizaron en esta ocasión con relación a Pablo. Fue otro profeta quien lo hizo. Después que el grupo apostólico se quedara **algunos días** en casa de Felipe, **descendió de Judea un profeta llamado Agabo.** Aunque situada en Judea, los judíos consideraban a Cesarea una ciudad extranjera, ya que era sede de las odiadas fuerzas romanas de ocupación. La Biblia menciona una profecía anterior de Agabo (Hch. 11:28) y profecías de parte de Judas y Silas (Hch. 15:32), pero únicamente aquí se registra una profecía literal. Esa profecía representa, de modo gráfico, el inminente arresto de Pablo en Jerusalén. En una dramática representación evocadora de los profetas del Antiguo Testamento (cp. 1 R. 11:29-39; Is. 20:2-6; Jer. 13:1-11; Ez. 4-5), Agabo **tomó el cinto de Pablo, y atándose los pies y las manos,** explicó entonces el significado de sus acciones: **Esto dice el Espíritu Santo: Así atarán los judíos en Jerusalén al varón de quien es este cinto, y le entregarán en manos de los gentiles.** Las dramáticas acciones y las palabras de Agabo eran una advertencia para Pablo de lo que le esperaba en Jerusalén, y una prueba para el valor del apóstol.

Igual que los creyentes en Tiro, los cristianos de Cesarea quedaron horrorizados al saber el destino de Pablo. Junto con Lucas y los demás compañeros del apóstol, **los de aquel lugar** comenzaron a suplicarle **que no subiese a Jerusalén.** El amor y la preocupación de los hermanos por el amado apóstol les motivaron, en vista de su inevitable captura, a tratar de disuadirlo de que arriesgara la vida.

La respuesta de Pablo reflejó su disposición de pagar cualquier precio requerido para completar la tarea que el Señor le había asignado. A las apelaciones de ellos, **Pablo respondió: ¿Qué hacéis llorando y quebrantándome el corazón? Porque yo estoy dispuesto no sólo a ser atado, mas aun a morir en Jerusalén por el nombre del Señor Jesús.** Pablo no se desviaría de su objetivo, ni siquiera motivado por las preocupaciones de amigos bien intencionados. Su determinación fue un reflejo de la de Ezequiel:

> *Porque no eres enviado a pueblo de habla profunda ni de lengua difícil, sino a la casa de Israel. No a muchos pueblos de habla profunda ni de lengua difícil, cuyas palabras no entiendas; y si a ellos te enviara, ellos te oyeran. Mas la casa de Israel no te querrá oír, porque no me quiere oír a mí; porque toda la casa de*

> *Israel es dura de frente y obstinada de corazón. He aquí yo he hecho tu rostro fuerte contra los rostros de ellos, y tu frente fuerte contra sus frentes. Como diamante, más fuerte que pedernal he hecho tu frente; no los temas, ni tengas miedo delante de ellos, porque son casa rebelde (Ez. 3:5-9).*

A causa de la rebelde y empecinada negativa de Israel a prestar atención a su mensaje, Ezequiel tendría que ser aun más terco y obstinado en su determinación de entregar dicho mensaje.

Por fin, al comprender que no podían **persuadir** a Pablo de que cancelara sus planes de ir a Jerusalén, los demás creyentes dejaron de insistir, y dijeron: **Hágase la voluntad del Señor.** Esa no era una resignación fatalista, sino de plena confianza en la soberana y perfecta voluntad de Dios (cp. 1 S. 3:18; Mt. 6:10; Lc. 22:42). Entregaron al apóstol al cuidado del Señor.

EL VALOR DE CONVICCIÓN MOTIVA A OTROS

Después de esos días, hechos ya los preparativos, subimos a Jerusalén. Y vinieron también con nosotros de Cesarea algunos de los discípulos, trayendo consigo a uno llamado Mnasón, de Chipre, discípulo antiguo, con quien nos hospedaríamos. (21:15-16)

Al no poder disuadir a Pablo, y **hechos los preparativos,** él y sus compañeros subieron **a Jerusalén.** A pesar de los malos presagios, **vinieron también de Cesarea** con el apóstol y su grupo **algunos de los discípulos,** llevándoles **a uno llamado Mnasón, de Chipre, discípulo antiguo, con quien** se irían a hospedar. En lugar de permitir que los temores de ellos lo afectaran, el valor de Pablo los motivó. Ellos también sabían que se irían a arriesgar al identificarse con él. Sin embargo, estuvieron dispuestos a aceptar ese riesgo porque el apóstol lo estaba tomando. El valor del hombre era contagioso.

La batalla de Antietam en la Guerra Civil fue uno de los días más sangrientos en la historia militar estadounidense. Ese día de septiembre de 1862 casi seis mil soldados de la Unión y la Confederación murieron y diecisiete mil más resultaron heridos. Para poner eso en perspectiva:

> Las bajas en Antietam contaron cuatro veces el total sufrido por soldados estadounidenses en las playas de Normandía el 6 de junio de 1944. Más del doble de estadounidenses perdieron la vida en un día en Sharpsburg [Antietam] de los que cayeron en combate en la guerra de 1812, la Guerra Mexicana, y la guerra hispano estadounidense *combinadas* (James M. McPherson, *Battle Cry of Freedom* [El grito de guerra para la libertad] [Nueva York: Oxford, 1988], p. 544. Cursivas en el original).

Algunas de las peleas más feroces en esa época se realizaron en una parte del campo de batalla conocido como el Maizal. Algunos soldados de la Unión, sus filas diezmadas por el pesado fuego Confederado, huyeron hacia la retaguardia en pánico salvaje, solo para ser detenidos por el valor contagioso de un hombre. El historiador Bruce Catton describe la escena:

> Los de Pennsylvania se retiraron y salieron huyendo… para ser detenidos de manera incomprensible a pocos metros en la retaguardia por un soldado raso de aspecto infantil quien se hallaba de pie sobre una pequeña loma haciendo oscilar el sombrero y gritando: "Ánimo, muchachos, ¡ánimo! Mueran como hombres, ¡no huyan como perros!".
>
> Curiosamente, en ese campo donde hombres desesperados fueron locamente heroicos y por turnos se llenaron de pánico extremo, este único soldado raso detuvo la retirada (*Mr. Lincoln's Army* [El ejército del Sr. Lincoln] [Nueva York: The Fairfax Press, 1984], p. 162).

Igual al soldado desconocido, Pablo tuvo el valor no solo para enfrentar al enemigo sino también para inspirar a otros a hacer lo mismo.

La llegada de Pablo a Jerusalén

44

Cuando llegamos a Jerusalén, los hermanos nos recibieron con gozo. Y al día siguiente Pablo entró con nosotros a ver a Jacobo, y se hallaban reunidos todos los ancianos; a los cuales, después de haberles saludado, les contó una por una las cosas que Dios había hecho entre los gentiles por su ministerio. Cuando ellos lo oyeron, glorificaron a Dios, y le dijeron: Ya ves, hermano, cuántos millares de judíos hay que han creído; y todos son celosos por la ley. Pero se les ha informado en cuanto a ti, que enseñas a todos los judíos que están entre los gentiles a apostatar de Moisés, diciéndoles que no circunciden a sus hijos, ni observen las costumbres. ¿Qué hay, pues? La multitud se reunirá de cierto, porque oirán que has venido. Haz, pues, esto que te decimos: Hay entre nosotros cuatro hombres que tienen obligación de cumplir voto. Tómalos contigo, purifícate con ellos, y paga sus gastos para que se rasuren la cabeza; y todos comprenderán que no hay nada de lo que se les informó acerca de ti, sino que tú también andas ordenadamente, guardando la ley. Pero en cuanto a los gentiles que han creído, nosotros les hemos escrito determinando que no guarden nada de esto; solamente que se abstengan de lo sacrificado a los ídolos, de sangre, de ahogado y de fornicación. Entonces Pablo tomó consigo a aquellos hombres, y al día siguiente, habiéndose purificado con ellos, entró en el templo, para anunciar el cumplimiento de los días de la purificación, cuando había de presentarse la ofrenda por cada uno de ellos. (21:17-26)

El libro de Hechos revela muchos aspectos del carácter del apóstol Pablo. Él era un predicador poderoso y claro, y un hombre de gran erudición y sabiduría. Era atrevido y sin miedo frente a la más feroz oposición. Al poseer notable disciplina personal, y fuertes e inquebrantables propósitos, Pablo era persistente en cumplir las tareas que el Señor le asignaba. El apóstol también era un líder que inspiraba a otros a que imitaran su vida piadosa (1 Co. 11:1). Su amor por los perdidos lo llevó a atravesar el mundo romano, buscando incansablemente nuevas regiones para evangelizar (cp. Ro. 15:20). Además, él mismo atestiguó que su amorosa preocupación por las iglesias era la carga más grande que tenía (2 Co. 11:28).

Pero esa descripción de Pablo es incompleta; carece de un elemento básico de carácter: humildad.

Sin duda, Pablo tenía mucho de qué jactarse. Poseía impecables credenciales judías como miembro de los fariseos de élite y estudiante del más grande rabino de la época: Gamaliel. Además, "aventajaba a muchos de [sus] contemporáneos en [su] nación, siendo mucho más celoso de las tradiciones de [sus] padres" (Gá. 1:14; cp. Fil. 3:5-6). No asombra que Pablo se caracterizara a sí mismo ante los filipenses como "hebreo de hebreos" (Fil. 3:5). Sus credenciales después de su dramática conversión no son menos impresionantes. Como el "apóstol a los gentiles" (Ro. 11:13; 1 Ti. 2:7), Pablo encabezó la difusión del evangelio y el establecimiento de iglesias en todo el mundo romano. Además de su visión en el camino a Damasco, personalmente fue visitado varias veces por el Cristo resucitado y glorificado. Pablo también tuvo el exclusivo privilegio de ser "arrebatado hasta el tercer cielo" (2 Co. 12:2). Y sus sufrimientos por la causa de Cristo no los igualó nadie más (2 Co. 11:22ss; Gá. 6:17). Él había realizado todas las señales de un apóstol (2 Co.12:12) y en ningún sentido fue "inferior a aquellos grandes apóstoles" (2 Co. 11:5).

Todas las revelaciones que Pablo recibió, junto con su conocimiento y sus logros, lo pudieron haber vuelto soberbio, jactancioso, egoísta y arrogante. En cambio, igual que el Señor Jesucristo (Mt. 11:29), era un hombre dulce, amable y humilde (2 Co. 10:1; 1 Ti. 1:12-17). Su humildad se puede ver claramente en esta sección.

La recogida de la ofrenda, que había consumido a Pablo durante muchos meses e interminables kilómetros de recorrido, estaba a punto de culminar con su llegada tan esperada en Jerusalén. Allí presentaría a la iglesia en Jerusalén aquella ofrenda, la cual había recibido con esmero de las congregaciones gentiles de Asia Menor y Grecia. El regalo sustancial de amor de dichas congregaciones y el gesto de unidad ayudarían a suplir las necesidades de los creyentes pobres en Jerusalén y a reconciliar las iglesias judías y gentiles.

La última parada de Pablo antes de Jerusalén fue en el puerto de Cesarea. Desde ahí él y sus compañeros subieron "a Jerusalén" (Hch. 21:15), aproximadamente a cien kilómetros al sureste. Los viajeros siempre "subían" a Jerusalén, ya que esta ciudad está ubicada en una meseta. Como solían hacer (cp. Hch. 20:38; 21:5), algunos de los cristianos de Cesarea acompañaron al grupo de Pablo a Jerusalén (21:16). Lucas observa que su destino era la casa de "Mnasón, de Chipre, discípulo antiguo, con quien" se hospedarían (21:16). El nombre griego Mnasón sugiere que era un judío griego. Su familiaridad con los gentiles y la cultura griega fue, sin duda, la razón de que Pablo y sus compañeros gentiles se quedaron con él. Mnasón habría estado más cómodo hospedándolos que los judíos palestinos más estrictos. La descripción que Lucas hace de él como un "discípulo antiguo" podría significar que fue uno de los convertidos el día de Pentecostés. De ser así, pudo haber sido uno de los informantes de Lucas durante los primeros días de la iglesia.

La llegada de Pablo a Jerusalén marcó el final de sus viajes misioneros. Pronto sería arrestado y permanecería como “embajador en cadenas” (Ef. 6:20) durante el resto del período cubierto por Hechos. Este pasaje transicional describe la comunión de los apóstoles con la iglesia en Jerusalén y los acontecimientos que llevaron al arresto de Pablo. A fin de captar las características de esta extraordinaria reunión podemos dividir el texto en tres secciones: comunión, preocupación y compromiso.

COMUNIÓN

Cuando llegamos a Jerusalén, los hermanos nos recibieron con gozo. Y al día siguiente Pablo entró con nosotros a ver a Jacobo, y se hallaban reunidos todos los ancianos; a los cuales, después de haberles saludado, les contó una por una las cosas que Dios había hecho entre los gentiles por su ministerio. Cuando ellos lo oyeron, glorificaron a Dios, (21:17-20*a*)

Sin duda, Pablo llegó a **Jerusalén** para el día de Pentecostés como lo había planeado (20:16). **Los hermanos recibieron con gozo** al apóstol y su grupo. Seguramente estaban agradecidos por la generosa (2 Co. 8:20) expresión de amor por parte de las iglesias gentiles en la tan necesaria ofrenda que Pablo y los demás llevaron. Pero, más importante, se llenaron de alegría por los gentiles convertidos que acompañaban a Pablo. Ellos proporcionaron evidencia de primera mano de la obra salvadora de la gracia de Dios por todo el mundo romano. Indudablemente fue un tiempo de calurosa comunión.

Tras la recepción inicial no oficial (tal vez en casa de Mnasón), **al día siguiente Pablo entró con** los demás **a ver a Jacobo, y se hallaban reunidos todos los ancianos.** Esta fue la recepción oficial por parte de los líderes de la iglesia. La mención de **Jacobo y todos los ancianos** marca un cambio importante en el liderazgo. Cuando la iglesia en Jerusalén comenzó, estaba dirigida por los apóstoles (2:42; 4:35-37; 5:2). A medida que crecía, los apóstoles reconocieron la necesidad de ayuda con los detalles administrativos, y se eligieron siete hombres para servir bajo ellos (6:2-6). Primero se menciona a los ancianos en 11:30, quienes para el tiempo del concilio en Jerusalén habían asumido un papel importante (15:2, 4, 6, 22, 23; 16:4). Ahora Pablo y los demás hallaron la iglesia dirigida solo por los **ancianos;** no se menciona a los apóstoles. Al menos uno ya estaba muerto: Santiago, el hermano de Juan (Hch. 12:2). Los demás habían entregado a los ancianos las responsabilidades de liderazgo y habían dejado la ciudad para dedicarse a la obra misionera. La dirección de parte de ancianos se estaba estableciendo, por tanto, como el nuevo modelo de gobierno de la Iglesia (cp. Hch. 14:23; 20:17; 1 Ti. 5:17; Tit. 1:5; Stg. 5:14; 1 P. 5:1, 5).

No se da la cantidad de esos ancianos. Algunos han especulado que había setenta, para igualar al sanedrín judío. Dado el enorme tamaño de la iglesia en Jerusalén (cp. v. 20), es posible que haya habido esa cantidad y quizás más. Así como Pedro actuaba a menudo como vocero de los apóstoles, **Jacobo** cumplía ese papel para los ancianos. Pablo lo describió como una de las columnas de la iglesia en Jerusalén (Gá. 2:9). Es significativo que después de su milagrosa liberación de la cárcel de Herodes, Pedro hubiera ordenado a los creyentes: "Haced saber esto a Jacobo y a los hermanos" (Hch. 12:17). Jacobo tenía una posición reconocida de liderazgo incluso en esa época inicial.

Curiosamente, Lucas no menciona la presentación de la colecta. Es más, excepto por una alusión a ella en 24:17, no la menciona en todo Hechos. Sin embargo, podemos suponer que fue presentada y aceptada con agradecimiento.

Después de haberse reunidos **todos los ancianos** y de saludarlos, Pablo **les contó una por una las cosas que Dios había hecho entre los gentiles por su ministerio.** No formuló su informe con vagas generalidades o tediosas estadísticas. Al contrario, contó **una por una** (cp. Hch. 11:4) las incidencias específicas en sus viajes misioneros. El apóstol tampoco se jactó de lo que había logrado; en lugar de eso relató **las cosas que Dios había hecho entre los gentiles por** medio de **su ministerio.** Igual que en anteriores informes (14:27; 15:4, 12), Pablo concedió humildemente todo el mérito y la gloria a Dios. Él solo se veía como un instrumento que Dios, en su gracia, llamó para predicar el evangelio a los gentiles (cp. Ro. 15:18; Ef. 3:8; 1 Ts. 2:4).

Pablo expresó su humildad en su reprensión a los corintios adoradores de héroes. Escribiéndoles en 1 Corintios 3:5-7 declaró:

> *¿Qué, pues, es Pablo, y qué es Apolos? Servidores por medio de los cuales habéis creído; y eso según lo que a cada uno concedió el Señor. Yo planté, Apolos regó; pero el crecimiento lo ha dado Dios. Así que ni el que planta es algo, ni el que riega, sino Dios, que da el crecimiento.*

Más tarde, en esa misma carta, agregó: "Por la gracia de Dios soy lo que soy; y su gracia no ha sido en vano para conmigo, antes he trabajado más que todos ellos; pero no yo, sino la gracia de Dios conmigo" (1 Co. 15:10). A los romanos escribió: "No osaría hablar sino de lo que Cristo ha hecho por medio de mí para la obediencia de los gentiles, con la palabra y con las obras" (Ro. 15:18). Es la marca de un hombre piadoso lo que exalta al Señor y no a sí mismo. El apóstol escribió en 2 Corintios 10:17: "El que se gloría, gloríese en el Señor".

El informe de Pablo centrado en Dios produjo correspondiente respuesta por parte de los ancianos reunidos. En lugar de alabar al apóstol, **cuando ellos lo**

oyeron, glorificaron a Dios. Igual que cuando Pedro reportó la salvación de la casa de Cornelio (11:18), el informe de Pablo produjo alegría. (La salvación de pecadores tiene el mismo efecto en el cielo, según se indica en Lc. 15:7, 10, 32.) Al glorificar a Dios, los ancianos reconocieron que la salvación es obra de Él, no del hombre.

PREOCUPACIÓN

y le dijeron: Ya ves, hermano, cuántos millares de judíos hay que han creído; y todos son celosos por la ley. Pero se les ha informado en cuanto a ti, que enseñas a todos los judíos que están entre los gentiles a apostatar de Moisés, diciéndoles que no circunciden a sus hijos, ni observen las costumbres. ¿Qué hay, pues? La multitud se reunirá de cierto, porque oirán que has venido. (21:20*b*-22)

La alegría de los líderes de Jerusalén estaba mezclada con preocupación. Se había desarrollado un problema potencialmente grave y, para resolverlo, necesitaban la ayuda de Pablo. Le recordaron a su amado **hermano** algo que él mismo había observado (**ya ves** viene de *theōreō*, que significa "percibir, discernir o reflexionar en"): **Millares** (*muriades*, literalmente "multitudes", "decenas de miles") **de judíos hay que han creído; y todos son celosos por la ley.** El texto griego usa un sustantivo y, en realidad, dice: "fanáticos por la ley". Estos eran judíos cristianos que seguían siendo leales a los aspectos ceremoniales de la ley. Aunque no la veían como un medio de salvación, aún observaban las fiestas requeridas, las regulaciones de días de reposo, los votos rituales (v. 23), y las restricciones dietéticas de la ley.

¿Por qué estos judíos cristianos se aferraban todavía a las costumbres y los rituales del Antiguo Pacto? Primero, porque fue Dios quien estableció tales rituales y costumbres. Llegar a la fe en Jesucristo aumentó en estos creyentes judíos el amor por Dios y el deseo de obedecerle, y por tanto les pudo haber motivado un mayor celo por las antiguas ceremonias.

Segundo, los apóstoles y otros líderes en la iglesia en Jerusalén no se oponían a la continuación de esas prácticas. En ninguna parte del Nuevo Testamento se condena a los judíos creyentes por observarlas. Es más, Pablo ordena tolerancia para tales "hermanos más débiles" (Ro. 14:1ss; 1 Co. 8—10) hasta que crezcan para entender su libertad y la puedan utilizar con claras conciencias. El concilio de Jerusalén (Hch. 15), aunque prohibió la imposición de rituales del Antiguo Pacto a los gentiles, no impidió que los creyentes judíos siguieran observándolos.

Dios mismo fue tolerante durante este período de transición, sabiendo cuán difícil era para los cristianos judíos romper con su pasado (véase mi estudio de este punto en el capítulo 37 de esta obra). También sabía que en pocos años esto ya no sería un tema dominante en la Iglesia. Después de la revuelta judía contra Roma (66-70 d.C.), que dio como resultado la destrucción de Jerusalén, la influencia de la iglesia en Jerusalén disminuyó. Poco a poco el cristianismo se convirtió en una fe predominantemente gentil, y otras iglesias (como Antioquía y Alejandría) se pusieron a la vanguardia.

Entonces Jacobo y los ancianos expusieron el problema específico que les preocupaba. Advirtieron a Pablo: los fanáticos de la ley afirman **que enseñas a todos los judíos que están entre los gentiles a apostatar de Moisés, diciéndoles que no circunciden a sus hijos, ni observen las costumbres.** Este gran grupo de creyentes judíos celosos proveían tierra fértil para falsos maestros, quienes eran los antiguos enemigos judaizantes de Pablo. Estos amargos enemigos del evangelio de la gracia habían seguido los pasos del apóstol durante sus viajes misioneros. Es más, él escribió a los gálatas, en gran medida, para contrarrestar las falsas enseñanzas de estos judíos. Ellos negaban que la salvación es por gracia solo por medio de la fe, insistiendo en que se debía mantener la ley mosaica para salvación (cp. Hch. 15:1). El concilio de Jerusalén rechazó explícitamente tales enseñanzas herejes.

La frase **se les ha informado** indica que estos preocupantes informes eran mucho más que simples rumores de los judíos de la diáspora (los que vivían fuera de Palestina). El verbo griego subyacente es *katēcheō*, del cual se deriva la palabra castellana "catecismo", que implica aprendizaje por repetición. Los judaizantes prácticamente habían inculcado sus mentiras acerca de Pablo en las cabezas de los judíos cristianos. Al afirmar que Pablo enseñaba **a todos los judíos que están entre los gentiles a apostatar de Moisés, diciéndoles que no circunciden a sus hijos, ni observen las costumbres,** los judaizantes trataban de destruir la credibilidad del apóstol ante la comunidad hebrea cristiana, que aún reverenciaba la ley mosaica.

Las acusaciones contra Pablo eran inquietantes para la iglesia en Jerusalén, ya que trataban con asuntos que iban al meollo de lo que separaba a los judíos como pueblo de Dios. Además, esta era

> una época de intenso nacionalismo judío y disturbios políticos. Surgía una insurrección tras otra a fin de resistir a los grandes señores romanos, y Félix reprimía toda rebelión de manera brutal. Esto solo aumentaba el odio judío hacia Roma e inflamaba actitudes en contra de los gentiles. Era una época en que el sentimiento pro judío estaba en su apogeo, y la amabilidad con los extranjeros se veía con recelo (John B. Polhill, *The New American Commentary: Acts* [Nuevo comentario estadounidense: Hechos] [Nashville: Broadman, 1992], p. 447).

Por tanto, las acusaciones contra Pablo representaban una grave amenaza para los esfuerzos que la iglesia en Jerusalén hacía por evangelizar a los judíos incrédulos.

Por supuesto, las imputaciones de los judaizantes eran totalmente falsas. Pablo en ninguna parte enseñó a los judíos cristianos a abandonar su herencia judía. Sin embargo, en consonancia con la decisión del concilio de Jerusalén, insistió en que no se debe presionar a los gentiles a que observen las ceremonias de la ley. Toda esta discusión nos lleva a la pregunta: Si Pablo se hubiera opuesto realmente a la circuncisión, ¿por qué circuncidó a Timoteo (Hch. 16:1-3)? Y si enseñaba a otros a no observar las costumbres judías, ¿por qué hizo un voto nazareo (Hch. 18:18)? Además, las mentiras de los judaizantes respecto a Pablo eran contradictorias. En Galacia lo acusaron falsamente de defender la circuncisión (Gá. 5:11); aquí en Jerusalén lo acusaron falsamente de derogarla. Al igual que todos los mentirosos empedernidos, decían lo que era conveniente según el momento.

No es de extrañar que los hijos del padre de la mentira recurran a la falsedad (Jn. 8:44). Las mentiras son una de las principales formas en que Satanás ataca la obra de Dios. Los creyentes deberían ser lentos para aceptar acusaciones contra otros cristianos (en particular líderes, 1 Ti. 5:19), especialmente cuando tales acusaciones se originan en oponentes de la fe cristiana.

Falsas o no, las acusaciones representaban una grave amenaza con la que los dirigentes de la iglesia debían tratar. Como una manera de presentar la solución propuesta por ellos, los ancianos le preguntaron a Pablo: **¿Qué hay, pues? La multitud se reunirá de cierto, porque oirán que has venido.** Se debía decidir algo, porque la noticia de la presencia de Pablo en Jerusalén difícilmente podía mantenerse en secreto.

COMPROMISO

Haz, pues, esto que te decimos: Hay entre nosotros cuatro hombres que tienen obligación de cumplir voto. Tómalos contigo, purifícate con ellos, y paga sus gastos para que se rasuren la cabeza; y todos comprenderán que no hay nada de lo que se les informó acerca de ti, sino que tú también andas ordenadamente, guardando la ley. Pero en cuanto a los gentiles que han creído, nosotros les hemos escrito determinando que no guarden nada de esto; solamente que se abstengan de lo sacrificado a los ídolos, de sangre, de ahogado y de fornicación. Entonces Pablo tomó consigo a aquellos hombres, y al día siguiente, habiéndose purificado con ellos, entró en el templo, para anunciar el cumplimiento de los días de la purificación, cuando había de presentarse la ofrenda por cada uno de ellos. (21:23-26)

Los ancianos temían el enfrentamiento entre el apóstol a los gentiles y los desinformados fanáticos por la ley. Para evitarlo sugirieron un arreglo: no un sacrificio de la verdad por conveniencia, sino un acto de humildad y sacrificio personal para promover la unidad y la comprensión. **Haz, pues, esto que te decimos,** le instaron a Pablo. Le informaron que **cuatro hombres** de su grupo tenían la **obligación de cumplir voto** (un voto nazareo, como deja en claro la referencia a afeitarse la cabeza [cp. Nm. 6:18]). El voto nazareo, explicado con detalle en Números 6, simbolizaba total separación para Dios. Implicaba abstenerse de bebidas alcohólicas y de todos los demás productos derivados de la uva, dejarse crecer el cabello de la cabeza, y evitar el contacto con cadáveres. La duración habitual del voto era treinta días (cp. Josefo *Guerras* 2.15.1), aunque Sansón (Jue. 16:17), Samuel (1 S. 1:11) y Juan el Bautista (Lc. 1:15) fueron nazareos de por vida. El voto expresaba el elevado nivel de devoción espiritual.

Lo que significara para Pablo purificarse junto con los cuatro no está claro. Él no pudo haber tomado un voto nazareo por sí mismo, ya que el voto de los cuatro hombres expiraría en siete días (v. 27). Algunos han sugerido que los cuatro habían incurrido en impureza ritual durante sus votos. Números 6:9-12 describe la purificación ritual, de siete días de duración, que se aplicaba en esas circunstancias. Sin embargo, ese no parece ser el caso aquí, puesto que los impuros y purificados debían comenzar otra vez el período de sus votos (Nm. 6:12). Tampoco explicaría la visita preliminar al templo, registrada en el versículo 26.

Una explicación más probable es que Pablo, después de regresar a Israel desde tierras gentiles, era considerado ceremonialmente impuro. Como promotor de los cuatro hombres, el apóstol participaría en la ceremonia que marcaba la culminación de sus votos. Pero antes de poder hacerlo tendría que someterse él mismo al ritual de purificación. Su disposición para hacer eso mostraría que no sentía desprecio por las costumbres ni las tradiciones judías.

Una segunda forma en que el apóstol podía mostrar su continua devoción a su herencia judía era pagando los **gastos** de los cuatro hombres **para que se rasuren la cabeza.** Los gastos relacionados con el voto nazareo (que incluían la ceremonia de corte de cabello en el templo y otros costosos sacrificios más [Nm. 6:14ss]) eran cuantiosos, y asumirlos por otros era considerado un acto de piedad. Esa sería una prueba más de que las acusaciones de los judaizantes contra Pablo eran falsas. Jacobo le comunicó a Pablo que **todos** aquellos relacionados con los alegatos de los judaizantes **comprenderán** entonces **que no hay nada de lo que se les informó acerca de** Pablo, **sino que** este **también** anda **ordenadamente, guardando la ley.**

Jacobo añadió una importante declaración aclaratoria: **Pero en cuanto a los gentiles que han creído, nosotros les hemos escrito determinando que no guarden nada de esto; solamente que se abstengan de lo sacrificado a los**

ídolos, de sangre, de ahogado y de fornicación. Al recomendar este curso de acción de parte de Pablo, los ancianos de ninguna manera estaban derogando el decreto del concilio de Jerusalén con relación a los gentiles. A estos no se les debía obligar a observar las ceremonias y los rituales de la ley mosaica. A fin de dejar eso absolutamente en claro, Jacobo resumió la decisión del concilio con relación a que a los gentiles solamente se les exigía **que se** abstuvieran **de lo sacrificado a los ídolos, de sangre, de ahogado y de fornicación.** Puesto que Pablo era judío, su participación en la ceremonia no violaría tal decisión.

Mostrando humildad y deseos de unidad, Pablo aceptó la propuesta de los ancianos. Al hacerlo no comprometería la verdad bíblica ya que, como él mismo había escrito en Romanos 14 y 15, esos temas eran asuntos de libertad cristiana. Es más, la participación del apóstol en la ceremonia era una ilustración del principio que él había establecido en 1 Corintios 9:19-23:

> *Por lo cual, siendo libre de todos, me he hecho siervo de todos para ganar a mayor número. Me he hecho a los judíos como judío, para ganar a los judíos; a los que están sujetos a la ley (aunque yo no esté sujeto a la ley) como sujeto a la ley, para ganar a los que están sujetos a la ley; a los que están sin ley, como si yo estuviera sin ley (no estando yo sin ley de Dios, sino bajo la ley de Cristo), para ganar a los que están sin ley. Me he hecho débil a los débiles, para ganar a los débiles; a todos me he hecho de todo, para que de todos modos salve a algunos. Y esto hago por causa del evangelio, para hacerme copartícipe de él.*

(Para más información relacionada con la libertad cristiana, véase *Comentario MacArthur del Nuevo Testamento: Primera Corintios* [Grand Rapids: Editorial Portavoz, 2003], pp. 223ss). Por tanto, **Pablo tomó consigo a aquellos hombres, y al día siguiente, habiéndose purificado con ellos, entró en el templo, para anunciar el cumplimiento de los días de la purificación, cuando había de presentarse la ofrenda por cada uno de ellos.** Así se ponía en marcha la cadena de acontecimientos que culminarían en el arresto del apóstol.

Algunos han sostenido que al hacer caso a la petición de los ancianos, Pablo cometió una trágica equivocación. Lo acusan de poner en peligro sus convicciones y de violar su conciencia, aunque por el mejor de los motivos. No obstante, ese punto de vista es improbable por varias razones.

Primera, el mismo Pablo había hecho un voto nazareo en su segundo viaje misionero (18:18). ¿Por qué entonces estaría mal que participara en esta ceremonia?

Segunda, según se observó, la participación de Pablo no ponía en riesgo ninguna verdad bíblica. Al contrario, era simplemente un asunto de libertad cristiana.

Tercera, si Pablo cometió tan grave error, ¿no se lo habría dejado en claro el Espíritu Santo en el texto? Lucas, bajo la inspiración del Espíritu, dejó por escrito tanto las fallas de Pablo (cp. 15:37-39) como sus fortalezas.

Cuarta, los motivos de Pablo eran puros. Eso, junto con su vasto conocimiento de la verdad bíblica, hacía poco probable tan grave equivocación.

Por último, los resultados negativos no prueban que el apóstol cometiera una equivocación. Tan pragmático enfoque hace caso omiso al hecho de que el arresto de Pablo había sido profetizado antes de su llegada a Jerusalén (21:4, 11; cp. 20:22-23).

La humildad de Pablo impregna esta sencilla narrativa histórica. Él era humilde delante de Dios, dándole la gloria por todo lo que se había conseguido a través de su ministerio. Mostró su humildad delante de otros creyentes cuando aceptó llevar a cabo lo que los ancianos le pedían. Por último, Pablo aceptó con humildad la persecución que al poco tiempo enfrentaría.

El arresto de Pablo 45

Pero cuando estaban para cumplirse los siete días, unos judíos de Asia, al verle en el templo, alborotaron a toda la multitud y le echaron mano, dando voces: ¡Varones israelitas, ayudad! Este es el hombre que por todas partes enseña a todos contra el pueblo, la ley y este lugar; y además de esto, ha metido a griegos en el templo, y ha profanado este santo lugar. Porque antes habían visto con él en la ciudad a Trófimo, de Éfeso, a quien pensaban que Pablo había metido en el templo. Así que toda la ciudad se conmovió, y se agolpó el pueblo; y apoderándose de Pablo, le arrastraron fuera del templo, e inmediatamente cerraron las puertas. Y procurando ellos matarle, se le avisó al tribuno de la compañía, que toda la ciudad de Jerusalén estaba alborotada. Este, tomando luego soldados y centuriones, corrió a ellos. Y cuando ellos vieron al tribuno y a los soldados, dejaron de golpear a Pablo. Entonces, llegando el tribuno, le prendió y le mandó atar con dos cadenas, y preguntó quién era y qué había hecho. Pero entre la multitud, unos gritaban una cosa, y otros otra; y como no podía entender nada de cierto a causa del alboroto, le mandó llevar a la fortaleza. Al llegar a las gradas, aconteció que era llevado en peso por los soldados a causa de la violencia de la multitud; porque la muchedumbre del pueblo venía detrás, gritando: ¡Muera! Cuando comenzaron a meter a Pablo en la fortaleza, dijo al tribuno: ¿Se me permite decirte algo? Y él dijo: ¿Sabes griego? ¿No eres tú aquel egipcio que levantó una sedición antes de estos días, y sacó al desierto los cuatro mil sicarios? Entonces dijo Pablo: Yo de cierto soy hombre judío de Tarso, ciudadano de una ciudad no insignificante de Cilicia; pero te ruego que me permitas hablar al pueblo. Y cuando él se lo permitió, Pablo, estando en pie en las gradas, hizo señal con la mano al pueblo. Y hecho gran silencio, habló en lengua hebrea, diciendo: Varones hermanos y padres, oíd ahora mi defensa ante vosotros. Y al oír que les hablaba en lengua hebrea, guardaron más silencio. Y él les dijo: Yo de cierto soy judío, nacido en Tarso de Cilicia, pero criado en esta ciudad, instruido a los pies de Gamaliel, estrictamente conforme a la ley de nuestros padres, celoso de Dios, como hoy lo sois todos vosotros. Perseguía yo este Camino hasta la muerte, prendiendo y entregando en cárceles a hombres y mujeres; como el sumo sacerdote también me es testigo, y todos los ancianos, de quienes también recibí cartas para los hermanos,

y fui a Damasco para traer presos a Jerusalén también a los que estuviesen allí, para que fuesen castigados. Pero aconteció que yendo yo, al llegar cerca de Damasco, como a mediodía, de repente me rodeó mucha luz del cielo; y caí al suelo, y oí una voz que me decía: Saulo, Saulo, ¿por qué me persigues? Yo entonces respondí: ¿Quién eres, Señor? Y me dijo: Yo soy Jesús de Nazaret, a quien tú persigues. Y los que estaban conmigo vieron a la verdad la luz, y se espantaron; pero no entendieron la voz del que hablaba conmigo. Y dije: ¿Qué haré, Señor? Y el Señor me dijo: Levántate, y ve a Damasco, y allí se te dirá todo lo que está ordenado que hagas. Y como yo no veía a causa de la gloria de la luz, llevado de la mano por los que estaban conmigo, llegué a Damasco. Entonces uno llamado Ananías, varón piadoso según la ley, que tenía buen testimonio de todos los judíos que allí moraban, vino a mí, y acercándose, me dijo: Hermano Saulo, recibe la vista. Y yo en aquella misma hora recobré la vista y lo miré. Y él dijo: El Dios de nuestros padres te ha escogido para que conozcas su voluntad, y veas al Justo, y oigas la voz de su boca. Porque serás testigo suyo a todos los hombres, de lo que has visto y oído. Ahora, pues, ¿por qué te detienes? Levántate y bautízate, y lava tus pecados, invocando su nombre. Y me aconteció, vuelto a Jerusalén, que orando en el templo me sobrevino un éxtasis. Y le vi que me decía: Date prisa, y sal prontamente de Jerusalén; porque no recibirán tu testimonio acerca de mí. Yo dije: Señor, ellos saben que yo encarcelaba y azotaba en todas las sinagogas a los que creían en ti; y cuando se derramaba la sangre de Esteban tu testigo, yo mismo también estaba presente, y consentía en su muerte, y guardaba las ropas de los que le mataban. Pero me dijo: Ve, porque yo te enviaré lejos a los gentiles. Y le oyeron hasta esta palabra; entonces alzaron la voz, diciendo: Quita de la tierra a tal hombre, porque no conviene que viva. Y como ellos gritaban y arrojaban sus ropas y lanzaban polvo al aire, mandó el tribuno que le metiesen en la fortaleza, y ordenó que fuese examinado con azotes, para saber por qué causa clamaban así contra él. Pero cuando le ataron con correas, Pablo dijo al centurión que estaba presente: ¿Os es lícito azotar a un ciudadano romano sin haber sido condenado? Cuando el centurión oyó esto, fue y dio aviso al tribuno, diciendo: ¿Qué vas a hacer? Porque este hombre es ciudadano romano. Vino el tribuno y le dijo: Dime, ¿eres tú ciudadano romano? Él dijo: Sí. Respondió el tribuno: Yo con una gran suma adquirí esta ciudadanía. Entonces Pablo dijo: Pero yo lo soy de nacimiento. Así que, luego se apartaron de él los que le iban a dar tormento; y aun el tribuno, al saber que era ciudadano romano, también tuvo temor por haberle atado. (21:27—22:29)

Este pasaje marca una importante transición en la vida y el ministerio del apóstol Pablo. Desde su conversión en el camino a Damasco (Hch. 9:1ss), había ministrado libremente (excepto durante breves encarcelamientos como en

Filipos [Hch. 16:23ss; cp. 2 Co. 11:23]). Pero de este momento en adelante en Hechos, Pablo sería prisionero.

Sin embargo, este giro de acontecimientos no puso fin al ministerio del apóstol (cp. Hch. 28:30-31; Fil. 1:12-13). Al ya no tener libertad para viajar, se convirtió en "embajador en cadenas" (Ef. 6:20) por Jesucristo. Como un hombre libre predicó el evangelio en todo el mundo romano. Como prisionero predicó el evangelio a funcionarios romanos, entre ellos quizás al mismo emperador. Y según John Bunyan, quien escribió *El progreso del peregrino* estando en la cárcel de Bedford, Pablo escribió cuatro libros del Nuevo Testamento (Efesios, Filipenses, Colosenses y Filemón) mientras duró su encarcelamiento en Roma.

Durante su encierro, Pablo hizo seis defensas separadas de sus acciones: ante la ingobernable turba en Jerusalén (21:27ss), el concilio judío (22:30ss), Félix (24:1ss), Festo (25:1-12), Herodes Agripa (25:13ss) y los judíos en Roma (28:17-28). Esas magistrales defensas respondieron hábilmente a las falsas acusaciones hechas en contra de él, un hecho que incluso las autoridades romanas admitieron (26:30-32). Este pasaje, que describe su primera defensa, se desarrolla en cinco escenarios: ataque de la turba, detención por parte de los romanos, apología de Pablo, acción de parte del pueblo, y actitud de Pablo.

ATAQUE DE LA TURBA

Pero cuando estaban para cumplirse los siete días, unos judíos de Asia, al verle en el templo, alborotaron a toda la multitud y le echaron mano, dando voces: ¡Varones israelitas, ayudad! Este es el hombre que por todas partes enseña a todos contra el pueblo, la ley y este lugar; y además de esto, ha metido a griegos en el templo, y ha profanado este santo lugar. Porque antes habían visto con él en la ciudad a Trófimo, de Éfeso, a quien pensaban que Pablo había metido en el templo. Así que toda la ciudad se conmovió, y se agolpó el pueblo; y apoderándose de Pablo, le arrastraron fuera del templo, e inmediatamente cerraron las puertas. (21:27-30)

A instancias de Jacobo y los ancianos, Pablo había accedido a financiar los gastos de cuatro hombres que habían hecho un voto nazareo (véase capítulo anterior de esta obra). Esperaron que al hacer eso acallarían a quienes falsamente afirmaban que él enseñaba a los judíos cristianos a abandonar las costumbres judías (21:21). Pero ya que Pablo acababa de regresar a Israel desde tierras gentiles, debía someterse a la purificación ritual. Solo entonces sería ceremonialmente puro para participar con los cuatro hombres en la ceremonia que marcaba el final de los votos nazareos de ellos.

El proceso de purificación exigía que Pablo visitara el templo los días tercero y séptimo. En la última visita, **cuando estaban para cumplirse los siete días,** el apóstol se topó con algunos antiguos enemigos: **judíos de** la provincia romana **de Asia,** en Jerusalén, para celebrar la fiesta de Pentecostés. Probablemente eran de Éfeso, ya que reconocieron a Trófimo, quien era residente de esa ciudad (v. 29). Puesto que Pablo había ministrado en Éfeso durante tres años (Hch. 20:31), no tuvieron problema en reconocerlo.

Al ver a Pablo **en el templo,** estos enemigos del evangelio no perdieron tiempo en aprovechar la oportunidad que se les presentaba. Al instante **alborotaron a toda la** enorme **multitud** de peregrinos devotos que habían ido a la ciudad a causa de la fiesta. Después de que **le echaron mano** a Pablo, los agresores se pusieron a dar **voces: ¡Varones israelitas, ayudad!** Actuando como si Pablo hubiera cometido un acto de blasfemia, estos hombres pidieron ayuda para tratar el asunto. Cuando **alborotaron** a **la multitud** contra Pablo hicieron tres acusaciones falsas (cp. las falsas acusaciones similares que hicieron contra Esteban en 6:11-14). En primer lugar lo acusaron de ser antisemita, un enemigo del pueblo judío y de su religión, identificándolo como **el hombre que por todas partes enseña a todos contra el pueblo.** Esa fue la misma acusación que los judaizantes habían usado para envenenar las mentes de los judíos cristianos contra el apóstol. Pero Pablo no era enemigo de los judíos, como lo aclaran Romanos 9:1-5 y 10:1. En ninguna parte él enseñó a los judíos creyentes a abandonar sus costumbres, sino simplemente que a los gentiles no se les debía presionar a que las observaran.

Una segunda acusación fue que Pablo se oponía a **la ley.** Esa en particular era una grave acusación en este ambiente, ya que el pueblo judío era especialmente celoso de la ley en Pentecostés. Siendo originalmente una celebración de los primeros frutos de la cosecha, Pentecostés había llegado a ser, en la época de Pablo, una celebración de la entrega de la ley a Moisés en el Monte Sinaí. Acusarlo en este tiempo de enseñar contra la ley era un modo seguro de enfurecer a las multitudes.

Por último, los judíos acusaron falsamente a Pablo de hablar contra **este lugar** (el templo). Puesto que el pueblo judío reverenciaba el templo (el punto central de su adoración), una acusación de blasfemar contra este o profanarlo también era un asunto grave. Jesús (Mr. 14:57-58) y Esteban (Hch. 6:13) también fueron acusados falsamente de hablar contra el templo, acusaciones que ayudaron a dar paso a sus muertes. Sin duda, quienes acusaban a Pablo esperaban un resultado similar en este caso.

A fin de fortalecer estos cargos generales, los acusadores de Pablo inventaron una acusación específica, gritando a la multitud: **además de esto, ha metido a griegos en el templo, y ha profanado este santo lugar.** La "prueba" que presentaron, observa Lucas, era que ellos **antes habían visto con él en la ciudad a Trófimo, de Éfeso, a quien pensaban que Pablo había metido en el templo.** Esa acusación era absurda. Aunque estaba tomando parte del rito de la purificación,

Pablo difícilmente profanaría el templo llevando allí a un gentil. De haberlo hecho, el apóstol debió haber llevado a Trófimo hasta el patio de los gentiles, donde se les permitía estar. Pero eso le habría costado la vida a Trófimo, ya que los romanos permitían a los judíos ejecutar a cualquier gentil que entrara allí, incluso ciudadanos romanos (cp. Josefo *Guerras* 6.2.4). Una inscripción hallada en 1935 advierte seriamente: "Ningún gentil entrará entre el muro de separación y la muralla que rodea el templo, y todo el que sea atrapado será responsable ante sí mismo por su muerte subsiguiente" (E. M. Blaiklock y R. K. Harrison, eds., *The New International Dictionary of Biblical Archaeology* [Nuevo diccionario internacional de arqueología bíblica] [Grand Rapids: Zondervan, 1983], p. 389). Pablo nunca habría puesto en peligro la vida de su amigo. Y si los judíos de Asia vieron en realidad a Trófimo allí, ¿por qué no lo atraparon y lo ejecutaron?

Falsas o no, las acusaciones se extendieron como reguero de pólvora. Al poco tiempo **toda la ciudad se conmovió** (cp. Mt. 21:10), **y se agolpó el pueblo** en los alrededores del templo. Decididos a parecer que deseaban proteger ese lugar sagrado de más profanación, se apoderaron **de Pablo, le arrastraron fuera del templo, e inmediatamente cerraron las puertas.** Los guardias del templo sacaron del edificio a la turba frenética (así la muerte de Pablo no profanaría el templo; cp. 2 R. 11:15) y luego cerraron las puertas (entre el patio de las mujeres y el patio de los gentiles). A causa del celo religioso exacerbado por las falsas acusaciones de los judíos de Asia, la furiosa e irracional turba comenzó a golpear salvajemente al apóstol. Demasiado impacientes para arrastrarlo fuera de la ciudad (como había ocurrido con Esteban), intentaron matarlo a golpes en el mismo lugar. Lo habrían logrado, pero Dios intervino providencialmente para proteger a su siervo. La ayuda llegó en la forma de soldados romanos.

DETENCIÓN POR PARTE DE LOS ROMANOS

Y procurando ellos matarle, se le avisó al tribuno de la compañía, que toda la ciudad de Jerusalén estaba alborotada. Este, tomando luego soldados y centuriones, corrió a ellos. Y cuando ellos vieron al tribuno y a los soldados, dejaron de golpear a Pablo. Entonces, llegando el tribuno, le prendió y le mandó atar con dos cadenas, y preguntó quién era y qué había hecho. Pero entre la multitud, unos gritaban una cosa, y otros otra; y como no podía entender nada de cierto a causa del alboroto, le mandó llevar a la fortaleza. Al llegar a las gradas, aconteció que era llevado en peso por los soldados a causa de la violencia de la multitud; porque la muchedumbre del pueblo venía detrás, gritando: ¡Muera! (21:31-36)

El cuartel general de las fuerzas romanas de ocupación era la Fortaleza Antonia, situada al borde de un precipicio con vista a los terrenos del templo. Desde sus torres, los centinelas tenían una clara visión del área del templo, donde era muy probable que estallaran disturbios civiles en Jerusalén. Durante las principales celebraciones religiosas, como Pentecostés, los romanos vigilaban de manera especial. Por tanto, los alertas centinelas no tardaron mucho en divisar el motín que estallaba debajo de ellos. Cuando la turba procuró matar a Pablo, los centinelas hicieron dar aviso **al tribuno de la compañía** de **que toda la ciudad de Jerusalén estaba alborotada.** El **tribuno** (*chiliarchos,* de la palabra griega para "mil"), o comandante, dirigía toda **la compañía** romana de mil hombres apostada en la Fortaleza Antonia. En Hechos 23:26, Lucas da el nombre de Claudio Lisias. Este era el oficial romano de rango en Jerusalén cuando el gobernador (cuya residencia oficial estaba en Cesarea) no se hallaba en la ciudad. Lisias era, por consiguiente, el funcionario romano encargado de mantener el orden en Jerusalén.

Después de recibir el informe de **que toda la ciudad de Jerusalén estaba alborotada,** Lisias actuó con rapidez y decisión para sofocar los disturbios. **Este, tomando luego soldados y centuriones,** bajó corriendo los peldaños que llevaban de la Fortaleza Antonia al patio de los gentiles, donde la enfurecida multitud golpeaba a Pablo. El uso que Lucas hace del plural **centuriones** sugiere que Lisias llevó al menos doscientos soldados, ya que un centurión comandaba cien hombres. Esta enorme demostración de fuerza desbarató la revuelta (y salvó la vida de Pablo). **Cuando** los alborotadores **vieron al tribuno y a los soldados, dejaron de golpear a Pablo,** pues no deseaban ser arrestados.

Puesto que, evidentemente, Pablo era la causa de la alteración del orden público y que debió haber hecho algo muy grave para exaltar a los judíos, Lisias **le prendió** (lo arrestó). Según revela el versículo 38, el hombre supuso (erróneamente) que Pablo era un terrorista egipcio. Tras arrestarlo, Lisias **mandó** que lo ataran entre dos soldados **con dos cadenas** (cp. 12:6), cumpliéndose así la profecía de Agabo (21:10-11). Tratando de resolver la caótica situación, Lisias entonces **preguntó quién era** Pablo **y qué había hecho.** Pero, en medio de la confusión de **la multitud, unos gritaban una cosa, y otros otra** (cp. 19:32), el romano no obtuvo una respuesta clara. Al darse cuenta de que **no podía entender nada de cierto a causa del alboroto, le mandó llevar a** Pablo a **la fortaleza.** Allí quería interrogar al apóstol en privado y, de ser necesario, torturarlo para extraerle una confesión.

Los soldados comenzaron a escoltar a Pablo en medio de la multitud y, **al llegar a las gradas, aconteció que era llevado en peso por los soldados a causa de la violencia de la multitud.** Los romanos habían levantado en vilo al apóstol y lo transportaron por sobre la turba hacia las gradas. Al ver que a su pretendida víctima la llevaban a lugar seguro, **la muchedumbre del pueblo venía detrás** de Pablo y los soldados. En furia anónima y sin sentido, y perdiendo toda sensación de temor por los soldados romanos, la multitud abría paso a empujones, tratando desesperadamente de atrapar a Pablo. Mientras tanto seguían **gritando: ¡Muera!** (cp. Lc. 23:18; Jn. 19:15; Hch. 22:22).

APOLOGÍA DE PABLO

Cuando comenzaron a meter a Pablo en la fortaleza, dijo al tribuno: ¿Se me permite decirte algo? Y él dijo: ¿Sabes griego? ¿No eres tú aquel egipcio que levantó una sedición antes de estos días, y sacó al desierto los cuatro mil sicarios? Entonces dijo Pablo: Yo de cierto soy hombre judío de Tarso, ciudadano de una ciudad no insignificante de Cilicia; pero te ruego que me permitas hablar al pueblo. Y cuando él se lo permitió, Pablo, estando en pie en las gradas, hizo señal con la mano al pueblo. Y hecho gran silencio, habló en lengua hebrea, diciendo: Varones hermanos y padres, oíd ahora mi defensa ante vosotros. Y al oír que les hablaba en lengua hebrea, guardaron más silencio. Y él les dijo: Yo de cierto soy judío, nacido en Tarso de Cilicia, pero criado en esta ciudad, instruido a los pies de Gamaliel, estrictamente conforme a la ley de nuestros padres, celoso de Dios, como hoy lo sois todos vosotros. Perseguía yo este Camino hasta la muerte, prendiendo y entregando en cárceles a hombres y mujeres; como el sumo sacerdote también me es testigo, y todos los ancianos, de quienes también recibí cartas para los hermanos, y fui a Damasco para traer presos a Jerusalén también a los que estuviesen allí, para que fuesen castigados. Pero aconteció que yendo yo, al llegar cerca de Damasco, como a mediodía, de repente me rodeó mucha luz del cielo; y caí al suelo, y oí una voz que me decía: Saulo, Saulo, ¿por qué me persigues? Yo entonces respondí: ¿Quién eres, Señor? Y me dijo: Yo soy Jesús de Nazaret, a quien tú persigues. Y los que estaban conmigo vieron a la verdad la luz, y se espantaron; pero no entendieron la voz del que hablaba conmigo. Y dije: ¿Qué haré, Señor? Y el Señor me dijo: Levántate, y ve a Damasco, y allí se te dirá todo lo que está ordenado que hagas. Y como yo no veía a causa de la gloria de la luz, llevado de la mano por los que estaban conmigo, llegué a Damasco. Entonces uno llamado Ananías, varón piadoso según la ley, que tenía buen testimonio de todos los judíos que allí moraban, vino a mí, y acercándose, me dijo: Hermano Saulo, recibe la vista. Y yo en aquella misma hora recobré la vista y lo miré. Y él dijo: El Dios de nuestros padres te ha escogido para que conozcas su voluntad, y veas al Justo, y oigas la voz de su boca. Porque serás testigo suyo a todos los hombres, de lo que has visto y oído. Ahora, pues, ¿por qué te detienes? Levántate y bautízate, y lava tus pecados, invocando su nombre. Y me aconteció, vuelto a Jerusalén, que orando en el templo me sobrevino un éxtasis. Y le vi que me decía: Date prisa, y sal prontamente de Jerusalén; porque no recibirán tu testimonio acerca de mí. Yo dije: Señor, ellos saben que yo encarcelaba y azotaba en todas las sinagogas a los que creían en ti; y cuando se derramaba la

sangre de Esteban tu testigo, yo mismo también estaba presente, y consentía en su muerte, y guardaba las ropas de los que le mataban. Pero me dijo: Ve, porque yo te enviaré lejos a los gentiles. (21:37—22:21)

Hasta este momento de su terrible experiencia, el apóstol había permanecido en silencio. Pero al llegar a lo alto de las gradas, **cuando comenzaron a** meter a **Pablo en la fortaleza, dijo al tribuno: ¿Se me permite decirte algo?** Asombrado por el lenguaje que expresara el apóstol, Lisias preguntó con incredulidad: **¿Sabes griego?** El griego era el idioma de hombres cultos y educados, no de criminales comunes como él supuso que Pablo era. La siguiente pregunta de Lisias reveló su errónea suposición de quién era el prisionero: **¿No eres tú aquel egipcio que levantó una sedición antes de estos días, y sacó al desierto los cuatro mil sicarios?** La pregunta presupone una respuesta positiva. Puesto que Pablo hablaba griego, posiblemente no se trataba de un alborotador local, ya que los palestinos por lo general hablaban arameo. Sin embargo, el griego se hablaba comúnmente en Egipto, de ahí la suposición de Lisias. El **egipcio** era un falso profeta que unos años antes dirigiera a un grupo de sus seguidores al Monte de los Olivos. Anunció que los muros de Jerusalén caerían bajo su orden y que los romanos serían expulsados. No obstante, antes de que esa profecía pudiera acontecer, las tropas romanas dirigidas por el gobernador Félix llegaron al escenario. Atacaron y derrotaron al egipcio y a sus seguidores. Varios cientos murieron o fueron capturados y el resto (incluso el egipcio) desapareció. Josefo, quien también narra este incidente, dice que treinta mil eran los seguidores del egipcio, en lugar de **los cuatro mil** que menciona Lucas. Sin embargo, Josefo tiende a exagerar las cantidades. Algunos comentaristas han sostenido que la cifra de Josefo refleja la cantidad total de los seguidores del egipcio, mientras que Lucas indica solamente la cantidad de combatientes. Incluso otros han sugerido un error del escriba en los manuscritos de los escritos de Josefo para explicar la discrepancia. Estos observan la similitud en las letras mayúsculas griegas D (cuatro) y L (treinta) que se usaban para representar números. De todos modos, es necesario recordar que Lucas fue divinamente inspirado; Josefo no.

Lisias describió a los seguidores del egipcio como **sicarios.** Los **sicarios** eran un grupo terrorista surgido durante el mandato de Félix como gobernador. El fuerte nacionalismo judío de estos asesinos los convirtió en enemigos acérrimos tanto de los romanos como de los judíos colaboradores. Los últimos eran los principales objetivos de los sicarios. (*Sikariōn* [**sicarios**] se deriva de la palabra del latín *sica* [daga].) Mezclados entre las multitudes, apuñalaban a sus víctimas. Luego, o bien desaparecían en medio del gentío o se unían descaradamente a los deudos a fin de escapar al arresto. Los sicarios eran especialmente activos durante las fiestas judías, como Pentecostés. Lisias sin duda supuso que la multitud había atrapado a uno de ellos (quizás al mismísimo egipcio) en el acto de asesinato.

Por supuesto, **Pablo** no era ni egipcio ni sicario. Se identificó ante Lisias como un **hombre judío de Tarso, ciudadano de una ciudad no insignificante de Cilicia.** Como **judío,** el apóstol tenía todo el derecho de haber estado donde se hallaba en el templo. Ocultando por el momento la realidad de su ciudadanía romana, Pablo declaró ser **ciudadano** de **Tarso** en **Cilicia.** Tarso, como hace notar el apóstol, era **una ciudad no insignificante** y más bien un centro cultural con una universidad que rivalizaba con las de Atenas y Alejandría. Ser ciudadano de Tarso explicaba el conocimiento del griego que el apóstol tenía.

Después de identificarse ante Lisias, Pablo pidió valientemente permiso para **hablar al pueblo.** Aunque golpeado, amoratado y encadenado, no pensó en su propia seguridad y comodidad. Al contrario, su apasionado deseo de ver a sus compatriotas salvados (Ro. 10:1) lo motivó a aprovechar la oportunidad de relatar su conversión a la multitud.

Con la esperanza de apaciguar la explosiva situación y descubrir lo que la había desatado, Lisias consintió. **Cuando él se lo permitió, Pablo, estando en pie en las gradas, hizo señal con la mano al pueblo** para calmarlo y para que le permitieran hablar (cp. Hch. 12:17; 13:16; 19:33). Se hizo un **gran silencio** sobre la alterada multitud y, entonces, Pablo les **habló en lengua hebrea** (arameo).

La apología de Pablo, o discurso en defensa propia, es biográfica. Defendió tanto sus motivos (él no era antijudío) como sus acciones (actuó solo en sumisión a Dios). Este era un lugar extraño para su predicación: parado en las gradas, rodeado por soldados romanos, delante de la turba que intentaba matarlo. Comenzó a dirigirse a la multitud con palabras corteses y conciliadoras que recuerdan a Esteban (Hch. 7:2): **Varones hermanos y padres, oíd ahora mi defensa ante vosotros.** Al reconocer que él **les hablaba en lengua hebrea, guardaron más silencio.** Entonces Pablo les contó su dramática conversión, al pasar de ser el más violento perseguidor del cristianismo a ser su más grande misionero. Igual que los otros cuatro relatos de su conversión en el Nuevo Testamento (Hch. 9, 26; Fil. 3; 1 Ti. 1), el énfasis está en el poder y la gracia soberana de Dios, no en los logros de Pablo.

El testimonio de Pablo se puede dividir en tres secciones: conducta antes de su conversión, circunstancias de su conversión, y comisión después de su conversión.

CONDUCTA DE PABLO ANTES DE SU CONVERSIÓN

Y él les dijo: Yo de cierto soy judío, nacido en Tarso de Cilicia, pero criado en esta ciudad, instruido a los pies de Gamaliel, estrictamente conforme a la ley de nuestros padres, celoso de Dios, como hoy lo sois todos vosotros. Perseguía yo este Camino hasta la muerte, prendiendo y entregando en cárceles a hombres y mujeres; como el sumo sacerdote también me es testigo, y todos los

ancianos, de quienes también recibí cartas para los hermanos, y fui a Damasco para traer presos a Jerusalén también a los que estuviesen allí, para que fuesen castigados. (22:2*d*-5)

El apóstol comenzó negando la falsa acusación de que se oponía al pueblo judío (cp. 21:28), declarando de manera enfática: **Yo de cierto soy judío.** Lejos de ser antijudío, el apóstol tenía intachables credenciales judías. Aunque **nacido** entre los judíos griegos de la diáspora **en Tarso de Cilicia,** Pablo se había **criado en esta ciudad** (Jerusalén). Además, se había **instruido a los pies de Gamaliel,** el rabino más venerado de ese tiempo y uno de los más grandes de toda la antigüedad (para más información sobre Gamaliel, véase el capítulo 13 de esta obra). Como alumno de Gamaliel, Pablo fue educado **estrictamente conforme a la ley de nuestros padres.** Se había instruido de manera cuidadosa y esmerada en la ley del Antiguo Testamento y en las tradiciones rabínicas, y había sido un fariseo intachable bajo la ley (cp. Fil. 3:5-6). Al considerar todo eso, la acusación de que se oponía a la ley (21:28) era ridícula. Según su convicción personal, el mandamiento de la ley es "santo, justo y bueno" (Ro. 7:12).

Tampoco la formación de Pablo fue un simple ejercicio académico. Declaró a la multitud que él era **celoso de Dios, como hoy lo sois todos vosotros** (cp. Ro. 10:2). Acreditándoles generosamente los mejores motivos para el violento ataque que le propinaron, Pablo lo atribuyó al celo por Dios. Pero el celo de él había sobrepasado al de sus atacantes, porque a causa de ello el apóstol había perseguido a **este Camino** (el cristianismo, cp. Hch. 9:2; 19:9, 23; 24:14, 22) **hasta la muerte, prendiendo y entregando en cárceles a hombres y mujeres.** Él había sido el más temido perseguidor de los cristianos desde el martirio de Esteban hasta que se convirtió. Su reputación como perseguidor de cristianos era muy conocida, como el mismo Pablo reconoció cuando les recordó a los gálatas: "Ya habéis oído acerca de mi conducta en otro tiempo en el judaísmo, que perseguía sobremanera a la iglesia de Dios, y la asolaba" (Gá. 1:13).

Si alguno todavía dudaba de su celo por Dios, Pablo podía recurrir al **sumo sacerdote** y a **todos los ancianos** (el sanedrín) para que atestiguaran de él. Fue de ellos **de quienes** había recibido **cartas para los hermanos** (judíos no cristianos), habiéndose dirigido **a Damasco para traer presos a Jerusalén también a los que estuviesen allí, para que fuesen castigados.** Tal era el celo de Pablo que las máximas autoridades judías lo eligieron para la misión de arrestar y extraditar a los cristianos, aun de tan lejos como Damasco.

La conducta del apóstol antes de su conversión negaba las falsas acusaciones en su contra. Lejos de ser un enemigo de su pueblo, "aventajaba a muchos de [sus] contemporáneos en [su] nación, siendo mucho más celoso de las tradiciones de [sus] padres" (Gá. 1:14). Nadie podía cuestionar legítimamente el respeto de Pablo por Dios y su ley.

CIRCUNSTANCIAS DE LA CONVERSIÓN DE PABLO

Pero aconteció que yendo yo, al llegar cerca de Damasco, como a mediodía, de repente me rodeó mucha luz del cielo; y caí al suelo, y oí una voz que me decía: Saulo, Saulo, ¿por qué me persigues? Yo entonces respondí: ¿Quién eres, Señor? Y me dijo: Yo soy Jesús de Nazaret, a quien tú persigues. Y los que estaban conmigo vieron a la verdad la luz, y se espantaron; pero no entendieron la voz del que hablaba conmigo. Y dije: ¿Qué haré, Señor? Y el Señor me dijo: Levántate, y ve a Damasco, y allí se te dirá todo lo que está ordenado que hagas. Y como yo no veía a causa de la gloria de la luz, llevado de la mano por los que estaban conmigo, llegué a Damasco. Entonces uno llamado Ananías, varón piadoso según la ley, que tenía buen testimonio de todos los judíos que allí moraban, vino a mí, y acercándose, me dijo: Hermano Saulo, recibe la vista. Y yo en aquella misma hora recobré la vista y lo miré. Y él dijo: El Dios de nuestros padres te ha escogido para que conozcas su voluntad, y veas al Justo, y oigas la voz de su boca. Porque serás testigo suyo a todos los hombres, de lo que has visto y oído. Ahora, pues, ¿por qué te detienes? Levántate y bautízate, y lava tus pecados, invocando su nombre. (22:6-16)

Después de demostrar lo absurdo de la acusación de que lo motivaba la enemistad hacia el pueblo judío, Pablo defendió sus acciones. El Dios de Israel había intervenido de manera soberana y poderosa en su vida y lo había convertido de ser el principal perseguidor del cristianismo a ser su principal defensor. El apóstol había actuado en sumisión a Dios.

El relato de la dramática conversión de Pablo aparece tres veces en Hechos (cp. 9:1ss; 26:4-18), destacando así su importancia. En realidad, la conversión de Saulo de Tarso representó un momento decisivo tanto en la iglesia como en la historia mundial. Mientras la multitud escuchaba atentamente, el apóstol relataba los sucesos de ese extraordinario día en el camino a Damasco.

Comisionado para extraditar cristianos a Jerusalén a fin de castigarlos (v. 5), Pablo se hallaba **cerca de Damasco, como a mediodía.** La hora del día, ausente del relato en el capítulo 9, resalta la **mucha luz del cielo** que **de repente rodeó** al apóstol y sus compañeros. La gloria resplandeciente del Jesucristo glorificado y exaltado eclipsó incluso al brillante sol de mediodía (26:13). Mudo de terror, Pablo cayó **al suelo, y** oyó **una voz que** le **decía: Saulo, Saulo, ¿por qué me persigues?** Postrado, aturdido y ciego, el hombre solo atinó a balbucear: **¿Quién eres, Señor?** La respuesta del Señor, **yo soy Jesús de Nazaret, a quien tú persigues,** conmocionó y horrorizó a Pablo. Al instante supo lo equivocado que había estado. Aquel a quien había despreciado y rechazado como charlatán, blasfemo y falso Mesías era en realidad el Señor de gloria. Que **Jesús de Nazaret** le hubiera hablado a Pablo desde el cielo también fue una noticia preocupante para quienes lo oían en ese momento, ya que ellos también habían despreciado y rechazado a Jesús. Quizás algunos de los que gritaron con relación a Pablo: ¡Muera! (21:36), habían lanzado muchos años atrás ese mismo grito contra Jesús (cp. Lc. 23:18; Jn. 19:15).

Sabiendo que algunos en la multitud cuestionarían que el Señor se le hubiera aparecido de veras, Pablo presentó testigos que corroborarían el hecho. **Los que estaban** con él **vieron a la verdad la luz.** Aturdidos momentáneamente por su brillo, cayeron a tierra aterrados junto con Pablo (26:14), pero a diferencia de él luego pudieron pararse (9:7). Sin poder entender **la voz del que hablaba,** se quedaron sin habla y con miedo mientras Jesús dirigía su mensaje exclusivamente a Pablo. Aunque algunos han imaginado una contradicción entre el versículo 9 y 9:7, no es así. Puesto que el mensaje de Jesús era solo para Pablo, solamente él entendió las palabras; sus compañeros tan solo oyeron el sonido (cp. Jn. 12:29). De igual modo, aunque sus compañeros perseguidores vieron la luz (v. 9), solo Pablo discernió la persona de Jesucristo (9:7; cp. 9:17, 27; 22:14; 26:16; 1 Co. 9:1; 15:8). Sin embargo, quienes viajaban con Pablo ese fatídico día podían atestiguar la objetiva realidad de lo que había sucedido. Ellos vieron la luz cegadora y oyeron el sonido de la voz de Jesús hablándole a Pablo. Por tanto, la experiencia del apóstol no se podía desechar como una ilusión subjetiva ni como una mentira.

Abrumado por el glorioso enfrentamiento por parte del Señor Jesús, el orgulloso fariseo tan solo pudo balbucear: **¿Qué haré, Señor?** En respuesta, **el Señor** le **dijo: Levántate, y ve a Damasco.** Pablo debía continuar su viaje hasta Damasco, pero ahora como siervo del Señor, no como adversario. Al llegar **allí se** le iba a decir **todo lo que** estaba **ordenado que** hiciera. El Señor le informó a Ananías que Pablo era "instrumento escogido... para llevar mi nombre en presencia de los gentiles, y de reyes, y de los hijos de Israel" (9:15).

Y como Pablo **no veía a causa de la gloria de la luz,** fue **llevado de la mano por los que estaban** con él, y así arribó **a Damasco.** Finalmente llegó a su destino pero bajo circunstancias que difícilmente pudo haber imaginado al comenzar el viaje. En Damasco encontró a **uno llamado Ananías,** ante quien el Señor lo había enviado (9:11-12). Aunque Ananías era uno de los cristianos dirigentes en Damasco, Pablo lo describió ante su hostil audiencia judía como **varón piadoso según la ley, que tenía buen testimonio de todos los judíos que allí moraban.** Si lo hubiera identificado como cristiano, el testimonio de Ananías habría sido sospechoso para los judíos; identificarlo como miembro devoto de la comunidad judía brindaba más corroboración a la historia de Pablo.

Ananías llegó (a regañadientes, cp. 9:13-14) hasta Pablo, **y acercándose,** le **dijo: Hermano Saulo, recibe la vista.** Él declaró que de modo milagroso Dios le había devuelto **la vista, y en aquella misma hora** lo vio. Ananías le dijo entonces lo que Dios le había manifestado en una visión (9:15): **El Dios de nuestros**

padres te ha escogido para que conozcas su voluntad, y veas al Justo, y oigas la voz de su boca. Porque serás testigo suyo a todos los hombres, de lo que has visto y oído.

La declaración de Ananías, **el Dios de nuestros padres te ha escogido,** resalta la verdad bíblica de que Dios es soberano en la salvación. Jesús declaró: "Ninguno puede venir a mí, si el Padre que me envió no le trajere" (Jn. 6:44; cp. Mr. 13:20; Ef. 1:4; Col. 3:12; 2 Ts. 2:13; 2 Ti. 2:10; Tit. 1:1; 1 P. 1:1-2). El Señor también elige de modo soberano a quienes le sirven (Lc. 6:13; Jn. 13:18; 15:16, 19; Hch. 1:2). Él eligió a Pablo **para que** conociera **su voluntad,** viera **al Justo** (un título mesiánico, Is. 53:11; Hch. 3:14; 7:52), oyera **la voz de su boca** (la que llevó a la salvación de Pablo), y para que fuera **testigo suyo a todos los hombres, de lo que** él había **visto y oído.** La dramática conversión de Saulo de Tarso es testimonio convincente de los propósitos soberanos de Dios.

Pero el propósito soberano de Dios al elegir individuos no les exime de su responsabilidad de responder de forma adecuada. Por tanto, Ananías exhortó a Pablo: **Ahora, pues, ¿por qué te detienes? Levántate y bautízate, y lava tus pecados, invocando su nombre.** Algunos han buscado erróneamente en este versículo apoyo para la regeneración bautismal (la falsa enseñanza de que para la salvación se requiere el bautismo). Aunque el bautismo es un acto de obediencia requerido para todos los cristianos, no salva. Pablo entendía eso claramente, pues a los romanos les escribió:

> *Mas ¿qué dice? Cerca de ti está la palabra, en tu boca y en tu corazón. Esta es la palabra de fe que predicamos: que si confesares con tu boca que Jesús es el Señor, y creyeres en tu corazón que Dios le levantó de los muertos, serás salvo. Porque con el corazón se cree para justicia, pero con la boca se confiesa para salvación (Ro. 10:8-10).*

Pablo predicaba que la salvación venía de creer en el corazón (cp. Hch. 16:31; Ro. 3:28) y de confesar en público esa fe (cp. Mt. 10:32; Ro. 10:13). Obviamente, él no entendió que las palabras de Ananías significaran que el bautismo salvara.

Hechos 10:44-48 revela, con claridad, la relación del bautismo con la salvación. Fue solo *después* que Cornelio y sus amigos recibieran el Espíritu Santo (dando evidencia de que eran salvos) que Pedro ordenó bautizarles (10:47). Por tanto, el bautismo sigue a la salvación, no la provoca. (Para más información sobre la regeneración bautismal, véase el capítulo 6 de esta obra.)

Las palabras de Ananías en el versículo 16, entendidas adecuadamente, están en total acuerdo con la enseñanza del Nuevo Testamento de que la salvación es solo por fe. La frase **lava tus pecados** se debe relacionar con **invocando su nombre,** ya que al relacionarla con **bautízate** deja el participio *epikalesamenos* (**invocando**) sin un antecedente. Los pecados de Pablo no fueron lavados por el bautismo sino por invocar el nombre del Señor (cp. Ro. 10:13). Una traducción literal del versículo dice: "Levántate, bautízate y lava tus pecados, después de haber invocado su nombre". Ambos imperativos reflejan la realidad de que Pablo ya había invocado el nombre del Señor, que es la acción que salva. El bautismo y el lavado de pecados le siguen.

Al relatar las circunstancias de su conversión, Pablo invirtió la situación sobre sus adversarios. Había actuado solamente en sumisión a Dios; por tanto, acusarlo equivalía al hecho de acusar a Dios. Su continuo testimonio reforzó ese punto.

COMISIÓN DE PABLO DESPUÉS DE SU CONVERSIÓN

Y me aconteció, vuelto a Jerusalén, que orando en el templo me sobrevino un éxtasis. Y le vi que me decía: Date prisa, y sal prontamente de Jerusalén; porque no recibirán tu testimonio acerca de mí. Yo dije: Señor, ellos saben que yo encarcelaba y azotaba en todas las sinagogas a los que creían en ti; y cuando se derramaba la sangre de Esteban tu testigo, yo mismo también estaba presente, y consentía en su muerte, y guardaba las ropas de los que le mataban. Pero me dijo: Ve, porque yo te enviaré lejos a los gentiles. (22:17-21)

Después de su conversión y de un breve período de ministración en Damasco (9:20-25), Pablo pasó tres años en la Arabia nabatea (Gá. 1:17-18). **Vuelto a Jerusalén,** el apóstol estaba **orando en el templo.** He aquí más evidencia de que él no había rechazado su herencia judía, como sus acusadores falsamente insistían. Estando en el templo, a Pablo le **sobrevino un éxtasis.** *Ekstasis* (**éxtasis**) describe la experiencia apostólica única de ser transportado más allá de los sentidos normales hacia el reino sobrenatural a fin de recibir revelación divina. La palabra se usa dos veces para describir la visión de Pedro en Jope (Hch. 10:10; 11:5).

En su éxtasis, Pablo vio al Señor y oyó que le **decía: Date prisa, y sal prontamente de Jerusalén; porque no recibirán tu testimonio acerca de mí.** Desde su llegada a la ciudad, Pablo había anunciado sin temor la fe que una vez trató de destruir (9:28-29). Su asombroso cambio de perseguidor de cristianos a predicador cristiano, indignó a los judíos incrédulos, quienes lo consideraron apóstata y blasfemo. Al enterarse de un complot para matarlo, los cristianos sacaron de inmediato a Pablo y lo enviaron a su hogar en Tarso (9:30). Es evidente que se necesitó este mensaje del Cristo resucitado y glorificado para persuadir al apóstol de que se fuera. Incluso entonces, no lo hizo de buena gana, sino protestando: **Señor, ellos saben que yo encarcelaba y azotaba en todas las sinagogas a los que creían en ti; y cuando se derramaba la sangre de Esteban tu testigo, yo mismo también estaba presente, y consentía en su muerte, y guardaba las ropas de los que le mataban.** Pablo creyó erróneamente que ver la transformación radical que el Señor había hecho en su vida convencería de la verdad del evangelio a los creyentes incrédulos. Sin embargo, el Señor sabía mejor las cosas, y repitió la orden de que Pablo saliera, diciéndole: **Ve, porque yo te enviaré lejos a los gentiles.** El Señor deja en claro ahora lo que se insinuaba en las palabras de Ananías: que Pablo sería "testigo suyo a todos los hombres" (22:15; cp. 9:15), comisionándolo como apóstol a los gentiles.

La conversión y comisión de Pablo fueron inequívocamente acciones soberanas de parte de Dios. Al hacer de esos hechos el enfoque de su defensa ante la multitud, el apóstol puso a la defensiva a sus acusadores. Ya que simplemente había actuado en obediencia a la confrontación divina y la comunicación de parte de Dios, ¿cómo podían ellos cuestionar, mucho menos condenarlo?

ACCIÓN POR PARTE DEL PUEBLO

Y le oyeron hasta esta palabra; entonces alzaron la voz, diciendo: Quita de la tierra a tal hombre, porque no conviene que viva. Y como ellos gritaban y arrojaban sus ropas y lanzaban polvo al aire, (22:22-23)

Los miembros de la multitud **oyeron** a Pablo **hasta esta palabra** de que Dios lo había enviado a ministrar a los gentiles. Eso acabó con el interés de ellos, ya que no pudieron tolerar la sugerencia de que los gentiles se pudieran salvar sin convertirse primero en prosélitos judíos. Eso los haría espiritualmente iguales al pueblo judío delante de Dios... la más flagrante herejía imaginable para la multitud.

La furia contra Pablo se reavivó; **entonces alzaron la voz, diciendo: Quita de la tierra a tal hombre, porque no conviene que viva.** A cualquier persona que se atreviera a poner a los gentiles en pie de igualdad con los judíos en el propósito salvador de Dios se le debía impedir que contaminara la tierra con su presencia. Llevados por la ira, **ellos gritaban y arrojaban sus ropas y lanzaban polvo al aire.** Los judíos pudieron haber arrojado sus ropas como preparación para apedrear a Pablo, rasgándolas en una expresión de horror ante la "blasfemia" de él, o arrojándolas junto con el polvo al aire como expresión de furia. En cualquier caso, el prejuicio racial había presionado sus pasiones más allá de los límites de la razón. Detuvieron a Pablo antes de que pudiera defenderse de la acusación que había iniciado el alboroto en primer lugar: que él había llevado a un gentil al patio interior del templo (21:28).

ACTITUD DE PABLO

mandó el tribuno que le metiesen en la fortaleza, y ordenó que fuese examinado con azotes, para saber por qué causa clamaban así contra él. Pero

cuando le ataron con correas, Pablo dijo al centurión que estaba presente: ¿Os es lícito azotar a un ciudadano romano sin haber sido condenado? Cuando el centurión oyó esto, fue y dio aviso al tribuno, diciendo: ¿Qué vas a hacer? Porque este hombre es ciudadano romano. Vino el tribuno y le dijo: Dime, ¿eres tú ciudadano romano? Él dijo: Sí. Respondió el tribuno: Yo con una gran suma adquirí esta ciudadanía. Entonces Pablo dijo: Pero yo lo soy de nacimiento. Así que, luego se apartaron de él los que le iban a dar tormento; y aun el tribuno, al saber que era ciudadano romano, también tuvo temor por haberle atado. (22:24-29)

Puesto que el alboroto estallaba de nuevo y no se lograba dilucidar su causa, **mandó el tribuno que metiesen** otra vez a Pablo **en la fortaleza** (cp. 21:34). El hombre dejó en claro que su próximo paso para resolver la situación sería ordenar **que fuese examinado con azotes, para saber por qué causa clamaban así contra él.** Azotar con el flagelo romano (un mango de madera a la que se adjuntan correas de cuero con puntas de trozos de metal y hueso) era una prueba terrible en la cual frecuentemente morían hombres (por pérdida de sangre o infección). Jesús la soportó antes de su crucifixión (Jn. 19:1). Tal paliza habría superado todo lo que Pablo experimentara antes. En la preparación, los guardias **le ataron con correas** para asegurarse de que el cuerpo se tensara y aumentaran los efectos de la flagelación.

Afortunadamente, los ciudadanos romanos estaban exentos de tan brutales métodos por las leyes de Valeriano y Porciano (F. F. Bruce, *The Book of Acts* [Hechos de los apóstoles], The New International Commentary on the New Testament [Nuevo comentario internacional sobre el Nuevo Testamento] [Grand Rapids: Eerdmans, 1971], p. 445 n. 34). Por consiguiente, **Pablo dijo al centurión que estaba presente: ¿Os es lícito azotar a un ciudadano romano sin haber sido condenado?** Igual que había actuado frente a la hostilidad de la multitud, el apóstol permaneció en calma. No lanzó improperios a los romanos sino que les informó tranquilamente la terrible injusticia (y violación de sus derechos como ciudadano romano) que estaban a punto de cometer.

Cuando el centurión que supervisaba la paliza **oyó** el reclamo del apóstol de ser ciudadano romano, **fue y dio aviso al tribuno, diciendo: ¿Qué vas a hacer? Porque este hombre es ciudadano romano.** Someter a un ciudadano romano al flagelo pudo haber destruido la carrera militar de Lisias, o pudo haberle costado la vida.

Profundamente preocupado, **vino el tribuno** a Pablo **y le dijo: Dime, ¿eres tú ciudadano romano? Él dijo: Sí.** Las pretensiones de ciudadanía romana por lo general se aceptaban al pie de la letra, ya que el castigo por hacer una falsa reclamación era la muerte. El comentario de Lisias acerca de su propia ciudadanía y su valor, **yo con una gran suma adquirí esta ciudadanía,** podría indicar su alivio al no haberla echado a perder azotando a Pablo. O el hombre pudo haber estado expresando sarcasmo, lamentando que la ciudadanía romana se había devaluado en gran manera si alguien como Pablo podía obtenerla. La ciudadanía romana no estaba oficialmente a la venta. Sin embargo, en particular en el reinado del emperador Claudio (cuyo nombre Lisias pudo haberlo tomado cuando adquirió la ciudadanía), se podía obtener sobornando a funcionarios corruptos. La devastadora respuesta de **Pablo** llegó con tranquila dignidad: **Pero yo lo soy de nacimiento.** A diferencia de Lisias, el apóstol no había obtenido su ciudadanía por soborno sino por nacimiento. Lisias había juzgado mal otra vez a su prisionero.

El descubrimiento de que Pablo era ciudadano romano produjo un cese inmediato de los procedimientos. **Así que, luego se apartaron de él los que le iban a dar tormento; y aun el tribuno, al saber que era ciudadano romano, también tuvo temor por haberle atado.** Asustado por casi haber flagelado a un ciudadano romano, al instante Lisias ordenó a sus subordinados que soltaran a Pablo. Él **también tuvo temor** porque era culpable de haber **atado** a un ciudadano romano sin un juicio preliminar (lo que también era ilegal). Por ahora, totalmente perplejo, decidió llevar a Pablo ante los jueces judíos, **el concilio** (v. 30).

La conducta de Pablo durante su terrible experiencia brinda un ejemplo para todos los creyentes de cómo dar testimonio positivo en circunstancias negativas. Se pueden observar varios principios.

En primer lugar, el apóstol aceptó la situación como Dios la ordenó. Enfrentar persecución no le hizo ser infiel al plan divino. El apóstol había sabido desde algún tiempo atrás que lo encarcelarían cuando llegara a Jerusalén (20:22-23; 21:4, 10-13). Con calma aceptó aquello como la voluntad de Dios, diciendo a quienes intentaron disuadirlo de ir a Jerusalén: "Yo estoy dispuesto no sólo a ser atado, mas aun a morir en Jerusalén por el nombre del Señor Jesús" (21:13).

Segundo, Pablo usó sus circunstancias como una oportunidad. La multitud no se había congregado para oírle predicar sino para golpearlo y matarlo. Sin embargo, él uso esa ocasión para anunciarles cómo el poder salvador de Dios le había transformado la vida.

Tercero, Pablo fue conciliador hacia sus perseguidores. No amenazó a la hostil turba ni buscó venganza. Al contrario, cortésmente se dirigió a ellos como "varones hermanos y padres" (22:1) e incluso otorgó a la feroz paliza que le dieron un motivo de celo hacia Dios. Pablo practicó la orden que había dado antes a los cristianos romanos: "Bendecid a los que os persiguen; bendecid, y no maldigáis" (Ro. 12:14). Él era como su Señor Jesús, "quien cuando le maldecían, no respondía con maldición; cuando padecía, no amenazaba, sino encomendaba la causa al que juzga justamente" (1 P. 2:23).

Cuarto, Pablo exaltó al Señor. Su defensa ante la multitud no se centró en sus impresionantes credenciales y logros sino en lo que Dios había logrado en su vida. Eso era consecuente con sus palabras a los corintios: "El que se gloría, gloríese en el Señor" (1 Co. 1:31). Exaltar al Señor también sirvió para exonerarlo y poner a la multitud en la posición de oponerse a Dios.

Por último, y lo más importante, Pablo mantuvo la actitud adecuada: amor desinteresado. Fue su amor por otros creyentes lo que lo llevó a Jerusalén (a fin de entregar la ofrenda). Fue su amor por sus hermanos más débiles y su deseo por la unidad en la iglesia lo que lo llevó al templo. Fue su amor por sus compatriotas no salvos (cp. Ro. 9:1-3) lo que lo llevó a evangelizar a la hostil multitud. Y fue su amor por Dios lo que motivó su amor por las personas e hizo que diera la gloria a ese Dios.

Así como Pablo, los creyentes que practican estos principios podrán dar un testimonio positivo en las circunstancias más negativas.

Pablo ante el concilio 46

Al día siguiente, queriendo saber de cierto la causa por la cual le acusaban los judíos, le soltó de las cadenas, y mandó venir a los principales sacerdotes y a todo el concilio, y sacando a Pablo, le presentó ante ellos. Entonces Pablo, mirando fijamente al concilio, dijo: Varones hermanos, yo con toda buena conciencia he vivido delante de Dios hasta el día de hoy. El sumo sacerdote Ananías ordenó entonces a los que estaban junto a él, que le golpeasen en la boca. Entonces Pablo le dijo: ¡Dios te golpeará a ti, pared blanqueada! ¿Estás tú sentado para juzgarme conforme a la ley, y quebrantando la ley me mandas golpear? Los que estaban presentes dijeron: ¿Al sumo sacerdote de Dios injurias? Pablo dijo: No sabía, hermanos, que era el sumo sacerdote; pues escrito está: No maldecirás a un príncipe de tu pueblo. Entonces Pablo, notando que una parte era de saduceos y otra de fariseos, alzó la voz en el concilio: Varones hermanos, yo soy fariseo, hijo de fariseo; acerca de la esperanza y de la resurrección de los muertos se me juzga. Cuando dijo esto, se produjo disensión entre los fariseos y los saduceos, y la asamblea se dividió. Porque los saduceos dicen que no hay resurrección, ni ángel, ni espíritu; pero los fariseos afirman estas cosas. Y hubo un gran vocerío; y levantándose los escribas de la parte de los fariseos, contendían, diciendo: Ningún mal hallamos en este hombre; que si un espíritu le ha hablado, o un ángel, no resistamos a Dios. Y habiendo grande disensión, el tribuno, teniendo temor de que Pablo fuese despedazado por ellos, mandó que bajasen soldados y le arrebatasen de en medio de ellos, y le llevasen a la fortaleza. A la noche siguiente se le presentó el Señor y le dijo: Ten ánimo, Pablo, pues como has testificado de mí en Jerusalén, así es necesario que testifiques también en Roma. (22:30—23:11)

Un tema trágico que expone la emocionante historia de la naciente iglesia en Hechos es la triste realidad de la oposición judía a la iglesia y al evangelio. Junto con la predicación apostólica de la cruz, Lucas reseña la creciente ola de antagonismo judío. Tras rechazar y ejecutar al tan ansiado y esperado Mesías, Israel como nación rechazó después a quienes predicaron el mensaje de perdón y salvación en nombre de Él.

La oposición comenzó con el inicio de la iglesia: en el día de Pentecostés, después que los apóstoles fueran bautizados en el Espíritu Santo y de manera milagrosa hablaran en otras lenguas. Algunos en la multitud se mofaron y los ridiculizaron, despreciándolos burlonamente como si los apóstoles estuvieran borrachos (2:13).

Esa oposición relativamente leve se tensó tras el sermón de Pedro después de la sanidad de un cojo (3:12-26). Los judíos en autoridad estaban "resentidos de que [los apóstoles] enseñasen al pueblo, y anunciasen en Jesús la resurrección de entre los muertos" (4:2). Decididos a acabar con esta peligrosa enseñanza nueva, "les echaron mano, y los pusieron en la cárcel" (4:3). Al día siguiente, los miembros del concilio "les intimaron que en ninguna manera hablasen ni enseñasen en el nombre de Jesús" (4:18). Sin embargo, sin dejarse intimidar, "Pedro y Juan respondieron diciéndoles: Juzgad si es justo delante de Dios obedecer a vosotros antes que a Dios; porque no podemos dejar de decir lo que hemos visto y oído" (4:19-20).

La oposición de los líderes judíos continuó, según narra el capítulo 5, cuando el concilio volvió a arrestar y encarcelar a los apóstoles (5:17-18). Ese intento desesperado por sofocar la predicación del evangelio falló cuando Dios envió un ángel para liberarlos milagrosamente de la cárcel (5:19-20). Entonces reanudaron, con valentía, la predicación en el baluarte de las autoridades judías: el templo (5:21). Más amenazas de parte del concilio (5:28), y hasta una golpiza (5:40), no impidieron que los apóstoles enseñaran y predicaran el evangelio (5:42).

El siguiente brote de persecución involucró a Esteban. Ese predicador intrépido y poderoso aplastó en debate a sus oponentes judíos (6:9-10), frustrándolos tanto que finalmente dispusieron que falsos testigos mintieran acerca de él (6:11). A Esteban también lo llevaron ante el concilio (6:12-15), donde pronunció un magistral sermón en que se defendió tanto a sí mismo como al evangelio cristiano (7:1-50). Cerró el mensaje con una punzante acusación a los líderes judíos por su insensible rechazo de la verdad (7:51-53). Furiosos, lo sacaron de la ciudad y lo mataron a pedradas (7:54-60).

El homicidio de Esteban fue el catalizador para la primera persecución generalizada de la iglesia (8:1). Esa persecución, encabezada por el celoso fariseo Saulo de Tarso (8:3), esparció a la iglesia de Jerusalén (8:1) y extendió el evangelio más allá (8:4).

Más persecución, esta vez dirigida contra los líderes de la iglesia, vino de parte de Herodes. Al tratar de complacer a las autoridades judías ejecutó a Santiago y arrestó a Pedro (12:1-3). Este último fue liberado de forma milagrosa de la cárcel (12:7-11), pero se vio obligado a recluirse (12:17).

Después del encuentro de Pablo con el Cristo glorificado en el camino a Damasco se convirtió en el principal evangelista del cristianismo. Irónicamente, siendo antes el máximo perseguidor de los cristianos, se volvió ahora el cristiano más perseguido. La oposición judía surgió primero contra él, en Damasco, poco después de convertirse (9:23). El apóstol enfrentó más oposición de judíos incrédulos en todos sus viajes misioneros. En la isla de Chipre confrontó a un falso profeta judío (13:6-8). Los judíos incrédulos en Antioquía de Pisidia, llenos de celos, se opusieron a la enseñanza de Pablo (13:45). En Iconio (14:2), Listra (14:19), Tesalónica (17:5ss), Berea (17:13), Corinto (18:6, 12-13), Éfeso (19:9), y otra vez en Corinto cuando comenzó su viaje hacia Jerusalén (20:3), y después de su llegada a Jerusalén (21:27ss), Pablo enfrentó la hostilidad de sus compatriotas.

Al inicio del capítulo 23, Pablo vuelve a enfrentar oposición. Como se ve en la sección anterior, fue atacado y azotado salvajemente en los terrenos del templo por parte de una turba judía. Solamente la intervención de soldados romanos le salvó la vida. Claudio Lisias, el comandante de las fuerzas romanas en Jerusalén, trató sin éxito de averiguar qué había hecho Pablo. Le permitió dirigirse a la furiosa multitud desde las gradas de la Fortaleza Antonia. Pero la mención que hiciera Pablo de su comisión a los gentiles (22:21) ocasionó que el disturbio volviera a estallar. Lisias decidió entonces usar un método brutal romano de interrogación (azotar con un flagelo) para extraerle una confesión. El descubrimiento de que Pablo era ciudadano romano detuvo en seco tal proceder, puesto que era ilegal interrogar así a un ciudadano romano.

Ya completamente frustrado y perplejo en cuanto a la forma de proceder, Lisias decidió convocar al concilio judío. Por tanto, **al día siguiente, queriendo saber de cierto la causa por la cual acusaban los judíos** al prisionero, **le soltó de las cadenas, y mandó venir a los principales sacerdotes y a todo el concilio, y sacando a Pablo, le presentó ante ellos.** No está claro si cuando Lisias **soltó** esta vez **de las cadenas** al apóstol y lo liberó de su encarcelamiento. Debido al pánico por haber encadenado a un ciudadano romano (22:29), es probable que lo hubiera dejado en libertad.

Algunos han cuestionado si Lisias tenía la autoridad para ordenar **a los principales sacerdotes y a todo el concilio** que se reunieran. Pero esta no fue una convocatoria formal del sanedrín. Lisias, todavía **queriendo saber de cierto la causa por la cual** a Pablo **le acusaban los judíos,** naturalmente se volvió a la corte suprema judía en busca de clarificación. No habría entregado a un ciudadano romano al concilio para ser juzgado antes de determinar y evaluar las acusaciones en su contra. Tampoco esta audiencia presenta las características de un juicio formal. No había acusaciones contra Pablo, ni tampoco testigos que atestiguaran en su contra. Además, no parece que esta reunión se realizara en el lugar normal de reuniones del concilio en los terrenos del templo. Lisias, **sacando a Pablo, le presentó ante** el concilio reunido en alguna parte afuera de la Fortaleza Antonia. Había tropas romanas disponibles para rescatar a Pablo (23:10) si las cosas se volvían a descontrolar.

La comparecencia de Pablo ante el concilio judío marca la quinta y última vez que se convocara a ese organismo para evaluar las afirmaciones de Cristo. La primera fue cuando Jesús mismo estuvo allí (Mr. 14:53-65); en la segunda participaron Pedro y Juan (Hch. 4:5-22); la tercera siguió al arresto de todos los apóstoles (5:21ss); y la cuarta fue el juicio de Esteban (Hch. 6:12ss). Cinco veces los inigualables comunicadores del evangelio habían anunciado la verdad al concilio, y cinco veces sus miembros la rechazaron. No solo se condenaron ellos mismos (Jn. 3:18), sino que su rechazo también simbolizó el rechazo de la nación al Mesías.

El concilio (de la palabra griega *sunedrion*, "sanedrín") era el organismo religioso gobernante de los judíos en Israel ocupado por los romanos. Su autoridad era definitiva en asuntos que tenían que ver con la ley judía, aunque su autoridad en asuntos civiles era limitada. Los gobernadores romanos (como Pilato, Félix y Festo) y los gobernantes romanos designados (como Herodes) ejercían el poder político en Israel.

Aunque la tradición judía remonta los orígenes del concilio a los setenta ancianos que ayudaban a Moisés (Nm. 11:16), en realidad data de tiempos posteriores al exilio. Después de la revuelta judía contra Roma (66-70 d.C.), el concilio perdió los vestigios de poder político que le quedaban. Expulsados sus miembros de Jerusalén, volvieron a reunirse en Jamnia, pero se limitaron a considerar asuntos religiosos.

Tres grupos principales componían el concilio. El de los sumos sacerdotes, conformado por el presidente, los ex presidentes (como Anás, Lc. 3:2; Hch. 4:6), varios funcionarios (tales como el capitán de la guardia del templo, Hch. 5:24), y otros "que eran de la familia de los sumos sacerdotes" (Hch. 4:6). El grupo de los ancianos, que incluía a miembros de la aristocracia sacerdotal (como Nicodemo, Jn. 7:50) y a individuos acaudalados (como José de Arimatea, Mr. 15:43). Y el grupo de los escribas, principalmente extraídos de las filas de los fariseos, eran expertos en la ley judía.

Dos facciones religiosas principales dominaban el concilio: los saduceos y los fariseos (cp. 23:6). El concilio tenía su propia fuerza policial (cp. 5:24-26) y podía impartir castigo por violaciones de la ley judía (cp. 5:40). Sin embargo, no tenían derecho a ejecutar la pena de muerte (Jn. 18:31), a menos que el caso implicara profanación del templo.

Lucas presenta la comparecencia de Pablo ante el concilio en cuatro escenarios: confrontación, conflicto, conquista y consuelo.

CONFRONTACIÓN

Entonces Pablo, mirando fijamente al concilio, dijo: Varones hermanos, yo con toda buena conciencia he vivido delante de Dios hasta el día de hoy. (23:1)

Al ser alguien que no se dejaba intimidar ni evitaba una confrontación, **Pablo** se quedó por unos instantes **mirando fijamente al concilio** antes de comenzar a hablar. **Mirando fijamente** viene de *atenizō*, que significa "contemplar", "fijar los ojos en", o "clavar la mirada". Algunos han visto esto como evidencia adicional de la mala vista de Pablo; otros sugieren que estaba mirando para ver a quién podía reconocer. Pero más importante, la mirada del apóstol era de consciente integridad. Sabía que era inocente de cualquier delito, y tenía total confianza en que Dios estaba con él. Debido a eso, no se acobardó de miedo o culpa.

Pablo empezó dirigiéndose a ellos, de modo sorprendente, como **varones hermanos**. La habitual manera de dirigirse al concilio era "Gobernantes del pueblo, y ancianos de Israel" (Hch. 4:8), o "Varones hermanos y padres" (Hch. 7:2). Pero Pablo, a diferencia de Pedro o Esteban, tenía estrechos vínculos con el concilio mismo. Sin duda conocía a muchos de sus miembros, puesto que una vez él mismo perteneció a este organismo (cp. Hch. 26:10). Algunos pudieron haber sido alumnos de Gamaliel junto con él. Sin duda, muchos eran compañeros fariseos. Seguramente él había trabajado con algunos de ellos para tratar de aniquilar a la iglesia cristiana. Toda esta confianza con el concilio lo llevó a dirigirse a sus miembros como iguales.

Aun más desconcertante para el concilio fue la atrevida afirmación del apóstol, **yo con toda buena conciencia he vivido delante de Dios hasta el día de hoy.** Como podían dar fe quienes lo conocían, él siempre había estado motivado por un deseo de agradar a Dios (cp. 24:16; Gá. 1:14; Fil. 3:6). Al hacer esta afirmación, Pablo puso a los miembros del concilio a la defensiva. Ya que el apóstol había actuado en obediencia a Dios, al oponérsele ellos en realidad estaban peleando contra Dios.

Que Pablo hubiera **vivido con toda buena conciencia delante de Dios** no significa que todas sus acciones siempre hubieran sido correctas. Significa que no sentía culpa por nada de lo que había hecho, a pesar de las acusaciones del concilio. Cabe señalar que la conciencia no determina si las acciones son moralmente correctas o incorrectas. La conciencia de Pablo le había permitido una vez perseguir cristianos. La conciencia es la facultad que dicta juicio moral sobre las acciones de una persona (Ro. 2:14-15). Pero lo hace basado únicamente en las más altas normas de moral y conducta que tal individuo percibe. No constituye la voz de Dios ni es infalible. Una conciencia desinformada de la verdad bíblica no necesariamente dicta juicios precisos (cp. 1 Co. 4:4). Antes de su conversión, Pablo no poseía esa verdad.

Es posible que la conciencia esté dañada, sea disfuncional, e incluso que esté destruida. La Biblia habla de una conciencia débil (1 Co. 8:7, 10), una conciencia herida (1 Co. 8:12), una conciencia corrompida (Tit. 1:15), una conciencia mala (He. 10:22), y la peor de todas, una conciencia cauterizada (1 Ti. 4:2), aquella que está tan cubierta de cicatrices por el pecado habitual que ya no reacciona a los estímulos de la verdad divina. Es evidente que una conciencia en uno de esos estados no siempre evaluará las cosas de forma correcta.

Por otra parte, la Biblia elogia a una buena conciencia (1 Ti. 1:5, 19; He. 13:18; 1 P. 3:16, 21), a una conciencia sin ofensa (Hch. 24:16), y a una clara conciencia (1 Ti. 3:9; 2 Ti. 1:3). Tal conciencia espiritualmente sana resulta del perdón del pecado basado en la obra expiatoria de Cristo (He. 9:14; 10:22). Las conciencias de los cristianos, asentadas en las normas de la Palabra de Dios, pueden evaluar con precisión sus acciones. Los cristianos, por tanto, deben fortalecer sus conciencias exponiéndolas constantemente a las verdades de las Escrituras. Pablo tenía una conciencia total y correctamente informada, y esta no lo acusaba. (Para un estudio bíblico de la conciencia, véase John MacArthur, *The Vanishing Conscience* [Conciencia en fuga] [Dallas: Word, 1994]).

CONFLICTO

El sumo sacerdote Ananías ordenó entonces a los que estaban junto a él, que le golpeasen en la boca. Entonces Pablo le dijo: ¡Dios te golpeará a ti, pared blanqueada! ¿Estás tú sentado para juzgarme conforme a la ley, y quebrantando la ley me mandas golpear? Los que estaban presentes dijeron: ¿Al sumo sacerdote de Dios injurias? Pablo dijo: No sabía, hermanos, que era el sumo sacerdote; pues escrito está: No maldecirás a un príncipe de tu pueblo. (23:2-5)

Indignado por la atrevida afirmación de Pablo de una buena conciencia, **el sumo sacerdote Ananías ordenó entonces a los que estaban junto a él, que le golpeasen en la boca. Ananías,** el hijo de Nebedeo, no debe confundirse con el anterior sumo sacerdote Anás (Lc. 3:2). Ananías reinó por once o doce años, empezando en el 47 d.C., y fue uno de los sumos sacerdotes más crueles, malos y corruptos que ocupara el cargo. Según Josefo, Ananías robaba de los sacerdotes comunes los diezmos que deberían habérseles entregado, y golpeaba a quien se resistiera (*Antigüedades* 20.9.2). No dudaba en usar la violencia para cumplir sus objetivos; es más, unos años antes los romanos habían sospechado la complicidad de este individuo en atrocidades cometidas contra los samaritanos. Lo enviaron a Roma para que compareciera ante el emperador Claudio, pero fue absuelto (*Antigüedades* 20.6.2-3). Ananías era odiado por los judíos nacionalistas debido a su incondicional posición a favor de los romanos. Cuando estalló la revuelta de los judíos contra Roma en el año 66 d.C., fue inmediatamente asesinado por los judíos rebeldes (*Guerras* 2.17.9).

Conforme a su carácter cruel y violento, **Ananías ordenó entonces a los que estaban junto a** Pablo **que le golpeasen en la boca.** El verbo traducido **golpeasen** (*tuptō*) describe más que una bofetada. Es la misma palabra usada en 21:32

para hablar de la golpiza de la multitud a Pablo y de la de los soldados romanos a Jesús (Mt. 27:30).

Indignado por la escandalosa violación que Ananías hizo a la ley judía, Pablo replicó: **¡Dios te golpeará a ti, pared blanqueada!** Quizás el apóstol recordó el regaño de Jesús para los fariseos como "sepulcros blanqueados" (Mt. 23:27). Sin embargo, una alusión más probable es a la denuncia de Ezequiel de los falsos profetas como paredes recubiertas con lodo suelto, condenados a caer en la inundación del juicio divino (Ez. 13:10-16).

Puesto que a Pablo no se le había acusado formalmente de un delito, y mucho menos lo habían condenado por uno, legalmente no lo podían golpear. Airadamente reprendió a Ananías, diciéndole: **¿Estás tú sentado para juzgarme conforme a la ley, y quebrantando la ley me mandas golpear?** Pablo estaba más indignado por el desconocimiento de la ley que por el dolor que le infligiera el golpe mismo.

Algunos se han preguntado cómo armonizar el lenguaje fuerte de Pablo con su declaración a los corintios de que si "nos maldicen... bendecimos" (1 Co. 4:12). Señalan, por el contrario el ejemplo de Jesús, "quien cuando le maldecían, no respondía con maldición" (1 P. 2:23). Cuando a Jesús lo golpearon de forma ilegal, Él simplemente preguntó: "Si he hablado mal, testifica en qué está el mal; y si bien, ¿por qué me golpeas?" (Jn. 18:23).

La respuesta es, desde luego, que Pablo no era Jesús. Jesús fue el Hijo de Dios libre de pecado. Pablo, aunque sin duda el hombre más piadoso que alguna vez ha vivido, aún era un pecador. En Romanos 7:14ss, vívidamente describió su batalla con el pecado interior. Esta fue una ocasión en que la carne prevaleció.

Asombrados por el punzante reproche de Pablo al sumo sacerdote, **los que estaban presentes dijeron: ¿Al sumo sacerdote de Dios injurias? Injurias** se traduce de *loidoreō*, que significa "reprochar", "insultar" o "maltratar". Se usa en Juan 9:28 cuando los líderes judíos insultaron y se burlaron del ciego al que Jesús había curado. Pablo usa la palabra en 1 Corintios 4:12 para describir lo opuesto a bendecir. Pedro la usa para describir el maltrato acumulado sobre Jesús (1 P. 2:23). La forma sustantiva aparece dos veces en el Nuevo Testamento, ambas en listas de vicios que caracterizan a los incrédulos (1 Co. 5:11; 6:10). La forma adjetiva también aparece dos veces en el Nuevo Testamento. En 1 Timoteo 5:14 se la describe como una actividad de Satanás, mientras que en 1 Pedro 3:9 se prohíbe a los cristianos devolver las injurias.

El uso de *loidoreō* muestra que las personas sintieron que el fuerte lenguaje de Pablo no fue algún complot legal calculado para aprovecharse de la violación de ley por parte de Ananías, sino una expresión de ira. Fue algo, como él mismo lo reconoce en el versículo 5, que violó la ley de Dios. Aunque un individuo perverso y una vergüenza para su cargo, el sumo sacerdote aún ocupaba una posición de autoridad ordenada por Dios. No se le debía injuriar sino respetar (cp. Dt. 17:8-12). "El sumo sacerdote se presenta ante Dios. Maltratarlo, especialmente en el desempeño de su oficio, es blasfemia" (H. Hanse, "*loidoreō*", en Gerhard Kittel, ed., *Theological Dictionary of the New Testament* [Diccionario teológico del Nuevo Testamento] [Grand Rapids: Eerdmans, 1967], 4:293-94).

Siendo el hombre humilde que era, Pablo al instante reconoció su equivocación, expresando: **No sabía, hermanos, que era el sumo sacerdote; pues escrito está: No maldecirás a un príncipe de tu pueblo.** El apóstol solo ofreció la excusa de ignorancia por su arrebato, aunque la había provocado el sumo sacerdote al ordenar, de forma ilegal, que lo golpearan. Prontamente Pablo admitió que había violado la prohibición expresa de Dios en contra de maldecir a un gobernante (Éx. 22:28). Incluso citó el pasaje, con el fin de mostrar su respeto por la Palabra y su sumisión a ella. La reacción de Pablo fue la de un cristiano maduro. Vio su pecado en relación a cuán santo era Dios, no a cuán malo era el sumo sacerdote. Y cuando se dio cuenta de su pecado, inmediatamente lo confesó y se sometió a la autoridad de las Escrituras. Por tanto, los cristianos que tratan con el pecado en sus propias vidas se evitan mucho castigo (cp. 1 Co. 11:31).

Para los escépticos es increíble que Pablo no reconociera al sumo sacerdote. Se han ofrecido varias explicaciones de sus palabras, **no sabía, hermanos, que era el sumo sacerdote.** Algunos ven en ellas otra manifestación de la mala vista del apóstol, sosteniendo que no pudo discernir quién hablaba. Otros sostienen que Pablo estaba tan enojado que no se detuvo a considerar a quién le estaba hablando. Aun otros creen que habló con ironía; ya que Ananías no había actuado como el sumo sacerdote, ¿cómo lo pudo haber reconocido Pablo? Pero la explicación más sencilla es tomar literalmente las palabras del apóstol. Ya que no había visitado Jerusalén en los últimos años, era probable que no conociera de vista a Ananías. Que esta no fuera una convocatoria formal del concilio, sino una reunión informal en alguna parte de la Fortaleza Antonia, brinda más apoyo a este punto de vista. Pablo habría reconocido al sumo sacerdote si este hubiera estado usando sus vestiduras sacerdotales y hubiera estado sentado en su silla oficial.

Cualquiera que sea la explicación por no reconocer al sumo sacerdote, Pablo no ofreció una excusa. Al admitir su equivocación aceptó la responsabilidad por sus palabras. Tal actitud humilde y no defensiva es la señal de un creyente espiritual.

CONQUISTA

Entonces Pablo, notando que una parte era de saduceos y otra de fariseos, alzó la voz en el concilio: Varones hermanos, yo soy fariseo, hijo de fariseo; acerca de la esperanza y de la resurrección de los muertos se me juzga. Cuando dijo

esto, se produjo disensión entre los fariseos y los saduceos, y la asamblea se dividió. Porque los saduceos dicen que no hay resurrección, ni ángel, ni espíritu; pero los fariseos afirman estas cosas. Y hubo un gran vocerío; y levantándose los escribas de la parte de los fariseos, contendían, diciendo: Ningún mal hallamos en este hombre; que si un espíritu le ha hablado, o un ángel, no resistamos a Dios. Y habiendo grande disensión, el tribuno, teniendo temor de que Pablo fuese despedazado por ellos, mandó que bajasen soldados y le arrebatasen de en medio de ellos, y le llevasen a la fortaleza. (23:6-10)

El enfrentamiento de Pablo con el sumo sacerdote lo convenció de que no iría a recibir un juicio justo de parte del concilio. Por tanto, **notando que una parte era de saduceos y otra de fariseos, alzó la voz en el concilio: Varones hermanos, yo soy fariseo, hijo de fariseo; acerca de la esperanza y de la resurrección de los muertos se me juzga.** Según se indicó antes, dos facciones religiosas dominaban el concilio: los **saduceos** y los **fariseos.** Esas dos facciones estaban enfrentadas social, política y teológicamente.

Siendo **hijo de fariseo,** Pablo apeló a ellos para obtener apoyo. Luego exclamó: **Acerca de la esperanza y de la resurrección de los muertos se me juzga.** La resurrección de Jesucristo es la verdad central del cristianismo. Pablo afirmó que el problema era su creencia y la proclamación de la verdad (cp. 24:21). La creencia en la resurrección la sostenían comúnmente tanto cristianos como fariseos en contra de los saduceos.

La apelación de Pablo avivó la llama de las ardientes tensiones teológicas entre estas dos facciones. Lucas señala que **cuando** Pablo **dijo esto, se produjo disensión entre los fariseos y los saduceos, y la asamblea se dividió.** Por el bien de sus lectores que no eran conscientes de las diferencias entre los dos grupos, Lucas las resume brevemente. Explica que **los saduceos dicen que no hay resurrección, ni ángel, ni espíritu; pero los fariseos afirman estas cosas.** Los saduceos solo aceptaban el Pentateuco como autorizado. Rechazaban todo concepto acerca de una vida después de la muerte (cp. Mt. 22:23-33), afirmando que esta idea no se hallaba allí. Los fariseos, por otra parte, creían en la resurrección y la vida después de la muerte. Sus creencias, por tanto, eran más compatibles con el cristianismo que las de los saduceos. F. F. Bruce observa que "un saduceo no se podía convertir en cristiano sin abandonar la posición teológica característica de su grupo; un fariseo podía volverse cristiano y seguir siendo fariseo… al menos en las primeras décadas del cristianismo" (*The Book of the Acts,* El nuevo comentario internacional sobre el Nuevo Testamento [El libro de Hechos] [Grand Rapids: Eerdmans, 1971], p. 453). Las Escrituras registran fariseos que se volvieron cristianos, entre ellos Nicodemo (Jn. 3:1) y otros (Hch. 15:5), pero no registra ningún saduceo.

La apelación de Pablo lanzó confusión a la reunión. **Levantándose** en defensa de un compañero fariseo, **los escribas de la parte de los fariseos, contendían, diciendo: Ningún mal hallamos en este hombre; que si un espíritu le ha hablado, o un ángel, no resistamos a Dios.** Tan amarga fue la controversia teológica entre los dos grupos que los fariseos estuvieron dispuestos a defender a Pablo contra los saduceos.

Lisias debió haber observado con creciente frustración a medida que aumentaba la discordia. Ni siquiera después de llevar a Pablo ante la máxima corte judía estaba cerca de descubrir qué delito había cometido el apóstol. Finalmente, **habiendo grande disensión, el tribuno, teniendo temor de que Pablo fuese despedazado por ellos, mandó que bajasen soldados y le arrebatasen de en medio de ellos, y le llevasen a la fortaleza.** Una vez, más los romanos debieron rescatar a Pablo de su propio pueblo, que lo odiaba como había odiado a Cristo.

CONSUELO

A la noche siguiente se le presentó el Señor y le dijo: Ten ánimo, Pablo, pues como has testificado de mí en Jerusalén, así es necesario que testifiques también en Roma. (23:11)

Por la propia seguridad de Pablo, los romanos lo mantuvieron confinado en la Fortaleza Antonia. A solas en su celda, se hallaba físicamente maltratado, desanimado e inseguro de su futuro. Pero **a la noche siguiente** a su interrumpida audiencia ante el concilio, **se le presentó el Señor.** Como ya había ocurrido en tiempos de necesidad (cp. 18:9; 22:17-21), el Señor se le apareció en persona a su siervo.

Dios comenzó consolando a Pablo y fortaleciéndolo para que tuviera **ánimo.** De manera compasiva, Él alienta a sus siervos alicaídos, de tal modo que la Biblia lo llama "Dios de toda consolación" (2 Co. 1:3). Pablo escribió a los corintios:

> *[Dios] nos consuela en todas nuestras tribulaciones, para que podamos también nosotros consolar a los que están en cualquier tribulación, por medio de la consolación con que nosotros somos consolados por Dios. Porque de la manera que abundan en nosotros las aflicciones de Cristo, así abunda también por el mismo Cristo nuestra consolación (2 Co. 1:4-5).*

Más tarde en 2 Corintios, el apóstol pudo escribir que estaba lleno de consolación (7:4), porque Dios consuela a los deprimidos (7:6).

El Señor también elogió a Pablo, recordándole que había **testificado de** Dios **en Jerusalén.** El apóstol había terminado con éxito la tarea que el Señor le había encomendado en esa ciudad.

Por último, el Señor le dio esperanza a Pablo. Le prometió que su vida no terminaría en Jerusalén, sino que le concedería su deseo (Ro. 1:9-11; 15:23) de testificar **también en Roma.** Esa amable promesa sustentó a Pablo durante los muchos sufrimientos que soportaría antes de llegar allí.

Protección providencial 47

Venido el día, algunos de los judíos tramaron un complot y se juramentaron bajo maldición, diciendo que no comerían ni beberían hasta que hubiesen dado muerte a Pablo. Eran más de cuarenta los que habían hecho esta conjuración, los cuales fueron a los principales sacerdotes y a los ancianos y dijeron: Nosotros nos hemos juramentado bajo maldición, a no gustar nada hasta que hayamos dado muerte a Pablo. Ahora pues, vosotros, con el concilio, requerid al tribuno que le traiga mañana ante vosotros, como que queréis indagar alguna cosa más cierta acerca de él; y nosotros estaremos listos para matarle antes que llegue. Mas el hijo de la hermana de Pablo, oyendo hablar de la celada, fue y entró en la fortaleza, y dio aviso a Pablo. Pablo, llamando a uno de los centuriones, dijo: Lleva a este joven ante el tribuno, porque tiene cierto aviso que darle. Él entonces tomándole, le llevó al tribuno, y dijo: El preso Pablo me llamó y me rogó que trajese ante ti a este joven, que tiene algo que hablarte. El tribuno, tomándole de la mano y retirándose aparte, le preguntó: ¿Qué es lo que tienes que decirme? Él le dijo: Los judíos han convenido en rogarte que mañana lleves a Pablo ante el concilio, como que van a inquirir alguna cosa más cierta acerca de él. Pero tú no les creas; porque más de cuarenta hombres de ellos le acechan, los cuales se han juramentado bajo maldición, a no comer ni beber hasta que le hayan dado muerte; y ahora están listos esperando tu promesa. Entonces el tribuno despidió al joven, mandándole que a nadie dijese que le había dado aviso de esto. Y llamando a dos centuriones, mandó que preparasen para la hora tercera de la noche doscientos soldados, setenta jinetes y doscientos lanceros, para que fuesen hasta Cesarea; y que preparasen cabalgaduras en que poniendo a Pablo, le llevasen en salvo a Félix el gobernador. Y escribió una carta en estos términos: Claudio Lisias al excelentísimo gobernador Félix: Salud. A este hombre, aprehendido por los judíos, y que iban ellos a matar, lo libré yo acudiendo con la tropa, habiendo sabido que era ciudadano romano. Y queriendo saber la causa por qué le acusaban, le llevé al concilio de ellos; y hallé que le acusaban por cuestiones de la ley de ellos, pero que ningún delito tenía digno de muerte o de prisión. Pero al ser avisado de asechanzas que los judíos habían tendido contra este hombre, al punto le he enviado a ti, intimando también a los acusadores

que traten delante de ti lo que tengan contra él. Pásalo bien. Y los soldados, tomando a Pablo como se les ordenó, le llevaron de noche a Antípatris. Y al día siguiente, dejando a los jinetes que fuesen con él, volvieron a la fortaleza. Cuando aquéllos llegaron a Cesarea, y dieron la carta al gobernador, presentaron también a Pablo delante de él. Y el gobernador, leída la carta, preguntó de qué provincia era; y habiendo entendido que era de Cilicia, le dijo: Te oiré cuando vengan tus acusadores. Y mandó que le custodiasen en el pretorio de Herodes. (23:12-35)

Este pasaje encuentra a Pablo en circunstancias difíciles. Lo habían acusado falsamente, lo habían golpeado, arrestado, encarcelado y habían conspirado contra él. Sin embargo, Dios lo liberó, no por medio de un milagro sobrenatural, sino mediante su orden providencial de las circunstancias.

La situación de Pablo se asemeja mucho a la de otro hombre de Dios: David. A él también lo trataron injustamente y conspiraron en su contra, solo para experimentar una y otra vez la liberación providencial de Dios.

David aparece primero en el registro bíblico de 1 Samuel 16, cuando fue ungido rey en lugar del desobediente Saúl. No obstante, muchos años transcurrirían antes de que comenzara su reinado. Durante gran parte de ese tiempo, David fue un proscrito acosado y perseguido por el dementemente celoso rey a quien él había servido con lealtad.

La asociación de David con Saúl comenzó cuando providencialmente fue elegido como músico de la corte (1 S. 16:14-18). Su hábil tañido del arpa traía consuelo al atormentado rey. Como resultado, Saúl amó a David en gran manera y lo nombró su escudero (1 S. 16:21). Poco después David rescató a Saúl y a Israel de sus perennes enemigos los filisteos. Aceptando sin temor el desafío que hiciera el campeón de ellos, el gigante Goliat, David lo mató en un combate singular (1 S. 17:17-51). Los consternados filisteos fueron entonces derrotados por los israelitas (1 S. 17:52). Saúl recompensó a David nombrándolo comandante del ejército (18:5).

Pero la admiración de Saúl por David se convirtió pronto en sospecha y celos cuando David recibió mayor aclamación que él (1 S. 18:6-9). Durante el resto de su vida, Saúl trató sin éxito de asesinarlo. Después de no poder matarlo personalmente (1 S. 18:10-11), Saúl lo degradó y lo desterró del palacio. Esperó que David muriera en batalla contra los filisteos (1 S. 18:17, 21), pero la habilidad y el triunfo de David en batalla le hicieron ganar más alta estima (1 S. 18:30).

Entonces Saúl ordenó a sus siervos que mataran a David (1 S. 19:1ss). Solamente la intervención de Jonatán, el hijo de Saúl (1 S. 19:1-7), de su hija Mical (1 S. 19:11-17), y de su mentor Samuel (1 S. 19:18-24) salvaron la vida de David. Pero desde entonces hasta la muerte de Saúl en batalla contra los filisteos, David fue un fugitivo perseguido. A lo largo de ese período difícil y peligroso, David permaneció fiel a Saúl (1 S. 24:2ss; 26:2ss; cp. 2 S. 1:1ss) y experimentó la protección providencial de Dios (1 S. 23:14, 24-28; 28:1-2; 29:1-11).

La muerte de Saúl no terminó con los problemas de David. Las tribus del norte lo rechazaron como rey a favor de Is-boset hijo de Saúl (2 S. 2:8-9). Se necesitaron varios años de guerra civil para que David uniera toda la nación bajo su gobierno. E incluso después de su ascensión al trono se enfrentó a otras dificultades graves. En la traición más dolorosa, su hijo Absalón encabezó una revuelta en su contra en la que participaron el consejero de confianza del rey, Ahitofel, y su sobrino Amasa. Tan pronto se sofocó esa revuelta, estalló otra (2 S. 20:1ss). Sin embargo, durante todas las dificultades de David como rey, Dios lo protegió de manera providencial.

Mientras el apóstol Pablo se hallaba en su celda, pudo haber cavilado en las experiencias de David. Quizás las palabras de Salmos 56, compuestas cuando David huyó de Saúl hacia la ciudad filistea de Gat, le llegaron a la mente.

> *Ten misericordia de mí, oh Dios, porque me devoraría el hombre; me oprime combatiéndome cada día. Todo el día mis enemigos me pisotean; porque muchos son los que pelean contra mí con soberbia. En el día que temo, yo en ti confío. En Dios alabaré su palabra; en Dios he confiado; no temeré; ¿qué puede hacerme el hombre? Todos los días ellos pervierten mi causa; contra mí son todos sus pensamientos para mal. Se reúnen, se esconden, miran atentamente mis pasos, como quienes acechan a mi alma. Pésalos según su iniquidad, oh Dios, y derriba en tu furor a los pueblos. Mis huidas tú has contado; pon mis lágrimas en tu redoma; ¿No están ellas en tu libro? Serán luego vueltos atrás mis enemigos, el día en que yo clamare; esto sé, que Dios está por mí. En Dios alabaré su palabra; en Jehová su palabra alabaré. En Dios he confiado; no temeré; ¿qué puede hacerme el hombre? Sobre mí, oh Dios, están tus votos; te tributaré alabanzas. Porque has librado mi alma de la muerte, y mis pies de caída, para que ande delante de Dios en la luz de los que viven (vv. 1-13).*

Ese salmo expresaba la confianza de David en el cuidado divino, a pesar de la agresiva opresión de los hombres. Pablo también había experimentado recientes circunstancias difíciles. Su intento de conciliar a los judíos cristianos en Jerusalén (21:20ss) había terminado en un disturbio... uno en que casi lo matan. Su intento de defenderse delante de la iracunda turba que lo había agarrado en el templo también terminó en disturbio (21:27ss). Su comparecencia ante la corte superior judía había terminado en caos. Y aunque no lo acusaban de ningún delito, Pablo seguía bajo la custodia de los romanos.

Como había hecho en tiempos pasados de desánimo (18:9; 22:17-21), el Señor mismo se le apareció al apóstol (23:11) para consolarlo, elogiarlo y darle esperanza. Le prometió al apóstol que no moriría en Jerusalén sino que viviría para testificar algún día en Roma. El Señor fortaleció aun más la esperanza de Pablo en esa promesa al liberarlo de forma providencial de una conspiración para asesinarlo.

Este pasaje narrativo no contiene verdades doctrinales ni exhortaciones prácticas; simplemente relata un suceso en la vida de Pablo. Sin embargo, ningún pasaje de la Biblia podría ilustrar más claramente la providencia divina.

La providencia de Dios es su soberano control y el ordenamiento de las circunstancias naturales a fin de lograr su voluntad. Esto también se ilustra con claridad en el libro de Ester en el Antiguo Testamento, donde providencialmente Dios protegió a su pueblo Israel de sus destructivos enemigos. La providencia de Dios yace en pasajes tan conocidos y consoladores como Filipenses 4:5-7, Hebreos 13:6 y Lucas 12:22-34.

La dramática y providencial liberación de Pablo se representa en tres escenarios: preparación, descubrimiento y frustración del complot.

SE PREPARA EL COMPLOT

Venido el día, algunos de los judíos tramaron un complot y se juramentaron bajo maldición, diciendo que no comerían ni beberían hasta que hubiesen dado muerte a Pablo. Eran más de cuarenta los que habían hecho esta conjuración, los cuales fueron a los principales sacerdotes y a los ancianos y dijeron: Nosotros nos hemos juramentado bajo maldición, a no gustar nada hasta que hayamos dado muerte a Pablo. Ahora pues, vosotros, con el concilio, requerid al tribuno que le traiga mañana ante vosotros, como que queréis indagar alguna cosa más cierta acerca de él; y nosotros estaremos listos para matarle antes que llegue. (23:12-15)

El **día** posterior a la comparecencia de Pablo ante el concilio, **algunos de los judíos,** frustrados al verlo escapar con vida, prepararon **un complot** para asesinarlo. **Se juramentaron bajo maldición, diciendo que no comerían ni beberían hasta que hubiesen dado muerte a Pablo.** Ese juramento mostraba la seriedad de sus intenciones. El texto griego reza: "Se pusieron bajo maldición" (cp. Gá. 1:8, 9), invocando, por consiguiente, el juicio divino si fallaban en cumplir su juramento. Es probable que para el efecto expresaran palabras como "que Dios nos haga así y más si comemos o bebemos algo hasta que Pablo esté muerto" (cp. 1 S. 14:44; 2 S. 3:35; 19:13; 1 R. 2:23; 2 R. 6:31).

La escena es un trágico recordatorio de la muerte de Jesús. Tanto Jesús como Pablo eran judíos, predicadores del evangelio a su pueblo y culpables de ningún delito. Sin embargo, contra ambos planearon conspiración, ambos enfrentaron al confundido concilio, y ambos fueron prisioneros en la Fortaleza Antonia. Pablo participó realmente en "sus padecimientos" (Fil. 3:10; cp. Gá. 6:17).

¿Por qué los judíos reaccionaron con tan violenta hostilidad hacia alguien que no había cometido ningún delito contra la ley judía, alguien que los amó y que les anunció la salvación por medio del Mesías, Jesucristo? Pablo dio la respuesta en 2 Corintios 4:4: "El dios de este siglo cegó el entendimiento de los incrédulos, para que no les resplandezca la luz del evangelio de la gloria de Cristo, el cual es la imagen de Dios". Tan engañados estaban que no pudieron discernir la verdad y fueron arrastrados en la rebelión de Satanás. Esa rebelión comenzó en el cielo. Lucifer, no contento con ser el más exaltado de todos los seres creados por Dios, se rebeló contra Él (Is. 14:12ss; Ez. 28:12ss; Ap. 12:3-4, 7-9). La rebelión continuó en el huerto cuando Satanás tentó a Adán y Eva, quienes al desobedecer condujeron a la humanidad al pecado. Decidido a frustrar el plan redentor de Dios (cp. Gn. 3:15), Satanás trató sin éxito de destruir la nación del Mesías, su dinastía y, finalmente, al Mesías mismo. Pero fue totalmente derrotado por la obra salvadora de Cristo en la cruz y la triunfante resurrección. Desde entonces ha intentado silenciar a los predicadores del evangelio. Los conspiradores fueron engañados por Satanás, dispuestos a ser usados para sofocar el evangelio salvador tratando de matar al predicador cristiano más eficaz.

Lucas relata que **eran más de cuarenta los que habían hecho esta conjuración.** Ellos sabían que no podían depender de los romanos para ejecutar a Pablo, pues no había delito capital por el cual acusarlo. Tampoco se arriesgaron a otro discurso de Pablo, por temor a que este pusiera de su parte a la opinión pública. Por tanto, decidieron tomar el asunto en sus propias manos. Se necesitaban **más de cuarenta** hombres, porque Pablo estaría fuertemente custodiado por soldados romanos. Que muchos de los conspiradores no dudaran de morir en la refriega expresa su fanatismo (cp. Jn. 16:2). Hacer que muchos tomaran parte en el complot también serviría para desviar de un solo individuo cualquier culpa.

A fin de asegurar el éxito del complot, los conspiradores necesitaban la ayuda del concilio. **Fueron a los principales sacerdotes y a los ancianos**, quienes siendo saduceos estarían más ansiosos de ayudar. Significativamente, fueron excluidos los escribas, que en gran parte eran fariseos iguales a Pablo y recientemente lo habían defendido. Los conspiradores informaron primero sus intenciones al concilio, diciendo: **Nosotros nos hemos juramentado bajo maldición, a no gustar nada hasta que hayamos dado muerte a Pablo.** Después mencionaron la parte del concilio en la conspiración: **Ahora pues, vosotros, con el concilio, requerid al tribuno que le traiga mañana ante vosotros, como que queréis indagar alguna cosa más cierta acerca de él; y nosotros estaremos listos para matarle antes que llegue.** Que los conspiradores supusieran que el liderazgo del concilio tomaría parte en un complot de asesinato dice mucho acerca de la muy evidente corrupción de la corte suprema de Israel. Tampoco el concilio los desilusionaría (v. 20).

SE DESCUBRE EL COMPLOT

Mas el hijo de la hermana de Pablo, oyendo hablar de la celada, fue y entró en la fortaleza, y dio aviso a Pablo. Pablo, llamando a uno de los centuriones, dijo: Lleva a este joven ante el tribuno, porque tiene cierto aviso que darle. Él entonces tomándole, le llevó al tribuno, y dijo: El preso Pablo me llamó y me rogó que trajese ante ti a este joven, que tiene algo que hablarte. El tribuno, tomándole de la mano y retirándose aparte, le preguntó: ¿Qué es lo que tienes que decirme? Él le dijo: Los judíos han convenido en rogarte que mañana lleves a Pablo ante el concilio, como que van a inquirir alguna cosa más cierta acerca de él. Pero tú no les creas; porque más de cuarenta hombres de ellos le acechan, los cuales se han juramentado bajo maldición, a no comer ni beber hasta que le hayan dado muerte; y ahora están listos esperando tu promesa. Entonces el tribuno despidió al joven, mandándole que a nadie dijese que le había dado aviso de esto. (23:16-22)

Al participar tantos conspiradores, el complot no se podía mantener en secreto por mucho tiempo. En la providencia divina, **el hijo de la hermana de Pablo** oyó **hablar de la celada.** Esta es la única referencia específica en la Biblia a la familia de Pablo (excepto por posibles referencias en Ro. 16:7, 11, 21), lo que plantea muchas preguntas que no se pueden contestar con seguridad. ¿Qué estaba haciendo en Jerusalén el sobrino de Pablo, ya que la casa de la familia estaba en Tarso? ¿Estaba el joven siguiendo los pasos de su tío y estudiando para ser rabino? Puesto que la familia de Pablo, al parecer, lo había desheredado cuando se convirtió en creyente (Fil. 3:8), ¿por qué al muchacho le importó lo que le pasara a su tío? ¿Se habían vuelto cristianos la hermana o el sobrino de Pablo?

Tampoco se sabe cómo el sobrino se enteró de la conspiración, pero cuando lo hizo, **fue y entró en la fortaleza, y dio aviso a Pablo.** El apóstol no estaba acusado de ningún delito, así que simplemente estaba en prisión preventiva. Por consiguiente, le permitían recibir visitas. Al conocer, por experiencia, el peligro de tales complots (cp. Hch. 9:23, 29; 20:3, 19), **Pablo, llamando** inmediatamente **a uno de los centuriones, dijo: Lleva a este joven ante el tribuno, porque tiene cierto aviso que darle.**

El centurión tomó al sobrino de Pablo, **le llevó al tribuno, y dijo: El preso Pablo** (cp. Ef. 3:1; 2 Ti. 1:8; Flm. 1, 9, 23) **me llamó y me rogó que trajese ante ti a este joven, que tiene algo que hablarte.** Por respeto al rango de Lisias, Pablo se comunicó con él a través de uno de sus centuriones. Que este hiciera al instante lo que Pablo pedía muestra el respeto que imponía la ciudadanía romana del apóstol. En adecuado modo militar, el hombre informó de la situación a su oficial al mando.

El tribuno estaba desesperado por cualquier información que le pudiera ayudar a decidir qué hacer con Pablo. Por tanto, tomando **de la mano** al sobrino del apóstol **y retirándose aparte, le preguntó: ¿Qué es lo que tienes que decirme?** El muchacho sin duda estaba muy emocionado e intimidado por su entorno, así que Lisias lo llevó aparte para hablar con él en privado. También comprendió que la información era confidencial, ya que no se la habían revelado al centurión.

El muchacho informó a Lisias del complot con todo lujo de detalles: **Los judíos han convenido en rogarte que mañana lleves a Pablo ante el concilio, como que van a inquirir alguna cosa más cierta acerca de él.** Por tanto, en la providencia de Dios, Lisias se enteró del complot antes de que los judíos ni siquiera se le aproximaran. El sobrino de Pablo instó entonces al comandante romano a no ceder: **Pero tú no les creas; porque más de cuarenta hombres de ellos le acechan, los cuales se han juramentado bajo maldición, a no comer ni beber hasta que le hayan dado muerte; y ahora están listos esperando tu promesa.**

Reconociendo la gravedad de la situación, Lisias actuó de inmediato. En primer lugar **despidió al joven, mandándole que a nadie dijese que le había dado aviso de esto.** Si los conspiradores se daban cuenta de que se había descubierto el complot sin duda lo habrían abandonado y habrían preparado otro. Y Lisias debió razonar que si esta conspiración no se hubiera descubierto, podrían haber matado a Pablo. Además, si los judíos no sabían que él se había enterado de la maquinación, no podían cuestionarle los motivos de enviar al apóstol a Cesarea. Entonces el comandante tomó las medidas necesarias, sin imaginar que estaba llevando a cabo la protección providencial de Dios para Pablo.

SE FRUSTRA EL COMPLOT

Y llamando a dos centuriones, mandó que preparasen para la hora tercera de la noche doscientos soldados, setenta jinetes y doscientos lanceros, para que fuesen hasta Cesarea; y que preparasen cabalgaduras en que poniendo a Pablo, le llevasen en salvo a Félix el gobernador. Y escribió una carta en estos términos: Claudio Lisias al excelentísimo gobernador Félix: Salud. A este hombre, aprehendido por los judíos, y que iban ellos a matar, lo libré yo acudiendo con la tropa, habiendo sabido que era ciudadano romano. Y queriendo saber la causa por qué le acusaban, le llevé al concilio de ellos; y hallé que le acusaban por cuestiones de la ley de ellos, pero que ningún delito tenía digno de muerte o de prisión. Pero al ser avisado de asechanzas que los judíos habían tendido contra este hombre, al punto le he enviado a ti, intimando también a los acusadores que traten delante de ti lo que tengan contra él. Pásalo bien. Y los soldados, tomando a Pablo como se les ordenó, le llevaron

de noche a Antípatris. Y al día siguiente, dejando a los jinetes que fuesen con él, volvieron a la fortaleza. Cuando aquéllos llegaron a Cesarea, y dieron la carta al gobernador, presentaron también a Pablo delante de él. Y el gobernador, leída la carta, preguntó de qué provincia era; y habiendo entendido que era de Cilicia, le dijo: Te oiré cuando vengan tus acusadores. Y mandó que le custodiasen en el pretorio de Herodes. (23:23-35)

Enfrentado con una situación difícil y explosiva, Lisias volvió a demostrar que era un buen comandante. Al comprender que las cosas se le estaban saliendo de las manos, sabiamente decidió sacar a Pablo de Jerusalén. Por supuesto, eso frustraría el complot y evitaría que un prisionero fuera asesinado; también impediría un enfrentamiento con los judíos que podía degenerar en una revuelta a gran escala. Por consiguiente, decidió trasladar el problema a su superior, el gobernador romano Félix.

Después de tomar su decisión, Lisias no perdió tiempo. **Llamando** al instante **a dos centuriones,** les dio órdenes de **que preparasen para la hora tercera de la noche doscientos soldados, setenta jinetes y doscientos lanceros, para que fuesen hasta Cesarea. Cesarea,** a poco más de cien kilómetros de Jerusalén, era la sede del gobierno de Judea. Allí era donde Félix tenía su cuartel general.

Por no querer arriesgarse a que se urdiera alguna otra emboscada, Lisias destaca una poderosa fuerza reciamente armada de la mitad de la guarnición de mil hombres para escoltar a Pablo en la larga marcha hasta la costa. Los **doscientos soldados** eran legionarios romanos, las tropas más formidables de la antigüedad. También se enviaron **setenta jinetes** del destacamento de caballería del séquito, junto con **doscientos lanceros** o lanzadores de jabalina ligeramente armados.

Sin estar dispuesto a esperar hasta el día siguiente, Lisias ordenó que el destacamento saliera a **la hora tercera de la noche** (a las 9 de la noche). Puesto que la velocidad era importante, también mandó **que preparasen cabalgaduras** para **Pablo.** La misión del grupo era llevarlo a **salvo** ante **Félix el gobernador,** el inmediato superior de Lisias.

Como se requería cuando un funcionario romano enviaba un prisionero a su superior (Everett F. Harrison, *Interpreting Acts: The Expanding Church* [Interpretación de Hechos: La iglesia en expansión] [Grand Rapids: Zondervan, 1986], p. 373), Lisias **escribió una carta** de explicación para Félix, la cual Lucas resume así:

> **Claudio Lisias al excelentísimo gobernador Félix: Salud. A este hombre, aprehendido por los judíos, y que iban ellos a matar, lo libré yo acudiendo con la tropa, habiendo sabido que era ciudadano romano. Y queriendo saber la causa por qué le acusaban, le llevé al concilio de ellos; y hallé que le acusaban por cuestiones de la ley de ellos, pero**

que ningún delito tenía digno de muerte o de prisión. Pero al ser avisado de asechanzas que los judíos habían tendido contra este hombre, al punto le he enviado a ti, intimando también a los acusadores que traten delante de ti lo que tengan contra él. Pásalo bien. (23:26-30)

Claudio era el nombre romano que el tribuno adquirió (quizás en honor al emperador Claudio) cuando obtuvo la ciudadanía (22:28). Puesto que **Lisias** es un nombre griego, significa que posiblemente el hombre era un griego que había nacido libre por nacionalidad.

Diplomáticamente dirigió la carta **al excelentísimo gobernador Félix.** La misiva ofrece un resumen bastante exacto de los acontecimientos que llevaron a su decisión de enviar a Pablo a Cesarea. Lisias embellece las cosas de la mejor manera posible; contrario a lo que manifestó por escrito, no descubrió la ciudadanía romana de Pablo hasta después de rescatarlo. Y de modo conveniente no menciona su orden de azotarlo y su errónea suposición de que era el famoso perturbador egipcio. Lisias señaló sus esfuerzos de resolver el caso, informando a Félix que **queriendo saber la causa por qué acusaban** a Pablo, lo llevó **al concilio de ellos.** Su declaración de que al apóstol no se le inculpaba de **ningún delito** que fuera **digno de muerte o de prisión** equivale a declararlo inocente. Luego Lisias concluyó dando su razón para asignar a Félix el caso de Pablo: **Al ser avisado de asechanzas que los judíos habían tendido contra este hombre, al punto le he enviado a ti.** La seguridad del apóstol requería que lo trasladaran a Cesarea.

Después de hacer todos preparativos necesarios, **los soldados, tomando a Pablo como se les ordenó, le llevaron de noche a Antípatris. Antípatris**, como a cincuenta y cinco kilómetros de distancia, era un puesto militar romano usado como área de descanso para los viajeros entre Jerusalén y Cesarea. Herodes el Grande lo había hecho construir y lo llamó así en honor a su padre, Antípater. Para llegar allí en una noche se habría requerido una agotadora marcha forzada, especialmente por parte de los soldados de infantería.

Después de pasar con éxito la principal zona de peligro alrededor de Jerusalén, las tropas que escoltaban a Pablo pasaron la noche en Antípatris. **Al día siguiente, dejando a los jinetes que fuesen con** el apóstol a Cesarea, los soldados de infantería **volvieron a la fortaleza** en Jerusalén. Antípatris marcaba la frontera entre Judea y la región mayormente gentil de Samaria. El peligro de una emboscada se había reducido ahora en gran manera, y la escolta de caballería sería suficiente para llevar a Pablo hasta Cesarea.

Una vez en **Cesarea,** los que escoltaban al apóstol le **dieron la carta al gobernador,** y **presentaron también a Pablo delante de él.** Félix, una vez **leída la carta, preguntó de qué provincia era** el apóstol. La respuesta determinaría si Félix tenía jurisdicción para oír su caso. Cuando supo **que** el prisionero **era de**

Cilicia estuvo de acuerdo en oír el caso. Ya que Cilicia, que al igual que Judea estaba en esa época bajo la jurisdicción de Siria, Félix tenía autoridad para tratar el caso de Pablo. Por tanto le informó: **Te oiré cuando vengan tus acusadores** (cp. v. 30). Mientras tanto **mandó que le custodiasen en el pretorio de Herodes,** la residencia oficial del gobernador. El escenario, por tanto, estaba fijado para el primero en una serie de juicios romanos contra Pablo.

La protección providencial de Dios hacia su siervo demuestra su fidelidad. Basado en parte en sus propias experiencias, el apóstol pudo declarar a los corintios: "Fiel es Dios" (1 Co. 1:9; cp. 10:13; 2 Co. 1:18; 2 Ts. 3:3). El primer paso en esa dirección ocurrió el día posterior a la promesa de Dios de llevar a Pablo a Roma. Él también mostró su cuidado hacia el apóstol al proveerle soberanamente un viaje seguro y cómodo a Cesarea y proporcionarle el mejor de los alojamientos al llegar allí. Pablo experimentó la verdad expresada por Pedro: "Echando toda vuestra ansiedad sobre él, porque él tiene cuidado de vosotros" (1 P. 5:7).

Pablo bajo juicio, fase uno: ante Félix

48

Cinco días después, descendió el sumo sacerdote Ananías con algunos de los ancianos y un cierto orador llamado Tértulo, y comparecieron ante el gobernador contra Pablo. Y cuando éste fue llamado, Tértulo comenzó a acusarle, diciendo: Como debido a ti gozamos de gran paz, y muchas cosas son bien gobernadas en el pueblo por tu prudencia, oh excelentísimo Félix, lo recibimos en todo tiempo y en todo lugar con toda gratitud. Pero por no molestarte más largamente, te ruego que nos oigas brevemente conforme a tu equidad. Porque hemos hallado que este hombre es una plaga, y promotor de sediciones entre todos los judíos por todo el mundo, y cabecilla de la secta de los nazarenos. Intentó también profanar el templo; y prendiéndole, quisimos juzgarle conforme a nuestra ley. Pero interviniendo el tribuno Lisias, con gran violencia le quitó de nuestras manos, mandando a sus acusadores que viniesen a ti. Tú mismo, pues, al juzgarle, podrás informarte de todas estas cosas de que le acusamos. Los judíos también confirmaban, diciendo ser así todo. Habiéndole hecho señal el gobernador a Pablo para que hablase, éste respondió: Porque sé que desde hace muchos años eres juez de esta nación, con buen ánimo haré mi defensa. Como tú puedes cerciorarte, no hace más de doce días que subí a adorar a Jerusalén; y no me hallaron disputando con ninguno, ni amotinando a la multitud; ni en el templo, ni en las sinagogas ni en la ciudad; ni te pueden probar las cosas de que ahora me acusan. Pero esto te confieso, que según el Camino que ellos llaman herejía, así sirvo al Dios de mis padres, creyendo todas las cosas que en la ley y en los profetas están escritas; teniendo esperanza en Dios, la cual ellos también abrigan, de que ha de haber resurrección de los muertos, así de justos como de injustos. Y por esto procuro tener siempre una conciencia sin ofensa ante Dios y ante los hombres. Pero pasados algunos años, vine a hacer limosnas a mi nación y presentar ofrendas. Estaba en ello, cuando unos judíos de Asia me hallaron purificado en el templo, no con multitud ni con alboroto. Ellos debieran comparecer ante ti y acusarme, si contra mí tienen algo. O digan éstos mismos si hallaron en mí alguna cosa mal hecha, cuando comparecí ante el concilio, a no ser que estando entre ellos

prorrumpí en alta voz: Acerca de la resurrección de los muertos soy juzgado hoy por vosotros. Entonces Félix, oídas estas cosas, estando bien informado de este Camino, les aplazó, diciendo: Cuando descendiere el tribuno Lisias, acabaré de conocer de vuestro asunto. Y mandó al centurión que se custodiase a Pablo, pero que se le concediese alguna libertad, y que no impidiese a ninguno de los suyos servirle o venir a él. Algunos días después, viniendo Félix con Drusila su mujer, que era judía, llamó a Pablo, y le oyó acerca de la fe en Jesucristo. Pero al disertar Pablo acerca de la justicia, del dominio propio y del juicio venidero, Félix se espantó, y dijo: Ahora vete; pero cuando tenga oportunidad te llamaré. Esperaba también con esto, que Pablo le diera dinero para que le soltase; por lo cual muchas veces lo hacía venir y hablaba con él. Pero al cabo de dos años recibió Félix por sucesor a Porcio Festo; y queriendo Félix congraciarse con los judíos, dejó preso a Pablo. (24:1-27)

Este capítulo presenta uno de los ejemplos más trágicos de oportunidad perdida en toda la Biblia. Félix, el gobernador romano de Judea, tuvo el privilegio de pasar mucho tiempo con el apóstol Pablo. Sin embargo, por desgracia dejó escapar la ocasión y no hay evidencia que indique que no se haya perdido eternamente.

La Biblia presenta muchos ejemplos de oportunidad perdida en cuanto a la salvación. Algunos filósofos paganos, después de oír la defensa del cristianismo por parte de Pablo en el areópago de Atenas, lo despidieron con las palabras "Ya te oiremos acerca de esto otra vez" (Hch. 17:32). Pero Pablo salió pronto de Atenas, nunca regresó, y los filósofos no volvieron a oírlo.

Lucas 9:57-62 registra las oportunidades perdidas de algunos aspirantes a discípulos del Señor:

> *Yendo ellos, uno le dijo en el camino: Señor, te seguiré adondequiera que vayas. Y le dijo Jesús: Las zorras tienen guaridas, y las aves de los cielos nidos; mas el Hijo del Hombre no tiene dónde recostar la cabeza. Y dijo a otro: Sígueme. Él le dijo: Señor, déjame que primero vaya y entierre a mi padre. Jesús le dijo: Deja que los muertos entierren a sus muertos; y tú ve, y anuncia el reino de Dios. Entonces también dijo otro: Te seguiré, Señor; pero déjame que me despida primero de los que están en mi casa. Y Jesús le dijo: Ninguno que poniendo su mano en el arado mira hacia atrás, es apto para el reino de Dios.*

La parábola de las vírgenes prudentes e insensatas (Mt. 25:1-12) también ilustra la tragedia de la oportunidad perdida. Lo mismo sucede con la historia de los israelitas rebeldes que murieron en el desierto y no pudieron entrar en la tierra prometida (He. 3:7ss).

Pero el ejemplo más sorprendente de oportunidad perdida es Judas. A este se le concedió misericordiosamente una oportunidad dada solo a once hombres más: vivir y ministrar con el Señor Jesucristo durante su ministerio terrenal. Judas pudo haber estado en uno de los doce tronos en el reino, juzgando a las doce tribus de Israel (Mt. 19:28). Su nombre pudo haber estado en uno de los doce cimientos de la Jerusalén celestial (Ap. 21:14). Pudo haber sido uno de los santos más honrados en toda la historia redentora. En lugar de eso, Judas se convirtió en ladrón, hipócrita y traidor. Despreció su oportunidad por míseras treinta monedas de plata, se suicidó, y fue condenado al castigo eterno. Nuestro Señor resumió la vida de Judas en las terribles palabras de Mateo 26:24: "¡Ay de aquel hombre por quien el Hijo del Hombre es entregado! Bueno le fuera a ese hombre no haber nacido".

Félix fue trágicamente parecido a Judas. Judas vivió con el Señor Jesús durante más de tres años; Félix tuvo en su palacio a Pablo durante más de dos años. Judas tuvo muchas oportunidades de hablar con Jesús; Félix "muchas veces lo hacía venir [a Pablo] y hablaba con él" (v. 26). Judas traicionó al Hijo de Dios por dinero; Félix "esperaba también con esto, que Pablo le diera dinero para que le soltase" (v. 26). Judas traicionó al Señor ante las autoridades judías; Félix, por temor a esas mismas autoridades, traicionó a Pablo al negarse a liberarlo a pesar de saber que era inocente.

La audiencia de Pablo ante Félix, como cualquier juicio, consistió de tres partes: enjuiciamiento, defensa y veredicto.

ENJUICIAMIENTO

Cinco días después, descendió el sumo sacerdote Ananías con algunos de los ancianos y un cierto orador llamado Tértulo, y comparecieron ante el gobernador contra Pablo. Y cuando éste fue llamado, Tértulo comenzó a acusarle, diciendo: Como debido a ti gozamos de gran paz, y muchas cosas son bien gobernadas en el pueblo por tu prudencia, oh excelentísimo Félix, lo recibimos en todo tiempo y en todo lugar con toda gratitud. Pero por no molestarte más largamente, te ruego que nos oigas brevemente conforme a tu equidad. Porque hemos hallado que este hombre es una plaga, y promotor de sediciones entre todos los judíos por todo el mundo, y cabecilla de la secta de los nazarenos. Intentó también profanar el templo; y prendiéndole, quisimos juzgarle conforme a nuestra ley. Pero interviniendo el tribuno Lisias, con gran violencia le quitó de nuestras manos, mandando a sus acusadores que viniesen a ti. Tú mismo, pues, al juzgarle, podrás informarte de todas estas cosas de que le acusamos. Los judíos también confirmaban, diciendo ser así todo. (24:1-9)

Cinco días después de la llegada de Pablo a Cesarea, **descendió el sumo sacerdote Ananías** desde Jerusalén **con algunos de los ancianos** del concilio. No contentos simplemente con haber hecho sacar de Jerusalén al apóstol, siguieron tratando de quitarle la vida. Preparar el caso, contratar un abogado, viajar más de cien kilómetros hasta Cesarea, y hacerlo todo en solo cinco días requirió rápida acción de parte de ellos. Quizás temían que Félix liberara a Pablo si no procedían rápido en acusarlo.

Ananías fue uno de los sumos sacerdotes más corruptos en la historia de Israel. Veía a Pablo como una amenaza a su posición, y como alguien a quien se debía eliminar. También en el séquito había varios **ancianos,** líderes clave del concilio. Que los dirigentes religiosos y políticos de Israel llegaran en persona para acusar a Pablo muestra la gravedad de la amenaza que el apóstol representaba para ellos.

Sin embargo, el sumo sacerdote y los ancianos no sostuvieron el caso contra Pablo. Para eso contrataron a **cierto orador llamado Tértulo, y** por medio de él **comparecieron ante el gobernador contra Pablo.** Se desconoce si el hombre era romano o judío griego, pero es muy probable que lo eligieran porque era muy versado en la ley romana. No era extraño que los judíos contrataran tales expertos para que los representaran en procedimientos romanos legales.

La audiencia comenzó **cuando** Pablo **fue llamado.** Antes de que **Tértulo** comenzara **a acusarle,** se dirigió a Félix con la clase de discurso florido, adulador y halagador (conocido como *captatio benevolentiae*) acostumbrado en tales situaciones. Por desgracia, no se podía decir muchas cosas buenas respecto a Félix, procurador (gobernador) de Judea del 52 al 59 d.C. Un antiguo esclavo, Félix, debía su posición a la influencia de su hermano Palas, favorito del emperador Claudio. El historiador romano Tácito lo descartó de manera desdeñosa con el comentario: "Él ejercía el poder de un rey con la mente de un esclavo" (F. F. Bruce, *Paul: Apostle of the Heart Set Free* [Pablo: El apóstol del corazón libre] [Grand Rapids: Eerdmans, 1977], p. 355).

La declaración inicial de Tértulo para Félix: **Como debido a ti gozamos de gran paz, y muchas cosas son bien gobernadas en el pueblo por tu prudencia, oh excelentísimo Félix, lo recibimos en todo tiempo y en todo lugar con toda gratitud,** forzaba la verdad al punto límite. Félix se las arreglaba para suprimir algunas de las errantes bandas de *sicarii* ("asesinos"), terroristas antirromanos ferozmente nacionalistas (cp. capítulo 45 de esta obra). También derrotó al falso mesías egipcio a quien Lisias supuso erróneamente que era Pablo (cp. capítulo 45 de esta obra). Pero sus métodos eran tan brutales que indignaban y alejaban a los judíos, lo que provocaba más disturbios. Si llegó a realizar algunas reformas, la historia no las registra. Su ineptitud lo llevó a su salida del cargo por parte de Nerón dos años después de esta audiencia (24:27). A pesar de las palabras aduladoras de Tértulo, el pueblo judío no sentía mucha gratitud hacia Félix. Tértulo cerró sus observaciones preliminares con la habitual promesa de ser breve: **Pero por no molestarte más largamente, te ruego que nos oigas**

brevemente conforme a tu equidad. Aunque a menudo esas promesas se incumplen, Tértulo fue obligado a guardar la suya ya que había poco bueno que decir acerca de Félix y poco malo que decir acerca de Pablo.

Retomando entonces el caso contra Pablo, Tértulo formuló tres acusaciones: sedición (violación de la ley romana), sectarismo (violación de la ley judía), y sacrilegio (violación de la ley de Dios).

El primer cargo de sedición (insurrección, rebelión) era el más grave formulado contra Pablo en una corte romana, y el único que implicaba realmente un delito contra Roma. Los romanos trataban con firmeza y severidad a los perturbadores de la *Pax Romana*. Muchos de los líderes judíos presentes experimentarían esa verdad de primera mano algunos años después, cuando los romanos aplastaran brutalmente la revuelta judía entre el 66-70 d.C.

Antes de presentar el cargo de sedición, Tértulo declaró a Félix: **hemos hallado que este hombre es una plaga.** Esa descripción de Pablo refleja con exactitud el odio del concilio hacia él, pero no era una acusación específica.

Tértulo presentó entonces el alegato específico al denunciar a la "plaga", Pablo, como **promotor de sediciones** contra Roma **entre todos los judíos por todo el mundo** (cp. Hch. 17:7). Si el concilio hipócrita, que a su vez deseaba el derrocamiento de Roma, hubiera podido justificar este cargo exagerado, Pablo habría estado en serios problemas. Roma no toleraba a quienes agitaban la disensión pública. Pero aunque es verdad que Pablo había participado en alborotos públicos, resultó ser víctima de los disturbios, no su instigador.

Tértulo hábilmente evitó nombrar algún caso concreto. Si lo hubiera hecho, Félix podría haber transferido el caso de Pablo a la jurisdicción en la que habría ocurrido esa revuelta. Al no querer que a Pablo lo tratara algún gobernador sobre el que no tenían influencia, los líderes judíos debieron contentarse con la vaga y general acusación de insurrección sediciosa. Pero como es el caso en todo el libro de Hechos cuando el cristianismo es el asunto en una corte romana, esa acusación no se podía probar. El Espíritu Santo registró esos juicios en parte para refutar la acusación de que los cristianos eran revolucionarios políticos, y para dejar en claro que no violaban la ley civil romana (cp. Ro. 13:1-7; Tit. 3:1-7; 1 P. 2:13-17). El verdadero problema, como Galión lo percibió de manera correcta (18:12-16), era hostilidad judía hacia el evangelio. Debido a que Félix estaba "bien informado de este Camino" (v. 22), y a la evaluación de Lisias (23:29), el gobernador estuvo consciente de los motivos que había detrás de las falsas acusaciones del concilio y las encontró infundadas e inadmisibles como evidencia.

La segunda acusación hecha contra Pablo fue de sectarismo, o herejía. Según Tértulo, Pablo era un **cabecilla de la secta de los nazarenos.** *Prōtostatēs* (**cabecilla**) es un término militar que significa "alguien que está en la primera fila". Aunque seguramente Tértulo no lo quiso expresar como un cumplido, era cierto respecto a Pablo. **Nazarenos** era un término burlón para los seguidores de Jesús, quien era de Nazaret y lo llamaban nazareno (cp. 6:14; Jn. 1:46; 7:41, 52). Aunque aparece solo en Hechos, ese título se debió haber usado comúnmente, ya que Tértulo no se lo explicó a Félix. La insinuación de tal identidad sectaria era que Pablo dirigía una secta mesiánica molesta para Israel y, por tanto, para Roma.

La tercera acusación, que originalmente había conducido al arresto de Pablo, fue que él **intentó también profanar el templo.** Tratando de dar visos de legalidad al salvaje ataque de la turba, los judíos encubrieron sus esfuerzos de matarlo al afirmar haberlo prendido ellos mismos (aunque los romanos, en realidad, habían hecho eso para protegerlo del gentío). Sin embargo, a diferencia de la exaltada multitud que lo había acusado de varias blasfemias (21:28), el concilio se cuidó al acusar a Pablo solo de intentar profanar el templo. No había evidencia de que él realmente hubiera hecho eso; de haber procedido así, los judíos tenían el derecho de manejar el asunto ellos mismos, sin arrastrar a Pablo ante una corte romana (cp. el análisis de 21:28-29 en el capítulo 45 de esta obra). Una vez más, ya que no tenían evidencia para presentar a Félix, se contentaron con una acusación general.

La mayor distorsión de los hechos por parte del abogado, dada en la última frase del versículo 6, todo el 7, y la primera parte del 8 (**quisimos juzgarle conforme a nuestra ley. Pero interviniendo el tribuno Lisias, con gran violencia le quitó de nuestras manos, mandando a sus acusadores que viniesen a ti**), se omite en muchos manuscritos antiguos. Si el pasaje no está en el texto original, entonces Tértulo está instando a Félix a juzgar a Pablo. Su relato de los acontecimientos entonces termina abruptamente con la declaración: **prendiéndole.** Pero ya que no es probable que el apóstol hubiera confirmado las falsas acusaciones de Tértulo bajo juicio, sino más bien que las hubiera negado, habría sido contraproducente para Félix juzgarlo (v. 8). La única esperanza del concilio en hacer eso habría sido, dada suficiente cuerda, que el mismo Pablo se hubiera ahorcado... un acontecimiento muy poco probable.

Por otra parte, si el pasaje está incluido en el texto, los representantes del concilio estarían diciendo que ya habían hecho todo el interrogatorio y la recolección de evidencia, y que estaban allí para presentar un caso concluido. Estarían acusando falsamente a Lisias de subvertir el procedimiento judío legal apropiado (**quisimos juzgarle conforme a nuestra ley**) y de abusar de su autoridad. (Aunque Pablo fue el único que resultó golpeado, los representantes del concilio hicieron caso omiso a la verdad y se quejaron de que **interviniendo el tribuno Lisias, con gran violencia le quitó de nuestras manos.**) Ellos tenían la confianza de que **al juzgarle** (a Lisias, no a Pablo), Félix podría informarse **de todas estas cosas de que** acusaban al apóstol. Eso ayudaría a explicar la decisión de Félix de posponer el veredicto hasta oír a Lisias (v. 22). **Los judíos también**

confirmaban, diciendo ser así todas las acusaciones de su abogado. Con eso concluyó el caso de los acusadores.

DEFENSA

Habiéndole hecho señal el gobernador a Pablo para que hablase, éste respondió: Porque sé que desde hace muchos años eres juez de esta nación, con buen ánimo haré mi defensa. Como tú puedes cerciorarte, no hace más de doce días que subí a adorar a Jerusalén; y no me hallaron disputando con ninguno, ni amotinando a la multitud; ni en el templo, ni en las sinagogas ni en la ciudad; ni te pueden probar las cosas de que ahora me acusan. Pero esto te confieso, que según el Camino que ellos llaman herejía, así sirvo al Dios de mis padres, creyendo todas las cosas que en la ley y en los profetas están escritas; teniendo esperanza en Dios, la cual ellos también abrigan, de que ha de haber resurrección de los muertos, así de justos como de injustos. Y por esto procuro tener siempre una conciencia sin ofensa ante Dios y ante los hombres. Pero pasados algunos años, vine a hacer limosnas a mi nación y presentar ofrendas. Estaba en ello, cuando unos judíos de Asia me hallaron purificado en el templo, no con multitud ni con alboroto. Ellos debieran comparecer ante ti y acusarme, si contra mí tienen algo. O digan éstos mismos si hallaron en mí alguna cosa mal hecha, cuando comparecí ante el concilio, a no ser que estando entre ellos prorrumpí en alta voz: Acerca de la resurrección de los muertos soy juzgado hoy por vosotros. (24:10-21)

Habiéndole hecho señal el gobernador a Pablo para que hablase, éste comenzó su defensa. Al no tener abogado que lo representara, **respondió** por sí mismo a Félix: **Porque sé que desde hace muchos años eres juez de esta nación, con buen ánimo haré mi defensa.** Félix había sido gobernador durante casi cinco años y había servido bajo Cumano, gobernador de Samaria, por varios años antes de eso. Sin embargo, a diferencia de Tértulo, la intención de Pablo no era adular a Félix (cp. Sal. 12:3; Pr. 26:28; 29:5). Pablo simplemente recordó al gobernador que había servido suficiente tiempo en Palestina como para estar familiarizado con las creencias y costumbres judías. Por tanto, estaba obligado a tomar una decisión justa.

La magistral defensa de Pablo refutó tranquila y categóricamente las acusaciones una por una. Primero, indicó lo absurdo del cargo de sedición, instando a Félix: **Como tú puedes cerciorarte, no hace más de doce días que subí a adorar a Jerusalén.** Cinco de esos **doce días** los había pasado en Cesarea, y gran parte de su tiempo en Jerusalén lo había gastado en su ritual de purificación (21:23-27). Aunque Pablo hubiera estado tentado a hacerlo, no habría tenido tiempo para incitar una rebelión. Sin embargo, su objetivo al llegar a Jerusalén no había sido incitar una revuelta sino **adorar.**

El apóstol ofreció más prueba de su inocencia (cp. 25:8; 28:17-18) señalando que **no** lo **hallaron disputando con ninguno, ni amotinando a la multitud; ni en el templo, ni en las sinagogas ni en la ciudad.** Él no había participado en debates públicos, ni era culpable de amotinar **a la multitud.** Es más, no había ido a Jerusalén en una misión de evangelización sino a llevar una ofrenda para los pobres (v. 17; cp. Ro. 15:25-28; 1 Co. 16:1-4; 2 Co. 8:1ss).

Como muestra la evidencia, el cargo de sedición era totalmente falso. Pablo le indicó eso a Félix, insistiendo en que el concilio no **podía probar las cosas de** las **que ahora** acusaban al apóstol. Puesto que las dos acusaciones restantes eran de naturaleza religiosa, estaba fuera de la competencia de una corte romana juzgarlas. Félix debió haber desestimado el caso en ese momento por falta de pruebas.

En respuesta a la segunda acusación, de sectarismo, Pablo reconoció ser un cristiano pero negó que el cristianismo fuera hereje. Le dijo a Félix: **Pero esto te confieso, que según el Camino que ellos llaman herejía, así sirvo al Dios de mis padres.** Tértulo se había referido burlonamente a los cristianos como nazarenos (v. 5), pero Pablo llamó al cristianismo **el Camino** (cp. v. 22; Hch. 9:2; 19:9, 23). Aunque los dirigentes judíos denunciaron al cristianismo como **herejía** peligrosa, Pablo declaró con firmeza: **sirvo al Dios de mis padres** (el título histórico para el Dios de Israel, Gn. 48:15; Éx. 3:15; Dt. 26:7; 1 Cr. 12:17; 29:18; 2 Cr. 20:6; Esd. 7:27; Dn. 2:23; Hch. 3:13; 5:30). Pablo insistió en que ser cristiano no significaba abandonar la adoración al Dios verdadero sino estar dedicado a Él.

En contraste con sus acusadores judíos (que principalmente eran saduceos), Pablo creía **todas las cosas que en la ley y en los profetas están escritas.** Pagó con la misma moneda a sus adversarios, señalando que ellos eran los verdaderos herejes, ya que no adoraban al Dios verdadero puesto que rechazaron a su Hijo (Jn. 5:23). Pablo aceptó la inspiración plena (completa) de las Escrituras del Antiguo Testamento, creyendo **todas las cosas** en ellas **escritas.** Los saduceos aceptaban solamente el Pentateuco como divinamente inspirado, mientras que los fariseos aceptaban todo el Antiguo Testamento. No obstante, unos y otros rechazaron el testimonio claro de la ley y los profetas hacia Jesucristo (Jn. 5:39, 46; cp. Lc. 24:27, 44; Jn. 1:45). Lejos de ser hereje, Pablo era más ortodoxo que sus acusadores, ya que servía al Dios de sus padres, creía en la inspiración de todo el Antiguo Testamento y aceptaba todo lo que este enseñaba.

La creencia de Pablo en el Antiguo Testamento lo llevó a tener **esperanza en Dios, la cual ellos también abrigan, de que ha de haber resurrección de los muertos, así de justos como de injustos.** La resurrección era la **esperanza** del pueblo judío y la enseñaba el Antiguo Testamento (Job 19:25-27; Is. 26:19;

Dn. 12:2). Aquí Pablo se colocó a sí mismo, firmemente en contraste con los saduceos escépticos, dentro de la principal corriente teológica judía. Ya que los saduceos no creían en la resurrección, la referencia de Pablo con relación a que **ellos abrigan** esa esperanza incluía a los fariseos que había en la delegación. Esta es la única vez, sea en Hechos o en las epístolas, que Pablo se refiere explícitamente a la **resurrección de los muertos, así de justos como de injustos** (cp. Mt. 25:31ss; Jn. 5:28-29; Ap. 20:11-15).

La creencia de Pablo en la resurrección y en el juicio venidero no era simple ortodoxia doctrinal sin influencia en su vida. **Esto** le hacía que tratara de **tener siempre una conciencia sin ofensa ante Dios y ante los hombres.** En una línea similar, Juan escribió:

> *Amados, ahora somos hijos de Dios, y aún no se ha manifestado lo que hemos de ser; pero sabemos que cuando él se manifieste, seremos semejantes a él, porque le veremos tal como él es. Y todo aquel que tiene esta esperanza en él, se purifica a sí mismo, así como él es puro (1 Jn. 3:2-3).*

Para refutar la acusación final contra él (sacrilegio e intentar profanar el templo), Pablo recordó a Félix las circunstancias de su visita a Jerusalén: **Pasados algunos años, vine a hacer limosnas a mi nación y presentar ofrendas.** Lejos de tratar de incitar problemas, Pablo llegó a Jerusalén en una misión de misericordia. Llevó una ofrenda para los judíos cristianos necesitados, recogida en las iglesias gentiles.

Después de entregar la ofrenda a la iglesia en Jerusalén, Pablo aceptó patrocinar a cuatro cristianos judíos que estaban tomando votos nazareos (cp. el capítulo 44 de esta obra). Como patrocinador, Pablo participaría en la ceremonia que marcaba el fin de sus votos. Al haber regresado recientemente a Israel de regiones gentiles, él primero debía someterse a un ritual de purificación. Mientras hacía eso, informó Pablo a Félix, fue **cuando unos judíos de Asia me hallaron purificado en el templo, no con multitud ni con alboroto.** De nuevo Pablo resaltó que él no causó el disturbio; solo estaba haciendo lo que haría cualquier judío devoto.

El apóstol se volvió hacia la verdadera causa de la perturbación: **unos judíos de** la provincia romana de **Asia.** La falsa acusación de que Pablo profanó el templo provocó la revuelta que siguió a continuación. Por tanto, como Pablo le recordó a Félix, esos judíos asiáticos son los que **debieran comparecer ante ti y acusarme, si contra mí tienen algo** (cp. 25:16). Este era un aspecto revelador a favor de Pablo, porque "la ley romana era muy fuerte contra denunciantes que abandonaban sus acusaciones" (A. N. Sherwin-White, *Roman Society and Roman Law in the New Testament* [Sociedad y ley romana en el Nuevo Testamento] [Oxford: Oxford University Press, 1963], p. 52). Que los testigos oculares de la supuesta profanación del templo por parte de Pablo no se presentaran debilitaba el caso del concilio.

Insistiendo en su punto, Pablo retó valientemente al concilio: **O digan éstos mismos si hallaron en mí alguna cosa mal hecha, cuando comparecí ante el concilio, a no ser que estando entre ellos prorrumpí en alta voz: Acerca de la resurrección de los muertos soy juzgado hoy por vosotros.** Ya que los testigos del concilio no habían comparecido, permitieron que los presentes dijeran a Félix de qué habían encontrado culpable a Pablo antes de que él estuviera ante ellos (23:1-10). El único "delito" de que lo podían acusar era **acerca de la resurrección de los muertos.** Pero creer en la resurrección no era un delito, ni siquiera bajo la ley judía (los fariseos la aceptaban), mucho menos la romana. Así que Pablo refutó con éxito todos los cargos en su contra. Los asuntos eran teológicos, no civiles ni criminales y, por consiguiente, no pertenecían a la corte romana.

VEREDICTO

Entonces Félix, oídas estas cosas, estando bien informado de este Camino, les aplazó, diciendo: Cuando descendiere el tribuno Lisias, acabaré de conocer de vuestro asunto. Y mandó al centurión que se custodiase a Pablo, pero que se le concediese alguna libertad, y que no impidiese a ninguno de los suyos servirle o venir a él. Algunos días después, viniendo Félix con Drusila su mujer, que era judía, llamó a Pablo, y le oyó acerca de la fe en Jesucristo. Pero al disertar Pablo acerca de la justicia, del dominio propio y del juicio venidero, Félix se espantó, y dijo: Ahora vete; pero cuando tenga oportunidad te llamaré. Esperaba también con esto, que Pablo le diera dinero para que le soltase; por lo cual muchas veces lo hacía venir y hablaba con él. Pero al cabo de dos años recibió Félix por sucesor a Porcio Festo; y queriendo Félix congraciarse con los judíos, dejó preso a Pablo. (24:22-27)

Félix enfrentaba a una decisión difícil. Su prisionero era ciudadano romano, contra quien ningún testigo se había presentado para verificar algunos de los supuestos delitos. Tampoco el concilio, la corte suprema judía, lo había hallado culpable de algo específico. Y el mismo **Félix** había estado **bien informado** acerca **de este Camino** (tal vez por parte de su esposa judía, Drusila). Él sabía que los cristianos no eran revolucionarios políticos y que las acusaciones contra Pablo eran infundadas. Por tanto, el único veredicto posible bajo la ley romana era declararlo inocente. Sin embargo, tal veredicto enfurecería a los líderes judíos y, posiblemente, provocaría mayor inestabilidad. Félix no podía permitir que eso sucediera.

Al igual que muchos políticos anteriores y posteriores que han quedado atrapados entre la justicia y la popularidad, Félix decidió que su camino más sabio era no tomar una decisión. **Aplazó** se traduce de una forma del verbo *anaballō*, el término legal para suspender una audiencia. El gobernador justificó el retraso con el pretexto de necesitar más información de parte de Claudio Lisias (la que los judíos le habían instado buscar, vv. 7-8). Por tanto informó a las partes: **Cuando descendiere el tribuno Lisias, acabaré de conocer de vuestro asunto.** Lisias ya le había dado a Félix un reporte escrito en que decía que el problema era un asunto de la ley judía (23:29). También había establecido claramente su creencia de que Pablo no era culpable de ningún delito (23:29). Es poco probable que Lisias tuviera alguna información que añadir, y no hay evidencia de que Félix convocara alguna vez al comandante. El gobernador simplemente usó esa intención como excusa para estancar el caso.

Mientras tanto, Félix **mandó al centurión que se custodiase a Pablo.** Al hacer eso esperaba aplacar a las autoridades judías, ya que se había negado a pronunciarse a favor de ellas. Puesto que el apóstol era ciudadano romano a quien no habían condenado por delito alguno, Félix ordenó al centurión **que se le concediese** al apóstol **alguna libertad, y que no impidiese a ninguno de los suyos servirle o venir a él.** Pablo era mantenido bajo vigilancia, pero no en confinamiento.

No obstante, era evidente que el prisionero intrigaba al gobernante, porque **algunos días después, viniendo Félix con Drusila su mujer, que era judía, llamó a Pablo, y le oyó acerca de la fe en Jesucristo. Drusila,** la hija menor de Herodes Agripa I (el Herodes de Hechos 12), era la tercera esposa de Félix (la primera había sido una nieta de Antonio y Cleopatra). Estando todavía en la adolescencia, Drusila fue entregada en matrimonio al rey de Emesa (ubicada en la provincia de Siria). Impresionado por la reconocida belleza de la mujer, Félix planeó (con la ayuda de un mago chipriota) alejarla del esposo. A los dieciséis años ella se convirtió en su esposa y le dio un hijo, quien murió en la erupción del monte Vesubio (79 d.C.). En la época correspondiente a este pasaje ella aún no tenía veinte años de edad. Según algunos manuscritos, fue a instancias de Drusila que Félix hizo llamar a Pablo. Y como ya se observó, posiblemente fue a través de ella que Félix obtuvo su conocimiento del cristianismo.

Pablo les habló **acerca de la fe en Jesucristo.** En otras palabras, debatió el evangelio y las creencias cristianas con ellos. Enfocándose en el dilema de todo pecador, **Pablo** disertó **acerca de la justicia, del dominio propio y del juicio venidero.** La **justicia** es la norma absoluta exigida por la naturaleza santa de Dios (cp. Mt. 5:48; 1 P. 1:15-16). El **dominio propio** es la respuesta requerida del hombre para estar en conformidad con la ley de Dios. El **juicio** es el resultado inevitable (aparte de la fe salvadora en Cristo) de no controlarse a sí mismo con el fin de cumplir con las normas de Dios. Puesto que Félix estaba viviendo con una mujer a quien había separado del esposo, es comprensible que se hubiera espantado. Puesto que le faltaban las dos primeras virtudes, enfrentaba el inevitable juicio divino.

Sin embargo, el temor de Félix no lo llevó al arrepentimiento. Simplemente asustado, despidió a Pablo, diciéndole: **Ahora vete; pero cuando tenga oportunidad te llamaré.** El hombre dejó pasar la oportunidad, haciendo caso omiso a la verdad de que "ahora [es] el tiempo aceptable; he aquí ahora el día de salvación" (2 Co. 6:2).

El momento de convicción y oportunidad pasó. Félix (aunque al parecer sin Drusila) pudo **muchas veces** enviar por Pablo, **lo hacía venir y hablaba con él,** sin volverse a asustar. Sus motivos no eran espirituales sino materiales. Sin duda inspirado por el comentario del apóstol en el versículo 17, Félix **esperaba también con esto, que Pablo le diera dinero para que le soltase.** Aunque la ley romana prohibía estrictamente recibir sobornos, esta sin embargo era una costumbre común. Félix esperaba que Pablo intentara sobornarlo a fin de no estar bajo custodia.

Pero ningún soborno llegó alguna vez, y **al cabo de dos años recibió Félix por sucesor a Porcio Festo.** La brutal supresión de un disturbio en Cesarea enfureció tanto a los judíos que se las arreglaron para quitarlo del cargo. El emperador Nerón lo llamó a Roma, donde Félix habría enfrentado duro castigo si su influyente hermano Palas no hubiera intercedido por él. Después de ser convocado, Félix desapareció de la historia. Aunque sabía que Pablo era inocente, se negó hasta el fin a liberarlo. Lucas señala que, **queriendo Félix congraciarse con los judíos, dejó preso a Pablo.** Buscar la buena voluntad del concilio era conveniente para su éxito personal, considerando las circunstancias de su llamado.

Félix representa siempre un trágico ejemplo de oportunidad perdida. En las palabras del escritor de Hebreos:

> *Porque si pecáremos voluntariamente después de haber recibido el conocimiento de la verdad, ya no queda más sacrificio por los pecados, sino una horrenda expectación de juicio, y de hervor de fuego que ha de devorar a los adversarios (He. 10:26-27).*

Todo aquel que es tentado, igual que Félix, a posponer una decisión acerca de Jesucristo haría bien en prestar atención a la aleccionadora advertencia de Hebreos 3:7-8*a*: "Por lo cual, como dice el Espíritu Santo: Si oyereis hoy su voz, no endurezcáis vuestros corazones".

Pablo bajo juicio, fase dos: ante Festo

49

Llegado, pues, Festo a la provincia, subió de Cesarea a Jerusalén tres días después. Y los principales sacerdotes y los más influyentes de los judíos se presentaron ante él contra Pablo, y le rogaron, pidiendo contra él, como gracia, que le hiciese traer a Jerusalén; preparando ellos una celada para matarle en el camino. Pero Festo respondió que Pablo estaba custodiado en Cesarea, adonde él mismo partiría en breve. Los que de vosotros puedan, dijo, desciendan conmigo, y si hay algún crimen en este hombre, acúsenle. Y deteniéndose entre ellos no más de ocho o diez días, venido a Cesarea, al siguiente día se sentó en el tribunal, y mandó que fuese traído Pablo. Cuando éste llegó, lo rodearon los judíos que habían venido de Jerusalén, presentando contra él muchas y graves acusaciones, las cuales no podían probar; alegando Pablo en su defensa: Ni contra la ley de los judíos, ni contra el templo, ni contra César he pecado en nada. Pero Festo, queriendo congraciarse con los judíos, respondiendo a Pablo dijo: ¿Quieres subir a Jerusalén, y allá ser juzgado de estas cosas delante de mí? Pablo dijo: Ante el tribunal de César estoy, donde debo ser juzgado. A los judíos no les he hecho ningún agravio, como tú sabes muy bien. Porque si algún agravio, o cosa alguna digna de muerte he hecho, no rehúso morir; pero si nada hay de las cosas de que éstos me acusan, nadie puede entregarme a ellos. A César apelo. Entonces Festo, habiendo hablado con el consejo, respondió: A César has apelado; a César irás. (25:1-12)

La última parte de Hechos encuentra a Pablo como un prisionero de Roma. Debido a su fidelidad, él había tenido una influencia sin parangón por Jesucristo en el mundo. Había evangelizado a los perdidos, confrontado valientemente a la falsa religión, fundado iglesias, y discipulado a hombres fieles para la tarea de extender el evangelio.

Pero los diligentes, fieles e incansables esfuerzos de Pablo agitaron una ola de odio y oposición por parte de los enemigos del evangelio. Poco después de su conversión, él "mucho más se esforzaba, y confundía a los judíos que moraban en Damasco, demostrando que Jesús era el Cristo" (Hch. 9:22). Atónitos e indignados por el asombroso cambio de perseguidor a evangelista (9:21), "los judíos resolvieron en consejo matarle" (9:23). Pero Pablo les descubrió la conspiración y se las arregló para escapar (9:24).

Ese temprano incidente estableció el modelo para el ministerio del apóstol; comenzó de esa manera y se mantuvo así. Al parecer, a cualquier lugar al que iba enfrentaba hostilidad, oposición y hasta abierta persecución. La mayor parte de esa oposición venía de judíos incrédulos, una realidad que le dolía profundamente (Ro. 9:1-3). Otras veces, como en Éfeso (19:21-41), vino de seguidores gentiles de la falsa religión.

Ya sabemos que, con acusaciones falsas, los enemigos judíos de Pablo lograron hacer que los romanos lo arrestaran (21:27-33). En los años siguientes el apóstol permaneció como prisionero, primero en Jerusalén, luego en Cesarea y, por último, en Roma. Durante ese tiempo se defendió reiteradamente contra las falsas acusaciones presentadas en su contra. Poco después que las tropas romanas lo rescataran de la furiosa multitud en los terrenos del templo, Pablo se defendió desde las gradas de la Fortaleza Antonia (21:37—22:21). Sin poder determinar el delito de Pablo, Claudio Lisias, el comandante romano en Jerusalén, lo llevó ante el concilio (22:30—23:11). Sin embargo, el más alto tribunal de Israel no pudo condenarlo por ningún delito. Al enterarse de una conspiración contra la vida de Pablo, Lisias decidió enviarlo a Cesarea, el cuartel general romano en Judea (23:12-33). Allí fue sometido a juicio ante el gobernador Félix y, una vez más, fue exonerado (24:1-27). No obstante, por temor a las autoridades judías (y esperando un soborno por parte de Pablo), Félix no rindió ningún veredicto sino que mantuvo prisionero al apóstol durante los dos años restantes de su mandato como gobernador.

Este texto registra la cuarta defensa de Pablo, ante Porcio Festo, sucesor de Félix como gobernador. El brutal mandato de Félix había terminado en el sometimiento cruel de un motín en Cesarea. Cuando los furiosos judíos enviaron una delegación a Roma para protestar por las acciones de Félix, el emperador Nerón ordenó el regreso del desacreditado gobernador a Roma. Festo llegó pronto a Judea para reemplazarlo.

A diferencia de Félix, quien había sido esclavo, Festo era miembro de la nobleza romana. Poco se conoce de su breve mandato como gobernador (murió aproximadamente dos años después de asumir el cargo). Ya que el historiador Josefo del siglo I lo describió como mejor que su predecesor (Félix) y que su sucesor (Albino), parece haber sido un dirigente capaz.

El juicio de Pablo ante Festo se desarrolla en cuatro escenarios: asesinato planeado, acusaciones presentadas, ausencia de pruebas, y apelación propuesta.

ASESINATO PLANEADO

Llegado, pues, Festo a la provincia, subió de Cesarea a Jerusalén tres días después. Y los principales sacerdotes y los más influyentes de los judíos se presentaron ante él contra Pablo, y le rogaron, pidiendo contra él, como gracia, que le hiciese traer a Jerusalén; preparando ellos una celada para matarle en el camino. Pero Festo respondió que Pablo estaba custodiado en Cesarea, adonde él mismo partiría en breve. Los que de vosotros puedan, dijo, desciendan conmigo, y si hay algún crimen en este hombre, acúsenle. (25:1-5)

Cuando **Festo,** el nuevo gobernador, llegó **a la provincia** de Judea, heredó los problemas políticos dejados por el inepto gobierno de su predecesor. La insensibilidad y crueldad de Félix habían dejado un legado de odio profundo hacia Roma por parte de los judíos. La hostilidad y las sospechas de ellos se enfocaron ahora en Festo, el nuevo señor romano en la ocupada Palestina.

A diferencia de Félix, Festo no solía posponer asuntos. Actuó rápidamente para enterarse de la situación; solo **tres días después** de su llegada a Judea **subió de Cesarea a Jerusalén.** Su primer objetivo fue reunirse con los dirigentes judíos (el sumo sacerdote y el concilio) y, en lo posible, mediar con ellos. Festo sabía que esos líderes eran la clave para establecer la paz en Judea. Y mantener la paz era la mayor prioridad de un gobernador provincial romano.

Festo enfrentaba un reto difícil, ya que los judíos habían demostrado ser hábiles en manipular a sus gobernadores. Aprovechando las equivocaciones de Pilato, lo habían chantajeado para hacer ejecutar a Jesús. Y aunque habían fallado en presionar a Félix para hacer que ejecutaran a Pablo, lo habían obligado a mantener al inocente apóstol prisionero y fuera de circulación.

Además de ese reto estaba la amenaza constante de revolución. Dos siglos antes, bajo los macabeos, los judíos se habían sacudido del yugo de Grecia. Épocas más recientes habían visto el surgimiento de movimientos ultranacionalistas como los zelotes. La revuelta que siempre fue sofocada estallaría finalmente en el 66 d.C. Festo, igual que sus predecesores, enfrentaba el dilema de mantener el control sin provocar una revuelta.

Festo no solo heredó los problemas políticos de Félix, sino también a su prisionero más célebre. Aunque Pablo había estado encarcelado en Cesarea durante los dos últimos años, las autoridades judías en Jerusalén no se habían olvidado de él. Una de las primeras cosas que **los principales sacerdotes y los más influyentes de los judíos** hicieron después de la llegada de Festo a Jerusalén fue revivir las acusaciones **contra Pablo.** Quizás temieron que, como ocurría a menudo, el nuevo gobernador dispusiera rápidamente de los casos dejados por su predecesor, y liberara a Pablo. Con la esperanza de aprovechar la inexperiencia de Festo y su deseo de aplacar a los judíos, estos **le rogaron, pidiendo** favores en **contra** del apóstol.

La petición parecía bastante inocente: tan solo que Festo, **como gracia, hiciese traer** a Pablo **a Jerusalén** a fin de juzgarlo allí. Pero, al mismo tiempo, señala Lucas, **ellos** estaban **preparando una celada para** matar al apóstol **en el camino.** La antigua conspiración de una emboscada, frustrada dos años atrás por Claudio Lisias, fue revivida... esta vez por el concilio mismo.

Sin embargo, a Festo no lo iban a engañar tan fácilmente. Ante la petición de los líderes judíos, **Festo respondió** con cautela **que Pablo estaba custodiado en Cesarea, adonde él mismo partiría en breve.** En consecuencia, no veía razón para transportar al prisionero a Jerusalén. Sostuvo que el lugar apropiado para que Pablo, ciudadano romano, fuera juzgado era Cesarea, sede del gobierno romano en Judea. Les dijo: **Los que de vosotros** crean que **hay algún crimen en este hombre, acúsenle** ahí. Aunque inexperto, Festo poseía un obvio deseo de conciliar a las autoridades judías y, aunque no tenía conocimiento personal de Pablo, Dios lo usó (igual que había usado a otras personas) para protegerlo providencialmente de otro complot contra su vida.

ACUSACIONES PRESENTADAS

Y deteniéndose entre ellos no más de ocho o diez días, venido a Cesarea, al siguiente día se sentó en el tribunal, y mandó que fuese traído Pablo. Cuando éste llegó, lo rodearon los judíos que habían venido de Jerusalén, presentando contra él muchas y graves acusaciones, (25:6-7*a*)

Fiel a su palabra, **deteniéndose entre ellos no más de ocho o diez días,** Festo fue de Jerusalén **a Cesarea.** Demostrando ser un hombre de acción, **al siguiente día se sentó en el tribunal** (*bēma*, juzgado, cp. Mt. 27:19; Jn. 19:13; Hch. 18:12; 25:10, 17) volviéndolo, por tanto, un juicio oficial romano, **y mandó que fuese traído Pablo** delante de él.

Cuando el acusado **llegó, lo rodearon los judíos que habían venido de Jerusalén, presentando contra él muchas y graves acusaciones.** Se reunieron alrededor de Pablo como una manada de lobos atacando a una oveja. Pero estos lobos estaban desdentados; las **muchas y graves acusaciones** que llevaron eran las mismas (sedición, sectarismo y sacrilegio, cp. 24:5-6) que no habían podido probar dos años atrás ante Félix. Esas acusaciones sin fundamento no tenían más posibilidades de convencer a Festo de lo que convencieron a Félix.

AUSENCIA DE PRUEBAS

las cuales no podían probar; alegando Pablo en su defensa: Ni contra la ley de

los judíos, ni contra el templo, ni contra César he pecado en nada. Pero Festo, queriendo congraciarse con los judíos, respondiendo a Pablo dijo: ¿Quieres subir a Jerusalén, y allá ser juzgado de estas cosas delante de mí? Pablo dijo: Ante el tribunal de César estoy, donde debo ser juzgado. A los judíos no les he hecho ningún agravio, como tú sabes muy bien. Porque si algún agravio, o cosa alguna digna de muerte he hecho, no rehúso morir; pero si nada hay de las cosas de que éstos me acusan, nadie puede entregarme a ellos. (25:7*b*-11*a*)

El concilio había hecho graves acusaciones contra Pablo, **las cuales no podían probar.** Dos años habían pasado desde el juicio de Pablo ante Félix, pero aún no había testigos ni evidencia, y, por tanto, no había caso. Eso argumenta en forma convincente la inocencia del apóstol y el odio sesgado de ellos contra Jesús y el evangelio.

Aquí, como en todo Hechos, Lucas resalta que los cristianos son personas inocentes que respetan la ley. El escribano en Éfeso reconoció eso (19:37), así como Galión, procónsul de Acaya (18:12ss). Las frecuentes denuncias por parte de judíos incrédulos de que los cristianos eran revolucionarios políticos eran falsas. Irónicamente, fueron esos mismos judíos, no los cristianos, quienes al final se levantaron en revuelta contra Roma. Cuando en última instancia Roma tomó acción contra los cristianos, no se debió a que fueran revolucionarios. Los romanos los persiguieron y mataron por negarse, por motivos religiosos, a participar en el ritual unificador del imperio para adorar al emperador.

Ya que los judíos no habían presentado ninguna evidencia contra **Pablo,** este dijo **en su defensa: Ni contra la ley de los judíos** (sectarismo), **ni contra el templo** (sacrilegio) **ni contra César** (sedición) **he pecado en nada.** Por tanto, negó punto por punto los cargos en su contra.

Festo se enfrentó a la misma disyuntiva que Félix había atravesado. Pablo era ciudadano romano, falsamente acusado, e inocente sin duda alguna. Pero liberarlo sería antagonizar con los líderes judíos, los mismos que Festo necesitaba de forma desesperada para conciliar y mantener la paz.

Es necesario reconocer que Festo, a diferencia de Félix, no encubrió el problema. Buscando una salida a su dilema, propuso llegar a un acuerdo. **Festo, queriendo congraciarse con los judíos, respondiendo a Pablo dijo: ¿Quieres subir a Jerusalén, y allá ser juzgado de estas cosas delante de mí?** Que el juicio debía ser ante Festo, no ante el concilio, sin duda tenía la intención de garantizar a Pablo que sus derechos como ciudadano romano serían protegidos.

Para el inexperto Festo, ese sin duda parecía un acuerdo aceptable. Pero Pablo conocía a los líderes judíos mucho mejor que el gobernador. El "acuerdo" en realidad les daba todo lo que deseaban. A los miembros del concilio no les importaba quién presidiera el juicio de Pablo, pues nunca tuvieron la intención de que hubiera uno, pues planeaban matarlo en el camino a Jerusalén (v. 3).

Por ahora comprensiblemente frustrado por el fracaso en obtener justicia, **Pablo** rechazó de inmediato la idea de Festo. Dado que, como gobernador, Festo era el representante del emperador, el apóstol pudo afirmar con razón: **Ante el tribunal de César estoy.** Como ciudadano romano, allí era **donde** debía ser **juzgado.** No había ningún motivo para ir a Jerusalén. La referencia al **tribunal de César** también servía como un sutil recordatorio a Festo de su deber como agente oficial del emperador.

Pablo volvió a afirmar su inocencia, aseverando: **A los judíos no les he hecho ningún agravio.** Puesto que no habían presentado ninguna evidencia contra él, los líderes judíos no podían debatir con éxito tal afirmación. Las audaces palabras de Pablo a Festo, **como tú sabes muy bien,** servían como un reproche y un llamado a la integridad, ya que él sabía que Pablo era inocente (vv. 18-19). Las elevadas normas de justicia romana, y su deber como juez romano, exigían que el gobernador liberara al apóstol.

Entonces Pablo aclaró sus motivos, informándole a Festo: **Si algún agravio, o cosa alguna digna de muerte he hecho, no rehúso morir.** El apóstol no estaba tratando de evadir la justicia; al contrario, la exigió al continuar: **Pero si nada hay de las cosas de que éstos me acusan, nadie puede entregarme a ellos.** Como ciudadano romano, Pablo tenía el derecho de esperar justicia de una corte romana. Puesto que no había ningún caso en su contra, no tenía ninguna obligación de entregarse en manos de las autoridades judías (cp. v. 16).

La evidente disposición de Festo de apaciguar a los judíos puso a Pablo en una difícil y peligrosa situación. No se hacía ilusiones (aunque Festo sí) en cuanto a cuál sería su destino si sobrevivía a un complot para asesinarlo y lo juzgaban en Jerusalén. Él sabía cuán hábilmente los dirigentes judíos aprovecharían la inexperiencia de Festo. Regresar a Jerusalén significaba muerte casi segura. Por tanto, Pablo eligió un audaz curso de acción.

APELACIÓN PROPUESTA

A César apelo. Entonces Festo, habiendo hablado con el consejo, respondió: A César has apelado; a César irás. (25:11*b*-12)

La disposición de Festo de hacer concesiones no era un buen presagio de que Pablo tuviera un justo juicio en Jerusalén. Ejerciendo su derecho como ciudadano romano, anunció su decisión de apelar **al César.** Tales apelaciones podían venir después del veredicto (*appellatio*) o, como en el caso de Pablo, antes de este (*provocatio*). Una vez aceptada, la apelación quitó el caso de las manos del gobernador y lo transfirió al emperador. La apelación de Pablo a primera vista parece ser una locura, ya que el emperador en esa época era el infame Nerón. Sin embargo, los primeros años del reinado de Nerón (durante los cuales se llevó a cabo la apelación de Pablo) no estuvieron marcados por la crueldad y demencia de sus últimos años.

La apelación le ofreció a Festo una salida conveniente del atolladero. Por eso no resulta sorpresivo que después que **Festo** hubiera **hablado con el consejo** y obtuviera asesoría legal, aceptara la apelación de Pablo. Sin duda, aliviado de haberse quitado de las manos el espinoso problema, le informó al apóstol: **A César has apelado; a César irás.**

Cuando Festo anunció que se le había aceptado la apelación, Pablo debió haber tenido una sensación de euforia. El Señor había cumplido su promesa (23:11) y el apóstol al fin iría a Roma.

De este pasaje emergen varias verdades importantes. Primera, este es otro trágico ejemplo de hostilidad judía hacia el evangelio, un tema común en Hechos (4:1-31; 5:17-42; 6:9-15; 8:1-4; 9:23; 13:6, 45; 14:2, 19; 17:1-9, 13; 18:5-17; 19:8-9; 20:3; 21:27ss; 23:12ss). Jesús predijo tal oposición en sus palabras a sus discípulos, registradas en Juan 15:18-25:

> *Si el mundo os aborrece, sabed que a mí me ha aborrecido antes que a vosotros. Si fuerais del mundo, el mundo amaría lo suyo; pero porque no sois del mundo, antes yo os elegí del mundo, por eso el mundo os aborrece. Acordaos de la palabra que yo os he dicho: El siervo no es mayor que su señor. Si a mí me han perseguido, también a vosotros os perseguirán; si han guardado mi palabra, también guardarán la vuestra. Mas todo esto os harán por causa de mi nombre, porque no conocen al que me ha enviado. Si yo no hubiera venido, ni les hubiera hablado, no tendrían pecado; pero ahora no tienen excusa por su pecado. El que me aborrece a mí, también a mi Padre aborrece. Si yo no hubiese hecho entre ellos obras que ningún otro ha hecho, no tendrían pecado; pero ahora han visto y han aborrecido a mí y a mi Padre. Pero esto es para que se cumpla la palabra que está escrita en su ley: Sin causa me aborrecieron.*

La referencia del Señor a "su ley [de ellos]" muestra que tenía en mente a los judíos incrédulos (en particular a sus líderes).

Ninguna religión es neutral acerca de Jesucristo; todas las religiones no cristianas se le oponen de manera abierta o sutil. Así lo manifestó Él mismo: "El que no es conmigo, contra mí es; y el que conmigo no recoge, desparrama" (Mt. 12:30). La persecución de cristianos por parte de la falsa religión siempre se basa en dos premisas: hay falsas acusaciones y es por causa de Cristo. Los creyentes deben llevar vidas intachables para así revelar que las acusaciones de sus críticos son falsas (Tit. 2:2-8; 1 P. 2:12, 15; 3:16).

Una segunda verdad que este texto ilustra es el cegador poder del pecado. A pesar de haber estado fuera de la corriente principal, encarcelado en Cesarea por dos años, el odio del concilio hacia Pablo no había disminuido. Jesús afirmó en Juan 8:34: "De cierto, de cierto os digo, que todo aquel que hace pecado, esclavo es del pecado". En Romanos 6:16, Pablo preguntó de forma retórica: "¿No sabéis que si os sometéis a alguien como esclavos para obedecerle, sois esclavos de aquel a quien obedecéis, sea del pecado para muerte, o sea de la obediencia para justicia?". Pedro escribió en 2 Pedro 2:19: "El que es vencido por alguno es hecho esclavo del que lo venció". Los líderes judíos estaban esclavizados por su odio venenoso contra Pablo, un hombre inocente.

Tercera verdad, este pasaje revela la soberanía de Dios en asuntos humanos (cp. Gn. 45:7-8; Dn. 4:17; Lc. 22:53; Jn. 7:30; 19:10-11; Hch. 2:23). La petición del concilio de llevar a Pablo a Jerusalén para ser juzgado allí parecía bastante inocente. Festo necesitaba el apoyo de los líderes judíos, por tanto era esencial reconciliarse con ellos. Concederles dicha solicitud al parecer inocua habría sido, desde la perspectiva de Festo, una sencilla concesión. Pero Dios intervino de manera providencial a fin de proteger a su siervo.

Cuarta verdad, la apropiada relación del creyente con el gobierno también aparece en este pasaje. Pablo se sometió de buena gana al gobierno romano, encarnado incluso en la persona de Nerón. Practicó el principio que estableciera en Romanos 13:1-5:

> *Sométase toda persona a las autoridades superiores; porque no hay autoridad sino de parte de Dios, y las que hay, por Dios han sido establecidas. De modo que quien se opone a la autoridad, a lo establecido por Dios resiste; y los que resisten, acarrean condenación para sí mismos. Porque los magistrados no están para infundir temor al que hace el bien, sino al malo. ¿Quieres, pues, no temer la autoridad? Haz lo bueno, y tendrás alabanza de ella; porque es servidor de Dios para tu bien. Pero si haces lo malo, teme; porque no en vano lleva la espada, pues es servidor de Dios, vengador para castigar al que hace lo malo. Por lo cual es necesario estarle sujetos, no solamente por razón del castigo, sino también por causa de la conciencia.*

Comprender y aplicar estos principios ayudó a que la vida de Pablo tuviera la poderosa influencia que tuvo en el mundo.

Pablo bajo juicio, fase tres: ante Agripa

50

Pasados algunos días, el rey Agripa y Berenice vinieron a Cesarea para saludar a Festo. Y como estuvieron allí muchos días, Festo expuso al rey la causa de Pablo, diciendo: Un hombre ha sido dejado preso por Félix, respecto al cual, cuando fui a Jerusalén, se me presentaron los principales sacerdotes y los ancianos de los judíos, pidiendo condenación contra él. A éstos respondí que no es costumbre de los romanos entregar alguno a la muerte antes que el acusado tenga delante a sus acusadores, y pueda defenderse de la acusación. Así que, habiendo venido ellos juntos acá, sin ninguna dilación, al día siguiente, sentado en el tribunal, mandé traer al hombre. Y estando presentes los acusadores, ningún cargo presentaron de los que yo sospechaba, sino que tenían contra él ciertas cuestiones acerca de su religión, y de un cierto Jesús, ya muerto, el que Pablo afirmaba estar vivo. Yo, dudando en cuestión semejante, le pregunté si quería ir a Jerusalén y allá ser juzgado de estas cosas. Mas como Pablo apeló para que se le reservase para el conocimiento de Augusto, mandé que le custodiasen hasta que le enviara yo a César. Entonces Agripa dijo a Festo: Yo también quisiera oír a ese hombre. Y él le dijo: Mañana le oirás. Al otro día, viniendo Agripa y Berenice con mucha pompa, y entrando en la audiencia con los tribunos y principales hombres de la ciudad, por mandato de Festo fue traído Pablo. Entonces Festo dijo: Rey Agripa, y todos los varones que estáis aquí juntos con nosotros, aquí tenéis a este hombre, respecto del cual toda la multitud de los judíos me ha demandado en Jerusalén y aquí, dando voces que no debe vivir más. Pero yo, hallando que ninguna cosa digna de muerte ha hecho, y como él mismo apeló a Augusto, he determinado enviarle a él. Como no tengo cosa cierta que escribir a mi señor, le he traído ante vosotros, y mayormente ante ti, oh rey Agripa, para que después de examinarle, tenga yo qué escribir. Porque me parece fuera de razón enviar un preso, y no informar de los cargos que haya en su contra. Entonces Agripa dijo a Pablo: Se te permite hablar por ti mismo. Pablo entonces, extendiendo la mano, comenzó así su defensa: Me tengo por dichoso, oh rey Agripa, de que

haya de defenderme hoy delante de ti de todas las cosas de que soy acusado por los judíos. Mayormente porque tú conoces todas las costumbres y cuestiones que hay entre los judíos; por lo cual te ruego que me oigas con paciencia. Mi vida, pues, desde mi juventud, la cual desde el principio pasé en mi nación, en Jerusalén, la conocen todos los judíos; los cuales también saben que yo desde el principio, si quieren testificarlo, conforme a la más rigurosa secta de nuestra religión, viví fariseo. Y ahora, por la esperanza de la promesa que hizo Dios a nuestros padres soy llamado a juicio; promesa cuyo cumplimiento esperan que han de alcanzar nuestras doce tribus, sirviendo constantemente a Dios de día y de noche. Por esta esperanza, oh rey Agripa, soy acusado por los judíos. ¡Qué! ¿Se juzga entre vosotros cosa increíble que Dios resucite a los muertos? Yo ciertamente había creído mi deber hacer muchas cosas contra el nombre de Jesús de Nazaret; lo cual también hice en Jerusalén. Yo encerré en cárceles a muchos de los santos, habiendo recibido poderes de los principales sacerdotes; y cuando los mataron, yo di mi voto. Y muchas veces, castigándolos en todas las sinagogas, los forcé a blasfemar; y enfurecido sobremanera contra ellos, los perseguí hasta en las ciudades extranjeras. Ocupado en esto, iba yo a Damasco con poderes y en comisión de los principales sacerdotes, cuando a mediodía, oh rey, yendo por el camino, vi una luz del cielo que sobrepasaba el resplandor del sol, la cual me rodeó a mí y a los que iban conmigo. Y habiendo caído todos nosotros en tierra, oí una voz que me hablaba, y decía en lengua hebrea: Saulo, Saulo, ¿por qué me persigues? Dura cosa te es dar coces contra el aguijón. Yo entonces dije: ¿Quién eres, Señor? Y el Señor dijo: Yo soy Jesús, a quien tú persigues. Pero levántate, y ponte sobre tus pies; porque para esto he aparecido a ti, para ponerte por ministro y testigo de las cosas que has visto, y de aquellas en que me apareceré a ti, librándote de tu pueblo, y de los gentiles, a quienes ahora te envío, para que abras sus ojos, para que se conviertan de las tinieblas a la luz, y de la potestad de Satanás a Dios; para que reciban, por la fe que es en mí, perdón de pecados y herencia entre los santificados. Por lo cual, oh rey Agripa, no fui rebelde a la visión celestial, sino que anuncié primeramente a los que están en Damasco, y Jerusalén, y por toda la tierra de Judea, y a los gentiles, que se arrepintiesen y se convirtiesen a Dios, haciendo obras dignas de arrepentimiento. Por causa de esto los judíos, prendiéndome en el templo, intentaron matarme. Pero habiendo obtenido auxilio de Dios, persevero hasta el día de hoy, dando testimonio a pequeños y a grandes, no diciendo nada fuera de las cosas que los profetas y Moisés dijeron que habían de suceder: Que el Cristo había de padecer, y ser el primero de la resurrección de los muertos, para anunciar luz al pueblo y a los gentiles. Diciendo él estas cosas en su defensa, Festo a gran voz dijo: Estás loco, Pablo; las muchas letras te vuelven loco. Mas él dijo: No estoy loco, excelentísimo Festo, sino que hablo palabras de verdad y de cordura. Pues el rey sabe estas

cosas, delante de quien también hablo con toda confianza. Porque no pienso que ignora nada de esto; pues no se ha hecho esto en algún rincón. ¿Crees, oh rey Agripa, a los profetas? Yo sé que crees. Entonces Agripa dijo a Pablo: Por poco me persuades a ser cristiano. Y Pablo dijo: ¡Quisiera Dios que por poco o por mucho, no solamente tú, sino también todos los que hoy me oyen, fueseis hechos tales cual yo soy, excepto estas cadenas! Cuando había dicho estas cosas, se levantó el rey, y el gobernador, y Berenice, y los que se habían sentado con ellos; y cuando se retiraron aparte, hablaban entre sí, diciendo: Ninguna cosa digna ni de muerte ni de prisión ha hecho este hombre. Y Agripa dijo a Festo: Podía este hombre ser puesto en libertad, si no hubiera apelado a César. (25:13—26:32)

La apelación de Pablo de su caso ante el emperador (25:11) había resuelto un callejón sin salida para Festo. Igual que su predecesor Félix, él sabía que Pablo era inocente de las acusaciones presentadas en su contra por los líderes judíos. Pero liberar al apóstol enfurecería a esos líderes y hasta provocaría disturbios entre los judíos. Al tratar ante todo de mantener la paz en Judea, tanto Félix como Festo se dieron cuenta de que necesitaban la cooperación de los líderes judíos.

La solución de Félix fue no tomar una decisión, permitiendo a su vez que Pablo languideciera en prisión por dos años (24:22-27). Al heredar de Félix el caso de Pablo, Festo intentó llegar a un acuerdo con el fin de aplacar a las autoridades judías. Propuso un juicio en Jerusalén, prometiendo a Pablo que el mismo Festo lo presidiría (25:9). Comprendiendo que no obtendría un juicio justo en ningún caso, Pablo ejerció su derecho como ciudadano romano de apelar su caso al emperador.

Esa apelación, aunque le resolvía un problema, le presentaba a Festo una nueva dificultad. Como gobernador se le exigía enviar un informe junto con Pablo a Roma, en que debía detallar las acusaciones contra el apóstol. Pero en el caso de Pablo, esas acusaciones eran teológicas y de naturaleza general. A solo dos semanas de asumir el cargo de gobernador, Festo no estaba familiarizado con los matices de la teología judía. Puesto que no entendía las acusaciones (cp. vv. 18-19), no podía escribir un informe coherente explicándoselas al emperador. Por suerte, llegó ayuda en la persona de Herodes Agripa.

CONSULTA RELACIONADA CON EL TESTIMONIO DE PABLO

Pasados algunos días, el rey Agripa y Berenice vinieron a Cesarea para saludar a Festo. Y como estuvieron allí muchos días, Festo expuso al rey la causa de Pablo, diciendo: Un hombre ha sido dejado preso por Félix, respecto al cual, cuando fui a Jerusalén, se me presentaron los principales sacerdotes y

los ancianos de los judíos, pidiendo condenación contra él. A éstos respondí que no es costumbre de los romanos entregar alguno a la muerte antes que el acusado tenga delante a sus acusadores, y pueda defenderse de la acusación. Así que, habiendo venido ellos juntos acá, sin ninguna dilación, al día siguiente, sentado en el tribunal, mandé traer al hombre. Y estando presentes los acusadores, ningún cargo presentaron de los que yo sospechaba, sino que tenían contra él ciertas cuestiones acerca de su religión, y de un cierto Jesús, ya muerto, el que Pablo afirmaba estar vivo. Yo, dudando en cuestión semejante, le pregunté si quería ir a Jerusalén y allá ser juzgado de estas cosas. Mas como Pablo apeló para que se le reservase para el conocimiento de Augusto, mandé que le custodiasen hasta que le enviara yo a César. Entonces Agripa dijo a Festo: Yo también quisiera oír a ese hombre. Y él le dijo: Mañana le oirás. (25:13-22)

Pasados algunos días de la apelación de Pablo al César, **el rey Agripa** (Herodes Agripa II) **y** su consorte **Berenice vinieron a Cesarea.** Debían **saludar** al nuevo gobernador, **Festo.** Último en la línea de los Herodes que ocuparan un lugar destacado en la historia del Nuevo Testamento, Agripa II gobernaba la parte norte de Palestina durante la ocupación romana. Su padre, Agripa I, fue el Herodes que mató a Santiago, encarceló a Pedro, y encontró un final prematuro al ser comido por los gusanos después de no darle gloria a Dios (Hch. 12:1-23). Su tío abuelo, Herodes Antipas, que ocupó un lugar destacado en los Evangelios (Lc. 3:1) como el gobernante que ejecutó a Juan el Bautista (Mr. 6:14-29), procuró la muerte de Jesús (Lc. 13:31-33), y más tarde lo sometió a prueba (Lc. 23:7-12). Su tatarabuelo fue Herodes el Grande, quien gobernaba en la época en que Jesús nació (Mt. 2:1-19; Lc. 1:5) y asesinó a los hijos de Belén en un esfuerzo para matar al recién nacido Rey.

La vida privada de Agripa era escandalosa; **Berenice** no solo era su consorte sino también su hermana. (La hermana de ellos, Drusila, era la esposa del ex gobernador, Félix.) La relación incestuosa fue objeto de chismes en Roma (donde Agripa se había criado). Berenice de vez en cuando dejaba a su hermano y era amante de otro hombre (había sido amante del emperador Vespasiano y después de Tito, hijo de Vespasiano), pero siempre regresaba. Ambos son inseparables en la narración de Hechos (cp. 25:13, 23; 26:30); ella es, como algunos han sugerido, el símbolo de la adicción de Agripa.

Aunque no gobernaba Judea, Agripa había recibido el control del tesoro del templo y el derecho de designar al sumo sacerdote. Los romanos lo consideraban un experto en asuntos judíos, igual que Pablo (26:3). Agripa trató de impedir la revuelta judía, pero cuando esta se desató en el año 66 d.C., se puso de lado de los romanos y, por tanto, se convirtió en traidor de su pueblo.

La naturaleza de la visita de Estado de la pareja real requería que permaneciera **muchos días** en Cesarea. Eso le dio a Festo la oportunidad de requerir la experiencia y el consejo experto de Agripa. **Festo expuso al rey la causa de Pablo, diciendo: Un hombre ha sido dejado preso por Félix.** El ex gobernador había dejado a Pablo en prisión para aplacar a los líderes judíos. Festo entonces repasó ante Agripa la situación de Pablo: **Cuando fui a Jerusalén, se me presentaron los principales sacerdotes y los ancianos de los judíos, pidiendo condenación contra él.** Las palabras de Festo arrojaron nueva luz en la petición de los judíos (25:3). Desde su perspectiva, ellos no querían un juicio justo para Pablo sino un juicio sumario de condenación. Impregnado de la orgullosa tradición de la justicia romana, adecuadamente Festo les respondió **que no** era **costumbre de los romanos entregar alguno a la muerte antes** de **que el acusado** tuviera **delante a sus acusadores, y** pudiera **defenderse de la acusación.** Aunque Pablo ya había enfrentado a sus acusadores delante de Félix (y no había sido condenado por delito alguno), Festo quería cumplir con su deber y conocer el caso por sí mismo antes de emitir un veredicto.

Al negarse a acceder a las exigencias del concilio de celebrar el juicio en Jerusalén (de modo que los judíos pudieran emboscar a Pablo en el camino, 25:3), Festo decidió realizar el juicio en Cesarea (25:4-5). **Así que,** continuó el gobernador, **habiendo venido ellos juntos acá, sin ninguna dilación, al día siguiente, sentado en el tribunal, mandé traer al hombre** (25:6). Después de su regreso a Cesarea, Festo actuó rápidamente con el fin de tratar el caso. Para su sorpresa, **estando presentes los acusadores, ningún cargo presentaron de los que** él **sospechaba.** Festo había supuesto naturalmente que las acusaciones contra Pablo en un tribunal romano abarcarían graves violaciones de la ley romana. En vez de eso, le dijo a Agripa que ellos **tenían contra él ciertas cuestiones acerca de su religión, y de un cierto Jesús, ya muerto, el que Pablo afirmaba estar vivo.** El gobernador no entendía el asunto ni sus consecuencias, así que no estaba cualificado para gobernar en tales asuntos, que en ningún caso pertenecían a una corte romana. La negativa de Galión, el gobernador romano de Acaya, de oír un caso similar había establecido un precedente legal que pudo haberse aplicado (18:12-16).

Saber que un individuo obviamente inteligente y educado como Pablo afirmaba que un hombre **muerto** estaba **vivo,** debió desconcertar especialmente a Festo (cp. 26:24). Sin embargo, fue precisamente el asunto de la resurrección de Jesucristo lo que más claramente separaba al cristianismo del judaísmo y esa era la piedra angular del evangelio. Festo no podía entender las implicaciones de la resurrección de Cristo porque ignoraba la vida y el ministerio de Jesús, y las Escrituras.

Perplejo, y **dudando en cuestión semejante,** continuó Festo, **le pregunté** a Pablo **si quería ir a Jerusalén y allá ser juzgado de estas cosas.** El apóstol, por supuesto, se negó. Sabía, aunque Festo no, que nunca obtendría un juicio justo en Jerusalén (aunque llegara vivo allá). Como ciudadano romano tenía el derecho de ser juzgado ante el representante del emperador en un tribunal romano (25:10). Y ya que los judíos no habían presentado evidencia de mala conducta por parte de Pablo (25:10), ¿por qué molestarse con otra audiencia delante de ellos?

Al no tener otro recurso, Pablo apeló su caso al tribunal del César (25:11). Festo le explicó a Agripa: **Como Pablo apeló para que se le reservase para el conocimiento de Augusto, mandé que le custodiasen hasta que le enviara yo a César.** Las palabras de Festo echaban la culpa del actual dilema a Pablo; la implicación es que si el apóstol hubiera estado dispuesto a ir a Jerusalén, el asunto se pudo haber resuelto. Pero fue el obvio deseo de Festo de hacerles un favor a los judíos (25:9) lo que obligó la apelación de Pablo. Si el gobernador hubiera hecho lo que la justicia exigía y liberaba al evidentemente inocente apóstol, ninguna apelación habría sido necesaria. En la providencia de Dios, Pablo fue conservado bajo custodia romana como protección contra ser asesinado.

El término **emperador** es un adjetivo, *Sebastos*, y, literalmente, significa "el reverenciado o adorado". Es el equivalente griego del título en latín *Augustus*, que comúnmente se aplicaba al emperador. Debido a la apelación de Pablo, Festo fue obligado a ordenar **que le custodiasen hasta que** pudiera enviarlo **a César.** Festo necesitaba la ayuda de Agripa para elaborar una acusación válida contra Pablo en el informe que debía enviar al emperador.

Sin duda, halagado por la apelación a su experiencia, además de curioso, **Agripa dijo a Festo: Yo también quisiera oír a ese hombre.** El tiempo imperfecto de *boulomai* (**quisiera**) sugiere que Agripa había estado queriendo oír a Pablo por mucho tiempo. Era indudable que había oído hablar del apóstol y esperaba oír al vocero principal del cristianismo en persona. Festo le aseguró: **Mañana le oirás.**

CIRCUNSTANCIAS DEL TESTIMONIO DE PABLO

Al otro día, viniendo Agripa y Berenice con mucha pompa, y entrando en la audiencia con los tribunos y principales hombres de la ciudad, por mandato de Festo fue traído Pablo. Entonces Festo dijo: Rey Agripa, y todos los varones que estáis aquí juntos con nosotros, aquí tenéis a este hombre, respecto del cual toda la multitud de los judíos me ha demandado en Jerusalén y aquí, dando voces que no debe vivir más. Pero yo, hallando que ninguna cosa digna de muerte ha hecho, y como él mismo apeló a Augusto, he determinado enviarle a él. Como no tengo cosa cierta que escribir a mi señor, le he traído ante vosotros, y mayormente ante ti, oh rey Agripa, para que después de examinarle, tenga yo qué escribir. Porque me parece fuera de razón enviar un preso, y no informar de los cargos que haya en su contra. (25:23-27)

Esta escena es una de las más fascinantes en el Nuevo Testamento. **Al otro día** de la consulta de Festo con Agripa acerca de Pablo, **Agripa y Berenice** llegaron **con mucha pompa, y** entraron **en la audiencia.** *Phantasia* (**pompa**) aparece solo aquí en el Nuevo Testamento y denota un magnífico y vistoso desfile. Festo convirtió la audiencia de Pablo en una ocasión para honrar a Agripa. Por tanto, Agripa y Berenice fueron acompañados por **los tribunos** (los cinco comandantes que dirigían las cinco legiones estacionadas en Cesarea) **y** por los **principales hombres de la ciudad.**

El espectáculo debió haber sido extraordinario. Agripa se habría vestido con todos los adornos de la realeza, incluso una túnica violeta, corona dorada, anillos, y quizás un cetro. Berenice, aunque no técnicamente reina de Agripa, habría tenido un atavío similar. Los cinco tribunos habrían estado usando sus uniformes de gala, y los **principales hombres de la ciudad** usarían sus ropas más elegantes. Una guardia de honor compuesta por soldados inmaculadamente engalanados sin duda escoltó la entrada de los dignatarios al auditorio.

Una vez sentados todos, **por mandato de Festo fue traído Pablo.** El contraste no pudo haber sido más chocante. En medio de la sala de asambleas, repleta con las personas más importantes de Cesarea, caminaba un judío a quien se había descrito como pequeño, calvo y poco imponente en su físico (cp. 2 Co. 10:10). Murmullos de sorpresa debieron haber dado la bienvenida a la apariencia del apóstol; para muchos en la multitud tal vez era difícil creer que este hombre, al parecer poco impresionante, fuera el causante de tanta controversia. Pero las apariencias pueden ser engañosas. La historia ha juzgado a Pablo como uno de los hombres más nobles y poderosos que alguna vez han vivido, y la multitud debió haber sido un repertorio de tontos pomposos.

El escenario estaba listo y **Festo** inició el proceso presentando a Pablo: **Rey Agripa, y todos los varones que estáis aquí juntos con nosotros, aquí tenéis a este hombre, respecto del cual toda la multitud de los judíos me ha demandado en Jerusalén y aquí, dando voces que no debe vivir más.** Luego admitió con sinceridad su problema. Festo había oído las acusaciones de los judíos contra Pablo, concluyendo **que ninguna cosa digna de muerte ha hecho.** De este modo el funcionario romano afirmaba de nuevo la inocencia de Pablo. Pero este, por las razones ya vistas, había apelado **a Augusto,** por lo que Festo había **determinado enviarle a él.** El gobernador llegó entonces al meollo de su dilema, admitiendo: **No tengo cosa cierta que escribir a mi señor.** Festo no entendía los asuntos religiosos que estaban en juego. Esperaba que los resultados de este examen le proporcionaran algo coherente **que escribir** en su reporte oficial. Evidentemente era algo **fuera de razón** (y hasta peligroso) **enviar un preso** al César para ser juzgado **y no informar de los cargos que haya en su contra.** El emperador no vería con buenos ojos a un gobernador provincial que hiciera perder así el tiempo de su tribunal.

Era probable que Pablo no estuviera legalmente obligado a asistir a la indagación. Ya había apelado su caso al emperador, llevándolo, por tanto, fuera de la jurisdicción de Festo. Pero al apóstol no se le ocurriría dejar pasar una oportunidad de predicar el evangelio en un entorno tan importante. He aquí otro ejemplo de su compromiso valiente de servir al Señor Jesucristo en toda circunstancia. El medio para su proclamación del evangelio debía ser el testimonio dramático y poderoso de su conversión en el camino a Damasco.

INICIO DEL TESTIMONIO DE PABLO

Entonces Agripa dijo a Pablo: Se te permite hablar por ti mismo. Pablo entonces, extendiendo la mano, comenzó así su defensa: Me tengo por dichoso, oh rey Agripa, de que haya de defenderme hoy delante de ti de todas las cosas de que soy acusado por los judíos. Mayormente porque tú conoces todas las costumbres y cuestiones que hay entre los judíos; por lo cual te ruego que me oigas con paciencia. Mi vida, pues, desde mi juventud, la cual desde el principio pasé en mi nación, en Jerusalén, la conocen todos los judíos; los cuales también saben que yo desde el principio, si quieren testificarlo, conforme a la más rigurosa secta de nuestra religión, viví fariseo. Y ahora, por la esperanza de la promesa que hizo Dios a nuestros padres soy llamado a juicio; promesa cuyo cumplimiento esperan que han de alcanzar nuestras doce tribus, sirviendo constantemente a Dios de día y de noche. Por esta esperanza, oh rey Agripa, soy acusado por los judíos. ¡Qué! ¿Se juzga entre vosotros cosa increíble que Dios resucite a los muertos? Yo ciertamente había creído mi deber hacer muchas cosas contra el nombre de Jesús de Nazaret; lo cual también hice en Jerusalén. Yo encerré en cárceles a muchos de los santos, habiendo recibido poderes de los principales sacerdotes; y cuando los mataron, yo di mi voto. Y muchas veces, castigándolos en todas las sinagogas, los forcé a blasfemar; y enfurecido sobremanera contra ellos, los perseguí hasta en las ciudades extranjeras. Ocupado en esto, iba yo a Damasco con poderes y en comisión de los principales sacerdotes, cuando a mediodía, oh rey, yendo por el camino, vi una luz del cielo que sobrepasaba el resplandor del sol, la cual me rodeó a mí y a los que iban conmigo. Y habiendo caído todos nosotros en tierra, oí una voz que me hablaba, y decía en lengua hebrea: Saulo, Saulo, ¿por qué me persigues? Dura cosa te es dar coces contra el aguijón. Yo entonces dije: ¿Quién eres, Señor? Y el Señor dijo: Yo soy Jesús, a quien tú persigues. Pero levántate, y ponte sobre tus pies; porque para esto he aparecido a ti, para ponerte por ministro y testigo de las cosas que has visto, y de aquellas en que me apareceré a ti, librándote de tu pueblo, y de los gentiles, a quienes ahora te envío, para que abras sus ojos, para que se conviertan de las tinieblas a la luz,

y de la potestad de Satanás a Dios; para que reciban, por la fe que es en mí, perdón de pecados y herencia entre los santificados. (26:1-18)

Agripa se hizo cargo del proceso y, ya que no había acusadores ni acusaciones, informó a **Pablo: Se te permite hablar por ti mismo.** Siguiendo el ejemplo, este **entonces, extendiendo la mano, comenzó su defensa.** Puesto que Agripa era el personaje principal, Pablo dirigió sus comentarios a él, empezando con la declaración cortés: **Me tengo por dichoso, oh rey Agripa, de que haya de defenderme hoy delante de ti de todas las cosas de que soy acusado por los judíos.** Eso no es adulación; Pablo creía que, a causa de su orientación romana, Agripa no se solidarizaría con el concilio. Además, su trasfondo judío lo convertía en experto en **todas las costumbres y cuestiones que hay entre los judíos,** por lo que podía comprenderlas. Entonces Agripa era para Pablo tanto un objetivo como alguien bien informado, tal vez un candidato perfecto para la conversión.

La meta principal del testimonio de Pablo no fue exonerarse sino convertir a Agripa (cp. 26:28). **Por lo cual** no dudó en rogarle que lo oyera **con paciencia.** Pablo se veía como un embajador, representando a Jesucristo ante el mundo, rogando a las personas que se reconciliaran con Dios. Ese era el objetivo de su ministerio, según escribió a los corintios:

> *De modo que si alguno está en Cristo, nueva criatura es; las cosas viejas pasaron; he aquí todas son hechas nuevas. Y todo esto proviene de Dios, quien nos reconcilió consigo mismo por Cristo, y nos dio el ministerio de la reconciliación; que Dios estaba en Cristo reconciliando consigo al mundo, no tomándoles en cuenta a los hombres sus pecados, y nos encargó a nosotros la palabra de la reconciliación. Así que, somos embajadores en nombre de Cristo, como si Dios rogase por medio de nosotros; os rogamos en nombre de Cristo: Reconciliaos con Dios (2 Co. 5:17-20).*

Pablo entendió su llamado desde el principio. En Damasco, poco después de su conversión, Ananías le dijo: "Serás testigo suyo [de Jesús] a todos los hombres, de lo que has visto y oído" (Hch. 22:15). Cualesquiera que fueran las circunstancias, Pablo siempre se vio como un embajador de Jesucristo. Escribiendo desde la prisión en Roma, incluso se pudo llamar "embajador en cadenas" (Ef. 6:20). A Pablo no le importaba su propia vida; lo único que le interesaba era que Jesucristo fuera exaltado (Hch. 21:13; Fil. 1:21).

El testimonio del apóstol contiene dos temas principales: la resurrección de Jesucristo prueba que Él es el Mesías, y la vida transformada de Pablo prueba la realidad de la resurrección de Cristo. El apóstol teje magistralmente el evangelio de salvación por medio de este relato en primera persona.

A fin de mostrar lo asombrosa y completa que fue la transformación de su vida, Pablo comenzó su testimonio describiendo cómo vivía antes de convertirse. Le recordó a Agripa que su **vida, pues, desde** su **juventud, la cual desde el principio** pasó **en** su **nación, en Jerusalén, la conocen todos los judíos.** Pablo era muy conocido por las autoridades judías; se había educado en Jerusalén (Hch. 22:3) y, más tarde, se convirtió en el principal perseguidor de la fe cristiana (cp. Hch. 8:1-3; 9:1-2). Los líderes judíos **también** habían sabido de Pablo **desde el principio.** Además, **si** ellos hubieran estado dispuestos a **testificarlo,** les constaba que **conforme a la más rigurosa secta de** su **religión,** Pablo vivió siendo **fariseo.** Josefo describió a los fariseos como "cierta secta de los judíos que aparentan ser más religiosos que los demás, y que parecen interpretar las leyes con más fidelidad" (*Guerras* 1.5.2). Cuando Pablo quiso describir su celo por la ley, le bastó decir: "En cuanto a la ley, fariseo" (Fil. 3:5). Resaltó ese punto para mostrar lo notable que fue su conversión para la fe cristiana. Él había sido tan celoso y comprometido como cualquier judío de su época (cp. Gá. 1:13-14) y era un candidato poco probable para tal conversión.

Igual que había hecho en su juicio ante Félix (cp. 24:14-15), Pablo afirmó su compromiso con la enseñanza del Antiguo Testamento. A Agripa le declaró: **Ahora, por la esperanza de la promesa que hizo Dios a nuestros padres soy llamado a juicio; promesa cuyo cumplimiento esperan que han de alcanzar nuestras doce tribus, sirviendo constantemente a Dios de día y de noche. Por esta esperanza, oh rey Agripa, soy acusado por los judíos.** Este judío celoso y ortodoxo en ese momento era **llamado a juicio** por creer en **la esperanza de la promesa que hizo Dios a** los **padres** judíos. Esa **esperanza** era la venida del Mesías y su reino (cp. 1:6; 3:22-24; 13:23-33; Gá. 3:17-18; 4:4; Tit. 2:13; 1 P. 1:11-12) y, específicamente, la resurrección relacionada con su venida. Esa era la **promesa que hizo Dios a** través del Antiguo Testamento: que el Mesías vendría para quitar el pecado y establecer su reino de justicia. Y fue esa misma **promesa cuyo cumplimiento** esperaban **alcanzar** las **doce tribus, sirviendo constantemente a Dios de día y de noche.** (La mención que Pablo hace de las **doce tribus** muestra que las diez tribus del norte no están perdidas [cp. Mt. 19:28; Lc. 22:30; Stg. 1:1; Ap. 21:12].) Sin embargo, es increíble que por anunciar esa misma **esperanza** cumplida en Jesucristo Pablo fuera **acusado por** estos **judíos** apóstatas.

La incongruencia de ser condenado por creer en lo que los judíos siempre habían creído hizo exclamar a Pablo: **¡Qué! ¿Se juzga entre vosotros cosa increíble que Dios resucite a los muertos?** Al resucitar a Jesús de los muertos, Dios validó la promesa de resurrección del Antiguo Testamento, demostrando al mismo tiempo que Jesús era el Mesías tan anhelado de Israel.

Pero fue precisamente este punto que Agripa, junto con muchos otros judíos, no estaba dispuesto a aceptar. La mayoría de judíos (excepto los saduceos, Mt. 22:23) aceptaban el concepto general de resurrección (cp. Jn. 5:28-29; 11:24).

Lo que no aceptaban era que Jesucristo hubiera resucitado de los muertos y que fuera el Mesías esperado. Al ser confrontados con la innegable realidad de la resurrección de Jesús, los líderes judíos habían inventado la historia de que los discípulos robaron el cuerpo. Luego sobornaron a los guardias romanos para que confirmaran la mentira. Así que mientras Agripa sin duda aceptaba la creencia general judía en la resurrección, no aceptó, igual que los otros líderes de la nación, la resurrección de Cristo o su condición mesiánica.

Pablo entendía eso perfectamente, pues él mismo creyó antes de igual manera. Una vez **ciertamente había creído** que su **deber** era **hacer muchas cosas contra el nombre de Jesús de Nazaret, lo cual** fue precisamente lo que hizo **en Jerusalén.** No solo procedió a encerrar **en cárceles a muchos de los santos, habiendo recibido poderes de los principales sacerdotes,** sino también que, refiriéndose a incidentes como el asesinato de Esteban (7:58), **cuando los mataron, yo di mi voto** contra ellos. La frase griega traducida **yo di mi voto** dice literalmente "yo tiré mi piedra", y se refiere a la antigua costumbre de registrar votos: una piedra negra por condena y una blanca por absolución. La referencia de Pablo a votar contra cristianos podría indicar que una vez él había sido miembro del concilio.

Pablo también castigaba a menudo a cristianos **en todas las sinagogas,** forzándolos por medio de tortura **a blasfemar.** Si no podía matarlos, al menos quería obligarlos a retractarse. Al ver a los cristianos como herejes peligrosos y blasfemos, Pablo estaba **enfurecido sobremanera contra ellos** (cp. 9:1; Gá. 1:13-14). No contento con limpiar a Jerusalén de cristianos, **los** persiguió aun **hasta en las ciudades extranjeras.**

Fue mientras Pablo estaba **ocupado en esto** que ocurrió el acontecimiento que le transformaría la vida (y marcaría un importante giro en la historia). Él **iba a Damasco con poderes y en comisión de los principales sacerdotes** con el fin de arrestar a todos los cristianos que pudiera encontrar allí. El apóstol informa que de repente, **a mediodía, yendo por el camino,** vio **una luz del cielo que sobrepasaba el resplandor del sol** del Oriente Medio. Esa **luz rodeó a** Pablo **y a los que iban** con él. Después que el apóstol y sus compañeros de persecución hubieran **caído todos en tierra,** oyó la **voz** del Señor Jesucristo resucitado, ascendido y glorificado **que** le **hablaba en lengua hebrea** (arameo): **Saulo, Saulo, ¿por qué me persigues? Dura cosa te es dar coces contra el aguijón.** Pelear contra Dios, como Saulo estaba haciendo, era una batalla perdida. Era tan ridículo como **dar coces contra el aguijón** (vara afilada usada para pastorear ganado).

Aturdido, ciego y aterrado, Saulo de Tarso, el antiguo perseguidor de cristianos, dice que solo atinó a balbucear: **¿Quién eres, Señor?** La respuesta, **yo soy Jesús, a quien tú persigues**, lo estremeció hasta la médula de su ser. Aquel a quien Saulo odiaba y despreciaba como blasfemo y falso maestro, y que amenazaba el carácter sagrado del judaísmo, era en realidad quien afirmaba ser: el

Mesías de Israel. Un murmullo de asombrada incredulidad debió haberse oído entre los miembros de la multitud mientras Pablo relataba las palabras de Jesús. Se creía que Jesús estaba muerto y que sus celosos discípulos habían robado el cadáver a fin de fingir su resurrección. ¿Cómo entonces Pablo podía afirmar que habló con Él?

El apóstol continúa explicando que Jesús se le apareció con un propósito específico: **para** ponerlo **por ministro y testigo de las cosas que** había **visto, y de aquellas en que** Jesús se le aparecería (cp. Hch. 18:9-10; 22:17-21; 23:11; 2 Co. 12:1-7; Gá. 1:11-12). Sabiendo Pablo que enfrentaría feroz oposición cuando predicara a Aquel que había perseguido, el Señor le prometió serle fiel en liberarlo del **pueblo** judío **y de los gentiles.** Fue a ellos **a quienes** el Señor **ahora** enviaba (*apostellō,* de donde se deriva el sustantivo *apostolos* ["apóstol"]) a Pablo. Este fue su encargo como apóstol. Un apóstol debía haber sido testigo del Cristo resucitado (Hch. 1:21-22), y Pablo lo fue (cp. 1 Co. 9:1; 15:8).

Como apóstol, Pablo fue llamado a anunciar las buenas nuevas de salvación del juicio por medio de la obra de Jesucristo. Ese mensaje vivificador abriría los **ojos** de las personas. Jesús caracterizó a los incrédulos como ciegos, guiados por líderes ciegos (Mt. 15:14), de quienes 2 Corintios 4:4 afirma: "El dios de este siglo cegó el entendimiento de los incrédulos". Jesús enseñó que el Espíritu Santo usa la Palabra de Dios para abrir los ojos de los ciegos espirituales, y que

> *cuando él venga, convencerá al mundo de pecado, de justicia y de juicio. De pecado, por cuanto no creen en mí; de justicia, por cuanto voy al Padre, y no me veréis más; y de juicio, por cuanto el príncipe de este mundo ha sido ya juzgado (Jn. 16:8-11).*

La convicción genuina dará lugar a transformación de vida, como en aquellos **que se** convierten **de las tinieblas a la luz, y de la potestad de Satanás a Dios.** La Biblia enseña que los incrédulos viven en oscuridad espiritual. Pablo los describe como

> *teniendo el entendimiento entenebrecido, ajenos de la vida de Dios por la ignorancia que en ellos hay, por la dureza de su corazón; los cuales, después que perdieron toda sensibilidad, se entregaron a la lascivia para cometer con avidez toda clase de impureza (Ef. 4:18-19).*

Con frecuencia, la Biblia usa la luz como metáfora para la salvación (Mt. 4:16; Jn. 1:4, 5, 7-9; 3:19-21; 8:12; 9:5; 12:36, 46; Hch. 13:47; 26:23; 2 Co. 4:4; 6:14; Ef. 5:8-9, 14; 1 Ts. 5:5; 1 Jn. 1:7; 2:8-10). Debido a eso, la salvación se puede describir como pasar "de las tinieblas a su luz admirable" (1 P. 2:9), y a los creyentes se les puede describir como partícipes "de la herencia de los santos en luz", a quienes se "ha librado de la potestad de las tinieblas, y trasladado al reino de su amado Hijo" (Col. 1:12-13).

El bendito resultado de la salvación es **perdón de pecados** (Mt. 1:21; 26:28; Lc. 1:77; 24:47; Hch. 3:19; 5:31; 10:43; 13:38; 1 Co. 15:3; Gá. 1:4; Col. 1:14; He. 8:12; 9:28; 10:12; 1 P. 2:24; 3:18; 1 Jn. 2:1-2; 3:5; 4:10; Ap. 1:5). En Romanos 4:7-8, Pablo escribió: "Bienaventurados aquellos cuyas iniquidades son perdonadas, y cuyos pecados son cubiertos. Bienaventurado el varón a quien el Señor no inculpa de pecado". Más tarde, en esa misma epístola, describió el perdón total que los creyentes experimentan, preguntando de manera retórica:

> *¿Quién acusará a los escogidos de Dios? Dios es el que justifica. ¿Quién es el que condenará? Cristo es el que murió; más aun, el que también resucitó, el que además está a la diestra de Dios, el que también intercede por nosotros (Ro. 8:33-34).*

El apóstol Juan manifestó sencillamente: "Os escribo a vosotros, hijitos, porque vuestros pecados os han sido perdonados por su nombre" (1 Jn. 2:12).

Una última bendición del evangelio que Pablo menciona es que los creyentes reciben una **herencia entre los santificados** (cp. Hch. 20:32; Ef. 1:11, 14, 18; Col. 1:12; 3:24; He. 9:15). Pedro describió esa herencia como "incorruptible, incontaminada e inmarcesible, reservada en los cielos para vosotros" (1 P. 1:4). Esa herencia son las riquezas del cielo eterno.

La clara enseñanza de la Biblia es que esta salvación llega a una persona solo **por la fe que es en** Jesucristo aparte de cualquier obra humana (Jn. 3:14-17; 6:69; Hch. 13:39; 15:9; 16:31; Ro. 3:21-28; 4:5; 5:1; 9:30; 10:9-11; Gá. 2:16; 3:11, 24; Fil. 3:9). Pablo declaró esa verdad de modo claro y conciso cuando escribió a los efesios: "Por gracia sois salvos por medio de la fe; y esto no de vosotros, pues es don de Dios; no por obras, para que nadie se gloríe" (Ef. 2:8-9).

El dramático testimonio de Pablo brinda poderosa evidencia para la resurrección de Cristo, especialmente porque antes había sido un oponente hostil y violento de la fe cristiana. Pablo no estaba tratando de descubrir si Jesús era el Mesías o no; ya había decidido que no lo era. Tampoco se había persuadido por hablar con cristianos. Él no hablaba con cristianos, sino que los arrestaba e intentaba encarcelarlos y ejecutarlos. Solamente la milagrosa y sobrenatural intervención del mismo Jesús resucitado y vivo transformó a Pablo de perseguidor de cristianos en apóstol de Jesucristo.

CULMINACIÓN DEL TESTIMONIO DE PABLO

Por lo cual, oh rey Agripa, no fui rebelde a la visión celestial, sino que anuncié primeramente a los que están en Damasco, y Jerusalén, y por toda la tierra de

Judea, y a los gentiles, que se arrepintiesen y se convirtiesen a Dios, haciendo obras dignas de arrepentimiento. Por causa de esto los judíos, prendiéndome en el templo, intentaron matarme. Pero habiendo obtenido auxilio de Dios, persevero hasta el día de hoy, dando testimonio a pequeños y a grandes, no diciendo nada fuera de las cosas que los profetas y Moisés dijeron que habían de suceder: Que el Cristo había de padecer, y ser el primero de la resurrección de los muertos, para anunciar luz al pueblo y a los gentiles. (26:19-23)

El llamado al ministerio, así como el llamado a la salvación, es un acto soberano de Dios que demanda e incorpora respuesta humana. **Por lo cual,** Pablo **no** fue **rebelde a la visión celestial** que había recibido de parte del Señor Jesucristo.

La obediencia es la condición vital de la vida cristiana; acompaña a la verdadera salvación (Ro. 6:16; 1 P. 1:14), reconoce la autoridad de Dios (Hch. 5:29), es una expresión de confianza en Dios (He. 11:8), y es la prueba del amor de los creyentes por Él (Jn. 14:15, 21).

Pablo expresó su obediencia anunciando **primeramente a los que están en Damasco, y Jerusalén, y por toda la tierra de Judea, y a los gentiles, que se arrepintiesen y se convirtiesen a Dios, haciendo obras dignas de arrepentimiento.** Esa frase resume el ministerio de Pablo, que comenzó en **Damasco** (Hch. 9:20-22) y se extendió a **Jerusalén** (9:26-29), desde donde influyó en **Judea,** para finalmente ampliarse **a los gentiles.** En todas partes donde el apóstol predicaba, su mensaje era el mismo: **que** las personas **se arrepintiesen y se convirtiesen a Dios, haciendo obras dignas de arrepentimiento.** *Metanoia* (**arrepentimiento**) implica un cambio de mentalidad que resulta en un cambio de conducta. El uso que Pablo hace de *epistrephō* (**convirtiesen**), que con frecuencia describe a pecadores volviéndose a Dios (Lc. 1:16-17; Hch. 9:35; 11:21; 14:15; 15:19; 2 Co. 3:16; 1 Ts. 1:9; 1 P. 2:25), refuerza ese significado. Las personas que se arrepienten y se convierten de veras efectuarán **obras dignas de arrepentimiento** (Mt. 3:8; 7:16, 20; Stg. 2:18).

Por causa de esto (la fiel predicación del evangelio por parte de Pablo) fue que **los judíos** lo prendieron **en el templo e intentaron** matarlo (21:27ss). Esa acción desencadenó todos los acontecimientos que habían llevado a este mismo momento del encuentro con Agripa. Los judíos estaban especialmente airados de que el apóstol anunciara la igualdad espiritual de judíos y gentiles (cp. 22:21-23). Pero Pablo había **obtenido auxilio de Dios,** que poco tiempo antes lo había liberado de dos conspiraciones contra su vida (23:12ss; 25:2-5) y que lo había ayudado a lo largo de su ministerio (2 Co. 1:8-10; 2 Ti. 3:11; 4:17-18). Debido a la ayuda divina, Pablo pudo declararle a Agripa: **Persevero hasta el día de hoy, dando testimonio a pequeños y a grandes, no diciendo nada fuera de las cosas que los profetas y Moisés dijeron que habían de suceder.** Al ponerse él mismo en la línea de Moisés y de los otros escritores del Antiguo Testamento, Pablo volvió a resaltar que el cristianismo no es herejía sino el cumplimiento de las Escrituras. El Antiguo Testamento predijo **que el Cristo había de padecer** (Sal. 22; Is. 53) **y ser el primero** (*prōtos*; primero en preeminencia, no en cronología) **de la resurrección de los muertos** (Sal. 16:10; cp. Hch. 13:30-37), **para anunciar luz al pueblo y a los gentiles** (cp. Is. 42:6; 49:6).

El testimonio de Pablo puede resumirse de esta manera: Era un judío devoto y celoso, aun hasta el extremo de perseguir cristianos, pues creía que estos pervertían el judaísmo. Jesucristo, cuya aparición a Pablo comprueba su resurrección, de modo soberano le cambió la vida y lo llamó tanto a ser salvo como al ministerio. Pablo posteriormente predicó el evangelio de la gracia a los gentiles, colocándolos en igualdad espiritual con los judíos. Debido a eso, algunos judíos celosos intentaron matarlo, razón por la cual ese día estaba ante Agripa.

CONSECUENCIAS DEL TESTIMONIO DE PABLO

Diciendo él estas cosas en su defensa, Festo a gran voz dijo: Estás loco, Pablo; las muchas letras te vuelven loco. Mas él dijo: No estoy loco, excelentísimo Festo, sino que hablo palabras de verdad y de cordura. Pues el rey sabe estas cosas, delante de quien también hablo con toda confianza. Porque no pienso que ignora nada de esto; pues no se ha hecho esto en algún rincón. ¿Crees, oh rey Agripa, a los profetas? Yo sé que crees. Entonces Agripa dijo a Pablo: Por poco me persuades a ser cristiano. Y Pablo dijo: ¡Quisiera Dios que por poco o por mucho, no solamente tú, sino también todos los que hoy me oyen, fueseis hechos tales cual yo soy, excepto estas cadenas! Cuando había dicho estas cosas, se levantó el rey, y el gobernador, y Berenice, y los que se habían sentado con ellos; y cuando se retiraron aparte, hablaban entre sí, diciendo: Ninguna cosa digna ni de muerte ni de prisión ha hecho este hombre. Y Agripa dijo a Festo: Podía este hombre ser puesto en libertad, si no hubiera apelado a César. (26:24-32)

Festo había escuchado con creciente asombro a medida que Pablo continuaba hablando **en su defensa.** Sin duda el apóstol era un hombre erudito y brillante, por tanto, ¿cómo podía el gobernador creer que fuera cierto lo que el hombre estaba diciendo? ¿Creía realmente que Jesús de Nazaret, un hombre ejecutado bajo uno de los predecesores de Festo como gobernador, Pilato, estaba vivo y había hablado con Pablo? Finalmente, la explícita declaración de Pablo sobre la resurrección de Cristo era demasiado para las sensibilidades racionales de Festo. Por tanto, interrumpiendo la disertación del apóstol, espetó **a gran voz: Estás loco, Pablo; las muchas letras te vuelven loco.** Todo romano inteligente sabía que los muertos no vuelven a vivir ni hablan con las personas; por tanto, las reflexiones mentales de Pablo deben haberle hecho perder el contacto con la realidad.

No es de extrañar que Pablo fuera acusado de estar loco; igual le pasó a Jesús (Mr. 3:21; Jn. 8:48, 52; 10:20). La razón de las acusaciones contra ambos se halla en 1 Corintios 1:18: "Porque la palabra de la cruz es locura a los que se pierden; pero a los que se salvan, esto es, a nosotros, es poder de Dios". **Mas él** definitivamente **no** estaba **loco.** Al contrario, declaraba **palabras de verdad y de cordura,** salidas de una mente sana, con total dominio de sus sentidos.

Pablo aprovechó la interrupción de Festo para centrarse en Agripa, primero, hablando de él en tercera persona y, después, dirigiéndosele directamente. Continuando en su disertación a Festo, Pablo expresó: **El rey** (Agripa) **sabe estas cosas, delante de quien también hablo con toda confianza. Porque no pienso que ignora nada de esto; pues no se ha hecho esto en algún rincón.** El apóstol apeló a Agripa como testigo de su cordura, ya que los judíos creían en la resurrección, y las **cosas** a las que Pablo se refería (la muerte de Jesús, y la afirmación de los cristianos de que Él había resucitado de los muertos) eran de conocimiento común en Palestina. Al permanecer en silencio, Agripa confirmó la verdad de lo que Pablo decía.

Entonces el apóstol enfrentó directamente al rey. **¿Crees, oh rey Agripa, a los profetas? Yo sé que crees.** La implicación era que si contestaba que sí, habría tenido que admitir que Jesús era el Mesías. Agripa estaba atrapado en un dilema. Eso lo habría hecho parecer tonto delante de sus amigos romanos e indignaría a sus súbditos judíos. Pero un rey judío no podía desconocer a los profetas de su pueblo. Por tanto, evitó la pregunta, respondiendo a su vez burlonamente **a Pablo: Por poco me persuades a ser cristiano.** La frase se traduce mejor como una pregunta: "¿Crees que me puedes persuadir a volverme cristiano en tan poco tiempo?"

La respuesta de Pablo fue amable y digna: **¡Quisiera Dios que por poco o por mucho, no solamente tú, sino también todos los que hoy me oyen, fueseis hechos tales cual yo soy, excepto estas cadenas!** Sin importar cuánto tiempo tardara, el deseo sincero de Pablo era que todos los que lo oyeran llegaran a conocer al Señor Jesucristo. La escena es otra vez de sorprendente incongruencia. Un humilde prisionero en cadenas les dice a los líderes políticos y militares, y a otros personajes importantes que se hallaban reunidos, que le gustaría que ellos pudieran ser como él. El efímero tesoro de ellos que se deteriora estaba aquí en la tierra; Pablo tenía un "tesoro en los cielos que no se agot[a], donde ladrón no llega, ni polilla destruye" (Lc. 12:33).

Con estas palabras de Pablo concluyó el interrogatorio. **Se levantó el rey** Agripa, junto con **el gobernador y** la malvada **Berenice, y los** consejeros **que se habían sentado con ellos.** Entonces, **cuando se retiraron aparte, hablaban entre sí** respecto al caso de Pablo. Cualquiera que fuera la opinión que tuvieran de la cordura del apóstol, todos estuvieron de acuerdo en que **ninguna cosa digna ni de muerte ni de prisión** había **hecho este hombre,** pero les faltó valor para liberarlo. **Agripa** resumió la opinión de todos cuando **dijo a Festo: Podía este hombre ser puesto en libertad, si no hubiera apelado a César.**

La pregunta que surge es: ¿por qué no se puso en libertad a Pablo, ya que tanto Festo como Agripa lo habían hallado inocente de delito? El célebre experto en ley romana A. N. Sherwin-White explica:

> La observación de Agripa, "podía este hombre ser puesto en libertad, si no hubiera apelado a César", no quiere decir que en estricto derecho el gobernador no podía pronunciar la absolución después del acto de apelación. Esta no era una cuestión de ley, sino de relaciones entre el emperador y sus subordinados, y de ese elemento de poder no constitucional que los romanos denominaban *auctoritas*, "prestigio", del cual dependía en gran manera la supremacía de los príncipes. Ningún hombre sensato con esperanzas de promoción soñaría interrumpir la apelación al César, a menos que tuviera autoridad específica para hacerlo (*Roman Society and Roman Law in the New Testament* [Sociedad y ley romana en el Nuevo Testamento] [Oxford: Oxford University Press, 1963], p. 65).

Una vez más, Pablo había sido hallado inocente de cualquier delito. Valientemente había anunciado el evangelio a algunas de las personas más importantes de Palestina. Ahora, tras dos años de espera, había llegado el momento de que la promesa del Señor se cumpliera: "Ten ánimo, Pablo, pues como has testificado de mí en Jerusalén, así es necesario que testifiques también en Roma" (Hch. 23:11).

Viaje de Pablo a Roma— Primera parte Tormenta y naufragio

51

Cuando se decidió que habíamos de navegar para Italia, entregaron a Pablo y a algunos otros presos a un centurión llamado Julio, de la compañía Augusta. Y embarcándonos en una nave adramitena que iba a tocar los puertos de Asia, zarpamos, estando con nosotros Aristarco, macedonio de Tesalónica. Al otro día llegamos a Sidón; y Julio, tratando humanamente a Pablo, le permitió que fuese a los amigos, para ser atendido por ellos. Y haciéndonos a la vela desde allí, navegamos a sotavento de Chipre, porque los vientos eran contrarios. Habiendo atravesado el mar frente a Cilicia y Panfilia, arribamos a Mira, ciudad de Licia. Y hallando allí el centurión una nave alejandrina que zarpaba para Italia, nos embarcó en ella. Navegando muchos días despacio, y llegando a duras penas frente a Gnido, porque nos impedía el viento, navegamos a sotavento de Creta, frente a Salmón. Y costeándola con dificultad, llegamos a un lugar que llaman Buenos Puertos, cerca del cual estaba la ciudad de Lasea. Y habiendo pasado mucho tiempo, y siendo ya peligrosa la navegación, por haber pasado ya el ayuno, Pablo les amonestaba, diciéndoles: Varones, veo que la navegación va a ser con perjuicio y mucha pérdida, no sólo del cargamento y de la nave, sino también de nuestras personas. Pero el centurión daba más crédito al piloto y al patrón de la nave, que a lo que Pablo decía. Y siendo incómodo el puerto para invernar, la mayoría acordó zarpar también de allí, por si pudiesen arribar a Fenice, puerto de Creta que mira al nordeste y sudeste, e invernar allí. Y soplando una brisa del sur, pareciéndoles que ya tenían lo que deseaban, levaron anclas e iban costeando Creta. Pero no mucho después dio contra la nave un viento huracanado llamado Euroclidón. Y siendo arrebatada la nave, y no pudiendo poner proa al viento, nos abandonamos a él y nos dejamos llevar. Y habiendo corrido a sotavento de una pequeña isla llamada Clauda, con dificultad pudimos recoger el esquife. Y una vez subido a bordo, usaron de refuerzos para ceñir la nave; y teniendo temor de dar en la Sirte, arriaron las velas y quedaron a la deriva. Pero siendo combatidos por una furiosa tempestad, al

siguiente día empezaron a alijar, y al tercer día con nuestras propias manos arrojamos los aparejos de la nave. Y no apareciendo ni sol ni estrellas por muchos días, y acosados por una tempestad no pequeña, ya habíamos perdido toda esperanza de salvarnos. Entonces Pablo, como hacía ya mucho que no comíamos, puesto en pie en medio de ellos, dijo: Habría sido por cierto conveniente, oh varones, haberme oído, y no zarpar de Creta tan sólo para recibir este perjuicio y pérdida. Pero ahora os exhorto a tener buen ánimo, pues no habrá ninguna pérdida de vida entre vosotros, sino solamente de la nave. Porque esta noche ha estado conmigo el ángel del Dios de quien soy y a quien sirvo, diciendo: Pablo, no temas; es necesario que comparezcas ante César; y he aquí, Dios te ha concedido todos los que navegan contigo. Por tanto, oh varones, tened buen ánimo; porque yo confío en Dios que será así como se me ha dicho. Con todo, es necesario que demos en alguna isla. Venida la decimocuarta noche, y siendo llevados a través del mar Adriático, a la medianoche los marineros sospecharon que estaban cerca de tierra; y echando la sonda, hallaron veinte brazas; y pasando un poco más adelante, volviendo a echar la sonda, hallaron quince brazas. Y temiendo dar en escollos, echaron cuatro anclas por la popa, y ansiaban que se hiciese de día. Entonces los marineros procuraron huir de la nave, y echando el esquife al mar, aparentaban como que querían largar las anclas de proa. Pero Pablo dijo al centurión y a los soldados: Si éstos no permanecen en la nave, vosotros no podéis salvaros. Entonces los soldados cortaron las amarras del esquife y lo dejaron perderse. Cuando comenzó a amanecer, Pablo exhortaba a todos que comiesen, diciendo: Este es el decimocuarto día que veláis y permanecéis en ayunas, sin comer nada. Por tanto, os ruego que comáis por vuestra salud; pues ni aun un cabello de la cabeza de ninguno de vosotros perecerá. Y habiendo dicho esto, tomó el pan y dio gracias a Dios en presencia de todos, y partiéndolo, comenzó a comer. Entonces todos, teniendo ya mejor ánimo, comieron también. Y éramos todas las personas en la nave doscientas setenta y seis. Y ya satisfechos, aligeraron la nave, echando el trigo al mar. Cuando se hizo de día, no reconocían la tierra, pero veían una ensenada que tenía playa, en la cual acordaron varar, si pudiesen, la nave. Cortando, pues, las anclas, las dejaron en el mar, largando también las amarras del timón; e izada al viento la vela de proa, enfilaron hacia la playa. Pero dando en un lugar de dos aguas, hicieron encallar la nave; y la proa, hincada, quedó inmóvil, y la popa se abría con la violencia del mar. Entonces los soldados acordaron matar a los presos, para que ninguno se fugase nadando. Pero el centurión, queriendo salvar a Pablo, les impidió este intento, y mandó que los que pudiesen nadar se echasen los primeros, y saliesen a tierra; y los demás, parte en tablas, parte en cosas de la nave. Y así aconteció que todos se salvaron saliendo a tierra. (27:1-44)

Nuestra sociedad valora el liderazgo. El gobierno, los militares, el comercio, la educación y hasta los equipos deportivos andan todos en busca de líderes cualificados. Abundan libros, álbumes de cintas y cursos sobre liderazgo. Algunas personas incluso se ganan la vida dando conferencias a ejecutivos de empresas sobre los aspectos delicados del liderazgo.

El modelo tradicional que el mundo tiene de un líder se ha etiquetado como el dirigente natural fuerte. El perfil de esos individuos podría incluir las siguientes características: son visionarios; sus objetivos y planes se profundizan en el futuro; están orientados en la acción y siempre se hallan en movimiento; nunca se sienten satisfechos con el estado de las cosas; los caracteriza el valor (o la disposición de asumir riesgos porque creen en sus planes). Tales líderes tienen agallas para tomar decisiones difíciles. Suelen ser enérgicos y capaces de trabajar muchas horas. Tienden a estar orientados en objetivos, no en personas. Su enfoque suele estar más en la tarea que en quienes se hallan implicados en ella. Igual que padres sobreprotectores, tienen el control de sus subalternos. Son egocéntricos. Todo su mundo gira alrededor de ellos mismos, de sus planes y de sus objetivos. Poseen gran confianza en sí mismos. No toleran la incompetencia en otros. No conservan a las personas que no cumplen con lo que se esperan de ellas o que no demuestran alto rendimiento. Por último, otros los ven (y ellos mismos también) como indispensables. Sin ellos, la empresa está condenada al fracaso.

A tales líderes naturales, dictadores dominantes que usan el control carismático, fue que nuestro Señor describió en Marcos 10:42: "Sabéis que los que son tenidos por gobernantes de las naciones se enseñorean de ellas, y sus grandes ejercen sobre ellas potestad". Por común que ese liderazgo sea en el mundo, no es un modelo aceptable para liderar el reino de Cristo:

> *Pero no será así entre vosotros, sino que el que quiera hacerse grande entre vosotros será vuestro servidor, y el que de vosotros quiera ser el primero, será siervo de todos. Porque el Hijo del Hombre no vino para ser servido, sino para servir, y para dar su vida en rescate por muchos (Mr. 10:43-45).*

Varios factores se combinan para hacer que el liderazgo sea difícil. El primero es el temor al fracaso. Los fracasos de los líderes están a la vista para que todos los vean; no hay lugar dónde ocultarlos. Tal temor, a menudo como resultado de subestimar a los líderes mismos, puede paralizarlos en la inoperancia.

En forma relacionada, a veces los líderes luchan con desconfiar de su propio juicio. Temen tomar una decisión, para que no resulte equivocada. Así que, por temor a decir algo erróneo, prefieren no decir nada.

Para algunos líderes inseguros es difícil confiar suficientemente en otros a fin de delegar tareas. Su lema es: "Si quieres que un trabajo se haga bien, hazlo tú mismo". Y cuando delegan una tarea a alguien más, el perfeccionismo los lleva a estar mirando constantemente por encima del hombro de esa persona.

Los líderes que toman posiciones firmes y autoritativas corren el riesgo de aislar a otros. Los dirigentes de la iglesia nunca deben transigir en el compromiso con la Palabra. Pero deben expresar ese compromiso en humildad y amor.

Una tensión final en el liderazgo es la defensiva. Algunos líderes sienten la necesidad de explicar y justificar sus acciones, lo que puede llevar a expresiones débiles e indecisas.

Son los momentos de reto y crisis los que revelan las cualidades de los verdaderos líderes. Winston Churchill había estado dentro y fuera del gobierno británico por muchos años antes de llegar a ser primer ministro. Asumió esa posición en uno de los momentos más bajos de la Segunda Guerra Mundial (ocupó el cargo el 10 de mayo de 1940, día en que los alemanes invadieron Francia y los Países Bajos). Su indomable valor mientras llevaba a la nación a través de la crisis que se avecinaba ha hecho que muchos lo consideren el líder más grande del siglo XX.

Hechos 27 inicia con Pablo como prisionero, sin responsabilidad de nada o de nadie. Sin embargo, todo se alteró cuando una grave crisis golpeó al grupo con que viajaba. Para el final del capítulo, el prisionero Pablo se había convertido en el líder reconocido sobre todos. Su habilidad para tratar con una crisis lo elevó a ese papel.

Entre otros énfasis manifestados en este capítulo único, es útil señalar el asunto de la grandeza del liderazgo de Pablo. La historia de su dirección emergente durante un viaje lleno de tormentas por el mar Mediterráneo, y el consecuente naufragio, se desarrolla en cuatro etapas: el comienzo, la espera, la tormenta y el naufragio.

EL COMIENZO

Cuando se decidió que habíamos de navegar para Italia, entregaron a Pablo y a algunos otros presos a un centurión llamado Julio, de la compañía Augusta. Y embarcándonos en una nave adramitena que iba a tocar los puertos de Asia, zarpamos, estando con nosotros Aristarco, macedonio de Tesalónica. Al otro día llegamos a Sidón; y Julio, tratando humanamente a Pablo, le permitió que fuese a los amigos, para ser atendido por ellos. Y haciéndonos a la vela desde allí, navegamos a sotavento de Chipre, porque los vientos eran contrarios. Habiendo atravesado el mar frente a Cilicia y Panfilia, arribamos a Mira, ciudad de Licia. Y hallando allí el centurión una nave alejandrina que zarpaba para Italia, nos embarcó en ella. Navegando muchos días despacio, y llegando a duras penas frente a Gnido, porque nos impedía el viento, navegamos a

sotavento de Creta, frente a Salmón. Y costeándola con dificultad, llegamos a un lugar que llaman Buenos Puertos, cerca del cual estaba la ciudad de Lasea. (27:1-8)

El uso del pronombre en primera persona del plural indica el regreso de Lucas, el amigo amado y médico de Pablo. Ausente de la narración desde 21:18, es probable que hubiera estado viviendo en Cesarea, o cerca, durante los dos años del encarcelamiento de Pablo en esa ciudad. Ahora había decidido **navegar** con Pablo hacia **Italia.** Los acompañaba otro de los amados colaboradores de Pablo, **Aristarco, macedonio de Tesalónica.** Aristarco apareció primero en Hechos cuando fue apresado por los enfadados alborotadores en Éfeso (19:29). El hombre acompañó al apóstol en su viaje a Jerusalén con la ofrenda de las iglesias gentiles (20:4). Más tarde sirvió a Pablo durante el encarcelamiento del apóstol en Roma (Col. 4:10). Según la tradición, Aristarco, igual que Pablo, sufrió martirio bajo Nerón. El hecho de que él y Lucas estuvieran dispuestos a acompañar a Pablo en un viaje peligroso e incómodo muestra el amor que tenían por el apóstol y su ministerio. Además, algunos han especulado que pudieron haberse identificado como esclavos de Pablo para poder acompañarlo (cp. Sir William M. Ramsay, *St. Paul the Traveller and the Roman Citizen* [San Pablo el viajero y ciudadano romano] [reimpresión; Grand Rapids: Baker, 1975], p. 316).

El viaje comenzó cuando **entregaron** en custodia **a Pablo y a algunos otros presos** con destino a Roma desde Cesarea **a un centurión llamado Julio, de la compañía Augusta.** Hay evidencia de que tal compañía Augusta estaba apostada en Palestina durante el reinado de Agripa II. Es posible que Julio representara al emperador en la realización de tareas especiales, tales como escoltar prisioneros importantes. Igual que otros centuriones mencionados en el Nuevo Testamento (cp. Mt. 8:5ss, 27:54; Hch. 10:1ss), este era un hombre de integridad.

Julio puso su grupo de soldados, prisioneros y siervos a bordo de **una nave adramitena que iba a tocar los puertos de Asia.** Adramitio, el puerto de origen, estaba ubicado en la costa noroeste de Asia Menor, cerca de Troas. Desde Asia Menor tendrían pocos problemas en encontrar pasaje para Italia. Zarparon, y **al otro día** llegaron **a Sidón,** a ciento quince kilómetros al norte.

En Sidón, **Julio, tratando humanamente a Pablo,** sorpresivamente **le permitió que fuese a los amigos, para ser atendido por ellos.** El apóstol era un prisionero muy importante como para permitirle que anduviera suelto. Era ciudadano romano, en camino a Roma para que su apelación fuera oída por el emperador. Más importante incluso, el apóstol era odiado por los líderes judíos en Jerusalén. Su presencia pudo haber provocado una revuelta entre la población judía de Sidón, lo que habría agravado las inestables relaciones entre los judíos y Roma. Además, la vida de Pablo podría haber estado en peligro y Julio habría pagado con su propia vida si perdía a tan importante prisionero.

Sin embargo, Julio había llegado a confiar en Pablo y creía que este no haría nada que lo perjudicara. La rapidez con que Pablo desarrolló esta confianza es un maravilloso ejemplo de liderazgo. Las personas confían en quienes creen que en el corazón tienen los mejores intereses de otros, no solamente los suyos propios. A Pablo le importaban personas como Julio, y Julio sabía eso.

La iglesia en Sidón, a cuyos miembros Lucas describe como **amigos** de Pablo (cp. 3 Jn. 15), probablemente fue fundada por cristianos que huyeron de Jerusalén después del martirio de Esteban (Hch. 8:1-4). Sin duda, Pablo pasó tiempo enseñando a los creyentes sidonios y disfrutando del compañerismo con ellos (lo que había sido imposible durante su encarcelamiento en Cesarea). A través de su bondad y amor, Pablo pudo **ser atendido,** probablemente recibiendo provisiones para el viaje.

Haciéndose **a la vela desde** Sidón, Pablo y sus compañeros de viaje navegaron **a sotavento de Chipre, porque los vientos eran contrarios.** Pasaron entre Chipre y tierra firme, manteniéndose en el lado de sotavento de la isla en busca de refugio de los vientos predominantes del oeste. Las naves costeras más pequeñas (como en la que iban) evitaban atravesar largas extensiones de mar abierto, y preferían permanecer tan cerca a la orilla como fuera posible.

El barco continuó su viaje a través del Mediterráneo del nordeste, navegando por la costa **frente a Cilicia y Panfilia.** Esas regiones eran muy conocidas para Pablo, quien era originario de Cilicia (Hch. 22:3) y había recorrido mucho esas regiones en sus viajes misioneros. Ayudado por vientos locales de alta mar y una corriente que fluye hacia el occidente, la nave se abrió paso al oeste a lo largo de la costa sur de Asia Menor, tocando puerto y desembarcando en **Mira, ciudad de Licia.**

Mira era un puerto importante para la flota de grano imperial, cuyos barcos hacían el circuito entre Egipto y Roma. **El centurión,** que debía encontrar transporte para el resto del recorrido, halló **una nave alejandrina** cargada con grano **que zarpaba para Italia**, y **embarcó en ella** a su grupo. Partiendo de **Mira,** el barco navegó durante **muchos días despacio, y** logró llegar **a duras penas frente a Gnido.** Situado en una península en el extremo suroeste de Asia Menor, **Gnido** era otro puerto frecuentado por barcos mercantes egipcios. Después que los viajeros llegaran **frente a Gnido,** dejaron el puerto en el continente y les **impedía** navegar **el viento** fuerte y contrario, por lo que navegaron **a sotavento.** El barco fue obligado a girar al sur hacia la isla **de Creta.**

Al llegar al puerto **de Creta, frente a Salmón** (un promontorio en la costa noreste de Creta), la nave volvió a bordear la costa **con dificultad.** Al doblar la esquina sureste de la isla, finalmente llegó **a un lugar que llaman Buenos Puertos, cerca del cual estaba la ciudad de Lasea.** Allí, cansados de luchar con el clima, los viajeros entraron en la bahía. La primera señal premonitoria de lo que estaba por venir se había manifestado.

LA ESPERA

Y habiendo pasado mucho tiempo, y siendo ya peligrosa la navegación, por haber pasado ya el ayuno, Pablo les amonestaba, diciéndoles: Varones, veo que la navegación va a ser con perjuicio y mucha pérdida, no sólo del cargamento y de la nave, sino también de nuestras personas. Pero el centurión daba más crédito al piloto y al patrón de la nave, que a lo que Pablo decía. Y siendo incómodo el puerto para invernar, la mayoría acordó zarpar también de allí, por si pudiesen arribar a Fenice, puerto de Creta que mira al nordeste y sudeste, e invernar allí. (27:9-12)

La nave se retrasó por **mucho tiempo** en Buenos Puertos, al parecer esperando un cambio en los vientos. Ahora era **peligrosa la navegación,** ya que estaba llegando a su fin la temporada de navegación. Lucas señala que había **pasado ya el ayuno** (día de la expiación). Para antiguos barcos de vela, los viajes eran problemáticos y peligrosos desde mediados de septiembre hasta mediados de noviembre. Toda navegación en mar abierto cesaba desde mediados de noviembre al menos hasta finales de febrero. En vista de que el día de la expiación caía a finales de septiembre o principios de octubre, el barco de Pablo estaba bien entrado en el período de peligro.

Al parecer, los marinos y Julio tuvieron una discusión para planificar qué medidas debían tomar. A Pablo, viajero experimentado, le permitieron hablar. En la reunión, **Pablo les amonestaba, diciéndoles: Varones, veo que la navegación va a ser con perjuicio y mucha pérdida, no sólo del cargamento y de la nave, sino también de nuestras personas.** Sabiamente, el apóstol les aconsejó no arriesgarse; ya había experimentado tres naufragios (2 Co. 11:25) y no estaba ansioso de sufrir el cuarto. Puesto que la temporada estaba finalizando y que ya habían tenido problemas con los vientos, Pablo advirtió que el barco debía invernar allí en Buenos Puertos. He aquí también otra característica del buen liderazgo: sabiduría y cuidado para tomar riesgos (en este caso con las vidas de los viajeros y la valiosa carga del barco).

De modo lamentable (pero comprensible), **el centurión** dio **más crédito al piloto y al patrón de la nave, que a lo que Pablo decía.** (Puesto que la nave pertenecía a la flota imperial de grano, el centurión, no el piloto ni el capitán, era el oficial de mayor rango a bordo.) Era evidente que Julio había llegado a respetar a Pablo y a valorar su experiencia como viajero. Sin embargo, el consejo de los marinos profesionales tuvo más peso ante el centurión. Por tanto, **siendo incómodo el** albergue en Buenos Puertos **para invernar, la mayoría** de los participantes en el debate **acordó zarpar también de allí, por si pudiesen arribar a Fenice, puerto de Creta que mira al nordeste y sudeste, e invernar allí.** Ya que el refugio en Buenos Puertos estaba expuesto a vientos desde la mitad de los puntos cardinales (aunque pequeñas islas brindaban algo de refugio), ese era un lugar menos deseable para pasar el invierno. Debido a que el puerto de **Fenice** (a poco más de sesenta kilómetros de distancia) miraba **al nordeste y sudeste,** proveía mucho mejor refugio para las tormentas de invierno.

La decisión se tomó por comodidad, y tanto los marineros como Julio pronto se arrepentirían de ella. Se darían cuenta de que el consejo de Pablo había sido el mejor, lo que fortalecía su lugar como líder en las mentes de ellos.

LA TORMENTA

Y soplando una brisa del sur, pareciéndoles que ya tenían lo que deseaban, levaron anclas e iban costeando Creta. Pero no mucho después dio contra la nave un viento huracanado llamado Euroclidón. Y siendo arrebatada la nave, y no pudiendo poner proa al viento, nos abandonamos a él y nos dejamos llevar. Y habiendo corrido a sotavento de una pequeña isla llamada Clauda, con dificultad pudimos recoger el esquife. Y una vez subido a bordo, usaron de refuerzos para ceñir la nave; y teniendo temor de dar en la Sirte, arriaron las velas y quedaron a la deriva. Pero siendo combatidos por una furiosa tempestad, al siguiente día empezaron a alijar, y al tercer día con nuestras propias manos arrojamos los aparejos de la nave. Y no apareciendo ni sol ni estrellas por muchos días, y acosados por una tempestad no pequeña, ya habíamos perdido toda esperanza de salvarnos. Entonces Pablo, como hacía ya mucho que no comíamos, puesto en pie en medio de ellos, dijo: Habría sido por cierto conveniente, oh varones, haberme oído, y no zarpar de Creta tan sólo para recibir este perjuicio y pérdida. Pero ahora os exhorto a tener buen ánimo, pues no habrá ninguna pérdida de vida entre vosotros, sino solamente de la nave. Porque esta noche ha estado conmigo el ángel del Dios de quien soy y a quien sirvo, diciendo: Pablo, no temas; es necesario que comparezcas ante César; y he aquí, Dios te ha concedido todos los que navegan contigo. Por tanto, oh varones, tened buen ánimo; porque yo confío en Dios que será así como se me ha dicho. Con todo, es necesario que demos en alguna isla. (27:13-26)

No mucho tiempo después, al soplar **una brisa del sur,** los marineros decidiendo que habían recibido las condiciones **que deseaban, levaron anclas,** salieron de Buenos Puertos **e iban costeando Creta.** Con un poco de suerte esperaban llegar a Fenice en pocas horas.

Pero no mucho después les llegó el desastre que Pablo había predicho. Rugiendo desde las montañas de Creta al este y nordeste venía **un viento huracanado llamado Euroclidón** (una palabra híbrida de la expresión griega *euros*: "viento del este", y la palabra del latín *aquilo*: "viento del norte"). Esta poderosa y peligrosa tempestad era temida por todos los que navegaban en el Mediterráneo.

Al ser **arrebatada la nave, y no pudiendo poner proa al viento,** los marineros no tuvieron más remedio que abandonarse al clima y dejarse **llevar.** Fuera de control, el barco simplemente estaba siendo empujado por el viento.

Los viajeros obtuvieron un breve respiro de la feroz tormenta **a sotavento de una pequeña isla llamada Clauda,** como a cincuenta y tres kilómetros al suroeste de Creta. Haciendo buen uso del refugio que proporcionaba esta islita, los marinos hicieron todo lo que pudieron para aparejar el barco a fin de soportar la tormenta. Primero, **con dificultad** pudieron **recoger el esquife.** Este delicado bote salvavidas, que solía ser remolcado por detrás, fue subido a bordo en medio del pésimo clima. Para entonces sin duda estaba lleno de agua, lo que explica la dificultad en subirlo a bordo. El uso de Lucas de la tercera persona del plural podría indicar que hasta los pasajeros ayudaron a asegurar el bote. Las distinciones sociales desaparecen cuando se lucha por sobrevivir.

Una vez subido a bordo el bote salvavidas, los miembros de la tripulación **usaron de refuerzos para ceñir la nave.** Este procedimiento de atar fuertemente el bote implicaba envolverle cables alrededor del casco y luego izarlo con fuerza. Así de reforzado, el barco estaría en mejores condiciones de soportar los golpes severos del viento y el mar.

La que fue la tercera precaución tomada por los marineros no estaba clara: **teniendo temor de dar en la Sirte, arriaron las velas y quedaron a la deriva.** La NVI dice: "Temiendo que fueran a encallar en los bancos de arena de la Sirte, echaron el ancla flotante y dejaron el barco a la deriva". **La Sirte** era el temido cementerio de barcos frente a la costa del norte de África. Aunque la Sirte aún estaba muy lejos, los marineros no sabían a qué distancia se hallaba, ni cuán lejos la tormenta podría soplar el barco. Echar "el ancla flotante" actuaría como un arrastre y ayudaría a evitar que la nave fuera a la deriva tan al sur. Alternativamente, la frase traducida **arriaron las velas** también se podría traducir "bajaron los aparejos". En ese caso, la referencia habría sido a bajar el mástil, que de otro modo sería destrozado por el viento huracanado. De cualquier modo que se traduzca, es obvio que los marineros hicieron ambas cosas... habría sido autodestructivo echar fuera el ancla con el mástil aún aparejado.

Durante los días siguientes, la tripulación dio más pasos para ayudar a que el barco capeara la tormenta. **Al siguiente día,** con la nave siendo aún golpeada **por una furiosa tempestad,** los marineros **empezaron a alijar** o echar por la borda el cargamento (aunque no todo, cp. v. 38), y Lucas añade: **al tercer día con nuestras propias manos arrojamos los aparejos de la nave. Aparejos de la nave** se refiere al equipo variado que no es crucial para la navegación del barco. Es probable que eso haya incluido el enorme larguero al cual se había sujetado el mástil. Lucas señala que lo arrojaron por la borda **con** sus **propias manos** (la implicación es que los pasajeros ayudaron); la tripulación posiblemente no tenía equipo a bordo para levantar el pesado larguero.

Sin embargo, todos los esfuerzos de los marineros fueron en vano. Cuando **ni sol ni estrellas** aparecieron **por muchos días** (haciendo así imposible la navegación), se hizo evidente que estaban **acosados por una tempestad no pequeña. Ya** habían **perdido toda esperanza de** salvarse. Solamente quienes han estado en una tormenta huracanada en alta mar pueden apreciar por completo el terror que los pasajeros y la tripulación debieron haber sentido. Las imponentes marejadas con crestas blancas; el rugido del viento; el violento bamboleo del barco, levantando en el aire primero la proa y después la popa, solo para hundirse rápidamente otra vez; el movimiento constante, que provocaba mareo y hacía difícil mantenerse de pie, peor incluso caminar; el rocío de la niebla salobre impulsada por el viento que causaba ardor y enceguecía a quienes estaban desprotegidos en la cubierta; y, lo peor de todo, la inminente realidad de una horrible muerte por ahogamiento... todos esos factores se combinaron para enervar aun al marinero más experimentado.

Fue en ese tenebroso momento que las habilidades de liderazgo de Pablo brillaron con más intensidad. **Como hacía ya mucho que no** comían nada (debido al mareo, dificultad de preparar alimentos en medio de la tormenta y, tal vez, al deterioro de algunas de sus provisiones), **Pablo** se puso **en pie en medio de ellos.** No lo habían escuchado cuando estuvieron anclados con seguridad en Buenos Puertos. Pero ahora estos no eran marineros profesionales o aficionados, sino solo un grupo de hombres desesperados luchando por sus vidas. Establecida firmemente su credibilidad, Pablo les recordó: **Habría sido por cierto conveniente, oh varones, haberme oído, y no zarpar de Creta tan sólo para recibir este perjuicio y pérdida.** Si hubieran hecho caso al prudente consejo del apóstol, no habrían estado en esta dificultad. Sin embargo, él no solo se proponía reprenderlos sino animarlos. Por tanto, los instó: **Ahora os exhorto a tener buen ánimo, pues no habrá ninguna pérdida de vida entre vosotros, sino solamente de la nave.** Eso puede haber parecido una ilusión y un pequeño consuelo para los pasajeros y la tripulación, quienes ciertamente no veían ninguna esperanza. ¡Pero Pablo había recibido revelación divina!

A fin de confirmar sus palabras (y de animar a los demás a bordo), Pablo continuó con confianza: **Porque esta noche ha estado conmigo el ángel del Dios de quien soy y a quien sirvo, diciendo: Pablo, no temas; es necesario que comparezcas ante César; y he aquí, Dios te ha concedido todos los que navegan contigo.** Los otros se iban a beneficiar de la protección de Dios hacia Pablo (cp. Gn. 39:5, 23; 1 Co. 7:14). Los incrédulos no tienen idea de cuánto le deben, en la misericordia de Dios, a la presencia de hombres justos entre ellos. **Por tanto,** los instó el apóstol, **oh varones, tened buen ánimo; porque yo confío en Dios que será así como se me ha dicho.** Entonces, quizás para beneficio de algunos escépticos que se podrían haber preguntado cómo iban a escapar de morir ahogados si el barco se perdía, el apóstol añadió: **Con todo, es necesario que demos en alguna isla.**

El escenario estaba listo para la dramática conclusión de este desafortunado viaje y para el cumplimiento de las promesas de Dios.

EL NAUFRAGIO

Venida la decimocuarta noche, y siendo llevados a través del mar Adriático, a la medianoche los marineros sospecharon que estaban cerca de tierra; y echando la sonda, hallaron veinte brazas; y pasando un poco más adelante, volviendo a echar la sonda, hallaron quince brazas. Y temiendo dar en escollos, echaron cuatro anclas por la popa, y ansiaban que se hiciese de día. Entonces los marineros procuraron huir de la nave, y echando el esquife al mar, aparentaban como que querían largar las anclas de proa. Pero Pablo dijo al centurión y a los soldados: Si éstos no permanecen en la nave, vosotros no podéis salvaros. Entonces los soldados cortaron las amarras del esquife y lo dejaron perderse. Cuando comenzó a amanecer, Pablo exhortaba a todos que comiesen, diciendo: Este es el decimocuarto día que veláis y permanecéis en ayunas, sin comer nada. Por tanto, os ruego que comáis por vuestra salud; pues ni aun un cabello de la cabeza de ninguno de vosotros perecerá. Y habiendo dicho esto, tomó el pan y dio gracias a Dios en presencia de todos, y partiéndolo, comenzó a comer. Entonces todos, teniendo ya mejor ánimo, comieron también. Y éramos todas las personas en la nave doscientas setenta y seis. Y ya satisfechos, aligeraron la nave, echando el trigo al mar. Cuando se hizo de día, no reconocían la tierra, pero veían una ensenada que tenía playa, en la cual acordaron varar, si pudiesen, la nave. Cortando, pues, las anclas, las dejaron en el mar, largando también las amarras del timón; e izada al viento la vela de proa, enfilaron hacia la playa. Pero dando en un lugar de dos aguas, hicieron encallar la nave; y la proa, hincada, quedó inmóvil, y la popa se abría con la violencia del mar. Entonces los soldados acordaron matar a los presos, para que ninguno se fugase nadando. Pero el centurión, queriendo salvar a Pablo, les impidió este intento, y mandó que los que pudiesen nadar se echasen los primeros, y saliesen a tierra; y los demás, parte en tablas, parte en cosas de la nave. Y así aconteció que todos se salvaron saliendo a tierra. (27:27-44)

A estas alturas, Pablo se había ganado el liderazgo sobre todos en la nave. Solo él se mantuvo tranquilo, prudente y en control debido a que tenía confianza absoluta en la promesa de Dios (a través de un ángel) de salvar a todos en el barco.

La decimocuarta noche desde su salida de Buenos Puertos encontró a Pablo y sus compañeros de viaje aun **siendo llevados a través del mar Adriático.** El **mar Adriático** mencionado aquí no se debe confundir con el moderno mar Adriático localizado entre Italia y Croacia. En la época de Pablo, esa masa de agua era conocida como golfo de Adria. El mar de Adria (**mar Adriático**) se refería al mar Mediterráneo. Con nubes de tormenta que oscurecían el sol durante el día y las estrellas en la noche, los marineros no podían navegar. Por tanto, solo podían imaginar que estaban en alguna parte en el Mediterráneo central.

Finalmente, después de dos semanas de esfuerzo y terror, su terrible experiencia mostró señales de concluir. Más o menos, **a la medianoche** de esa decimocuarta noche, **los marineros sospecharon que estaban cerca de tierra,** presumiblemente porque escucharon el estruendo de las olas en la orilla. Aunque no la reconocieron en la oscuridad, se estaban aproximando a la isla de Malta, al sur de Sicilia. Es más, se hallaban a solo cinco kilómetros de la entrada de lo que hoy día se conoce (por obvias razones) como bahía de San Pablo.

Cabe destacar que, en la providencia de Dios, la tormenta los había lanzado a través del Mediterráneo a un pequeño punto de la tierra en medio del mar.

El regatista británico del siglo XIX, James Smith, hizo un minucioso estudio del viaje registrado en este capítulo. Su investigación, publicada en su libro clásico *The Voyage and Shipwreck of St. Paul* [El viaje y el naufragio de San Pablo], confirma la extraordinaria exactitud del relato de Lucas. F. F. Bruce relata los hallazgos de Smith:

> Smith relata cómo hizo cuidadosas investigaciones de experimentados navegantes mediterráneos con el fin de determinar la velocidad promedio a la deriva de un barco de este tipo fijada para una tormenta como esa. La conclusión a la que llegó fue una velocidad a la deriva de aproximadamente cincuenta y ocho kilómetros en veinticuatro horas. Las sondas registradas en el versículo 28 indican que el barco estaba pasando Koura, un punto en la costa este de Malta, en su viaje al interior de la bahía de San Pablo. "Pero la distancia desde Clauda hasta el punto de Koura... es 752,6 kilómetros, los cuales, a la velocidad deducida de la información... se habrían recorrido en trece días, una hora, y veintiún minutos". Y no solo eso: "La coincidencia del rumbo real de la bahía de San Pablo desde Clauda, y la dirección en que un barco se debió impulsar para evitar la Sirte, si fuera posible, es aun más sorprendente que la del tiempo realmente consumido, y el tiempo calculado". Entonces, después de calcular cuidadosamente la dirección del rumbo del barco a partir de la dirección del viento, del ángulo de la cabeza del barco con el viento, y del lado de sotavento, él continúa: "Por tanto, de acuerdo con estos cálculos, un barco que parte a finales de la tarde de Clauda estaría, antes de la medianoche del [día] 14, a menos de cinco kilómetros de la entrada de la bahía de San Pablo. Admito que una coincidencia tan cercana a esta pueda ser hasta cierto punto accidental; pero es un accidente que no pudo ocurrir de haber habido alguna inexactitud de parte del autor de la narración en cuanto a los numerosos incidentes en los cuales se basaron los cálculos, o que el barco hubiera

> naufragado en cualquier parte menos en Malta, porque no hay otro lugar coincidente, sea en nombre o en descripción, dentro de los límites a los que estamos atados por cálculos hallados en la narración" (F. F. Bruce, *The Book of the Acts* [El libro de Hechos], The New International Commentary on the New Testament [El nuevo comentario internacional sobre el Nuevo Testamento] [Grand Rapids: Eerdmans, 1971], pp. 514-515).

La Biblia es exacta y Dios es fiel a su palabra.

Para confirmar sus sospechas, los marineros echaron **la sonda** (usando un peso atado a una longitud de cuerda) y **hallaron** que la profundidad del agua era de **veinte brazas** (cuarenta metros)**; y pasando un poco más adelante,** volvieron **a echar la sonda,** y **hallaron quince brazas** (treinta metros). La disminución de la profundidad del agua mostraba que se acercaban realmente a tierra.

Ya que tocar una playa extraña en la oscuridad en medio de una tormenta huracanada no era lo que los marineros tenían en mente, **echaron cuatro anclas por la popa** (para mantener la nave en su lugar y la proa apuntando hacia la orilla) **y ansiaban que se hiciese de día.** Sin embargo, pronto se hizo evidente que **los marineros** no estaban contentos con solo ansiar. Presos del pánico y eludiendo sus responsabilidades, insensatamente abandonaron la relativa seguridad del barco más grande y **procuraron huir de la nave.** En realidad, echaron **el esquife al** tormentoso **mar,** mientras **aparentaban como que querían largar las anclas de proa,** con la intención de tratar de escapar a la playa.

Siempre alerta, **Pablo** se dio cuenta de lo que ellos estaban haciendo. Otra vez ejerció el liderazgo, advirtiendo **al centurión y a los soldados: Si éstos no permanecen en la nave, vosotros no podéis salvaros.** La promesa de Dios de que todos se salvarían (v. 24) suponía que permanecieran juntos; la traición de los marineros amenazaba esa unidad. La promesa tampoco negaba la responsabilidad humana. Dios usa medios naturales, y estaba usando a Pablo, al centurión y sus soldados, y también a esos malvados marineros. Las habilidades de estos serían necesarias al día siguiente (cp. vv. 39-41), cuando se llevara a cabo la verdadera escapatoria del barco. No queriendo repetir su anterior equivocación de no escuchar a Pablo (de lo cual ahora estaban profundamente arrepentidos), **los soldados cortaron las amarras del esquife y lo dejaron perderse.** Esa quizás no era la intención del apóstol; el bote pudo haber sido útil al día siguiente para llevar a algunos a tierra. No obstante, deshacerse de él evitaba cualquier otro intento de fuga.

Finalmente, la larga noche de ansiosa espera terminó. **Cuando comenzó a amanecer, Pablo exhortaba a todos que comiesen, diciendo: Este es el decimocuarto día que veláis y permanecéis en ayunas, sin comer nada. Por tanto, os ruego que comáis por vuestra salud; pues ni aun un cabello de la cabeza de ninguno de vosotros perecerá.** Por las razones ya mencionadas, los pasajeros y la tripulación habían comido poco o nada desde que partieron de Buenos Puertos. Ahora debían fortalecerse para el último obstáculo: llegar desde el barco a la playa. Usando un conocido proverbio judío (cp. 1 S. 14:45; 2 S. 14:11; 1 R. 1:52; Lc. 21:18), Pablo les volvió a recordar la promesa de Dios de librarlos, declarando: **ni aun un cabello de la cabeza de ninguno de vosotros perecerá.**

Entonces, predicando con el ejemplo, **tomó el pan y dio gracias a Dios en presencia de todos, y partiéndolo, comenzó a comer.** Inspirados por la serenidad y la actitud tranquilizadora del apóstol, **todos, teniendo ya mejor ánimo, comieron también.** El total de **personas** a bordo de **la nave** era **doscientas setenta y seis.**

Una vez que quedaron **satisfechos,** comenzaron a hacer preparativos para encallar el barco, así que lo **aligeraron** (a fin de hacer subir el nivel de flotación en el agua y que avanzara lo más posible dentro de la playa), **echando el trigo al mar.** El siguiente paso era encontrar un lugar donde lanzar el barco sobre la playa. Pero **cuando se hizo de día, no reconocían la tierra.** Sin embargo, **veían una ensenada que tenía playa, en la cual acordaron varar, si pudiesen, la nave.** Después de elegir ese lugar, los marineros comenzaron a hacer preparativos para encallar la embarcación, **cortando las anclas y** dejándolas **en el mar.** Ya no las necesitaban, y no querían peso extra a bordo. **También** largaron **las amarras del timón** y después izaron **al viento la vela de proa,** enfilando el barco **hacia la playa.** La tripulación quería remolcarlo hacia la playa a modo de una nave de aterrizaje moderna.

Pero, entonces, el desastre final de este desafortunado viaje se llevó a cabo. **Dando en un lugar de dos aguas, hicieron encallar la nave; y la proa, hincada, quedó inmóvil, y la popa se abría con la violencia del mar.** El barco estaba irremediablemente atascado; la proa no se podía liberar de los arrecifes, y la popa se estaba destrozando por las estruendosas olas.

Era evidente que el fin había llegado, y era hora de abandonar la embarcación. Temiendo el castigo que enfrentarían si los prisioneros escapaban (cp. Hch. 12:19; 16:27), **los soldados acordaron matar a los presos, para que ninguno se fugase nadando** aprovechando la confusión. Sin embargo, **el centurión, queriendo salvar a Pablo, les impidió este intento.** El apóstol había demostrado varias veces su valía y Julio había llegado a respetarlo a medida que el viaje progresaba. En lugar de permitir que sus hombres asesinaran a los prisioneros, **mandó que los que pudiesen nadar se echasen los primeros, y saliesen a tierra; y los demás, parte en tablas, parte en cosas de la nave. Y así aconteció que todos** los 276 pasajeros a bordo **se salvaron saliendo a tierra...** exactamente como Dios había prometido. El poder y la providencia de Dios habían triunfado, y su gloria se había manifestado.

Al mirar hacia atrás en este dramático episodio de la vida de Pablo, se pueden ver claramente varios principios clave de verdadero liderazgo bíblico.

Primero, un líder debe ser confiable. Pablo era un prisionero importante, cuyo escape o cuya muerte habría significado graves problemas para Julio. Sin embargo, de alguna manera durante el breve viaje de Cesarea a Sidón convenció al centurión de que podía confiar en él. Por tanto, Julio lo dejó salir del barco para ser ministrado por los cristianos del lugar.

Segundo, un líder debe tomar la iniciativa. En la reunión en Buenos Puertos, Pablo, aunque era prisionero, no dudó en ofrecer su consejo.

Tercero, un líder debe emplear buen juicio. Si el centurión y los marineros hubieran hecho caso al consejo del apóstol se habrían ahorrado una terrible experiencia, y no habrían perdido el barco.

Cuarto, un líder debe hablar con autoridad. En medio de la rugiente tormenta, la confiada afirmación de Pablo de que todos a bordo se salvarían debió haber parecido una locura. Pero su inquebrantable confianza en la Palabra de Dios lo hizo hablar con valentía. Pablo también motivó a que los demás obedecieran; fue él quien evitó que los marineros abandonaran al resto de pasajeros (v. 31).

Quinto, un líder debe fortalecer a otros. Pablo animó tres veces tanto a los aterrados pasajeros como a la tripulación (vv. 22, 25, 34), dos veces a no perder la esperanza y una vez a comer. Su tranquilidad, compañerismo y optimista confianza en Dios también apaciguó a los demás.

Sexto, un líder no debe transigir sus absolutos. Pablo evitó que la tripulación abandonara prematuramente el barco. Dios le había dicho que todos se salvarían, pero debían permanecer unidos y el apóstol no transigió en esa instrucción.

Séptimo, y más importante, un líder debe guiar con el ejemplo. Creyendo que Dios haría exactamente como había prometido, Pablo dio ejemplo a los demás permaneciendo tranquilo y confiado. Dándose cuenta de que debían comer antes de tratar de llegar a la playa, el apóstol "tomó el pan y dio gracias a Dios en presencia de todos, y partiéndolo, comenzó a comer" (v. 35). Su ejemplo motivó a los demás: "Entonces todos… comieron también" (v. 36). Los líderes no espolean a los demás por detrás; los dirigen desde el frente.

Estos principios eternos de liderazgo, manifestados en medio de circunstancias espantosas, revelan a Pablo como el líder piadoso que era. Tales principios deben caracterizar a cada líder que desee guiar con eficacia al pueblo de Dios.

Viaje de Pablo a Roma— Segunda parte La última fase: de Malta a Roma

52

Estando ya a salvo, supimos que la isla se llamaba Malta. Y los naturales nos trataron con no poca humanidad; porque encendiendo un fuego, nos recibieron a todos, a causa de la lluvia que caía, y del frío. Entonces, habiendo recogido Pablo algunas ramas secas, las echó al fuego; y una víbora, huyendo del calor, se le prendió en la mano. Cuando los naturales vieron la víbora colgando de su mano, se decían unos a otros: Ciertamente este hombre es homicida, a quien, escapado del mar, la justicia no deja vivir. Pero él, sacudiendo la víbora en el fuego, ningún daño padeció. Ellos estaban esperando que él se hinchase, o cayese muerto de repente; mas habiendo esperado mucho, y viendo que ningún mal le venía, cambiaron de parecer y dijeron que era un dios. En aquellos lugares había propiedades del hombre principal de la isla, llamado Publio, quien nos recibió y hospedó solícitamente tres días. Y aconteció que el padre de Publio estaba en cama, enfermo de fiebre y de disentería; y entró Pablo a verle, y después de haber orado, le impuso las manos, y le sanó. Hecho esto, también los otros que en la isla tenían enfermedades, venían, y eran sanados; los cuales también nos honraron con muchas atenciones; y cuando zarpamos, nos cargaron de las cosas necesarias. Pasados tres meses, nos hicimos a la vela en una nave alejandrina que había invernado en la isla, la cual tenía por enseña a Cástor y Pólux. Y llegados a Siracusa, estuvimos allí tres días. De allí, costeando alrededor, llegamos a Regio; y otro día después, soplando el viento sur, llegamos al segundo día a Puteoli, donde habiendo hallado hermanos, nos rogaron que nos quedásemos con ellos siete días; y luego fuimos a Roma, de donde, oyendo de nosotros los hermanos, salieron a recibirnos hasta el Foro de Apio y las Tres Tabernas; y al verlos, Pablo dio gracias a Dios y cobró aliento. Cuando llegamos a Roma, el centurión entregó

los presos al prefecto militar, pero a Pablo se le permitió vivir aparte, con un soldado que le custodiase. (28:1-16)

Es una verdad bíblica que la obediencia trae bendición de Dios, y la desobediencia trae su castigo. En Lucas 11:28, Jesús declaró: "Bienaventurados los que oyen la palabra de Dios, y la guardan". Santiago revela que el "hacedor de la obra... será bienaventurado en lo que hace" (Stg. 1:25). En Deuteronomio 11:26-28, Moisés exhortó a los israelitas:

> *He aquí yo pongo hoy delante de vosotros la bendición y la maldición: la bendición, si oyereis los mandamientos de Jehová vuestro Dios, que yo os prescribo hoy, y la maldición, si no oyereis los mandamientos de Jehová vuestro Dios, y os apartareis del camino que yo os ordeno hoy, para ir en pos de dioses ajenos que no habéis conocido (cp. Dt. 28:1ss).*

A causa de su obediencia, el rey Uzías "fue ayudado maravillosamente, hasta hacerse poderoso" (2 Cr. 26:15). "Mas cuando ya era fuerte, su corazón se enalteció para su ruina; porque se rebeló contra Jehová su Dios, entrando en el templo de Jehová para quemar incienso en el altar del incienso" (v. 16). Por ese acto de desobediencia, Dios lo hirió con lepra y vivió en desgracia el resto de su vida.

Una manera en que Dios bendice a quienes le obedecen es concediéndoles sus deseos. En Salmos 21:1-2, David escribió: "El rey se alegra en tu poder, oh Jehová; y en tu salvación, ¡cómo se goza! Le has concedido el deseo de su corazón, y no le negaste la petición de sus labios". Salmos 37:4 promete: "Deléitate asimismo en Jehová, y él te concederá las peticiones de tu corazón", mientras Salmos 145:19 declara: "Cumplirá el deseo de los que le temen". Proverbios 10:24 contrasta al desobediente con el obediente: "Lo que el impío teme, eso le vendrá; pero a los justos les será dado lo que desean".

El apóstol Pablo había deseado por muchos años visitar Roma. En Hechos 19:21 dijo: "Después que haya estado allí [en Jerusalén], me será necesario ver también a Roma". Reiteradamente expresó ese deseo a los cristianos romanos:

> *Deseo veros, para comunicaros algún don espiritual, a fin de que seáis confirmados... pronto estoy a anunciaros el evangelio también a vosotros que estáis en Roma... deseando desde hace muchos años ir a vosotros (Ro. 1:11, 15; 15:23).*

Por fin había llegado el momento en que Dios concediera el deseo de su siervo fiel. Después de años de espera: dos años en una prisión romana, una aterradora tormenta de dos semanas en alta mar y sus cuatro naufragios (cp. 2 Co. 11:25), Pablo al fin vería Roma. Este pasaje culminante registra la historia de la llegada del apóstol en la capital imperial.

Hechos 28 empieza con Pablo en la isla mediterránea de Malta. Había dejado Cesarea más de dos meses antes, con destino a Roma para que su apelación fuera oída por el emperador. En un arriesgado intento de llegar a un puerto más favorable en Creta en el cual invernar, el barco en que iba el apóstol quedó atrapado en el temido Euroclidón. Esa huracanada tormenta había llevado al barco durante catorce días llenos de terror a través del Mediterráneo hasta Malta. Allí la tripulación intentó llevar la embarcación a la playa, pero esta encalló y fue destruida por el fuerte oleaje. De modo milagroso, todas las 276 personas a bordo lograron llegar a salvo a la playa. Dios había prometido a Pablo que, aunque el barco se destruiría, no se iba a perder ninguna vida (27:22). También había prometido que la nave encallaría en una isla (27:26). Ambas promesas se cumplieron cuando el barco llegó a Malta.

Los acontecimientos de Hechos 28:1-16 se desarrollan en cinco escenarios: hospitalidad pagana, perjuicio potencial, curación pública, promesa honrada y vivienda privada.

HOSPITALIDAD PAGANA

Estando ya a salvo, supimos que la isla se llamaba Malta. Y los naturales nos trataron con no poca humanidad; porque encendiendo un fuego, nos recibieron a todos, a causa de la lluvia que caía, y del frío. (28:1-2)

Después de atravesar **a salvo** las enormes olas y llegar a la playa, las personas del carguero naufragado se acurrucaron húmedas y agotadas en la playa. Fue entonces que supieron **que la isla** donde habían ido a parar **se llamaba Malta.** Aunque algunos de la tripulación posiblemente habían estado antes en esta isla, nunca habían visto la bahía de San Pablo. Se habrían detenido en el puerto principal, La Veleta.

Malta, ubicada a noventa y tres kilómetros al sur de Sicilia, tiene aproximadamente veintisiete kilómetros de largo y catorce de ancho. Ya que no es una isla grande, los marineros no habrían tardado mucho en descubrir dónde se hallaban. Lo pudieron haber averiguado de los habitantes cercanos. Esos habitantes eran de origen fenicio y el nombre Malta significaba, adecuadamente "un lugar de refugio" en el lenguaje fenicio. Malta se convirtió en posesión británica a inicios del siglo XIX y obtuvo su independencia en 1964.

El uso de Lucas del término **naturales** para describir a los habitantes de Malta no significa que fueran primitivos o incivilizados. *Barbaroi* (**naturales**) denota personas cuya lengua nativa no era griego o latín; no se trata necesariamente de un término despectivo.

La reacción de los malteses hacia sus visitantes inesperados demuestra que ellos eran cualquier cosa menos incivilizados. Lucas narra que los **trataron con**

no poca humanidad, es decir, mejor de lo que normalmente se esperaría. No asesinaron ni esclavizaron a las víctimas del naufragio, como a veces ocurría en el mundo antiguo. Al contrario, Lucas explica que **encendiendo un fuego,** los **recibieron a todos, a causa de la lluvia que caía, y del frío.** Agotados por su largo calvario, empapados por haber nadado hasta la playa y a causa de la lluvia torrencial, y helados por el viento frío de noviembre, les dieron la bienvenida con una hoguera para que se calentaran.

Dios requiere de los cristianos, tanto de líderes de la iglesia (1 Ti. 3:2; Tit. 1:8) como de todos los creyentes (Ro. 12:13; He. 13:2; 1 P. 4:9), que muestren hospitalidad. Que los malteses paganos la exhibieran ilustra una importante verdad teológica. Un aspecto de la revelación general de Dios para todas las personas es la ley moral escrita en los corazones. Aunque los detalles pueden variar, cada cultura tiene algunas cosas que son correctas y otras que son equivocadas. Pablo expone esa verdad en su carta a los romanos:

> *Porque cuando los gentiles que no tienen ley, hacen por naturaleza lo que es de la ley, éstos, aunque no tengan ley, son ley para sí mismos, mostrando la obra de la ley escrita en sus corazones, dando testimonio su conciencia, y acusándoles o defendiéndoles sus razonamientos... Y el que físicamente es incircunciso, pero guarda perfectamente la ley, te condenará a ti, que con la letra de la ley y con la circuncisión eres transgresor de la ley (Ro. 2:14-15, 27).*

Ya que Dios se ha revelado a sí mismo, ningún hombre tiene excusa:

> *Por lo cual eres inexcusable, oh hombre, quienquiera que seas tú que juzgas; pues en lo que juzgas a otro, te condenas a ti mismo; porque tú que juzgas haces lo mismo. Mas sabemos que el juicio de Dios contra los que practican tales cosas es según verdad. ¿Y piensas esto, oh hombre, tú que juzgas a los que tal hacen, y haces lo mismo, que tú escaparás del juicio de Dios? (Ro. 2:1-3).*

Dios puede condenar con toda justicia a quienes nunca han oído el evangelio porque no guardan las normas morales que imponen a otros. Puesto que "no hay acepción de personas para con Dios… todos los que sin ley han pecado, sin ley también perecerán; y todos los que bajo la ley han pecado, por la ley serán juzgados" (Ro. 2:11-12).

PERJUICIO POTENCIAL

Entonces, habiendo recogido Pablo algunas ramas secas, las echó al fuego; y una víbora, huyendo del calor, se le prendió en la mano. Cuando los naturales vieron la víbora colgando de su mano, se decían unos a otros: Ciertamente

este hombre es homicida, a quien, escapado del mar, la justicia no deja vivir. Pero él, sacudiendo la víbora en el fuego, ningún daño padeció. Ellos estaban esperando que él se hinchase, o cayese muerto de repente; mas habiendo esperado mucho, y viendo que ningún mal le venía, cambiaron de parecer y dijeron que era un dios. (28:3-6)

Se debía agregar continuamente leña al fuego para evitar que se extinguiera. Es una medida del carácter de Pablo que humildemente se rebajara a ejecutar tan servil tarea. La humildad es esencial para el verdadero liderazgo. Jesús declaró: "El Hijo del Hombre no vino para ser servido, sino para servir, y para dar su vida en rescate por muchos" (Mr. 10:45). Él ofreció la clásica ilustración de humilde servicio al lavar los pies a los impulsivos discípulos (Jn. 13:3ss).

Habiendo recogido Pablo algunas ramas secas, las echó al fuego. Por desgracia, una de las "ramas" estaba viva, **y una víbora, huyendo del calor, se le prendió en la mano.** Sorprendido de su letargo por el calor repentino, el venenoso reptil al instante mordió al apóstol.

Los críticos han señalado que este es un intento ficticio de parte de Lucas por glorificar a Pablo, o que Lucas confundió una serpiente inofensiva por una venenosa. Levantan esas objeciones porque en la Malta moderna no hay víboras venenosas. Pero eso no prueba que no las haya habido hace diecinueve siglos. Desaparecieron debido al progreso de la civilización en Malta desde la época de Pablo.

Como médico entrenado, sería poco probable que Lucas confundiera una serpiente inofensiva con una venenosa. Sir William Ramsay observa que "un médico entrenado en tiempos antiguos solía ser una buena autoridad acerca de serpientes, a las que se mostraba gran respeto en la medicina y la tradición antiguas" (*Luke the Physician* [El médico Lucas] [Grand Rapids: Baker, 1996], pp. 63-64). Pero la prueba más convincente de que esta era de veras una víbora venenosa viene de la reacción de los isleños, quienes esperaban que Pablo muriera después de ser mordido. **Cuando los naturales vieron la víbora** (*thērion*, "tanto Aristóteles como los escritores médicos aplican esa palabra a serpientes venenosas, a la víbora en particular" [A. T. Robertson, *Word Pictures in the New Testament* (Imágenes verbales en el Nuevo Testamento) (Grand Rapids: Baker, reimpresión de la edición de 1930), 3:479]) **colgando de su mano, se decían unos a otros: Ciertamente este hombre es homicida, a quien, escapado del mar, la justicia no deja vivir.**

He aquí otra ilustración del hecho real que todas las culturas tienen un sentido de justicia. Debido a la presencia de soldados romanos, los isleños no tuvieron duda de que Pablo era un delincuente importante, probablemente un **homicida,** y que como tal no escaparía a su destino. Aunque había **escapado del mar, la justicia** (probablemente una referencia a *Dikē*, la diosa de la justicia) **no** le permitiría **vivir.** Los malteses paganos tenían un claro sentido del bien y del mal; ellos "mostra[ban] la obra de la ley escrita en sus corazones" (Ro. 2:15).

Aunque una vez dispuesto a matar cristianos, desde su conversión Pablo ya no era un asesino. **Sacudiendo** simplemente **la víbora en el fuego, ningún daño padeció.** La calma del apóstol era visible; casi todas las personas mordidas por serpientes venenosas entran en pánico. Pero él tenía fe absoluta en las promesas reiteradas de Dios de que vería Roma (Hch. 23:11; 27:24). Por tanto, sabía que no iba a morir en Malta. Como ocurrió siempre en Hechos, Dios usó este milagro para autenticar su mensaje y a su mensajero.

Sin embargo, los isleños **estaban** aún **esperando que** la mano de Pablo **se hinchase** a causa de la mordida, **o** que él **cayese muerto de repente. Mas habiendo esperado mucho, y viendo que ningún mal le venía, cambiaron de parecer y dijeron que era un dios.** Era obvio que se habían equivocado; este hombre no era víctima de la diosa de ellos, sino un dios mismo, pensaron. Creían que tales seres divinos eran inmunes a trivialidades como mordeduras de víboras. Esta no fue la primera vez que a Pablo lo confundieran con un dios (Hch. 14:6ss) y, sin duda, el apóstol corrigió rápidamente a los isleños.

CURACIÓN PÚBLICA

En aquellos lugares había propiedades del hombre principal de la isla, llamado Publio, quien nos recibió y hospedó solícitamente tres días. Y aconteció que el padre de Publio estaba en cama, enfermo de fiebre y de disentería; y entró Pablo a verle, y después de haber orado, le impuso las manos, y le sanó. Hecho esto, también los otros que en la isla tenían enfermedades, venían, y eran sanados; los cuales también nos honraron con muchas atenciones; y cuando zarpamos, nos cargaron de las cosas necesarias. Pasados tres meses, nos hicimos a la vela en una nave alejandrina que había invernado en la isla, la cual tenía por enseña a Cástor y Pólux. (28:7-11)

No muy lejos de la bahía de San Pablo **había propiedades del hombre principal de la isla, llamado Publio.** Como indica su título **el hombre principal de la isla** (*tō prōtō tēs nēsou*), este era el gobernador romano de Malta. Evidencia en inscripciones confirma el uso de Lucas de ese título (cp. Bruce, *Acts*, p. 523). Publio **recibió y hospedó solícitamente** a todas las 276 personas durante **tres días** hasta que pudieran hacer arreglos para el trimestre de invierno.

Publio extendió su hospitalidad aunque **su padre estaba en cama, enfermo de fiebre y de disentería.** Posiblemente la **fiebre** era de origen gástrico, causada por un microbio hallado en la leche de cabra, que era muy común en Malta. La **disentería,** a menudo consecuencia de malas condiciones de salubridad, también era común en el mundo antiguo.

Con frecuencia, Dios recompensa los actos de bondad de su pueblo (cp. Gn. 12:3; Mt. 10:40-42; 25:31ss), y Pablo pudo pagar a Publio por su hospitalidad. **Entró a ver** al padre de Publio, **y después de haber orado, le impuso las manos, y le sanó.** La oración de Pablo reconocía su dependencia en el poder de Dios; la imposición de manos afirmaba que Dios estaba obrando a través del apóstol.

No es sorprendente que una vez **hecho esto, también los otros que en la isla tenían enfermedades,** vinieran a Pablo, **y** fueran **sanados.** Aunque Lucas no lo menciona, sin duda el apóstol predicó el evangelio a los malteses, ya que el propósito de los milagros era autenticar a Pablo como mensajero de Dios. Teniendo en cuenta el trato indulgente de Julio hacia Pablo, y la estadía durante tres meses de los náufragos (v. 11), el apóstol habría tenido muchas oportunidades de predicar. Según la tradición, la iglesia en Malta data de este tiempo, con Publio como su primer pastor.

El versículo 10 también sugiere que en esta época se fundó una iglesia en Malta. Lucas escribe que los isleños **honraron** a Pablo y a los demás **con muchas atenciones; y** que **cuando** zarparon, les suplieron a todos **de las cosas necesarias.** Tal efusión de amor sugiere que al menos algunos de los malteses fueron receptivos a la predicación del evangelio.

Después de pasar los **tres meses** de invierno en Malta, Pablo y sus compañeros finalmente pudieron partir. Al empezar otra vez las travesías marinas, Julio pudo hacer arreglos para transportar hasta Italia a sus soldados y prisioneros **en una nave alejandrina que había invernado en la isla, la cual tenía por enseña a Cástor y Pólux. Cástor y Pólux** eran los hijos gemelos de Zeus en la mitología griega y los veían como los dioses que protegían a los marineros.

PROMESA HONRADA

Y llegados a Siracusa, estuvimos allí tres días. De allí, costeando alrededor, llegamos a Regio; y otro día después, soplando el viento sur, llegamos al segundo día a Puteoli, donde habiendo hallado hermanos, nos rogaron que nos quedásemos con ellos siete días; y luego fuimos a Roma, de donde, oyendo de nosotros los hermanos, salieron a recibirnos hasta el Foro de Apio y las Tres Tabernas; y al verlos, Pablo dio gracias a Dios y cobró aliento. (28:12-15)

Al salir de Malta, el barco atracó en **Siracusa,** a ciento sesenta kilómetros de distancia de la costa sureste de Sicilia. Según su costumbre, Pablo fundó una iglesia en Siracusa durante los **tres días** que estuvo **allí.** Después de su corta visita, los viajeros, bordeando la costa, llegaron a **Regio,** en el extremo sur de la península italiana. Estaban esperando un viento favorable que llevara la embarcación por el estrecho de Messina (que separa a Sicilia de la península italiana). **Otro día después, soplando el viento sur,** salieron de Regio y **al segundo día** llegaron **a Puteoli. Puteoli,** la moderna Pozzuoli, era el puerto comercial más importante en Italia. Aunque se hallaba a casi doscientos cuarenta kilómetros de Roma, este era el puerto principal de la capital. (Ostia, un puerto artificial cerca de Roma, ya se había construido. Sin embargo, no afectaría significativamente el comercio de Pozzuoli hasta principios del siglo II.) Ubicado en la bahía de Nápoles cerca de Neápolis (moderna Nápoles) y la desaparecida ciudad de Pompeya, en la época de Pablo, Puteoli era una urbe de cien mil habitantes. Se cree que ha sido el puerto principal para la flota del grano egipcio.

Como era de esperar en una ciudad de ese tamaño, Pablo y sus compañeros hallaron algunos **hermanos** (cristianos) en Puteoli. Esos creyentes les **rogaron** a los viajeros **que**, con el permiso de Julio (cp. 27:3), se quedaran **con ellos siete días.** De ahí, Lucas señala con dramática finura: **fuimos a Roma.**

Lucas entonces rellena brevemente los detalles de su viaje a lo largo de la Vía Apia desde Puteoli a Roma. **Los hermanos** (cristianos) de Roma, **oyendo de nosotros, salieron a recibirnos hasta el Foro de Apio y las Tres Tabernas.** Algunos anduvieron hacia el sur hasta **el Foro de Apio,** a sesenta y nueve kilómetros de Roma; otros, que tal vez salieron más tarde, encontraron a Pablo a dieciséis kilómetros más cerca de Roma, en **las Tres Tabernas.** Profundamente conmovido por la visible demostración de afecto que le prodigaron, **Pablo dio gracias a Dios y cobró aliento.**

VIVIENDA PRIVADA

Cuando llegamos a Roma, el centurión entregó los presos al prefecto militar, pero a Pablo se le permitió vivir aparte, con un soldado que le custodiase. (28:16)

El trato indulgente hacia Pablo por parte de los funcionarios romanos continuó. Después que el apóstol y su grupo entraron **a Roma, a Pablo se le permitió vivir aparte, con un soldado que le custodiase.** Ese soldado (probablemente varios por turnos) estaba encadenado a la muñeca de Pablo (v. 20).

Este pasaje revela varias maneras en que Dios bendice a sus siervos fieles.

Primera, los rodea de bondad. Julio la mostró hacia Pablo al permitirle bajar a tierra en Sidón (27:3). Los malteses también le mostraron bondad después del naufragio (28:1-2, 10).

Segunda, Dios suple las necesidades de sus siervos. Publio le proveyó a Pablo un lugar donde quedarse en Malta (28:7), igual que hicieron los cristianos en Puteoli (28:4).

Tercera, Dios anima a sus siervos. Durante la aterradora experiencia de la tormenta en el mar, Dios envió un ángel para animar a Pablo (27:23-24). Y el apóstol fue animado en gran manera por los romanos cristianos, quienes con gran ilusión salieron a recibirlo fuera de la ciudad (28:15)

Cuarta, Dios libera del peligro a sus siervos. Liberó a Pablo de una tormenta, de un naufragio y de una mordedura de víbora.

Quinta, Dios bendice la influencia de sus siervos. Pablo afectó en gran manera a quienes sobrevivieron a la tormenta y al naufragio. Y es muy probable que a través del ministerio del apóstol este hubiera comenzado una iglesia en Malta y, posiblemente, en Siracusa.

Por último, Dios cumple los deseos de sus siervos. Pablo había anhelado por muchos años ir a Roma; ahora ese deseo se le había concedido.

Proverbios 28:20 resume esto en la promesa: "El hombre de verdad tendrá muchas bendiciones".

La historia sin final 53

Aconteció que tres días después, Pablo convocó a los principales de los judíos, a los cuales, luego que estuvieron reunidos, les dijo: Yo, varones hermanos, no habiendo hecho nada contra el pueblo, ni contra las costumbres de nuestros padres, he sido entregado preso desde Jerusalén en manos de los romanos; los cuales, habiéndome examinado, me querían soltar, por no haber en mí ninguna causa de muerte. Pero oponiéndose los judíos, me vi obligado a apelar a César; no porque tenga de qué acusar a mi nación. Así que por esta causa os he llamado para veros y hablaros; porque por la esperanza de Israel estoy sujeto con esta cadena. Entonces ellos le dijeron: Nosotros ni hemos recibido de Judea cartas acerca de ti, ni ha venido alguno de los hermanos que haya denunciado o hablado algún mal de ti. Pero querríamos oír de ti lo que piensas; porque de esta secta nos es notorio que en todas partes se habla contra ella. Y habiéndole señalado un día, vinieron a él muchos a la posada, a los cuales les declaraba y les testificaba el reino de Dios desde la mañana hasta la tarde, persuadiéndoles acerca de Jesús, tanto por la ley de Moisés como por los profetas. Y algunos asentían a lo que se decía, pero otros no creían. Y como no estuviesen de acuerdo entre sí, al retirarse, les dijo Pablo esta palabra: Bien habló el Espíritu Santo por medio del profeta Isaías a nuestros padres, diciendo: Ve a este pueblo, y diles: De oído oiréis, y no entenderéis; y viendo veréis, y no percibiréis; porque el corazón de este pueblo se ha engrosado, y con los oídos oyeron pesadamente, y sus ojos han cerrado, para que no vean con los ojos, y oigan con los oídos, y entiendan de corazón, y se conviertan, y yo los sane. Sabed, pues, que a los gentiles es enviada esta salvación de Dios; y ellos oirán. Y cuando hubo dicho esto, los judíos se fueron, teniendo gran discusión entre sí. Y Pablo permaneció dos años enteros en una casa alquilada, y recibía a todos los que a él venían, predicando el reino de Dios y enseñando acerca del Señor Jesucristo, abiertamente y sin impedimento. (28:17-31)

El último capítulo de Hechos es un final y un principio. En él Lucas pone fin a la narración de los inicios de la historia de la iglesia primitiva. Esa narración cubre geográficamente la extensión de la Iglesia, desde su nacimiento en Jerusalén el día de Pentecostés, hasta Judea, Samaria y gran parte del mundo romano (cp. 1:8). Hechos también relata la expansión étnica de la Iglesia. Lo que empezó como una institución exclusivamente judía creció hasta abarcar a samaritanos y gentiles.

Mediante los incansables esfuerzos del apóstol Pablo se fundaron y se fortalecieron iglesias, se les entregaron líderes, y se las protegieron de falsos maestros. Pero la audaz e inflexible predicación del apóstol le ganó muchos enemigos, quienes por último se las arreglaron para hacerlo arrestar y encarcelar por parte de los romanos. Después de que tres audiencias ante jueces romanos no resolvieran su caso, Pablo se vio obligado a apelar al emperador. Tras un horroroso viaje por mar y un naufragio, finalmente llegó a la capital imperial. Es en este momento que concluye el relato de Lucas.

Pero la historia no termina allí. Liberado del encarcelamiento romano narrado en Hechos 28, Pablo reanudó sus esfuerzos misioneros... tal vez incluso llegando a España (Ro. 15:24). Arrestado una segunda vez pocos años después, finalmente fue ejecutado. (Para una defensa de la idea de que Pablo fue encarcelado dos veces en Roma, véase *Comentario MacArthur del Nuevo Testamento: Primera Timoteo* [Grand Rapids: Editorial Portavoz, 2004], pp. 12-13.) Pero la historia de la Iglesia no termina con la muerte de Pablo ni con la del último apóstol sobreviviente, Juan, casi al final del siglo I. Los apóstoles pasaron la posta a una segunda generación de líderes, quienes a su vez la pasaron a otros. Como resultado, la historia de la Iglesia aún se está escribiendo hoy día.

A pesar de que Hechos termina repentinamente, no está incompleto. El libro revela el origen del poder de la Iglesia: el Espíritu Santo; el patrón de bendición para la Iglesia: andar en el Espíritu; el mensaje de la Iglesia: el evangelio salvador de Jesucristo; los peligros para la Iglesia: pecado desde el interior, falsos maestros desde el exterior; y las prioridades de la Iglesia: enseñar la Palabra a quienes conocen a Cristo, y predicar el evangelio a quienes no lo conocen.

Hechos concluye con Pablo en Roma. Orgullosa capital del mayor Imperio que el mundo haya conocido, Roma era un centro de paganismo decadente. Por tanto, el apóstol se encontró prisionero en medio de un enorme campo misionero. Es apropiado que Hechos, cuyo enfoque ha estado en gran medida en la evangelización, concluya con el primer esfuerzo evangelístico de Pablo (pero no el último, cp. Fil. 1:13; 4:22) en Roma. Dicho esfuerzo se desarrolla en cinco etapas: Introducción de Pablo, interés de los líderes judíos, presentación del evangelio, rechazo de Israel, y carácter inconcluso de la historia.

INTRODUCCIÓN DE PABLO

Aconteció que tres días después, Pablo convocó a los principales de los judíos, a los cuales, luego que estuvieron reunidos, les dijo: Yo, varones hermanos, no habiendo hecho nada contra el pueblo, ni contra las costumbres de nuestros

padres, he sido entregado preso desde Jerusalén en manos de los romanos; los cuales, habiéndome examinado, me querían soltar, por no haber en mí ninguna causa de muerte. Pero oponiéndose los judíos, me vi obligado a apelar a César; no porque tenga de qué acusar a mi nación. Así que por esta causa os he llamado para veros y hablaros; porque por la esperanza de Israel estoy sujeto con esta cadena. (28:17-20)

Sin perder tiempo, **tres días después** de llegar a Roma, **Pablo convocó a los principales de los judíos. Los principales** hombres de la comunidad judía en Roma incluían a los hombres importantes de las sinagogas. Siempre había sido la costumbre de Pablo, cuando evangelizaba una ciudad, ir primero a la comunidad judía (cp. Ro. 1:16). Y aunque lo habían acusado de ser antisemita, eso era lo opuesto a la verdad (cp. Ro. 9:1-3; 10:1). A pesar del maltrato y la persecución que había experimentado por parte del pueblo judío durante su ministerio, él no sentía animosidad hacia sus compatriotas. Por tanto, fue directamente a ellos después de llegar a Roma. Es probable que Pablo supusiera que habían oído hablar de él por parte de los judíos en Jerusalén.

El apóstol enfrentaba una tarea delicada. Debía explicar por qué estaba preso y defender su inocencia, sin enemistarse con los miembros de la comunidad judía en Roma. Su breve defensa ante ellos es la sexta y última narrada en Hechos (cp. 21:27ss; 22:30ss; 24:1ss; 25:1-12; 25:13ss). Después que los dirigentes judíos **estuvieron reunidos,** Pablo **les dijo: Yo, varones hermanos, no habiendo hecho nada contra el pueblo, ni contra las costumbres de nuestros padres, he sido entregado preso desde Jerusalén en manos de los romanos.** El concilio lo había acusado falsamente de sedición contra Roma, de ser el cabecilla de una secta hereje, y de profanar el templo (cp. 24:5-6). Los dirigentes judíos en Roma no estarían muy preocupados con la primera acusación, y Pablo no la mencionó. Él negó rotundamente las siguientes dos acusaciones, declarando: **Yo no** he **hecho nada contra el pueblo, ni contra las costumbres de nuestros padres.** Fue únicamente la hostilidad del concilio hacia el evangelio lo que ocasionó que el apóstol fuera **entregado preso desde Jerusalén en manos de los romanos.**

A fin de apoyar su afirmación de inocencia, Pablo señaló: **Habiéndome examinado,** los romanos **me querían soltar, por no haber en mí ninguna causa de muerte.** Tres funcionarios romanos: el tribuno Claudio Lisias (23:28-29), y los gobernadores Félix (24:22-27) y Festo (25:18-19), así como Herodes Agripa (26:31-32), habían afirmado la inocencia de Pablo. El concilio no pudo demostrar la culpabilidad del apóstol a pesar de tres audiencias distintas.

La única razón de que los romanos no liberaran a Pablo fue que **los judíos** se opusieron, lo que hizo políticamente imprudente que Félix o Festo lo pusieran en libertad. Fue debido a esa oposición que el apóstol se vio **obligado a apelar a César; no,** se apresuró a añadir, **porque tenga de qué acusar a mi nación.** La intriga política del concilio no le dejó más remedio que apelar al emperador, transfiriendo así el caso fuera de Palestina. Pablo no quería que nada de lo que había hecho se interpretara como un ataque contra el pueblo judío. Sus acciones fueron estrictamente defensivas, no ofensivas; él era el acusado, no el acusador.

A fin de que los líderes judíos de Roma pudieran oír todo de primera mano, Pablo los convocó para verlos y hablarles. Luego trajo a colación el verdadero problema detrás de su detención y encarcelamiento. El apóstol declaró: **Por la esperanza de Israel estoy sujeto con esta cadena** (cp. Ef. 6:20; 2 Ti. 1:16). La gloriosa esperanza de Israel era la venida del Mesías, y la resurrección y el reino asociados con su venida. La predicación de Pablo acerca de la resurrección de Jesús como el Rey resucitado fue lo que enemistó a las autoridades judías.

El hecho de que lo estuvieran juzgando por su fe en la esperanza de Israel era un tema recurrente en las defensas de Pablo. En su audiencia ante el concilio, "Pablo, notando que una parte era de saduceos y otra de fariseos, alzó la voz en el concilio: Varones hermanos, yo soy fariseo, hijo de fariseo; acerca de la esperanza y de la resurrección de los muertos se me juzga" (23:6). En el juicio ante Félix, el apóstol declaró al gobernador:

> *Esto te confieso, que según el Camino que ellos llaman herejía, así sirvo al Dios de mis padres, creyendo todas las cosas que en la ley y en los profetas están escritas; teniendo esperanza en Dios, la cual ellos también abrigan, de que ha de haber resurrección de los muertos, así de justos como de injustos (24:14-15).*

Pablo insistió ante Agripa: "Por la esperanza de la promesa que hizo Dios a nuestros padres soy llamado a juicio" (26:6).

Esa esperanza estaba firmemente cimentada en el Antiguo Testamento. Se expresó en el antiguo libro de Job: "Y después de deshecha esta mi piel, en mi carne he de ver a Dios; al cual veré por mí mismo, y mis ojos lo verán, y no otro" (Job 19:26-27). Isaías profetizó: "Tus muertos vivirán; sus cadáveres resucitarán. ¡Despertad y cantad, moradores del polvo! porque tu rocío es cual rocío de hortalizas, y la tierra dará sus muertos" (Is. 26:19). En Daniel 12:2, se le dijo al profeta: "Muchos de los que duermen en el polvo de la tierra serán despertados, unos para vida eterna, y otros para vergüenza y confusión perpetua".

INTERÉS DE LOS LÍDERES JUDÍOS

Entonces ellos le dijeron: Nosotros ni hemos recibido de Judea cartas acerca de ti, ni ha venido alguno de los hermanos que haya denunciado o hablado algún mal de ti. Pero querríamos oír de ti lo que piensas; porque de esta secta nos es notorio que en todas partes se habla contra ella. (28:21-22)

Los dirigentes judíos negaron tener conocimiento del caso de Pablo. No habían oído nada oficialmente, **ni** habían **recibido de Judea cartas acerca** del apóstol, **ni** de manera no oficial había **venido alguno de los hermanos que haya denunciado o hablado algún mal de** él.

Algunos han hallado increíble que no hubiera llegado ningún mensaje acerca de Pablo a la comunidad judía de Roma. Pero Pablo había salido de Palestina en uno de los últimos barcos de la temporada anterior de navegación, y había llegado a Roma en una de las primeras naves de la temporada actual. Habría sido difícil que alguien de Palestina hubiera llegado a Roma antes que él. También puede ser cierto, como algunos han sugerido, que hubiera poca interacción entre los judíos de Roma y los de Judea.

A pesar de cualquier información que los judíos romanos hubieran tenido, lo más probable es que a propósito se estuvieran haciendo legalmente la vista gorda ante el caso de Pablo. Después de haber sido expulsados temporalmente de Roma aproximadamente unos diez años antes por chocar con los cristianos, no deseaban más controversia. Además, el concilio no les había pedido su participación. Y, sin duda, ellos se dieron cuenta de la debilidad del caso contra el apóstol. Pablo ya había sido exonerado por dos gobernadores provinciales romanos; ahora su caso lo debía oír el emperador. No queriendo parecer tontos frente a Nerón (o enfrentar sanciones de la ley romana por persecución sin fundamento, cp. A. N. Sherwin-White, *Roman Society and Roman Law in the New Testament* [Sociedad y ley romana en el Nuevo Testamento] [Oxford: Oxford University Press, 1963], p. 52), concluyeron que el curso de acción más prudente era desvincularse del caso de Pablo.

Diplomáticamente le aseguraron al apóstol su deseo de **oír de** él **lo que** pensaba. Con cautela, sin comprometerse, reconocieron lo obvio: **Porque de esta secta nos es notorio que en todas partes se habla contra ella.** Ellos no ignoraban por completo el cristianismo, que se había establecido en Roma por muchos años.

PRESENTACIÓN DEL EVANGELIO

Y habiéndole señalado un día, vinieron a él muchos a la posada, a los cuales les declaraba y les testificaba el reino de Dios desde la mañana hasta la tarde, persuadiéndoles acerca de Jesús, tanto por la ley de Moisés como por los profetas. Y algunos asentían a lo que se decía, pero otros no creían. (28:23-24)

De acuerdo con su disposición expresada de oír más acerca del cristianismo por parte de Pablo, los líderes judíos señalaron **un día** para oírlo. El día señalado, **vinieron a él muchos a la posada.** El apóstol **les declaraba y les testificaba el reino de Dios** todo el día, **desde la mañana hasta la tarde, persuadiéndoles acerca de Jesús, tanto por la ley de Moisés como por los profetas.**

El reino de Dios abarca su gobierno en la esfera de la salvación, no solo el futuro reinado milenial de Jesucristo. Testificar **el reino de Dios** significa predicar el evangelio, las buenas nuevas de que Dios, en su soberanía, llama a pecadores atrapados sin remedio en el reino de Satanás, la muerte y la destrucción, y los invita a entrar al reino de salvación, vida y gloria. Pablo anunció las verdades relacionadas con Cristo, con el camino de salvación, y con la vida en justicia (Ro. 14:17). Les señaló el camino para entrar a la esfera de salvación y disfrutar comunión con Dios.

El medio que Pablo usó para tratar de persuadirlos **acerca de Jesús** fue **la ley de Moisés** y **los profetas** (la designación común del Antiguo Testamento, cp. Mt. 7:12; Lc. 16:16; Hch. 13:15; Ro. 3:21). Este fue el patrón que el apóstol siguió en todo Hechos a fin de evangelizar a los judíos (para un ejemplo de uno de sus sermones, véase Hechos 13:16ss).

Como siempre, el evangelio demostró que provoca divisiones. Al finalizar el día, **algunos asentían a lo que** Pablo **decía, pero otros no creían.** Creer en Jesús como el Mesías, cuyo sacrificio expiatorio es el único pago aceptable por los pecados, junto con el arrepentimiento, es responsabilidad del hombre. Negarse a hacerlo es desobedecer a Dios (cp. Jn. 16:9; Hch. 17:31; 2 Co. 6:1-2; He. 3:7-12). Al igual que antes en Hechos, los oyentes de Pablo estaban divididos en aquellos que creían y aquellos que no:

> *Y la gente de la ciudad estaba dividida: unos estaban con los judíos, y otros con los apóstoles (14:4).*

> *Y algunos de ellos creyeron, y se juntaron con Pablo y con Silas; y de los griegos piadosos gran número, y mujeres nobles no pocas. Entonces los judíos que no creían, teniendo celos, tomaron consigo a algunos ociosos, hombres malos, y juntando una turba, alborotaron la ciudad; y asaltando la casa de Jasón, procuraban sacarlos al pueblo (17:4-5).*

> *Pero oponiéndose y blasfemando éstos, les dijo, sacudiéndose los vestidos: Vuestra sangre sea sobre vuestra propia cabeza; yo, limpio; desde ahora me iré a los gentiles. Y saliendo de allí, se fue a la casa de uno llamado Justo, temeroso de Dios, la cual estaba junto a la sinagoga. Y Crispo, el principal de la sinagoga, creyó en el Señor con toda su casa; y muchos de los corintios, oyendo, creían y eran bautizados (18:6-8).*

> *Y entrando Pablo en la sinagoga, habló con denuedo por espacio de tres meses, discutiendo y persuadiendo acerca del reino de Dios. Pero endureciéndose algunos y no creyendo, maldiciendo el Camino delante de la multitud, se apartó*

> *Pablo de ellos y separó a los discípulos, discutiendo cada día en la escuela de uno llamado Tiranno (19:8-9).*

Aunque siempre había un remanente de creyentes, la mayoría de judíos rechazaron a su Mesías.

RECHAZO DE ISRAEL

Y como no estuviesen de acuerdo entre sí, al retirarse, les dijo Pablo esta palabra: Bien habló el Espíritu Santo por medio del profeta Isaías a nuestros padres, diciendo: Ve a este pueblo, y diles: De oído oiréis, y no entenderéis; y viendo veréis, y no percibiréis; porque el corazón de este pueblo se ha engrosado, y con los oídos oyeron pesadamente, y sus ojos han cerrado, para que no vean con los ojos, y oigan con los oídos, y entiendan de corazón, y se conviertan, y yo los sane. Sabed, pues, que a los gentiles es enviada esta salvación de Dios; y ellos oirán. Y cuando hubo dicho esto, los judíos se fueron, teniendo gran discusión entre sí. (28:25-29)

Los judíos en Roma que se negaron a creer a Pablo continuaban la triste historia de su nación de rechazar a los mensajeros de Dios. Varias veces, en Jeremías, Dios lamentó ese hecho. En Jeremías 7:25-26, por ejemplo, Dios dijo al obstinado y rebelde Israel:

> *desde el día que vuestros padres salieron de la tierra de Egipto hasta hoy. Y os envié todos los profetas mis siervos, enviándolos desde temprano y sin cesar; pero no me oyeron ni inclinaron su oído, sino que endurecieron su cerviz, e hicieron peor que sus padres.*

Rechazar a los mensajeros de Dios condujo al desastre a Israel (2 R. 17:13). Igual que los malvados labradores en la parábola de Jesús (Mt. 21:33-41), su rechazo definitivo de Dios vino cuando mataron a su Hijo.

Sin poder ponerse **de acuerdo entre sí,** los líderes judíos comenzaron a **retirarse,** entonces **Pablo les dijo** una **palabra** de advertencia de parte del **Espíritu Santo,** quien habló **por medio del profeta Isaías** (una definición concisa de la inspiración divina de las Escrituras; cp. 2 P. 1:21) **a** los **padres** de ellos. La solemne advertencia del apóstol que disolvió la reunión fue una cita de Isaías 6:9-10:

> **Ve a este pueblo, y diles: De oído oiréis, y no entenderéis; y viendo veréis, y no percibiréis; porque el corazón de este pueblo se ha**

engrosado, y con los oídos oyeron pesadamente, y sus ojos han cerrado, para que no vean con los ojos, y oigan con los oídos, y entiendan de corazón, y se conviertan, y yo los sane. (28:26-27)

Ese pasaje también fue citado por el Señor Jesucristo como un reproche al insensible rechazo del evangelio por parte de Israel (cp. Mt. 13:14-15; Jn. 12:39-40). La acción intencional del rechazo de Israel fue confirmada de manera soberana por Dios; debido a la incredulidad continua, el pueblo se hizo incapaz de creer (cp. Jn. 12:37, 39-40).

Como había hecho en otras ocasiones (Hch. 13:46-47; 18:6; 19:8-10; cp. 11:18; 14:27; 15:14-18), Pablo les hizo saber a sus oyentes judíos **que a los gentiles es enviada esta salvación de Dios; y ellos oirán.** El apóstol amplió esa verdad en su carta a los cristianos romanos:

> *Pues si algunas de las ramas fueron desgajadas, y tú, siendo olivo silvestre, has sido injertado en lugar de ellas, y has sido hecho participante de la raíz y de la rica savia del olivo... Pues las ramas, dirás, fueron desgajadas para que yo fuese injertado. Bien; por su incredulidad fueron desgajadas, pero tú por la fe estás en pie. No te ensoberbezcas, sino teme. Porque si Dios no perdonó a las ramas naturales, a ti tampoco te perdonará. Mira, pues, la bondad y la severidad de Dios; la severidad ciertamente para con los que cayeron, pero la bondad para contigo, si permaneces en esa bondad; pues de otra manera tú también serás cortado (Ro. 11:17, 19-22).*

¿Es definitivo el rechazo de Israel? Pablo contestó esa pregunta en Romanos 11:1-2: "Digo, pues: ¿Ha desechado Dios a su pueblo? En ninguna manera. Porque también yo soy israelita, de la descendencia de Abraham, de la tribu de Benjamín. No ha desechado Dios a su pueblo, al cual desde antes conoció". En el versículo 23 añadió: "Y aun ellos, si no permanecieren en incredulidad, serán injertados, pues poderoso es Dios para volverlos a injertar". Llegará el día en que "todo Israel será salvo" (v. 26). El rechazo de Israel no invalida las promesas divinas de bendecir a su remanente creyente. Aún está por llegar el día en que Israel ponga su fe en Jesucristo (Zac. 12:10).

LO INCONCLUSO DE LA HISTORIA

Y Pablo permaneció dos años enteros en una casa alquilada, y recibía a todos los que a él venían, predicando el reino de Dios y enseñando acerca del Señor Jesucristo, abiertamente y sin impedimento. (28:30-31)

Durante **dos años enteros, Pablo permaneció** como prisionero **en una casa alquilada** en la ciudad de Roma. Sin embargo, tenía la libertad de recibir **a**

todos los que a él venían, aunque se supone que no podía salir de sus aposentos. Las condiciones de su encarcelamiento no lo disuadían de estar **predicando el reino de Dios y enseñando acerca del Señor Jesucristo, abiertamente y sin impedimento** por parte de los romanos.

¿Qué sucedió durante esos dos años? Pablo llevó a cabo una amplia campaña de evangelización (cp. Fil. 1:13; 4:22), con la ayuda de algunos de sus queridos colaboradores (cp. Col. 4:10-12, 14; Flm. 24). También escribió cuatro epístolas del Nuevo Testamento: Efesios, Filipenses, Colosenses y Filemón.

¿Qué ocurrió cuando finalizaron esos dos años? Pablo fue liberado (cp. *Comentario MacArthur del Nuevo Testamento: Primera Timoteo* [Grand Rapids: Editorial Portavoz, 2004], pp. 12-13). Ya que dos gobernadores provinciales lo habían hallado inocente de delito, es razonable suponer que el emperador también lo hubiera hecho. Sin embargo, un escenario más probable es que los líderes judíos de Palestina nunca hubieran aparecido en Roma para enjuiciar el caso, y que Pablo hubiera ganado por no haberse presentado los acusadores. Como ya se indicó, la ley romana tenía mala opinión de casos poco fundamentados. Además, los judíos habían conseguido su objetivo de sacar a Pablo de Palestina bajo custodia romana. Los comentaristas difieren sobre si en la época de Pablo existía un estatuto de dos años de prescripción. Pero, aunque no lo hubiera, es muy posible que el caso del apóstol fuera desechado cuando llegó el día del proceso y no hubo nadie para presentar cargos.

¿Cuál fue el motivo para la tardanza de dos años? Primero, las demoras no eran poco comunes debido al volumen acumulado de casos. Segundo, es probable que los archivos del caso de Pablo se hubieran perdido en el naufragio. Debió haber tomado algún tiempo volverlos a enviar desde Cesarea. Tercero, las autoridades esperaban la llegada de los líderes judíos, quienes tal vez no comparecieron. Puesto que la ley romana le daba a Pablo el derecho de enfrentar a sus acusadores (25:16), es probable que sin la comparecencia de ellos no hubiera juicio.

Debido a que Hechos es un libro principalmente acerca de la cristianización, es adecuado concluir extrayendo varios principios de evangelización del ejemplo de Pablo.

En primer lugar, el apóstol predicó el evangelio cuándo y donde tuvo la oportunidad. Incluso bajo arresto domiciliario (vv. 16, 20, 23, 30), continuó "predicando el reino de Dios y enseñando acerca del Señor Jesucristo, abiertamente y sin impedimento" (v. 31).

Segundo, el mensaje de Pablo estaba revestido de humildad y misericordia. En los vv. 17-20, él fue discreto, respetuoso y conciliador con los líderes judíos en Roma.

Tercero, el apóstol predicaba de manera bíblica (v. 23) y doctrinal (v. 31).

Cuarto, Pablo no perdía oportunidad. Comenzó su alcance evangelístico solo tres días después de llegar a Roma (v. 17).

Quinto, el apóstol predicaba de forma incansable (v. 23) e incesante (vv. 30-31).

Sexta, Pablo predicaba a todos, tanto a judíos (vv. 23-27), como a gentiles (v. 28).

Por último, y lo más importante, el apóstol predicaba a Jesucristo como Señor, Salvador y Mesías (v. 23).

La iglesia en Hechos llevó a cabo fielmente el encargo de Cristo: "Me seréis testigos en Jerusalén, en toda Judea, en Samaria, y hasta lo último de la tierra" (Hch. 1:8). A través de los siglos hasta nosotros, la Iglesia ha pasado la posta por muchas manos. ¿Descubrirán las generaciones futuras que corrimos con fidelidad nuestra parte de la carrera?

Bibliografía

Abbott-Smith, G. *A Manual Greek Lexicon of the New Testament* [Manual griego del léxico del Nuevo Testamento]. Edinburgh: T. &T. Clark, 1977.

Barnes, Albert. *Notes on the New Testament: 1884-85* [Notas de Barnes sobre el Nuevo Testamento: Hechos-Romanos]. Grand Rapids: Baker, reimpresión de la edición 1884-85.

Blaiklock, E. M. *The Acts of the Apostles* [Hechos de los apóstoles]. Grand Rapids: Eerdmans, 1975.

Blaiklock, E. M., y R. K. Harrison, eds. *The New International Dictionary of Biblical Archaeology* [Nuevo diccionario internacional de arqueología bíblica]. Grand Rapids: Zondervan, 1983

Bruce, F. F. "Hechos de los apóstoles". En vol. 1 de *The International Standard Bible Encyclopedia* [Enciclopedia bíblica internacional estándar]. Editada por Geoffrey W. Bromiley. Grand Rapids: Eerdmans, 1989.

________. "Hechos de los apóstoles". En *The New Bible Commentary: Revised* [Nuevo comentario bíblico, revisado]. Editado por D. Guthrie y J. A. Motyer. Grand Rapids: Eerdmans, 1978.

________. *Hechos de los apóstoles.* Buenos Aires: Nueva Creación, 1998.

________. *Pablo: el apóstol del corazón liberado.* Las Palmas de Gran Canaria: Editorial Mundo Bíblico, 2003.

Dana, H. E., y Julius R. Mantey. *Gramática griega del Nuevo Testamento.* El Paso, TX: Casa Bautista de Publicaciones, 1984.

Erdman, Charles R. *The Acts* [Hechos]. Philadelphia: Westminster, 1977.

Gundry, Robert H. *A Survey of the New Testament* [Estudio del Nuevo Testamento]. Grand Rapids: Zondervan, 1970.

Guthrie, Donald. *New Testament Introduction* [Introducción al Nuevo Testamento]. Downers Grove, Ill.: InterVarsity, 1978.

Harrison, Everett F. *Interpreting Acts: The Expanding Church* [Interpretación de Hechos: La iglesia en expansión]. Grand Rapids: Zondervan, 1986.

Hiebert, D. Edmond. *An Introduction to the New Testament: Volume 1: The Gospels and Acts* [Introducción al Nuevo Testamento: Volumen 1: Los Evangelios y Hechos]. Chicago: Moody, 1979.

Kent, Homer A., hijo. *Jerusalem to Rome* [De Jerusalén a Roma]. Grand Rapids: Baker, 1992.

Kistemaker, Simon J. *Hechos.* Grand Rapids: Libros Desafío, 1996.

Lenski, R. C. H., *The Interpretation of the Acts of the Apostles* [Interpretación de Hechos de los apóstoles]. Minneapolis: Augsburg, 1961.

Linnemann, Eta. *Is There a Synoptic Problem?* [¿Hay un problema sinóptico?]. Grand Rapids: Baker, 1992.

Longenecker, Richard N. "Hechos de los apóstoles". En vol. 9 del *Expositor's Bible Commentary* [Comentario bíblico del expositor]. Editado por Frank E. Gaebelein. Grand Rapids: Zondervan, 1981.

Marshall, I. Howard. *The Acts of the Apostles* [Hechos de los apóstoles]. Grand Rapids: Eerdmans, 1984.

Morgan, G. Campbell. *The Acts of the Apostles* [Hechos de los apóstoles]. Nueva York: Revell, 1924.

Munck, Johannes. *The Acts of the Apostles* [Hechos de los apóstoles]. Garden City, N.Y.: Doubleday, 1973.

Pfeiffer, Charles F., y Howard F. Vos. *The Wycliffe Historical Geography of Bible Lands* [Geografía histórica Wycliffe de las tierras bíblicas]. Chicago: Moody, 1967.

Polhill, John B. *The New American Commentary: Acts* [Nuevo comentario estadounidense: Hechos]. Nashville: Broadman, 1992.

Rackham, Richard B. *The Acts of the Apostles* [Hechos de los apóstoles]. Grand Rapids: Baker, 1978.

Ramsay, W. M. *St. Paul the Traveller and the Roman Citizen* [San Pablo el viajero y ciudadano romano]. Reimpresión. Grand Rapids: Baker, 1975.

Robertson, A. T. *Comentario al texto griego del Nuevo Testamento.* Terrassa: Editorial Clie, 2003.

Sherwin-White, A. N. *Roman Society and Roman Law in the New Testament* [Sociedad y ley romana en el Nuevo Testamento]. Oxford: Oxford University Press, 1963.

Smith, James. *The Voyage and Shipwreck of St. Paul* [Viaje y naufragio de San Pablo]. Reimpresión. Grand Rapids: Baker, 1978.

Stokes, G. T. "Hechos de los apóstoles". En *The Expositor's Bible* [La Biblia del expositor]. Editada por W. Robertson Nicoll. Nueva York: A. C. Armstrong and Son, 1903.

Stott, John. *The Spirit, the Church, and The World: The Message of Acts* [El Espíritu, la Iglesia, y el mundo: Mensaje de Hechos]. Downers Grove, Ill.: InterVarsity, 1990.

Thomas, Robert L., y Stanley N. Gundry, eds. *A Harmony of the Gospels* [Armonía de los Evangelios]. Chicago: Moody, 1978.

Vincent, Marvin R. *Word Studies in the New Testament* [Estudios de palabras en el Nuevo Testamento]. Grand Rapids: Eerdmans, 1946.

Vine, W. E. *Diccionario expositivo de palabras del Antiguo y Nuevo Testamento.* Nashville, Tenn. Grupo Nelson, 2009.

Williams, David J. *Acts* [Hechos]. The New International Biblical Commentary [Nuevo comentario bíblico internacional]. Peabody, Mass.: Hendrickson, 1990.

Índice de palabras griegas

Índice de temas

EDITORIAL
PORTAVOZ

NUESTRA VISIÓN

Maximizar el efecto de recursos cristianos de calidad que transforman vidas.

NUESTRA MISIÓN

Desarrollar y distribuir productos de calidad —con integridad y excelencia—, desde una perspectiva bíblica y confiable, que animen a las personas a conocer y servir a Jesucristo.

NUESTROS VALORES

Nuestros valores se encuentran fundamentados en la Biblia, fuente de toda verdad para hoy y para siempre. Nosotros ponemos en práctica estas verdades bíblicas como fundamento para las decisiones, normas y productos de nuestra compañía.

Valoramos la excelencia y la calidad
Valoramos la integridad y la confianza
Valoramos el mérito y la dignidad de los individuos y las relaciones
Valoramos el servicio
Valoramos la administración de los recursos

Para más información acerca de nuestra editorial y los productos que publicamos visite nuestra página en la red: www.portavoz.com